直播卖货
Live sales

边俊英◎主编

中国文史出版社
CHINA CULTURAL AND HISTORICAL PRESS

图书在版编目（CIP）数据

直播卖货 / 边俊英主编. -- 北京：中国文史出版社，2020.7

（如何玩转电商平台系列）

ISBN 978-7-5205-2049-2

Ⅰ.①直… Ⅱ.①边… Ⅲ.①网络营销 Ⅳ.①F713.365.2

中国版本图书馆 CIP 数据核字（2020）第 096874 号

责任编辑：刘　夏
封面设计：末末美书

出版发行：中国文史出版社
社　　址：北京市海淀区西八里庄路 69 号　**邮　编**：100036
电　　话：010-81136606　81136602　81136603（发行部）
传　　真：010-81136655
印　　装：三河市宏顺兴印刷有限公司
经　　销：全国新华书店
开　　本：1/32
印　　张：30　**字　数**：650 千字
版　　次：2020 年 7 月北京第 1 版
印　　次：2020 年 7 月第 1 次印刷
定　　价：178.00 元（全五册）

前言
Foreword

　　直播作为新媒体时代的主流行业，是一种新媒体手段，直播引领了很大一部分的网络流量，与移动电商有着密切关系，其本质都是为了吸引流量，从而转化"粉丝"、创造盈利。当下的营销手段日新月异，营销内容竞争极为激烈，直播卖货的出现，给各大网络电商们带来了缓解压力和突破销量"瓶颈"的重大机遇。利用直播来营销，可以充分发挥直播的营销价值。本书共分为六章：以直播为出发点，分别从直播及直播卖货的概括、直播与内容电商的结合、直播卖货平台、直播卖货攻略、"粉丝"培养、主播的培养与成长等方面进行直播卖货方面的深入剖析。

目　录
Contents

1　直播二三事

1.1　直播、直播营销、直播带货的含义

1.1.1　直播的含义

直播是指信息网络双向循环发布的方式，它使信息与现场事件的发生和发展同步发布。其形式可大致分为直播、演播室访谈直播、图文直播、视音频直播或电视（第三方）提供的直播；此外，它还具有海量存储和方便查询的功能。

随着科技不断创新，特别是互联网通信技术的发展和普及，直播的内容和概念在不断变化和丰富。网络直播借鉴和延续了互联网的优势，利用动态视频进行直播。直播可以实现产品展示、在线视频会议、在线培训等工作，利用互联网进行直播，具有直观和快速的特点，直播有良好的表现形式，丰富的内容，互动性强，打破地域的限制，可以根据不同要素区分受众等特点，加强活动的宣传效果。随着社会的发展，越来越多的人认识到了直播的红利所在，直播减少成本、加快信息的传播。直播是电视、广播等传统媒体的信息传播方式。

在互联网和信息技术的推动下，直播的概念有了新的拓展，

现在越来越多的人关注网络直播，尤其是网络视频直播。通过网络进行直播，让观看直播的受众有了广阔且自由的选择空间。当然，随着移动互联网技术的发展，直播技术也会有新的进步。

1.1.2 直播营销的含义

直播行业第一次进入公众视野是在 2014 年底左右。直到 2016 年，也就是中国移动互联网直播的第一年，直播平台和观众的数量都呈现井喷式的增长。随着网络技术进一步发展，网络直播已经步入全民直播的时代。直播途径更是跨越式发展，已经成为一个当红社会现象。目前直播行业处于高速成长时期，可以说已经覆盖多个领域：秀场、游戏、娱乐、时尚等。由此可见，直播行业呈现出来的发展潜力巨大。

有人的地方就有商机，有人的地方就有营销，一种新媒介的出现，将会导致一种新文明的产生，从电视到互联网，从 PC 到手机端，从微博到微信，每一次的媒介变革都会带来一场营销的革命。"直播"作为新兴的娱乐社交平台，已成为各大企业和品牌进行营销的新配置，"直播＋营销"成为趋势，各个行业都在对"直播＋营销"的模式进行摸索。直播营销是通过网络直播进行营销的营销方式，该营销活动以直播平台为载体，通过直播平台进行营销，从而达到企业获得品牌的提升或是销量增长的目的。

1.1.3 直播带货的定义

直播带货是电子商务营销模式。商务部新闻发言人高峰说，"直播带货"可以帮助消费者提升消费体验，为许多质量有保证、服务有保障的产品打开销路，但是网络直播必须符合有关法律法规。

2020年，突如其来的新冠肺炎疫情，让企业项目招引、洽谈、落地等工作受到了不同程度影响，不少企业在做好防控工作的同时，纷纷开启"线上模式"：开展网上"不见面""线连线""屏对屏"招商和项目推介，加码直播带货成为新潮流，全员上线营销变得常见。

2019年"双11"期间，直播带货火爆。天猫数据显示，淘宝直播的爆发，让超过50％的商家都通过直播获得新增长。不过，也有"网红"带货频频"翻车"，虚假宣传、质量低劣等成为新隐患。2020年3月，陕西周至县、宁夏同心县、吉林靖宇县、陕西宜川县、黑龙江虎林市和重庆石柱县的6位书记、县长，走进"战疫助农"抖音直播间，向网友们推荐当地特色农产品。

直播带货也是现在网民接触产品的一种新的购物方式，需要时间来接受。直播带货刚出来时，人们大多报以"观望""怀疑"态度然而随着时间推移，现今直播卖货已经成为一种大众常见的卖货方式，在直播的同时，各种促销方式以及明星效应都会对直播卖货产生很大的帮助，这也极大地促进了直播带货的发展。所以在网红众多的当下，直播带货俨然成了一种趋势。

1.2 直播和直播营销的特征

1.2.1 直播的特征

一是从受传者的角度来说，受众"使用与满足"研究把受众看作是有着特定"需求"的个人，他们的媒介接触活动是有特定需求和动机并得到"满足"的过程。"土豪"愿意花重金给主播，在这一过程中被其他"粉丝"围观和主播点名互动，满足其需要被重视的需求，他们也更愿意为这种满足"付费"，这在现实社会中很难实现。

网络直播使用多种传播符号，例如图像、声音、文字等语言与非语言符号，观众受画面上特定现场和气氛的影响在情绪上也比其他形式更强烈。且时效的同步是观众对现场直播的第一感受，实时发布在空间上让发布主体同观众之间的距离缩减到最小，促使观众关注程度增加，对直播的各个环节都有新鲜感和身临其境感，进而产生强烈的参与意识。

二是从传播模式的角度来说，在大众传播下，打破了原有的单向传播模式，形成了复杂的传播网络。在泛生活全民网络直播的驱使下，人们参与直播，并与受众实时互动，除了追逐经济利益之外，越来越趋于表达自己，并通过互动及时得到反馈，从而达到一种有效沟通。在大众传播中，其传播模式基本上是单向的，具有延迟性、间接性等特点、网络直播的出现，打破了时空的界限，使"一对多"的实时互动成为可能，随着交互体验升级，VR 和 AR 等技术的介入，直播交互将更具沉浸感与参与感，其提供的是更具有个性、更加平等的新的传播方式。

三是从传播者的角度来说，网络传播更突出了意见领袖和议程设置的作用。网络直播更加突出传播个体的个性，释放公众表达的欲望，个性十足的人们迅速成为不同话题的"意见领袖"，带着自己的跟随者不断地设置新的"议题"，强化了"人人即媒体"的传播格局。之所以是强化了，是因为早先微博、微信等平台的出现已经在一定程度上释放了公众的个性，使人们有渠道更自由地表达。但随着新生代精神文化消费需求升级以及互联网娱乐习惯形成，网络直播带来了更直接、更有效果的传播方式，满足了人们个性化十足的表现需要和观看需求。

1.2.2 直播营销的特征

直播营销是一种营销形式上的重要创新，也是非常能体现互联网视频特色的板块。对于广告主而言，直播营销有着极大的优势，也因此备受人瞩目。下面我们就分析一下直播和直播营销的主要特征。近年来，网络直播购物受到广泛关注，感知价值理论、临场感理论、沉浸理论等被学者们用于解释和研究直播中的购物行为。网络直播作为新兴的购物模式，其特征会显著影响消费者购买行为。对于现在任何企业、行业来说，营销都是至关重要的，面对不同行业有不同的营销方式，利用直播营销可以给企业带来巨大的利益。

直播营销的几大特点：

(1) 准确捕捉好奇心

首先，作为新兴的产业结构，虽然模式新颖，却也可以在现下的模式中找到与之对应的营销策略，也就是事件营销。作为直播营销，最重要的目的即是打广告，而除了广告本身以外，直播内容所引起的新闻效应更明显，往往人们会因为直播中的一个事件而更加关注直播，从而达到营销的目的。对于许多行业性质比较高端的企业，消费者都会对其产品的一系列相关流程产生好奇心，然而单纯的做出描述的话，却也只是纸上谈兵，客户也只是浅尝辄止。此时直播营销便极好地抓住了客户的好奇心，利用这一点也可以抓住更多的客户，达到卖货的目的。面对一些行业性质较为高端的企业，如 B2B 与医疗业时，消费者对其运作流程都会抱有一定的好奇心理。这时候，文字描述虽然可以答疑解惑，但难免显得有点冰冷，图片虽美观，却也只是一个定格的瞬间，视频虽然形象不少，与直播相比还是少了身临其境感。若想激发和满足用户对产品的好奇心，大可试试直播营销，运用展示互动实时信息同步、全方位详细展示的特性，实现和用户时间、空间、信息的同步，为用户带来更为真实详尽的体验。

(2) 消融品牌与用户间的距离感

直播营销具有很强的实时互动性。作为网络环境下直播的新模式，它打破了以往网络推送什么，网民看什么的传统模式；以及网民通过搜索商家发布的信息方能进行了解的旧模式。直播购物过程中，主播与受众之间的交流互动贯穿始终，直播的出现改变了这一十分被动的局面，在直播过程中商家完全可以根据观看直播的客户的喜好进行内容的更改，进一步迎合大众的心理，使得广告营销的效应最大化。运用直播与营销相结合的方式进行线上直播，向观众更直观地展现商家的产品，使产品在用户面前的展示更直观，达到品牌与用户零距离，也能使用户更加深刻地了解品牌的文化。通过展示互动直播营销，全方位实时向用户进行最为直观的品牌制造、部分生产流程、企业文化的塑造和交流等，让用户对品牌的理念和细节也会更为了解，就能直观地感受到产品和背后的文化，自然而然地拉近了企业拉进了与潜在购买者的距离，消融了之前存在的距离感。

（3）身临其境，制造沉浸感

营销宣传环节用户契合问题一直是实体企业家们最头疼的问题。最近蹿红的直播营销恰恰能解决这个问题，只要用其特有的信息实时共享性，具体直播服务流程，例如产品、景观特色、实地硬件设置（比如酒店房间配备，景区实景观测等）让用户感受到具体的细节，为用户打造出身临其境的场景化体验，从而可以制造用户沉浸感，让用户共享这场感官盛宴，实现辐射范围的最大化。

（4）发出转型信号

企业大可运用直播营销创新新颖、美观、时尚的直播界面，丰富有趣的打赏方式加上企业本身塑造的别出心裁的直播内容，就可以使企业的宣传方式焕然一新，消除用户心目中的刻板印象，向时代发出营销传播转型的信号。

（5）内容多样

直播营销具有很强大的跨界能力。互联网的发达体现在方方面面，在直播领域更是这样，在直播过程中商家可以通过各种形式来进行广告的宣传以达到营销的目的。同时，直播营销很好地解决了距离的问题，让远在天边的客户都能实时观看到现场直播，受众的增多也无疑使产品的宣传有了更好的效果。

直播营销的实时性、互动性、真实性，让客户能够真切体会到产品的效果。与传统营销方式不同，直播营销为受众提供了更好接触产品的途径，也让用户感受到平等和尊重，从而达到更好的销售目标，这也是直播营销的特征所在。

1.3 直播卖货的价值

1.3.1 直播带货

在新经济快速发展的背景下，"直播带货"，尤其是"网红带货"成了电商新风口。近段时间，网络上几场"直播带货"再次引发大家关注："初代网红"罗永浩在抖音平台进行直播，3个小时直播支付交易总额超 1.1 亿元，累计观看人数超 4800 万人，订单量达到 90 万单；"淘宝一姐"薇娅开卖"快舟火箭发射服务"，虽被质疑炒作，但也成功卖出。

所谓"直播带货"，是指通过一些互联网平台，使用直播技术进行近距离商品展示、咨询答复、导购的新型服务方式，或由店铺自己开设直播间，或由职业主播集合进行推介。一方面，"直播带货"互动性更强、亲和力更强，消费者可以像在大卖场一样，跟卖家进行交流甚至讨价还价；另一方面，"直播带货"往往能做到全网最低价，它绕过了经销商等传统中间渠道，直接实现了商品和消费者对接。特别是对网红主播而言，直播的本质是让观众们看广告，需要通过"秒杀"等手段提供最大优惠力度，才能吸引消费者，黏住消费者。

5小时吸引3200万用户、5分钟超万支口红售罄……类似场景的不断出现，证明"直播带货"的确有无限可能。尤其是在这次疫情期间，依赖线下客源的企业和商家遭受巨大冲击，"直播带货"再次展示了巨大优势，比如许多农产品纷纷滞销，一些县长市长走进直播间，为自家土特产代言，解决了供销难题；央视新闻举办的"谢谢你，为湖北拼单"，通过接入拼多多等电商平台直播，开启"带货"模式；为刺激消费复苏，一些地方还出台了行动方案，有的号称要培育10000名"李佳琦"，有些地方更提出"把学分修在田间"。

但也要看到，直播只是一个展示产品的入口，用户收到货之后的感受和体验才是真正考验"直播带货"的关键。依托于电商平台的"直播带货"，已然有成熟的信任关系，但依托于网红主播的带货行为，仍有不少问题：一些网红主播根本没用过某款产品，就敢为产品代言；一些主播涉嫌夸大宣传推销，"名品"变赝品，"好货"变"水货"，误导了不少消费者；某些网红主播绕过平台点对点交易，将交易移到"桌面底下"，导致消费者无处维权和售后……这些问题不解决，"直播带货"就只能是一次买卖，就无法形成良性交易闭环。

毫无疑问，直播电商的本质属于商业广告，带货主播往往身兼广告经营者、广告发布者、广告代言人等多重角色。在这类模式中，品牌商看重主播流量，消费者信任主播背书，如果产品出了问题，而主播不用承担任何责任，就可能出问题。因此，要加大对"直播带货"的法律约束和诚信约束，特别是明晰带货主播的责任。带货直播是个新鲜事物，不妨抓住《互联网广告管理暂行办法》修订的契机，将直播电商列入法律规制范畴，进一步厘清各方的法律责任，从而促使直播更好、更健康地发展。

数据显示，2019 年中国直播电商行业的总规模达到 4338 亿元。预计今年中国在线直播的用户规模将达 5.24 亿人，市场规模将突破 9000 亿元。我们乐见"直播带货"的发展壮大，把被抑制、被冻结的消费需求释放出来，推动社会经济发展。当然也要强调，网络直播并非法律盲区，带货主播不能信马由缰，电商平台也不能无所作为。只有重视法律盲区和争议，做到符合法律法规，才能促使"直播带货"走上规范化发展之路。

1.3.2 直播卖货的三大要素

当下淘宝直播卖货成了主流，许许多多的商家为了店铺的销量都开始直播卖货，直播卖货最大的价值在于"提高转化率"，一般电商网站的平均转化率是不能直视的 1‰到 3‰，京东和淘宝大概是 1%，天猫 3%，只有聚划算（团购）好一点，大概在 10%。

但是为什么许多商家做直播卖货效果不好呢？无论图、文案有多精美和华丽，也比不上对着镜头实实在在地展现商品，在可信度这一块是其他宣传方式无法比拟的。今天学院君来教你们如何实操直播卖货玩法，实现店铺销量。

直播卖货三大要素包括：

（1）引流

直播的根本就是观众，如何提升观众数量才是直播卖货的重中之重。

①平台合作

举个例子：如果直播的产品是偏向于母婴类的，可以找一些母婴产品的平台进行合作，通过他们的宣传让更多的人知道这场直播，达到了引流的目的，增加观看直播的人数。

②朋友圈、社群

商家可以设计关于直播的主题内容海报，然后在朋友圈和社群使用海报进行宣传和扩散，可以增加一定的激励，比如说转发送优惠券等。让大家都知道有这么一场直播活动。

③公众号图文

商家撰写软文并配上主播的信息以及内容预告，发送至公众号，提前让大家知道有这么一场直播并且公众号图文方便大家转发扩散。

④商铺门口摆放落地页

商铺门前的人流非常容易成为直播的宣传者和传播者，独特的宣传方式也很容易帮助商铺本身进行宣传。

（2）互动

直播过程中的互动是留住观众的根本，如果没有互动，一味地展示商品会让观众觉得无聊从而离开直播间。一定的活动以及激励会调动观众的积极性从而实现购买。

①抽奖

适当地在直播过程中抽取一些小礼品，调动观众的积极性，可以是店铺的优惠券或者2元小话费这种奖品。

②限时秒杀

在直播过程中可以定时推出一个限时秒杀的链接，通过一次次的秒杀价，让观众对每一次的秒杀环节充满期待，在期待中推进直播的环节。

③红包

定时发动红包环节，带动观众的积极性，红包金额不需要很大，对观众来说主要是抢红包的过程。

（3）转化

①"粉丝"促进分享

通过直播购买的"粉丝"，如果帮忙转发直播链接在朋友圈，可以得到一定的返现，通过"粉丝"来促进分享和转化。

②分析数据喜好

根据弹幕的信息以及部分可视化的内容，收集观众的聚焦点并根据分析的结果即时添加观众喜欢的产品。

1.3.3　直播卖货的优势

直播卖货，顾名思义就是主播在直播过程中通过推荐各种服装、零食、化妆品等物品。直播卖货App是近几年才流行的软件，在此之前，电商行业一直以淘宝、京东为行业内销货的巨头，但自从直播卖货兴起后，它在电商行业内的地位越来越高，甚至有赶超淘宝、京东的趋势。

早在20多年前，电视购物就改变了人们的购物方式，把只能线下购物的方式开发成线上线下都支持，曾经火爆的电视购物也创造过电商行业高成交的记录，但随着互联网的发展，消费者的消费习惯和阅读方式发生改变，电视购物也惨遭淘汰。随后，在直播兴起前的真空期，淘宝、京东等卖货平台成了电商行业的主力军。

直播行业崛起后，打破了传统文字和图片零互动的限制，电商行业也看准机会，将电商元素与直播行业结合，直播卖货App应运而生。在电商企业看来，商品从包装到转化购买，中间的步骤太过烦琐，每个步骤都可能造成消费者的流失，如果能将消费者消费需求前置那就能促成更快的交易，于是直播成了生产内容最好的载体。

直播具有真实性，与用户的距离更近，产品实景展示和主播现场试用能让用户更容易信任，对于介绍产品功能、使用方法效果更直观，用户有问题时也能快速解答。对比查看图片、文字的购物方式，直播卖货带来的视觉冲击更强烈，如果运气好的话还能看到自己喜欢的明星出现在直播间。

直播卖货还有个优势在于符合现在年轻人的玩法和需求，年青一代对于偶像、明星的追逐，产生了新的经济现象，这种现象刚好能通过直播来展现，走进直播间就能轻松完成销量目标和获得更多的关注，哪位明星会拒绝呢？对"粉丝"来讲，走进直播间就能看到自己喜欢的明星，还能用全网最低价买到自己喜欢的产品，谁会拒绝呢？

不管是哪种推广方式，都意味着直播卖货对用户的体验更加重视，也抓住了这次直播兴起的热流，借助热流完成自己行业内的进步和发展。直播卖货比传统直播在商家盈利上更加多元化，主播不仅可以享受赠送礼物的分成，还能享受售卖货物后推销商品的利润分成。

直播卖货 App 的开发和之后的发展，意味着直播行业与其他行业结合发展创造的经济正在不断升温，直播卖货 App 将成为未来移动电商发展的大趋势。

企业营销活动就是研发出满足客户需求的产品，将产品价值呈现给客户，并实现价值交换（企业交付产品、客户支付款项）。而在产品已经成型的前提条件下，企业营销的重点是呈现产品价值、实现价值交换两大模块。

在传统的市场营销活动中，企业呈现产品价值主要依靠户外广告、新闻报道、线下活动等形式，企业实现价值交换则是借助推销员销售、自动售货机贩卖、电话下单与发货等方式。

而互联网直播的出现，给企业带来了新的营销机会。借助直播，企业可以在上述呈现产品价值环节支付更低的营销成本，收获更快捷的营销覆盖；在上述实现价值交换环节实现更直接的营销效果，收到更有效的营销反馈。

（1）更低的营销成本

传统广告营销方式的成本越来越高，楼宇广告、车体广告、电视广告的费用从几十万到上百万不等。网络营销刚兴起时，企业可以用较低的成本获取用户、销售产品，但随着淘宝、百度等平台用户的增加，无论搜索引擎广告还是电商首页广告的营销成本都开始变高，部分自媒体"大号"的软文广告甚至超过 50 万元。而直播营销对场地、物料等需求较少，是目前成本较低的营销形式之一。

2016 年 5 月 25 日晚，小米公司举办了一场纯在线直播的新片发布会，小米公司总经理雷军直接在办公室，通过十几家视频网站和手机直播 App，以及自家的"小米直播"App 发布了其生态链产品—小米无人机。采用线上直播的形式，无须租借会议酒店，无须准备户外宣传，无须进行大型会场布置，所花费的成本仅十余台手机而已。

（2）聚焦精准用户

直播具有时效性和即时性，当用户在观看品牌直播时，用户需要在一个特定的时间段内进入品牌直播间的页面，这与当下用户的"碎片化时间"和互联网视频所倡扬的"随时随地性"冲突，但是这种播出时间上的限制，也能够真正识别出并抓住这批具有忠诚度的精准目标人群。能在品牌直播时间段进入直播间观看的用户，大部分是品牌忠诚度较高的用户，就好像李佳琦的直播间，就算是在特定时段直播，也能吸引到很多"粉丝"进入直播间观看，能体现出用户群的精准性。因此，直播营销能为品牌聚焦精准的"目标用户"。

（3）更快捷的营销覆盖

用户在网站浏览产品图文或在网店翻看产品参数时，需要在大脑中自行构建场景。而直播营销完全可以将主播试吃、试玩、试用等过程直观地展示在观众面前，更快捷地将用户带入营销所需场景。

（4）购买链路变短，具有更直接的营销效果

以往我们的购买形式：接收营销信息—感兴趣—咨询—找

渠道—购买，如今直播让我们的购买链路变得更加便利，只要你在品牌直播间观看直播，想购买产品，你只需要：点击——下单，就能完成购物。

另外，消费者在购买商品时往往会受环境影响，由于"看到很多人都下单了""感觉主播使用这款产品效果不错"等原因而直接下单。因此在设计直播营销时，企业可以重点策划主播台词、优惠政策、促销活动，同时反复测试与优化在线下单页面，以收获更好的营销效果。

（5）更有效的营销反馈

在日常生活中，我们接收到品牌营销信息一般都是提前制作好的图文或者视频类型的成品，所以，用户对这种单一的营销方式只有接收行为，却没有反馈以及参与行为，此类营销方式很难让用户形成记忆。但在直播中就不一样，由于直播具有即时性，用户可以在品牌直播的过程中发表自己的观点与建议，与品牌方产生有效且即时的互动，用户的参与感也能得到提升，这样的形式，不仅能促进他们购买，而且还能让她们形成二次传播。

在产品已经成型的前提条件下，企业营销的重点是呈现产品价值、实现价值交换；但为了持续优化产品及营销过程，企业需要注重营销反馈，了解顾客意见。由于直播互动是双向的，主播将直播内容呈现给观众的同时，观众也可以通过弹幕的形式分享体验。因此企业可以借助直播，一方面，收到已经用过产品的消费者的使用反馈；另一方面，收获现场观众的观看反馈，便于下一次直播营销时修正。

互联网直播行业的发展已经超过 10 年，但尝试直播营销的企业并不算多。由于直播营销具有更低的营销成本、更快捷的营销覆盖、更直接的营销效果、更有效的营销反馈等特点，预计未来会有更多的企业开始借助直播进行营销推广。因此，直播卖货能帮助商家获得更加有效的用户互动。

（6）深入沟通，情感共鸣

在这个碎片化的时代里，在这个去中心化的语境下，人们在日常生活中的交集越来越少，尤其是情感层面的交流越来越浅。直播，这种带有仪式感的内容播出形式，能让一批具有相同志趣的人聚集在一起，聚焦在共同的爱好上，情绪相互感染，达成情感气氛上的高位时刻。如果品牌能在这种氛围下做到恰到好处的推波助澜，其营销效果一定也是四两拨千斤的。

互联网作为一个用户人口巨大的网络平台，其庞大的用户群和急剧增长的态势，蕴含着非常大的潜力和市场空间。那么，直播卖货到底具有怎样的价值。

第一，直播可以为企业培养、挖掘一批品牌的忠实用户。

随着经济的发展、群众生活水平的提高，购买不再是满足生理需求而产生的行为。直播的同时就是在利用网络的力量在对产品以及品牌在进行宣传，而庞大的受众也与产品的宣传相得益彰，现在有一半以上的消费，都是购物者为了满足心理需求而产生的行为。因此，当今消费者在购物时常常带有强烈的情感，而品牌就是抓住消费者情感的最佳道具，使消费者的情感对品牌变得更加"忠诚"，而今直播为品牌营销创造了绝佳的机会和重要价值。

第二，直播在线上提高消费者对品牌相关产品的体验。

大多数企业在线上推销中，最常采用的方式是通过一整页的"文字＋图片"的方式进行产品描述。虽然也有部分企业会穿插短视频，但是这种方式其实和微博、微信等社交门户的广告极为类似，甚至更加繁复，让大多数消费者难以完整、仔细地看完。但是，产品所有的使用方法、使用工程、使用细节以及注意事项都可以通过直播直观地展现在消费者的眼前，并且消费者还可以通过直播平台对产品进行提问。当直播中的产品在消费者心中留下了良好的印象时，品牌的形象自然也会获得一定的加分。

第三，直播提高品牌曝光率。

品牌曝光率是品牌营销中心最重要的部分，企业在建立品牌形象的过程中几乎都是围绕着"品牌曝光"进行的。只有让品牌尽可能多地被消费者了解、熟知，才能真正达到品牌营销的目的。直播平台聚集了互联网中的流量，流量是人群、是消费者，把品牌丢入直播平台这种"流量池"中，自然就会掀起传播的"涟漪"。但是，在品牌参与直播的过程中，企业必须不断地做直播内容上的创新，向消费者展示最新、最有趣的品牌文化内涵，才能在"流量池"中不断地吸收流量。直播开展相应的促销活动，向大众输出企业文化。直播过程中商家可以进行一定的促销活动，作为经典的促销手段，将其与互联网直播的模式结合起来，让人们足不出户便享受到商品促销带来的乐趣，也是直播卖货能够带来的价值之一。

1．4　直播卖货的类型

直播是一种实时性、互动性显著的互联网传播内容的形式。不同于传统的文字、图片、视频等传播形式，直播紧密的将用户与直播内容交互在一起，用户本身也是内容生产的一分子。如果按照直播在时间上的发展历程来看的话，直播大致能分为三大类：传统秀场直播、游戏直播和泛娱乐直播。

传统秀场直播：兴起于 PC 端，以美貌的女子直播为核心，一般表现内容就是唱歌、跳舞；

游戏直播：也是起源于 PC 端，主要内容就是观看主播玩游戏讲攻略或者观看主播实时解说游戏赛事；

泛娱乐直播：兴起于移动端，为娱乐产业相关直播，包括全民移动直播和垂直领域直播（电商、体育、综艺和股票等）。

那么究竟为什么作为 2015 年才火起来的泛娱乐直播反而占据市场结构的 44％，成为主流呢？

众所周知，斗鱼直播最初是以游戏直播的身份被大众所熟知的，但近年来其开始转变路线，降低电竞化而大力发展娱乐化，这背后的原因是什么呢？

首先，不同的人可以在这里满足他们不同的需求，我们将用户的众多需求转化为六个核心诉求，并且按照这六个核心诉求进行用户分类。这六个核心诉求为：尝鲜、有趣、陪伴、围观、零距离、随时随地。泛娱乐用户群更加广泛，付费率更高，"门槛"更低。

放松消遣型的用户是占比最大的，以看有趣的内容来放松，一般在睡前观看，在平台选择最关注的内容，喜欢有特长的主播。

消磨时间型的用户也是占比比较大的，喜欢随时随地都有内容可看，主要使用移动端，不喜欢主播讨要礼物，打赏的主播数也较多。

游戏电竞型的用户喜欢围观游戏高手，是观看直播的重度用户，会关注多个平台，哪个平台有赛事就观看哪个平台，免费道具打赏的比较多，一般只打赏自己喜欢的游戏大神。

追星型用户是跟随明星来到平台，体验与明星零距离的接触，除了明星偶尔也会观看其他主播，为了和明星互动会进行打赏。

寻求陪伴型的用户比较注重主播的真实感，会每天多次，长时间的观看，喜欢互动性强的主播，打赏的意愿强，打赏的金额也高。

追逐潮流型的用户主要是以尝鲜为主，觉得直播很火就来了，使用平台的频率较低，有较大可能会迁移至新平台，整体打赏的花费比较小。

大部分用户在关注主播时看重独门才艺，清新自然、出勤稳定以及以德服人这四个主播特质，另一方面，各类用户的需求还能够更加细分，如寻求陪伴型的用户更关注主播的沟通能力，电竞游戏型用户则更关注主播的实力等，因此主播在吸引特定客户时需对症下药。

当主播无法提供稳定的、内容不断更迭的直播时，用户会

　　停止关注该主播，而对于部分特别忠诚的用户，主播停止直播是他们唯一停止关注的原因。

　　在用户互动行为中，无论是加入主播"粉丝"群还是关注主播社交媒体账号，寻求陪伴型的用户参与度最高。弹幕和评论的使用比例高达60％，证明弹幕和评论已成为泛娱乐直播文化的重要组成部分。另一方面，付费打赏的用户仅占21％，付费率有待进一步提升。

　　大部分用户打赏的目的性较低，以单纯支持主播为主，而高目的性的打赏，是以打赏后可与主播进行互动为主要原因。大部分用户打赏主播人数较少，主播间的竞争非常激烈。整体来说，用户继续打赏的意愿非常高，部分用户会进行私下打赏，以期获得主播的社交联系方式和后期互动。

　　直播营销是指在现场随着事件的发生、发展进程同时制作和播出节目的播出方式，该营销活动以直播平台为载体，达到企业获得品牌的提升或者是销量增长的目的。现今电商直播已成为企业营销的新高地，居家不用外出就可以观看到产品的新

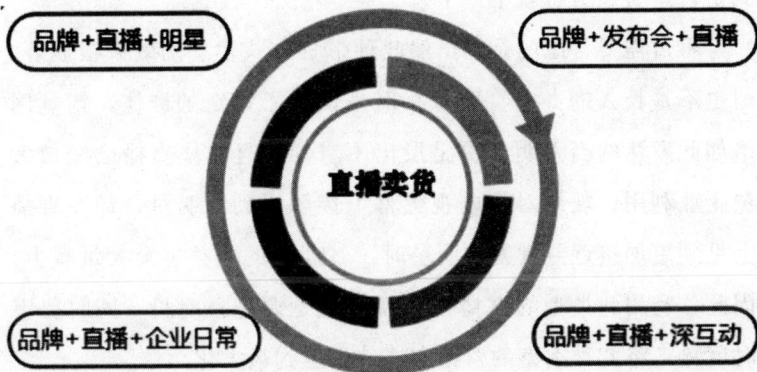

品牌+直播+明星　　品牌+发布会+直播

直播卖货

品牌+直播+企业日常　　品牌+直播+深互动

模式也使商家的利益最大化，下面分类介绍几种直播卖货的模式。

1.4.1 品牌＋直播＋明星

"品牌＋直播＋明星"在企业直播营销的所有方式中，属于相对成熟、方便执行、容易成功的一种方式。明星往往拥有着很大一部分"粉丝"圈，产生的效应可以迅速抓住观众的注意力，进而产生巨大的流量。所以在大多数情况下，企业想要通过直播塑造品牌形象时，一般都会优先考虑拥有固定形象的明星。

明星效应向来强大，特别是直播正进入平民化阶段，有大牌明星出现一下就能抓住眼球产生轰动效应，而且导流能力强，能为品牌带来真金白银的销量。不过这种玩法的劣势也显而易见——大部分明星的直播都局限于片场间隙、后台化妆间，并无充分准备，只依靠"现炒现卖"，能留下来的话题不多。按照眼下品牌在直播上消费明星的速度，大众的猎奇心理很快就会满足，审美疲劳也就不远了。

不过需要考虑的是，虽然此种带货方式卖货的效果很显著，但也不是长久的办法。明星相对来说是不稳定的群体，毕竟网络如此发达的当下明星更是层出不穷，而且明星直播已经被大量企业利用，观众对于电视荧幕上接触不到的明星，却在直播上见到更加接近寻常人的明星时，其产生的效益也会大量减少。因此，利用此类型的直播营销模式就是要把握时机，同时要审时度势，将此种类型的营销方式效果达到最大化。

1.4.2 品牌＋直播＋企业日常

在直播的时代，个人吃饭、购物等日常活动都可以作为宣传个人 IP 的直播内容，那么企业的日常同样也可以作为直播内容进行品牌宣传。

社交时代，营销强调更加接地气以及能够与客户更好地沟通。如同普通用户分享自己的生活点滴，品牌也分享自己公司的流程，使品牌能够被观众接触到，成为与公众建立更密切关系的社交方式。而且帷幕背后往往隐藏着精彩，但如何从琐碎枯燥中挖掘出这些具有吸引力的素材、故事，将是对公关、营销人的一大考验。

所谓的"企业日常"，指的是企业制定、研发、生产产品的过程等，甚至企业开会的状态、员工的工作餐都可以。这些对于企业来说稀松平常，甚至还有点琐碎的小事，对于消费者来说却是掩盖产品光环下的"机密"。因此，将"企业日常"挖掘出来，搬上直播平台也是一种可以吸引观众注意力的直播营销方式。

1.4.3 品牌＋直播＋深互动

现在业界对于直播营销的探索还在进行中，但是有一点已经形成共识：直播最大的优势在于带给用户更直接更亲近的使用体验，甚至可以做到零距离互动。

虽然业界对直播营销的探索还处于初级阶段，但有一点已经形成共识：直播最大的优势在于带给用户更直接更亲近的使用体验，甚至可以做到零距离互动，这是其他平台所无法企及的。

但这点实际上是最难以创新的一种直播营销玩法。因为直播本身就具有高效的互动性，所以企业想要让品牌通过直播平台与消费者进一步"深互动"则需要极大的创新思维。但是，一旦企业对"品牌＋直播＋深互动"有了正确的创新思路，就会获得相当可观的成果。

1.4.4 品牌＋发布会＋直播

前三种方法的互动模式——评论、打赏、送礼物，都只停留在表面，并没有将直播的实时互动性榨取得淋漓尽致。

除了请明星吆喝的"直播版电视购物"，国内大部分企业触发直播这项技能的另一种普遍模式就是举办发布会直播了。利用此种模式也能更好地进行厂家的营销，例如对于小米的用户来说，他们对于产品的参与度也提升了，每个人都可以留言向雷军提问；而且作为国内"第一次"纯在线直播的新品发布会，这事儿还具有事件营销的资质。然而发布会直播不是你想做就能做的，最大的"门槛"是出任主播的企业 CEO 的临场能力。毕竟不是每个老板都像雷布斯、罗永浩似的嘴皮子溜，自黑、他黑都得心应手，连听三小时都不觉得烦。这也是商家需要进行学习的。

1.5 直播的前世今生

1.5.1 直播的发展阶段

如果要给国内互联网行业进行一场梳理的话，网络直播必然是其中较为古老而又步履蹒跚的行业。作为很早就有的互联网形态，自从电脑大面积普及摄像头之后便悄然诞生。在聊天室后期出现的房主视频聊天模式，几乎可以看成秀场直播的雏形，而之后的"平民秀场"，正式让网络直播形成一个独立的产业。

第一阶段：各大语音平台作为契机。

根据网络直播大数据显示，"直播"从起步到爆发不过短短10年时间，却经历了起步期、发展期、爆发期等多个阶段。2003年起，红警、传奇、CS等游戏开始慢慢崛起，也迅速发展了起来，那个时候为了让大家的游戏体验更好，也为了交流方便，当时更多的是运用的语音互聊，这是PC端第一次有语音交流的例子，但是当时其实只是将其用来玩这些游戏，好友之间互通信息。进行游戏内的体验交流以及闲谈，这也使得谈话更为方便，且为以后的发展奠定了契机。从2005年到2013年，网络直播市场随着互联网模式演化起步，以YY、六间房、9158为代表的PC秀场直播模式为众人熟知。到了2014年、2015年，网络直播市场进入新一轮的发展期，尤其是电竞游戏直播的出现，在大量游戏玩家的推动之下，网络直播"一夜爆红"。

直播发迹于2008年，处于PC端的探索时期，2010年后进入移动化，随后中小厂商开始不断跟进。2015年，网络直播开始真正进入公众视野，2016年，网络直播市场迎来了真正的爆发期，用户在脱离电脑后通过移动手机客户端实现移动秀场直播。手机视频直播成为视频秀场的新兴市场，备受各大直播平台的青睐。可以说2016年是互联网直播元年，2016年，一直不温不火的网络直播仿佛一夜之间红遍大江南北，一时间层出不穷的直播平台如雨后春笋般冒出，并且几乎各大门户网站都开始做起了直播。腾讯直播，网易直播，微博直播，直播成为互联网领域的热点。网络直播市场真正进入到全民时代。随着 VR 技术的发展和日渐普及，接下来，视频秀场可能将迎来 VR 直播时代，用户能够沉浸到直播现场中，通过 VR 技术，可以瞬间"穿越"到屏幕对面，与主播零距离互动。

事实上，从形态上讲，直播并不是完全从无到有的产品，而是在秀场模式上的微创新产品。资本市场投资开始进入红热化，大量资本入局，BAT 等互联网巨头也纷纷入局直播，"千播大战"爆发，市场迅速扩大，竞争极其激烈。在秀场时代，各家都比较低调，甚至有些忌讳谈及，比如优酷和爱奇艺去年都先后推出了秀场平台，但很少对媒体提及；但直播完全改变了秀场低调的"作风"。

资本开始出局，投资更为谨慎，直播行业马太效应凸显，行业总体逐步迈入成熟期，开始了新一轮的淘汰。在内容领域，直播由传统的秀场直播逐渐向细分垂直领域转型，且通过"直播＋"不断融合新场景，满足新需求，提升多个领域的运营效率，同时带动了上下游一系列产业的发展。正是直播的高调带动了这个产品形态的火爆。直播有多火，某 CDN 服务平台高管向 TechWeb 透露，目前超过 80% 的直播平台选择了其 CDN 服务。目前全球移动互联网平均渗透率已超过 50%，在欧美、东亚等区域渗透率已超过 80%。从流量上看，今年 5 月网宿平台视频直播类月均流量相比去年 5 月大涨 180%。

第二阶段：视频版网络产物。

这个时候就越来越多地出现了视频，当时最火的就是 YY，软件里面有很多秀场，就是现在的网红主播或者娱乐主播。当时直播的出现也是一种新的形式，直播最先出来的最火的就是喊麦。你还记得最初的网红吗，传统秀场直播最初于 2005 年在国内出现，原型为网络视频聊天室，2009 年后转变为以美女直播为核心，早期的表现内容主要是唱歌、跳舞。秀场主要依托于 PC 场景，需要专业的设备以及固定的直播室，而且需要主播有一定的表演才能。速途研究院的调查显示，秀场用户在对秀场娱乐模式的关注类型上，热舞、唱歌是用户关注的主要内容，拥有着好身材、好舞姿的女主播们在镜头下摇曳起舞，是大量男性用户买单的目标，也是排解寂寞的不二选择。

唱歌、讲段子的女主播们和用户间需要有较强的互动性，可以吸引大量的用户参与，也是用户喜爱的秀场直播中娱乐模式之一。随着移动互联网的进一步发展，需求的长尾会变得更长更宽，"二八法则"将难以继续适用于市场，需求曲线进一步扁平化，垂直细分领域的需求在未来将产生无限潜力。随着 VR/AR 等技术的发展，直播的视觉体验和互动体验将进一步提升，客户总成本将下降，客户总价值将上升，也就意味着客户让渡价值将会提升。直播行业需要思考的是，如何将产品与技术更好融合，如何进行更多元化的互动以更低成本吸引、获取与保留客户。

第三阶段：移动 4G 时代。

这个阶段就比较有趣了，这也是游戏引爆的一个阶段，在

2016 年的时候，游戏直播大面积铺广，很多游戏直播程序出现，比如斗鱼、龙珠、熊猫、虎牙等等。2016 年也是手机直播的元年，这一年冯提莫、李天佑、PDD 等大量出现。

随着抖音带来的短视频市场的火热和各巨头纷纷对综合视频进行的新一轮布局，人们对信息的获取方式已悄然由图文转向视频，而且未来视频化趋势会进一步增强。直播行业需要思考的是，如何将视频与内容进行更深入的融合。2019 年直播带货横空出世，辛巴、李佳琪、薇娅等各大头部网红主播疯狂带货，他们最高的带货金额可以做到 20 亿元，彻底打破人们对直播电商的疑问；至此正式开启直播电商的入局浪潮。虽然目前监管变严，但依然有很多主播为吸引"粉丝"，故意打法律的擦边球，制造一些具有"眼球效应"的低俗内容，这一行为在吸引一部分用户的同时也会造成原有忠实用户流失，损失远远大于收益。

与此同时，随着直播的发展，内容已渐渐趋于同质化，美女聊天、唱跳才艺等传统内容吸引力已大大下降，难以继续长时间留住用户，而新型创新内容短时期内又很难大量爆发，对直播平台来讲也是一个不小的挑战。

1.5.2 直播的机遇与挑战

（1）网络直播行业的机遇

随着网络直播的热度直线上升，创业者、投资机构的蜂拥而至，显然给这个行业本身带来各种机遇。

一是行业较低的准入"门槛"为网络直播的发展提供了广阔的空间。

　　蜂拥而至的网络直播在中国蓬勃发展的互联网的背景下已成了现时代的热点。不少"90后"，甚至"00后"都纷纷奔向网络主播这个行业，期盼自己能成为网络红人，一夜成名。

　　大部分网络直播平台的用户注册都很简单，一般只要年满18周岁都可以申请，只需完成几步认证，且通过认证就可以成为网络主播。成为网络主播后，当关注度达到一定数量后就可以申请和平台签约了，并得到相应的收益。

　　网络直播即能够呈现浅薄的内容，也能够承载有建树的精品。任何有特长，有专业，有创意，抑或是有颜值的个体和团体都能够在网络直播中找到内容切入点，而较低的准入"门槛"正好为这些个人和团体打开了一扇门，为该行业的快速发展提供了广阔的空间。

　　二是积极互动的交流方式为网络直播提供了鲜活的生命力。

　　不同于微博、微信随时随地发布信息及评论功能，网络直播能够实现的是更为直接的自我展示和实时互动。

　　当前，国内网络直播的主要收入是用户充值后购买虚拟道具，为了吸引受众关注和赠送礼物，主播与受众互动非常频繁。在大部分网络直播中都有类似的行为：观众会送给主播虚拟的"礼物"，一般主播会特别关注赠送礼物的用户，主动增加与该用户的互动，有的主播还会加入自己的个性互动。这样的方式让这部分客户"脱颖而出"。这些受众在这一过程会有备受关注的感觉，甚至获得一种成就感。这样的互动强度是别的传播渠道所没有的，这也正是网络直播强大的魅力所在。

　　与受众实时互动，抛出自己的观点，引出客户的需求并加以讨论和沟通，并及时地得到反馈，从而达到一种有效沟通。这样的沟通交流方式为网络直播提供了鲜活的生命力。

三是有一定的经济效益，使得网络直播有了可持续发展的基础。

由于互联网的起源是分享为主，使得人们对于互联网的认知为免费经济居多。近年来，知识经济的崛起表明互联网让信息和服务重新走向付费的趋势，而网络直播就是在这样的一个环境中应运而生。

网络直播的兴起与发展催生了网红经济。大家经常可以看到类似这样的网络报道："某主播月入百万或者千万。"人们并没有过多考证网络主播是否真的如同报道所言是高收入群体，网络平台高额"打赏"分成主播能拿到多少，其中渠道中介、经纪公司是主要受益人，网络主播是其次这些问题。人们也并没有仔细分析那些高收入的主播大多数是一线网红主播，而能有几个网络直播平台的主播，称得上一线的，只有万分之一，甚至更少。每个平台也就四五个一线主播。人们关注更多的是网络直播，网红确实具有经济效益，有赚取高收入的可能性。直播赚钱的方式多种多样，不同类型的直播，各自有不同的赚钱方式。比如按小时计费、直接收费、广告收入、流量、主播礼物等。观看者可以用钱买礼物、送鲜花、送蛋糕或者送跑车，虽然这些都是虚拟的，但可以折算成钱；还有直播网站或者平台的酬勤；也可以是你在直播画面中加入自己的淘宝店地址，号召大家去购买等。这些都能够为网络直播的个人和团队创造经济价值。一定的经济效益能为网络直播更好的可持续发展提供坚实的基础。

(2) 网络直播行业面临的挑战

尽管网络直播行业现在不缺乏人流和金流，并且人们对该行业和完善也充满了信心，但机遇和挑战一向并存。我们还应积极、稳妥地应对挑战，为网络直播行业的发展更稳健、可持续的发展创造更好的环境。

一是网络直播用户竞争激烈不易脱颖而出。

据艾瑞咨询公布的数据显示，中国互联网演艺平台市场规模一直呈爆发式增长，预计 2016 年将突破百亿，整体呈"野蛮式"生长。显然，这种传播方式已被越来越多的人接受，直播队伍逐步扩大，也预示着全民直播时代终将到来。

因为深受年轻人喜爱，网络主播队伍还在不断的迅速膨胀。网络直播市场空间的进一步扩大毋庸置疑。这让该行业整体临近"吃水线"，竞争已然"红海化"，市场碎片化程度很严重。想要在网络直播这片"红海"中脱颖而出，已不仅是内容创新、技术分享、颜值出众以及沟通给力，而是综合较量。

二是网络直播的内容良莠不齐、同质化严重。

网络直播的内容建设除了保留传统媒体的优势外，还具有实用性、符合现实内容等特点。网络直播的主体大都注重自身的才艺展示和日常生活的呈现。但很多网络直播的内容创新点不足，并没有提升直播内容的内涵和意义。目前，占据热门榜的大多都是高颜值的主播在直播自己的日常生活。众多的直播内容也出现了大量的重复，或者为搏出位想以低俗取胜，展现着网络直播的灰色地带。

面对相互模仿的网络直播内容，同质化的网络直播方式，受众长此以往会产生倦怠是必然的。所以，我们想要在这场竞争中取胜，就需要做好内容建设、拓宽传播视角、形成自己的创新文化，才能让我们的直播走得更远。

三是网络直播的监管方式有待完善。

网络直播随着互联网技术和互联网文化的兴起而出现。它的最初是让经验分享像普通大众敞开大门。只要有一技之长，就可以通过网络直播将自己的经验或经历分享给大家。这些经验涵盖面很广，其中教育问题、医疗问题，甚至个人人生观的树立问题都包含其中，并且网络传播速度快、受众多、影响大，网络直播的内容建设如果经过别有用心的人利用、发酵或误导，后果极其严重，而且，现在大部分网络主播与公司之间并不是雇佣关系，大部分只是合作关系，个人受到的约束和监管比较小。一种新的传播方式的兴起必然伴随着创新和风险。面对风险，网络直播平台和政府机构都应该快速地提出相应的管理办法。一方面，网络平台在企业发展的同时应该对低俗的视频严管，出台相应的办法支持正能量传播的网络直播视频，另一方面，相关政府部门应加快制定相关的法律法规，实时的完善监管制度，加大监管力度，保证网络直播内容积极健康。

总之，网络直播的迅猛发展给我们带来了极大的机遇，这一点毋庸置疑。他的发展正在潜移默化地影响着人们的生活。广大受众价值观、欣赏倾向会受到影响慢慢改变。所以，网络直播作为一个新兴媒体不能忘却大众传媒应有的担当。网络直播应花大力气着眼于内容产品的设计与创新，提高受众对网络直播内容的信心，才能够更稳健、可持续的良性发展。

1.6 直播与新零售

新零售借助电商巨头们汹涌的接受、演绎能力，更是四处围攻线下业态，从阿里到腾讯，从京东到苏宁，新零售已经迅速蔓延成一股破坏性极强的颠覆性力量，深刻影响着我们每一个人的生活。近年来，直播、短视频平台重塑了整个商业及文化产业的内容格局。这也预示着目前新零售商业模式逐渐多元化发展，而直播新零售正在有效改变广大实体店的生存现状。

1.6.1 "新零售"挑战和机遇一样大

新零售：以消费者体验为中心的数据驱动的泛零售形态。

零售的本质：始终为消费者提供超出期望的"内容"。

简单来说，新零售是一种线上线下深度结合的零售模式。它区别于传统的实体零售或是电商，它是以消费者线上线下双重体验为中心。

网络直播是网络文化发展的新的产业形态，逐渐形成"网络直播＋"的营销模式。2016 年 3 月，淘宝购物平台开设直播购物模块，以直播形式售卖商品，标志着"网络直播＋电商购物"模式的兴起。随后京东、蘑菇街等纷纷开设直播购物，网络直播购物飞速发展。当然，虽然马云在 2016 年云栖大会上首次提出了新零售这个概念，但某种程度上讲，新零售其实并非一个新概念。其实在这个概念被提出之前的近五年时间里，从全渠道运营、线上线下融合到数字经济，都在往这个方向慢慢迭代靠近。应该说，"新零售"更多的是一种必然的客观趋势，而不是一个全新的概念。

不过，要引领或者跟上这股新趋势，也并非易事，线上、线下、物流、数据、技术的完美融合固然诱惑，但掣肘也同样内生于融合本身。在这种复杂的融合、新生过程中，任何一家企业要找到自己的准确定位和方向都是个大挑战。

不难理解，在这样一个新的零售体系里，你可以整合资源，同样也可以被别人整合。关键在于，你把自己的核心零售业务构建在一个怎样的零售体系上？是借助别人的平台，还是构建自己的全渠道运营体系？假设是后者，你的供应链系统、生产供货系统是要依赖别人的资源，还是已有的传统供应链网络？这些都可能影响到新零售体系的成功运营。

另外的挑战是，线上、线下业务的结合对于很多企业来说并不陌生，但要做到产品种类的多样化、差异化却又很难。问题是，如果不能做到让自己的品牌小众化、业务个性化，甚至在自己的运营系统中也不能做到常态化和员工的创客化，那么即便有线上和线下业务的整合，也并不是真的"新零售"。

那么，实体店为什么要转型新零售直播卖货？用直播的方式，通过优质内容或文化 IP 让产品聚集用户，并由主播充当导购角色为用户介绍商品。线下购物除外，"粉丝"与主播实时的互动是直播购物独一无二的体验，我们足不出户就可以完成线上购物。这也让实体零售商无限扩大了店铺辐射范围，让顾客群体不再受地域范围的约束。另外，还能减少店铺租金，一个直播间就可以卖比原来更多的货。对于像阿里这样的平台企业来说，其所谓的"新零售"，实际上是不单要掌控线上的销售资源，还要通过自己的供应链、大数据来控制线下零售资源，使自己从一个电子商务企业转型为流通业的掌控者。从目前来看，阿里也确实是这么做的。

1.6.2 "网红＋直播"造就"新零售"四大趋势

这两年，"网红＋直播"几乎已经成为电商的标配，如"京东618"活动中，"网红＋直播"更是被各大平台演绎到了极致。"天猫618"刚开场，各个主播、商家的直播间就迎来了开门红，6月1日当天，淘宝直播整体成交同比增长更是高达600%。直播同样受到了各大商家的青睐，美妆、服饰、消费电子等行业纷纷进入直播。

这一方面是因为传统的电子商务依赖于产品比较和低价竞争，但产品低价与产品多样化之间是一个矛盾，用户需求越来越高，传统的网络交互界面无法满足用户这种需求，势必要寻求在产品价格和产品设计之外的第三种交互方式，网红效应只能说是应运而生，而且在传统的图片交互之上，视频交互和直播交互也只能说是个自然发展的结果；另一方面则源于品牌的个性化和人格化，小众化的消费市场越来越希望自己的品牌能够包含更多的人文因素，以迎合消费升级的需要。

不过，由于网红直播背后科技因素的推动，新零售未来的趋势绝不仅仅只是网红直播这种形式，更多改变即将发生或已经在发生了。

趋势一：网红本身成为全新的品牌概念。

如前所述，网红直播这是已经发生的现象之一，不过再往后网红本身成为全新的品牌概念也许会更明显。今天人们购买东西已经不满足于我所要产品的品牌是不是大众品牌，而是希望其具有权威性和人格特点。这并不是指某一类产品，而是指我们整个生活方式的总和。如果我相信某一位网红的专业性，那么他指导我购买的任何商品我都可能会信任，甚至连专业性都不需要也是可能的……

网红本身会成为一种全新的品牌概念，这种品牌概念不是基于产品，而是基于人格特质和信任。这种特点跟今天的社交网络、互联网传播可以无缝结合，所以也算是必然趋势。

趋势二："黑科技"将大有用武之地。

未来，技术在电子商务或者新零售体系当中起的作用肯定会越来越重要，这是毋庸置疑的。

过去我们讲的"黑科技"，往往指的是那些哗众取宠、吸引眼球但并不实用的科技技术。而今天我们谈论的"黑科技"则已经回归了正常的语义范畴，多指一些服务于我们日常生活的最新技术。比如说，我们将大数据、虚拟现实技术、人工智能应用于供应链、销售，来达到我们可以直接看到的效果，这是"黑科技"发展的一个必然趋势。

今天在工业无人机领域进行无人机的配送已经相当成熟，只是商业模式和政策法规方面需要逐步突破。同时，将虚拟现实技术运用于购物体验也正在快速发展，在未来几年内进行大范围商用也是有可能的，这些都是我们今天所能看到的。

而人工智能大数据预测，更是已经成为一个常规性技术，千人千面的个性化资讯的流行，根据用户需求进行提前的个性化定制、预订预购甚至团购业务的使用等，已经非常普遍。

利用积累的数据基础，再加上控制技术以及电商等对经济的渗透，过去难以做到的精准化如今确实都有了落地场景。从这个角度看，"黑科技"未来甚至会关系到每一个人的生活和一个国家的经济，可谓只待厚积薄发时。

趋势三：岗位替代将逐渐改变社会治理结构。

当然，科技的发展与人的体力劳动有一定的冲突性，科技越发展，人的普通劳动能力就越无用，尤其是人工智能等领域的发展，可能会导致更多的职业被替代。至于哪些职业会被替代？互联网使得信息中介的工作被替代，人工智能使得普通的智力加工被替代，控制技术使得监督、监察岗位被替代，大数据使得协调部门的工作被替代等。

而随着信息技术的进一步发展，这样的岗位替代很可能会逐渐形成新的社会分工，甚至大的部门系统的改变。很多部门的职责将会失去，而不仅仅是某一个岗位的问题，最终会带来的是全社会治理结构的改变。未来社会也许将会进入到一个机构、平台、从业者、民众多元主体共治的全新格局。

趋势四：电商将迎来"新常态"。

最近几年，电商可谓爆炸性增长，但任何一个市场发展都会面临着"S"形曲线，从快速增长到顶点，再进入下滑阶段，顶点附近可能会有一段平缓过渡期。而从目前来看，这样的 S 形曲线，正被越来越多元化的电商形态所冲击，拼多多的崛起，会员制玩家的裂变，都在快速推动原有电商格局进入"新常态"。

当然，未来可能的"新常态"也许应该是稳定而非暴涨。因为电商基本上已经占有了社会消费品零售总额的 15％到 25％左右，这对零售来讲是一个稳定的结果。想再进一步突破，难度非常大，这涉及企业的生产方式、民众的购物方式以及中国中西部城乡差距的进一步缩小。如果在这三个方面不能改变的话，电商总的比例，基本上也就止步于此了。包括现在大家热衷的跨界电商也是如此，尤其是马云曾呼吁的 e-WTP 的建立等，都需要打通各个地区之间的消费习惯、跨境物流以及政策法规的限制，需要一些大的改变才有可能实现。

不过，如果时间线放得够长，这一切肯定要另当别论了。但话说回来，太远的未来，谁又真能知道到底是个什么样子呢？

2 直播与内容电商

2.1 内容电商知多少

随着互联网消费的升级，用户的体验也随之变得丰富，许多电商交易平台纷纷开始进行符合"粉丝"需求的转变，在这一转变过程中，内容电商成为其主旋律。电商在1.0时代为交易型电商，消费者通过海报进行商品消费。利用满减、秒杀、折扣、包邮、任选、买赠、优惠券等刺激消费的手段，在其商品的价格上进行变动。故此，近些年来价格战此起彼伏，归根结底都是在利用消费者心理促进对产品的购买。这种价格战争的方式在发展初期得到了很好的收效，很多电商平台利用这样的方式来推动平台购物量的增长，但其功效只是短时间的，上升期结束后，就会进入平缓期甚至衰退期。不难看出，1.0时代即将过去，所谓"价格战"也将被时代所淘汰，这是一个更新换代的征兆，随着时代的发展，电商平台的消费群体也在一步一步地年轻化，而以现在年轻人的消费观来讲，他们并不愿意将时间浪费在讨价还价上，而是更愿意以自己的兴趣为主，从理性购物演变为个性的宣扬。由于新生年轻群体对于消费态度的变化，电商们纷纷改变自己的传统营销模式，转变为"内容电商"，并由此开启了电商的 2.0 时代。内容电商的本质是将产品场景化，用故事、情怀来赋予商品一定的号召力，激发现今年轻人的兴趣，投其所好，从而引发消费者共鸣。在这种告诉潜在客户商品价值的情形下，大大刺激了他们的购买欲。内容电商近两年来发展势头日益迅猛，以 PGC 或 UGC 形式产生的优质内容为纽带触达人群，获取新用户。简而言之是以内容作为产品的"卖点"。作为电商龙头企业的阿里巴巴，很快预测出电商的方向将会转变，"微淘发现""一千零一夜必买清单""有好货""淘宝头条""热门市场""爱逛街""我要日报""每日好店""淘宝直播"等栏目逐步上线。将内容与电商结合，现在传统电商已逐渐转型为"内容电商"，一种是对未来的投资，另一种是大势所趋的形式。传统电商遇到"瓶颈"，用户增长缓慢、消费的升级让用户的选择更多元化，流量的红利已过，流量成本居高不下且从原来的山洪变成了无数条小溪，原来可行的方法现在已经走不通了，于是传统电商开始探索其他方法，如今网红达人直播和短视频迅速崛起，传统电商模式开始转变为内容电商模式。

（1）从电脑端向移动端转移

随着移动端设备、4G 和 Wi-Fi 网络的普及度越来越高，相对于无法随身携带的 PC 端，用户对移动端的依赖性越来越强。工信部数据显示，中国的移动互联网用户 2019 年已经达到 11.4 亿名，便捷的上网方式使得将商品品牌送达用户的方式发生了转变，以往是门户网站、搜索引擎主导流量入口，而现在，随着移动互联网时代到来，用户可以随时随地打开网络。

（2）从图文向视频转移

在信息时代，随着消费群体知识层面的上升，消费群体对于消费产品的要求越来越高，单一的图文形式已经很难燃起顾客的购买欲望，因为同样的图片和文字内容已完全将其模式化。视频的火爆是一个必然趋势，短视频不同于声音和图片的分享，它是要将表达的主题通过视频体现出来。短短几分钟的视频，将包含产品的大量信息，而且这些元素趣味性极强，容易引发购买者或者观看者的共鸣，更符合现今碎片化阅读和轻量级阅读的大趋势。

综上所述，短视频相对于文字和图片内容更能使用户产生共鸣，这也就是为什么自媒体会在经历图文时代后快速进入短视频时代的原因。短视频在未来是有广阔市场和巨大潜力的，在大势所趋形势下，未来将会有更多产品和品牌尝试开发短视频的应用，更加全面的传播信息，引发客户的购买欲。

（3）从视频平台向社交平台转移

随着碎片化时代的到来，人们的注意力也越来越稀缺，短视频不受空间和时间的限制，很好地满足了用户的碎片化需求，调动了用户在空闲时间使用软件来获取资讯和进行娱乐消遣的积极性，短视频作为社会化媒体，很好地传递着社会与社交圈的信息，在资讯以及社会化新闻领域拓展着资源。同时，短视频比朋友圈等更有利于娱乐信息的传递，也更容易满足追求娱乐的人们的心理，人们越来越倾向于随时随地、不受限制地分享个人动态，用更加个性、更加立体的方法表现自己的情感。

（4）电商信息从商品推荐向内容推荐、网红推荐转移

网红经济在 2016 年开始，2020 年初爆发，经济领域出现一个新词"网红经济"，这些 KOL 意见领袖的引导作用越来越大，对消费者需求的把握和产业模式等方面都有其独特的视角和见解，无论是对于平台还是对于整个消费市场来说，网红经济都有很大的价值。他们本身也具有强大的品牌效应，通过自身的品牌背书使得消费者产生购买信赖感，网红经济正在搅动着整个时尚市场。

什么是内容电商？简单来说，内容电商即通过优质内容吸引目标"粉丝"群体，并根据"粉丝"需求提供个性化、定制化产品或服务，推动"粉丝"转化为最终消费者的行为。

内容电商为产品和用户搭建了高效的沟通桥梁，对内容变现及电商流量获取都起到了重要的推动作用。因此，内容平台和电商平台都开始为内容和电商的结合各自发力。一方面，内容平台逐渐打通电商渠道，不断完善自身的商业化营销产品；另一方面，近年来电商平台也开始向内容靠拢，例如内容电商平台小红书的火爆。另外，传统电商平台也开始逐渐转型，加入更多内容板块，甚至推出独立的短视频 App 助力内容营销。例如去年淘宝推出的"鹿刻"，淘宝直播也在今年春节前正式作为独立的 App 上线。这一趋势为创作者的内容电商化发展带来了机遇，作为同时掌握内容和用户两大关键要素的一方，创作者在内容电商的实践探索过程中拥有明显优势。

"内容电商"是指在互联网信息碎片时代，透过优质的内容传播，进而引发兴趣和购买，其采取的手段通常为直播、短视

频、小视频等。内容电商，却或称为电商内容化，不仅为消费者提供更高效的决策辅助信息，而且帮助品牌进行更精准人群的流量投放，是更符合消费者和品牌方利益的商业零售方向。

随着互联网人口红利的消退，电商运营简单粗暴的手法逐渐失去作用，获客困难、增长乏力制约整个行业的健康发展。谁是电子商务的下一个风口和增长点，这成为整个互联网行业关注的焦点之一。

如今的市场发生着新的变化：零售业态的发展，已经基本完成消费民主化进程；消费者面对海量信息，选择障碍成为最大的困扰；面对用户需求细分，传统品牌宣传方式受到挑战；无数的电商小伙伴都在寻觅新的发展道路……

内容电商是零售发展的必然趋势。

零售一词，源自法语动词 retalliar，意思是切碎。顾名思义，零售是通过大批量买进、小批量卖出的方式，向最终消费者出售生活消费品及相关服务，以供其最终消费的基础商业形式。

零售是最古老的贸易方式，它以中间商的身份，介入生产和消费之间，时刻反馈着消费供求关系的细微变化。零售企业对零售商业的贡献，犹如社会化消费的节拍器。无数个看似柔弱的消费个体，通过他们的购买行为，反馈主流消费需求的变化，进而推动零售商及上游品牌商研发、生产、销售行为的变化。

当零售企业已经无法满足消费需求的变化时，消费势能的累计导致量变转化为质变，新的零售业态伴随着零售革命随之出现。消费需求的变化，才是推动零售商业发展的决定性力量。

实体零售、传统电商，乃至最近方兴未艾的新零售，都是零售商业发展的一种表现形式。伴随着零售商业从低级向高阶的发展，无论形式如何变化，其本质都是为了解决用户的三个核心需求：想买买不到、买到价格贵、不知买什么合适。

2.1.1　发展阶段一：想买买不到

想买买不到，其实是购物便利性的问题。它困扰人类商业发展数千年，探究其背后深层次原因，是由三个核心因素相互制约、相互影响而成。他们是：流量属性、供求关系、信息对称。

（1）流量属性

客观地说，在真正的报纸广告出现之前，商业信息的流动主要依靠口口相传，速度缓慢且影响有限。这一特性决定了人们的消费行为，被局限在居住周边及特定场所（比如集市。）传统实体零售在此基础上，形成自己的流量规则：基于经营场所（多为门店）的地理流量原则。

传统零售理论认为，以门店为圆心，其所覆盖的有效用户人群，决定了门店的经营业绩，这就是著名的利地论。

基于利地论，传统零售商更关注门店周边有效人群的流动，一旦目标消费人群大规模迁移，其门店也会随之迁移。而处于门店覆盖之外，消费者购物的便利性是传统零售无法解决的问题。

（2）供求关系

当商品生产和供给能力有限时，商人在逐利天性的驱使下，优先选择更为丰饶的经营场所，以获取利润最大化，这是商业中的常态。这种情况伴随着 18 世纪工业革命的爆发，发生了历史性的改变：通过机械化生产和科学管理方法，人类终于有机会彻底改变长期以来供求不平衡而导致的消费主要矛盾。

随着消费品生产效率的大幅度提高，当商品的供给能力开始大幅度超越现有门店销售能力时，零售商为了通过规模优势以获取更大的利润，对外扩张成为必然的选择，这就是零售连锁化的过程。

无论是 Walmart、Carrefour、ALDI 还是 Macy's、7～11 都是这样发展起来的。伴随着零售企业的快速扩张，消费便利性这一主要消费矛盾得到极大程度的缓解。

（3）信息不对称

关于互联网时代的信息对称问题，一直存在着巨大的争议。以本人对商业的理解，信息不对称是商业存在和发展的前提。今天所谓互联网信息对称，主要停留在表层销售价格、购买渠道的信息对称上。从这个角度也可以解释，为什么伴随中国电商高速发展的，是史上最为血腥的价格战。传统零售商业是基于门店的地理流量规则，用户在需求产生时，无法快速、有效的获取商品购买渠道及价格信息，因此常常会遇到不知道在哪里买或者有更好的选择自己不知道的情况。

传统零售通过抢占利地，以降低用户购物综合成本的方式，当遭遇更高效的互联网流量规则时，受到冲击在所难免。基于互联网空间流量规则，理论上用户可以无视时间、空间成本，做到随时随地、想买就买。而互联网虚拟货架解决了 SKU 丰富度的问题，商品的送达则由高效发达的快递体系解决。时至今日，基于生产供给丰富和互联网信息便利化，无论是商品消费还是服务需求，只要我们愿意，都可以方便、快捷的借助互联网，获得最快、最有效的需求满足路径。

零售商业从实体转向互联网化，这个过程我们称之为消费电商化。以淘宝为代表的 C2C 平台在这个过程中居功至伟、只要有网络、快递可以触达，购物便利不再是梦想！

2.1.2 发展阶段二：买到价格贵

根据马斯洛需求层次理论，当人们的生存需求得到满足时，必然开始追求更高层次的精神消费需求。对于消费也是一样，当购物便利性不再成为主要矛盾时，消费需求开始发生新的变化：消费品牌化、消费垂直化、消费民主化。

（1）消费品牌化

从购物心理学角度分析，人类在购物过程中，基于天性，总是尽可能降低自身购物风险。这种风险可能是商品质量差，可能是价格高，可能是假货。因此在经过一段狂热之后，电商用户们开始回归理性，逐渐将品牌作为自己网购的第一选择。

由于互联网的空间流量规则，电商企业为了降低用户购物风险预期，尝试过很多行之有效的办法，最典型的，就是利用从众心理的销售排名，利用交互口碑传播的好评体系以及第三方支付担保。这些举措在极大地推动了电商快速增长的同时，淘宝、京东等一批零售电商企业也成功的跻身为消费者认可的零售品牌。

（2）消费垂直化

消费者之所以选择品牌消费，是因为他们认为，品牌所代表的产品品质是值得信赖的。因此选择品牌消费，对于消费者来说，是规避购物风险最简单也是最容易操作的方法。消费者在经过最初的电商洗礼后，购物诉求从品类横向价格比较，迅速转向品牌纵向比较，形成新的品牌消费需求。当时，京东正处于家电向百货类目过渡阶段，淘宝醉心于淘品牌的养成，对于传统品牌重视度不足。以 VIP、Jumei 为代表的品牌特卖，通过类似电商代运营的模式，帮助传统品牌进军电商，短短 3～4 年间先后登录纳斯达克。

支撑他们业绩高速增长的主因，正是 2010～2014 年期间，大量互联网用户对于品牌低价的疯狂追捧，这是消费者在特定阶段的特定消费需求。

（3）消费民主化

正如美国当年流行的那句谚语：沃尔玛效应对于通货膨胀的抑制作用，强过一卡车格林斯潘，互联网商业对于通货膨胀的抑制作用也是显而易见的。

首先，互联网突破了传统零售门店空间的限制，理论上可以覆盖无穷大的用户基数，带来更高的销售预期。这让通过降低生产边际成本，增加资金流动效率，实现商品售价降低成为可能。

其次，传统实体零售由于陈列面积有限，品牌间的价格竞争不足。互联网的虚拟货架陈列，让同类可比较的品牌和商家数量迅速放大。市场竞争环境迫使品牌方不得不降低售价以换取市场份额。

最后，传统零售基于品类管理，将非核心品类定位为高毛利品类。互联网可以将细分需求聚合成巨大的销售规模，以吸引更多商家参与竞争。传统高毛利品类的消费，在此基础上趋向于价格民主化。

不管是有意还是无意，不管是主动还是被动，如今的商业已经进入互联网时代，开放式的渠道、价格信息，迫使品牌面临巨大的价格横向对比压力。品牌只有通过降低零售价格，扩大零售规模，从而分摊商品边际成本，获取合理零售利润，才能保证自己的生存和发展。

这也是现下的互联网时代下的零售模式。

在这个残酷的价格竞争时代中，传统的消费品牌，通过销售额的增长、边际成本的降低实现销售单价的降低，这个过程我们称之为消费民主化。在此过程中，B2C 电商，尤其是自营B2C 电商，在主要消费品类中做出了巨大的贡献。

2.1.3　发展趋势三：不知买什么合适

美国著名零售业研究专家罗伯特·斯佩克特，在著作《品类杀手》中写到：过度丰富的商品对于消费者来说，或许是一种恩赐，或许是一种诅咒。伴随电商的蓬勃发展，在获得物质生活极大满足的同时，对于以下三点，相信大家也一定深有感触：商品极度丰富、信息极度过剩、用户需求错位。

（1）商品极度丰富

遥想小时候，夏天有一根 1 毛钱的盐水棒冰吃，就是一件很幸福的事情。年纪再大一点，我们所知道的洗发水，也只有飘柔和海飞丝。而现在呢，商品供给之丰富程度令人咂舌。根据本人不完全统计，仅仅洗发水一项：

京东自营：109 个品牌，18 页，1029 个 SKU

天猫超市：75 个品牌，38 页，1495 个 SKU

亚马逊自营：51 个品牌，36 页，684SKU

试想作为一个普通消费者，在如此庞大的商品 SKU 面前，如何做出适合自己的选择？

（2）信息极度过剩

上文有论述到，互联网时代的信息对称，目前还停留在价格信息和渠道信息的快速流动阶段。

对于商品选择的专业层面，用户依然处于弱势地位。广告营销所产生的大量数据垃圾，互联网信息已经极度过剩。根据本人不完全统计，仅仅百度搜索一项：

洗发水哪个牌子好：百度找到相关结果 2910000 个

口红哪个牌子好：百度找到相关结果 2950000 个

海淘攻略：百度找到相关结果 3210000 个

消费者在面对海量 SKU 时，最常用的方法莫过于使用搜索引擎，以获取决策辅助信息。但当互联网信息的过剩程度更甚于商品供给时，消费者该何去何从？

（3）用户需求错位

从商品的属性分析，分为基础属性、功能属性和利益属性三层。

基础属性就是商品的材质、配置、外观等，功能属性是商品装配完成后可以实现的功能，而利益则是商品可以为用户带来什么样的好处。由于互联网加速信息传播速度，让用户需求错位这个问题史无前例的突出。

举例说明：某手机品牌的基础属性是骁龙 N 代处理器……该手机的功能属性是可以玩游戏、拍照……但是用户的利益诉求可能更简单，可能就是美拍。对于用户而言，手机拍照是否清晰、是否漂亮是最切身相关的利益。

如果品牌手机厂商的宣传依然停留在上述功能属性甚至基础属性上，那就是严重的用户需求错位。用户对于基础属性的关注，只是用户为了降低自己购物风险的一种自卫行为。用户最核心的诉求，是商品是否能够满足自己的核心利益需求，而不是去关心它的基础属性是什么。如果品牌违背这一点，是会受到市场惩罚的。

用户需要的不再是海量的商品选择，他们需要的是基于大数据的商品内容化呈现，以满足他们的决策辅助需求。通过电商内容化，还原商品生产的本质，呈现商品消费后的利益诉求，供消费者购物决策做参考。电商企业通过内容的积累，逐步实现由产品搜索向功能利益搜索转变，以期解决用户不知道买什么合适的问题。

零售发展趋势总结：

正如斯佩克特所说的那样，这可能是一种幸福抑或诅咒。而笔者的感悟是，这是一种只有现代人才拥有的幸福诅咒。

在物资匮乏的时代，我们渴望获得商品选择的权利；在物资丰沛的时代，我们反而要小心翼翼地抑制自己的欲望，费尽心力选择一件真正适合自己的商品。通过电商，我们已经基本解决了购物渠道和价格信息不对称的问题，换而言之，我们已经基本解决想买不方便和买了又怕贵的问题。

如何解决用户不知道买什么的问题，电商内容化或者称为内容电商是目前最具可行性的方向。无论是电商平台内容化，或者直播、自媒体、短视频，都有可能成为更高效的用户购买路径。基于上述笔者对零售发展的理解和推断，得出的结论是：

在经历了购物便利性和消费民主化之后，电子商务必然会迎来新一轮的零售变革，这就是内容电商。正如周鸿祎在《周鸿祎自述：我的互联网方法论》中说到的那样，任何企业都可以找最强大的对手打，但有一个对手是你打不过的，那就是趋势。

2.2 直播卖货的优势

2.2.1 更低的营销成本

成本更低，操作简单。从前商家在进行产品发布前，需要邀请媒体采访，同时还要找合适的场地和布置场地等等花费巨大。现在有了网络直播，只要手上有一台能录像的智能手机，就算在一个普通的厂房都能做直播营销，省却了大量的场地费和邀请媒体的费用，只要做好活动前的推广就能把活动搞好。

2.2.2 更快捷的营销覆盖

用户在网站浏览产品图文或在网店翻看产品参数时，需要在大脑中自行构建场景。而直播营销完全可以将主播试吃、试玩、试用等过程直观地展示在观众面前，更快捷地将用户带入营销所需场景。无论何时何地，用户都可以进行产品的浏览，在第一时刻找到与自己相关的商品。不受地域限制，受众面更广。由于互联网的特点，使地球变成一个村，无论你身在何方都能通过互联网跟朋友即时沟通。直播营销就是基于如此特点，人们无论身在何方，只要进入直播频道就能了解到商家的产品和服务。

2.2.3 更直接的营销效果

消费者在购买商品时往往会受环境影响，由于"看到很多人都下单了""感觉主播使用这款产品效果不错"等原因而直接下单。因此在设计直播营销时，企业可以重点策划主播台词、优惠政策、促销活动，同时反复测试与优化在线下单页面，以收获更好的营销效果。

产品直观，交互性强。在做网络直播的过程中，商家能跟观众产生即时互动关系，能直接地解决观众对产品的疑虑，使商家能在直播现场达成即时成交的目的。

2.2.4 更有效的营销反馈

在产品已经成型的前提条件下，企业营销的重点是呈现产品价值、实现价值交换；但为了持续优化产品及营销过程，企业需要注重营销反馈，了解顾客意见。由于直播互动是双向的，主播将直播内容呈现给观众的同时，观众也可以通过弹幕的形式分享体验。因此企业可以借助直播，一方面，收到已经用过产品的消费者的使用反馈；另一方面，收获现场观众的观看反馈，便于下一次直播营销时修正。

效益更好，延续时间更长。网络直播在完成之后，商家还可以通过把视频上传到各大视频网站，让没有及时观看直播的观众都能了解到产品。商家还可以针对性地对视频进行剪辑，再分段上传，让观众更方便去了解产品的特点及优惠活动。明星效应，让产品销量起飞。在做直播营销的过程中，如果请一下明星亮相，进行产品的直接体验，由于明星往往都拥有自己的"粉丝"，在明星体验的过程中，"粉丝"的跟风心理悠然而上，从而达到产品大卖的目的。欧莱雅的戛纳直播就是通过这种形式，让众多大牌明星曝光化妆间的全过程，使天猫店的产品断货。

2.3 直播内容电商化运营思路

如果要做直播电商，一定要先搞懂直播电商整个的运营思路，而不能盲目地去做。只有按照正确的逻辑去做，才能少走弯路。

2.3.1 内容种草、直播收割

首先，用户进到直播间，一定是被你的内容吸引来的，可能是封面，可能是标题，进入直播间之后则是你在直播间里传递给他相应内容，他可能原本没有这方面的需求，但是你的内容要引起他的需求，对于电商来说，需求就意味着生意，意味着成单。关于具体如何做内容，我们会在后面的内容中详细讲到。

除了内容，再加上直播间的氛围和可信赖的外部网络环境，最后的结果就是在需求的作用下，直播间快速成单。这也就是我们所说的内容种草、直播收割的业态。

这种状态是直播＋电商的模式摸索了 3 年之后找到的商家、主播和用户之间的一个平衡点。

对于商家和主播来说，首先这是一件低成本的事情，可以请专业主播，甚至商家可以选择自己出镜，通过直播间实现和用户之间的链接，同一时间实现一对多，只需要预告直播时间而不是每天守在线下店，跟做传统电商需要前期花费大量的营销费用比起来，还是属于成本更低，更有保障的卖货模式。

另外，在直播间里，用户以评论的形式进行互动，只需要打字提问，主播就会回答你的问题，甚至可以试穿、试用你评论的那款。而且直播间里很多玩法很有趣，能快速调动用户的互动，即使初衷仅仅是旁观的人也会有加入其中的冲动。

基于以上两点原因，最终呈现出来的结果就是直播间里的成交率普遍高于传统电商或者纯图文店铺。

综上，商家和主播在成本降低的前提下实现了营收的增加，这是对于他们来说直播电商的魅力所在。

而对于用户来说，线下购物太麻烦，直播购物既节省时间，又能看到产品的真实效果，而且直播间里有这么多的优惠，比实体店要便宜得多，再加上对品牌或主播的信赖，下单轻而易举。

2.3.2　重视垂直类直播

对于创造者来说，内容电商已成为一种重要的商业模式。通过生产优质内容，将内容分发传播到各大平台，吸引目标

"粉丝",最终完成消费转化的闭环式生态体系,在如今的短视频行业已有不少先驱和典范。虽然泛娱乐类内容在体量、商业化探索等各个方面发展都相对更成熟,但在内容电商的探索方面,垂类内容其实更有发言权。那垂类内容在打造内容电商时,有哪些条件和优势呢?

(1)"粉丝"属性:"粉丝"群体更精准

"粉丝"属性是垂类内容打造内容电商的关键优势。垂类内容通常是为了解决人们在某个专业领域的实际问题。这类内容通常面向的"粉丝"群体比较垂直,市场竞争相对更小,只要保证在某个领域的严谨度和专业度,则更容易积累黏性较高的忠实"粉丝"。

在商业化过程中,垂直的"粉丝"就意味着有精准的营销目标,这一特性可以大大缩减内容到产品这一环的流失率,更容易将"粉丝"转化为消费者。

例如,《年糕妈妈》是一档母婴领域的头部节目,卡思数据显示,25~30岁的年轻女性是这档节目的主要受众,关心育儿是"粉丝"的共同属性。从数据来看,这档母婴节目的受众非常垂直,有利于内容的最终商业化转化。

(2)流量沉淀:内容和社群让流量沉淀下来

除了"粉丝"属性优势之外,内容电商模式本身的优势才是垂类内容打造内容电商的重要条件。

从商业模式来看,内容电商有效缩短了产品和用户的距离。在传统电商的模式下,卖家需要在公共领域获取流量,与众多竞品竞争,成本较高。而在内容电商的模式下,创作者通过生产内容，提供专业领域的服务和指导，吸引垂直领域的"粉丝"聚集，再根据"粉丝"需求提供个性化产品。从内容生产、传播到消费转化，整个流程构成完美闭环。

在此过程中，内容凝聚了流量，"粉丝"社群又将流量沉淀了下来，减少了获取流量的成本。在为"粉丝"提供产品和服务时，也更有针对性，这是内容电商的重要优势。

例如，时尚美妆头部节目《深夜徐老师》，这档节目除了接广告之外，它还将"粉丝"沉淀在自己的微信公众号，借助微信小程序为自己的店铺导流。

（3）"粉丝"信任度高：红人与"粉丝"产生社交、情感关联

在一般的购物场景中，消费者通常有明确的购物目的，对产品的挑选比较严谨和理性，消费者和卖家之间几乎没有社交、情感上的关联。但是在内容电商的营销场景中，内容是主体，"粉丝"没有明确的购物目的。

在 KOL 红人一步步的台词和现场演示的引导下，产品可以更立体地展示在观众面前，观众更容易受到影响从而形成消费决策。此外，在潜在目标用户关注红人并成为他的"粉丝"后，就与红人产生了社交关联。

随着互动、交流的深入以及对内容的持续关注，"粉丝"与红人之间逐渐建立信任感。这种信任感或情感上的偏好会降低"粉丝"对产品的标准，更容易形成购买动机，完成从意向到决策的转化。

这种潜在消费者在红人引导下快速做出购买决策的案例，

在红人的直播视频中最为常见。例如，在去年快手举办的"快手卖货王"活动中，除了"散打哥"创下 3 小时 5000 万元的销售额记录之外，"娃娃教搭配""大胃王猫妹妹"等快手红人的超强带货能力也成了当天的爆点。其中，"娃娃教搭配"带的单价 78 元的毛衣，几分钟就突破 1000 单。"大胃王猫妹妹"一晚上卖出了 3 万盒酸辣粉。

（4）技术支持：平台打通电商助力转化

内容平台在技术上的支持，也在助推内容最终转化方面发挥了重要作用。在内容平台打通电商渠道之前，"粉丝"如果对视频中的产品有购买意愿，还需要到电商平台搜索购买。这一步势必会削弱目标消费者的购买动机，即使"粉丝"很有耐心地在电商 App 中进行搜索查询，也很容易被同类商品干扰，造成最终的订单流失。

在抖音、快手等内容平台打通电商渠道后，用户可以轻松在内容平台，甚至当前观看页面中完成跳转，有效提高流量的最终订单转化率。

在内容种草、直播收割的业态下，精细化运营的优势开始显现，在越来越多的商家开通直播的情况下，如何运营得更好成了大家绞尽脑汁思考的问题，于是精细化运营开始被注重，垂类直播爆发。

垂类直播之所以受欢迎，我们总结了三方面的原因。

第一个是用户对商品的追求往往越买越高，复购率强。如果面向的是全平台用户，这个基数非常的大，但不够精准，可能直播间有 100 人观看，只有一个购买，但垂类直播间相对来说更加具有针对性，用户定位更清晰，相对转化率也会更高。

第二方面的原因是利润空间大，就拿近两年很火的玉石直播来说，价格完全不透明，多少钱成交全凭主播的一张嘴，只要能说、会说，就不怕赚不到钱。

第三则是目前电商行业竞争较大，已经完全白热化，比价严重，同时获取流量不容易，相对来说垂类直播面向的竞争更小。

因此，目标用户人群更清晰、直播内容健康且有明确方向、平台定位更细分深度的垂直化直播，才是直播行业下一轮的布局。

2.3.3　直播电商核心"把转化做到极致"

那么，如何做到呢？我们接下来将会围绕着这个问题进行探讨。

在这里需要先讲一个流量的问题。2019年，有机构提出了一个新词：私域流量。诸如阿里、腾讯等各大互联网巨头也在纷纷布局私域流量，那么，什么是私域流量？

对于私域流量的定义，从属性上，私域流量有三大特征：第一，是为自己所有，第二，是可以反复触达，第三，是可以免费使用。

与私域流量相对应的是公域流量，而公域流量的三个特征跟私域流量是相反的，分别是：为平台所有，需要付费使用，一次性使用。

像淘宝、天猫、今日头条的首页等都是公域流量，抖音也属于注重公域运营的平台，每个个体的微信号、个人号、微信群等均为私域流量。快手、微信公众号等则介于两者之间，既重公域，又重私域，而且能从公域流量中引流到个人的私域流量里。

流量获取越发艰难，获客成本居高不下，于是推出了私域流量的概念，当所拥有的流量为私域流量时，才是真正能被反复利用的流量，基于熟人之间的信任感和互动，把流量最终导入为私域流量是变现最有效的方法之一。

对于直播电商来说，如何构建自己的私域流量池呢？

首先，我们需要吸引外部的流量让他们进入我们的直播间，用户待在你直播间里的这段时间，他就属于是你的私域流量，但是这只是暂时的，这次进了你的直播间，下次就可能会被别的直播间所吸引，所以你要在有效的时间内增加用户的停留时间，引导关注直播间，甚至引导购买。

增加用户的停留是为了让他对你产生兴趣，对你感兴趣才会有更近一步的操作，关注你才能让他找到你，自然而然成为忠实的"粉丝"，甚至会帮你宣传，拉他的朋友过来围观。

我们都说直播带货的转化率高，因为直播最核心的一个点就是如何把转化做到极致，而流量私域化则是让直播间转化不断提高的极其重要的举措。

上面我们讲到了做直播电商必备的三个逻辑和思路，用一句话简单来形容就是：做好内容，形成闭环；精细化运营，重视垂类；构建私域，建立自己的鱼塘。

直播和电商的发展达到了最佳的一个平衡，红利明显，有已经站在风口并抓住红利的人，运营思路也证明了这种模式的可行性。

平台继续拓展，商家做好流量的私域化，主播做好专业内的事情，加上外部条件的推进和用户的习惯，做好直播电商其实没你想的那么难。

2.4 直播内容产品化

作为运营人员，当你看到很多人同时做同一件事的时候，就要把商业化想法融入其中，即商业化思维。

大部分人都玩过直播，即使没有亲身开过，也基本都看过，比如 YY、映客、花椒等，经过去年一年整个直播行业的快速发展，现在直播的商业化趋势已经凸显；比如"直播＋电商＋游戏＋财经＋教育＋旅游"，内容化或者 IP 属性区间的探索，最典型的就是以微博时代兴起的红人电商到"粉丝"经济，以内容为主导。

主要是因为直播是有商业变现产业点的。整个直播的产业链是非常复杂的，它的背后有很多支撑，有内容的生产制造者，整个平台的运营支撑，还有很多渠道的合作方，完善的技术支持，所以要整个搭配起来才能比较好地把直播生态完善起来。在这个过程中有一个很重要的点，大家都知道内容为王，直播的内容产生是由主播作为最终的表现载体。

只要拉长链条，后端趋势整个服务和变现的模式就会有变化。直播在上下游对接的时候，从经纪公司到商家服务，当直播开始吸引眼球，就意味着有流量，而互联网最核心的就是谁有流量就会占据自己的壁垒，攻下一个山口。但这个流量并不是说每天有多少人在看，就一定能商业化变现。链条会越来越细，越来越长，所以整个商业化链条在拆分利润点的过程是非常漫长的。

现在的直播产业有一个很大的变化趋势，内容提供方和平台运营方，这两者占据了越来越重要的地位，如上图收入分成当中。如果平台要得到长期的正常运营，必须要支撑运营成本，而做直播之所以成本高是因为流媒体。在这之上，后端的内容提供方需要的投入可能比平台运营方、人力方的成本要大上很多。

2.5 电商直播融合

直播在与各行业结合之后，表现出强大的生命力，掀起了全民直播的热潮。在电商领域，各大平台也纷纷开始引入直播模式，并用实际的数据证明了这是一种非常具备前景的新模式。

一是传统电商面临的痛点。

支撑消费者做出购物决策的信息不充分。传统的电商多以图文为主，信息展示有限，且可信度存疑。而直播带来了一种动态的并且能实时互动的形式：更直观、全面、真实，帮助用户更好地了解商品，从而提高转化。此外，直播将消费者临时聚集在一起，并且构建了一个商家与买家高频及强交互的场景，群体效应能让直播比图文更刺激消费者购买。

二是相对于传统电商，电商直播系统开发的优势在哪里？

电商的变现前提是圈到足够多的流量，同时再考虑商品的转化；

而直播平台自带流量入口，唯一要去思考的就是如何转化，从运营角度上看，实现的路径更短；

购物的场景化，电商提供的内容和用户的互动是单向的、静态的（图片、价格、模特、优惠信息），而直播提供的内容是更多维度的互动（主播对话、聊天、弹幕）；

泛娱乐化产业，自带媒体属性，可以很快聚拢垂直领域的"粉丝"，把很多有品牌影响力的垂直内容放在直播平台去营销，很适合做品牌营销和事件营销。

三是关于直播电商化货品选择的几种可能。

场景购物：顺应不断提升的用户消费需求，通过直播构建新的消费场景，使内容到消费的路径更加顺畅，创造了新的流量入口，通过直播形式的强交互和直播内容的强沟通刺激冲动消费，实现最大程度的变现。

直播互动：建议仍然采用 CPS 的形式，但是在货品选择和利润分成上，需要和红人保持良好的合作关系。同时，对于导入商品的 KOL 房间有更大流量倾斜、货品露出的产品提示、返佣合作等。

电商直播系统开发类似电视购物的在线导购频道，不同于电商平台由货品端切入视频直播，直播是由流媒体直接切入，场景化的代入更适合旅行分享、美食推荐、真人试用等互动类场景。

电商直播作为场景化购物的一种尝试，一切才刚刚开始，随着业务形态的成熟和完善，未来直播间的设计也将定型标准化，作为电商的基础设施建设，带给用户更好的购物体验。

对于电商而言，流量即意味着消费的可能。在电商流量获取成本居高不下的情况下，直播作为一种自带快速引流特性的媒介，利用红人以及新鲜有趣的直播内容，可以帮助平台低成本获取更多高质量流量。电商直播系统开发成为人们购物、社交、娱乐消遣的新方式。如何将直播模式和电商属性有效结合，以促使更多交易行为的产生，是电商直播的核心诉求。

如何引入更多的流量，促进流量转化和留存，一直是电商平台努力的方向。对于电商而言，流量即意味着消费的可能。直播自带快速引流的特性，利用新鲜有趣的直播内容，可以帮助平台低成本获取更多高质量流量。

传统电商面临着一个主要问题就是支撑消费者做出购物决策的信息不充分。传统的电商多以图文为主，信息展示有限，且由于评价渠道只有店家主页的线性参考，因此可信度存疑。此时直播通过商家自己组织的直播来给消费者展示商品的质量和其他细节，比如说服装试穿，比如说化妆品的实际使用等，这些都能够直观地证明商品的质量。商家与买家高频及强交互的场景也可以造成群体效应，煽动性更强，流量变现率更高。这便是直播电商的核心诉求。电商平台的直播可以利用其网红效应，目标画像扩大到其"粉丝"，将变现成本变得更低。在直播中的网红与"粉丝"之间，拥有天然的信任和依赖感，相比更多的秀场直播模式，变现行为更加流畅。

2.5.1 引流

从 2G、3G 到现在的 4G 和 Wi-Fi，以及已经到来的 5G，互联网总是发生着日新月异的变化。如今人人直播的时代，直播的方式非常简单，拥有一部手机，下载软件注册账号就可以直播，成本非常低；如果内容精彩，因为不受时间空间的限制，传播的范围非常广泛，而且因为互动性强、黏度高的特点，很多主播利用直播平台，靠巨量的"粉丝"为商品、为活动引流，实现变现的目的。所以，企业要想赚钱，直播引流就至关重要。直播作为一种新的媒介，在和明星网红及有趣的内容结合后，形成一个天然吸流的能量球。我们把这个能量球抛出去，把人带到电商平台上来，这里的引流效果主要依赖精准推送和直播内容本身。

根据直播活动的时间我们可分为直播前、直播中、直播后三阶段的引流，以下介绍几个引流的小技巧。

（1）直播前

直播前的引流很重要，提升"粉丝"的数量是重中之重，因为好的开始就是成功的一半。

①将直播信息一键分享到所有社区平台，微博、朋友圈、QQ 空间等，还有例如微信公众号、微信群、QQ 群、社群等，最大限度地吸引"粉丝"的进入。

②我们与此同时还可以选择一些相关平台进行合作，举个例子来说，如果我们的产品是体育类的，我们可以找一些体育类的直播平台来合作，通过他们的宣传让更多的人知道这场直播，达到引流的目的，增加观看的人数。

③直播平台一定要设置一个引人注目的主题和图标，因为打造良好的外在形象可以很好地宣传自己以便达到引流的目的。

（2）直播中

直播过程中就是直播内容的具体展现，在这个"内容为王"的时代，首先必须有好的内容，"粉丝"自然就会留下来。其次做好直播间的互动，促成在线成交，同时也是二次引流的关键。

①刚开始直播的半个小时，可以做一些预热活动，通过一些优惠活动来吸引"粉丝"，让"粉丝"把直播活动信息分享出去，这样可以带来更多的"粉丝"观看直播。拼多多之所以成功就是利用了微信10亿用户裂变的原理。

②直播活动时要做好引导，直播最大的优点就是互动性强，我们可以提醒"粉丝"时刻关注直播间，利用红包、优惠券、抽奖、秒杀等一系列活动环节增加他们的停留时长，增强"粉丝"的黏性，这样既可以提高"粉丝"在线流量的变现，又可以为二次引流做铺垫。

（3）直播后

要做好客户数据分析和活动的总结。活动结束后要及时跟进订单处理、奖品发放等，确保客户的满意度。做好了"粉丝"的维护，可以增加老客户的复购，同时口碑宣传还能引起新用户关注，就能拥有更多的流量。同时后期还可以对直播视频进行剪辑，包装到推文中或做成精彩的短视频，让每一个有兴趣的受众都能关注到并分享到自己的社交圈，引来更多的流量。引流的方法还有很多，只要我们努力都会有不错的效果。在互联网时代，要想获取巨大经济价值，就必须有庞大的流量为基础，所以我们一定要重视流量的经营和发展。

2.5.2　转化

移动互联网不同于传统电视，不受时间和空间的制约，传播效果更好，碎片化时间的利用率更高。电视购物通过电话购买的下单流程已经更换了介质。而"直播＋电商"则是可以直接转化的，把"直播"当成了交易方式的一种。

(1)"直播＋电商"转化对商家来说，直播增加了引流和售卖的渠道，且没有增加过多的经营成本。

①销量是商家关注的重点，直播更全面地传递了商品信息，影响用户的购买决策，让商家可以多维度地呈现商品信息。

②商品介绍从人机图文交互变为真人视频介绍，讲解从售前客服一对一变成一对多交流，降低了售前咨询的负担，售前咨询的效率也提高了，呈现给顾客的效果更为直观。

③电商通过直播拥有了"叫卖"的能力，提高了电商的销售效率。叫卖能吸引关注，起到促销作用，提高销售效率。

④直播营造的群体购物氛围，形成另外一种形式的团购，造成群体效应，影响更多顾客的决策，提高转化率。通过直播聚集人气，观看直播的用户人群相互影响。

⑤目前阶段网红直播仍需一定成本，其中的一些直播达人，类似于线下的销售或者商场的导购，更多依靠讲解能力去售卖商品，而网红逐渐成为商品展示的模特，类似于车模。现在已经有较多的商家取消网红直播的模式。

（2）直播能够更好地聚集人气

①带来更多的流量。电商平台最为看重的就是流量，这是一切变现能力的基础，而直播可以利用网红经济的"粉丝"效应、品牌效应、规模销售效应汇集流量，成为新的流量入口。

②能较为有效的刺激用户消费。在信息展示多维度，多样化、真实性、信任感增强的情况下，用户减少了顾虑，决策成本降低；另外，网红或导购作为意见领袖能够影响用户改变心意，刺激用户的购买意愿。

③丰富了商品售卖的形式，直播的形式互动性更强，相比于图文的单向信息交互，视频互动的形式可让用户与平台、商家、其他用户之间产生互动，对用户的吸引力更大。

（3）提升直播间转化率

直播是一个实时互动的场景，吸引用户的关键在于直播内容本身。我们为提升转化率要做的，就是帮助用户更好地获取直播内容，方便用户与主播进行更为有效的互动，激发用户的购买欲望。这里我们主要从信息传递、互动方式及购物氛围营造三方面出发，提升直播间转化。

①信息传递

直播通过实时的视频画面和声音来传递信息。相比于图文信息，直播信息具有很强的时效性，同时这也是一处明显的局限性，同一段信息的传递，需要主播和用户同时在线。而现在，大部分用户的时间都是零碎的，无法做到用户与主播时间绝对同步，这就造成不同时间段进入的用户对直播信息获取的不完整，主播不得不反复表述相同的信息。

所以，我们首先要解决的是，如何让主播与用户之间更高效地进行信息传递。

由于直播是实时不间断的，要提高信息传递效率，我们可以在不影响直播主体也就是视频画面展示的情况下，对用户普遍关心的信息进行聚合固定展示，拓宽单条信息的覆盖面，减少信息传递盲区。

直播中传递的信息大致可以分为两类：既定信息和实时信息。既定信息是本场直播客观存在的，比如：主播、主题等；实时信息是直播过程中实时产生的，比如：直播过程中大家都在问主播的身高体重，这类信息不一定属于主题范畴，但一定是某时段内大部分用户所关心的，而且用户关心的点会随时发生变化。所以，根据直播信息的特性，我们可以对既定信息进行固定展示，对实时信息进行机动展示，即在用户关心的时段固定展示。

②互动方式

为了让直播间互动更简单，尽量减少对直播主体内容的干扰，综合互动成本和互动意愿两个纬度的考虑，最终保留了四种互动方式：

评论：用于用户与主播的基础互动方式；

购物：引导流量转化；

点赞：用于低成本表达对主播的喜爱；

关注：便于回访，增加用户黏性。

在直播间中，用户与主播是强互动关系，为了让商品和直播内容之间联系更紧密，在不干扰直播主体内容展示的前提下，我们可以选择在直播相关内容时，适时将关联商品外露，建立商品与购物模块之间的联系，引导用户查看更多商品，比如：主播正在介绍一件衣服，此时，用户可以在直播间看到这件衣服的购买入口，这种强关联性的建立，能有效促进流量转化。

③购物氛围营造

要让大家买买买，氛围很重要。如何营造更热闹的购物氛围，刺激用户购买呢？这里三个词很重要：热闹、抢购、优惠。

热闹：大家都在看

人多的地方就能吸引更多人。直播间观众席的设置、观看人数、评论、点赞数及点赞动画、活动入口链接等，都在传递直播间很火爆的气氛。

抢购：大家都在买

直播间临时将不同用户聚集在一起，形成一个小集体。因此，我们可以将有助于引导购买的信息外露，比如：×××已购买，多少人想买等，营造一种大家都在买的感觉，激发群众效应，让那些有选择困难的消费者被少数购买态度明显的人影响，刺激购买欲，激化转化率。

优惠："赚了""省了"的感觉

如今人们停留在一条信息上的时间越来越短，而直播又是一个需要时间的项目，要吸引用户持续观看，需要适时给用户一些刺激，让用户愿意花费一定的时间来兑换相应的内容。

直播带给电商平台的颠覆在于一种去中心化的电商体验。在过去，好的商品用户搜索山来将进行不断的比较，陷入迷茫，而在直播中，网络红人将充当意见领袖，在专业领域进行讲解，比如服饰搭配、运动器械使用等，将产品拟人化。他们传递给用户的是一种生活方式，在这个层面，网红将成为用户的买手，直播使得他们更加了解当下流行的趋势，甚至可以制定趋势从而传播趋势。

（4）客户类型分析锁定目标客户提升转化率

在购物过程中，从最初的信息接触到最终购买，用户会经历很多的接触点。直播要有效促进购买，首先要了解用户接触直播的路径，明确用户在不同路径的具体需求，满足用户的需求改变和影响其决策，并最终促成转化和留存。用户路径取决于用户需求。根据购物目标，我们将进入电商平台的用户分为三种：目标明确型、半目的型和无目的型用户。

①目标明确型用户——搜索

目标明确型用户有明确的购买目标，路径就是搜索后查看商品详情。直播在这里的作用，就像一个产品说明书，帮助用户获得更全面的商品信息，辅助决策。

②半目的型用户——搜索＋逛

半目的型用户有模糊的购买意愿，想买一样东西，但是不知道要买哪个，这时候的路径就是搜索＋逛，用户会尽可能收集更多的相关信息，明确购买目标。这种用户的转化率较高，决策具有较大可能被影响。直播在这里就相当于一个导购，通过主播的推荐和介绍，促进更多转化。

③无目的型用户～逛

无目的型用户没有既定购买目标，只是随意逛逛，看到感兴趣的内容会进去看看。这个时候用户作为潜在型用户群具有一定概率的购买意向，直播在这里的作用有激发用户的购买欲，最终形成购买。

相较于目标明确型用户，半目的型和无目的型用户的购买价值体系还未成型，更需要引导和帮助，购买决策也更容易受到影响。所以我们要解决的问题就是如何通过直播把这部分用户转化成购买。

3 解读直播卖货平台

3.1 淘宝直播卖货

淘宝直播是阿里巴巴推出的直播平台，定位于"消费类直播"，用户可边看边买，涵盖的范畴包括母婴、美妆等。2016年4月21日，在papi酱的拍卖活动中，有50万人通过淘宝直播平台围观了该次活动。淘宝直播自2016年3月份试运营以来，观看直播内容的移动用户超过千万，主播数量超1000人。截至5月，该平台每天直播场次近500场，其中超过一半的观众为"90"后。2019年1月，在淘宝直播机构大会上透露，淘宝直播独立App将在春节前正式上线。

产品定位于"消费类直播"手淘平台，截至2019年，女性观众占了绝对的主导，女性比例约为80%，大部分都是家庭主妇和高中及大学生人群。而每晚8点至10点不仅仅是收看直播最踊跃的时段，同时也是用户们最愿意下单的时间——这似乎证明，女性追起直播来也同样疯狂。

大家都知道，现在淘宝直播非常的火，就连一些明星都会接商家的通告来淘宝上直播，最终比的不过就是流量，而明星的"粉丝"数是很可观的，带货的速度都是淘宝的普通主播比不了的，而淘宝直播大部分都是卖衣服的。

"淘宝第一主播薇娅淘宝直播'粉丝'最高纪录保持者"薇娅曾经算是娱乐圈的小明星。她和林俊杰拍过广告片，和戴军主持过娱乐节目，甚至和成龙一同参与演出。出身"服装世家"的薇娅，很快从娱乐圈回到服装行业，一面做平面模特，一面经营线下服装店。2011年，看到商机的薇娅关掉全部线下店，转战淘宝。2016年5月，薇娅开始第一场直播。直到2017年10月10日的直播，更是让她成了带货能力7000万元的销售女郎。薇娅在淘宝直播有超过400万"粉丝"，创造了淘宝直播行业最高交易额的历史数字，直播最高观看人次突破800万人。一场直播曾吸引150万人观看，在没有任何推广手段的情况下帮助一个0"粉丝"的淘宝新店完成7000万元销售。

薇娅被称为"淘宝直播一姐"，多次刷新淘宝主播直播交易额的历史记录。从2017年10月10日直播5小时带货7000万元，到2018年9月26日直播5小时带货1亿200万元，再到2018年10月10日直播5小时带货1.5亿元，一年时间发生了翻番的变化，2018年全年引导27亿元交易额。

"年收入千万元的口红一哥李佳琦Austin"也在2018年"双11"当天与马云同台直播，马云自我介绍说"我是口红大哥"。1992年出生的李佳琦每天要在镜头前面对上百万"粉丝"直播，可是扬子晚报记者看到的站在江苏大学的课堂上的他还有些拘谨，一直跟听课的大学生们强调：我不是网红，我就是主播，是一个三观很正很努力的主播。因为他之前是商场美妆柜台的彩妆师。在做主播前，他在柜台拿着三四千的月工资，淘宝直播彻底改变了李佳琦的生活。

如今，他拥有近千万"粉丝"，"月收入最高时8位数，最少时也有7位数"。李佳琦组建了自己的团队，都是清一色的汉子，月薪5万是起步价。

淘宝主播更像销售、更像导购。淘宝直播是淘宝和天猫平台上一种电商基因、结合娱乐化的新内容导购方式，入局者们将之定位为"电商直播"，以与其他直播平台的"秀场直播"相区别，后者的转化方式基本依赖观众打赏。

淘宝主播则更像销售，淘宝直播平台本身是没有打赏的，赚的钱都是来自给商家卖货所得的提成。

光有颜值是无法在淘宝直播主播中玩转不下去的，真正重要的是要有卖货的能力，产品的专业提升，选款选品的思维。这就需要不断地学习专业的背景知识、揣摩"粉丝"的心理与之沟通互动。

基本上现在的新主播每天要播6小时以上，坚持3个月到半年才可能有效果。虽然时间说长也不长，说短也不短，但是也是需要时间的。

不过要知道好的商机稍纵即逝，所以要珍惜此时的淘宝直播。今天我们就来跟大家讲一下卖家怎么利用淘宝直播卖货。

（1）淘宝直播以内容为主

直播内容要有质量，如果单纯地介绍产品和线下导购没有区别。美妆直播不是直接推荐产品而是教大家如何变美，服装直播不是单纯的推销衣服，而是教人搭配选择适合自己的。淘宝直播一定要有才华，淘宝主播才华才艺＝卖货能力。要时刻记着淘宝店铺是为店铺服务的，为拉动观众消费的。而不是像其他平台的主播们是为迎合观众而制定直播内容，其他平台是有薪水拿的，还有观众送香蕉、送鱼丸、送火箭的。淘宝直播内容就是产品，卖什么产品，商家就围绕产品来做直播，商家做淘宝直播是为了提高店铺销量。

（2）淘宝商家直播的选择

淘宝主播的选择是门技术活儿。

第一选择是店主自己上，求人不如求己，但时间、才华是大问题，时间可挤一挤，才华可以慢慢培养，毕竟淘宝直播的内容是自己的产品，试问有谁比你更了解自家的产品呢？

第二选择是签约职业主播，但成本、稳定性是大问题。这其间的取舍需要商家自己斟酌。

（3）回头客

一定要学会培养"粉丝"黏性，只有培养忠诚的"粉丝"才是王道，别看这是一个很简单的事情，其实要做的准备工作还是很多的，重点是很多细节的问题一定要考虑到，这样商家朋友们才会通过直播活动增加更多的流量和销量。淘宝直播终归要变成淘宝卖家的标配。想靠卖萌做淘宝直播是不可能的。只有独特内容才是最有辨识度，才能吸引的"粉丝"。颜值、才艺已成为直播的标配，物以稀为贵，知识、产品太容易被模仿，只有情怀才是最能建立长久的利器。且看各人直播平台的主播们都有一群或多或少的死粉，有群死粉就有互动，就能吸引更多的人。

3.2 抖音直播卖货

2019 年，随着传统电商淘宝、京东、天猫流量越来越贵，很多商家承受不起高额的流量费用，纷纷另寻出路。同时，以抖音为代表的短视频的崛起，整个互联网的流量和用户在线时间都向短视频行业倾斜，一小撮商业嗅觉敏感的人都感觉到整个零售行业正在发生巨大的变革，很多网红一场直播、一个视频就带来了巨大的销售额，其中李佳琪、辛巴等人惊人的销售业绩高到更是让人难以相信！如今，"直播＋短视频"早已不是新鲜玩法，做直播的平台都惦记着短视频的流量，而做短视频的也都想利用直播实现变现。

抖音直播卖货及其他功能自上线起就一直备受关注，抖音卖货的方式经历了一个演变的过程，最开始的时候是抖音同款淘宝成交，这也是抖音最早出名的方式，那时候培养了一大堆抖音爆款。那时淘宝最火的关键词是抖音同款，包括像小猪佩奇手表，扭来扭去的太阳花等产品。演变历程是大部分人在抖音种草，然后去淘宝买，造成这些产品全部卖爆。有关如何开抖音直播、抖音直播卖货的话题热度也高居不下。第二阶段是引流到微信成交，因为当时抖音店铺的申请"门槛"比较高，所以引流微信是一个比较好的选择。最早要开一家抖音小店的话，"粉丝"门槛是 50 万元，意味着只有大 V 才能开店，所以很多"粉丝"数量没达标的抖音博主，都会引流到微信成交，但过程中会有大量流失。

现在，抖音能直接跳转到店铺成交了，如今要申请抖音店铺的要求很简单，只要发布 10 个以上的视频，并完成实名认证就可以申请了。抖音的内容演变分为三个阶段，第一阶段，很多人会直接放 PPT 轮播，而且还会开一大堆账号矩阵，自动放 PPT，并配上音乐。

到了第二阶段，很多电台号不用 PPT 了，但还是有账号矩阵，通过声音＋字幕的方式呈现。

第三阶段都是真人出镜。这里分为两种，第一种是真人讲解类，像严伯钧讲物理，猫爷讲装修，大王真讲电商（抖音搜"聊电商的大王真"，就能看到我是如何做真人讲解的）。第二种是脚本演出类，这需要有情节、有脚本、多机位，成本非常高，相当于拍一个 30 秒到 1 分钟的小短片了，这个"门槛"比较高。

为什么抖音不用引流，可以直接卖货？传统的电商或微商，都需要去公域引流。但是抖音不需要，因为抖音视频本身就是场景。视频本身是一个带内容的货架，虽然没有销售，但是却在内容中种了草，被视频中的场景激发了需求，而产品本身就是内容，好创意或者美观的展现形式，等于有吸引力的广告。抖音有很多付费推广渠道，第一个是抖音竞价广告，第二个是企业或个人认证账号 DOU＋，第三种是无个人认证号 DOU＋。很多朋友们都有接触抖音，对于在这里进行直播销售的模式也都很感兴趣。商家正是基于这一情况，才纷纷投入直播电商想要赚钱。然而我们要清楚一点，那就是并非全部商品都适合做抖音电商直播销售。抖音直播商品大致分为以下几类。

3.2.1 美妆商品

一直以来，女性对美的追求始终未能停止，因此不管什么时候，美妆商品总能引起众多爱美女士的关注。商家当然也可以将这个行业运用直播电商方式推销出去。有了抖音电商直播，"粉丝"们都会关注这一平台，想要从中获取一些较好的商品和服务，商家也因此获得大量销量，卖出货物。

例如商家通过抖音来介绍自己使用某些护肤品的情况，说明自己的个人状况，越大众化越好。商家可以按照自己情况去介绍，比如商家自己是油性皮肤，然后说一下这类肤质的痛点，赢得同类人们的关注，然后告诉大家使用某类护肤品的好处，这样就可以成功引导客户购物。

3.2.2 食品

对于任何年轻人，都可以说是吃货一族。因为年轻人都会对食品感兴趣。尤其是一些新出的零食，更是大家的最爱。商家在做抖音电商直播的时候，如果选择食品作为销售对象的话，会有很好的营销效果。当然，前期的布局和策划少不了，包括如何购物，如何支付等都要做好计划。

例如，海鲜零食商家在抖音里分享自己吃海鲜类零食的场景，这个场景题材已经被很多商家使用，因此热度也是不减的。商家通过展示自己吃零食的直播，告诉大家这类零食的好处和特点，这些都是商品的卖点，可以更好地吸引客户关注，并产生购买欲望。

3.2.3　课程类商品

刷抖音的时候，相信有不少朋友都会接触到一些老师的直播镜头。在直播中，老师给大家分享一些比较好的学习方法和经验，让大家对老师的能力认可，从而愿意尝试去学习。课程的分类有很多，小学、中学不同科目等课程商品，都可以满足不同的人群需求。因此这类商品也很容易靠直播宣传。

比如商家在直播中给大家分享数学计算题，奥数是大家都很头痛的，尤其是一些小学生，更是对此不甚了解。家长当然想要培训孩子，然而自身能力有限，而且又担心外面教课的老师水平不好，所以很是郁闷。在抖音直播中，家长可以直接看到老师的在线教学，如此做法更有利于家长认可老师，形成订单。

总的来说，商家要做抖音来进行电商营销，必须要注意分析自己的商品类型，看看哪一种直播方式更适合这类商品。不同的商品有着不同的直播销售方式，有着不同的技巧。

3.3　快手直播卖货

短视频成为风口多年，但对于头部内容创作者尤其是 PGC 团队而言，变现一直是困扰从业者的难题。平台对于内容的资金补贴相较创作成本不仅微薄，且持续性差，而品牌广告植入、打赏的收入也不容乐观，而抖音、快手等短视频巨头在平台层面引入电商功能，对他们无异于打开了新的变现大门。

但这个模式并不新鲜。电子商务研究中心主任曹磊认为，主流的短视频平台选择电商，是三年前网红直播平台＋电商卖货风潮重现，"前辈"微博一众 KOL 借助电商成功让流量变现的方法，对短视频行业有借鉴意义。

类似的成功案例可以举出太多。在第一代以微博起家的网红中，诸如张大奕、雪梨等，靠内容聚拢了百万级别"粉丝"，发力美妆、服装，开设个人淘宝店进行变现；新晋博主如韦思嘉、张凯毅等也持续在涌现。

另一边，在有赞的合作体系中，依赖微信生态，以"内容电商"起家包括微信公众号黎贝卡的异想世界，《时尚芭莎》前执行主编于小戈创立的"大眼睛买买买商店"销售方面取得不俗成绩。前者曾于去年 12 月推出同名自有品牌，创下 7 分钟销售破百万的纪录，后者则在没有大规模推广下，6 个月卖出6000 万元流水。

但从抖音和快手目前来看，还欠缺知名度类似张大奕、黎贝卡等人格化 IP 鲜明和"出挑"的网红和时尚买手。商家在与第三方平台进行合作推广时都会将调性问题纳入考量，在选择主播的时候，首先也要看本身及其"粉丝"群体是否契合品牌形象，但快手和抖音主播们看上去更为面目模糊，缺乏明确的品牌定位。

资深电商创业者、火球买手 COO 颜乐认为这一现象很容易理解，除去用户圈层本身属性，抖音、快手等短视频平台，天然以内容分发为核，不追求对头部大 V 的打造。缺乏知名度高的人格化 IP，不得不说是平台刻意为之的结果。

另一个则是短视频本身碎片化、快餐化的平台氛围不利于完成受众从认知－接受－购买的转化，难以让受众产生对品牌的深度理解，用户多数行为沉淀在 10～15 秒钟的短视频浏览上。

但他认为，是否有调性合适的头部大 V 等软性指标，大品牌商会更为在意，如果是中小企业、个体经营者，可能更看重客单价、用户沉淀等数据层面的硬性指标。

快手平台上，不仅是生鲜，也出现大量美妆主播，由于官方尚未开放对用户的电商权限，生鲜和美妆主播多是发布相关生活技巧、仿妆短视频，在作品被推上热门后，再开直播对用户导流至个人微信号进行货物销售。目前来看，生鲜和美妆虽然成为售卖主流，但鲜见知名品牌。

另外一个则是短视频平台的现存展示形式是否适合售卖所有商品品类。以直播业务"强势"的快手为例，平台上有不少果民、渔民自己通过直播卖货，但她认为直播卖货不一定适合所有商品，"生鲜可以强调产地直采现摘现捞，但零食呢？现在吃播这个形式已经不新鲜了"。

短视频平台入局，可以试水"新奇特"特征的产品，指的是不常见，但客单价较适中的产品，比如小猪佩奇手表。全品类都可以做，品类并不影响。在抖音和快手上，最重要的是"人以群分"，而不是"物以类聚"。近年来，快手便开始了大力扶持正规电商之路，使得快手成了商家重要的一个卖货平台，加之快手有意识的标杆打造和公关传播，在业内甚至有了快手卖货水平超过抖音的说法。

对于商家来说，只要能卖货，就有120％的热情投入其中，可对于快手这个平台，很多商家更多的是陌生。

要在快手上卖货，到底应该怎么操作呢？我们以一位快手直播女孩的直播卖货经历为例来教大家如何在快手平台上顺利开展直播卖货。

这位快手主播，所在的公司主营洗护、化妆品；客单价从11.9～99.9元，主力直播卖货，有全职，有兼职；全职的每天播4个小时，兼职的每天播2个小时；这个公司已经在快手上开设一系列的矩阵号。

（1）团队配置

每个直播小组有三个人：主播直播卖货；直播助理负责售后和改价、递产品、小黄车上架下架等；直播运营负责找合适的大主播去打榜。

宣传的时候他们可能会这样宣传：大家去大平台上面看，原价800多块钱的面膜，现在只需要80块钱。

（2）直播运营

这里重点说一下直播运营：直播间的流量怎么来？有三个方向：做内容积累；打官方广告，购买直播推广；打榜。

随着互联网的发展，网络直播已经成为年轻人消费的主要渠道之一。相对的网络，尤其是淘宝、抖音、蘑菇街都开通了直播板块，这些直播模式不同于以前的直播，这些主要是以卖货为主，但直播卖货不仅仅是价值战，更是心理战。

很多看直播的观众，其实在直播间买东西是想要获得一份靠谱和实惠。但常听到一些主播抱怨：在保证质量的前提下，价格可以说很低了。为什么"粉丝"还是觉得买得不够值？难道还要继续降价吗？

当然我们不能一味降价满足"粉丝"的低价要求，但可以用一些小技巧来满足"粉丝"的心理。今天我们就教大家几个直播的小技巧，如何让"粉丝"觉得他们在直播间购买的东西超值。

3.3.1　锚点效应

有些主播直播时非常"实在"，直接给出产品的实际底价。结果当观众砍价的时候就手足无措了。这是没有利用好消费过程中的"锚点效应"。

（1）自行制定一个锚点价格

什么是"锚"呢？我们的第一印象和决定会成为印记，一个产品，第一眼看到的价格，会对我们购买的出价意愿产生长期影响。

直播时，可先把价格设置高一点，一款连衣裙，实际售价299元，可以先标售价499元。

这个499元就是一个锚点价格，它提升了用户对于这个产品的价值感知，这个产品质量不错，值499元。缺少这个锚点的话，直接价格299元，用户会觉得产品很廉价，没有占便宜的感觉。

（2）参考其他的锚点价格

还可以主动和一些大商超、商场做价格对比，观众日常生活中已经对类似产品的价格有了一个认知，这时候用价格进行对比，唤醒"粉丝"认知记忆，会让"粉丝"觉得买得很值。

也就是说，其实不是"粉丝"购买意愿影响市场价格，而是市场价格本身反过来影响"粉丝"的购买意愿。

3.3.2 塑造惊喜

有些主播说，我真诚地对待"粉丝"，用心讲解每一款衣服，严格把控好产品质量，观众就会多购买。但仅靠这些还远不够，主播要学会"制造"超出"粉丝"预期的场景，让"粉丝"感到惊喜。

一位主播秒杀一款针织衫，预热了 5 分钟，一直说的价格是 69 元；助理丢上链接之后，下单的观众突然评论"怎么才 59 元"；主播惊讶到"真的吗？大家赶紧去拍，商家价格设置错了，我给你们打掩护"；该产品瞬间秒爆 300 单。

3.3.3 损失规避

如今，直播销售产品包邮是常态，不包邮是异类，主播会说"买 99 元连衣裙，包邮送运费险"，而不会说"总共 99 元，其中连衣裙你花 94 元，邮费 5 元。"为什么？这是对损失规避心理的利用。

如果把所有的成本折到一起，给观众一个总价，让观众一次支出 99 元，而不是感觉到多次支出（连衣裙 94 元，邮费 5元），观众会没有多付钱的那种痛苦。

此外，主播可以设置一下营销话术和套装的组合定价售卖方式。比如，要卖一个套装，可以和商家联合制作全新组合形式，不要直接说"299 元套装，包含一个小黑裤，一个小西装外套，一个打底衫，一个短袖 T 恤"。而是可以设计成"299 元套装，包含一个小黑裤，一个小西装外套，另外送一个品质超好的打底衫和一个百搭短袖 T 恤，真的很超值哦"。

3.3.4 诱饵效应

我们都知道，餐馆的餐牌上排在第 1 位的都是高价菜，顾客一般不会点餐单上最贵的菜，但很可能会点排第 2 位第 3 位的。

高标价的菜就是一个"诱饵项"，而它促进点排第 2 位的菜称作"目标项"。直播时的产品排序也是这个道理。

可以把两款看起来差不多的，但价格差很多的衣服上下排序，诱饵项的加入往往能够让"粉丝"有更直观的对比，它会让其他商品显得更加"物美价廉"，能够很快决定购买认为"很合理"的选项。

以上四个小技巧：制造锚点、塑造惊喜、规避损失、制造诱饵，你都 GET 到了吗？赶紧在直播间用起来吧！

3.4 对比几个直播卖货平台

目前内容带货最凶猛的就三家，抖音，快手，淘宝直播。站在外面看，他们好像可以统称为网红带货。抖音有李佳琦、牛肉哥，快手有散打哥、辛巴，淘宝直播有薇娅、李佳琦。细看下来，三个平台其实各有不同。

3.4.1　抖音：算法的心思你难猜

对于做公众号的新媒体人来说，想运营好抖音，必先转变两种思维：第一，从图文思维到视频思维；第二，从订阅思维到算法思维。

图文思维到视频思维很多人已经意识到，但订阅思维到算法思维的转变其实更难，订阅思维深藏潜意识的一个表现就是对"粉丝"数量的过度重视。在订阅逻辑下，因为用户习惯的稳定打开，"粉丝"数量与流量才呈现稳定的正相关。在抖音，"粉丝"只能证明过去，但无法预测未来。在带货方面，算法的特殊性更是呈现得淋漓尽致。现在出现的大量抖音淘客账号，基本上有以下几个特征：

一是"0粉"或"低粉"带货。

二是小淘客团队5～10人，通过账号矩阵的玩法运营30～50个号，大的淘客团队已经做到80个人运营1200个账号的规模（其中不乏一些被封禁的废号）。

三是只要流量正常，账号有效，可以投 DOU＋的就投DOU＋，DOU＋产出比超过1∶1.2以上的产品就加投豆荚，或者进一步优化各项数据，加强转化。

总结下来，抖音淘客的打法剑走偏锋，将算法机制的优势和缺陷发挥到极致，不考虑账号定位、调性、内容质量，抱着赚一把就走的心态，通过"批量投放商品视频—算法筛选出潜在爆款—DOU＋加杠杆走量"的三步策略，快速变现。

对于做内容的朋友来说，算法是残酷的，因为你无法躺在过去的成就上躺赚，只能逼迫自己持续创新，即使头秃，即使爆肝。但算法的世界也是幸福的，因为无论何时入场都有机会，只要你真有才华、有创意、够努力。

抖音定位是娱乐直播，日活量3～4亿，不允许留微信和联系方式。抖音看似是一个十分简单的软件，实际操作起来也没那么容易。一方面，需要主播有很强的创意，对内容质量要求很高，和"粉丝"互动率比较低。最重要的是，抖音对流量控制很严格，很难从抖音处建立私域流量。

3.4.2 快手：老铁的世界你不懂

快手是一个草根江湖，有共鸣的人沉醉其中无法自拔，一声老铁呼朋引伴，瞬间变成一家人。但找不到共鸣的人，则满头雾水，费解于老铁经济为何能够大行其道。

我们可以把快手一哥散打哥和抖音一哥李佳琦两人主页短视频封面截图放在一起，效果截然不同。

散打哥的关键词是孝顺、亲情、男女平等；

李佳琦的关键词是明星、大牌、值得买。

前者"草根"，后者精致。初看之下，两人简直生活在两个不同的世界，但细想之下，其实是不同人群对于美好生活的不同向往。

在李佳琦的世界里，可能更多是都市中的年轻白领、中产，他们光鲜亮丽背后的焦虑和孤独，却更多靠消费主义的剁手来缓解。他们已无温饱之虞，但却自称"社畜"，嘴上嚷嚷着要辞职去追求梦想，但往往是短暂修整后换一家公司继续敲键盘。

在散打哥的世界里，可能更多的是离乡背井的打工仔，他们在现实生活中的辛劳和匮乏，需要在网络的虚拟世界里用梦想、亲情和群体归属来调剂。有限的文化程度，使得他们的精神世界更多向传统回归，所以玩快手的都是"老铁"，认同散打哥的都是"家人"。

区别于抖音的短视频带货，快手带货的主流是直播，而且喜欢强调"自家工厂"。薇娅曾说自己不敢停下来，因为她停一天，身后的工厂可能要停工十天，而快手的带货主播们有过之而无不及。

快手做直播大概是 2017 年初，这背后主要原因还是快手官方运营的原因，没有测试和试验，直接上来洗流量，帮助达人变现。

所以你会发现这么一个现象，卖来卖去始终就那么几个人，都是官方运营扶持出来的，基本上达人也是洗的平台的流量。反而个人或者商家要真正地去直播卖货，要么会遇到气场不对，不接地气的问题，要么就是效果不是很好。

3.4.3　淘宝直播：风口之下，远未成熟

淘宝直播早在 2016 年就开通了手机直播，直播的定位是购物类直播，直播的主要行业一般是服装、美妆为主，还有一些医药类、家居类的直播。然而做淘宝直播难度是很大的，需要有幕后运营团队支持，而且主播数量过多。不仅如此，入门"门槛"高，需要 2 万"粉丝"的店铺号才能直播，总体而言，对于新手而言难度是比较大的。

媒体对淘宝直播有着连篇累牍的报道，人人都高呼这里是风口，人人都在寻找第二个薇娅、李佳琦，人人都被财富冲昏头脑。但最清醒的，却是淘宝直播背后的男人赵圆圆。在《"双11"结束，淘宝直播，再向前走1公里》中，赵圆圆写到：认清现状，淘宝直播整体水平依旧不高，偶尔有出色表现和超常发挥（尤其是"双11"），但这并不代表我们已经是优等生。与传统电商圈相比，商品运营能力还很不足。与营销传播圈相比，创作、传播、规划能力远远不够。

2018年，淘宝直播带动的交易额是上千亿元。2019年双11，这个数字就超过了200亿元，全年交易额不知道要翻几番。相比于内容电商，直播电商的竞争将更为残酷。内容电商阶段，因为用户的内容口味千差万别，所以各种类型的博主都能存在，而且都能活得很好，因为大家并不是直接竞争关系，用户可以同时喜欢ABCD，轮番宠幸ABCD。商业生态更均衡，更健康，每个领域都可以有N多头部、中部、尾部，算是金字塔结构的分布。但直播电商阶段，在特定时间，主播对用户注意力资源是有独占性的，看薇娅直播，就没法同时再看其他人。某种程度上，直播博主之间是零和博弈的。与此同时，主播的影响力与议价权之间存在正向关系，顶级主播在品牌端享有更大的议价权，这又反过来强化他们在用户心智中的地位。所以顶级主播对用户注意力的垄断和商品议价权变成了一个相互强化的循环。所以直播电商的主播结构，不是金字塔而是图钉，极其少数的顶级主播和绝大多数的底部、中部是塌陷的。在刚刚过去的这个"双 11"，薇娅、李佳琦预售额遥遥领先，第三名开始断崖式下跌。如果我们打个比方，"双 11"就是购物消费的春节，而薇娅和李佳琦某种程度上就是央视春晚二分天下，其他所有主播和商家争夺剩下的空间。

与其说这是淘宝直播有意为之，不如说是造势阶段权衡之下的策略。因为淘宝直播要证明自己是风口，最好的策略莫过于树标杆。当薇娅、李佳琦成为淘宝直播的代名词、代言人，风口之说已然成型，那么接下来平台方势必要优化主播生态，给无数的品牌商家以成长的空间，更是做大的希望。就像已经退休的马云曾经说过，淘宝的流量生态最好是草原，而非森林，这样才安全。

4 直播卖货的攻略

4.1 直播前的思考与准备

4.1.1 直播前的思考

从最初的 PC 段秀场直播,到现在的短视频直播,淘宝直播,直播行业发生着很大的变化。原来的秀场直播,游戏直播,更多的是满足用户内容消费的需求,找到一个娱乐的形式。信息由原来的文字、图片,向现在的短视频、视频直播方式推进。信息传达的方式变得更加立体化、互动化。淘宝直播的出现让直播这个赛道变得更加热闹,直播间直接进行流量变现,提高了流量的变现效率,同时也让电商整个行业因为有了直播的到来而变得更加火爆。

而平台的变现模式也在发生着变化,从原来的依靠打赏的方式到现在的直播带货+打赏,让直播的模式变得更加多元化。而不管是什么样的直播模式,最终是提高流量的利用效率,充分增加流量的转化率是关键。

直播作为内容承载最生动、互动化最强的模式,对于内容和电商平台来说,无疑能够提高流量的效率,增加用户和平台之间的链接。不仅仅是电商行业开始加入直播，越来越多的内容平台，如喜马拉雅，蜻蜓 FM 等也开始加入直播，以公会的模式来扶持内容的增长。

直播电商的发展是从 2016 年开始的，那个时候淘宝直播的负责人还在不断给人安利淘宝直播的年代，但是很多人不理解淘宝直播，或者觉得直播这个形式已经不新鲜了，市场想象空间不大。

直到 2019 年，李佳琦在抖音大火，薇娅、李佳琦成为淘宝直播的"代言人"，越来越多的人开始意识到直播带货原来效果这么好，越来越多的商家开始进入直播带货这个行业。"直播＋"成为一种新的趋势，一种新的内容传达形式，直播带货，直播＋旅游，直播＋美食，"直播＋"替代"互联网＋"，成为新的互联网时代下一种主要的、大家十分关心的形态。

在直播卖货如此热门的当下，我们也要思考：直播带货模式是否是最好的归宿？前段时间，罗永浩以 6000 万价位签约抖音，在愚人节当天正式开始进入直播行业，当天晚上 3 小时成交额超 1.1 亿元，而同时，薇娅在淘宝直播卖火箭，秒抢下架，辛巴团队在快手直播带货 4.8 亿元。4 月 6 日晚，央视主持人朱广权和李佳琦进行公益直播，累计观看次数达 1.22 亿次，给湖北带货 4014 万元。

在千播大战后，直播又一次开始频繁地进入大众的视野，而与之前直播打赏模式的不同，这一次是以直播带货的模式出现在大众的视野。与原来的内容娱乐模式不同，直播带货主要以面向商品的直播讲解模式为主。主播能够更加了解用户的关注点，能够及时反馈用户的问题，用户在直播的带领下，让整个处于直播间里的人都变得异常兴奋，支付转化率非常高。

原来的直播模式，是靠主播的内容或者才能吸引人的，用户会为了一个主播连续观看，给主播打赏。更多的用户是为了"人"来的，在这个场景下，人在直播中的作用被放大，对于主播的依赖度也特别高。

在网红经济模式中，这种模式被越来越多的公会复制，造就了多个重量级的主播。但是，这样的模式下也潜伏着危机，成也网红，败也网红，很容易将企业和平台推上绝路。以张大奕为主的如涵就是一个很好的说明，成名张大奕，最终也因为张大奕事件，公司市值蒸发近一个亿。

直播电商的出现，让人货场发生了新的变化。用户不再单单为了人而来观看直播，用户也有可能是为了货来观看直播，只为了抢到比日常价格更便宜的商品。这样的模式，就降低了人对于直播效果的影响，增加了货物对于用户的吸引力。面向合适的用户提供合适、高频率使用的商品便能让整个直播间的价值得到充分的流量变现。

比起直播打赏，秀场直播的模式，直播电商有了可以承接流量的价值商品，摆脱了单纯依靠人的直播时代。

5G 和 VR 的出现让直播电商有了更加可想象的空间，也可能会成为未来直播的一种新形态。依靠人和物的直播，充分提高流量的变现销量。

数据显示，自疫情之后，越来越多的企业开设线上业务，也有越来越多的产品进入直播这个秀场，特拉斯直播，薇娅直播买房，万物皆可播的时代正在到来。

抖音、快手、淘宝直播、腾讯直播等平台不断出现，让直播的形式变得更加多样化和有趣化。但是也有人对于直播带货的模式并不看好，直播带货和当年淘客的模式很像，以专属优惠换来用户买单，以主播的现场叫卖让用户产生共鸣，进一步促进用户的成单。

所以也有段子说，从来没有人能够空手从李佳琦和薇娅的直播间走出来，就算你是抱着学习的态度去，他们的那种现场叫卖感和直播间疯狂购买的"粉丝"也会让个人的购物行为变得更加感情用事，更加冲动。

直播虽然是当前比较热门的领域，很多企业也看到了这一点，由此很多企业的掌门人也亲自上场直播售卖自家的产品和服务，电商直播再火热，商家或企业在切入直播应用的时候，还是要思考几个问题。我到底该不该切入直播应用为自家企业所用，我要切入直播。我所需要的核心诉求是什么？切入直播能够为我带来哪些改变？

流量、内容，以及利益链上的金主是组成直播的三个要素，平台拥有了这三个要素就能玩起来，在淘宝生态中，这个闭环体系更清晰。当下互联网环境中，决定消费者购买决策的媒介在改变，从原来的货架图文展现模式向内容引导模式转变，商家要在这些新的内容展现方式上寻找流量，进行商品曝光。直播就是一种媒介，而主播是内容产生的机制。习惯无线端购物的消费者也越来越倾向于内容购物。由此也说明流量的媒介方式在改变，商家或企业都需要售出自己所生产制造的产品和服务，直播是目前流量的最好媒介之一，对商家而言，流量便是王道，如此新生的流量渠道是否该抓住呢？

无论是商家还是主播，有以下几点为什么要做直播的理由总能征服你，值得你去思考。

①新兴且展示方式历史性改变，必然吸引客户眼球。

②购物体验更直观、更立体、更真实。

③直播的感染力和口碑度及促进分享方面的能量远超其他。

④优质主播客户沉淀比优质商家的客户沉淀更好做且黏性更大，且直播达人对淘宝黏性也大。

⑤直播无疑是商家最好、最快的选款工具，也是最好的导购工具。而且还有品牌打造、清库存打造基础销量等诸多功能，随着直播行业不断向前发展，其更多功能还有待发掘。

⑥自营店铺或品牌，如果有一个或者几个不错的主播，是非常容易打造成的。

⑦主播的"粉丝"沉淀上，还有很多文章可做，潜力巨大。还有一个最核心的理由，传统电商多数还处在营销叫卖阶段，极力佐证、功利心明确，这是页面展示的弊端，而直播的出现已经改变了传统电商的现状。

⑧做得好的主播是自带人格和消费双重标签的，不仅仅是渠道而已。

⑨直播的反应速度和信息反馈速度，以及各方面的动作都是实时的，线上零售相比线下零售，信息等各方面速度快了很多，直播的这种"快"迎合了时代变化的需求。

⑩综合来看直播目前是内容电商的最好载体，而内容电商又是趋势，目前所有的电商平台都在内容化。

要真正的直播电商内容化，需要从软性和硬性两方面准备，软性方面的准备，如从环境、思维、理念、意识、服务；硬性方面的准备，从传统的图文方面切入直播内容电商，如团队、资源、产品、设备等。

4.1.2 开播前的准备

(1) 开播前形象

新主播最重要的就是形象、妆容，新主播不像老主播那样有一定的"粉丝"基础和内容基础。所以"粉丝"来到新主播的直播间，第一步是考虑如何吸引住"粉丝"，"粉丝"留住后在考虑如何进行内容的输出。

(2) 开播前的准备

①网络环境：保证网络稳定，若使用 4G 开播，建议关闭 Wi-Fi，以免自动接入 Wi-Fi，出现网络中断。

②开播一般需要手机、声卡、麦克风等，这里要说的是两种组合：一种是两部手机、声卡和麦克风；一种是一部手机、一台电脑、一个声卡和一个麦克风，当然了。有的主播为了求得播放质量和效果，购买更高级的设备，这里就不详谈了，至于声卡和麦克风的价位从几百元到万元不等，依据实际的经济

实力购买。

③手机状态：开播时请关闭其他应用，同时建议开启勿扰模式，防止电话打入影响直播；QQ、微信等调到静音，保持运营和工作人员随时可以联系到你，指出你直播过程中的不足或其他有关直播安排与调整。

④直播效果：若需用到背景音乐，建议在开播前先加载音乐，加载成功的音乐会以列表的形式保存，直播时可直接播放。将伴奏添加好并分组，比如：抒情音乐、DJ、演唱歌曲、聊天伴奏，一定要保证随时可以找到想要的歌曲，以此达到直播的最佳效果。保证在聊天过程中的直播效果和互动效果，从而营造直播间的气氛。每次开播前必须达到一个最好的视频效果，不要上去自毁形象。调整好声卡，确定无误后再开播。光线方面要确保开播环境光线充足，请勿站在逆光处直播；对焦和曝光方面如果出现过曝现象，请及时滑动屏幕，调整对焦和曝光点；前置摄像是镜像的，如果有文字等信息要正确的显示，可以点击镜像按钮调整；直播默认开启美颜效果，开播前可自行调整美颜力度，美颜力度越低，画质和细节越清晰；条件允许的前提下，可以准备两台手机，一台用于后置摄像头直播，一台用来观看"粉丝"的弹幕，观看弹幕的手机需把声音关掉，避免重复收音造成回声。

记录当天的直播内容，每个新主播都应该准备笔记本或用电脑记录玩家ID、昵称、性格，喜欢的音乐。因为每个玩家随时可以改昵称，记录ID可以更加清晰地了解自己"粉丝"在线情况，并且会让你的"粉丝"感觉你对他特别用心，特别在意，从而提高与"粉丝"之间的亲密度。

开播遇到找碴或小黑粉时，用开玩笑的方式回复他们，实在过分的直接联系房管踢出直播间，只要是开播时间，心态一定要放正，不要有过多的情绪。

（3）房管的设置

会关注着你，每天都会来看你直播，跟你互动，这样的人更应该维护好，同样给他一个房管，让他去帮你维护直播间或者"粉丝"群。

新主播开播不要排斥各种号，包括大号和小号，每个大号都是从小号演变过来的，而且小号更值得主播去关注。因为大号基本都会有自己的小主，大多都是出来闲逛的，先把小号转化成自己的"粉丝"才是王道。

直播时间的预告，通过提前告知让"粉丝"了解你每天的直播时间，这样才能更稳定的留住"粉丝"。

（4）直播间设置

直播间的设置并不是指搭建直播环境，而是指各大平台创建直播间时的一些设置问题。比如摆件、道具，也是可以购买的硬件，摆件能够起到装饰、突出产品的作用。道具能增加一些互动乐趣，解决你有时候双手没地方放瞎晃的问题，有时候，买产品送道具也是深得"粉丝"喜爱的事情。

平台在创建直播间时，应该注意到有标题、封面图这两点，各大平台上的情况可谓是五花八门、乱七八糟，先看标题：直播间的标题主要遵循阐述突出直播内容、吸引观众点击观看这两大要点，所以正确的标题写法可以是两段式结合。比如，纯棉男短袜限时秒杀，这么便宜的口红难以置信等，字数控制在5～15个，字数少描述不清楚，字数多容易超过限制被省略。从上面的例子可以看出，两段式写法就是一句话讲清楚直播内容，同时又加上一些类似标题党的内容，再进行组合。

比如专场、返场、特惠、福利、折扣、优惠等，还有一些限量、秒杀、特卖、直降类的词语也可以搭配使用。如果你实在是琢磨不出一个好标题了，那就多去看看各大平台上的直播，找出那些品牌的直播间，模仿着写就行了。

然后就是封面图的问题，有很多人觉得封面图应该足够简洁，简洁到自己的一张自拍照、形象照，或者是什么风景照，不知啥来头的抽象画就行了。实际上封面图也能够承载很多信息，比如产品、主播与嘉宾、活动主题等，这块地方我们尽量不要浪费，应该进行一些设计：有的形象照就是看个美不美和帅不帅，有些则不知所云，只能看一下标题说的是什么，还有的像央视新闻那样内容过多导致封面图缩小，一堆小文字看起来都费劲。所以，我们在设计封面图的时候注意贴合直播主题，突出主题内容的角色，产品图就展示产品，老板客串直播的就贴个老板，再加上一句话突出特点。比如你做促销专场卖皮鞋，那封面图主题角色就是你老板转身想跑的画面，加上皮鞋，再加上一句话："老板带小姨子跑路了，皮鞋亏本卖。"

想在一个直播平台的众多直播间列表中脱颖而出，让观众们在几秒内注意到你，了解你的直播内容，产生兴趣点击观看，这些就是写好直播间标题和设计好封面图的作用。最后补充一点，直播间的标题和封面图上不要出现广告法禁止的一些词汇，至于哪些词汇是禁止的，可以去百度搜索广告法禁用词检测。

（5）直播预热

预热的形式一般有文案、短视频、海报，预热的平台也很多，像抖音、快手、微信、微博、新闻媒体报道等，做预热的目的无非就是引流，但绝大多数人都忽略了"记忆时间"。一个网络热点事件，网民记得住并参与讨论的时间周期大概是一周，一周后就忘得差不多了，继续追下一个热点。罗永浩直播前的预热是全网，他开直播本身就是一个热点，记忆时间也把握得很好，所以第一场直播预热带来流量还是蛮可观的。我们要强调记忆时间这个问题，主要是有很多微信好友准备开直播了，天天群发海报，一大堆文字，真的烦不胜烦，实际上根本不会去看，有些几天后的直播过会儿就忘了。所以，我们发布预热内容的时候，一定要分清楚平台，比如像抖音、快手、淘宝这类的，只要是关注了的"粉丝"，App 都会提示正在直播。但是微信这种即时沟通工具，建议是提前半个小时就将预热内容群发出去，直播间也是提前开播候着接客，这样来的流量都能承接下来。

预热的内容只要讲清楚三个点，什么时间，什么主题，有什么好处就行了，无论文字、视频、海报。比如文字方面："4月 22 日晚 8 点，××直播间重磅拍卖，奢华安全底裤三折清仓"。短视频也是差不多的，拍摄视频也是基于文字剧本，但是海报的设计就有些讲究了：海报的设计一定要直观、突出主题，整体设计简洁明了，如果要参考的话，可以使用以下模板：四周预留边缘，便于你在各大平台发布的时候不会被水印遮挡，一般来说，水印位置都在左上角和右下角，与此同时主体内容居中更容易抓住眼球。海报背景简洁即可，不要杂乱或花里胡哨的，就算是要用纹理背景，也尽量使用不超过三种颜色的，其次就是见图如见人，海报中的主播要货真价实。最后记住海报中的主播照片不要挡脸，也不要放自己的全身照，半身照就差不多了，可以适当加一些动作和表情。

（6）直播脚本

直播的脚本不是固定的，有时候每周都会更换一些玩法，或者每一场直播中，突然间计划有变，要插个嘉宾进去，也是会改变一下整个流程。所以最好是每场直播都做一份脚本，这样能够确保整场直播的流畅，内容完整以及便于复盘。

专业团队设计的直播脚本是比较复杂的，毕竟他们每个环节都有团队人员的协助，所以笔者这里只讲通用的方法，其他的大家自行参考发挥。

①直播目标

每一场直播都定下一个目标，比如这场直播需要有多少关注量、观看数、下单量、销售额等，把目标进行量化，方便结束后复盘。

②直播准备

场搭建好，货品到位，设定好直播的主题，卖什么产品就围绕着产品讲，别卖水果的扯着扯着跑到卖拖拉机去了，当然互动环节聊点热点话题穿插一下也是可以的。

这个流程的细节要非常具体，几点开始预热、几点开始直播、几点开始介绍产品、几点开始发放优惠等等，每个时间点做什么事情，都要一一体现在脚本设计上，避免浪费时间和直播内容混乱，也避免翻车事故。

人员安排到位，主播和助理负责介绍产品、互动、引导下单等，后台客服负责解答客户问题、产品价格修改等。

最后就是预热，各个渠道分发预热的内容。

4.2　主播的直播卖货话术

现在有不少的商家都开始利用淘宝直播来卖商品，而且通过这个途径卖东西的效果还挺不错的，如果你也对这方面的内容感兴趣的话，那就请各位小伙伴多来关注一下这方面的内容吧！做电商主播，相当于电视购物主持人、超市导购员、美容院顾问等。普通销售员到电视购物主持人，想要把东西卖出去，需要的技能可以用八个字概括：深研人性、投其所好。电商主播也是如此，要将语言和人性结合起来，比如"口红一哥"李佳琦推荐产品时，会不时向大家丢糖衣炮弹，发放一些优惠券、抵用券，当你被各种甜言蜜语包围，一旦沦陷，到最后甚至不知道自己买了多少东西。

总的来说，要想提高销售时的语言能力，需坚持"一万小时定律"：不停地说、不停地模仿、不停地创新，这三点就是成功秘诀，主播销售能力的训练并没有捷径可走，谁对自己更狠，谁就更容易成功。

具体而言，掌握以下五步销售法：

第一，提出问题。

结合消费场景，提出消费者的痛点、需求点，给消费者一个理由买你家的产品。比如夏天时，防晒很重要，在推荐防晒产品前，要注意先铺垫，讲讲自己的感受和困扰（今天又是一个暴晒天啊，真羡慕那些皮肤怎么晒也晒不黑的人，我的皮肤一晒就黑，真是痛苦……），聊天式地提出问题，并让这种"问题"成为活跃直播间的话题。

第二，放大问题。

注意全面和最大化，将大家忽略掉的问题尽可能地放大出来，比如将不做防晒的危害放大到一个高度，把晒黑上升到变丑的地步，而且紫外线有很多危害，会加速衰老，好可怕！

第三，引入产品。

以解决问题为出发点，通过引入产品解决上述提出的问题。比如通常有哪些防晒的方法呢，可以穿防晒衣、擦防晒霜、用防晒喷雾，逐一推出产品。强调一点，此时不要详细介绍产品，千万要稳住！

第四，提升高度。

详细地讲解产品，并通过行业、品牌、原料、售后等方面增加产品附加值。此时是展示丰富专业知识的阶段，让"粉丝"

对产品产生一种仰视的态度。

第五，降低"门槛"。

此时可以兴奋地讲解优惠信息、独家稀有资源等等，降低顾客购买的心理防线，俗称"临门一脚"。比如李佳琦卖东西，到最后都会很激动，兴奋地告诉大家优惠信息，并吆喝着大家："OMG，买它！"

最后注意一点，主播也是销售，要有亲和力，要随时保持笑容，并当成一种习惯；语速要快，需要反复训练，直到熟悉为止。最新的数据显示，现在每天新增主播超过 1000 个，而且还在呈上升趋势，其中大部分人都是没有做过直播，或者说没有接触过淘宝直播，对淘宝直播可能听说过，但还处于一知半解状态，那么对于这些萌新主播开播后该如何播，如何介绍产品呢，下面我们就来教大家淘宝直播一些常用话术。

售前沟通需注意：快速，礼貌，热情，不敷衍。

当买家来咨询时候，先来一句"您好，欢迎光临"诚信致意，让客户觉得有一种亲切的感觉，不能单独只回一个字"在"，给买家感觉你非常忙，根本没空理我，太冷淡了，也不能买家问一句，你答一句，这个时候很可能会跑单。

例 1：你家宝贝什么都好，但是价格太贵，给我少点吧。

分析：对这种用"但是"语气的客人要采取说理的方式，"但是"之前就是他们给我们的糖衣炮弹，"但是"之后才是他们的心里话。只要让买家觉得物有所值就差不多可以拿下订单。

销售话术：亲，您眼光真好，看中的是我们的主推款哦，就像您说的，宝贝的确是很不错的，物美价廉，现在的价格已经是极限啦，所以请亲多多理解哦。

再三纠结的：我们保证我们的产品绝对对得起您所给的价钱，真心没办法少了，希望亲多多理解呢，现在的活动只是赚个信誉，是没有利润的啦。

考虑下的顾客：亲，活动是限时限量的，我们这个现在很热销，数量也不多了哦，建议您尽快考虑好拍下，错过了就实在可惜啦。

例2：就是这个价格啦，可以我就付款，不可以我就去别家了。

分析：这个是买家丢下的地雷，最让我们客服为难的了，你说让价吧，价格太低，没办法让价，咬着价格不放，又怕买家跑了，这个时候要把推度，一个买家觉得值了，卖家觉得赚了的度。

销售话术：亲让我好难做哦，这个价格从来都没有出售过的，即使批发的也没有那么低哦，这样吧，我帮您申请看看，请稍等。

如果觉得可以适当让一点：亲，提交订单给我帮您修改价格哦，给您的是销售以来价格最低的一次了，收到满意的话，一定要给我们全五星好评多多支持哦！

用一些话术，打消观众对产品的顾虑，比如"这款产品之前我们在抖音已经卖了10万套""旗舰店已经销售2万份了"等，甚至会借助"自助款"为产品做担保，自己掏钱下单购买。

无论是店里接待顾客，还是网上销售，我们都得想办法打消客户的顾虑，只有客户相信了，生意才做得下去。

凡是家居行业的老板们，喜欢在店里摆放荣誉证书，导购还会拿出来重点强调，但在直播间里，就不太适合去讲，提一下就可以。重点还是可以提提目前销量如何，可以在征得允许的情况下，多展示与聊一些客户家的案例。

4.3 直播卖货的产品选择

4.3.1 选品定位

选品定位是为了搞清楚卖什么产品给什么人，哪些产品合适卖以及市场方面发来的要求等问题。作为商家要清楚地把握定位，从而做到更好的营销和卖货的效果，下面从六个方面入手，分别是市场行情、供应关系、直播定位、观众体验、市场环境和商家定位六大方面。

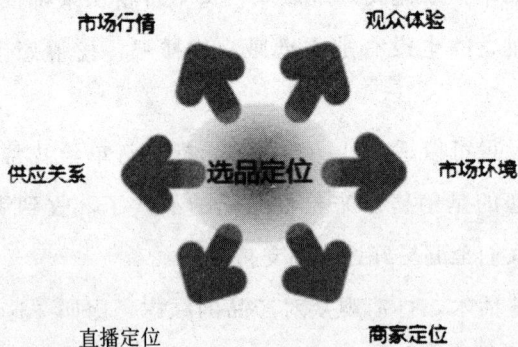

市场行情　观众体验

供应关系　选品定位　市场环境

直播定位　商家定位

4.3.2 观众体验

了解"粉丝"需求的前提是已经确定了自己的客户人群，那么了解的方式就有很多了，我们可以去查看一些数据分析报告，比如目前大家常用的数据分析工具有卡思数据、飞瓜数据等。如果真想玩好直播这块，数据分析工具是必不可少的，人家从各大平台采集汇总的数据，有助于我们的决策和运营。

商家还可以一开始直播的时候不带货，只进行预热，并建立自己的"粉丝"群，通过"粉丝"群与"粉丝"进行互动，了解他们的真实需求。当然，对于已经在做电商的卖家而言，这块做起来会更加容易一些，对于没有"粉丝"基础的，也可以先尝试着自己先去推荐一些产品，然后收集"粉丝"的意见反馈。直播的时间一般为两个小时，也可根据自身的情况适当延长或者缩短，直播开始时先预热半个小时，可以引导用户将直播间分享给好友，并与用户互动，及时回答用户的相关问题，然后按照要展示推荐的产品一次安排时间，每推荐一个产品要与观众进行互动，随时解答观众提出的问题，引导观众们及时下单购买。

4.3.3 市场环境

冬天卖棉袄，夏天卖裙子，每一个季节都有相对应畅销的产品，另外就是多留意网络热点、网络爆款、网红同款之类的，这些有助于我们的采购决策，或者新品开发。比如抖音和快手平台上销量比较好的品类就是服饰鞋包和食品饮料，把握好市场环境非常重要。直播的产品需要一个更新的周期，并且不同款之间的比例也要进行设定，比如最近一个月都是推三款主推的面膜，一款引流的面膜，那么每隔一个周期，我们就需要进行调整变动，保持直播内容的新鲜感和饱和度。

直播间里面卖的产品库存量，一定要比在线观看人数少，这就是雷军惯用的饥饿营销，特别是我们的引流款、主推款更应该如此，哪怕这场秒杀完了，下次直播再搞个返场都行。

4.3.4　商家定位

把合适的产品交给合适的人来卖，才能卖得更好，这是直播带货最基本的道理。

你让罗永浩去卖口红，那还真得雷倒一大波人，作为东半球最懂手机的人，数码电子类产品才是他的拿手好戏。

所以我们首先是要打造好主播人设，根据主播的性格、讲话方式、兴趣爱好、专业技能，塑造一个特点鲜明，同时又能跟产品匹配的角色。

比如"老爸评测"的创始人魏文峰，就是一个专业性特别强的人设，笔者装修买啥除甲醛产品时，都会去看他的直播，这种人设所建立的信任度是很高的。

4.3.5　市场行情

产品的品类和具体的款式上都不知道怎么选的话，参考同行是最便捷的方式了，笔者建议这一步不能少，在你准备开干之前，先找出行业 TOP100 的同行数据，并且持续关注他们。

直播带货时不是胡乱卖，有啥卖啥，而是要提前计划，哪些产品是作为引流用的，比如你会看到有些卖农产品的直播间，

9.9元5斤橙子包邮，这些是用来吸引流量的。

当然，也有纯粹做9.9元包邮跑量来赚钱的商家，只是我们众多的产品或者款式中，挑出性价比最高的来做引流款，有助于后续推其他产品。

主推款一般也是利润款，这款产品就是为了赚钱的，具有独特的卖点，人无我有或者人有我优的，在直播的产品配比中占的比例大，说白了一场直播中10款产品，起码有一半或以上是主推款。产品的套餐组合其实就是搭配关联销售，这也是促销手段的一种，建议是畅销的单品中，搭配一些滞销的单品，或者也可以把滞销的单品当成赠品免费送，实际上成本已经算到价格上去了。

比如我们印象最深刻的电视购物，通常的套餐价格和赠品是非常吸引人的，买了这个399元的不粘锅，再送399元超值大礼包，大礼包足足八件套，值不值399就靠你包装靠你吹。如果你是在帮别人推广商品，那么直播之前要检查商品本身的设计、规格参数、颜色等。确认商家给的文案以及商品介绍资料是否完整，确认商品的款式是否符合直播的内容，商品的历史销售评价是否良好，不要有中差评等不好的情况，直播时客服是否在线，是否需要发送优惠券，是否需要在直播期间进行活动（比如抽奖、发红包等）是否需要给客服报暗号等。

4.3.6 供应关系

这点是要详细说明的，因为很多搞直播培训的机构和个人都混在一起谈，造成的结果就是有些思路和方法并不适用。

直播带货说白了还是电商，而电商的重点还是供应链，但是不同的直播商家供应链情况有所不同，不能一概而论。

首先，如果你是个人中小卖家或者小创业团队，本身自己没有生产产品的能力，需要对外采购的，那么你可以关注上文所说的各种网络爆款，跟着市场风向走就行了。然后采购的渠道多关注一些地区性的市场，这是很有成本优势的，比如广州的化妆品、服装，浙江义乌的小商品，福建的鞋包，深圳的电子产品等。

曾经看过一个抖音视频，说的是浙江义乌那边化妆品的尾货市场情况，指甲油论斤卖，一斤几块钱，有几十个，口红也是这么卖的，确实令人感叹不已。

控制了供应链成本，才能让自己的产品更有竞争优势，特别是直播这种强调性价比的渠道，还有选择产品和厂家时，不要选择容易断货或者厂家已经放弃生产的产品。

其次，如果你是什么直播网红、达人，那么完全可以依靠自己的流量去跟供应商谈最低的价格，最优惠的合作方案，像李佳琦和薇娅这种，不用自己去找产品都行，产品会找上门。

再者，如果你是品牌商家，产品是自己生产或者 OEM 的，一定要注意的是 SKU 的问题，SKU 太少的话说实在没有必要自己去培养主播，搭建团队做直播。

直接找现成的 MCN 机构或者网红达人，跟他们谈合作就行了，这样铺开的面还广一些，天天让自己员工叨叨那四五款产品，谁看多了都烦。

最后，如果你是品牌的代理商或者微商之类的，你的供应链是完全取决于品牌方的，存在一定的局限性，笔者的建议是不要卖产品，而是卖人，把客户导入私域流量池，再去做销售和维护。

4.3.7　直播定位

每一场直播都可以设定一个主题，像什么每日尝鲜、节假日活动、品牌会员日之类，主题定了，相对应的产品选择也要配合主题，并且在款式、套餐等之类的做好配置，这也是非常重要的。数据显示，价格区间在 10～100 元的产品是比较合适的，毕竟很多短视频平台的带货都具备一定的娱乐性，消费者往往都是冲动性购买。

一般来说，50 元以内的产品，消费者购买的决策过程是最短的，50～100 元左右的产品，消费者在购买的时候就会有所顾虑，会去充分考虑购买的必要性、实用性，超过 100 元的产品，消费者就会看中质量、品牌这些了，下单的谨慎度更高一些。

当然，价格再往高点走的产品不是说不能带，只是建立信任和消费者决策的过程有点长，像前面提到"老爸评测"，他推荐的甲醛产品下来都得几百上千，但前提是人家做了较长的内容输出铺垫，有了强信任基础。直播时，还需要提前准备好相关产品的知识介绍，展示商品的完整形象，商品相关的使用技巧及方法，使用商品的一些注意事项，使用之后有什么效果等。并谈谈主播使用这款产品之后的心得，如果大家也有主播类似的情况建议大家使用这个商品等，引导观众下单购买，促成成交。

4. 4　直播卖货的内容运营

很多新手进入直播行业，关注的点往往是设备相关的东西，摄像头、用什么手机进行直播，产品货源这些外在准备工作，所有精力都花在研究这些东西上，而内容运营方面的东西都忽略了，其实外在技术的东西却相对来说确实简单的，但是实质上的直播技巧以及内容运营的方面确实是最难把握的。

直播能否做好的命脉在于做直播前内在的战略性思维的考虑。新手商家或者直播卖货的小白到底要播什么，要卖什么样的货，以及如何保证自己直播卖货能够一直火下去，都是值得思考和多多斟酌的地方。

首先是做好战略性思维的思考，战略性思维是对一个主播的直播生涯、全局、是否长远有预见性、根本性的重大谋划。一般来说，当你拥有了战略性思维，并且能够运用得风生水起，此时也就拥有了能力，可以承担各种不同的压力以及风险，同时也作为你无形的依靠，作为一种内在的能力，就可以自己撑起一片天。

战略性思维在小的方面，有意识地去思考，做些思维上的准备能够优先于他人，这也是直播的法门。要更加精确地去思考自己的定位，要将自己的形象作为打造成为一个大的 IP 级现象，也就成了气候。设备等相关的东西，此时也就成了浮云。拥有了战略性直播的思维，也就拥有了最低的试错成本，最快的积累速度，每一处功力都用在对的地方上，俗话说"把钱花在刀刃上"就是这个意思。

说到内容运营，很多人都觉得这是个异常辛苦的岗位。他们眼中的内容运营，每天想着如何更新公众号的文章、想段子、追热点，然后以微信公众号的"粉丝"数、推文打开率为KPI；要不然就是负责选稿、审核、排版等，和网站编辑干着一样的工作。这样的工作内容，基本上可以总结为"写文章—推送"这一过程。所以"内容＝文字"，"运营＝推送"当然不是了！

这部分内容就从内容的展现形式出发，正确认识内容运营的样貌。

4.4.1　内容运营中的"内容"，指的是什么？

每次打开各种网站或者App，我们都会看到各种各样的信息：打开知乎，可以看到目前最新发生的热点事件；点开网易云音乐，能够马上听到强大算法推荐下的定制化歌单；打开淘宝，瞬间可以看到琳琅满目的商品信息。有些人会误以为网站或者App中的内容主要是指各种文章、小说等以文字的形式呈现出来的才能叫作内容。但事实上，网站上呈现出来的各种信息，都能够被称为"内容"。

4.4.2　内容运营，包含了哪些工作？

内容运营这个岗位其实包含了很多工作内容，大致可以分为以下几个部分：内容的采集与创造、内容的呈现与管理、内容的扩散与传导以及内容的效果与评估。

（1）内容的采集创造

它算是内容运营最初的流程，一般在制作内容（内容形式可以是视频、音频、文字图片等）之前都会确定好写作内容的方向、明确主题——这一步是为了确定内容的定位、目标人群、内容的来源渠道等。在这里注意一点：这里所说的内容，可以大致分为 PGC（Professional Generated Content，专业生产内容）和 UGC（User Generated Content，用户生产内容）两种，并不是说所有的内容都是由内容运营工作者去输出。很多主打内容分享的社区平台都是以 UGC 为主的，就比如说小红书、抖音、知乎，里面的内容都是 App 用户自己去生产，借助平台的推送机制，让更多用户看见这些内容。

（2）内容的管理与呈现

运营人员通过某些方式或者手段，将优质内容展现在用户面前的过程。还是以知乎为例，每天都有大量的内容在这个平台中出现，但是这些 UGC 内容的质量肯定是参差不齐的，如何让更优质的内容出现在用户的面前，则涉及内容的管理问题。

（3）内容的扩散与传播

这一步很好理解，就是需要通过各种方式将好的内容放到用户的眼前，尽可能降低用户触及这些优质内容的"门槛"。无论是知乎这样以图文为主的知识分享型社区，还是说抖音、喜马拉雅、网易云这样以视音频为主的平台，光有优质内容是远远不够的。接下来要做的就是，通过各种方式，将好的内容有针对性地推送给目标用户。

（4）内容的效果与评估

当内容传播出去以后，我们自然要知道一次内容的推送有没有达到效果，所以需要用推送后的用户行为监测、数据分析来量化效果。通过对大量数据的分析，我们能够了解到用户对于哪些入口的内容是感兴趣的，哪些方式的内容推送无法引导用户点击……以这些数据作为基础，在接下来的运营工作中可以进行有方向地调整和优化，以达到更好的效果。

4.5 直播卖货案例分析

随着直播营销逐渐成为商家手心热捧的一种营销方式，如今它在人们的印象中就不只有网红，由于它的实时互动性以及对用户注意力的凝聚和品牌营销价值，它开始成为商家的一种重要的营销模式，去年抖音开放购物车权限后，在"双11"期间，创下一天售出10万件商品的佳绩。

短视频为什么吸引我们？

吸引我们的并不是15秒的短视频，而是电商内容化产生的内容。

许多人买商品的时候，常常会陷入选择困难中。选来选去选花了眼，要么看什么都好，要么看什么都不好。

随着抖音这些短视频平台的出现，许多商家开始改变传统的电商模式，变得不按套路出牌，一个个新创意层出不穷。

而当今最火爆的短视频平台成了首要之选。混迹短视频这么久的我，也对这些商家的选择做了一些推测：

4.5.1　短视频让卖家秀活起来了

以前的文案型卖家秀，仅仅是把商品展示给用户观看，好多用户买回去之后，发现与展品有很大出入。而通过短视频展示产品更具有说服力，可以使用户切身感受到一件商品的使用效果，或穿在身上的展示效果更真实。对用户更具有说服力。

4.5.2　广告可以更有趣

短视频更容易让用户接受广告信息。甚至一些有趣的广告视频还让人看得欲罢不能，看一遍都不过瘾。

同时，短视频也给用户极大的操作空间，有多种多样的表达方式让你展示产品。

你可以像李佳琦一样靠一句"Oh My God"让人记住，塑造自己的特色；也可以像张辉映那样把热情的舞蹈变成她的代名词，让"粉丝"自愿为她买单；或者像家装设计平台持续输出家装设计干货，映照于其他账号不同的专业感。

4.5.3　可以直接和用户对话

之前的广告宣传只是单纯的展示自己产品的功能和效果。对于用户的反馈不能及时收到，甚至因为麻烦，用户都懒得去反馈。

通过短视频可以直接和用户沟通。大部分用户都有什么样的需求，对产品的某项功能或者颜色、形状等有什么意见，都能通过留言的方式直接反馈出来。毕竟很多人还是喜欢吐槽的。

4.5.4　直播失败案例与原因分析

做淘宝直播并不像吃饭那么容易，这个是要看个人能力和运气的，有时候大家淘宝直播做了很久，还不如一个新人主播做得好，关键就是是否掌握了对的方式方法，那么关于淘宝直播失败的案例有很多，下面小编就举例两个例子，来和大家详细地讲解一下。

（1）直播失败案例分析

①冲动慌乱型比如食品主播：主播在成都，23岁，刚走出学校，跳舞专业毕业，能歌善舞，2017年4月被朋友引入淘宝直播做主播，初步成长期3个月"粉丝"数达两万人，场均观看保持1.7万人，转化率3％。曾参加多次官方活动，数据还不错，7月下旬随着数据增加，商家不断变多，各种美妆、护肤、零食、生鲜产品供不应求。直播间产品平均达到60～80款，直播间观看数据平稳，但以老粉居多，频道进入减少。9月上旬直播间场均观看2000＋，死粉越来越多。其间做过很多的操作 刷粉 刷数据，换时段，换产品等等都没有效果，随后开始阶段性开播，慢慢降低了频率。10月直播间关闭。

失败原因：直播间的"粉丝"已定型，产品线快速增加导致转化下滑，同时期间做的一些虚假操作对本身监控是一种隐形的伤害，降低本身对于频道的浮现权重。

个人点评：突如其来的数据打破心态。学会控制自己的节奏，稳定增长才是正途。

②不断作死型比如专业吃播：主播在重庆，25岁，曾做导

购出身，经验丰富"叫卖能力极强"，2016 年直播开启，经机构挖掘进入淘宝成为主播，首月开启浮现，从美妆试水开播首月达到场均 4k＋，后发现做美食吃播更容易吸粉，切换第一主类和标签。数据一阵猛涨，场均观看达 2.4 万人，"粉丝"数到 6 万人。美食的转化率 1‰～1.5‰，场均销售 10 万元左右，持续增长三个月后，不满足收益，开始接私单和低价产品，刺激转化率增加收益，直播间产品美食更新比例减少，美妆、库存服饰增多。2017 年初主播数据开始急速下滑，从场均 30000～40000 人下滑到 7000～8000 人，参加了官方活动的效果不强，开始调整方向，从吃播转回美妆死粉占比 70％ 场均低至 5k，后听说女装涨粉快，又转到播服装尾货，2017 年 4 月违规关闭直播权，后解封数据一直无法上升。

失败原因：类目标签决定自身的属性人群，人群的需求在于产品。多次更换主类目会让自身积累的"粉丝"群体不断的粉碎重组，最终错过最好的时机。

（2）直播失败原因分析总结

最近李湘又火了，但火的不是她的综艺节目或者八卦私事；而是改为"主播李湘"的她开始直播带货，并且是在全国上下一片声讨中屡败屡战。

主播李湘卖的商品很杂，从生活用品、化妆品，到服装家电，再到课程书籍。跨界之广，令人咂舌。尽管她依靠超高的人气，吸引到大量"粉丝"围观，但最终销售业绩十分惨淡。某次直播中围观"粉丝"162 万人，奶粉只卖出 26 罐，貂皮外套 0 件。

相比之下，网红李佳琦 5 分钟卖光 15000 支口红，3 分钟卖出 5000 单资生堂红腰子。相信看到这样的战果李湘一定会汗颜不已，付给李湘 5 分钟 80 万元出场费的商家欲哭无泪。

在我们普通人看来，李湘直播带货行为举止显然是极不专业的，不负责任的，所以失败在所难免。

我们都明白，任何商品的成交不是无缘无故产生的，无论在线还是线下销售，所有的成交都是因为满足了这三个要点：激发客户需求、打造商品价值、增加客户的信任。做到了这三点才能成交。

根据这三个要点，再分析比较李湘和众多网红的直播销售过程，我们就会明白失败的原因。

①定位的错误

直播销售的优势就是打造个人 IP，通过个人感染力集聚超高人气流量，促进销售。首先，个人 IP 的定位非常关键。李湘作为从不知名到闻名全国的主持人，在大家眼里是一位知性、努力、独立有才的新时代女性形象；她的"粉丝"大部分是职场中的青年人。这就决定了她所销售的产品定位应该是带有知识含量有品质的一类。

然而，几场直播下来，李湘给人的印象就是"卖日常生活用品的贵妇"。穿着珠光宝气，卖卫生巾、油盐酱醋、红酒、面膜、卤味、辣条等，甚至貂皮外套。看到直播里她不遗余力地推荐这些商品，只感觉到她的"饥不择食"，很"low"，产生强烈的厌恶感。

相比李佳琦，以他彩妆师的出身，准确的定位为"健美的年轻人"形象，主打化妆品和养生品，就获得了巨大成功。

再比如，电视购物节目中风靡好几年的"足力健"老人鞋，是著名电影演员凯丽做的形象代言人。因为凯丽主演的都是家庭伦理方面的电视剧，她在广大观众心里是一个既善良而又通情达理的女性形象，像一个知心女儿，勤劳善良的儿媳妇这样一个形象。所以她专为老年人推荐的这款运动鞋的销售也取得了巨大成功。

②代言商品不合格

我们发现李湘直播的时候表现很不专业，很不用心，实质上她没有从内心里真正理解所销售的商品，没有真正地接受这种商品，换句话说，她没有真正地为所销售的商品代言，她不是一个合格的代言人。

明白了这一点，就不难理解李湘为什么直播时候老是看提词器，简单的名称术语都记不住；卖口红及其他化妆品从来不主动试一下，卖拌饭酱表现出一副爱吃不吃的样子，十分令人厌恶。更不难理解她卖日用品却穿着一身珠光宝气，时不时亮着手上耀眼的大钻戒，顿时和"粉丝"拉开千里的距离。

相比而言，李佳琦2个小时内试用了340种口红，嘴唇磨破了还在用；连续十几个小时一直激情满满，真诚而又正能量。这才是专业的表现。

我们说，"信念大于方法"，做销售，首先要对自己的产品高度认同，具有坚定的信念，这种信念才可以转化为感染力，让客户信任你。由此可见，李湘直播惨淡的销售业绩就情有可原了。

③没有以客户为中心

以客户为中心，激发客户的需求，为客户带来价值，是销售成交的决定因素。看李佳琦的直播带货节目，他通过对产品的深度了解，每次都挖掘一两个亮点作为卖点。他通过试用、展示成分、讲解常识、讲故事案例等多种技巧和形式反复阐述这个卖点，语言、语气、内容非常真诚生动，体验感十足，特别能打动客户。这就是典型的"以客户为中心"。

以客户为中心，就是想客户所想，为客户解决问题，带来价值，或满足客户的需求。

反观李湘，自己都不了解这个商品，又不放下架子体验试用，只会生搬硬套的重复直推，毫无亲切感，这样只会拒客户于千里之外，价值何在？"粉丝"凭什么买？根据以上分析，我们明白了直播带货失败的原因所在。随着"5G"时代的来临，销售会产生更多的平台和渠道，会诞生千变万化的新方法，新形势；但无论如何，我们永远要记住"激发客户需求、打造商品价值、增强客户信任度"这3点原则。做到了这些，我们依然是营销界的王者！

4.5.5　直播营销的经典成功案例

直播营销的经典成功案例

（1）巴黎欧莱雅戛纳国际电影节直播营销

在不久前的 69 届戛纳国际电影节中，巴黎欧莱雅在美拍开启♯零时差追戛纳♯系列直播，全程记录下了包括巩俐、李冰冰、李宇春、井柏然等明星在戛纳现场的台前幕后，创下 311 万总观看数、1.639 亿总点赞数、72 万总评论数的各项数据记录。而带来的直接市场效应是，直播四小时之后，李宇春同款色系 701 号 CC 轻唇膏在欧莱雅天猫旗舰店售罄。

（2）5·17 淘宝二货节百人直播

淘宝继月初手机 App 上线"淘宝直播"频道，引发"直播＋销售""边看边买"商业模式的热烈讨论后，5·17 淘宝外卖饿货节，又找来 100 位饿货主播，直播吃外卖，并号称"百位饿货直播 96 小时不间断直播，陪你吃外卖"。

（3）凯迪拉克 Vday 性能秀第五季

作为好莱坞的座上宾，代表美式文化象征的凯迪拉克从诞生之日起，便未曾缺席，在许多经典大片中的极速表现令人血脉偾张、过目难忘。而在凯迪拉克 Vday 现场数千观众面前，惊险火爆的大片场景从来没有 NG。凯迪拉克 Vday 性能秀第五季将再次挑战极限，现场演绎 180°调头、绕车漂移、水晶之恋（双车漂移）、漂移入库、飞车追逐、双轮侧开、保镖护卫、飞车火圈等一系列炫目刺激的惊险特技动作，为观众再次"直播"世界顶级的汽车特技性能秀。

（4）美宝莲纽约新品发布会直播营销

4 月 14 日，美宝莲纽约举行新品发布会，除了在淘宝的微淘上对其新代言人 Angelababy 进行现场直播，同时还邀请 50

位网红开启化妆间直播，直击后台化妆师为模特化妆的全过程。当天该活动使美宝莲整体无线访客比前一天增长了 50.52％，而配合互动，销售转化也成果斐然，仅仅直播当天就实现了 10607 支的销量，刷新了天猫彩妆唇部彩妆类目下的记录。

5 "粉丝"，直播营销的导体

5.1 吸引"粉丝"

在各大平台进行直播，如何取得一定的成绩是各主播们都在思考的问题。当然，网红经济的当下，"粉丝"量的多少却是一个人是否成功的体现，网红的成功吸引越来越多的人加入直播的大军。越来越多的主播入驻，所代表的也就是竞争的不断扩大。但是如果没有一定的"粉丝"，即使主播的卖货能力强，也不能为自己和商家带来效益。所以现在做直播除了要不断提升自己之外，重点还要懂得如何做"粉丝"营销。

5.1.1 直播开始时先给"粉丝"讲讲小知识

首先，主播一定要学会欢迎游客。而新主播的房间一般是没有固定"粉丝"的，经常会进来一些游客，去新主播那边搭个讪。特别是一些喜欢跑骚的玩家，经常穿梭于大多数的新直播间，发掘新的优质主播。如果主播当时在展示才艺，玩家的感觉挺好，就会主动搭讪；如果当时主播在聊一些大家都感兴趣的话题，那么游客们可能会参与进去。所以主播在欢迎游客的时候，别忘了展示自己。如果只是欢迎玩家来到直播间，玩家是没有留下的理由的。虽然淘宝直播主要目的是帮商家卖货，但不能只懂得打广告。先给"粉丝"讲一些和类目有关的知识，然后在等到"粉丝"听得非常开心之后卖货，并插入宣传，这样更能让"粉丝"们接受。例如主播的领域是服装，那么在直播开始时给大家讲讲服装要如何搭配，选择什么样的配饰和妆容能提升整体效果等，"粉丝"是非常乐意看的。

5.1.2 要懂得用多种形式给"粉丝"发放福利

在与"粉丝"闲谈了一阵之后，就要给"粉丝"们发放一波福利了。例如优惠券，能够刺激"粉丝"们的消费；又或者是每当评论达到多少时，随机抽取几名"粉丝"送红包或是宝贝，提高"粉丝"们的参与度，带动整个直播的氛围，提高"粉丝"的黏性。

要与"粉丝"多互动，为什么学会互动？因为主播不是一个人的直播，而是每个人的直播，每个人的主播将与每个人一起玩。每个人都应该知道，每个直播的主播要么是自己播放，要么只是放音乐，还有的主播正在唱歌。增加人气和最有效方式的最快方法是进行交互。可是观众多了，主播就难免顾不过来，就会有观众觉得主播忽视了他，会认为主播很骄傲，这种观众（排除故意捣乱的）很让主播头痛，如果处理不好，他们就会变成黑粉。如何兼顾所有人，这里面学问很多，主播一般会用上很多话术。常听到主播说欢迎大家来到直播间；谢谢所有在直播间的朋友；把这首歌送给某某和直播间的所有人等，而且主播的"粉丝"也会主动帮主播维护，和观众聊天。当然，一个新主播的直播间里没有那么多人，所以，大部分观众都可以照顾到。如何留住观众，就要和观众们进行互动，为一个观众唱歌，别的观众可能会有想法，那么就为所有人唱；和一个人聊天，别的观众可能插不上话，那就带着大家一起聊。互动是很有效的让观众转变成"粉丝"的方法。多提一下观众名字，让观众觉得他还存在；多让观众说一说话，让观众觉得他没有脱离大家。主播就是纽带，连接直播间的观众，让观众们形成一个圈子，当游客们习惯了在你这里听歌、聊天，那他们就是你的"粉丝"。

5.1.3 产品试用，给"粉丝"说说自身感受

如果主播这次卖得是女装的话，那么就可以在直播时充当买家秀，将每一款都试穿一遍，然后还需要给"粉丝"讲讲服装的颜色、材质及试穿感觉，再用其他一些商品搭配一下，这样就能够同时做了两件产品的宣传，吸引"粉丝"购买两件。如果不是男装的话，还可以叫身边的人来做模特，同样有效果哦！同时新手主播最重要的是拥有一台电脑和直播设备，包括摄像头、声卡、麦克风、耳机等。如奥尼高清美颜摄像头配备高清美容功能，可以使视频清晰美观，视频角度必须调整好，保证直播质量。追求唱歌效果不错，麦克风和声卡也不能太差。这样才能将产品展示效果达到最好。

5.1.4 "粉丝"的评论记得要回复

最后就是要回复"粉丝"的评论，不要认为尺码这些问题就不需要回复，主播从自身的情况、试穿感受及产品的实际情况出发，给买家推荐该选择什么尺码、颜色；若遇上大促，主

播跟"粉丝"说会争取拿个更优惠的价格，这样肯定能大大刺激"粉丝"消费，从而提升流量。同时在评论或者与"粉丝"交流区每天可以进行话题讨论。或者说一些有趣的、流行的东西，让观众看起来不那么无聊。当观众来到你的直播间观看主播的气氛和幽默的互动时，就有人想要注册一个账户并愿意和你聊天。观看直播的观众最大的关心点是存在感。他们希望有一种存在感。当然，他们将住在这里，他们将无法离开。

如果你想要做这个方面的事项的话，那么需要了解的事物还是比较多的。简单来说就是主播需要掌握好相应的商品专业知识和商品本质的认知。以此为依据来告诉"粉丝"为什么这个产品值得买，才能让"粉丝"为主播买单，这也是现在各个主播需要努力的方向。

5.2 区分并盘活"粉丝"群体

"粉丝"在媒介创造的虚拟环境中充分调动情绪，产生情绪化的模仿和顺从行为的经济模式，这种经济模式的出发点在于"粉丝"对某种商品或者某一类人群的关注度。"粉丝"为情感买单。

"粉丝"经济泛指架构在"粉丝"和被关注者关系之上的经营性创收行为，是一种通过提升用户黏性并以口碑营销形式获取经济利益与社会效益的商业运作模式。以前，被关注者多为明星、偶像和行业名人等，比如，在音乐产业中的"粉丝"购买歌星专辑、演唱会门票，以及明星所喜欢或代言的商品等。现在，互联网突破了时间、空间上的束缚，"粉丝"经济被宽泛地应用于文化娱乐、销售商品、提供服务等多领域。商家借助一定的平台，通过某个兴趣点聚集朋友圈、"粉丝"圈，给"粉丝"用户提供多样化、个性化的商品和服务，最终转化成消费，实现盈利。

盘活"粉丝"经济并非一日之功，需做到精细化运营，所需的时间、耐心、资源和手法缺一不可。我们以智能厨卫为例，为大家详细介绍，如何盘活"粉丝"经济。首先，智能厨卫企业要认识到"粉丝"的重要性，同时积极打造迎合这一类群体，花费大量时间资源也在所不惜；然后，智能厨卫企业要将"粉丝"和企业品牌放在对等的位置上，积极开展活动跟"粉丝"互动，并给予"粉丝"一定的优惠，满足"粉丝"的情感需求，加强"粉丝"与企业之间的情感联系，增强"粉丝"的忠诚度；最后，智能厨卫企业经历前两个步骤积累了一定"粉丝"群体之后，便可以真正发挥"粉丝"的作用，以提高营业额、提升品牌价值以及辐射更多消费群体等，真正盘活"粉丝"经济。

那么"粉丝"是一种什么心理呢，一是强调忠诚：追随，投入越多，越不愿放弃；二是好斗：内在虚荣和攀比、冲动性；三是"粉丝"具有一定的等级性：固定粉丝和散粉；四是以偶像为载体的理想投射；五是参与感和互动感是流量的基础。

5.3 提高"粉丝"黏性

5.3.1 做活动黏粉

一切营销都离不开活动，想要和"粉丝"之间建立长期的关系，那么就需要与他们产生互动，而举办活动来提高"粉丝"黏性是最直接，也是最有效的做法。

活动案例：

① 积分签到（签到领取积分，积分兑换礼物）这个方法确实能够增加"粉丝"黏性。能够坚持长期签到的"粉丝"日后可将其逐渐转化为忠实"粉丝"甚至客户，也是首批自媒体传播媒介。

② 连贯动作（闯关赢好礼）

③ 留言入选精品送礼物，通过留言既能让"粉丝"关注图文消息，而且跟"粉丝"互动的同时还能从中发现段子手。如"粉丝"首次评论可领取奖品，如果吸引力足够大的话还能够促使"粉丝"邀请朋友一起参加。

④ 王牌栏目（每周定期、定时推送活动）这个方法就像是湖南卫视的钻石独播剧场、快乐大本营一样，每周定期曝光一次，养成"粉丝"阅读的习惯。

⑤ 趣味性、游戏性小插件（抢楼送奖品、积分海报等，扫文末二维码可获取插件）案例：插件"抢楼送奖品"，在指定楼层设置奖品，盖到指定楼层即可获得奖品，关注微信公众号或者邀请好友关注公众号即可获得一次盖楼机会。微信抢楼能够有效提高"粉丝"与公众号的互动，提升"粉丝"黏性。

⑥ 社群部落（做活动、发心得、发攻略等有价值的信息）案例：微信社群——逻辑思维，主要针对拥有共同爱好、价值观的"85后"爱读书的人，每天定时推送消息培养成员共同的阅读习惯，固化"自己人"效应，另外开展线下活动"爱的抱

抱""霸王餐"等游戏加强群成员之间的联系。目前逻辑思维估值已经上亿，成为顶级的微信社群。

5.3.2 文章内容黏粉

一篇吸引人的文章能够大大提高"粉丝"的黏度，因为一篇好的文章能够吸引"粉丝"的阅读，同时形成转发和收藏，但此方法见效时间长且难度较大，但能够坚持下来的"粉丝"忠诚度较高，文章想要更好吸引粉丝，应注重以下几个方面：

①跟踪热点：最新的新闻事件及社会热点的追踪，并提出自己的观点。

②干货：为用户提供有实用价值的内容，有用就对了。如红蚂蚁分享给大家的一些干货推文。

③有共鸣：情感色彩浓烈、高唤醒度的内容，激起"粉丝"共鸣。提供的内容保持多元化和多样性以迎合不同客户的喜好。

④将文章分批推送：每天推送一个章节直到完结，类似连载小说，让"粉丝"习惯等待。

⑤在文章中加入问答环节或发起话题：既能提升"粉丝"参与度，又能通过"粉丝"的回答分析了解他们的需求。

⑥文章页眉、页脚提示：提醒关注方法、提示分享转发和收藏、提示点击。

5.3.3 "粉丝"互动黏粉

（1）设置内容回复

①关键词回复设置：围绕2个关键点：首先是要让"粉丝"明白你是做什么的，你有什么特色地方。其次是导航作用，让

"粉丝"能够轻易根据关键词回复找到文章内容。

②发送文章目录：有很多"粉丝"关注了之后不会主动的和我们产生联结，关注我们之后的 24 小时内，我们把文章的总目录发送给"粉丝"。当他之后需要用到文章的时候就会想到我们。

③热门文章推荐：可以整理一些热门的吸引眼球的文章，按关键词回复，放置在文章内容页最底部，引导"粉丝"阅读，增加黏性。

（2）公众号的评论功能：

这个功能是企业与"粉丝"之间比较直接的沟通方式，能够有效提高"粉丝"的活跃度，提升黏性。有了这个评论功能以后，"粉丝"就好比逛贴吧一样，对一个内容可以发表自己的评价，展开互动。

5.3.4 微信自定义菜单设置第三方链接引流黏粉

（1）网站

微信的高级功能中，可以在底部自定义菜单在这个菜单中直接引导"粉丝"进入网站，从而提高与"粉丝"的黏性和网站流量。这个方法十分常见。如公众号"蚂蚁学社"底部菜单的"商城"，用户在关注公众号的同时可随时进入商城购买自己需要的插件。

（2）实用功能

在第三方链接中设置一些具有实用价值的功能，比如微信公众号"丰巢快递柜"提供的寄快递和快递查询功能，也可以增加用户的黏性。

5.4 直播卖货，"粉丝"变现

5.4.1 流量变现（"粉丝"变现）

流量变现是指将网站流量通过某些手段实现现金收益。在互联网行业，有这样一个公式：用户＝流量＝金钱。要实现流量变现最重要的就是有足够的流量，网站流量指网站的访问量，是用来描述访问一个网站的用户数量以及用户所浏览的页面数量等指标，常用的统计指标包括网站的独立用户数量 UV、总用户数量（含重复访问者）、页面浏览数量 PV、每个用户的页面浏览数量、用户在网站的平均停留时间等。有了足够的流量还需要强大的变现能力，因此流量变现的关键在于流量和变现方法。流量的关键就在于推广方式和用户黏性。这些基本上就是将"粉丝"作为经济筹码，也叫作"粉丝"经济。

具体流量变现的方式各有千秋，总体上分为广告类、增值服务类、购物类、流量分成。

（1）弹窗广告变现：

适合垃圾流量网站，这是最低级的流量变现方式，没有任何技术和数据分析，适合垃圾网站使用，一般来说，这种网站的流量价值本身就很低，流量来源没有确定目标，假如你网站有流量，但实在是找不到变现的方法，可以采取这种方式。

（2）广告联盟变现：

适合内容文章网站，对用户体验的影响不是很大，最好的当然是谷歌联盟，广告匹配很好，其次是百度联盟，这种流量变现方式就具有一定的定向性，与网站本身内容契合，文章内容与广告互补。

（3）定向销售变现：

适合购物产品网站，来购物或者产品类网站的流量，本身就具有一定的目的性，他在了解某个产品，说明他对这件产品有兴趣，将来有购买的欲望，这种流量价值较高，流量目的性很强，一般都会产生消费，是高阶流量的典型代表。

（4）增值服务变现：

适合权威品牌网站，权威网站回头客多，品牌忠诚度高，会员活跃，这些会员认同网站的价值，会经常访问或者发表见解，对于网站的增值服务，很多都会购买，这种流量变现的方式不同于前面三种，前面都是为他人作嫁衣，流量最终都引导到别的网站上面去了，而增值服务变现，直接让流量的价值实现最大化，就地消费，就地转化，是流量变现的高级形式和最终目的。以上四种流量变现模式，流量价值由低到高，变现方法也由浅入深，根据网站的定位和流量的来源，不同网站采取不同的变现方式，只有充分地对流量进行分析和数据挖掘，才能将网站的每个流量的价值最大化。

（5）流量分成：

主要是正版音乐和彩铃等业务

移动互联时代的流量变现：在 Web2.0 和移动互联网的大背景下，显示性广告、移动互联网广告、搜索广告将成为未来互联网广告的三大主线。数据显示，全球 2014 年的移动互联网广告市场将会达到 60 亿美元，而搜索广告则将达到 250 亿美元。虽然移动互联网的普及仍需要整个网络环境支持，但随着苹果等智能手机强势进入主流市场的趋势，在移动互联网上投放广告已经成为广告主的新选择。移动搜索流量目前在于变现能力比较差，目前无线上面的变现能力可能只是 PC 上的 10%，这样对很多互联网公司都是一个巨大的挑战，尤其在做无线产品的时候都是非常大的挑战。

5.4.2 "粉丝"应援

"粉丝"应援文化有以下的特点：

"粉丝"群体自我身份认同，内部仪式感的体现，实现内部自我身份认同和凝聚彼此的纽带；偶像与"粉丝"间的互动，现场活动偶像支持的第一途径；与对家比拼人气（榜单、投票、比拼人气）；帮助偶像提升经济价值和社会影响。"粉丝"应援的活动同时还具有后援会是风向标，站子是 KOL 的特点。而"粉丝"团体间，数量多、"门槛"低、流动性大，跟随饭圈而迭代；扁平化发展，多中心决策但同时又遵循饭圈"章程"，重大活动时长联合应援。对于单个"粉丝"团体，一般都具备一定的分工协作，在组织里，有不同分工的同学，比如：有摄影的、修图的、负责 cut 的；在资金管理方面有一定的章程，但是还是存在灰色地带。资金来源一般是内部集资或者贩卖自制周边。

通常"粉丝"应援会采取的几种方式：一是，偶像相关的直接消费行为：偶像本人作品和衍生商品（专辑/单曲/影视作品/商品代言/杂志/报道）；二是，采取集体购买和影院包场的形式为偶像冲销量；三是，应援活动：广告位购买、生日礼物购买。变现的不同行为对应着用户的不同诉求，"粉丝"的核心诉求是情感满足（爱的表达）以及提高偶像的知名度。应援会有评定，比如通过通稿、论坛讨论、数据反馈。具体来讲"粉丝"的行为主要有以下几种诉求：为了艺人的名气，不在乎对实际的播放数据，流量数据和销售数据的影响，偏品牌传播，以及提升名气；如果是打榜的话，在乎公信力。典型行为：纽约时代广场广告牌、公益代言活动、地铁广告牌；为了艺人谋利：数专销售、播放量、实质的奖励、周边的销售；在乎双赢：购买数专、周边、代言产品；送关怀（线下为主）：如剧组探班、送花、剧组工作人员送盒饭、接机应援。

"粉丝"希望通过应援活动提升偶像的知名度，增强明星的受众程度，经纪公司和各大广告公司会看这些判定偶像的"粉丝"是不是有购买力、号召力。从整体来看，"粉丝"应援活动是否愿意为偶像买账，主要取决于以下几个方面：第一要抓住"粉丝"的心理进行产品设计；第二要充分注重星粉间的互动；第三内容要受到市场和"粉丝"的认可。

直播带货的主播和其他娱乐主播不同，考虑到带货平台的"粉丝"属性，他们除了能够展示才艺外，最主要的是要具备较强的销售技能，所以在挑选主播的时候，需要选择在带货时能将商品甚至整个行业的情况介绍得淋漓尽致的主播，这样才能更好地吸引"粉丝"购买。

6　主播的培养与成长

在"直播带货"的风口期，明星、大咖、微商，甚至是专业领域的专家都参与进来，做得风生水起，甚至是挣得了人生的第一桶金。一个好的主播必定是经过千锤百炼的，别信那些鼓吹什么全民直播时代，是个猴子都能直播的大师们，人人都是主播了，那观众上哪儿找去。当代消费者懒到什么地步呢？我们发现现在消费者高度成熟以后，对于购物体验要求非常高。我们主播其实非常辛苦，以前你把一个货放在店铺里面，消费者进来佛系购买的那个时代过去了，主播一定要亲身试用，满足各种需求以后消费者才会下单。就拿淘宝主播来说，一天七八个小时以上的直播，几年如一日，日夜颠倒，这么勤奋也才能在带货界站得住脚。

6.1　主播的良好素质

很多人说互联网的迅速发展，随之而来的是直播行业的蓬勃兴起，作为主播进入这个行业的"门槛"越来越低、实则不然，虽然现在是以"粉丝"经济为基础的红人时代，主播们可以花费更少的成本来获得更高的回报。但是事实上，不管在什么行业、做什么工作，想要获得成功、成为专业人士，都要培养各种能力。很多人认为直播就是在摄像头面前和用户聊天，这是大错特错的，在网络直播这平台上也存在着十分激烈的竞争，想要成为一名专业的主播，就应该培养各方面能力，如专业能力，语言能力，幽默技巧，应对提问，心理素质等。

6.1.1 专业能力

一场成功的直播并非易事，需要产业、物流、人才等多方合作才能成就。现在，淘宝、抖音、快手等直播平台都推出了优惠举措，免费为所有线下企业及商家开设线上直播及销售服务，拉动各行业的直播电商业务；各大物流公司逐渐恢复运转，为"线上直播，线下物流配送"这一电商新业态提供保障。当产业链的其他环节逐渐完善稳固，人才，即主播，往往就成了直播带货的最关键"变量"。2019 年中国直播电商行业的总规模达到 4338 亿元，预计今年中国在线直播的用户规模将达 5..24 亿人，市场规模将突破 9000 亿元。这个市场非常庞大，也就意味着直播行业的规范化、专业主播的职业素养非常重要。

越来越多的行业、企业引入直播销售，想必不是为了"玩票"，而是想在这一新型销售模式中开辟新路、看到实实在在的成果，达到最佳营销效果，那么，就应当认真对待主播的专业能力，有条件的可以自己培养专业主播，或者精心挑选合适的主播与之合作；不具备条件的，如果决心把直播间当成一个长期的销售窗口，不妨从成功案例中寻找灵感，"自学成才"，努力具备专业性。从更广阔的视角来看，如何推动主播的规范化、专业化，引导直播行业健康有序发展，仍然需要高度重视，群策群力。

想要成长为一名具有超高人气的直播卖货主播，专业能力是必不可少的。在竞争日益激烈的直播电商行业，主播只有具备过硬的专业素质，不断培养好自身的带货能力，才能在直播这片肥沃的土壤上扎根。

首先，主播需要具备一定能吸引关注的才艺，才艺的范围十分广泛，只要是能让观众感兴趣、耳目一新的都是好才艺，才艺类型包括但不限于唱歌跳舞，乐器表演，书法绘画，游戏竞技等。只要你的才艺让观众和消费者觉得耳目常新，能够引起他们的兴趣，并为你的才艺而关注你，为你的直播间消费，那么，你的才艺就是成功的。无论是什么才艺，只要是积极且充满正能量的，能够展示自己的个性的，就会助主播的成长一臂之力。

其次，主播要言之有物，一个主播想要得到用户的认可和追随，那么他一定要具有清晰且明确的三观，只有这样，他说出来的话才会让观众信服，他传达出来的价值观才能获得认同。那么，应该如何做到言之有物呢？主播应树立正确的价值观，始终保持自己的本心，不空谈。同时，还要掌握相应的语言技巧。主播在直播时，必须具备语言要素，比如亲切的问候语，通俗易懂、流行时尚，主播更需要具备代表自己个性的观点。只有这三者相结合，主播才能言之有物，从而获得专业能力的提升。

比如口红一哥李佳琦，李佳琦作为淘宝第一男主播，具有超高的人气，他推荐的产品都深受女生的喜欢。现在他的直播每天晚上都会有至少 200 万个"粉丝"观看。除了超强的直播带货能力，李佳琦的个人魅力也吸引了不少"粉丝"。"粉丝"们都很喜欢李佳琦并不仅仅是因为他推荐的东西好，而是因为他的三观超正。他曾多次因在直播中的小举动圈粉无数。

李佳琦就在一场直播中因为一个小举动上了微博热搜，引发了网友的热议。原来是在李佳琦直播的时候，弹幕上有个"粉丝"说自己 15 岁，留言称很喜欢看李佳琦的直播，希望自己能够在李佳琦的推荐下买东西。没想到李佳琦看到之后，非常认真地劝这名中学生退出自己的直播间，还说 15 岁就不要在他那里买东西。等到自己会赚钱之后再去他直播间买东西。因为李佳琦认为 15 岁是中学生应该好好读书的年龄，千万不要因为爱美而荒废了学业。随后李佳琦还对看他直播的 15 岁女生给出一些建议，称要先保证自己的营养，然后保证自己的一个饮食。结果，这番话遭到了小助理的调侃：我以为会说学业或是课业，结果你说营养，真是没想到啊。李佳琦也直言：学习成绩不好没有关系，但是一定要有一技之长。在之后的采访中，他也表示在年龄还小的时候就不要跟风用大牌的东西。用平价的东西不是可怜也不是丢脸，他这一席话让网友纷纷留言：李佳琦三观太正了，难怪会大火。不得不说，在引导未成年人树立正确的消费观这点上，即使李佳琦是网红，他也做到了一个公众人物该做的事情，塑造了一个很好的形象。如果主播的观点既没有内涵，又没有深度，那么这样的主播是不会获得用户长久的支持的。

再者，精专一行；稳打稳扎。俗话说，360 行，"行行出状元"，作为一名主播，想要成为直播界的状元，最重要的还体现在主播要拥有过硬的专业技能，一个主播的主打特色就是由他的特长支撑起来的。对本行业和所卖产品有足够了解或者有经验的主播，他们能够更好地去展示和表达产品的特征和优势，

15岁不要在我直播间里买东西

能够给消费者更加直观的解答和介绍，而不是像门外汉那样子介绍起来："这个好好看哦，这个吃了对身体好，这把刀很好很实用"，这样无关痛痒的介绍语并不能激起消费者的购买欲望。主播的专业素养是可以通过学习而增长的，一是看主播会不会举一反三，比如给李佳琦一款 YSL 的口红，他就能够给你扯出一堆 Dior、纪梵希、雅诗兰黛的备选款来；李佳琦还可以只通过涂在嘴上的口红颜色就能判断出口红的品牌色号。举一反三的能力，反映出主播是否能够将学习的东西进行总结归纳，并且在适当的时候向观众进行输出，保证整个直播过程内容丰富。二是看主播会不会触类旁通，这点是难度比较大的，体现了主播除了会总结归纳之外，还经常会对直播的不同产品进行对比、关联。还是拿李佳琦卖口红举例，这款口红涂在嘴巴上就像吃过了亨氏番茄酱一样，润润的番茄色，这里就跟其他品牌的产

品关联上了，形象的描述让"粉丝"们易于理解。所以，对产品的熟悉度和自身专业的能力，是每一位成功的直播带货主播所必需的。主播只有在直播之前做足功课，准备充足，才能将直播有条不紊地进行下去，最终获得良好的反响。

最后，主播要能够挖掘痛点，有针对性地满足消费者需求。在主播培养专业能力的过程中，有一点极为重要，聚焦用户的痛点痒点。主播要学会在直播的过程中寻找用户最关心的问题和感兴趣的点，从而有针对性地为用户带来有价值的内容。挖掘用户的痛点是一个长期的工作，但主播在寻找的过程中必须注意以下几点事项：一是对自身能力和特点有充分了解，清醒地认识到自己的优缺点。二是对其他主播的能力和特点有所了解，对比他人从而学习其长处。三是对用户心理有充分的解读，了解用户的需求，然后创造对应的内容，满足这种需求。主播在创作内容的时候，要抓住用户的主要痛点以这些痛点为标题，吸引用户的关注，并弥补用户在社会生活中各种心理的落差，在直播中获得心理的满足。用户的主要痛点有：安全感、价值感、自我满足感、亲情爱情、支配感、归属感、不朽感等。

6.1.2 语言能力

电商主播，想要把东西卖出去，需要的技能用四个字概括，就是深谙人性。一个优秀的主播没有良好的语言组织能力是万万行不通的。所以说做电商主播，必须要很擅长将语言和人性结合起来。比如说欧美门店的销售员培训的销售攻略就是糖衣炮弹。进店的女生会被各种甜言蜜语攻击。一旦沦陷，基本上出门的时候都不知道自己选的什么。能做到这样的销售，除了后天的培训，还要有天赋的。要有擅长语言组织方面的能力。想要拥有过人的语言能力，让用户舍不得错过直播的一分一秒，就必须从多个方面来培养。

那么怎么才能培养自己具有良好的语言组织能力呢？这个问题很重要，但是解决起来没什么捷径。方法就是一万小时定律。是的，不停地说，不停地模仿，不停地创新。这三点就是成功的秘诀。很多时候你说培训主播要怎么培训，其实真的没有什么捷径。无非就是以上三点。哪个人对自己最狠，哪一个人就容易成功。答案人人都知道，但是做得到的凤毛麟角。那么，我们具体可以从哪些方面努力呢？

（1）注意思考，亲切沟通

在直播的过程中，与"粉丝"的互动是不可或缺的。但是聊天千万不能口无遮拦，主播也算是半个公众人物，在说话前一定要斟酌自己的言论是否合适，要学会三思而后言。切记不要太过鲁莽，心直口快，以免对"粉丝"造成伤害或者引起"粉丝"的反感。此外，主播还应避免说一些针对部分观众形象的话语，在直播中学会与用户保持一定的距离，适度的玩笑是必要的，但是一定要把握尺度，要让"粉丝"觉得你平易近人接地气。那么，主播应该从哪些方面进行思考呢？思考的内容包括：①什么该说与不该说？②事先做好哪些准备？③如何与"粉丝"亲切沟通？

（2）选择时机，事半功倍

良好的语言能力需要主播挑对说话的时机。每一个主播在表达自己的见解之前，都必须把握好用户的心理状态。比如，对方是否愿意接受这个信息？又或者对方是否准备听你讲这个事情？如果主播丝毫不顾及用户心里怎么想，不会把握说话的时机，那么只会是做无用功甚至被观众反感，但只要选择好了时机，那么让"粉丝"接受你的意见还是很容易的。打个比方，如果一个电商主播，在购物节的时候跟用户推销自己的产品，并承诺给用户打折，那么用户在这个时候应该会对产品感兴趣，并且会趁着购物节的热潮毫不犹豫地买。总之，把握好时机是培养主播语言能力的重要因素之一，只有选对时机，才能让用户接受你的意见，对你传递出的信息感兴趣。

（3）懂得倾听，双向互动

懂得倾听是一个人最美好的品质之一，同时也是主播必须具备的素质。和"粉丝"聊天谈心，除了会说，还要懂得用心聆听。

主播一定要关注"粉丝"对自己提出的有意义的建议，倾听"粉丝"的反馈是十分重要的事情，只有这样才能有针对性地进行调整，让自己的直播间更受欢迎。

在主播和用户交流沟通的过程中，虽然表面上看似主播占主导地位，但实际上整个直播间应该以观看用户为主导，用户愿意看直播的原因，在于能以自己感兴趣的人进行互动，主播要想了解用户关心什么，想要讨论什么话题，想要得知什么产品信息，有什么消费诉求，就一定要认真倾听用户的心声和反馈。主播要和"粉丝"聊天，不仅自己要懂得如何去说，也要懂得如何去聆听。缺乏聆听的技巧，往往会导致主播的卖货的内容无法吸引人观看。

（4）沟通或竞赛，莫分高低

主播在与"粉丝"交流沟通时，要保持谦和、友好的态度，不要把自己当成是销售机器，直播中与"粉丝"的互动不是辩论比赛，没必要非得分出个你高我低，更没有必要因为某句话或某个字眼而争论不休。如果有观众质疑你的产品或者你的话术，没必要对此和观众或"粉丝"展开讨论，虚心接受批评，有则改之，无则加勉才是高情商的表现。如果一个主播想借纠正"粉丝"的错误，或者发现"粉丝"无意中的漏洞这种低端的行为，来证明自己知识渊博、能言善辩，那么这个主播无疑是失败的。因为他忽略了最重要的一点，那就是直播不是辩论赛场，也不是相互攻击的角力场。主播在与用户沟通时的诀窍，可以大概总结成三点：①理性思考问题；②灵活面对窘境；③巧妙指点错误。语言能力的优秀与否，与主播的个人素质也是分不开的。因此，在直播过程中，主播不仅要着力于提升自身的语言能力，同时也有全方面认识自身的缺点与不足，从而更好地为用户提供服务，成长为高人气的业务专业主播。

（5）理性对待，对事不对人

在直播中会遇到个别"粉丝"爱挑刺儿、负能量爆棚，又喜欢怨天尤人，有的更甚，竟强词夺理说自己权利遭到侵犯。这个时候，就是考验主播语言能力的关键时刻了。有的脾气暴躁的主播说不定就会按捺不住心中一时的不满与怒火，将矛头指向个体，并对其进行不恰当的人身攻击，这种行为是相当愚蠢的。作为一名心思细腻、七窍玲珑的主播，应该懂得理性对待"粉丝"的消极行为和言论。那么，主要是从哪几个方面去做呢？我们可以总结为三大点：善意的提醒；明确不对之处；对事不对人。

一名获得成功的主播，一定有他的过人之处。对"粉丝"的宽容大度和正确引导是主播培养语言能力过程中必不可少的因素之一。当然，明确的价值观也能为主播的语言内容增添不少光彩。

有一个通过大量的案例总结出来的直播间话术方法论，叫作五步销售法。那么什么是五步销售法呢？五步销售法分为五个步骤。分别是提出问题、放大问题、引入产品、提升高度、降低"门槛"。

第一步，提出问题。即结合消费场景，提出的消费痛点以及需求点，给消费者一个理由。举个例子，夏天很重要的一点就是防晒。那么不论是讲防晒衣、防晒霜，前期最好都要铺垫一下感受，浅浅地提出困扰，并让这些困扰成为直播间里瞬间活跃的话题。不要太假、太夸张，要从现实中来。从一句简单的抱怨开始。可以这样说，今天又是个暴晒天呐，真羡慕那些皮肤怎么晒也晒不黑的人。你看我这皮肤就是一晒就变黑。所以虽然很喜欢夏天，但是夏天的暴晒却让我非常的痛苦。浅浅地提出问题，不要深入想，也不要立即引入产品。重点是引起话题和共鸣。

第二步，放大问题。放大问题要全面和最大化。要把大家忽略掉的问题隐患尽可能地全部放大出来。结合以上的例子，把不做防晒的危害放大到　个高度。可以这样说，现在才刚刚进入初夏要到秋天还有好几个月的时间呢，不管怎么躲，到那个时候我也要变成黑人了。话说一白遮百丑，其实我是不怕黑的。其实最怕的就是丑。把晒黑上升到变丑的阶级，而且要讲紫外线的危害，有多可怕。

第三步，引入产品，以解决问题为出发点。引入产品，解决掉之前提出的问题。继续以上的例子。所以防晒很重要很重要。那通常都有哪几种防晒的方法呢？可以穿防晒衣呀，还有防晒霜、防晒喷雾，最新的防晒膏等。然后逐一地引入一些产品。但是这里还是不要详细的讲解产品，要 hold 住。先讲这些产品能解决之前提到的一些问题，先把问题解决，把好的结果愿景展现给大家。

第四步，是提升高度。详细地来讲解产品，并通过行业、品牌、原料、售后等其他视角来增加产品本身附加值。这个阶段就是展示雄厚的专业知识的阶段。让"粉丝"对这款产品产生了一个仰视的心理态度。

第五步，是降低"门槛"。这个时候，可以兴奋地讲解优惠渠道的优势，独家、稀有、紧缺等，降低最后的购买心理防线，又称临门一脚。

6.1.3 幽默技巧

学会说话，一个幽默的带货主播往往能吸引更多"粉丝"观看自己的直播。一句话能把人说笑，一句话也能把人说跳——善用幽默技巧，是主播成长之路的必修课。幽默不仅是一种人生态度，也是一种销售技巧，幽默是获得"粉丝"缘的优质条件。许多主播即使上播时间稳定，专业功底扎实，依旧不温不火，人气停滞不前，问题往往就体现在欠缺幽默感方面，无法抓住和利用直播间的突发状况给自己加分，反而是因应付处理不当而丢分，倘若一直具备幽默感的主播遇到各种突发情况，是能够顺利转化成展示个人魅力的一次表演。在知道幽默感对主播的重要性之后，那么如何提升和培养自己幽默感呢？

幽默是人际交往的一大法宝，谁都希望自己的朋友更加幽默一点。而幽默感分为两个部分：其一，是我们感受到幽默的能力，别人说一个笑话你能够想到其中幽默的成分；其二，就是我们创造幽默的能力，我们能否在谈话的时候让别人哈哈大笑。这两者之间是相辅相成的关系，无论增加哪一方面，其另一方面也会增加。主播和主播之间的差距到底是什么？其实就是比交朋友的能力和交朋友的速度及交朋友的数量。提升自己幽默感是一个潜移默化的过程，具体可以从以下几方面做起：

（1）自我嘲讽还是讽刺他人

讽刺是幽默的一种形式，很多幽默都是和讽刺分不开的，比如相声是幽默的艺术也是讽刺的艺术。在你培养自己的幽默感的时候，切记不要随便讽刺陌生的人，比如你去给某个学校演讲，由于你是第一次见到他们，你们之间还不够亲密，所以你的讽刺会引起敌意而不是幽默。如果你是某个班级的老师，你在上课的时候就可以稍微地讽刺一下班级的某个同学，因为你们之间已经有了一定的信任，他不会认为你的幽默是对他的攻击。在陌生的场合怎样利用讽刺达到幽默的效果呢？最好的方法就是讽刺自己，而不是讽刺别人。

（2）抓住矛盾摩擦的火花

根据你对谈话对象的了解，你知道他喜欢什么讨厌什么，你可以委婉地攻击他讨厌的对象达到幽默的效果，比如他讨厌学校的食堂，里面的饭太难吃了。你可以这么说：那天我买了个包子，吃完以后从嘴里拽出来两米长的绳子。

（3）鼓励幽默

如果你是一个缺乏幽默感的人，那你看到别人幽默的时候不会认为这很有意思，反而认为他应该严肃一点，于是极力打压这种行为。为了培养幽默感，你应该先允许这种行为，然后才能慢慢接受。

（4）用微笑来回应幽默

缺乏幽默感的人有时候故作正经，明明感觉到了好笑，但是不做出任何回应，还是一脸的严肃。这种表情无非就是在维护自己，不想让别人接近自己，这种表情就在说：走开，你一点意思也没有。试着用微笑来回应别人的幽默，你慢慢就发现严肃的表情是多累啊。

（5）看喜剧增加幽默素材

幽默是需要素材的，这就是为什么那些幽默的人往往也是最会讲故事的人，他们能在故事里穿插幽默。所以，为了让自己懂得幽默和运用幽默，你还可以去观看喜剧，积累素材。

（6）培养自信表达自己

内向的人本身是很幽默的，但是他并不确定别人也认为幽默，所以总是保留自己的想法，自己偷偷地乐。这就是为什么我们经常看到一些人对着自己傻笑。不敢说出自己好笑的想法也是幽默的一大障碍，你需要自信起来，不要怕说错了，说错了也是一种进步啊！

6.1.4　应对提问

直播间的问答是很频繁的，特别是聊天窗口刷出大量信息的时候，如果一个个去回答那是相当累的，还会漏掉一些"粉丝"的问题，导致"粉丝"对你不满。建议你还是引导，用一个标准的模板去引导"粉丝"向你提问，毕竟绝大多数的"粉丝"是不懂得提问的。

比如有些"粉丝"会问："这个面膜18岁的少年适合用吗?"，这类问题往往不会涉及我们产品的具体适用条件，这时就需要引导一下"粉丝"使用标准模板提问。比如："宝宝们可以说一下你们的皮肤是油性还是干性的，有没有长痘痘就行了，主播会给你们推荐合适的面膜哈"，就像这样给"粉丝"做选择题。除此之外，我们再来教大家五个直播间常遇到的问题和话术。

第一，如果遇到有"粉丝"问几号宝贝试一下。这种提出主播试穿要求的说明"粉丝"对该宝贝至少产生了兴趣。需要耐心讲解。我们可以说，小姐姐先点击上方红色按钮，关注主播，主播马上给你试穿哦。

第二，如果遇到"粉丝"问主播多高、多重，这种说明"粉丝"没有看背后的信息牌的习惯。我们可以这样回复，主播身高170厘米体重60千克，穿s码。小姐姐也可以看一下我身后的信息牌哦，有什么想看的衣服也可以留言，记得关注主播哈。

第三，如果遇到有"粉丝"问，身高不高能穿吗，体重太胖能穿吗？直播中经常会出现这样的半句语病的问题，需要耐心引导讲解。我们可以这样说，小姐姐要报具体的体重和身高啊，这样主播才可以给你合理的建议。

第四，如果遇到有"粉丝"问主播怎么不理人，不回答我的问题。出现这样的情况，安抚"粉丝"情绪很重要。否则将永远失去这个"粉丝"。你要赶紧说，小姐姐没有不理你，如果我没有看到你，你可以多刷几遍问题啊。不要生气哦。

第五，如果遇到有"粉丝"问三号宝贝多少钱？这样的"粉丝"比较懒，但是已经表现出想购买的意思。需要耐心解答。你可以说三号宝贝可以找客服报主播名字领取五元优惠哦。优惠下来一共 39 元。屏幕左右滑动也可以看到各个宝贝的优惠信息。喜欢这件衣服赶快下单哦。最后，作为电商主播，职责是卖货。亲和力好，爱笑是一种好习惯。音色，语速一定要反复操练，熟悉为止，并不断地发现新的问题和话术。

6.1.5 心理素质

心理素质属于心理学范畴，是人的综合素质的组成部分。在自然素质的基础上，受后天环境、教育和实践活动等因素的影响发展起来。心理素质是先天与后天相结合、外在表现的情感核心。

在任何行业中心理素质达标是非常重要的。每个行业的心理素质可能是不同的。职场有职场的心理素质，网络主播自然有其心理素质。进入直播行业之前，许多女孩理想中的主播都应该是这样的状态：光鲜的外表，自由的时间，轻松的工作和丰厚的收入。直到她们做了主播，才发现比她想象的要困难得多。且不说每天要对着镜头直播好几个小时，吃饭是外卖，睡觉都在想明天直播要用什么主题，很少与朋友家人聚会，几乎没有属于自己的时间……

这样强大的心理落差往往会淘汰一大部分主播。其实我们看到的屏幕前的那些人气高的主播只是主播中的少数人罢了，更多的主播是在挣扎中努力直播的小主播。事实上，想要在直播中闯出属于自己的一片天并不简单，眼看入行了这么久，存款还是一点点，很多主播都不知道该如何才能熬出头而因此放弃了主播行业。

做网络主播要有过硬的心理素质，毕竟网络世界鱼龙混杂，很多人可能都意识不到要对自己在网络上的一切言论负责，而且任何一个主播都很难做到让所有观众认同并喜欢，即便是如今的李佳琦也不免会遇到一些这样或那样的争议，遇见奇葩、喷子、黑粉实在太为平常，若没有良好的心理素质，就会被打击的体无完肤，失去信心。想成为一名主播首先要具备以下心理素质：

（1）自信

如果作为一名带货主播，你连自己都不相信自己，那么你有什么能力，你凭什么，要陌生的网友相信你？如果网友都不信任你，那么你有什么资格在直播间里售卖产品呢？如果你不自信，随即而来的便是在销售过程中的各种恐慌。怕播不好，或者网友不喜欢，怕产品销量不行。就会有各种各样的顾虑，这样的顾虑就会成为你的绊脚石。想做一名带货主播，不要有任何的顾虑，任何的顾虑都只会加速错误的出现，我们只能要求自己少出错，迟出错，不能要求不出错。错了就错了，这没什么的，关键是你如何去对待错误。

（2）尽职

每一个新主播在初期都会经历"无人观看"或者"少人观看"这样的状况，这是很正常的，那么作为一名主播，在经历"少人观看"的时候，你也必须尽职尽责的，去认真地直播和带货。哪怕整个直播间只有你一个人，连个观众也没有，你都必须去克服，都必须去认真地完成直播。新手主播暂时无法拥有多么专业的直播经验，但是我们一定要有专业的直播精神。一定要时刻记得，"哪怕直播间只有我一个人在，我也必须用最佳的状态，认真尽力地去做完这次直播"。

（3）乐观

所谓众口难调，有人觉得你的声音好听，你的直播有意思，就一定有人会觉得你声音难听，你的直播很无聊。你不必去因为有网友说你的直播无聊，说你的声音难听，就觉得难过，觉得打不起精神，觉得自己不适合当主播。你应该想想，为什么对方觉得自己的直播不好，是他的主观因素导致的，还是在你的直播中真的有什么缺点需要更正。当然，这里指的乐观是多方面的，不单单是指网友对你作出差评，还有在直播中可能发生的一些会令人感到不舒服或是难过的事情，无论在直播中发生什么事情，你都必须以最乐观的方式去对待。

（4）要学会无视网友

这里说的无视网友并不是说无视所有的网友，而是无视一些比较异类的网友。比如那些在公屏上大发广告或是大放厥词，又或是对你进行人身攻击的网友。这类网友会由管理员直接解决，你没有必要去回应他什么。很多主播在看见网友说自己的直播不好的时候，就会忍不住在麦上回一句，说什么"任何人都有自己的喜好，你不喜欢大可不听"之类的话。你或许说完之后觉得特爽，但是作为其他网友来说，他们会觉得这个主播很小气，这点东西都容不下，久而久之就会对你有一些厌恶。再者，有可能你说完了之后，对方又回了一句话，然后你再接着他的话继续说下去，那还要不要做直播了？找个地方大吵一架算了，那更痛快，更舒服。

（5）控场

每一个主播都必须学会如何控制现场气氛的发展与走向。不要傻愣愣地被网友带着走了，那真的是会被人笑掉大牙的。

综上所述，各位网络直播时候，需要练就强大的心理素质，基本上做好了以上五点，你就能刀枪不入了。

6.2　主播 IP 打造

从 2016 年初开始，有两件事情在互联网得到很快的传播，成为现象级事件，一件是人，一件是行业。

一个 1987 年出生的姑娘用了半年时间，推出了 34 个视频，圈了 600 万粉（获得投资后 1 个月的现在微博粉已破 1200 万），并成功获得了真格基金、逻辑思维、光源资本和星图资本 1200 万元的联合注资，估值 3 亿，4 月 21 日首条后贴广告以 2200 万元的天价拍出，被打造为所谓的新媒体第一个标王，她叫papi酱。

　　一个行业是，一个凭借被国民老公首富之子斥巨资投入，以电竞业为发展基础，2016年全面切入移动化和泛娱乐化的行业，在2016年仿佛进入了"千团大战"的繁华。欢聚时代10亿元砸向虎牙和ME直播，斥资1亿元签下主播MISS；腾讯4亿元投资斗鱼，后者估值10亿美元；新成立的映客获得昆仑万维、复赛等机构的8000万人民币投资；投入阿里怀抱的陌陌也不甘寂寞，主推直播视频社交并展示在最重要位置，估值达到10亿美元；易直播获得6000万人民币A轮融资；360推出花椒，秒拍推出一直播和Msee，美拍也推出直播功能并极有可能分拆为单独App……与此同时，各个从业者斥巨资投入内容生产："赵家班"弟子活跃于映客，花椒直播上聚集着不少"好声音"成员，咸蛋家主打通过网剧走红的新人、如盛一伦、黄景瑜，ME直播赞助鹿晗全国演唱会，美拍与张艺兴、范爷合作，熊猫TV签约Angelababy当主播……这个行业叫直播。

　　如果把这两件事单独拆开看，貌似并没有什么特别，但综合起来看，注定2016年是一个不平凡的年份，在这一年网红崛起，从单个的特例变成一个群体事件，个人IP的价值得以指数化提升和显现，个人的影响力变现从单纯的秀场模式演升级为"秀场＋知识＋社交"的方式。直播特别是移动直播的兴起，为个人影响力变现提供了最好的渠道，个人的崛起正是在去中心化下的互联网时代下发生的，并且发展势头越来越猛烈。

　　众所周知，公众人物总是具有非同一般的影响力。主播也是这样的一个群体，一位成功的主播拥有的不仅仅是稳定的观众群体或者"粉丝"数量，更是可靠的信誉度以及衍生出来的传播效应、甚至是商业价值。现如今，各个新媒体社交平台都推出了直播的功能，都开始注重主播 IP 的养成。我们不难发现，身边总有一些明星主播，他们拥有稳定的观看用户和"粉丝"群体，他们推荐的产品往往能变成爆款，他们发表的言论也经常会被放大讨论，他们普遍拥有强大的号召力，令人羡慕。他们或者是由于长时间直播带货陪伴观众，从而与观看用户之间建立了深厚的信任和利益关系；这些主播或者是深耕某一个垂直领域，生产了大量的优质内容，逐渐成长为这一领域的头部 IP；或者是一些青春新势力，凭借鲜明的主持风格，为听众带来了耳目一新的感觉。

"IP"一词的蹿红不过 2～3 年的时间，然而主播 IP 化却是随着直播平台的兴起而来的新鲜物。注意力经济时代，人们的关注点在各类 IP 中逡巡一圈，最终回到的还是价值源头本身——人。在一场直播卖货过程中，最重要的究竟是什么？是产品吗？还是卖货的人呢？事实上是卖货的人，也就是主播。在一场完整的直播中，主播是其中最大的看点，是灵魂，是整个直播中牵引流程的人。

接下来我们会详细讲解，带货直播，卖什么都能成功的 IP 打造秘籍。

首先，什么是 IP 呢？实业时代，企业讲究的是品牌，移动互联网遍布的今天，短视频出现，人人都在刷存在感，具备了一定的号召力和影响力，你就是一个 IP，通过短视频的形式输出内容，利用抖音快手等渠道传播出去，呈现价值体现，获得某一个领域某一个群体的追捧，产生巨大的影响力和号召力的就是 IP，IP 是现在遭到广大品牌的喜爱，由于 IP 本身就自带巨大流量。能够增强顾客黏性。IP 最大的特点便是大流量重视度，而大平台便是流量的承载体。

直播行业的洗牌，红人直播也从小作坊式生产向标准化、规模化生产靠拢，并向移动视频平台集聚。网红经济爆发于 2016 年，与移动视频爆发时间点恰巧重合。主播 IP 在摆脱了早期"无序竞争"的现象后，随着直播行业的成熟而获得了价值重估。个人价值的 IP 化其实在多年前就成了一个社会现象。2006 年前后中国电视选秀节目的大热诞生了一批观众投出来的草根明星。不过，在那之后，随着传媒业的整体变革，电视选秀显得中气不足，无论是歌手、舞蹈、辩论，都很难再现当年的超女现象。主播 IP 化是个人价值在网络经济时代获得的一次重估。它的成因也来自注意力经济时代，人们希望能够创造出更多的"注意点"，创造有别于"高高在上"的娱乐圈的另一种娱乐文化。

从行业的眼光来看，主播 IP 化是直播行业发展的一个必然趋势，也是整个主播产业去芜存菁的一个必然选择。从三个方面来看，主播 IP 化已经成为行业不可逆的潮流。

首先，个人 IP 化能够对冲直播平台过度逐利而带来的内容虚浮的现象，能够让内容沉淀下来。对于直播行业来说，最宝贵的资源是人。怎么创造高流量主播，怎么留住高流量主播，是摆在平台面前的问题。

最佳状况是，平台本身具有很强的影响力，同时，个人主播能够在平台的生态系统里获得很好的成长与挖掘，使得个人IP化能够深度与平台进行捆绑，进行影响力 double。

其次，是个人 IP 化所带来的去 "同质化"。同质化是 IP 经济发展一直以来存在的隐患。

最后，主播 IP 化的最终目的是建立一个主播、平台、观众三者之间的生态关系圈。主播 IP 化是整个生态关系最重要的一环，而平台作为中介，它的优劣好坏取决于生态关系的黏性和自洽程度。

主播 IP 化作为平台吸引、留住观众的关键，需要营造一个非常良好的网红孵化机制和互动机制。微博所拥有的超级流量和超级入口的作用，加上一直播的网红孵化机制以及高黏性的用户，这种合作生态关系显得水到渠成。

当你有了属于自己品牌 IP 后，你就会发现个人 IP 的重要性。

个人 IP 代表了你的公信力，有了个人 IP，你将获得更多的信任！

个人 IP 代表了你的影响力，有了个人 IP，你将获得更多的资源！

个人 IP 代表了你的销售力，有了个人 IP，你将获得更多的收入！

6.2.1　主播是个人 IP 化，IP 个人化的特殊体

直播平台最重要的是内容，内容是由个人主播提供，与传统平台最大的差异就是个人的 IP 化，而且是数量巨大的个人可

以 IP 化，在平台建设自己的个人形象并与"粉丝"实时沟通，进而将个人形象 IP 化并且借助平台的机制迅速变现，这是其他渠道所不具备的规模化的个人 IP 化以及通畅的变现途径。

个人化的 IP 并不是一个新兴事物，一直都有，而且价值也早被人所知。

批量化生产个人化 IP 的机构前有新东方，生产了罗永浩、李笑来、徐小平、艾力、周思成、马薇薇等名师，后有央视生产了罗振宇（逻辑思维）、张泉灵（紫牛基金合伙人）、王凯（凯叔讲故事）、马东（米未传媒）……这样的个人在成为 IP 后，新业务不仅获得媒体和资本的追捧，也获得了"粉丝"的认可，进而有了较为通畅的变现渠道和变现能力。

互联网的兴起也加剧了个人 IP 化的进程，大鹏、ayawawa、呛口小辣椒、vcruan、雪梨、董小飒、咪蒙、同道大叔借助淘宝、视频网站、知乎、微信公众号等崛起，但无论怎样的平台，无论多么迅速的互联网变化，个人 IP 化仍然只是少数人的专利，在平台的限制下，个人 IP 化仍然只是缓慢前行，主要原因是：①平台机制导致个人 IP 化是一个"门槛"较高的行为；②个人化 IP 变现困难；③IP 化个人与"粉丝"交流渠道不通畅，"粉丝"关系不牢靠。

直播平台的兴起为批量的个人 IP 化创造了成熟的条件，直播平台的基因天生可以较好地解决以上所述的三大困境，最大化地解决个人 IP 化面临的问题。

（1）直播降低了个人 IP 化的"门槛"

其实个人 IP 本身是有意为之打造出来的，背后是个人长时间的积累，比如罗永浩讲的是人生态度，吴晓波讲的是财经，如此精细化的团队和内容制作"门槛"很高。文字时代的李寻欢、今何在、安妮宝贝等凭借超强的文字功底成为第一代网红；图文时代的ayawawa、流氓燕、芙蓉姐姐、奶茶妹妹凭借美女图文夺尽眼球；视频时代的胡戈、papi酱因生产创意性专业视频内容而独领风骚……所有的IP化个人都是数量稀少且极其专业的内容生产者（或有极其专业的推手团队）。

直播平台则不同，它不需要高"门槛"的内容生产，也不需要专业酷炫的内容剪辑，内容甚至也可以是信手拈来（当然，想要在一众主播中脱颖而出仍必须要精细化生产内容），但如果个人想小成本小范围收获影响力，直播无疑"门槛"是最低的。在直播平台上是否白富美高富帅，声音是否动听的传统评价方式仍然有效，但更为重要的是偶像养成计划开始起效，有特点的个人开始崛起，如果某人碰巧"有貌有脑"，那在直播平台崛起只是时间问题，即使不能为广大圈子所熟知，在直播平台中仍然能成为一个圈子内小有名气的达人，而这个达人的特点并一定是多么漂亮，重要的是代表了"粉丝"，满足了"粉丝"的心理认同。

对"粉丝"而言，重要的不是主播讲什么内容，而是内容是否能体现主播特质，主播是否能与"我"相关联，让一个高高在上的KOL变成可触及的人，而且这个人是与"我"相关，"粉丝"有钱可以打赏，没钱可以互动评论和点赞，都能帮助主播上热榜，都在主播成长的过程中扮演重要的角色。电竞第一主播的miss相貌完全不出众，某些直播时段甚至相当无聊（笔者曾看到她直播翻微博评论每条信息，还直接显示自己的直播界面造成视频框套视频框的怪异风格），但凭借电竞技艺的加持，"粉丝"仍然疯狂地追捧，其影响力已经超越某些明星。

要说到明星与"粉丝"的交互，做得最好的无疑是AKB48，制作人秋元康将一个娱乐公司造星的流程变成了一种"台上演、台下看、台下反馈决定台上出演"的双向传播，将偶像的出道、成长、爆红变成了一种由"粉丝"决定偶像成长路径和高度的生长机制，偶像的成长全程被"粉丝"见证，因而"粉丝"与明星的关系从崇拜变成了"家人"。正如秋元康本人所说，偶像是用来见证时代的，AKB48代表着一种新型的偶像，它是一款互动型养成游戏。AKB48总统选举期间，中国"粉丝"在短时间内就募集了180万元费用，这样的"粉丝"影响力是由100多位少女在一个仅两三百座位的异国小剧场形成的。

直播网站的主播和AKB48的明星何其相似？"粉丝"决定主播收入，主播则和"粉丝"亲密互动，"粉丝"推动主播上热榜，主播则用好友聊天式的娓娓道来，一次点赞一次五毛钱的礼物都可能获得主播的口头感谢，直播平台强大的交互能力和实时的交互机制对于打造主播影响力来说无疑是最佳渠道。

(2) IP化个人变现渠道更通畅

直播和秀场是天生不可分割的一个整体，以游戏起家的直播越来越接近秀场，或者说秀场模式直接成了直播的地基，"9158"模式在带来内容监管风险的基础上同样也带来了快捷的变现渠道。在直播过程中的用户打赏机制就是最快速的变现渠道，实时并且可交互，主播可以根据"粉丝"的打赏情况评估内容的受欢迎程度，也可根据打赏和观众数评估自己的受欢迎程度。常规的个人化 IP、比如微博、微信的打赏机制则还不成熟，曾经有一个朋友因撰写文章收到 88 元红包已经惊叹土豪老板打赏，但在直播中，数百元的礼物时不时地爆出，一场直播收获数千元上万元的主播不在少数，Miss 一场直播百万收入也不在话下。

（3）IP 化个人是在"粉丝"互动中形成的，"粉丝"基础更强大

传统的个人化 IP 因渠道本身缺乏与用户交流的工具，大部分 IP 化个人的品牌建设却并不深入，"粉丝"基础相对薄弱。咪蒙借助微信公众平台每天仅生产一篇内容，但该内容需要一个团队来建设，每天还只能占据用户几分钟时间，当她用 IP 变现为孩子谋取上学特权时却遭遇了"粉丝"激烈的抨击，深夜发痴在 papi 酱爆红后用短视频替代图文生产内容的转型同样被"粉丝"质疑。

直播中的互动机制无形中强化了打赏过程，众多的"粉丝"为了获得主播的注意、口播、加微信特权或者连麦的机会，不惜挥金如土，而这样的互动机制无论对于主播还是用户而言都是大有裨益的，这样的机制其实也是罗振宇线下讲座和会员活动得以大受追捧的原因，"粉丝"需要的是一个和偶像近距离接触的机会，为了这样的机会付出些许成本是非常必要的。直播的打赏与受赏过程并不重要，重要的是过程中"粉丝"和偶像形成了一个交互进而衍生出一种更为牢靠的关系，这样的交互是线下活动所不能具备的。明星或作家的签售会，本质上也是

和"粉丝"发生面对面的关系，这样无疑会加深二者的关系，特别是"粉丝"对明星的关系。

直播过程相对随意，主播并不是高高在上，变成了触手可及的普通人，范冰冰在直播中讲述了上厕所的话题就上了头条，而直播内主播均是生活化的场景，这样的情形下主播的个人特质更加明显，更倾向于本色，所以直播平台几乎出现了百花齐放的风格，有的娘炮，有的嘴毒，有的可爱，有的颜值，有的搞怪……千篇一律的IP化打造工厂失效了。千篇一律意味着没有特色，李易峰和陈伟霆究竟有什么差别，刘诗诗和杨幂的特点分别是什么？直播中生活化的沟通带来的是接地气的表达方式，而个人的风格化无疑将成为特别的标签，或许这也是赵本山弟子们纷纷登录映客做直播，而某些气质高高在上的大牌明星仍然扭捏的原因吧。

6.2.2　直播是全新的内容生产方式

直播在内容生产上拥有远比传统视频、文字平台更多的优势。

从内容生产上看，一方面直播降低了内容的生产"门槛"，改变了内容的生产方式。传统的内容生产模式是精细化、标准化的流水线式产出，背后的生产逻辑几乎是一致的，用各个角度拍摄并剪辑一个看起来是精品的作品，耗时长且难以根据市场的反馈进行优化。例如，很多电视剧一推出市场就只能听天由命，电视剧拍摄很想依据播出过程中用户反馈而拍摄后期的情节发展以达到消费者的预期效果，但是要实现这一点是非常困难的，这也是为什么到目前为止边拍边播模式仍然不能得以大范围推广的原因。

直播则无须花费大量的时间，只要一台手机（电脑），就可以产生内容，而内容本身可以多样化，除了可以使用传统平台所涉及的精细化内容，直播还包罗了旅行、脱口秀、技能展示，甚至聊天式的拉家常等更广泛的内容，人人都可以是主播，人人都可以产生内容，再小众的内容需求都可能在主播的实时 ugc 模式下得到，再小众的内容都可能在直播平台输出并收获"粉丝"的支持。主播每一期直播基本都是实时的（如果不算平台为内容监管而设置的滞后时间），主播可根据热点事件定制内容主题，当紧急事件发生后主播确定直播主题后即可进行内容输出，这无疑加快了信息的传播速度，比如和颐酒店事件爆红当天就有用户到酒店进行直播，而传统电视媒体介入晚了近一天，类似逻辑思维想要介入则至少需要半个月甚至更长的时间。未来直播平台下人人都是记录者，央视等主流媒体接入直播源做素材联通重大事件的当事人获得第一手资料或就在眼前。直播的内容生产方式尽管不是受到推崇的众包或者分享经济模式，但和二者在本质上是一致的，那就是发挥个人的价值，将其积累起来形成新的势能，人人都是内容消费者，但又都是内容生产者，只要有满足自我需求内容的获取，那就好人一生平安。

另一方面，交互的增加让内容生产更契合用户需求。直播则不仅大大加快了内容的更迭和调整，同时按需定制也成为可能，主播甚至可以根据自身特质去寻找受众，同时根据受众的意愿定制内容就更容易和快速了。直播过程中的交流也可能产生新的内容，在实时的一问一答互动中，内容会一定程度脱离原有的规划，思想的交融就会在多对多的方式中产生，每个参与的用户都是内容生产的助力。

第三方面，直播的内容生产方式更接地气。直播的内容在某些情形下并不是内容越专业越有价值就更能获得用户的青睐，临场表现同样是重要的内容。众所周知，JY 的 LOL 技艺高于小智，但小智的临场表现高于 JY，这就带来小智的身价高于JY50%，达到 1500 万元。

6.2.3　直播主播可以进行快速且高效的变现

无论是对于 IP 化的个人还是企业，变现方式都是绕不开的一道"门槛"，尽管 vc 的追捧已经不在意企业目前盈利水平，但投资的仍然是未来的盈利能力，没有变现渠道和方式的 IP 也没有任何商业价值，这也是视频媒体从广告模式转向会员模式的原因之一。从某种意义上说，papi 酱之所以近期火热，罗振宇赋予其的新媒体第一可合作红人的有噱头下的较高溢价的商业变现方式也是一大诱因。与之对应的是现在红人的变现途径乏善可陈，像雪梨的卖货模式，伟大的安妮的创业模式，猫力的代言模式都是少数，剩下的全部只是广告模式，但单一的广告模式连平台都养不活，怎么可能养活一群群网红呢？

直播则借助秀场模式开启了新的变现方式，平台签约让金字塔顶部的网红得以吃肉，Miss 的 3 年 1 亿签约虎牙就是例证，金字塔下是公会签约有基础的收入保障，底层是用打赏来进行影响力变现的广大主播，这个变现渠道是在主播影响力氛围下带动的。网红最大的价值并不是流量，而是心理唤起——唤起你的不同自我，让你短暂地变成另外一个人，从而表现出完全不同的行为。众多处于打赏氛围下的疯狂"粉丝"不就是这样的状态吗？笔者曾在两年前听朋友说起 YY 秀场某女主播得到两个"粉丝"公会负责人的青睐，这两个"粉丝"在直播中比拼炫富，一次下来双方均打赏百万之数，这不就是直播平台最好的变现渠道之一吗？秀场的打赏变现模式同样可以延伸至泛娱乐直播领域，电竞第一女主播 Miss 在 2016 年 2 月 22 日的直播中，前 5 名打赏超过 100 万元，袁腾飞花椒首秀半小时就吸了 50 万用户关注，打赏也数到手软。网红直播的变现价值可能有两类人群更能说明，淘宝 c 店销量第一微博"粉丝"200 万的是网红张大奕，她于 4 月 20 日在映客进行首次直播，一小时进账 5000 元，吸粉 13 万。众多的专业级演员艺人进驻直播，本山传媒旗下艺人，选美小姐冠军（如香港世界小姐冠军李玲玉），网红和专业演员进入直播行业并不是玩票性质，而是长期的固定状态。

6.2.4 直播是年轻用户无聊时间的更优解决方案

马斯洛说，人有五层需求，当基本的生理需求和安全需求被满足之后，人们就需要爱、关注、尊重。而对于伴随着互联网成长起来的独一代来说，关注和爱已成为最重要的生活部分，多角度全方位地调动身体去尝试新鲜事物，直播无疑是目前迅速且高效的沟通解决方案，通过声音、图像，实时交流反馈，激励 pk 的机制调动用户全部注意力，这也是最能打动年轻用户的地方。互联网的发展又何尝不是向着实时化、移动化的方式转变呢？从 bbs 到博客，视频，微博，直播，以及移动化浪潮带来的移动互联网兴起，都是在向实时、便捷的方向做转变，正如腾讯那句广告词"我要的现在就要"这就是年轻用户选择直播的原因之一。

直播同样是最佳的消耗无聊时间的解决方案，和菜头说："性是第一生产力，无聊是第二生产力，免费是第三生产力"，直播正是目前解决无聊的解决方案，而且还是免费的。在解决用户无聊时间的问题上，具备互动性的实时视频平台无疑是最能调动用户的，在直播平台可以让中意的主播回答自己的问题，双方互动，送出些许礼物就能让主播说一句谢谢或者爱你，并念叨自己的名字，何乐而不为？AKB48 的宅男"粉丝"们为了和偶像的一次握手会不惜一次买下数千张唱片，这样的"粉丝"在直播中同样不少见，因为无聊而将直播当成解决方案的用户会越来越多。ID 为"阿呆与漓妹"的熊猫 TV 女主播直播自己睡觉的过程，获得了上万名"粉丝"并成功引起了王思聪的兴趣获得 7 万元打赏；韩国少年金成镇，每天直播吃晚餐的过程，一个晚上平均可挣 11000 元。《her》中孤独的作家西奥多爱上了电脑操作系统的女声萨曼莎事件恐怕已经在上演，只不过西奥多爱上的是虚拟人物，而直播观众爱的是屏幕另一端的主播而已。

同时在无聊需求之外，用户的窥私、猎奇等需求同样可在直播平台得到较好的解决。直播平台的兴起为观看他人生活的人找到了一个出口，光明正大的"偷窥"另一个城市或者国家的陌生人的生活成为某些人乐此不疲的爱好。

在主播打造过程中，主播们多数都会有直播内容定位，也会有属于自己的标签，比如，唱歌、舞蹈、脱口秀、颜值。而在做直播商品分享时也不例外，甚至更加需要主播拥有明确的定位以及个人标签，树立出一个属于自己的独立的 IP。一个好的 IP 可以增强主播的辨识度，深化用户对主播的认知以及信用感。当主播被贴上标签，与标签融为一体时，主播便拥有了属于自己的 IP。这里举两个例子：丽江石榴哥、老爸测评。丽江石榴哥顾名思义，是一个在丽江卖石榴的纯朴小哥，他通过纯朴的形象深深吸引了众多用户。而老爸测评，作为一个父亲，站在关爱、关怀子女的角度，去检测各种护肤品及其他产品，通过提供给大众客观、严谨的检测结果，去解读各种产品，他的专业性以及父亲的角色使得大众对他更加信赖，从而获得了用户的认可。

树立独立的 IP，更加方便了主播进行下一步更为精准的变现。比如，丽江石榴哥，他的形象已深深的印入用户心中，当他开启直播，将石榴放入直播购物车让直播间的用户看到，向他们展示、宣传，由于强 IP 的影响，"粉丝"很容易便心动下单了。虽然他的名字是石榴哥，但他也没有把自己完全限制在石榴售卖上，他用自己 IP 作为背书，开始和用户分享更多的农产品，在直播商品分享中取得了很好的成绩。

最后，也需要着重说明一点，标签并非越多越好，一个人具有 2～3 个标签是最好的，而这些标签需具有识别度和精准度，要尽量选取达人最擅长的去做。反之，标签多，则会造成识别度降低。

人人都想当网红，殊不知背后之路极其心酸，真正成长起来，呈现在大众面前的"超级 IP"要么是有别于其他主播的点，要么是有资本的推动，为什么要打造IP？这在几年前，是个值得深思熟虑的问题，到了现在，网红主播短视频"粉丝"经济时代，几大平台都在进一步垂直细分孵化签约具有独特个性化的"IP"，越来越垂直，越分越细，诸如：人气达人、音乐达人、舞蹈达人、好物推荐官等，一个IP能够养活一支团队，甚至撑起整个公司的KPI，一个IP其实是主播整个人设背后无形的宝贵资产，认可人设，产生持续的黏性，"粉丝"持续追随，这种无形的价值在某种程度上是可以转移的，因为"粉丝"认可的是主播这个人设。所以一个IP背后，其实是有多重收益的，我们能够直观看到的就是直播的打赏、平台补贴，看不到的就是长期积累的IP资产，为今后的电商带货、线下商演打下基础，这就是为什么很多MCN机构耗资上百万都要倾力打造一个"超级IP"的真正的动力源泉。只要有IP，产品靠谱，因人而货，不怕直播带货没效果。如何打造能带货，而且卖什么都能成功的IP呢？

首先还是要具备超级IP思维，如果现在还是按照老一套的方式去玩，注定石沉大海。具备超级IP思维，能够让"粉丝"和影响力呈几何倍数增长。其次就是提炼自己的特点优势，什么都表现，什么都发布，往往做不好，也无法在"粉丝"心目中树立一个独特好记住的标签，专注一个细分的点进行爆破，更可能让你成为一个独特的IP。最后就是对提炼出来的特点优势进行加工，不断丰富其中的内容，整合多渠道进行曝光，根据"粉丝"的反馈时时做优化，打磨"粉丝"喜欢的内容。那么我们可以具体从哪几方面做起，打造主播IP呢？

（1）如何定位自己 IP

①定位垂直领域

即一个账号最好只专注一个垂直领域。因为如果你今天卖美食、明天发家居、后天做美妆，这样非常不利于账号的平台推荐，也不利于软件算法对我们的内容进行精准定位和判断。并且，定位垂直领域与内容推荐以及后期实现带货匹配相关，相关度越高，内容引流、带货能力就越强。如果说养号是起步，那么定位垂直领域即是方向。清晰的定位是 IP 独一无二的前提，定位的概念就是要让别人知道我们的标签是什么，印象是什么。在前期有足够清晰的垂直领域定位，以及搞定内容策划方面，那么后期操作主播的直播账号就非常轻松了。

其实每个垂直领域还能继续划分更加精准的领域，比如说美食，可以分为开箱试吃、菜谱教程、探店试吃、减肥餐、烘焙教程等；教育可以分为儿童教育、外语教学、职场经验、兴趣班等。

②IP 的基本属性

吸睛、有积极的情绪反应和美好的情感内容可以通俗说明 IP 的属性。如：七舅姥爷独特暖男小奶狗的形象，让无数小女孩沉迷其中；陆超、正能量大哥给我们带来的满满的正能量等；李佳琦的口红试色和夸张的 OMG 口头禅……这些都是能深刻映入我们脑海的形象。

内容超级吸睛，产生流量、主动发酵，并引发积极的情绪反应和美好的情感，这是超级 IP 最重要的基础。

③分析常见 IP 属性

通过对各个垂直领域的作品分析，我们会发现以下 4 类比较常见的 IP：

第一类 IP：故事型 IP。

即把小说和剧本，包括表演小说剧本，变成大明星的剧本。

第二类 IP：产品型 IP。

即有些产品有很多人热爱，然后围绕这些产品，延伸出了很多情感以及相应的消费。

第三类 IP：创始人 IP。

即到了个性化消费的时代，消费者希望买到的产品跟他个人的价值观、个人的品位相吻合。

第四类 IP：知识型 IP。

这个人必须在某个领域拥有持续的原创内容的产出能力，而且必须要有一定的影响力。打造网红 IP 的第一步是找到自己的人物设定，指人物向外所展现的形象，包括外部形象和性格特征。

④确定自制 IP 标签。

定位明确的名字。好的 IP 一般有一个简单而响亮的名字，尤其是技术类就是账号，有很多这样的账号名字就颤抖，让人们看到名字就知道账号会传播什么。

那么爆火的人设有哪些套路可循呢？

显眼的头像。与文字相比，图像给人带来更多的视觉冲击，甚至可以说，头部图像可以看到一个人的性格。如果你是一个性感的女主播，你可以通过拍摄一张性感的自拍来吸引很多人。

如果你走有趣的线，也可以非常有趣。

口头禅。冯巩春节联欢晚会每年对观众说：想念你，有很多人都在找这句话看他。口头禅是通过重复这些单词来强化用户的印象，这样观众一看到或听到你就能想到你，你就成功了。

与众不同。在一堆红苹果中有青苹果和番茄，红苹果当然是最引人注目的、最特殊的一个。那么如何脱颖而出呢？首先，我们应该做一些与别人不同的事情。就像当颤音是所有美丽年轻男女的技术流一样，陆超的出现给我们带来了很多快乐。这一独特的特殊性也导致了陆超人体模仿者的巨浪。

（2）打造直播账号

①搞定主播人设

直播中的人设，就是你的个人品牌。

比如说，你想看有趣的职场美食，就会想到"办公室小野"；你想看美妆，就会想到 Pony、李佳琦；想看搞笑的吐槽，就会想到 papi。

人设自带流量，有利于更快传播有价值的内容，可形成有认可度的用户聚集体，并可以裂变式传播。然而，我们又不是明星，单个人的价值很难被大众看到，没有很强的个人标签该怎么办？

②要形成强个人标签，首先做好一件事：差异化原创

在越来越重视内容的今天，原创有源源不断的再生能力，一味靠山寨是走不远的，最后可能就是流量都集中到行业一两个大号当中。因此可以选择差异化原创，生产个人内容。

③三种打造直播号的方法

技能出色——技能输出型个人品牌。如，街舞、英语、烹饪，将爱好发挥到极致。

具体操作：定位客户（客户质量比数量重要）；定位自己，让人一目了然（让别人知道你在做什么）；修炼输出手段（写作、摄影、绘画、ps 等）；规划和打磨分享内容，从"自己优秀"到"帮助更多人优秀"，成为意见领袖。

技能小有心得——分享成长路径。如：新手妈妈、化妆穿搭技巧，有明显效果对比的画面。

具体操作：精进技能，成为你选定专业里技能出色的人；做好定位，让人知道你在专注什么；分享你的学习成长过程，收获志同道合的"粉丝"；修炼输出手段。

普通人——在花过时间的地方去找答案。花过时间的地方，例如旅游时的美景趣事

具体操作：多花时间观察自己了解自己；用一周的时间，记录醒着的每个小时干了什么；找到其中高频出现的事情；你做这件事的时候开心吗？用更专业的热情测试帮助自己找到天赋。你的喜欢和擅长不论大小都很有价值，重要的是在花过时间的地方成为参与者，要么分享过程，要么分享成果。打造好IP 后，开始变现。

在上文提到的人设塑造过程中，我们可以使用 SRIL 这套法则。

S 是优势分析，优势可以理解为以下两种：硬件优势、软件优势。硬件优势是在一定时间内难以改变的东西，比如，身高、

颜值、性格；软件优势则是可以通过学习、努力来获得的优势，比如，各种领域的专业知识，如一个人是一个心理学大师，同时也包含各种才华，如唱歌、跳舞。

R 是风险分析，分析这个人设在未来会不会惹麻烦，主要考量四个维度：法律、道德观、价值观与隐藏的黑料。从法律层面，不得触犯法律边缘，挑战国家社会底线。从道德观层面，不得做有违道德底线的事。从价值观层面，需符合社会主义核心价值观。从黑料层面，查询达人有没有隐藏的黑料，若有则随时可能导致人设崩塌。

I 是识别度分析，构建人设时，和其他类达人进行横向对比，对比他们之间有什么区别，寻找自身优势；和同类达人进行纵向对比，对比他们之间有什么区别，寻找自身优势。

L 是变现能力分析，构建人设时，也可以通过这三点进行变现能力的预估，是否拥有带货能力，人设是否有商务合作价值，以及未来是否有商务合作的可能性。

SRIL 法则，分析者需通过上帝视角，来分析达人身上每一个可能有的优缺点，全部都列下来，做通盘的分析。找到达人优点及短板，优点进行加强，短板进行强化，塑造出有个人风格特点的 IP。

一些主播 IP 养成的背后，其实也有很多可供大家复制和参考的模式。

第一步，专业性是优势，是 IP 培育的沃土。

互联网时代的信息泛滥，实际上也为广播的长远发展提供了契机。这是因为广播的内容传播不仅快速，而且真实可靠。

在用户都开始大呼内容才是王道的信息时代，直播成为用户依赖的信息获取渠道之一。所以找到具有发展潜力的垂直内容领域，是 IP 培育的基本。并在专业化内容生产的基础上，通过规模化生产抢占用户注意力，从而引导和培养用户的消费习惯。只有受到用户关注的内容，才有长久的生命力。精细化运营自己的领域。

第二步，运营是手段，是 IP 培育的养料。

以个人 IP 为核心，通过线上节目、线下活动、新媒体推广等手段，不断强化这一特质，将"粉丝"牢牢锁定在主播周围，形成稳定的观众群。

第三步，商业化是趋势，是 IP 壮大的保障。

互联网时代翻手为云，覆手为雨。具有浓郁个人色彩的主播 IP，即使再声名显赫，也难逃市场冲刷。以 IP 为核心，建立系列周边，拓展多条业务线，不断激活用户群，拓展传播边界，使个人 IP 保持活跃度和新鲜感，将线上线下的用户都集中在大 IP 之下。

6.3 案例分析——李佳琦直播卖货的火爆原因

一个直播间一天就能引导成交额过亿元，一个网红主播一年能做 389 场直播，直播三秒就可以卖空十万件货……这就是当下直播带货的真实情景。通过直播来卖货成为众多商家采用的模式。近几年，淘宝、拼多多、蘑菇街等电商平台开创了直播模块，快手、抖音等直播平台则添加了电商功能。近日，社交电商小红书也加入直播战局，宣布将上线电商直播。直播之所火爆的原因，业界普遍认为，直播卖货的服务形式回归了商业本质：形象全面的产品展示，以及主播的专业推荐与贴心服务，满足了消费者的需求。

不可否认，相较于普通的文字与图片展示，视频直播形式向消费者呈现出更多的产品细节，建立彼此的信任感，拉近买卖双方的距离。

直播卖货还有一个非常大的优势——"专业服务"，正是因为这个优势，直播才能成功带货。近年来，直播卖货品类不断细分，卖美妆、卖服装，甚至还有卖汽车的主播。直播卖货的兴起，各个领域出现了一批专业的网红主播，可以说直播成就了这些主播，也可以说这些专业主播助推了直播卖货的发展。

并不是任何直播卖货的主播都可以成为网红主播，无论是快手平台的辛巴，还是抖音平台的七舅姥爷，抑或是淘宝的李佳琦和薇娅，他们的成功都源于他们的专业能力。这些主播对用户需求和商业逻辑有着较深的研究。也就是说，这些网红主播必须是一名贴心的专业导购。

电商直播不是演电视剧，演电影，并没有剧本，需要"本色出演"。此外，直播卖货需要有专业的知识和能力，以形成真正的带货能力，这些都是无法"表演"的。从目前受追捧的网红主播的成长历程可以看到专业知识和能力的重要性。

李佳琦是淘宝直播的当红主播，以销售美妆产品为主，号称"口红一哥"。实际上，李佳琦的成名并不是靠他的娱乐性，而是因为他掌握美妆产品的专业知识，此外，他还提供了贴心的服务。

据了解，李佳琦曾是美妆品牌欧莱雅的一位柜台员工，他用三年时间成为柜台最专业、最懂化妆品、最会销售的导购。美妆导购员的经验积累为李佳琦成为美妆网红主播打下了坚实的基础。只要消费者随口说一个色号，李佳奇三秒就能将该色号的口红挑出来，他可能是比女生还懂口红的男生，甚至被称为"行走的口红"。

实际上，早在三四年前，欧莱雅就开始尝试直播卖货，当时的主播都是从自家柜台员工中选拔。李佳琦就是从企业选拔中脱颖而出的。欧莱雅选主播的途径也足以证明，直播带货需要一个拥有很强专业能力的主播。并不是"能说会道"的人就可以做带货主播，带货主播需要对所卖商品有一定的了解，有一定的专业知识，还要有一定的审美。而这些能力与服务就是商业的本质。

淘宝直播的另一名当红主播薇娅的成功也是如此。并不是因为她具有姣好的容貌，苗条的身材，而是她多年做服装生意所积累的经验，对服装品质、校型的了解，以及对时尚的敏感度。

除此之外，无论是李佳琦还是薇娅，他们背后还有一个专业的团队，他们对选品非常重视，比如薇娅的团队有专人负责选品，从前期筛选合格商家到对商家样品的测试，这一轮通常会淘汰 50% 的产品，接下来就是薇娅亲选。据了解，薇娅每天下直播后，至少要用五个小时来选择第二天应售卖的商品。

不仅在产品方面严格把关，一个优秀的网红主播应该注重更好地服务消费者。据介绍，一些网红主播表示，通过直播购买的商品也可以进行无理由退货，并且直播间还设有专门的客服人员随时解答消费者的疑问，对于直播期间的问题，主播也会在第一时间进行回应。最为重要的是，主播并不是单纯地为了卖货，让消费者疯狂下单，他们会实时提醒消费者理性购买商品。正因如此，消费者对主播产生了信任感。

除了产品好、服务好之外，直播卖货的性价比也非常高。以李佳琦为例，他能非常大概率地拿到所售商品的全网最低价。如果拿不到全网最低价，他甚至会鼓励"粉丝"去退货。

正是因为符合商业的发展本质，直播卖货越来越火。以淘宝直播为例，它成为"双11"的全新增长点。参与天猫"双11"的商家中，有超过50%都通过直播获得了销售额的增长。

李佳琦在接受央视财经采访时谈到直播带货一事，他自曝疫情期间自己公司的业务"稳中有增"。因为不需要外出，自己的直播也并没有停，除了一些特殊的日子以及正常的每周休一天，他仍然保持了自己以往每天一次的直播频率，而一场直播就有三四个小时。

李佳琦对直播带货还是保持着看好的态度，"从直播间来看，直播电商是不是主流，我还不知道，但是直播带货有很大的发展前景。"

从柜员导购起家，李佳琦堪称直播界逆袭的一座山峰。远的就不说了，他经常被人提及的战绩是，5分钟卖1.4万多支口红。

2019年的双11淘宝直播大战，近10万主播交锋，薇娅第一，李佳琦第二。2019 年 10 月 20 日晚上的一场直播，李佳琦吸引了 5000 多万人次的观看量，直接增粉 120 多万，这可是好多人梦想的数字。2019 年的双 11 预售，芝华仕头等舱沙发也借势，出现在李佳琦、薇娅两人的直播间里。据公布的战绩，当天成功拿下沙发类目销量第一，开场仅 15 分钟就取得了破亿的好成绩。别人的热闹，光看肯定是没用的，关键是找到可以学习的地方，能不能从中收获一些东西。在李佳琦直播里，到底有什么样的魔力能吸引这么多人观看，又能说服这么多人购买呢？

一是，直播时间的选择，每次直播多在 3—6 小时，全程语速较快，音量大，音调高，始终保持充满激情的亢奋状态。时间相对比较长，能够将该讲的东西讲完，能够充分演示各种产品的使用情况。还能吸引更多人进直播间，毕竟时间短了的话，进来的网友估计就不会太多。当然，也考验主播的耐力与表达能力，没有东西讲，经常词穷，估计根本播不下去。

二是，"Oh my god""买它"是他经常说的话，情绪强烈，成了他的标签。这些词可以营造氛围，制造购买的紧迫感，对观众的情绪还是有影响的。直播中用"所有女生"，还会称呼观众为美眉们，拉近距离，当然，主要是销售女性产品时，他会这样讲。当然，也不能照抄，只是说他的打招呼方式、他的话术值得学习，换成不同行业的直播，这个称呼就要注意了，肯定需要量身定制。是不是合适，得看你的"粉丝"群体，还有所销售产品的情况。毕竟客户年纪相对大一些，30 岁以上的估计居多，比如针对部分产品的买家主要是男性，要注意自己的称呼方式。

三是，用一些话术，打消观众对产品的顾虑，比如"这款产品之前我们在抖音已经卖了 10 万套""旗舰店已经销售 2 万份了"等，甚至会借助"自助款"为产品做担保，自己掏钱下单购买。无论是店里接待顾客，还是网上销售，我们都得想办法打消客户的顾虑，只有相信了，生意才做得下去。重点还是可以提提目前销量如何，可以在征得允许的情况下，多展示与聊一些客观案例。

四是，不断重复、强调直播间的价格优势，比如突出免费赠送、×折等重点词，会数次提到，而且还会比较差价，将平时价格与直播间价格放一起比，让人感受到立即下单的必要。价格始终是非常有杀伤力的工具，满赠送、×折、免费赠送、大礼等，要不时拿出来说，而且要清晰明白，让观众一听就懂，不需要理解就能搞清楚。

五是，给出专业消费意见，让大家更信任自己；拿出多种产品，然后挑选自己最想推荐的单品，分别讲解。大多数比较火的主播，除了善于圈粉，还有一个重要的能力是他们自己也比较专业，能给出一些有价值的意见，能够让人看到效果。主播可以适时给出不错的搭配建议，或者做一些很有说服力的测评。

六是，引导与控制销售节奏，控制每次上架的产品数量，将一款产品分成 3—4 次上架，每次抢完后再补货，并随时播报产品库存，比如卖完了，最后 5000 套、300 套、100 套、没了等等，一环扣一环，制造紧张与热销氛围。在直播过程中，不断向观众更新补货信息和购买链接，提醒没有抢到的观众购买。别觉得发购买链接不好意思，如果你不发，后面进来的观众翻不到前面的信息，他怎么买。直播几分钟，就发一轮，问题不大。

七是，不劝观众盲目购买产品，从自己的意见出发，给出比较靠谱的建议。

他会告诉观众，这款产品适合哪些人群，哪些款式适合哪些群体，强调有些产品不需要买太多，提出有些不需要购买，给人感觉可信。这点特别重要，不要说你的产品适合所有人，大家都来买。你应该对不同的款式做分析与搭配，A款适合什么风格的、什么人群的，能营造怎样的氛围，B款又适合什么样的情况，帮大家做出针对性挑选。

八是，每隔几分钟，李佳琦就会重复一次"喜欢佳琦可以多多关注我们的直播间"，并且与观众的每一次互动，他都会说"谢谢你们的支持"；随时对观众的评论做出回应。如果品牌有明星代言，他会先问一句该明星的"粉丝"在不在，把追星的观众调动起来。就像聊天一样，如果你一直在那里讲，不跟大家互动，不放低姿态，可能听的人会打瞌睡。

九是，有时候会表现出幽默的一面，比如产品卖完后，李佳琦居然唱一首《再见》的歌，送给它。这对主播的要求挺高，有专业的水平，有技巧，还能讲点段子、唱首歌之类，让大家觉得有趣。主播其实可以在一些有趣的话题里把产品植入，这样给人的印象深刻，更能打动观众。

随着直播行业的快速发展，主播的"粉丝"越来越多，寻求合作的商家也越来越多，在疯狂增长的业务面前，直播能否守住自己的底线呢？网红主播在一场直播的两三个小时之内，要推荐几十款商品，每款商品只能介绍几分钟，介绍成分材质，展示商品外表后，主播就开始倒计时开拍。化妆品也是如此，在直播时，并不是每款商品都由主播亲自涂抹，有些口红甚至只在手上试个色就算推荐完毕。甚至因为一场直播需要推荐的商品太多了，主播有时也会搞不清楚产品的价格，以及都有什么赠品。李佳琦就貌似栽过一个跟头，今年，李佳琦就因为失误在直播期间"翻车"，最有名的要数"不粘锅"事件。李佳琦推荐的一款不粘锅在直播试用现场出现了严重的粘锅现象，事后李佳琦表示，"不是锅的原因，而是自己没有按照使用说明操作"。随后，直播带货的质量问题成为热点。这确实是后面这些网红主播需要注意的问题，不是什么产品都能拿来卖。此外，还有"大闸蟹"事件。在一场直播中，李佳琦将一款湖蟹的状元蟹介绍成大闸蟹，有人认为涉嫌虚假宣传。不粘锅却粘锅，状元蟹成大闸蟹……这在一定程度上反映出网红主播的专业性存在问题。

实际上，不只是李佳琦，其他一些主播也在直播时"出过糗"。著名主持人李湘一场直播卖货中，观看次数达到162万次，但是所售商品却一件都没有卖出去。对此，李湘回应，团队选品上有所失误，白鹅绒羽绒服虽然有些貂毛，但货品4988元的单价还是较高。由此可见，没有扎实的专业及服务能力，纯粹依靠流量"捞钱"的做法，在直播领域很难行得通。

在疯狂的直播中，究竟该如何带货，如何服务消费者？有分析认为，"尽管直播卖货是一种创新的服务模式，但是无论它多新，它都不能脱离商业的本质，它的目的还是要为消费者服务，满足消费者的需求"。

最后，笔者给即将踏入直播行业的你，以下几条建议：

第一，心态即抗压能力。

首先问自己一句，你准备好做直播卖货了吗？没有哪一行能随随便便成功，即使是现在的头部主播，也是一步步走过来的。综观整个电商直播群体的发展历程，就是一段辛酸的历史，也许刚开始连续播十多个小时，也就几百个"粉丝"，如果心理上都受不了，那就不用干了。

第二，多调研。

不管你是卖什么东西，都应该去各大平台看同类型的内容和账号，从中挑选出做得好的、做得不好的，最好能找到对标账号和内容。然后，想想如何在他们的基础上做优化和创新。比如你喜欢化妆，那就去淘宝上找化妆主播，学习他们的卖货方式；去抖音上找化妆达人，学习他们的内容和形式。

第三，熟悉平台规则，开通直播权限。

千万不要触犯平台直播的规定，比如做淘宝直播，可以去淘宝论坛看官方帖子；抖音可以关注他们的公众号了解。熟悉平台规则后，那就开通直播权限。如果你是个人直播，觉得开通直播权限很麻烦，最简单的办法是，找一个 MCN 机构合作。不过加入 MCN 后，没有个人直播那么自由，有利有弊吧，大家选择时要考虑清楚。

第四，确定人。

对于个人主播来说，就是要找到自己的兴趣，要为"粉丝"提供有价值的内容；对于商家来说，就是要找到适合自己品牌和产品的主播。电商主播就是卖货，作为主播，不能随随便便选择一个产品，大概了解后就让"粉丝"去买，而是要看看自己感兴趣的东西，然后去深入了解，最后再推荐给"粉丝"。比如一个皮肤很黑的人去推荐美白产品，会有人信服吗？

第五，确定产品。

店铺定位是什么，那就卖什么产品。举个例子，你是一个卖汽车配件的，却天天直播唱歌，就算很火，流量很大，那有什么用呢？记住，流量不重要，成交才重要。比如，同样是卖化妆品，你家产品和别家产品有什么区别，你要对此有很清晰的认识，在直播时要重点突出自己的特点。

第六，建一个美观舒适的直播间。

直播间的硬件设施，淘宝上都有卖。比如一台内存比较大的台式电脑，肯定比手机直播的效果要好，可以一边直播一边观察后台数据；比如配一个好的声卡，让你的声音更好听；还可以加入一些音效，烘托直播间的气氛，提高热度；灯光要买环形灯，用来补面光；同时要布置几盏环境灯，建议购买条形灯带；摄像头建议用300元左右的就可以了；上网一定要测试网络，确定不会卡；直播间面积不用很大，6平方米就可以满足需要了，注意四面墙壁贴上吸音壁纸，减少回声；还要根据直播产品，设置相应的背景，提高成交率。

第七，做好试播和时间规划。

试播就是直播前的准备工作，比如测试网络、调整灯光、布置环境等。时间规划就是每天何时直播，时间要固定下来。如果你是新主播，不建议去和大主播抢晚上的黄金时间段，因为抢也抢不过，建议利用早上和半夜的时间段。

有一个新手主播的规划就很不错，每天5小时直播，2小时直播规划，2小时数据分析，虽然很辛苦，但是规划很完整。

第八，做好应急预案。

一定要做好直播过程中的应急预案，常见的就是遇到黑粉攻击时，该怎么应对？建议冷处理，不要回复，千万不要被黑粉带节奏，因为你永远不能说服一个胡搅蛮缠的人，只有做好应急预案，才能做到气定神闲。

电商卖货

E-commerce sales

边俊英◎主编

中国文史出版社
CHINA CULTURAL AND HISTORICAL PRESS

图书在版编目(CIP)数据

电商卖货 / 边俊英主编.--北京 : 中国文史出版
社,2020.7
(如何玩转电商平台系列)
ISBN 978-7-5205-2049-2

Ⅰ.①电… Ⅱ.①边… Ⅲ.①电子商务-网络营销
Ⅳ.①F713.365.2

中国版本图书馆 CIP 数据核字(2020)第 096876 号

责任编辑:刘 夏
封面设计:末末美书

出版发行:中国文史出版社
社 址:北京市海淀区西八里庄路 69 号 邮 编:100036
电 话:010-81136606 81136602 81136603(发行部)
传 真:010-81136655
印 装:三河市宏顺兴印刷有限公司
经 销:全国新华书店
开 本:1/32
印 张:30 字 数:650 千字
版 次:2020 年 7 月北京第 1 版
印 次:2020 年 7 月第 1 次印刷
定 价:178.00 元(全五册)

电商卖货
Dian shang mai huo

电子商务发展极其迅速，短短的几年间可以说是无处不在，电子商务浪潮在互联网力量下席卷了全球，对比传统的商业模式，更加公平、透明和诚信，拉近了交易双方的距离，提高了交易效率，为经济发展注入了动力。随着电商规模的不断扩大，越来越多的人发现电商的重要性，这使得行业相关人才的需求大增，电子商务的学习也越来越普及。本书主要包括七个部分：第1章主要是走进电子商务，了解什么是电商，了解电商的特点、模式、趋势等；第2章主要是了解当下流行的各大电商平台，如淘宝、天猫等；第3章主要是讲述如何在网上开店，从开店条件、准备工作、基本流程进行讲述；第4章主要讲述网店日常的运营管理，从发布产品到店铺"装潢"再到日常的集体运营等展开描述；第5章主要是讲解物流的选择；第六章是讲解包装的重要性，以及如何用包装提升销量；第 7 章主要是讲解如何进行产品的营销与推广。通过这七章的内容带你了解电商并充分利用电商卖货。

目 录
Contents

1 电子商务概述

1.1 什么是电子商务

电子商务是指在全球各地广泛的商业贸易活动中，在互联网开放的网络环境下，通过网络，实现消费者的网上购物、商户之间的网上交易和在线电子支付以及各种商务活动、交易活动、金融活动和相关的综合服务活动的一种新型的商业运营模式。对于电子商务的定义，各国政府、学者、企业界人士根据自己所处的地位和对电子商务参与的角度和程度的不同，给出了许多不同的定义。电子商务即使在各国或不同的领域有不同的定义，但其关键依然是依靠着电子设备和网络技术进行的商业模式，随着电子商务的高速发展，它已不仅仅包括其购物的主要内涵，还应包括了物流配送等附带服务等。

电子商务是一种利用电脑技术和网络技术进行的商务活动，可以划分为广义电子商务和狭义电子商务。广义上讲，电子商务一词源自 Electronic Business，是指通过电子手段进行的商业事务活动。涵盖范围很广，通过使用互联网等电子工具，使企业、供应商、客户和合作伙伴之间，利用电子业务共享信息，实现业务流程的电子化，配合企业内部的电子化生产管理系统，提高企业的生产、库存、流通和资金等各个环节的效率。从狭义上讲，电子商务（Electronic Commerce，EC）指通过使用互联网等电子工具，在全球范围内进行的商务贸易活动。主要包括电报、电话、广播、电视、传真、计算机、计算机网络、移动通信等工具。以计算机网络为基础所进行的各种商务活动，包括商品和服务的提供者、广告商、消费者、中介商等有关各方行为的总和。现今提到电子商务更多的人能想到的是狭义上的电子商务。但实则电子商务涵盖的方面种类之多，细节之繁，是我们在 21 世纪的今天需要大力学习并且很好加以利用的。随着国内互联网使用人数的增加，利用互联网进行网络购物并以银行卡付款的消费方式已渐趋流行，市场份额也在迅速增长，各种类型的电商网站也将层出不穷。

联合国国际贸易程序简化工作组对电子商务的定义是：采用电子形式开展商务活动，它包括在供应商、客户、政府及其他参与方之间通过任何电子工具，EDI、Web 技术、电子邮件等共享非结构化商务信息，并管理和完成在商务活动、管理活动和消费活动中的各种交易。

1.2 电子商务的特点

从电子商务的含义及发展历程可以看出电子商务具有如下基本特征。

一是方便快捷性。在电子商务环境中，人们不再受地域、时间的限制，客户能够以非常简便易行的方式去完成在过去需要非常烦琐过程的商务交易活动。比如通过网银能够在全天二十四小时里的任意时间段存入或者取出现金、查询账户余额、账户信息等，同时也使得企业对于客户的服务质量有了极大的提高。这也使得在一天之中营业额的迅速突破成为可能。

二是安全性。在电子商务这一个新兴交易模式下，安全性是一个避无可避的话题，这也是个至关重要的核心问题，它对于网络的要求是十分严谨的，要求网络提供一种由此端到彼端的安全解决方案，比如说签名机制、安全管理、存取控制、加密机制、防火墙设置、防病毒保护等等。这些都是基于电子商务与传统的商务活动有着极大的不同，都是需要加以注意的。

三是整体性。电子商务能够规范人员处理事务的工作流程，它可使得电子信息的处理与人工操作集合成为一个不可分割的有机整体，如此一来，不仅可以提高物力与人力的利用效率，同时也大大加强了系统运行的严密性。

四是普遍性。电子商务作为一种近些年新兴的交易方式与交易模式，它将生产企业、流通企业与消费者和政府带进了一个网络经济、数字化的崭新天地。

五是协调性。商务活动本身就是一个在不断协调的过程，它需要客户以及公司内部、生产企业、批发商、零售商之间的信息交流与协调，在电子商务环境下，它就更加要就银行、配送中心、通信部门、技术服务等多个部门的通力合作，环环相扣，关系紧密，电子商务的过程就是这样密不可分且一气呵成的。

六是集成性，电子商务以计算机网络为主线，对商务活动的各种功能进行了高度的集成，与此同时，也对参与商务活动的商务主体各方面进行了高度的集成。高度的集成带来的结果是电子商务的效率得到了很大的提升。

1.3　电子商务运行模式

电子商务分为 ABC、B2B、B2C、C2C、M2C、C2M、B2M、O2O 等多种模式。

ABC，英文全称为 Agents to Business to Consumer。ABC 模式是新型电子商务模式的一种，被誉为继阿里巴巴 B2B 模式、京东商城 B2C 模式、淘宝 C2C 模式之后电子商务界的第四大模式。是由代理商（Agents）、商家（Business）和消费者（Consumer）共同合建的集生产、经营、消费为一体的电子商务平台。三者之间可以相互转化。大家相互服务，相互支持，你中有我，我中有你，真正形成一个利益共同体。以"网店＋服务店＋营销服务系统＋团购联盟＋自主服务终端"的立体营销模式为手段，把网络营销、连锁经营、传统渠道、服务、消费链和互动媒体等相整合，把顾客的需求导向具体以信息为中心管理。它在价值上是从一方提供给另一方或多方的过程中体现双方或多方的价值以实现多方共赢，从而建立一个交互式、立体式、全方位的跨媒体生活信息服务平台。

B2B，英文全称为 Business to Business。B2B 是商家（也就是指企业）对商家的电子商务，即企业与企业之间通过互联网进行产品、服务及信息的交换。通俗的说法是指进行电子商务交易的供需双方都是商家（或企业、公司），他们使用了Internet的技术或各种商务网络平台，完成商务交易的过程。这些过程包括：发布供求信息，订货及确认订货，支付过程及票据的签发、传送和接收，确定配送方案并监控配送过程等。这一整个过程被称为B2B。B2B使用了互联网的技术或各种商务网络平台，完成商务交易的过程。电子商务是现代B2Bmarketing的一种具体主要的表现形式。其中包含三个要素，其中一是买卖，B2B网站或移动平台为消费者提供质优价廉的商品，吸引消费者购买的同时促使更多商家的入驻。二是合作，主要体现在与物流公司建立合作关系，为消费者的购买行为提供最终保障，这是B2B平台硬性条件之一。三是服务，物流主要是为消费者提供购买服务，从而实现再一次的交易。在如今大环境下，B2B企业经历了发展、消弭到再复苏的坎坷历程。一路走来，B2B已日趋成熟，加之以中国适宜的大环境为依托，政府社会的大力支持、得天独厚的行业优势和成熟的管理经验，使得B2B在各行各业中飞速发展，并一度击败了B2C，占据电子商务份额的95%。但是发展的前景仍然是任重而道远，需要加以好好发展。

B2C，英文全称为Business to Customer。B2C模式是商家对消费者的模式，也是我国最早产生的电子商务模式，以8848网上商城正式运营为标志，如今的B2C电子商务网站非常多，比较大型的有京东商城等。B2C电子商务是以网络或网上销售交易平台为媒介，由企业为客户提供商品或服务的一种商业销售模式；比如京东、淘宝、当当网等互联网式销售平台。根据我国电商研究中心对电商部门相关的数据的调查分析，在过去将近一年的时间里。一些购物 APP 中活跃的网络购买人数最高峰值将近达到 2.5 亿，购买交易发生总额约达到 7000 亿元，数据显示，2019 天猫"双十一"全天成交额超过 2600 亿元人民币，11 月 11 日"光棍节"彻底被阿里巴巴变成了"购物狂欢节"。

B2C 电商企业目前使用最普遍的两种销售渠道分别是：选择现存的较有声誉的电商交易平台或是电商企业建立自己企业专属的商品交易平台。第一种选择，选择已有的电商交易平台，其实就是通过京东、淘宝等宣传度比较高的平台进行交易。这种方式就好比线下交易过程中的柜台租赁销售模式，虽然其客流量庞大的优势非常明显，能带来可观的点击量，但对于电商企业来说，销售过程针对商品的个性化特征很难凸显出来，对电商企业本身的宣传并不能带来更多的宣传效果。而另一种方式便是企业建立属于自己企业的销售平台，这种方式给企业带来的针对性个性化宣传效果十分显著，能够有效地帮助企业提高个性化的发展。但在宣传过程中也会存在成本消耗过多，客户覆盖程度受限的缺点。因此，各电商企业要结合企业本身的特点，选择适合企业发展情况和成长周期情况的销售渠道。

处在刚刚起步和发展阶段的电商企业最优的销售选择是借助第三方已有销售平台的方式，以这种销售方式可以帮助此阶段电商企业的快速发展与上升，在节约成本提高盈利的基础上进行企业宣传。相反，处于较成熟阶段的电商企业，可以选择企业自建销售平台的方式，通过对企业本身独特的品牌定位来提升企业的可认知程度。

C2C，英文全称为 Consumer to Consumer。C2C 指的是用户对用户的模式，C2C 商务平台就是通过为买卖双方提供一个在线交易平台，使卖方可以主动提供商品上网拍卖，而买方可以自行选择商品进行竞价。C2C 电子商务模式比起传统商务模式具有高效、方便和节约的特性，人们可以随时随地买到自己需要的物品，一根网线、一台电脑就可以与全世界的买家卖家进行商务活动。其中的翘楚就要属淘宝网。毫无疑问，淘宝在 C2C 领域的领先地位暂时还没有人能够撼动。然而，淘宝却也不得不承受这份领先带来的沉甸甸压力。在领先与压力之间，淘宝在奋力往前走。在中国 C2C 市场，淘宝的市场份额超过 60%，如果是在传统行业，淘宝完全可以高枕无忧。然而在瞬息万变的互联网领域，这样优势并不是什么不可逾越屏障。早在 2006 年 5 月推出招财宝受挫，马云便意识到这样的市场地位并不稳固，竞争对手完全可能爆发出惊人的能量，直接挑战淘宝的权威，就这样，领先本身就成为一种压力。后有追兵，前路又是一片茫茫，没有人告诉你前面的路该如何去走，迈出的每一步都成为一次小心翼翼的尝试，可能踏出一片广阔天地，也可能会一无所获。

2006 年至 2007 年内，淘宝显示了其在创新上的勇气，收购口碑网推出分类信息，大力拓展品牌商城，将团购做成一个频道，将交易的视野扩向全球推出"全球购"频道……很难说这些尝试给淘宝带来的直接收益有多大，但是淘宝却因此明白了什么可以做、什么可以不做。依靠不断的尝试，淘宝在小心翼翼地维护着自己的领先地位。对于淘宝而言，领先还有一个代价，就是巨大的资金投入。不管马云夸口的 20 亿元资金投入是否属实，一个无可辩驳的事实是淘宝面临的资金压力越来越明显地显示出来。在悄无声息之中，淘宝对于入驻品牌/商城的用户开始收取服务费，而在政策和资源上对于该部分商户的倾斜，以及不自觉间对于小商户的忽视，使得免费的淘宝已经名存实亡，这也给了我们很多关于 C2C 的经验与教训。

M2C，英文全称为 Manager to Consumer。M2C 是针对 B2M 的电子商务模式而出现的延伸概念。M2C 概念是 F2C 在电子商务趋势下的细分模式之一，同样是减少流通环节降低销售成本，专注于互联网与线下渠道的优势互补，以及产品品质与服务质量的保障。此概念将制造厂家的产品与服务体系，通过电商平台的展示销售，再配合线下的终端推广和服务网络，达成以厂家为源头、消除中间商环节，直达消费者的集生产加工、仓储物流、终端激活、服务体系为一体的营销模式。例如制造家电产品的厂家，在产品出厂后将去除一切中间销售环节，仅通过厂家与合作方的电商平台展销、仓储物流配送，以及终端网点服务完成产品的流通交易。消费者不必为商场、经销、代理、品牌商等中间环节埋单，厂家可以创建自有品牌，通过产品品质与服务保证来做超高性价比的工厂品牌区别于其他营销模式。

M2C 主要强调投入成本的减量，不仅利用线上营销平台的展销能力，也同样注重线下渠道的管理，以减少与消费者的直接距离为目标，而且自行建设和管理线下营销环境更有利于品牌发展需求。虽然减少了销售成本，但却给厂家增加了更大的经营管理成本，例如自建电商平台和实现线下体系而产生的高额运营成本，厂家在使用渠道和服务时产生的即时成本与累计成本等。这种情况导致更多的厂家选择具备相应能力的电商平台合作，将渠道外包或交由合作方管理的模式。但合作的方式实际也只是厂家成本转嫁和延期投入，而非真正的降低成本。而想要将自有品牌打造成熟品牌，制造厂则需要做长期大量的成本投入，所以这种模式仅有大品牌才能具备条件来实现。厂家即便想通过合作方式过渡也会发现，基于平台合作的方式很难保证品牌的渠道与服务质量，也难以真正形成自有品牌的发展环境。各大电商平台中消费者尤其对于高额消费产品，更倾向于已经成熟的品牌，而非刚刚进入市场的工厂品牌，因为除平台之外品牌几乎没有任何社会上的知名度和影响力，使得大部分商家初涉不久便选择放弃。其中具备持续较好盈利能力的厂家，还是选择如京东、阿里这样的国内大知名度平台以 F2C＋B2C 模式入驻。

C2M，消费者到制造厂（Customer to Manufactory）的模式，其本身是基于 SNS 平台和 B2C 电商平台模式发展而来，且对于上游生产制造行业影响最为深远，通过品牌和渠道两端的价值来提升制造厂的附加值。电商平台的消费大数据服务和逆向营销通道可以帮助制造厂，形成先下订单后生产的极低库存经营模式，并从品牌和供应链关系上给予厂商在市场中转型升级的可能。由于市场中大部分消费群体对产品性价比需求的不断提升，电商平台联合制造厂面向终端销售其生产的产品，不仅能为消费者提供高性价比的产品，也为电商平台自身在行业竞争环境中取得更大优势。与此同时，制造商则能够摆脱代产低利润、分销成本高、自建渠道和服务体系要求高等问题的束缚，为自有工厂品牌建设和发展提供条件。这样的多方共赢情况，使得 C2M 模式在多方获益的情况下得到广泛认同。众多国内电商平台如网易、阿里、京东等入局后，凭借平台品牌在市场的影响力，成功带领众多制造厂家一同参与到这场营销模式的变革当中。其中的关键影响包括，过去制造厂对消费市场的需求无法有效把控，面向消费者做销售需要投入大量试错成本，又有产品无法满足消费者需求、产品设计生产周期长等因素，进而造成厂家出现产品滞销风险，尤其是那些需要对市场提前做趋势分析的厂家来说更是头痛无比的问题。

　　另一个层面国内以南部地区为首，劳动力成本的攀升十分明显，导致厂家必须有持续不断的订单，才能保证人力资源不出现严重问题。再有，品牌商因市场需求改变了向厂商下单的方式，从以往大批量订单转变为小批量订单，导致厂家的生产和管理成本再次提升，使得制造厂家向着自有品牌发展的需求更加明显。在使用 C2M 模式的电商平台，通过消费者倾向性大数据的收集与分析，对接上游制造厂为消费者需求定制相应产品，并为厂家保证品牌的独立自主权益，而厂商仅需解决小批量订单的生产管理问题即可。先订单后生产是此模式中尤为重要的关键因素，正是此因素使得厂家、平台、消费者三方获得了真正意义上的共赢。如果厂家和电商平台进一步将原材料供应商纳入其中，使得包含供应、制造、产销、客户等重要元素的价值链条激活，配合C2M模式中自带的SNS营销因子，实现标准化的产业运作模式也将不是难题。C2M作为一种全新的商业模式，直接促进用户与制造商的联系，将销售环节减到用户、电商平台、制造商，减少了销售商、代理商等环节。用户可以借助电商平台将个性化产品需求给制造商，最终产品会依照个性化需求而生产出来。这种生产与需求直接对接的形态，简化了产业生态链，去除了中间环节，如此才能很好节省成本支出，有效地促进生产质量和生产效率。增加移动互联入口，满足个性化需求。C2M模式注重消费者与制造者之间的关系，不再过多地依赖中间环节，这使得移动互联入口趋向于碎片化、多元化和个性化。随着我国市场经济的不断发展，中产阶级的消费理念更加趋向于"我想要"而不是"我需要"，这为私人订制开辟了更好的道路，也为C2M模式的推广提供有利的支撑。

此外，由于C2M模式是以信息技术作为支撑，注重用户实际需求的数据分析和应用，为制定化的生产提供有效助力，减少过多的库存情况，以销定产。在互联网电商、劳动力成本等冲击下，制造商的生产订单减少，导致库存居多，严重影响制造商的经济价值和生产价值。C2M模式是用户根据自身需求在电商平台下相应的订单，制造商根据订单生产产品，故而制造商的产量可由需求量所确定，很好地避免不确定需求而导致库存过多的情况，有效地实现零库存。在这种模式的支撑下，可以很好地节省生产商的成本投入，也方便了客户。推进C2M模式改革，是适应我国供给侧改革的重要体现，以量定产，按需生产，将生产效能发挥到最大，减少产能过剩，促进电子商务的发展。C2M 模式的推进很大程度上改变了以往的商业模式，更加注重客户的实际需求，有效地去除中间环节，实现客户和制造商的连接，有效地解决供需不一致的问题，可以有效地促进制造商的发展。当然，在实践中，C2M 模式还存在一系列的问题和挑战需要我们去分析和研究并加以解决。

B2M 指 Business to Marketing，面向市场营销的电子商务企业（电子商务公司或电子商务是其重要营销渠道的公司）。B2M 环节中，企业通过网络平台发布该企业的产品或者服务，职业经理人通过网络获取该企业的产品或者服务信息，并且为该企业提供产品销售或者企业服务，企业通过经理人的服务达到销售产品或者获得服务的目的。B2M 电子商务公司根据客户需求为核心而建立起的营销型站点，并通过线上和线下多种渠道对站点进行广泛的推广和规范化的导购管理，从而使得站点作为企业的重要营销渠道。相对于拥有站点的简单电子商务模式，B2M 注重的是网络营销市场，注重的是企业网络营销渠道的建立，是针对网络市场营销而建立的电子商务平台，通过接触市场、选择市场、开发市场，而不断地扩大对目标市场的影响力，从而实现销售增长、市场占有，为企业通过网络找到新的经济增长点。B2M 营销网站不是企业一个简单的互联网窗口，也不是企业简单的对产品进行宣传和服务的站点，它是以客户需求点为核心，对产品和服务进行整合，并对客户需求进行引导的营销型站点。B2M 营销网站，可以使客户很快地找到自己的需求点，并在对需求点了解的同时，引导客户产生更多新的需求，从而满足客户需求和挖掘客户最大的价值。在企业的营销渠道方式中，B2M营销网站是企业在开拓市场中的一种重要的渠道，它通过对企业产品或者服务的整合，将企业传统的商业模式通过B2M营销网站营销渠道，对企业产品或者服务进行更好地营销，对客户提供更好、更便捷、更及时的服务。从而充分利用互联网拓展企业业务，成为企业的重要营销渠道和重要的经济增长点。

B2M营销网站作为企业的一种重要营销渠道，那么必然肩负着开拓市场、赢得销售收入和扩大企业知名度的重大责任，而对B2M营销网站渠道下达营销任务成了企业衡量B2M营销渠道的重要指标，这也是企业是否构建B2M营销网站的重要标准。只有当企业的电子商务网站给企业的营销贡献达到10%及以上时，才能具备B2M公司的特性，此时企业的电子商务渠道及其营销网站将成为企业的重要关注对象。随着企业和电子商务的发展，B2M营销网站将在企业的营收贡献中扮演愈来愈重要的角色。B2M营销网站作为企业的重要营销渠道，为实现长尾效应，仍然需要较多的推广工作。推广不仅增强网站的流量，更能塑造企业品牌的良好形象，同时更是占据长尾优势的重要策略。由于地区发展程度的强弱相对决定了消费的购买力水平，而网民成熟度的高低，又影响着网络媒介的应用和接受程度，而市场的大小及特征影响着企业营销的定位、方式及投入。

O2O，英文全称为Online to Offline。O2O是近些年新兴起的一种新型电子商务新模式，即将线下商务的机会与互联网结合在了一起，让互联网成为线下交易的前台。这样线下服务就可以用线上来揽客，消费者可以在线上筛选服务，另外成交后可以在线结算，很快达到规模。该模式最大的特点是"推广效果可查，每笔交易可跟踪"。这样一来，都有迹可循，这是其最大优点。

O2O电子商务主要面向第三产业——服务业，"十二五"中国经济结构战略性调整，由出口走向内需，扩大内需最大产业支撑是服务业。服务业中的绝大部分属于实体经济，也是最大的就业容纳器和创新驱动器。在积极发展高技术产业和先进制造业的同时，推动服务业大发展成为产业结构调整的战略重点。O2O服务业领域覆盖面广、企业数量庞大、地域性强，很难在电视、互联网门户（新浪、搜狐）做广告，而O2O电子商务模式完全可以满足这个市场需要。对本地商家来说，通过网店传播得更快，更远，更广，可以瞬间聚集强大的消费能力，也解决了团购商品在线营销不能常态化、实时化的问题，商家可以根据店面运营情况，实时发布最新的团购、打折、免费等服务优惠活动，来提高销售量。对消费者来说，通过线上筛选服务，线下比较、体验后有选择地进行消费。O2O提供丰富、全面、及时的商家团购、折扣、免费信息，能够快捷筛选并体验商品或服务，不仅满足了消费者个性化的需求，也节省了消费者因在线支付而没有去消费的费用，还避免了定制类实体商品与消费者预定不符，一旦质量低于预期，甚至极为低劣，消费者就会处于非常被动的境地。对服务提供商来说，O2O模式可带来大规模高黏度的消费者，进而能争取到更多的商家资源。

1．4　电子商务的发展趋势

微软的创始人比尔·盖茨曾经说过这样一句话："21 世纪，要么电子商务，要么无商可务。"这句话鞭辟入里，一针见血地指出未来的商业模式，也就是无论你是何种类型的商人，都避无可避地将涉足电子商务领域，不然是无法有大的发展和提高的。

目前，在国外，尤其是一些欧美国家，电子商务的发展已经到了一个很高的程度。美国是世界上最早发展电子商务的国家，同时也是电子商务发展最为成熟的国家，一直引领全球电子商务的发展，是全球电子商务相对成熟发达的地区。自 2005 年以来，我国电子商务市场交易额稳定增长，企业的收入以及对经济、社会发展的推动作用日益明显。

在早期，以"易趣""当当网"等网站为代表的电子商务服务商在国外风险资本的介入下，成为中国电子商务最早的应用者，成为这一阶段中国电子商务的主体。而随着电子商务应用与发展的深化，目前，中国提供网上开店服务的大型购物网站有上百家，真正有一定影响力的则数量不多，例如，淘宝、天猫、京东、苏宁易购、唯品会等等。而目前电子商务发展的趋势如下。

1．4．1　电子商务的涵盖面越发广泛，并且向三四线城市渗透

购物网站是为买卖双方交易提供的互联网平台，卖家可以

在网站上登出自己出售商品的信息，买家可以从中选择购买自己所中意且所需要的物品。可以这么说，购物网站是电子商务的一种主要类型。而在我国该行业还在稳步上升，发展潜力与空间还很大。举个例子，在过去几年中做传统生意的，觉得利用网络能够为自己的生意带来更多收益的人寥寥可数，认为这是不可思议的。可是现如今，无论是一线大城市抑或是三四线小城市，各种大型本地的生活站点也开始频频发展自身的电子商务运营，比如餐饮业、影院等行业卖家，也开始利用起了网络这一媒体提供折扣信息等等进行营销与推广，大大提高了客流量与知名度，真正地做到了出名与挣取效益两不误。这也是十分值得各行各业进行学习的。电子商务在此过程中正在一步步向三四五线城市渗透，一方面来源于移动设备的渗透，很多三四五线城市接触互联网是靠手机、Pad 来实现的，另一方面来源于这些城市经济收入的提高、本地购物的不便。

随着一二线城市网购渗透率接近饱和，电商城镇化布局将成为电商企业们发展的重点，三四线城市、乡镇等地区将成为电商"渠道下沉"的主战场，同时电商在三四线欠发达地区可以更大地发挥其优势，缩小三四线城市、乡镇与一二线城市的消费差别。阿里在发展菜鸟物流，不断辐射三四线城市；京东IPO 申请的融资金额为 15 亿美元到 19 亿美元，但是京东在招股书中表示，将要有 10 亿～12 亿美元用于电商基础设施的建设，似乎两大巨头都将重点放在了三四线城市。事实上，谁先抢占了三四线城市，谁将在未来的竞争中占据更大的优势，这是未来电子商务发展的一个非常积极的趋势。

1.4.2　电商行业发展喜人，政府亦在大力扶持

最近几年来，伴随信息技术的飞速发展，我国互联网引起各界广泛关注，与此同时网民数量也在与日俱增，相伴而生的是，电子商务如雨后春笋般涌现出来，并迅速成为社会发展潮流。在这种时代背景下，电子商务服务行业已发展成为推动商业基础设施建设强有力的支柱，同时也为国民经济的发展奠定了坚实基础，具有较为深刻的时代意义。创建和电子商务发展相适应的标准体系，有效消除"经济鸿沟"已成为影响电子商务日后发展的重要因素。尽管国内电子商务起始时间短，但发展速度却是十分快速的。在信息技术迅速发展时期，国内电子商务行业得到蓬勃发展。电商行业在我国的发展趋势是十分喜人的。政府的大力扶持也使得电子商务业务高速增长，党中央和相关部门对电子商务的发展极为重视，颁布了扶持电子商务服务行业的政策。据统计，我国"十二五"时期，国内电子商务交易已从 2012 年的 7 万亿元增长到 2016 年的 21.7 万亿元，具有规模大、发展速度快等时代特征。在《"十三五"发展规划》中，国内明确提出"2020 年电子商务交易总额将达到 50 亿元，线上零售总额 15 亿元，从业人员达到 6000 万人"的发展目标。据相关数据显示，2016 年电子商务总交易额达到 22.36 万亿元，同过去几年相比，增长率达到 25%，2017 年电子商务交易总额高达 13.36 万亿元，增长率高达 27.2%。数据表明，国内电子商务呈现出持续增长趋势，缩短了实现"十三五"目标的时间。

1.4.3　电商巨头和零售单位探索"新零售"模式

电商巨头和零售单位探索"新零售"模式也是一个新兴趋势。新零售的概念是指商品的制造商、经销商及以消费者依托互联网、大数据以及人工智能实现的全新零售模式。在这种零售模式下，将高度依靠人工智能和云计算，实现智能化配货、智能化物流、智能化销售的零售过程。新零售将成为两者全新的融合形态，是因为电子商务销售和实体店线下零售在本质上仍然存在着差异，线下零售和电子商务运营存在着不可调和的冲突。目前，各个行业以及行业内的大量商家都参与了电子商务化运营。但是在一定程度上，这种做法只是两者融合到一定阶段的暂时现象。随着我国经济的不断发展，居民收入的不断提高，线上运营带来的价格优势的吸引力已经在逐渐萎缩。人民群众从最初追求物美价廉的商品开始逐渐演变为追求舒适的购物体验和完善的售后服务体系。电子商务平台上的线上消费体验与线下消费体验仍存在着质的差距，这种差距即使运用虚拟现实技术也很难弥补。基于此，目前电子商务平台的发展速度相比数年前已经逐渐降低。因此，未来零售行业发展的趋势必将是线下线上整合为一体的新零售模式。

在 2016 年，国务院也出台了关于零售行业创新与转型发展的相关意见。其中指出，要创新零售模式，实现零售模式的跨区域跨界创新发展，并将为零售模式的创新与发展提供相应的政策支持和保障。新零售模式已经在实际商业活动中进行了广泛的尝试，阿里巴巴集团已经在新零售模式上发力，逐步构建起了自身的物流网络和新零售平台。目前已经展露出雏形的新零售模式，线上线下运营，融为一体，线上提供了云计算、人工智能服务，这类技术将对客户的消费行为进行画像，并依托大数据技术完成合理调配产品、调整物流路径智能化销售等系列活动。在新零售模式形成后，电子商务平台的概念将会消失，线上线下运营者的竞争会加大，出现的是全新的智能化新零售。2017年初，李克强总理在相关会议中提出，新兴产业改变了传统行业的生产方式、经营方式以及流通方式。对零售行业来说，无论是传统行业还是电子商务行业，在大背景都需要进行改革和创新。马云第一次提出了"新零售"的概念，各个行业和电商巨头都在积极探索"新零售"方式，其中，实体店销售也开始进行创新，转型迫在眉睫。比如，最近几年的"双十一"狂欢购物节，全面展示了新零售的可取之处，实现了线上、线下融合的良好境界。"双十一"这一天，成千上万个门店通过线上、线下共同参与其中。

2017年9月中旬，京东与沃尔玛签署1年的合作协议，据此，也使得沃尔玛的订单数量同比增长了30%。"互联网＋"快速推动制造产业的升级转型。在相关会议中，李克强总理明确指出了"互联网＋"作为制造业的基础，有利于促进互联网和制造行业的发展。毫无疑问，制造业在国民经济中占据主导地位，推动社会的发展和进步，更满足了国内各行各业的发展要求。因而，就需要对制造行业进行升级转型。"互联网＋"不光可以简化交易流程，同时还能将互联网技术应用于制造业中，实现了网络信息资源的共享，提升了制造业的核心竞争力。比如，腾讯云联合重工业，创建工业云平台，顾名思义是指借助腾讯云将全国各地的设备接入到平台，随时随地收集将近一万个运行参数数据，同时运用云计算、大数据等对设备群进行管理，缩短设备维修时间，并在一天之内完成，这在一定程度上减少了库存。由此可见，"互联网＋"已成为国内传统行业进行转型升级的有效途径。

今后，马云提出在未来 10 年、20 年甚至更长时间，不会谈论电子商务该词，而是线上、线下与物流的融合，从而产生真正意义上的新零售。在《新电商时代》中，作者指出中国已进入到新电商阶段。所谓新电商是指实体企业采用数字化工具，在与粉丝聊天过程中进行营销，在上述过程中，实现了多个场景的价值，使其更具商业化。当然，不论是"新零售"，还是"新电商"，都表明中国已全面进入电商时代。其中的重要步骤便是变革新零售的流通领域，完成实体零售行业的转型为实现实体零售行业的转型，首要任务必须把握零售行业的发展方向，明确其目标和任务。在《走进零售时代》中，作者明确指出改革零售流通领域的必要性，并稳步推进对产品供给结构的创新，真正实现实体零售的升级转型。例如，国美提出线上线下新零售模式，从产品端、平台端到服务端，从而实现利益最大化。

1.4.4　融合互联网技术和相关产业，实现产业互联网化

现如今，伴随互联网技术的发展，云计算、大数据等技术应运而生，进一步实现了产业和互联网技术的融合，使其成为"产业＋互联网"发展趋势，全面将工业模式的供应链向互联网模式进行创新。例如，阿里巴巴在 2015 年发布云市场中的产品与服务，采集了超过五十多个行业的方案，覆盖内容广，涉及

领域多，比如，游戏、政治、外交等，服务大量客户。尤其是在"新零售"兴起的今天，虚拟现实技术、人工智能技术、语音技术等技术进入大众视野，彻底颠覆传统行业的经营模式，实现在线购物、搭建场景等体验，从而全面升级商业模式和服务方式。电子商务行业的发展实现了经济效益和社会效益的统一，全面解剖了新零售的定义以及电商的服务范围，这要求电子商务行业必须把握市场发展方向，全面推动电商的全新发展。在电子商务高速发展的今天，信息技术、科学技术也得到广泛应用，这是社会发展到一定阶段的产物。尽管电子商务行业的发展历程曲折，但发展前途是光明的，趋势一路向前。因为该行业主要采用信息数字处理技术，并将其作为依托。在此基础上，技术人员以及其他相关人员应全面了解电子商务发展的过程和特征，积极制定合理的方案，只有这样，才能推动电子商务行业的稳健发展。电商的一项重要能力便是数据，也就是我们有大量电子商务顾客行为数据，利用这个数据充分产生它的价值，这个能力也是为电子商务盈利的最高层次。而数据，我们知道也是一个逐渐升级的过程，原始的数据是零散的，价值非常小，而这些数据经过过滤、分析而成为信息，而在信息的基础之上建立模型，来支持决策，成了我们的知识，而这些知识能够做预测，能够举一反三，能够悟出道理，成了我们的智慧。大数据的广泛应用也是电商的发展的一大趋势。

1.4.5 跨境电子商务成为我国企业寻求海外商机的新选择

随着我国跨境电子商务政策制度环境的逐步完善，在电子商务服务企业的带动下，跨境电子商务将进一步发挥中国制造的产品优势，促进"中国制造"向"中国营销"和"中国创造"加速转变。大型企业供应链和商务协同水平不断提高，中小企业积极融入龙头企业电子商务购销体系。电子商务将融合物流供应链，有效地把物流渠道、商业渠道及信息渠道进行捆绑。此外，营销将向精准化方向发展，通过每一个客户在网上的消费，就能够判断消费者真正的需求，从而准确地推荐所需要商品。

2　了解电子商务平台

2.1　淘宝平台

常见的网上开店平台可供我们选择的主要分为三种：专业的 C2C 拍卖类网站、可以注册个人卖家会员的综合型购物网站、可以注册个人卖家会员的单项购物网站。

目前，在我国，提供网上开店服务的大型服务购物网站有上百家之多，而在这么繁多的数量中，真正具有巨大影响力的平台数量相对较少。目前常见的、在我们日常生活中起到了确切影响力的主要有淘宝平台、天猫平台、京东平台、拼多多平台以及当当平台，这些平台有着雄厚的资金以及人才实力，在电商平台有着优势地位，接下来我们就以这几个常见的电商平台为例进行详细介绍。

淘宝网

1. 淘宝网情况介绍

淘宝网（taobao．com），这是目前我们中国最大最全的网购零售平台，访客量固定，有着巨大的人员基础，每天都拥有着超过 6000 万的访客固定浏览,这还是没有将部分潜在在线客户群体计算在其中。淘宝网拥有着超过五亿的固定注册用户数量,这个数量无疑是庞大的,受众群如此巨大,且这个数字还是时刻上升之中。淘宝网平均每分钟售出 4.8 万件商品,这是令人震惊的销售额。而在一日又一日的优化发展过程当中,淘宝的规模也在不断扩大,结构在不断优化。淘宝网也由原本的单一的 C2C 网络集市摇身一变变成了现如今的涵盖面非常齐全的集合多种电子商务模式的平台,其中包含:C2C、团购、分销、零售、拍卖等等多种模式。这是一个综合型零售商圈,而且淘宝的平台不只是我国范围内得到了广泛应用,在全球范围内都有着非常大的受众及市场,这无疑是巨大的成功。这也得益于淘宝网提倡诚信、活跃、快速的网络交易文化,坚持"宝可不淘,信不能弃"。

在为淘宝会员打造更安全高效的网络交易平台的同时,淘宝网也全力营造和倡导互帮互助、轻松活泼的家庭式氛围。每位在淘宝网进行交易的人,不但交易更迅速高效,而且交到更多朋友。2005 年 10 月,淘宝网宣布:在未来 5 年,为社会创造 100 万工作的机会,帮助更多网民在淘宝网上就业,甚至于创业。直到 2007 年,淘宝网已经为社会创造超过 20 万的直接就业的岗位。特别是 2008 年的金融危机之下,通过淘宝网进行的消费,无论从数量还是金额却都在递势而升。这都是淘宝作为我国电商平台的翘楚而所展示出的社会责任感。2016 年 3 月 29 日,在杭州召开 2016 年度卖家大会,阿里巴巴集团 CEO 张勇在会上为淘宝的未来明确了战略:社区化、内容化和本地生活化是三大方向。淘宝充分赋予大数据个性化、粉丝工具、视频、社区等工具，搭台让卖家唱戏。利用优酷、微博、阿里妈妈、阿里影业等阿里生态圈的内容平台，紧密打造从内容生产到内容传播、内容消费的生态体系。根据用户的需求，除了进行中心化供给和需求匹配，并形成自运营的内容生产和消费传播机制以外，还会基于地理位置，让用户商品和服务的供给需求能够获得更好的匹配。

2. 淘宝网优势

在现如今许多的电商平台普通人开店都需要收取一定的进驻费用或者保证金等等的前提下，淘宝网是十分值得我们普通人考虑的一个优秀平台。无论是从前期资金筹措或者是投资风险等等角度考虑，这笔资金都是无可避免的。但是根据不同平台的经营方向和名气等级，受众广泛程度等等角度来考虑，这个费用的跨度也是十分大的，从几百元到十几万元不等。如此大的前期投入资金的跨度就需要我们根据自身的情况去挑选自己可以承受的、比较适合自身发展状况的等级与平台。不能一味盲目地图便宜，去选择过低的收费平台，这是不合理的。这其中，淘宝的入驻保证金一般为千元，个别不同类目的产品会有不同，除了入驻费用外，还包括软件费用、基本的折扣、上架、推荐、橱窗软件等等项目，一个月为十元左右，旺铺的话稍多点，一个月为50元左右，店铺模版一般每个月30元到200元，高级点的数据分析软件每个50元到1000元不等，官方的数据魔方一年3600元，广告、直通车、钻石的展位费用只多不少。在资质要求方面，较为简单，只需要一个身份证和一个支付宝账号便可以开淘宝店铺。进驻金是十分合理的，而且技术上的简单要求也使得众多对于电脑技术不是那么精通的普通人在淘宝开店成为可能。

为了解决 C2C 网站支付的难题，淘宝打造了"支付宝服务"技术平台。它是由浙江支付宝网络科技有限公司与公安部门联合推出的一项身份识别服务。支付宝的推出，解决了买家对于先付钱而得不到所购买的产品或得到的是与卖家在网上的声明不一致的劣质产品的担忧；同时也解决了卖家对于先发货而得不到钱的担忧。这也使得淘宝网交易的安全性得到了保证。淘宝网也注重诚信安全方面的建设，引入了实名认证制，并区分了个人用户与商家用户认证，两种认证需要提交的资料不一样，个人用户认证只需提供身份证明，商家认证还需提供营业执照，一个人不能同时申请两种认证。而"网店过户"线上入口 2013 年 7 月 24 日正式开放，这意味着将来网店经营者只要满足一些必要条件，即可向平台提出"过户"申请；过户后网店信誉保持不变，所有经营性的行为都会统一被保留。同时，淘宝对店铺过户双方也有一定约束，如原店铺参加签署的各类服务协议，过户后一并承接。这些安全性的保证，都是十分切实可行且方便操作的。2015 年 3 月 31 日，淘宝宣布启动"实名认证"程序，要最大程度消除由于虚假注册信息带来的交易安全隐患。也就是说，想在淘宝开店的商家，除了要"实名认证"外，还要"实人认证"了。所谓"实人认证"，就是淘宝年检。在开店"实名认证"的基础上，还要进行每年一次的"实人认证"。每次审核前，淘宝会通过旺旺弹窗、手机短信、站内信、邮件等多种方式提前通知复核时间。卖家要根据淘宝"动态手势认证"（手势是随机的）的具体要求，摆一个一模一样的手势，拍张照片上传系统，进入复核流程。新"实人认证"系统上线后，淘宝将针对所有卖家进行定期复核，对有不良记录的卖家，还将增加不定期身份复核。对于"实人认证"有哪些优势？淘宝相关负责人表示，"实名认证"锁定的是淘宝账号，无法核对该账号是否是同一人在使用；而"实人认证"需要拍照核实，且照片要求的手势都是随机的，无法造假，可以锁定住人。同时，"实人认证"可无线端认证，方便卖家随时随地上线认证。卖家复核材料的提交时间一般无须超过 5 分钟，方便易操作并且保障了交易安全。

并且当前，淘宝网的管理相对而言较为完善。淘宝网的自治规则分为淘宝基础规则、行业市场规则、营销活动规则、保障用户规则和临时公告五个大类。其中基础规则是所有交易行为的核心依据，一定程度上而言即为淘宝的"根本法"，包括淘宝网具体规则、淘宝网争议处理规则、淘宝网评价规则、淘宝网商品品质抽检规则、淘宝网商品材质标准、淘宝禁售商品管理规范、淘宝交互信息规则等。系统化的自治规则的构建，为淘宝平台上的商铺、消费者界定了交易行为的边界，例如《淘宝禁售商品管理规范》规定淘宝卖家禁止贩卖国家法律法规禁止贩卖，或者依照淘宝规范要求禁止贩卖的货物，并在该规范文末附有附件（限制交易物品的清单），明确界定了禁售商品的范围。其实淘宝规则更像是中立方约束交易双方行为的规范。细究淘宝规则条文不难发现，淘宝规则并不仅仅是规定平台参与者权利义务的规范，在更大程度上扮演着中立一方的角色，约束着淘宝店铺和买家行为，当交易纠纷发生时，淘宝有权依据其设立的解释规则，适用条文处理纠纷，这些都很好地保证了买方与卖方在利用淘宝这一平台进行交易时的双方权益。从实际效果来看，淘宝规则也的确被平台用户作为行为准则遵守并实施。除了制度设计外，淘宝建立了相关的技术平台与具体实施机制保障规则的执行。对于制假售假、侵害知识产权等行为，阿里巴巴集团建立的知识产权保护平台可以受理淘宝网以及其他集团平台的侵权投诉行为，构建了检测侵权信息、调查取证、删除不法内容、核准结果、惩罚违法行为等完备的维权框架，并设立"内部法庭"来解决检测侵权型投诉行为。淘宝网于 2014 年正式推出的判定中心（pan. taobao. com）是为处理交易双方纠纷以及用户违约行为建立的纠纷解决平台。这些都是十分值得其他平台学习并且应用的。

在传统的 PC 端淘宝做到如日中天之时，手机淘宝无疑是新一轮的淘宝红利期。在 PC 端竞争已经头破血流的时候，无线端是一个新的战场，是淘宝中的蓝海。因为如今作为一个智能时代，几乎人手一个智能手机，当我们惊讶地发现地铁中 50% 的人都在低头玩手机看电影的时候，移动互联网时代就已经来到了我们身边。随着全城 Wi-Fi 的普及，我们发现生活已经离不开手机了。而且细心的人会发现自己店铺的流量重点从 PC 转到了无线，无线的流量从最开始的不到 20% 到现在的 50% 以上，主攻无线端的店铺流量比例可以做到 80% 以上，这样的一个大环境下，无线就是趋势，顺势而生，你会很舒服，雷军说过：

"站在台风口，母猪都会乘风起飞。"是不是猪不重要，关键是台风，现在无线就是这个台风。高节奏下的碎片化时间消费，当我们拿到无线端淘宝的浏览时间和人群分析的时候，很明显，买家的购物时间都是一些工作和生活的闲暇时间，这样的碎片化时间点消费特点会越来越明显。它很符合无线端的特点，只要有一部手机，手机是不断网的，则任何时间点都能去消费。很多用户在晚上睡觉前不想开电脑时、午休时、出差时都会用手机购物。据调查显示，人们打开手机淘宝的目的：其中37%的人会查看订单信息、物流信息；27%的人会寻找所需要的商品；12%的人会参加淘宝活动等。无线淘宝是淘宝的延续体，马云说过："无线淘宝的职责就是打败淘宝"，而且无线淘宝还有它独特的使命，真正打通淘宝的SNS战略，无线端个性化地实现让消费者时刻可以看到自己喜欢的店铺，关注店铺的产品更新，增加消费频次，做到类似微信基于人群关系的消费体系。所以综合来说无线淘宝是淘宝的延续体，做好无线淘宝，是近两年的大话题。所以电子商务的从业人员在利用好淘宝这一个电商平台的同时，还要利用好无线的手机淘宝，开拓新的事业地图。

2.2 天猫平台

2.2.1 天猫平台情况介绍

天猫是一个综合性购物网站。于2012年1月11日上午，淘宝商城正式宣布更名为"天猫"。2012年3月29日天猫发布全新 Logo 形象。2012 年 11 月 11 日，天猫借"光棍节"大赚一笔，宣称 13 小时卖 100 亿，创世界纪录，成为行业神话。天猫是马云淘宝网全新打造的 B2C（Business to Consumer，商业零售）。其整合数千家品牌商、生产商，为商家和消费者之间提供一站式解决方案，提供 100% 品质保证的商品，7 天无理由退货的售后服务，以及购物积分返现等优质服务。2014 年 2 月 19 日，阿里集团宣布天猫国际正式上线，为国内消费者直供海外原装进口商品。天猫是把淘宝集市中的大公司剥离出来，属于阿里巴巴阵营，无所不包，基本什么都有，质量和淘宝相比要有很大的保证，是中国最大流量和交易量的网上商城。2019 年 9 月 7 日，中国商业联合会、中华全国商业信息中心发布 2018 年度中国零售百强名单，天猫排名第 1 位。2019 年天猫"双十一"全天成交额为 2684 亿元人民币，超过 2018 年的 2135 亿元人民币，再次创下新纪录。2019 年 12 月 12 日，《汇桔网·2019 胡润品牌榜》发布，天猫以 3200 亿元品牌价值排名第三，上榜 2019 最具价值中国民营品牌十强，排名第一。2019 年 3 月 6 日，阿里巴巴宣布在保持淘宝、天猫两个品牌独立发展同时，将打通淘宝、天猫两个消费场景，实现消费者和平台商家的分层运营，满足不同消费者商家的需求。与此相应，阿里巴巴将对组织架构有所调整：淘宝总裁蒋凡将兼任天猫总裁；原天猫总裁靖捷将担任阿里巴巴 CEO 张勇的助理，并成为阿里数字经济体的企业服务体系的秘书长，专注帮助企业完成数字化转型。以上种种不难看出淘宝和天猫各有侧重，发展的路线也不尽相同。

2.2.2 天猫网优势

在 B2C 领域，天猫的地位难以撼动，它是纯开放平台，规模大，商品种类多，流量大，知名度高，受众广，有阿里巴巴各方面的支持。天猫网利润来自流量、广告和技术服务费，但是对商品控制能力有限，没有自己的物流，依靠第三方物流。天猫可以说是借淘宝上位，更专注于 B2C，并整合了数千家品牌商与生产商，为商家和消费者提供一站式的购物服务平台。如今假货山寨货横行，而天猫以 100%正品的宣传口号吸引了一大部分人的眼球。人们生活水平提高，人们不再图便宜货，而是逐渐地专注于购物质量与体验，这也正在逐渐成为天猫的优势之一。

天猫和淘宝是阿里巴巴下面两个完全独立的电商运营平台。相对于淘宝只要有一个身份证就能开店，也就是说人人都能成为电商，而天猫必须要是公司企业才能开店，所以入驻的类型就开始区别，天猫要求品牌，也可以这样说淘宝靠的是低价吸引，而天猫靠的则是品牌吸引。就比如说淘宝店铺需要进行一定的累积到一定等级才能参加相应的活动，像是 618 的活动，淘宝并不是所有的店都可以参与，但天猫店铺可能就比淘宝更容易参与活动。而且天猫商城对消费者的信任程度来讲，远远高于淘宝，天猫一定会有自己的品牌，淘宝未必会有自己的品牌，这从品牌和影响力上就已经比淘宝起步高一点。并且天猫的运营相较于淘宝是稍微靠前的，你会发现淘宝上能搜到天猫的产品，但天猫上未必能搜到淘宝的产品，这也就是在产品经营上，天猫占的权重稍微高一点点，在同样产品下，销售额上，天猫店铺的排名可能会在淘宝前面。天猫作为重点关照的平台对象，资源的分配与淘宝相比更具有优势。淘宝上大量的客流量都被引向了天猫商城，加上平台对天猫店铺的各种推广力度，使得天猫店铺占据了市场的主导地位，如今的淘宝只能在天猫店铺下分得很小的一部分利润。天猫店铺晚上的服务措施以及商品质量的提升，消费者已经将重心从淘宝店铺转向了天猫店铺，天猫店铺比淘宝店铺更具市场。接手天猫店铺带来的收益会比淘宝店铺快得多和大得多。这也是因为天猫入驻中天猫里所有的商品都有七天退换货保障，淘宝有的产品未必有，在淘宝此项是店铺自愿进行参加的。这也是消费者更会选择保障更齐全的天猫店铺进行交易的一大原因，并且商家在天猫商城开店可以进行分销管理，而淘宝店铺就不可以。天猫也没有等级制度，也没有好评率，这也是比较重要的一点，淘宝店铺最怕遇到差评，遇到差评会花很多精力和偶尔的财力去解决差评，而天猫店铺就不用担心。天猫店在评价和评语方面给店家有了绝对的控制权，比如说顾客不满意东西，很气愤想给个差评，但是会很郁闷地发现，天猫店没有好评、中评和差评的选择。只有写评语，一两个差评不会影响店铺的整个评分动态，除非差评很多才会影响。所以天猫店有的时候质量不怎么样，他们也不用担心差评会影响销量，因为没有差评这个选择。这也是天猫在做到有了一定的品牌效力与吸引力之后，可以拥有的底气。但是天猫定向招商，没有线下影响力的小公司，想通过自己的努力成功入驻天猫，难于上青天，淘宝就不需要过多的审核，淘宝还分为个人店铺和企业店铺。并且天猫对大量类目施行停止入驻，让一些渴望进入天猫的企业卖家们只能远观。申请入驻天猫必须为公司企业。天猫要逐一进行资料的审核，大量的时间都花在了排队等待审核的过程中，比淘宝花费的时间多很多。所以任何事情都是双刃剑，若是想要抓住电商平台开店的机遇，就一定要好好比较，进行反复斟酌考虑，依据自身条件，做出最适合自己的选择。

2.3 京东平台

2.3.1 京东平台情况介绍

京东，中国自营式电商企业，创始人刘强东担任京东集团董事局主席兼首席执行官，旗下设有京东商城、京东金融、拍拍网、京东智能、O2O 及海外事业部等。2013 年正式获得虚拟运营商牌照。2014 年 5 月在美国纳斯达克证券交易所正式挂牌上市。2016 年 6 月与沃尔玛达成深度战略合作，1 号店并入京东。京东是中国最大的自营式电商企业，在线销售计算机、手机及其他数码产品、家电、汽车配件、服装与鞋类、奢侈品、家居与家庭用品、化妆品与其他个人护理用品、食品与营养品、书籍与其他媒体产品、母婴用品与玩具、体育与健身器材以及虚拟商品等 13 大类，约 3150 万种 SKU 优质商品。作为中国 B2C 市场的 3C 网购专业平台，京东商城无论在访问量、点击率、销售量以及业内知名度和影响力上，都在国内 3C 网购平台中具有较大影响力。京东商城将坚持以"产品、价格、服务"为中心的发展战略，不断增强信息系统、产品操作和物流技术三大核心竞争力，始终以服务、创新和消费者价值最大化为发展目标。京东入驻费用保证金为 1 万元到 10 万元，平台费用每年 6000 元，京东的广告展位设有"头等舱"，相应的费用较高。京东对于入驻品牌的资质要求也比较高，注册资本要 50 万元及以上，公司必须七证齐全，化妆品、食品等类目还必须要有相应的前置许可证。京东先后组建了上海及广州全资子公司，将华北、华东和华南三点连成一线，使全国大部分地区都覆盖在京东商城的物流配送网络之下；同时不断加强和充实公司的技术实力，改进并完善售后服务、物流配送及市场推广等各方面的软、硬件设施和服务条件。京东商城组建以北京、上海、广州和成都、沈阳、西安为中心的六大物流平台，以期能为全国用户提供更加快捷的配送服务，进一步深化和拓展公司的业务空间。

在公司文化方面，京东具有自己自成一体的企业文化。在如今，国际化带来竞争全球化，中国电子商务领域风云变幻，京东深知作为首当其冲的旗帜性企业，不可避免地会迎来更为激烈甚至白热化的商业竞争。面对越发激烈的市场竞争，京东更是时刻告诫自己："我们不仅要协同战略合作伙伴加强密切合作关系，更要与对手在充分竞争的基础上展开合作。"京东理解的合作，是共赢发展的合作、联合互补的合作，由合作带来的"竞合共赢"是京东谋求发展的永恒理念。京东在发展上秉承先人后企、以人为本的理念，在诚信的基础上建立与用户、供应商、投资方等多方合作者之间最为融洽的合作关系。"诚"代表了京东在合作关系中所坚持的诚意态度，而"信"则代表了京东以"信用"为根本的发展信条。可以说，"诚信"既是京东的行为准则，同时也是京东的道德规范。如果将京东比喻为一个高速运转的机器，那么，用户、员工、投资方、供应商等多方合作者则是这一机器上不可或缺的组成部分，只有多方合作者亲密无间的合作才能让这一庞大的机器正常运转。因此，京东在做生意的过程中，力争与每一个客户或合作伙伴多一些情感交流，慢慢地将生意圈转化为朋友圈，而不是纯粹的生意往来。做生意就是做人，而且要先做好人。京东志在使科技引领生活，愿在未来成为全球最值得信赖的企业，这是京东的美好愿景，坚持正道成功、客户为先、只做第一。这也使得京东在电商极速发展的中国，成为极具特色的一个独特平台，迅速有了一席之地。

2.3.2　京东平台的优势

2013 年 5 月 6 日，京东商城在完成内测后，正式与消费者见面，用户可在京东上购买食品饮料、调味品等日用品。此次京东将超市搬到线上，也是京东在"一站式购物平台"战略布局上的又一次发力。让消费者足不出户，就能轻松实现"打酱油""买啤酒"等日常生活购物需求。京东商城首次上线的商品逾 5000 种，涉及休闲特产、纯净水、粮油、调味品、啤酒饮料等多个产品品类，这些品类都与消费者日常生活息息相关。与以往打包出售所不同，如今在京东商城中一罐可乐、一瓶酱油，消费者都可零买，京东送货到家，加上支持货到付款等服务，真正能帮用户实现购物的"多、快、好、省"。这便是京东非常重要的优势，即便捷。

利用京东商城进行线上购物，可以实现上午购买、下午送达，这是其他一些平台尚在努力难以达到的速度。京东速度正在成为京东平台所主打的一项卖点，京东推出了包括 211 限时达、次日达、极速达、京准达、夜间配、自提柜、无人机等等多项服务。211 限时达是指当日 11：00 前提交的现货订单（部分城市为 10：00 前），以订单出库完成拣货时间点开始计算，当日送达；夜里 23：00 前提交的现货订单（以订单出库后完成拣货时间点开始计算），次日 15：00 前送达。截至 2013 年 12 月 31 日，211 限时达已覆盖全国 40 座城市；次日达服务，是指在一定时间点之前提交的现货订单（以订单出库后完成拣货的时间点开始计算），将于次日送达。除 211 限时达服务外，京东次日达服务还覆盖全国 248 座城市；极速达配送服务是为用户提供的一项个性化付费增值服务，如用户选择极速达配送服务，需通过在线支付方式全额成功付款或货到付款方式成功提交订单后，并勾选极速达服务后，京东会在服务时间内，3 小时将商品送至您所留地址的一项服务。极速达业务覆盖在北京、上海、广州、成都、武汉、沈阳六个城市；京准达是京东提供的一项可以选择精确收货时间段的增值服务。如选择京准达配送服务，通过在线支付方式全额付款或货到付款方式成功提交订单后，将在指定的送达时间段内，将客户选择的属支持京准达服务的商品送至提供的订单收货地址，需对每张订单在原订单金额的基础上，加收京准达运费（大件商品每单 39 元，中小件商品每单 6 元，若一个订单中同时包含大件商品及中小件商品，将同时收取大件商品及中小件商品的京准达运费）。夜间配服务是为用户提供更快速、更便利的一项增值服务，如用户需要晚间送货上门服务，请下单时在日历中选择 19：00～22：00 时段，属夜间配服务范围内的商品，京东会尽可能安排配送员在用户选定当日晚间19：00～22：00给用户送货上门。夜间配业务在北京、上海、成都、广州、武汉提供服务；京东自提柜则可以提供全天不间断的自提服务，用户只需在下单时选择自助式自提的配送方式，所购商品则会第一时间送至自提柜，随后京东系统自动发送短信提示消费者取货。取货时，消费者仅需输入订单号和提货码，或直接扫描提货二维码，即可完成身份验证，在按提示完成 POS 机刷卡支付后，便可开柜取货。而龙江银行在每个网点都会配备服务人员，进行导购宣传，帮助消费者使用自提柜服务；另外，自 2016 年以来，京东无人机在宿迁、西安、北京等多地同时投入运营，这意味着继 2016 年 618 首飞之后，京东无人机在成熟应用领域又进了一步。以上种种京东在物流方面做的不懈努力，都使得京东速度成为京东这一电商平台不可忽略的一抹亮色。也使得生活节奏如此之快的现代人群有了足不出户便可选购到自己所需之物的平台，显得十分便捷。

除去物流十分便捷这一优势之外，依托京东商城电商优势而开发的京东电商云平台，正在基于其产业链优势构建一个庞大的电商云生态系统，将应用推进云计算落地的真谛演绎得淋漓尽致。京东技术副总裁兼首席科学家何刚表示，2013 年京东集团已经形成了以"京东宙斯""京东云鼎""京东云擎""京东云汇"四大解决方案为核心的技术体系，完整的电商云服务链条已经形成，目前正在调动各种资源培育京东电商应用生态。四大解决方案分别向合作 ISV 和个人开发者，提供了京东系统开放接口、服务交易市场、电商应用云托管平台、应用开发云平台、社区生态环境等电商云服务，初步形成了一个完整闭环的电商云服务链条，这也是京东平台背后有了强大的技术依托。并且京东还在日渐创新，推出了自主研发的人工智能系统，名为 JIMI 机器人，它通过自然语言处理、深度神经网络、机器学习、用户画像、自然语言处理等技术，能够完成全天候、无限量的用户服务，涵盖售前咨询、售后服务等电子商务的各个环节，堪称京东用户的购物伴侣。如此一来更加方便快捷。

另外京东还有结合时下流行的京东房产。2018 年 10 月 22 日，我爱我家与京东房产正式签署战略合作协议。双方将充分发挥各自的资源及渠道优势，着力推进二手房、租房、长租公寓等数据共享，致力解决房产交易中信息不实、流程繁杂等行业难题。京东房产还在当天宣布正式上线二手房业务，我爱我家也成为京东二手房业务的首批重要合作伙伴之一。而且，在 2018 年 11 月 20 日召开的 2018 京东数字科技全球探索者大会上，京东宣布京东金融品牌升级为京东数字科技，旗下子品牌京东农牧正式亮相，并成立京东农业研究院，将利用人工智能技术推动养猪业升级。京东农牧还通过与中国农业大学、中国农科院等机构合作，自主研发并推出京东智能养殖解决方案，并联合中国农业大学建设丰宁智能猪场示范点。这都证明了京东在逐步扩张自身的商业版图，在各行各业都在进行新的尝试，足以可证京东是一个具有创意与生命力的一个平台。

2.4　拼多多平台

2.4.1　拼多多平台情况介绍

拼多多是国内主流的手机购物 APP，是一家专注于 C2B 拼团的第三方社交电商平台，最初是由创始人黄峥的游戏公司内部孵化而成，黄峥抽调了 20 多名核心员工，并将游戏公司此前赚的钱都转投到了新项目"拼多多"上，于 2015 年 9 月正式上线运营。拼多多仅仅成立一年之后，实现了十亿的月 GMV，2016 年 7 月，拼多多用户突破 1 亿，获得了 B 轮 1.1 亿的美元融资。2017 年 12 月，根据猎豹发布的最新电商 APP 数据显示，拼多多再克天猫、苏宁易购、唯品会、京东四家平台，周活跃渗透率仅次于手机淘宝，名列所有电商 APP 的第一位。整个 2017 年，拼多多的 GMV 达到了上千亿元人民币。仅次于阿里和京东之后。而在同年的 11 月，拼多多的日订单量已经超过京东。年 GMV 实现千亿，可以与之类比的是，达到这一成绩京东用了 10 年时间，唯品会用了 8 年，淘宝用了 5 年，拼多多只用了两年零三个月。这是一个十分惊人的速度。

2.4.2　拼多多的优势

拼多多独有的优势要属它独创的拼团购物模式。在拼多多上，用户通过发起和朋友、家人、邻居等的拼团，可以以更低的价格，拼团购买优质商品拼多多。旨在凝聚更多人的力量，用更低的价格买到更好的东西，体会更多的实惠和乐趣。通过沟通分享形成的社交理念，形成了拼多多独特的新社交电商思维。拼多多是近年来新兴起的一大电商平台，横空出世的同时也在影响着现有的电商行业。拼团模式在电商中并不是新鲜的玩法，只是由拼多多把这个模式带到了大众眼前。每个商品都有着独自购买的价格和拼团价格，选择拼团购买进行商品下单，开团支付成功后获取转发链接，邀请好友参团，参团成员也可以将该团分享出去邀约更多的团员参团，在规定时间内邀请到相应的人数支付购买即拼团成功，等待收获。未达到开团人数则团购失败，系统会自动退款给付款账户，简而言之，就是用分享来获取让利。

拼团的模式让电商和社交两者融为一体，为了达成交易必须参与到社交的游戏之中。这也是拼多多和其他电商平台区别开来最明显的一点。传统的团购美团、百度糯米、拉手网等享受低价没有人数的限制，1个人和100个人买都是同一价格，而且是否真的低价消费者也无从知晓，简单来说就是一种长期的折扣销售，而拼团似乎更能体现团购原本的内涵：买家人数达到一定的数量优势，卖家价格有足够吸引力，买家和卖家双向吸引，最终成交，这也就应了我们那句老话："人多力量大。"拼单过程中，消费者为达到拼单人数，会形成一个自媒体，自觉帮助商家推广，形成一种病毒式传播，这种效果是传统团购不具备的，而这也正是拼团的意义所在。拼团的核心竞争力就是"社交电商＋拼团让利"，在传播中又产生了对外的营销，一举多得。拼多多选择的入驻商家大部分是商品源头、开设有淘宝店的商家，这样可以取得价格上的最大优势。在购买界面引导用户分享。通过分享来完成拼团，在分享的过程中实现了平台的营销。由此可见，拼团需要两方面因素：一是可以在价格上吸引顾客，二是有足够大的社交平台提供分享。目前的拼多多依附于微信（社交），低入驻费吸引上游卖家（低价）恰好具备这两点条件。

　　千亿拼多多诞生之后，拼多多联合创始人达达是这样对人民日报的记者进行介绍的：拼多多虽然便宜，但还是有好货。这是因为拼多多用了"少 SKU、高质量、短爆发"这几个关键词。拼多多不同于传统的其他电商平台"买流量—灌商品—催交易"的传统搜索式电商，而是专注于"注重商品＋消费接力"的新电商。简单来说，传统电商中的商品被动搜索—点击—成交，商家需要花费大量成本购买广告位、关键词，将流量转换为交易额。而拼多多则不同，商品通过消费者的主动分享（拼团、0 元购等方式）自发传播，几乎是零成本转换为营业额。获客成本极低，就是少 SKU、高单量、短爆发。在这种模式下，拼多多扎根的产业带上工厂，将大量产能倾斜到 2～3 款核心产品方面缩减产品线、压缩中间环节、提升规模以降低成本，另一方面也稳定了供应链，让工厂面对原料、人工成本波动风险时，有了更强的抵抗能力。而消费者的需求直接对接到工厂，即 C2M 模式，节省了中间所有的渠道成本，达达表示："拼多多没有任何进场费，也不收任何佣金，同时，我们也没有任何广告费，拼多多的流量是不需要钱的。"一连串的免费政策是让商家尝试新阵地的最大诱惑，据报道，拼多多成立的时候，卖家运营淘宝、天猫店的各类费用已经占到了商品价格的 3 成左右，成本占比已经相当高；而免广告费、免佣金的代价则是，拼多多上商品的价格一定要比淘宝低，还包邮。

在消费者端，拼多多负责实现的就是"始终在消费者的期待之外"，黄峥接受采访时说："我们的核心不是便宜，而是满足用户心里觉得占便宜的感觉。"这是一种心理战术，低价能够降低用户的心理预期，就好比黄峥举的他母亲消费的例子——在拼多多上花 10 块钱买了 9 个芒果，2 个是坏的，母亲会来对黄峥抱怨，但再下单她还是选择了拼多多。"10 块能买到 7 个好芒果，那也不亏。"极光大数据显示，拼多多的用户 70％为女性，65％来自三四线城市，来自一线城市的用户仅有 7.56％，与京东形成了鲜明对比。这一批用户对价格极其敏感，也愿意为了几块钱的折扣在自己的朋友圈里转发"低价拼团"的信息（2017 年数据）。这些用户大多生活在国内另一个世界，他们也是急需消费升级的群体，拼多多采用降维打击的方式秒了市县级沿街商铺，给三四线城市的人群提供了更多更有品质的商品服务。在传统的线下商品流通环节中，依然是多层渠道不断加价，同样的商品，在三四线城市或者农村的线下门店里，销售价格要高很多，拼多多提供的拼团服务让他们也能够享受到互联网的福利，购买性价比更高的商品。有人算了一笔账，微信月活跃用户在上周刚刚突破 10 亿用户，淘宝的活跃用户在 54 亿，那么，拼多多的用户至少是 4.5 亿之多。从这段时期的上千条好评中发现，"便宜"是拼多多的好评中出现频率最多的一个词，这个标签是拼多多团队为了早期业务扩展主动标记的，因不收取佣金，免费上首页，拼多多为了业务增长，甚至要求商家亏本销售商品，这对于经历过淘宝时代的商家而言再熟悉不过了，甚至流传了这么一句话：小亏不亏，大亏稳赚。所以，商家们大多会积极配合，一同将市场做大。

拼多多既拥有着巨大的潜在客户群，但是也要面对低价带来的质疑与争议，拼多多方面明确表示，在未来几年中，盈利都不是主要考虑的事，而另一方面，拼多多对商家有着严苛的规定，若商家48小时内未发货，平台将按照单数和时间加权罚钱，因此有不少商家质疑拼多多是依靠"罚款盈利"，达达解释道，严格意义上不是罚款，而是赔付，罚款的概念是说拼多多作为平台收了这笔钱，而赔付的概念是说这个钱赔给了消费者，收钱的主体不一样。"商家赔付的每一分钱都落到了消费者的口袋里，拼多多没有因此拿一分钱。"所以低价是拼多多的主打与优势。面对的消费者受众不同，每一个平台都要有不同的考量与主打优势。

2.5　当当平台

2.5.1　当当平台情况介绍

当当是知名的综合性网上购物商城，由国内著名出版机构科文公司、美国老虎基金、美国IDG集团、卢森堡剑桥集团、亚洲创业投资基金（原名软银中国创业基金）共同投资成立。从1999年11月正式开通至今，当当已从早期的网上卖书拓展到网上卖各品类百货，包括图书音像、美妆、家居、母婴、服装和3C数码等几十个大类，数百万种商品。当当除去所主打的图书以外，母婴、美妆、服装、家居家纺是当当着力发展的四大目标品类，其中当当婴童已经是中国最大线上商店，美妆则是中国排名前五的线上店。当当还在大力发展自有品牌当当优品。在业态从网上百货商场拓展到网上购物中心的同时，当当也在大力开放平台，目前当当平台商店数量已超过 1.4 万家，2012 年 Q3 并新增 2000 家入驻商家，同时当当还积极地"走出去"，在腾讯、天猫等平台开设旗舰店。物流方面，当当在全国600 个城市实现"111 全天达"，在 1200 多个区县实现了次日达，货到付款（COD）方面覆盖全国 2700 个区县。当当于美国时间 2010 年 12 月 8 日在纽约证券交易所正式挂牌上市，成为中国第一家完全基于线上业务、在美国上市的 B2C 网上商城。

2016 年 5 月 28 日，当当宣布与当当控股有限公司和当当合并有限公司签署最终的合并协议与计划。2016 年 9 月 12 日，当当股东投票批准了该私有化协议。当当从纽交所退市，变成一家私人控股企业。这些年来，当当专注图书电商取得雄踞首位的成绩，形成了一种卓尔不凡的能力与特质。而这些要素会提炼成模型，逐步复制到服装、孕婴童、家居家纺等细分市场，其价值不可限量。当当的口号："敢想敢当当"，力图引领诚信经营与个性消费并行不二的电商新风潮，敢做敢当当，也充分展现了当当敢做敢当的社会责任感，敢做敢言的当当个性，与敢做敢突破的创新精神。这样的改变与其品牌创始人、CEO 李国庆一贯直爽、敢作敢为的风格相得益彰。当当今天的一系列改变是品牌战略升级、顺应时代变化的重要举措，同时也充分展现了极具当当特质的激情与梦想。并且当当承诺全部商品均为正品；全国超过 2700 个城市可实现"货到付款"；签收商品之日起 7 日内可以申请退货，15 日内可以申请换货；自动智能比价系统，保证所售商品价格物超所值。这些都使得当当在电商竞争激烈的今天占据了一席之地。

2.5.2 当当平台优势

当当的主要优势在于其齐全的图书品类。这个方面的市场占有率是其他平台难以望其项背的。在图书品类方面，当当占据了线上市场份额的 50% 以上，同时图书不但领先市场占有率 43.5%。当当的图书订单转化率高达 25%，远远高于行业平均的 7%，这意味着每四个人浏览当当，就会产生一个订单。能做到图书零售第一，当当的"撒手锏"有许多，比如全品种上架、退货率最低、给出版社回款最快，也正是依靠这些优势，出版社给当当的进货折扣也最低，当当也因此有价格竞争优势。数据显示，包括平台图书的销售业务在内，当当图书 SKU 总数达到 400 万种，其中 100～200 万种为外文书，自营图书 SKU 也有 100 万种之多。为了进一步吸引新顾客，当当图书还进一步"走出去"的开发战略，在天猫开设当当图书旗舰店，并在 2012 年 11 月上线试运营仅仅几天后日销售额便破千万。2014 年 3 月 5 日，当当、1 号店宣布达成战略合作，双方各自优势的商品品类将进驻对方平台——当当的图书将接入 1 号店，1 号店的食品将接入当当。在追求网购图书规模效益的同时，当当也在不断优化品类，提升图书业务整体毛利率，虽然图书价格战对行业整体毛利率都有所影响，但当当的图书毛利率始终位列第一，为 19% 左右。

此外当当还在不断向出版社上游渗透，发展了 OEM 自有品牌定制图书。其中值得一提的更是，当当成立至今已有 20 年，有着难以企及的图书基因和足够丰富的图书运营经验。这让当当得以组建一支线上线下绝无仅有的操盘童书的"梦之队"：30人的事业部编制规模、所向披靡的实战能力，为当当童书创新运营模式提供了理想条件。通过从选题策划的积极参与和到前期编印发的积极跟进、后期上线的推荐，当当童书可以从多个角度缩减中间环节、降低成本，用最好的价格把最多的好书带给孩子们。这种做法，显然已经超出了传统意义上电商企业和零售卖场的"职能范围"，也正是这种梦之队的"超常发挥"促成了当当童书销售册数提前过亿、奠定了当当世界年销售册数第一童书平台的市场地位。2014 年 11 月 20 日，当当宣布接力出版社在当当 2014 年的童书销售码洋已提前过亿，正式进入"当当童书亿元俱乐部"。以 2014 年当当童书新书榜第一名《地图》（人文版）为例，上线仅三个半月，已成功销售 6 万册，12.6 万册的印刷数远远领先于英、美、德等发达国家。如今，根据当当童书榜为孩子选好书，已经成为众多家长的习惯。艾瑞数据显示，当当童书牢牢占据国内网购童书零售码洋的 50% 以上，其中，高品质图书如高端手绘科学书、婴儿读物、玩具书、图画书、少儿英语等占比均超过 70%，拥有绝对强势的市场地位。

除去当当图书无可比拟的地位之外，当当也在不断搞创新，谋发展。其中不得不提的要数当当推出的数字阅读。2011 年 12 月，当当上线电子书平台，2013 年拥有最多的中文数字书资源，数字商品超过 20 万种。作为国内最大的中文电子书平台，当当通过电子书销售平台＋PC、手机、Pad 客户端＋都看电子书阅读器为用户提供全方位电了阅读体验。2012 年，当当推出了当当读书客户端 APP、手机阅读以及自己的阅读器——"都看"。2013 年 6 月，"都看二代"问世。相比 2012 年发布的第一代产品，"都看二代"在硬件配置、功能上有较大改进，再加上价格优势，多达 20 万种之多的电子书内容优势，有理由相信，作为多年中国图书市场老大，当当正试图通过与苹果 ipod 一脉相承的"内容＋终端"模式，发掘更大的图书内容变现机会。2014 年 9 月 29 日，当当上线了旗下当当读书 4.0 新版客户端，并且支持 iPhone 和 Android 全系列机型，新版本支持免费借读、千人千面、书评社区、书架社交、分男女阅读、图书榜单等功能，可以说是目前最全面的读书软件。而新版当当读书还在个人中心、书架、书城、书评以及阅读板块实现了很多新的突破。2015 年 2 月 13 日，当当首推弹幕吐槽阅读 APP "当读小说"，创新开创了"边看边读""有声阅读"功能，不仅可以读小说，还可以"发弹幕，看弹幕"，玩转"性别阅读"和"附近人书架搜索"。2015 年，当当将全力打造数字阅读生态圈。当当内部人士称，2015 年当当将由 CEO 李国庆挂帅，重拳打造数字阅读生态圈，构筑无线阅读产品矩阵，创建内容创意工场，通过孵化投资 100 个小微工作室，颠覆传出版方式，适应移动互联时代轻阅读的趋势，目标是占领正版阅读市场 60% 以上的份额。同时，为适应新业务发展，当当内部已在新年前夕重组架构，数字阅读业务将独立运营，新办公场地同时也将成为小微工作室的孵化基地。所有以上种种都是当当基于自身在图书界多年打拼下的基础而做出的战略选择，也是这样，当当可以依托于图书产业，不断发展自身。

值得一提的是当当的物流平台做的也是十分优秀的，专业的物流平台也是当当一大优势。当当在物流上与其他 B2C 电商自建不同，采用"仓储自建＋城际同城外部合作"模式，通过物流数据和合作伙伴进行对接。据当当网官方提供的数据，当当物流配送比自建快递成本低 30％。在一线城市，当当网物流成本每单不超过 4 元。同时，当当网通过与快递公司的合作，可以省去 400～500 万单规模的配送成本。与此同时，当当网将与中铁总公司开展电商专列合作，利用全国高铁 1000 多条线路，以更低的成本实现跨省当日递。借助大型快递、运输公司跨省的班车体系，平均提速 1.1 天，例如从北京运抵广州不超过 24 小时，成本预计比航空低 10％以上。"把更专业的事情交给更专业的企业来做"，这是当当网最基本的出发点。其次，快递行业也是一个劳动密集型行业，专业性的公司比我们管理更强，而这不仅仅涉及人盯人，也涉及管理成本问题；再次，整个快递行业竞争十分激烈，市场的成本壁垒非常高，当当网只会在自己的长处发力。据介绍，新仓储对当当网物流加速效果明显。"银河 1 号"带动当当网日均订单处理能力增长 10 倍，将起到当当网全国仓库中枢神经作用。一期仓储每年图书吞吐量可达 100 亿元，接近全国图书市场的四分之一。综合来说，当当是一个主要依托图书行业做大做强的电商平台，图书是其主打更是优势。

3 如何开自己的店铺

3.1 开店需要具备的条件

时下，网上开店已成为一种新的潮流，学生、白领、农民纷纷开起了自己的网店。同时由于门槛低、风险小，开网店也越来越受到创业者们的喜爱。网上开店平台的选择主要分为三种：专业的 C2C 拍卖类网站、可以注册个人卖家会员的综合型购物网站、可以注册个人卖家会员的单项购物网站。目前，中国提供网上开店服务的大型购物网站有上百家，真正有一定影响力的则数量不多。目前常见的网上开店平台分别是淘宝网、天猫商城、拍拍网和易趣网。如今各大电商平台通过大数据、AI 技术升级改造，入驻流程已经大大简化。拿淘宝为例，只要通过淘宝绑定支付宝，用手机进行人脸识别认证，一般不超过十分钟就能完成个人淘宝网店的申请。像这样便利又快捷的开店流程，大大降低了开网店的入门"门槛"，真正做到了"人人皆商"。

网上开店的目的当然是赚钱，要通过在网上开店赚到钱还必须具备一定的条件，这些条件分为硬件条件和软件条件、自身条件。

3.1.1 硬件条件

尽管网上开店十分简单，投资又少，但是也要具备最基本的条件和投资。网上开店需要一些必要的硬件设施，这些硬件主要包括以下几种。

（1）计算机和网络。计算机的配置无须高档，能上网，能进行简单的图片处理或网页设计即可。目前市场上的主流电脑都能满足网上开店的要求。网络当然应该选择能长时间上网的宽带网络，最好采用不限时间、不限流量的包月制收费的网络，这样总体下来是比较划算且合适的。

（2）自己需要有独立的工作室地址。开网店首先需要有一个办公的场所。如果自己在家办公，那就可以写上自己的家庭住址。网上开店，也要正规地开，工作室地址是一定要有的。

（3）方便与客户联系的移动电话。很多时候网上联系并不能解决全部问题，还需要手机、电话来帮忙。电话也是网上开店常用的工具，因为网络联系受制于电脑的限制而无法随身携带。现如今进入智能的互联网时代，手机已经具有了相当多的功能，拥有手机在一定程度上便可以对于顾客的疑问或者要求做出回复，尽量使顾客的要求和诉求得到及时的解决。

（4）可以清晰地拍摄产品图片的数码相机。开网店，数码相机是必备的。数码相机用来给产品拍照，以便于在自己的店铺中进行商品的展示。因为实体货物在上"网络货架"之前，一般都需要对其进行拍照并上传照片到店铺上。照片使买家更加有了直观的感受和了解，也使物品更受关注。第一眼能够吸引到顾客的照片往往会起到事半功倍的效果。通常情况下，没有照片的货物很难销售，因为没有照片这种直观的"货品"，商品很难引起买家的注意，而且还会让买家怀疑该物品的真实性，怀疑其是否存在。因此，好的数码相机和娴熟的拍摄技术就显得尤其重要。数码相机的选择，其实最基础的可以用 2 倍光学变焦 300 万像素的。由于产品大多采用微距模式进行拍摄，要求数码相机的微距性能要好。相机品牌可以根据自己的喜好来选择，因为网上开店中主要的一部分就是通过图片给自己的客户展示产品，拥有了自己的数码相机，可以最快速地把自己的产品多角度、细致地反映在客户面前，客户想怎么看就怎么看，同时这也说明你服务周到。

（5）收发文件的传真机。一些文件需要通过传真来接收，如果自己的网店进入实际操作阶段，会有很多客户需要和你签订合同，这也是法律方面的保证。同时很多资料的收发也离不开传真机，所以生意做大的时候，传真机是很重要的一件装备。

（6）打印机。虽然打印机并不是非有不可的，但是平时也用来打印一些产品相关资料也是很有用的，最好选用高分辨率的打印机，这样还可以打印商品的照片看效果。

以上是一些网上开店的基础硬件设备，因为网上开店经营的策略有很多种，所以根据不同的经营策略，也可以选择其中的某几个设备进行组合。

3.1.2 软件条件

网上开店有很多软件方面的要求，有些软件要求较为复杂。这里主要介绍一些常用的软件及软件方面要求，卖家可以根据自己的经营策略进行取舍。

（1）基本的网络操作要熟练。熟练的网络操作技术更有利于开展网上销售，如果你连自己网店的网页都打不开，那么即使你具备了开网店的一切硬件条件，也没有能力把生意做成，更不要说在网上开店了。

（2）必须能熟练收发电子邮件。网上开店要拥有自己常用的专门的电子邮箱，卖家可以到网易、新浪等大型网站上申请，并应学会如何管理自己的电子邮件。网上开店做生意，电子邮件还是一种比较重要的沟通方式。

（3）需要熟练地运用聊天软件。如果卖家能够熟练地运用一些聊天工具，比如自己的 QQ 等，会更加有利于卖家与顾客的沟通。还有其他网站平台自带的聊天工具，比如淘宝网站的淘宝旺旺，也很有用。打字要熟练些，否则客户会认为你不认真，打字聊天是最好的沟通方式，卖家的生意就是在手指敲击键盘的时候谈成的。

（4）学会应用 Word 软件。Word 是入门级的文字编辑软件，学会基本的操作以后，卖家可以很方便地编写合同，编写自己的产品宣传文案。文案编写的好坏程度对于销售有很大的影响，所以一定要尽可能地把文案写好，当然也就离不开文字编辑软件了。所以，如果你想开网店而对软件的应用又不是很熟练的话，你可以事先学习一下这个软件的应用。

（5）学会基本的网站建设软件。需要学习网站设计软件，因为至少可以知道网上商店的建设原理，并且还可以为自己的商店设计几个漂亮的广告页面，这样一个功能齐全的网上商店再配合几个漂亮的广告页面，效果斐然。

（6）学会使用作图软件 Photoshop。在网上开店除了文案编写，另外一个非常重要的部分就是要有精美的商品图片和宣传图片，因为客户主要是通过图片来看你的产品的，好的照片会让顾客产生"一见钟情"感觉。质量差的图片会导致网店失去大部分的客户。因此是否能做出合适的商品图片，对网上开店的从业者来说是一个至关重要的因素，现在的作图软件有很多种，卖家只需要熟练地操作一个作图软件就可以了。这里给卖家推荐一种非常有用的学习软件——Photoshop。这个软件的功能齐全，基本可以满足日常种种需要。Photoshop 软件简称"PS"，是由 AdobeSystems 开发和发行的图像处理软件。Photoshop 主要处理以像素所构成的数字图像，使用其众多的编修与绘图工具，可以有效地进行图片编辑工作，它有很多功能，在图像、图形、文字、视频、出版等各方面都有涉及。Photoshop 的专长在于图像处理，而不是图形创作。图像处理是对已有的位图图像进行编辑加工处理以及运用一些特殊效果，其重点在于对图像的处理加工。

3.1.3 自身条件

现今网上开店主要有三种方式：兼职经营、全职经营、网店与实体店结合经营。如果你拥有一份清闲的工作，那么可以利用自己的时间优势兼职开一家网店；如果你的工作让你有很多时间待在网络上，那么你也可以利用自己的网络优势开一家网店；如果你是全职妈妈，热衷于购物，经常逛商场，并且对商品消费很有感觉，你可以利用自己的审美优势开一家网店；

如果你经常有出国机会，可以带回很多国内不常见的商品，那么开一家网店做代购将是一个不错的选择，它可以充分展示你的货源优势，有可能会改变你的生活；如果你已经有一家实体店，那你的优势就不用再细说了，网店可以帮你拓宽销路……

但是无论是以上哪种经营方式，都需要网店经营者的自身有以下条件。

（1）自身具有计划和目标。这其实也和网上创业门槛较低有关，很多人开网店并没有给自己定一个目标，往往是看到其他人做，就跟着做了，试想，没有目标和计划，那创业无异于无头苍蝇，只会在成功路上越走越偏。若是想做电商就一定要具有具体的计划和切实可行的目标，不能做没有准备的创业者。要根据自身条件制定适合自己的可能的计划，为之不懈努力，只有这样，才有可能闯出属于自己的一片天地。

（2）长久的耐性。网店开张之初，一个好的开端是非常重要的，而这个过程中人来人往，多多少少都有人上门，但网络不同，要想在浩瀚的网店中找到你，不通过一番宣传推广几乎是不可能的事情，因此这就需要创业者有极大的耐心，不要因为长期没有生意就疏于管理。网络创业成本低、门槛低，很多人甚至不假思索地进来了，而人一多，竞争自然也就激烈了；同时，成本低，风险也就自然低，而风险一低，就把这个项目不当一回事，反正退出也损失不多，所以网上创业的人动不动就放手不干、中途退出了。其实只要你多推广产品，就一定会有生意奔你而来。没有什么是一蹴而就的，要有耐心长久地坚持下去，相信付出一定会有收获。

（3）持久之心。若是已经开了店几个月之久，但要知道，这仍然仅仅只是开始，还有很长很长的路要走。期盼着第一笔生意成功交易后，会期盼着第二笔、第三笔……期待着每天成交一笔生意后，会期盼着每天两笔生意，前方的路任重而道远，甚至可以一直延绵至生命的尽头。既然如此，还有什么是不可逾越的？还有什么是不可坚持下来的？就把它当成你生命必须走的路吧，长长久久地走下去。

（4）平淡之心。首先要对开网店的困难有足够的认识。不要轻信报纸传媒说得那么轻松：在家里轻轻点几下鼠标，就可以赚到钱了。绝非如此，开网店和任何一个谋生的工作一样艰辛，甚至有过之而无不及。网上开店的朋友，又岂止千万？在这么多人里，买家找到你的机会又会是多少？所以，一天、两天、三天，甚至是一个月、两个月、三个月没有生意都应该是事先有心理准备的。

（5）勤学之心。刚开网店，最最担心的是，店里没有人来浏览，自己辛苦进回来的东西，放到网上没人看，是最难受的事。如何提高店里的人气，是当务之急，在这样的情况下，要先清楚自己所处的环境，每个交易网站都有自己的特色和必须遵守的规则，熟悉了这些规则和环境后，方能得心应手地开好网店。只有深入网店经营生活中去的人，才会真正明白其中的奥妙。很多事，需要自己亲身经历过，方才知其艰辛。

（6）感恩之心。在你危难的时候，最能给予你帮助的人，不是你曾施恩于对方的人，反而是无私施恩于你的人！感谢买家，感谢卖家，感谢朋友，感谢家人，感谢淘宝网给予我们展示的平台,感谢一切曾在我生命中出现,给予快乐的人和事物。一颗感恩的心,将是最快乐的心。做着如此快乐的事,又如何能不成功呢?

(7)投资意识。许多电商创业者总是想着互联网遍地都是宝,抱着一种不切实际的想法进行网上创业,这是绝不可取的。在很多人眼里,网上创业就是零成本的,还没赚到钱,就要投资,不少人都不舍得。但试想,你自己又不懂网络开店,又不愿意花钱去学习,或者是自己不会做网站,淘宝网店也弄得乱七八糟,还不愿意请人来帮忙装修,难道指望天上会白白地掉馅饼吗?尽管有人说可以自学成才,但你花一年半载去学习一样东西和有老师带路几天或者几周就学会,其中的时间成本差距较大所以时间就是金钱,就是这样的道理。

(8)风险意识。很多网上创业者都是待在家里或者店里创业,与外界接触少,对外界的各种压力不是太敏感,不能时时面临生存危机,所以这种环境容易使人松懈,很容易缺少努力拼搏的精神,所以当危机真正降临的时候,就不知所措,没有经验处理导致了失败。要时刻警惕,保持风险意识,做好应对风险的准备,做好准备才能排除万难。

3.2 做好开店前准备

3.2.1 准备好自己的相关开店证件

要在网上开店,需要准备相关的证件以备开店时认证使用,这里主要分为个人和企业。淘宝开店个人卖家需要:卖家身份证正反面扫描件，卖家手持身份证照片，卖家半身像，银行卡一张，手机一部（需与开通银行卡注册的手机号一致）。而淘宝企业开店卖家需要：企业执照、企业注册号、企业对公账号、企业缴税证明、企业法人或者代理人身份证件、企业其他资质和品牌资质等。

3.2.2 良好的互联网状态

计算机接入 Internet 的方式有多种，既可以有线接入，也可以无线接入；既可以通过电话线拨号连接，也可以通过社区宽带直接连接。下面，介绍几种常见的接入方式，用户可以根据自己实际情况选择合适的上网方式。首先是通过电话 ADSL 拨号连接。ADSL 拨号上网是目前最常见的、使用最广泛的一种上网方式，特别适合家庭用户。计算机使用 ADSL 连接上网，必须先要安装一部电话。ADSL 具有传输速度快、接入方便的优点。它与普通电话共存于一条电话线上，互不影响，在现有电话线上安装一台 ADSL 终端设备和一个电话分离器，通过网卡与计算机连接即可。其次，有许多网络运营商将上网宽带安装在社区中，用户可以通过社区的宽带与家中的计算机相连，即可让电脑上网。这种接入方法不需要安装电话，只需在用户的电脑中安装一块网卡，然后由运营商派技术人员上门安装，用一根网线将用户计算机与社区宽带的路由器相连即可。常见的社区网络运营商有长城宽带、电信宽带、艾普宽带等。它主要的特点是价格便宜，带宽高，但是稳定性不好，上网高峰时段人太多的话就比较容易掉线。最后一种也是最为方便快捷的，通过无线上网。所谓无线上网，就是不管何时何地，都可以通过无线接入的方式，实现上网操作。目前实现移动上网的方式有 WLAN 无线和移动通信上网两种。良好的网络状态是进行线上电商活动的重要保证。

3.2.3 申请开通自己的网上银行

网上银行（Intemetbank or E-bank），简单地说，就是银行提供的，让客户能够在网络中自助查询、办理各种金融业务的服务。而开设网店，首先就得拥有一张银行卡，并且开通网上银行功能。对于淘宝开店的用户来说，网上银行主要有如下两个优势。

（1）服务方便更快捷。通过网络银行，用户可以享受到方便、快捷、高效和可靠的全方位服务。网络银行的服务，不受时间、地域的限制。操作简单易用，网上通信方式灵活方便，用户只需要有台电脑，就可以登录网银在线客户端，实现各种银行充值提现功能。

（2）一般网银都有独立的在线客服，便于用户与银行之间的沟通。目前国内银行的网上银行业务，优点各不相同，但开通申请流程基本上都是一样的，我们只需持个人身份证到柜台向银行申请开通网上银行及电子支付功能即可。

3.2.4 注册电子邮箱

如果已经有了电子邮箱，就可以使用已有的电子邮箱地址，无须重新注册新的电子邮箱。这个电子邮箱很重要，淘宝网会向这个邮箱发送所有的交易信息，同时也用于激活账号，起到保护账号安全的作用。下面以网易邮箱为例，介绍注册新邮箱

的步骤。首先打开浏览器，在地址栏键入 mail. 163. com 登入
网易邮箱首页。在打开的页面中，可以选择注册字母邮箱、手
机号码邮箱或 VIP 邮箱，在这里选择字母邮箱，然后填写邮件
地址、密码等等信息。进入注册成功提示页面，单击"进入邮
箱"按钮。

3.2.5 注册淘宝账号

在邮箱注册完毕后，就可以进行淘宝会员的注册了。使用
邮箱注册淘宝会员的步骤如下：打开浏览器，在地址栏输入 ht-
tp：//www. taobao. com，即可打开淘宝网首页，单击"免费
注册"按钮。在打开的验证账户信息页面中，用户可以输入手
机号码进行验证，也可以使用邮箱进行验证，这里单击"使用
邮箱输证"，进行验证。随后按照步骤操作，点击"同意支付宝
协议开通支付宝服务"，单击"提交"按钮如此一来便成功开通
了支付宝账号。支付宝是进行电商交易的必不可少的重要一环，
尤其是在利用淘宝、阿里巴巴、天猫等电商交易平台时。支付
宝（中国）网络技术有限公司是中国主流的第三方网上支付平
台，是阿里巴巴集团的关联公司。支付宝致力于为中国电子商
务提供"简单、安全、快速"的在线支付方案。支付宝可以为
买卖双方完成安全、快速的网上支付业务，并为买卖双方提供
了交易资金记录的查询和管理；为用户提供在"银行账户"和
"支付宝账户"之间的资金划转业务，并提供相应资金往来记录
的查询和管理。

支付宝其实就相当于担保中介，在买家和卖家之间建立起
资金互通的桥梁，如果买家直接把钱打到卖家的银行账户，买

家不放心，如果卖家直接发货了，还怕收不到款，所以支付宝就在这种情况下产生的。买家买东西的时候先把钱打到中介"支付宝"，等买家收到货后，再由支付宝打转入卖家账户，这样一来，双方都可以放心交易。支付宝的存在既维护了消费者的切身利益，又有力地完善了网购的安全性和规范性，并且支付宝还提供了实名认证的服务，这是由支付宝（中国）网络技术有限公司提供的一项身份识别服务。支付宝实名认证同时核实会员身份信息和银行账户信息，通过支付宝实名认证后，相当于拥有了一张互联网身份证，可以在淘宝网等众多电子商务网站开店、出售商品，更让人放心。

3.2.6　信息收集

开店之前的准备工作就是一定要收集好行业信息，明白哪些产品适合网上销售。在网上开店，首先要有适合网店销售的商品，不是所有的物品都适合网上销售，也不是所有适合网上销售的产品就一定适合个人销售。通过对网上出售产品的统计发现，适合网络销售的商品一般具备以下特点。一是体积较小，主要是方便运输，降低了运输成本。二是附加值较高，价值低于运费的单件商品是不适合在网上销售的。三是具备独特性，网店销售不错的商品往往都是独具特色或者十分时尚的物品。四是价格优惠，如果在实体店可以用相同的价格买到，就不会有人在网上购买了。五是通过网站信息就可以激起浏览者的购买欲。如果必须亲眼见到才可以达到购买所需要的信任，那么该商品就不适合在网店销售。如果有品牌商品进货渠道的可以考虑做品牌商品，因为这类产品的知名度较高，即便买家不看到实物，也知道商品的品质；六是网下实体店没有，只有网上才能买到。例如外贸订单产品或者直接从国外带回来的产品。

当然网上开店也要注意遵守国家法律法规，不要销售以下商品：

（1）法律法规禁止或限制销售的商品，如武器弹药、管制刀具、文物、淫秽品、毒品；

（2）假冒伪劣商品；

（3）其他不适合网上销售的商品，如医疗器械、药品、股票、债券和抵押品、偷盗品、走私品及以其他非法来源获得的物品；

（4）不具有所有权或支配权的物品。

另外，在做信息收集工作时还需注意，要知道现在网上热卖什么，在确定卖什么的时候，要综合自身财力、商品属性以及物流运输的便捷性，对售卖商品加以定位。而且更要先了解目前网络热卖的商品。网上开店卖什么最热门，哪些商品是人们在网上最喜欢购买的呢？据淘宝网最新统计显示，女装、鞋子、珠宝饰品、箱包都成为人们搜索最多的关键词，淘宝页面有一个页面为热销类目，这些关键词从一个方面显示出人们的购物倾向，也为准备在网上开店的人们提供了开店导向。

3.2.7 做好店铺定位

定位与选择合适的商品，是网上开店成功的第一步，只有这样才能有更大的发展空间，网上销售的商品每天都在扩充，绝大多数在实体商店中销售的商品，在网上也能购买到。据统计，最近几年年度淘宝销售排行榜，"女装"均居淘宝各平台交易份额首位，"手机、护肤彩妆、数码配件、男装"等也均在各平台中排名前十。下面简单举几个例子：（1）女装。在众多经营网店的个体户中，赚钱最快的当属女装店铺。五彩缤纷的时装在给人们生活带来美和享受的同时，也给店主带来了不菲的收入。（2）手机。随着智能时代的到来，手机不仅是一种通信工具，还是时尚的代表，拥有一部或几部"很炫"的手机是一件"很酷"的事。所以，网上推出的最新款手机永远不会缺少年轻人的追捧，并由此带动了相关彩铃、配件、充值卡、手机壳、手机贴膜等商品的销售。（3）护肤品、化妆品。女人爱漂亮是从古到今都没办法改变的事实，并且有愈演愈烈之势。因此，化妆品市场的前景极其广阔。越是有钱的女人越想留住青春年华，在化妆品方面的消费舍得下本钱。另外，化妆品是天天要用的东西，所以也属于消耗品。一旦顾客觉得你店里的产品好用，那么以后便会成为你店里的常客，是稳定的客源。（4）数码配件及相关产品。在网上购买数码家电及相关配件的人越来越多。因为此类产品通常都具备一定的品牌因素，所以大家只要选好品牌后参考价格就可以决定是否购买，而不需要去考虑诸如生产日期和尺寸大小之类的问题。这样的刚需使得顾客往往不会纠结太长时间，一般很快时间便会决定购买。（5）男装。与女装相比，男装店铺有着更好的口碑，而且绝不会看上去有丝毫的粗制滥造。尽管其数量还是不能与女装店比肩，但是每家店铺却各有特色，不像女装店那样鱼龙混杂。通常有两类店铺是目前男装店里最具投资价值的，一类是外贸店，另一类是专卖大牌尾单货。钊对男性这一群体具有较强的吸引力。

（6）虚拟商品。目前游戏点卡、电子宠物及充值卡等虚拟产品的销售业比较乐观。经营该类网店的优点是不需要投入很多资金进货，缺点是这些虚拟商品本身需要花很多时间在网上培养和积累客户，而且利润空间也比较小，客户群也是以年轻人为主。（7）珠宝首饰。从古至今，珠宝首饰一直受到女人的青睐。作为男人，可能永远也无法理解为什么有这么多的女人会对珠宝首饰趋之若鹜。事实上，无论在淘宝网还是拍拍网，首饰（尤其是水晶、翡翠类首饰）一直都是卖得最好的商品之一。

3.3 开店的具体流程

3.3.1 注册淘宝店铺

由于我们在前期的准备工作中已经注册了淘宝账号以及支付宝账号等等，所以到了开店的具体流程，我们可以登录淘宝网，在淘宝网卖家中心，"我是卖家"选项下单击"我要开店"按钮就可以建立一个网上店铺。进入到淘宝网卖家中心界面，先单击"免费开店"选项下的"马上开店"，进入免费开店页面，单击"创建店铺"按钮，便会弹出"签署开店协议"对话框，单击"同意"按钮，此时，即可成功创建店铺，单击"完善店铺基础信息"按钮，便可进入店铺基本设置界面，输入店铺名称、店铺简介等等信息，选择经营类型。至此，便会提示你操作成功。如此，你便拥有了自己的店铺。

3.3.2 寻找货源

进货就需要了解渠道和平台，然后有选择地进货，在这一环节中一定要注意控制细枝末节。选择别人不容易找到的特色商品，是一个好的开始。只有质优价廉的商品才能留住客户。新手开网店，网店装修好了，万事俱备，只欠货源！那该怎么去寻找货源，找到物美价廉的商品呢？很多网店新手卖家对进货没有经验，导致在货源方面的不足或成本问题等因素，直接造成网店经营的失败。开网店进货需要注意以下几点。

（1）高中低档结合。一家网店若想做到兼顾各类消费者，就应该做到高中低档结合，让每个人都能够满载而归。但是这里所说的高中低档不是指钻石和鹅卵石的差别，而是说在同样的钻石级别的商品里，要有真正名贵、让内行人一眼就看出小店的专业的品质，同时也要有门槛较低、价格合适、可供普通买家入门的商品。另外还要注意的是进低档商品时，应该着重样式和颜色，进高档商品应看重质量和特色。

（2）按照季节进货。网店的一大好处是可以随卖随进，减少囤货的风险。因此按照季节的更替选择热销的商品进货才能把这种优势发挥到最大限度。

（3）紧跟流行趋势。网店经营者应该随机应变，灵活机动，能够根据市场自主调节进货商品的类型。在开店之初，做一个聪明的跟风卖家，能够积累资金，为扩大营业规模做准备。

（4）结合店铺风格。一家店要让买家印象深刻，就必须创造出自己的风格。而商品的进货也应该和店铺的风格统一。

（5）进些周边商品。网店的重要用途之一是满足顾客一站式购物的需要。所以卖烹饪材料的小店不妨也进点烹饪书籍卖，卖服饰的小店也进些配件卖，既能增收，又能为买家提供便利。

（6）少量多次原则。少量多次原则是降低成本，提高商品流通速度，回避市场风险，进行潜在消费需求调查的不二法则。

（7）按照需要供货。一般来说，卖家按照自己对市场的估计进货，买家再根据自己的需要在不同的商铺购买。但是现在也有另外的消费方式，即买家挑选信任的商家，告之自己需要的商品，请商家按需进货，这样可以最大限度地避免囤积和浪费。

（8）问清能否换货。有些商品如果价格合适了，是可以更换颜色和尺码的。但是旧款换新款就要看进货商的砍价功力了。

（9）注意看进货单。付钱之前先看看上家给你开的单，看看上面的单价和件数对不对。

（10）和进货商建立良好联系。遇到好的批发商，要让对方相信你是做生意的，是长久合作的。刚开始他们都会半信半疑。但是等你做上一段时间，来进货补货的频率多了，批发商自然给你最低的价格。

在确定了自己的经营商品范围之后，就要去寻找物美价廉的货源。当然，网上开店因为手续简单，也可以随时根据自己发现的货源情况调整经营方向。网上开店大致可以从以下几个渠道找到货源。

1）批发市场

不管是实体店铺还是网店，大多数的卖家都是从批发市场进货的。虽然厂家是一手货，价格中的利润比较大，但是一般的厂家都有一定的大客户，他们通常不会和小卖家合作的。所以当你还没有最终确定要销售什么商品的时候，去批发市场考察一下，说不定会有意想不到的收获。批发市场的商品数量多、品种全、挑选余地大，且易"货比三家"。批发市场很适合兼职卖家，在这里进货时间和进货量都比较自由，并且批发市场的价格相对较低，对于网店来说容易实现薄利多销。相比较其他几种渠道而言，批发市场的确是新手卖家不错的选择。如果你刚好生活在大城市，周围有大的批发市场，不妨就去那里看看吧，保证不会让你失望。当然新手第一次去批发市场订货往往很茫然，费力又达不到效果。所以，在去之前应多学些经验，可以到社区论坛、有经验邻居里去打听，那里常常有很多很好的经验之谈。总体来讲，在批发市场订货要注意以下几点。

①出门时着装要得体，要轻装上阵。第一次去批发市场，因不知道"厉害"，穿得与平时一样，会带来很多不必要的麻烦。比如，因穿吊带背心，皮肤被晒得红肿脱皮；因穿裙子蹲在地上看货，几次被人踩住；因穿高跟鞋，转悠五六小时后变得疲惫不堪。所以，在淘货这个时段最好着装得体，一身方便、舒适、轻松的"行头"会助你一臂之力。

②打扮专业一些，提问专业一些，防止被人看出是"菜鸟"。新手去拿货，批发商会从你的语言和"行头"上看出你的购物经验。因为大多新手穿着与平时一样，也没有标志性的拿货小推车，问价时喜欢问多少钱一件、这件怎么卖或可以拿几件等。所以，一些批发商会在没其他人的情况下有意加你的价，在这方面可参考以下建议。

第一，如果货不多用不上小推车的话，你可以手上拿一两个批发市场最常见的大塑料袋，最好是黑色。

第二，问价时要询问怎么批、怎么拿或最低多少等，买得多可询问打包多少，不要用多少钱一件或这件怎么卖等零售市场上的问法。

第三，第一次进货不要拿太多，以防压货。初次进货，新手往往有些茫然，不知道拿多少、拿些什么合适，好像觉得这也行那也行；而有的人一旦开拿又往往止不住，拿完货回到家再次翻瞧，左看右看竟然对某些货品有些不满意了。为了避免这样的情况，应该尽量做到以下几点。

第一，不要带太多现金。如果计划好拿3000元的货你就不要带4000元钱，这样能够强制性地对自己的有所控制。有的人会说："我带着不用，没有遇到特别中意的就不拿。"但实际上真到了那个地方可以说就身不由己了，你会产生难得去一次就多拿点的想法，也很有可能被"环境"感染而"一时兴起"（别人都在疯抢，自己的手也痒了），也可能会被批发商的花言巧语左右了你的意志。所以，从最根本的问题入手才可能解决这样的问题。

第二，注意季节性。对于一些服装产品而言，新手拿货一开始并不知道服装的季节时间一般会比市场提前两到三个月，所以你不要看现在是炎炎夏季，但批发市场的商家们已经在忙着准备秋季服装了。如果你不明白这个道理，还在大张旗鼓地进夏季尾货，还在为拿到了商家清季处理的便宜货得意，偷笑的可是批发商，而你拿回来的货也可能会因转季打折而卖不出价，或因需求少而影响到销售量。所以，须看准季节时机慎重拿货。

第三，不要失去主张完全被批发商意见所左右。有的新手去拿货时因为一点也不了解和熟悉市场行情，所以看到别人拿什么自己就拿什么，批发商说什么好就按批发商的意见赶快掏钱，这样完全没有自我主张的进货态度往往造成货品混乱、不易搭配，更无从谈个人风格了。所以，去之前一定要分析好经营方向——是走低档还是中档路线，把握好店铺品位——是做休闲还是以正装为主。

第四，尽量少带贵重物品，避免不必要的损失。除了货款，其他物品尽量少带。进货的时候要兼顾的事情太多了，容易忽略携带的贵重小物品。所以，如果有的人还想带数码相机去照点货品、地理环境的，有的女孩还带着闪闪诱人的金项链、金手链"招摇过市"的，就得格外小心了。在热闹的批发市场，贵重物品稍不留意就会被人"顺手牵羊"的。所以，货款应尽量放在不显眼的地方，如内衣层或贴身腰包里，多加提防、多加小心。

第五，多家问价，谨防拿到"炒货"。在批发市场，衣服、鞋帽、裤、裙、箱包、饰品等多得你几天都看不完，但其中鱼目混珠假扮厂家而投机取巧的也大有人在，行话就叫"炒货"。他们无厂无生产能力，从不同生产厂家那里挑货以打包价购入，然后以"批发价"批给淘货的人，但价格却比厂家的批发价贵不少。这样的店铺一般有个特点，就是货品没有一个统一的风格，五花八门，什么都有，而且通过他们的精心搭配和店铺装修，你会错以为是比较有档次的品牌经营店，你会觉得好像比那种简陋的批发市场都高档。

第六，钱货要当面清点，避免遭受损失。这里所说的清点有两层含义，一是当面清点好钱款，二是当面清点好货品。清点钱款容易，只要注意别收到假币、别多给商家就行。而货品的清点则要不怕麻烦，并尽可能细致地检查。在人头攒动的批发市场，特别是紧俏新品被人疯抢时，少发一件货或发错颜色、尺码、款型的事经常发生。而网店小本经营，去的次数有限，不能像实体店那样三天一去、两天一返，对有问题的货品可以即时调换，只能自己承担瑕疵损失。所以，与其将来被动，不如当面就消除隐患。

第七，对于颜色较浅的货品，要细致检查。现在做生意难，客户要求商品既要便宜又要质优，所以一些卖家不得不经常做些在便宜货中加次品的"勾当"。质量好进价就贵，价格低质量就会存在一点瑕疵，所以在价格稍低的厂家那里批发浅色货物就要特别留意了，也许因厂子小，为节约成本，厂家即便发现次品也是不会挑出来的，一般谁会一件件去检查呢？谁也不会认为包装完好的货品还会再出什么问题。所以，对于浅色特别是白色的商品要特别留意，因色浅就更易沾染污迹，所以一定要细致检查。

第八，买好的货物，千万要不离左右。在批发市场，有些人专做偷拿别人货品然后低价转卖的勾当，这些人没事时就以推货为名盘守，然后见机行事，如果你进店挑选时间较长（因有的店人多小推车进不去）而疏于看管，出来时就有找不到自己货物的危险。所以，始终要记着货物不离左右，随时注意周围情况。

第九，对自己中意的店铺，要留下联络方式。经营网店多少都有自己的风格，所以淘货也会受到这样的主观影响，去批发市场淘货，如果产品不合自己店铺的风格，可能不会进去瞧一下，所以每次去批发市场专挑对口店铺的商品，遇到比较满意的就应留下联系方式，方便联系。如果平时要货不多又不想跑时，你还可和批发商联系，亲自去拿或由对方寄来都很方便。

第十，可以适当装熟。一般进货商都会给熟人更低的价格，所以不妨装装熟。比如，你看见某个店里面有好几款衣服你都很喜欢，你一进去就跟批发商说："老板，我又来了，这两天进了什么新款？"这一招很管用。老板一听是回头客，不仅会很热情地介绍，也不敢开高价。即使你从来没去过这家店，甚至是第一次进货也没关系。一天进进出出批发市场的人数众多，老板哪能个个都记得。所以小小地投个巧，也是为自己多争得一分利润的空间。

第十一，多看多问多比较。如果有了固定的进货渠道，也不要因此就偷懒，还应该积极去寻找更低廉、更方便、更新式的进货渠道。一定要多看多问，尽可能对你所从事的项目有更多的了解，这样才会在做生意的过程中少受骗、多获益，选到自己想要的货物。

2）线上

除去在批发市场实地选购之外，还可以采用线上批发的形式。全国最大的批发市场主要集中在几个城市里，而且有很多卖家也没有条件千里迢迢地去这几个批发市场。所以，阿里巴巴、生意宝等作为网络贸易批发的平台，充分显示了其优越性，为很多小城市的卖家提供了很大的选择空间。它们不仅查找信息方便，而且也专门为小卖家提供相应的服务，并且起拍量很小。在批发市场不可能长时间慢慢挑选，有些商品也许并未相中但迫于进货压力不得不赶快选购，网上进货则可以尽情挑选，一般的网上批发基本上都是 10 件起批，有的甚至是 1 件起批，这样在一定程度上增大了选择余地。网络进货还能减少库存压力，还具有批发价格透明、款式更新快等优点。网络进货优势明显。网上批发是近几年才开始兴起的新事物，发展的虽然还不成熟，但网络进货相比传统渠道进货的优势已经很明显，具有以下几个优势。

第一，成本优势。可以省去来回批发市场的时间成本、交通成本、住宿费、物流费用等。

第二，选购的紧迫性减少。在批发网站上选购货物可以精心比较，慢慢挑选，不受时间的限制，大大减少了实地采购货物的紧迫性。

除去上述的几个优势之外，在网上进货也需要注意，要看网站是否支持上门看货。如果不能支持上门看货，那就要先考虑一下这个商家是不是骗子公司了。当然有些公司由于代理数量比较多，可能会对上门看货提出一定的要求，比如有的公司会要求必须一次性批发 50 件并预交定金之后才支持上门看货，一来是为了最大限度地优化客服工作程序，二来是最大限度地保证对每一位经销商的正常服务，这样的要求也是可以理解的。所以在是否支持上门看货这一点上，还需要大家更加仔细地辨别、分析，不能一概而论。另外还要看网站的发货速度。有些网站的发货速度非常慢，可能下了订单之后两三天甚至五六天之后才发货，严重影响了顾客对卖家的信任，造成了客户资源的流失。所以在选择批发网站的时候，一定要看网站对发货速度的承诺。发货以后还要看网站是否支持退换货。有些网站以次充好或者在产品发生质量问题的时候以各种理由搪塞这一点也需要加以注意。

网络进货不比批发市场进货，因为网络毕竟存在着一定的虚拟性，所以大家选择商家的时候一定要谨慎小心，选择比较可靠的商家进行交易。在这方面，新手淘友要注意，第一次去先不要急于时间所限，不可能长时间慢慢挑选，有些商品也许并未相中但迫于进货压力不得不赶快选购，但是这里就不得不提到网上进货，这种方式可以尽情挑选。一般的网上批发基本上都是10件起批，有的甚至是1件起批，这样在一定程度上增大了选择余地。网络进货还能减少库存压力，还具有批发价格透明、款式更新快等优点。目前网络上有大量的各类商品批发网站，为卖家进货提供了很大的便利。但与此同时，很多卖家开始反映遇到一些骗人的网站，以下是一些提供给电商平台新人识别骗子网站的方法。

①观察网站制作是否精致。很多骗子网站制作都是非常粗糙的，甚至只是几个很简单的页面，网站的图标也非常粗糙，让人看上去非常不舒服。而正规注册公司的网站都会非常在意网站的形象，同时对网站的技术要求也都会比较高，网站的图片、形象等都很规范、清晰，视觉效果非常好。

②观察网站留下的联系方式、公司地址是否详细。一般的

骗子网站是不会留下详细联系方式的，或者只留下一个手机号码，至于具体的公司地址更是语焉不详，而正规的注册公司网站联系信息一般都会非常详尽。

③观察网站的营业资格。一般的骗子网站都没有营业执照，可以要求他们出示营业执照等证明。不过需要注意的是，一些比较高明的骗子网站也会用图片处理软件伪造一份营业执照，大家在观察营业执照的时候需要仔细辨认，查看是否有涂改痕迹，而正规的注册公司网站则会主动出示他们的营业执照。

④了解网站的合作状况。在决定要代理商家的产品之前，一定要多注意了解他们的网站，注意观察他们是否有与其他网站进行合作、推广等活动，骗子网站是不可能和其他网站进行合作的，而正规的公司网站都会主动寻求合作。

①判断网站是否属于注册公司。如果连公司都没有注册，这样的网站货品要么就是调市场货来销售，要么就是做一些回收货品的销售等，货品质量很难得到保障。

②看货品更新速度是否快速。货品更新速度影响到网络销售的业绩，同时也影响到实体店铺的营销业绩。如果一个网站的商品更新速度比较快，至少说明他们的产品在市场上的受欢迎程度还是不错的。

③是否是真人实物拍摄。目前网络上有很多服装都是一些时尚杂志上的款式图仿单，导致出现了很多问题，比如实物与相片不符合、实物质量太差等，造成很多不必要的损失，而真人实物拍摄则强调了衣服的质感。

真拿货，多问多看多转，把市场行情摸清，做到心中有数才能游刃有余。所以在线上进行货物的批发也一定要擦亮眼睛。综上，开店的具体流程基本就是如此，接下来看一个开店具体流程做得十分优秀的经典案例。

经典案例：

一款宝贝撑起一个店铺

2011年2月11日，我注册了淘宝女装店，取名"小米美衣"。最开始模仿当时淘宝上有名的皇冠店铺"1987流行馆"卖T恤，坚持一个月后，只收获了4笔订单。我日思夜想，无处下手。

4月开始，我将目光转向广州本地的女装市场。这里货源价格低廉，自产自销。逛了几天市场后，我发现很大一部分商家都在做纯色长裙，松紧腰，颜色包括白、粉、青、浅蓝、深蓝、紫色、黑色7种，长度有66cm、85cm和100cm3种，销售火爆。有些店铺在价格便宜的当口，甚至出现抢货的情况。为了冲信誉，21元/条的拿货价，我定价29.9元/条。拍照时搭配店铺的T恤，并做全店的两件包邮活动，这样T恤存货也被带动起来。

为了吸引更多买家，我把7个颜色分别建了宝贝链接，那时重复铺货还没有被禁止。由于每个宝贝的上架周期是7天，每到快下架时候，分链接总会吸引来一批自然流量。并在每个分链接后附上总链接地址，提醒买家转到总链接购买，这样总链接的宝贝在自然搜索时，会排在前面。由于我是当时全淘宝长裙类目卖得最便宜的，2010年夏天，这款长裙的月销量就突破 1000 条，整个夏季共卖了 4000 条长裙，店铺信誉仅靠一款单品就升到 4 钻。

尝到第一季的甜头后，我总结经验：铺再多的货也没用，关键是爆款。善于利用本地货源优势，爆款带来的好处就会有很多，例如人气排名靠前、提升关联销售、增加收藏量及吸引新客户等。

2011 年冬天，我通过跑市场和网上测试，选中了一款棉裤，进价 35 元/条，售价 49 元/条，将月销量冲到 1000 件。一个冬天下来，净利润 4 万元。当时，店里总共也就几十款宝贝，其中爆款的分链接和总链接就有 3 个，其他的 SKU 都是围绕着爆款，和爆款相搭配的，这样能带起关联销售的产品。这个阶段，我开始测试直通车，当时每个点击平均花费 0.3～0.5 元，就可以排到前几页位置。每天消费 30～500 元钱，可以带来几十笔订单。

通过 2011 年一年的摸索，我更加坚定了走爆款之路。并明确把店铺 SKU 划分为跑量款和利润款两种。2012 年 4 月店铺一下子就火爆了。我开始铺货，各种各样的长裙、短裙、连衣裙，纯色的、花朵的；纯情风、波希米亚风；各种长度的，辅之少量爆款的 T 恤。一个月后，店铺升冠，到季末店铺升至两冠。每天 100 多个包裹，也吸引来很多小额批发，更有中国香港、中国台湾的买家。

2012 年冬天，我打造出了自己淘宝生涯最强大的一个爆款一月销量逼近 8000 件。21.9 元/条的冬款毛线短裙，共 10 多种花色，2 条包邮，进价 12～15 元，爆款带来关联销售。这个爆款帮我在这个冬天，赚到了净利 18 万元。

2012 年一整年，我埋头钻研淘宝推广渠道，并沉淀下一套利用直通车，辅以淘宝客来快速打造爆款的方法，即每天早晚各花 2 小时，挨个调整爆款直通车的 200 个关键词并不断测试合理出价，让一款宝贝完胜支撑起整个店铺。获得了巨大成功。

4 网店日常运营管理

4.1 了解自家产品进行有针对性的货品选择

俗话说"商场如战场"，时机一旦错过，必将"吃败仗"。因为，你不可能随时进货随时到货，从进货到入库、上架总需要一定的时间。一旦商品无法按时到达，就会造成缺货，从而影响销售，甚至会影响店铺的形象。所以，店铺经营者一定要掌握进货的最佳时机。要根据自家产品的定位以及受众的定位，做到对自家产品心中有数。

开网店，商品分为两类：一是话费、点卡之类的虚拟产品，这类产品是不需要运费，直接网络交易的；二是实物，实物是需要通过快递、物流等的实际运货的。如果您是想做虚拟类的产品，那您首先要考虑好做哪类的虚拟产品，选择好做什么产品后，接着就要对相应的产品进行了解了。比如您选择了做话费充值，那您就要对你充值的情况要了解，是快冲还是慢充。能充值哪些地区的号码，多久能够到账，别人一样的产品都卖多少钱，网络做这块前景如何，客户群体如何等等。如果您是做实物的，同样要对自己的产品要了解，自己的产品有什么特色，产品适合哪些人群，这类产品在网络热不热销等，产品了解了以后，接着就是快递物流公司的环节，用哪家的价格优惠，要了解每家的公司覆盖以及相应的价格等。并且一定要明晰的几点就是自家网店所针对的消费者的品位。先从各个渠道详细了解当前大众消费者的品位，看他们是重实用还是重感观，重内涵还是重外形，重本土品牌还是重国外品牌，等等。还要关注消费者的文化鉴赏力，了解一下当前大众消费者的文化鉴赏力如何。

在面对销售及市场动态时，广泛关注市场动态，并进行分析预测，对于市场需求能力作出预测，并且预测市场需求能力及市场需求量。一定要重视消费需求的不确定性。消费者的消费需求变化很大，不确定性增强了，流行风的存活期也越来越短，流行风具备越来越强的区域性。在明晰了具体的店铺以及消费者的定位之后，我们可以有针对性地进行货物的选择。在上文中已经提到了有线下批发市场与线上的电商进货市场两重选择。接下来就要说一下了解自家产品之后进行有针对性的货品选择。

4.1.1 民族特色工艺品是网店货源的一个不错的选择

民族特色工艺品具有工业化产品所没有的特性与优势，如奇特、淳朴、个性化，具有地域特色、民族内涵、文化底蕴等，这些特性与优势使其在商品海洋中显得尤其突出。民族特色工艺品有很高的收藏价值。人们外出旅游，除了在景点拍照留念之外，一般还会购买当地的民族特色工艺品作为收藏品或赠予朋友的小礼物，抑或是用作家居装饰。现代的人们不太喜欢冷冰冰的金属材料、没有质感的塑料制品，而是更喜欢具有民族内涵和文化底蕴的民族特色工艺品，如在书房、卧室、客厅的墙壁挂上具有民族特色的挂毯，或张贴具有民族风情的装饰画，已经成为家居装饰的新潮。不仅如此，民族特色饰品也成为人们的最爱，如钥匙圈、手机挂件、胸颈饰物、衣饰、首饰、脚饰、头饰等。

4.1.2　换季、节后、拆迁与转让的清仓品

由于商家急于处理这类商品，其价格通常很低，如果你以一个极低的价格买进，再转到网上销售，利用地域或时间差价则可以获得丰厚的利润。所以，要经常去市场上转转，密切关注市场变化。每到换季时间，大大小小的商场各显身手，名目繁多的优惠活动层出不穷，花花绿绿的横幅到处悬挂，直接冲击着过往行人的眼球，这是有心要开网店的人进货的好时机。选购换季商品时，在商品品质方面也要注意，注意不要挑到残次品和瑕疵品。有些特殊的商品要注意有效期或保质期，要注意察看商品是否合时宜。

4.1.3　品牌商品清仓

品牌商品在网上是备受关注的产品之一，很多买家都通过搜索的方式直接寻找自己心仪的品牌商品。不少品牌商品虽然在某一地域属于积压商品，但在其他地域可能是畅销品，所以，积压库存的品牌商品也是网店货源的重要渠道之一。这种商品的优点在于商品价格低，品种多。由于工厂处理库存货几乎都是被动处理，价格方面自然比较好谈，但也取决于个人的谈判

能力，谈判能力强的自然可为自己省下不少钱。另外，人缘比较好的人可以轻松调动场面气氛，说话很容易让人接腔，砍价方面自然过人一等。

4.1.4　工厂店直接对接

一件商品从生产厂家到消费者手中，要经过许多环节，其基本流程是：原料供应商—生产厂家—全国批发商—地方批发商—终端批发商—零售商—消费者。如果是进口商品，还要经过进口商、批发商、零售商等环节，涉及运输、报关、商检、银行和财务结算。经过如此多环节、多层次的流通组织和多次重复运输过程，自然就会产生额外的附加费用。这些费用都被分摊到每一件商品上，所以对于一件出厂价格为 2 元的商品，消费者往往需要花 15 元才能买得到。所以如果是简单的商品选择，可以直接选择和工厂店对接。这样可以实现互利共赢。

网店可以售卖商品的详情，以及购物网站的卖家分布情况，只能作为我们选择自己所销售商品的参考，具体该选择什么商品，还需要根据自己拥有的资源来决定。每个人所在地区不同，能够接触的商品货源渠道也不同，准备开网店前，我们就应该把自己的各种货源渠道进行分析，然后从中选择最有优势的商品。如果是已经拥有实体店铺的商家，那么本身就占有了商品优势，将自己实体店铺的商品在网店中销售，货源是现成的，无须单独进货，同时还扩大了自己商品的销售区域，而且实体店与网店经营两不误。对于实体店而言，通过网店可以增加宣传力度，吸引潜在顾客；对于网店而言，由于具备了实体店铺的支持，将会在很大程度上增加网上买家的信任度。如果只是想开个网店小试身手，那么应该选择自己所熟悉的行业或渠道，这无论对于商品的利润、进货或者日后的退换货，都有一定的便利性。如自己在服装行业工作，对特定的服装渠道比较熟悉，就可以经营服装；对化妆品行业较为熟悉或熟悉其渠道，就可以经营化妆品。

接着分析所选择商品的优势，自己所选择商品的品牌，是具备一定影响力呢，还是不知名的小品牌？品牌在网上购物中的影响比现实中更为重要。由于无法看到商品实物，因此很多买家在选购商品时，对品牌的依赖是非常大的。自己将要销售商品的价格，在同类商品中是否有优势，绝大多数买家选择网上购物，就是因为网上销售的商品价格明显低于实体店中的价格。同时在选购商品时，也会在同类商品中进行对比，如果商品各方面都一致，只是价格存在差异的话，那么价格低的卖家，无疑更容易把自己的商品卖出去。商品的销售价格＝卖家的进货价格＋卖家的利润。在利润固定的情况下，能找到价格更低的货源渠道，就意味着商品的销售价格可以更低一些，在同类商品中就更具有竞争力，更容易吸引买家。

4.2 发布产品

在商品发布之前，我们需要先准备商品的实物图片与资料，然后逐步发布商品。为了使自己的商品更加吸引买家，还应该掌握对商品命名的技巧，以及怎样合理地给商品定价。

4.2.1 准备宝贝的图文资料

我们在发布商品前，首先需要准备好商品的相关资料，这主要包括经过处理后的商品图片、关于商品的介绍内容等。对于商品图片，建议保存为 JPG 格式，这里提示一点，就是淘宝详情页面默认最宽能够显示 750 像素的图片，如果全屏显示，可以显示 950 像素的图片，但一般情况下，都是采用左右双栏，所以我们在处理图片时，最好将宽度控制在 750 像素。对于商品描述内容，可以先在记事本等程序中撰写并整理好，然后直接保存为文本文档，当发布商品时，打开文档复制内容就可以了。另外，一个店铺中通常会发布数量较多的商品，为了避免商品资料混乱，还应该采用合理的结构保存，通常来说，将不同商品的相关资料分类保存到不同的文件夹中。

4.2.2 发布并设置宝贝类别

准备好宝贝资料后，就可以进行宝贝的发布了，淘宝支持"一口价""拍卖""个人闲置"3 种宝贝发布方式，一般新开店卖家可以直接选择"一口价"方式进行售卖。具体操作方法如下：第 1 步：打开淘宝网后，登录并进入卖家中心，在左侧"宝贝管理"下单击"发布宝贝"链接；第 2 步：直接跳转到一口价选择类目页面，在此选择要发布的商品类别；第 3 步：确认后单击下方的"阅读以下规定现在发布宝贝"按钮。在这里我们重点提示一下，绝大多数买家在淘宝网中选择商品时，都会通过商品类别来一步步进行浏览，因此广大卖家在设置商品类别时，必须要设置得细致、准确，这样被买家搜索到的概率就会大大增加，同时也在一定程度上增加了商品的销售概率。相反，如果商品的类别没有设置准确，那么在买家浏览过程中，会很直接地将商品排除到购买意向外，如我们将"男士西服"分类到"女装"中，那么浏览女装的买家，就会完全忽略这件商品。而且淘宝也对分类有硬性规定，随便安排类目商品会被下架甚至店铺会被扣分。

4.2.3 设置商品属性

进入宝贝发布页面后，最先要将宝贝设置为全新宝贝，其后需要根据产品自身特色，选择对应的属性参数。这里所选择的各项属性，最终将以表格形式显示在商品销售页面的上方，买家也会在一定程度上根据卖家所提供的商品属性决定是否购买商品，因此，卖家必须对自己的商品全面了解后，再设置商品属性，从而避免以后由于商品与描述不符而造成交易纠纷。我们知道，买家在购物网站中浏览商品时，首先关注的就是商品缩略图片写商品名称，一个诱人的商品名称，不但能增加商品的浏览量，还能激起买家的购买欲望。

4.2.4 填写宝贝标题

根据经验我们对商品的命名提出以下几点建议。在商品名称前加上自己店铺的名称，建立自己的品牌形象。若含有品牌商品，建议在商品名称前添加品牌名称，从而通过品牌自身的影响力来吸引买家。尽可能在商品名称中添加能表现商品特性的内容，如"新款上市""商品质地""商品风格"等信息。对于一些商品，尽可能在名称中表现出个性、时尚、潮流等特性；

季节性或者时间性强的商品，也可以在商品名称中展现出来。实时掌握热门关键词语，并将其与商品名称关联起来，增强买家的关注程度。最后也是最重要的一点，就是商品名称的独特性，在购物网站中可能有很多商家都销售同类商品，那么我们为自己的商品赋予一个独特的名称，不但能够在同类商品中彰显出来，而且可以避免买家通过商品名称与同类商品进行价格对比。

4.2.5　制定合理的商品的价格

　　商品的价格也是影响买家购买的重要因素之一，往往一件商品有很多卖家在销售，如果商品其他方面相同，那么价格低的卖家，就更容易把商品卖出去。这里我们并不是建议绝对低价，价格太低，反而会让买家产生怀疑。针对商品定价，提供以下几条建议：多对比同类商品不同卖家的价格，定价不宜比平均定价太高或太低，而从中找到最佳切入点。运费与定价合理安排，在商品销售总价不变的情况下，巧妙把握买家心理，降低商品价格，提高运费；或者降低运费，提高商品价格。对于一些采用计量单位称重或量尺寸的商品，可以使用较小的单位来计量，如茶叶商品的价格为 200 元 1 千克，那么可以改为 10 元 50 克。掌握买家的价格心理，如定价 100 元与 99 元，只悬殊 1 元，但就买家心理而言，99 元属于"几十块"，就更容易让买家购买。

4.2.6　设置商品规格

　　标题和价格设置好以后，还需要输入商品的颜色、尺码规格以及库存信息，在该区域中不同信息的设置方法如下：对于不同的商品，下面显示的属性也不同，如服装类商品，将显示"颜色"与"尺码"两个选项，在其中可以选择商品的颜色与尺码，选择颜色后，还可以自定义颜色名称。最后根据"颜色"与"尺码"组合列表来设定不同颜色、不同尺码商品的库存数量，库存数量表示着商品的可销售数量，对于卖家而言，就等于该商品自己可以进货的数量，如开始进货 5 件，但供货商能够长期提供货源，那么这里就可以多填写一点，避免在网店中由于库存数目不足而无法销售。在商品信息区域中，"货号"与"商家编码"两项内容可以任意填写，只要便于自己区分商品与商家来源即可。如果是网店代销，那么货号最好与代销商提供的货号一致，这样便于以后联系代销商发货或询问是否有货，当下是否可以发货等等。

4.2.7 上传宝贝主图和详情页面

宝贝主图和宝贝详情页面，可以说是淘宝卖家生意好坏的奠基石，图文的好坏，将直接影响客户是否点击主图，然后通过详情页介绍实现下单购买。首先在"宝贝图片"右侧，单击"本地上传"按钮，依次上传 5 张宝贝主图图片，注意图片大小，最好处理成 700 像素×700 像素以上，这样可以让主图实现放大功能，在下方的"宝贝描述"里，根据需要对宝贝进行图文描述。也可以直接利用 PS 等软件先制作好 750 像素宽度的详情页图片，然后在这里单击"插入图片"按钮将详情页图插入，作出具体的介绍。商品描述是发布商品过程中最重要的一个环节，即将销售商品的特色完全是在这里体现的，其中包括设置商品的缩略图片、具体的商品描述内容，以及全面的商品实物图片等。它是让自己销售的商品与买家面对面接触的地方，前面我们精心拍摄处理的各种宝贝图片，都会在这里进行展示，因此一定要引起足够的重视。

4.2.8　设置物流信息

网上交易的商品，都是通过物流来进行的，常见的运输方式主要有平邮、快递以及 EMS 三种，在这里我们需要根据自己商品的情况（主要取决于重量与体积）来设置相应的运费。先选择自己的所在地（商品发货地），然后选择运费承担方，一般是"买家承担运费"。对于单件商品的运费，设置是非常简单的，只要选中"平邮"地区，然后分别设置不同运输方式的价格就可以了。

4.2.9　设置其他信息并成功发布宝贝

完成以上设置以后，卖家继续设置其他宝贝的相关信息，完成后即可进行发布，具体操作方法如下：第 1 步是先设置宝贝的售后保证信息；第 2 步是设置会员折扣、库存、上下架时间等其他信息；第 3 步是单击"确认"按钮即可完成宝贝发布。

4.2.10　以拍卖方式发布宝贝

拍卖是指商品仅设置最低起拍价，让买家竞价购买，在指定的拍卖时间内，出价最高的买家可以购买到该商品。一般情况下，这种方式适合在店铺促销时使用。首先进入我的淘宝，切换到"我是买家"的选项卡，随后点击发布拍卖宝贝的按钮，成功发布宝贝。起拍价格一定要足够吸引人，越低越好；加价幅度可以选择系统自动加价，也可以自定义每次的加价幅度；最后宝贝数量一定要填写正确，否则到时候本来只是做活动赚人气，但由于数量设置失误，被买家拍下却不得不发货是得不偿失的。

4.2.11 使用淘宝助理批量发布宝贝

在线发布商品到网店中，有时可能会因为网络原因导致之前编辑的信息丢失。而淘宝助理软件可离线完成商品信息的编辑和保存，再批量发送到个人网店中，相当方便。随着店铺开张时间的延长，我们需要发布的商品也越来越多，这时登录到店铺中逐个发布商品就比较麻烦，而且商品多了之后，还需要对其进行各种管理。淘宝网为此提供了淘宝助理工具，我们可以使用该工具直接批量编辑、发布商品，以及对商品进行各种管理。简单地说，淘宝助理就是一款离线管理和发布淘宝网店宝贝的实用工具，不管是宝贝发布、编辑、发货、上传商品图片等操作均可批量操作。且淘宝助理支持本地图片上传宝贝时自动将本地图片上传图片空间，这样可以为大家节省更多的宝贵时间。

要通过淘宝助理来上传宝贝，首先进行软件登录，具体操作方法如下。先是下载、安装淘宝助理，并启动该程序，打开"淘宝助理"登录框，在"会员名"与"密码"栏中分别输入对应的淘宝账户与登录密码；单击"登录"按钮，稍等片刻，即可成功登录"淘宝助理"，淘宝助理软件可以实现网店商品的离线编辑和上传，同时也可解决在线上传宝贝时容易出现的断线、网络故障等问题，不至于把辛苦编辑的商品资料丢失。如果用户是上传自己的商品，则首先需要在淘宝助理中建立一个宝贝模板，然后在模板中进行商品资料的填写编辑，完成后直接上传到店铺即可。打开淘宝助理，进入"宝贝管理"页面，单击"宝贝管理"选项；单击"创建模板"链接，弹出"创建宝贝模板"框，输入"宝贝模板"的基本信息；单击"保存"按钮，此时，模板就创建成功，在"宝贝模板"的宝贝列表框中，选择宝贝后，右击鼠标；在弹出的菜单中单击"复制宝贝"命令。但必须记住"宝贝模板"中的宝贝模板是无法上传到线上店铺的，这也是很多新手卖家经常会犯的错误。建立模板后，要把"宝贝模板"中的宝贝复制到"本地库存宝贝"中，完善宝贝信息然后保存上传。在"本地库存宝贝"的宝贝列表框中右击鼠标；在弹出的菜单中单击"粘贴宝贝"选项，即可将"宝贝模板"中的宝贝复制到"本地库存宝贝"，对宝贝编辑完善后，保存并且上传。弹出"上传宝贝"对话框，在图片分类中选择"宝贝图片"选项；单击"上传"按钮，这样就可以操作成功啦。

4.2.12　批量上传代销宝贝

对于做代销或者虚拟代理的卖家而言，一般无须自己创建商品信息，只要获取到代理商提供的数据包之后，将数据导入到淘宝助理，然后进行简单编辑即可。在淘宝助理中导入数据包，批量上传代销宝贝。第 1 步是在左侧分类列表中选择"本地库存宝贝"选项；第 2 步是单击右侧工具栏的"导入 CSV"选项，选择从 CSV 文件导入，这样就可以成功操作了。

4.3 产品美化与相关维护与店铺装修美化

4.3.1 产品美化

卖家都知道，网店的销售主要是通过图片形式将商品展现给买家，因此，如何拍摄出好的商品图片，然后再对其进行编辑处理，从而达到最佳呈现状态是非常重要的，所以学习如何将照片拍的吸引人眼球，将产品美化是十分重要的。若想将商品展现得更逼真，首先需要拍出好的商品实物照片。虽然拍照人人都会，但如何拍出赚钱的商品图片，却不是一件简单的事情，因为这也需要一些拍摄的技巧，当然也离不开相应的拍摄器材的支持。

1. 相机的选择

数码相机是拍摄商品照片必备的器材，目前主流的家用数码相机像素都在 1000 万以上，完全可以拍出非常清晰的照片。当然如果拥有专业或准专业的单反相机，那么拍摄出的相片质量会更好。对于准备购买家用数码相机的朋友，在选择时主要考虑以下几个因素。

（1）像素。相机的像素越高，拍出照片的分辨率越高，也就越清晰。在像素方面，尽量选择当前主流像素级别，如目前相机的像素大致有 800 万、1006 万、1200 万等，可根据自己喜好与预算来选择。

（2）CCD 尺寸：相机的感光元件，这是衡量一款相机性能的重要指标，CCD 尺寸越大，拍摄出的照片也就越细腻，目前主流家用相机的 CCD 尺寸多为 1/2.3 英寸，部分相机甚至达到了 1/1.6 英寸。

（3）感光度：相机的感光度决定着相机在一些特殊环境中拍摄照片的质量。高感光度相机，即使在较黑暗的环境中，也能拍摄出清晰的照片。目前主流家用相机的感光度范围是 160～3200，并可在不同范围内进行手动或自动调节。在拍摄商品实物图时，不可避免地要拍摄商品的细节大图，这就要求相机具备较好的微距拍摄效果。目前主流家用相机都支持微距拍摄，选购时可实际拍摄来对比效果。目前市场上相机种类繁多，并且各品牌主流相机的性能也大致相同，我们在选购数码相机前，可以先到专业数码类网站中了解并对比，然后结合自己对品牌的喜好，来选购最中意的相机。现在的数码相机品牌众多，好品质的产品也比比皆是。对于一般的卖家而言，可用后期图片处理软件来辅助，所以在此项硬件投资上持"实用"原则即可。

购买相机后，对相机进行适当的维护保养，可以使相机保持最佳工作状态，方便拍摄，也可延长相机的使用寿命。相机镜头是非常精密的部件，其表面做了防反射、增透的镀膜处理，一定要注意不能直接用手去摸，因为这样会粘上油渍及指纹，对镀膜伤害很大，而且对照片的质量也会有影响。相机使用后，镜头多少都会沾上灰尘，最好的方法是将其吹掉，或者用软毛刷轻轻刷掉。如果吹不去也刷不掉，那就要使用专用的镜头布或者镜头纸轻轻擦拭，但是不到万不得已尽量不擦拭镜头，更不要用纸巾等看似柔软的纸张来清洁镜头，这些纸张都含有较容易刮伤镀膜的木质成分，一不小心会严重损害相机镜头上的易损部件。彩色液晶显示屏是数码相机重要的特色部件，因此在使用过程中需要特别注意保护。首先要注意避免被硬物刮伤，有些相机彩色液晶显示屏的表面有保护膜，有些没有，没有保护膜的彩色液晶显示屏是非常脆弱的，任何刮伤都会留下痕迹，你可以考虑为其配上保护膜，这对日常使用有一定保护作用。另外存储卡在摄影过程中扮演着相当重要的角色。但是，由于存储卡的使用比较简单，经常会因为使用者的大意而导致存储卡损坏。储存卡也要避免在高温、高湿度的环境中使用和存放，不要将其置于高温和直射阳光下。避免触及存储卡的存储介质，避免重压、弯曲、掉落、撞击等物理伤害，远离静电、磁场、液体和腐蚀性的物质。如果长期使用，在拆卸存储卡时会因插槽的接触点脏了，而导致存储、读取信息的故障，这时您可以使用压缩空气将灰尘吹去，而千万不要用小的棍棒伸进去擦，否则可能引起更大的问题。

数码相机对电力的需求特别大。因此，可重复使用的存储电量大的锂电池和镍氢电池越来越受到用户的欢迎。但无论是锂电池还是镍氢电池，其使用、保存、携带都有很多要注意的地方。镍氢电池的记忆效应尽管很低但仍然存在，这种效应会降低电池的总容量和使用时间。随着时间的推移，可存储电量会越来越少，电池也就会消耗得越来越快。因此，应该尽量将电力全部用完再充电。如果使用的是锂离子电池记忆效应的问题就不需要考虑了，每充放一次，就会减少一次电池寿命。若是打算长时间不使用数码相机时，必须将电池从数码相机或充电器中取出，并保留约70%的电量，然后存放在干燥、阴凉的环境中，而且不要将电池与一般的金属物品存放在一起，这点对于非充电电池尤其重要。锂离子充电电池在长期不使用时，应至少每半年进行一到两次充放电循环。数码相机有严格的操作温度，其不适合在寒冷环境和高温环境下进行拍摄。高温会影响黏合光学透镜的黏合剂，也会影响照相机内的其他部件。而在寒冷的环境下，相机容易出现润滑剂凝固、机件运转失灵、电池效率降低等问题。因此，使用数码相机时应该远离热源和冷源，如暖气片以及其他发热或者制冷设备等。

2. 摄影常用技术及术语

就算是普通的相机用户，在拍摄店铺的商品图片时，也需要掌握一些比较常见的摄影术语，这有利于提升自己的拍摄技术，以便获得更好的商品图片，下面就来看一下常见术语的含义。

（1）有效像素

有效像素英文名称为 Effective Pixelso，与最大像素不同，有效像素是指真正参与感光成像的像素值。我们在购买数码相机时主要就是看有效像素的数值，而不是最高像素的数值。

（2）快门

用于控制曝光时间长短的装置，快门一般可分为帘幕式快门、钢片快门与镜间叶片式快门三种，常用普通数码相机的快门大多在 1/1000S 内，基本上可以应付大多数的日常拍摄，目前最高的快门速度可达 1/12000S 以上。

（3）焦距

透镜中心至焦点的距离叫焦距，焦距的单位用毫米（mm）

来表示，一个镜头的焦距通常标在镜头前面，如 50mm（这就是我所说的"标准镜头"）、28～70mm（是最常用的标准变焦镜头）、70～210mm（是长焦镜头）等。

（4）景深

该概念指的是影像相对清晰的范围，景深的长短取决于 3 个因素：相机与拍摄对象的距离、镜头焦距、所用的光圈。例如，在同样光圈、拍摄距离下，28mm 镜头的景深远远大于 70mm 镜头的景深。

3. 搭建自己的摄影棚

在整个淘宝卖家开店过程中，拍照无疑是万里长征第一步，怎样拍好宝贝照片，成了众多新手卖家最关注的问题。要知道一般小卖家，不可能有专业的摄影棚，如果在室外还好，如果是室内，往往由于晚上家里灯光太暗而影响整个商品的拍摄。这里就教大家轻松搭建一个小型淘宝摄影棚，以便更好地拍摄淘宝商品。可以使用废旧的包装纸盒，然后去掉顶面，就可以作为简易的摄影棚，当然有条件也可以直接淘宝买现成的淘宝摄影棚（根据你拍的产品类型选择大小）。有了简易背景棚，还需要相应的背景，一般可选择纯色的素描纸、毛毡布、粗麻纱等，有条件的还可以选择能够产生投影的倒影板，再使用一些其他小物件作为搭配。

一般拍摄小物件，我们只需要 3 盏灯即可，分别为左右两侧各一面，顶部一面。追求性价比的话，可以选择 5500 色温的摄影用常亮灯，为了追求更好的光影效果则可以选择 400W 以上的闪光灯。当然也不是一定越亮越好，合适的光源最佳。常亮灯作为持续光源，和普通室内灯一样，能够一直提供照明。针对新手，不需要太多打光技巧，能够更快地拍摄出商品照片最重要；而使用闪光灯，虽然拍出的效果非常好，但也需要一定的布光能力，价格更高，一般卖家可以直接选择常亮的灯光设备。不管用什么灯，都必须配上对应的灯架，同时用上柔光罩，会让你的灯光更加柔和，拍出的照片效果才会没那么生硬，一个较为完善的简易摄影棚，它应该包含背景箱、灯架、灯置（柔光置）等等，当然，这里的小棚只适合拍摄一些首饰、五金件、食品等小物品，如果拍摄服装、真人秀等照片，则需要更专业的设备，比如摄影台、背景墙等等。摄影台可以用比较大的层板代替，下面用板凳支撑，这样拍摄平铺服装效果很好；而背景墙则可以用普通墙面，或者比较素的墙纸代替。

对于拍摄网店商品而言，辅助器材还有三脚架、反光板（伞）、灰卡、黑卡等，其中三脚架是必备的，我们拍摄的商品图片都是静态图片，三脚架可以有效地稳定相机，避免出现由于手拿相机细微的颤抖而产生的照片模糊。尤其对于需要拍摄大量商品图片的卖家而言，这一点尤为重要。通过反光设备，则可以让灯光（尤其闪光灯）发生的光线方向发生改变，为模特补光后可以使其面色更加光亮明晰，服装色彩更柔和，商家可以根据自身需求选择。不同的商品，拍摄时光线对其产生的影响会不同。例如在拍摄表面粗糙的商品（棉麻制品、皮毛等）时，为了体现质感和层次感，建议采用侧光或侧逆光，即从物品的侧面打光。这样会使物品产生一些阴影，显出商品表面明暗起伏的特点，立体感更强。要避免光线从物体的正面照射。

如果商品的表面光滑（金属饰品、瓷器等），拍摄时就要采用柔和的散射光线，或者采用间接光源，也就是经过反射的光线，这样拍摄出的效果较好。

4. 不同类型商品的拍摄

目前网店中销售的商品，主要可以分为服饰类、化妆品类、数码类以及生活用品类，对于不同类型的商品，拍摄方案、拍摄技巧也各不相同。下面针对这 4 类商品提供相应的拍摄方案、建议和技巧，广大卖家在拍摄商品图片时可以作为参考。

（1）服饰类拍摄方案

服装类商品在拍摄时，一般选择两种拍摄方案，一种是真人试穿，另一种是将服饰水平摆放好直接拍摄。对于真人试穿拍摄，建议在户外进行，因为户外的光线比较好，照出来的衣服色彩还原度也比较高，图片看上去真实可信。如果选择在室内进行拍摄，则最好能够提供一面纯白色的背景，如较为光滑的白色墙面、铺上白色绘图纸的墙壁等，相信绝大多数用户都可满足这个条件。而仅对于衣服拍摄，就涉及衣服的摆放，一般情况下都选择纯色的背景，然后将衣服摆放在背景上，根据衣服的特性进行摆放，尽量让其看上去显得修身，能突出立体感。同时可以在衣服旁边摆放一些其他物件，这样可以起到点缀作用。室内拍摄服装类宝贝的技巧对于室内拍摄而言，为了光线更加充足，有条件的用户可以采用 1 到 2 盏布光灯。一般来说，细腻质料的衣服适合用柔和光，而粗糙质料的衣服适合直接打光，以挽回质料差的感觉。为了通过照片更加逼真全面地展现出实物，我们通常需要从各个角度对服饰进行拍摄，下面大致列出不同服饰需要拍摄哪些角度的照片。外套类：正面、背面、内里，细节图则为衣领、袖口、衣兜、拉链扣子以及衣服材质细节；毛衣类：正面、背面，细节图则为衣领、袖口、工艺与材质细节等；衬衫类：正面、背面，细节图则为衣领、袖口、衣袖；裤子类：正面、背面，细节图为拉链、裤兜；鞋类：正面、侧面、底部，细节图则为材质特写、特色设计等。以上无论哪种服饰，在拍摄时，均要考虑如何能够全面地将服饰的各个层面展现出来，具体如何拍摄，卖家可以结合自己的经验来操作。如果是品牌服饰，那么可以单独拍摄品牌 LOGO 位置以及服饰吊牌。

（2）化妆品类产品的拍摄

化妆品类商品一般采用盒装或者瓶装，体积均较小，在拍摄环境选择上也非常方便，如一张桌子、一个凳子均可，为了彰显出质感，可以采用白纸作为底面，另外，很多化妆品采用透明玻璃瓶，在这类商品的拍摄上，可以采用黑色背景纸，从而突出商品的轮廓与层次。在拍摄用光上，由于化妆品类本身体积较小，因此可以因地制宜来选择光源，如室内拍摄可以采用台灯、日光灯等。化妆品摆放：要考虑颜色的搭配，最好是明暗穿插，例如样图中，盖子是黑色，瓶体是粉色，把盖子拿掉后放在旁边可以让画面更加丰富。另外，宝贝最好是稍微侧一些可以看到另外的几个面。主光是宝贝受光的主要光源，它的位置决定图片的光感。应该基本上与产品是垂直的，灯芯一定要对准宝贝。主光位置为侧逆方向。这样可以让瓶体通透。而辅光顾名思义就是辅助主光的另一个光源，它可以调整画面的反差，增加画面的层次感。辅光的位置在前侧，与主光的光比为 1：2，切记化妆品拍摄一般情况下光比不会太大。若要将化妆品拍得更有生命力，光感是第一位的，除了掌握反差外，微调光位，让光线勾画出化妆品的轮廓也很重要，这里需要摄影师一点一点地挪动灯位，找到能够勾勒轮廓的最佳位置。相机位置放得比较低，基本上与产品水平，这样拍摄可以使产品更加挺拔。

静物台：拍摄化妆品时静物台要使用光面亚克力板，这样倒影可以通过拍摄完成，无须后期添加，会更加自然，显得高档。

（3）数码类产品的拍摄

数码类商品同样不需要太大的拍摄空间，这里建议大家采用鞋盒或者其他纸箱（内面为白色的）作为拍摄空间，好处是器材简单易得，并且拍摄出的照片布光均匀，并且可以避免由于数码类商品表面比较光滑而产生反光或倒影，也可以直接拿在手中，以正在使用的方式拍摄。对于表面反光的数码商品，在拍摄时不建议使用相机闪光灯，而采用光照面积比较广泛的光源，同时光源距离商品不宜太近。那么问题来了，在拍摄的图片中，经常出现数码相机的投影怎么办？可以采用下面这个小窍门，对于带有屏幕的数码类商品，在使用相机拍摄时，往往会在屏幕中留下相机的倒影，对于这种情况，我们可以在一张白纸上剪出与相机镜头大小相同的洞，然后将白纸套到镜头上再拍摄。

（4）日常生活用品的拍摄

生活用品类覆盖的范围比较广，材质体积也各不相同，拍摄照片时，需要根据商品的特性采用不同的拍摄方式，如体积大的需要较大的拍摄空间，材质较亮的不宜采用闪光灯等等。对于居家类生活用品，我们可以进行简单搭配后再拍摄，这样更容易展现出商品在实际使用中的装饰效果。拍摄这类商品最重要的就是白平衡，也就是将商品的原色在照片中展现出来，这也需要根据不同商品不同来进行反复调整。

有了器材、道具以及拍摄技巧，那么究竟何种照片最吸引人呢？

毫不夸张地说，图片是网络销售的灵魂。拥有好的图片就等于有好的点击率，有了好的点击率那么成交率也会增加，一批好的网上商品图片的标准是怎么规定的？一般来说，好的图片应具备色彩真实、图片清晰、细节表现得当这 3 个要素。那么怎样才能使店铺商品图片具备这 3 个要素，吸引更多的买家呢？

1）尺寸统一

淘宝网店的图片，可以有不同大小的图，店主可以把图片做成正方形或长方形（横竖都可以），但最好使图片大小一致，这样看起来比较美观。

2）突出主体

店铺商品图片一定要注意突出主体，如果主体都不明显，那么怎么吸引买家眼球，可以学习图片构图技巧，以便更好地突出主体。

3）画面效果

使用图片时一定要加强画面效果，抓住买家眼球。其实加强画面效果的方法很多，例如利用"趣味中心"来拍摄、色彩搭配、运用光线等方法。

知道了这三个要素之后，我们在使用数码相机拍摄好商品照片之后，接下来就需要将照片复制到电脑中，进而对照片进行修饰与美化，以及将照片上传到店铺中。目前的数码相机多数都通过存储卡来进行数码相片的存储，而用户日常拍摄的照片都保存在这里。要读取内容，最为简单的方法就是直接将存储卡通过读卡器连接电脑，先取出数码相机底部的 SD 存储卡，之后将 SD 存储卡插入专用的读卡器设备，将读卡器插入电脑的USB 接口，会弹出"自动播放"窗口，单击"导入图片和视频"按钮。弹出"导入图片和视频"窗口，开始查找所有图片与视频文件，并显示已找到文件数量，查找完成后，输入图片名称；单击按钮，开始导入所有图片与视频文件，稍等片刻，即可完成图片与视频的导入。小技巧：按住 Ctrl 键单击鼠标可以连续选择多个图像文件，按 Ctrl＋A 快捷键可以快速选择当前文件夹中的所有文件。另外，除此以外我们可以在图片中添加各种图形或文字，使图片整体更加生动活跃，吸引买家。并且要添加图片水印，这是为了防止自己的图片被他人盗用，一般网店中的商品都会添加自己的店铺水印。

5. 选择合适的图像软件美化产品图片

在上文中我们也提到了在开店前期所需要的准备中，我们要掌握一些基础的修图软件。主要是 Photoshop，其实目前常用的照片修饰软件主要有光影魔术手、美图秀秀、可牛影像等等。

（1）Photoshop

Photoshop 是当前世界上最流行的专业图像处理软件，其应用领域也非常广泛，常见的平面广告、封面设计等作品，基本都是使 Photoshop 设计的，Photoshop 提供的图像处理功能非常全面，只要我们能想到的，都可以通过 Photoshop 设计出来，是图片设计的首选。好的图片需要配上好的文字说明，这样才能更具有吸引力。也为图片添加文字说明。最最重要常用的一点：可以利用 Photoshop 调整模特身材，提升服装宝贝效果在拍摄的服装图片中，对于模特的胖瘦、高矮、妆容，我们都可以在后期进行处理，以提升宝贝效果。例如，将服装模特的身材处理得更为高挑。首先打开需要调整模特身高的图片，单击工具栏中的"矩形选框工具"按钮，拖动鼠标在腿部以下创建选区，按 Ctrl＋T 快捷键拖动"自由变换"确定界框下方的控制点，把腿部拉长至适合的位置，按 Enter 键确定，按 Ctrl＋D 组合键取消选择即可。

（2）光影魔术手

光影魔术手提供了绝大多数常用的图片处理功能，其智能化操作使得处理图片更加简单，毕竟我们要制作的图片只是在网店中传播，对处理水平以及设计能力要求不是太高，因而使用光影魔术手基本能满足广大卖家的图片设计需求。对于我们大部分卖家而言，都并非是专业的图片处理高手，那么使用光影魔术手就正合适，处理宝贝图片操作简单，且还有一键智能处理功能。多数卖家经常在因为拍摄时光线不佳而导致照片出现曝光问题，这其实是一个小问题，通常光影魔术手即可轻松

修复它。在调整图片亮度时，先自定义拖动亮度滑块，再单击
"一键补光"按钮，这样是因为补光的基础是建立在已自定义调
整后的亮度值上，而不是原始打开的图片数据基础上。而有些
商品照片可能会出现背景过多而喧宾夺主，造成商品不够突出
的情况。这时可以使用虚化效果将照片主体物品以外的其他景
物模糊处理，以增加整张照片的观赏性。我们在使用淘宝时会
发现，大多数淘宝店铺上的商品图片，都被添加了一些美丽的
边框，对于新开店的朋友来说，也可以通过光影魔术手来实现
这一特色。先打开需要添加边框的图片，指向"边框"按钮，
在展开的列表中选择"植样边框"。另外店主辛苦拍摄的商品图
片，却被一些不劳而获的淘宝店主直接拿来用，这就需要为商
品图片加上防盗水印。另外，制作精美的图片水印也能起到宣
传自己店铺的作用。可以利用光影魔术手来去水印，打开需要
添加水印的宝贝图片，单击右上角的"水印"按钮，在打开的
"水印"面板上选择合适水印。设置水印图片的融合模式为"正
片叠底"；拖动透明度滑块、水印大小滑块，分别调整其透明度
及大小，在光影魔术手中，添加水印时，无论是文字还是图片，
都需要先存储为图片格式，才能添加。

（3）美图秀秀

美图秀秀是一款很好用的免费图片处理软件，新手不用
学习就会用。它独有的图片特效、美容、拼图、场景、边
框、饰品等功能，加上每天更新的精选素材，可以让普通用
户1分钟做出影楼级照片，还能一键分享到新浪微博。

（4）可牛影像

可牛影像是新一代的图片处理软件，它包括图片编辑、管理、浏览及各类图片趣味应用服务。此外，还拥有一键磨皮、美白祛痘、瘦脸瘦身、魔术场景、图片去水印等多种编辑功能，更有百余种照片特效，可以让用户数秒即可制作出带有一些特殊效果的照片，无须专业学习，使用非常简单。

（5）iSee 片专家

iSee 软件（个人图片专家）是一款功能全面的数字图像浏览处理工具，除了看图软件常有的功能外，还有改变图片大小，转换图片格式，查看 dll、exe 中 ico，生成图片说明，多画面浏览等功能。

针对网店中的各类商品，常用的修饰主要有以下几种：一是更换图片背景：这是最常用的修饰方法，我们在拍照时，会连同商品背景一起拍摄，为了将商品从图片中更清晰地突显出来，可以将图片的背景更换为纯色背景或者其他底纹背景；二是调整图片色调：由于光线、相机以及显示器等因素，拍摄出的照片可能与实物在色调上存在一定差异，这时就需要对图片色调进行调整，使其尽可能与实物相近；三是调整图片大小：淘宝对于上传的图片进行了严格限制，例如店铺招牌不能超过 100KB，店铺 LOGO 标志大小必须为 80KB 以下，宽度不能超过 80 像素等。因此，如何对图片进行大小优化处理显得尤为重要。高像素相机拍摄出的照片，分辨率一般较高，而网店中商品图片尺寸在 500～800KB 就足够了，这时就需要对图片的大小进行调整。

6. 利用好身边的手机进行随时随地拍摄

手机的照相功能越来越强大了，不过要想使用手机拍出高品质的照片，也要掌握一些技巧。首先不同的焦点，能营造不同的效果。选择焦点时，应使被拍摄对象处于画面中间，一般情况下应该选取画面上最吸引人的部分。光线充足，拍摄效果才好。调整拍摄角度，注意观察光线的照射方向，尽量使被拍摄物体能自然地被光线照射到。照相手机的延迟现象比较明显，在按下快门的瞬间如果手出现抖动，拍出的照片就会模糊不清。所以在拍摄时一定要持稳手机，同时在按下拍摄键后一定要停顿一下，稍等一两秒再看拍摄效果。一般手机的内存都不大，装不了多少照片，最好随时拍摄随时挑选，并注意调整图像分辨率。

4.3.2　店铺美化与装修

正所谓"三分长相七分打扮"，网店的页面就像是附着了店主灵魂的销售员，让买家从视觉上和心理上感觉到店主对店铺的用心，并且能够最大限度地提升店铺的形象，有利于网店品牌的形成，提高浏览量。在诱人的装饰品的衬托下，好的商品会使人更加有购买欲，有利于促进成交。

1. 网店的装修首先就要起一个吸引人的店名

起名要注意以下几个原则：简洁通俗、朗朗上口。店名一定要简洁明了，通俗易懂且读起来要响亮畅达，朗朗上口。如果招牌用字生僻，读起来拗口，就不容易为浏览者熟记。（1）别具一格，独具特色。网店有千千万万，用与众不同的字眼就会使自己的小店在名字上显出一种特别，体现出一种独立的品位和风格，吸引浏览者的注意。（2）与自己的经营商品相关。

店名的名字要符合自己经营商品，要选择从名字就看出你的经营范围，如果名字与商品无关，很可能导致浏览者的反感，自然也就不要谈成交了。（3）用字吉祥，给人美感。用一些符合中国人审美观的字样，你的店名应该让人看起来就有一种美感，不要剑走偏锋，为吸引人而故意使用一些阴晦低俗、惹人反感的字，这样的结果会适得其反。

2. 设计制作公告栏

公告栏位于普通店铺首页的右上角，店主可以随时发布滚动的文字信息，也可以通过网页代码发布图文配合的公告信息，让公告栏更清晰、美观，并且可以加入动画让效果更醒目。这是宣传推广最新发布的新产品的一个利器。淘宝普通店铺的公告栏设置了默认滚动效果，在设计制作公告栏时无须再为公告栏设置滚动效果。切记公告栏的宽度不可超过 480 像素，否则将无法显示超出的部分，公告栏的高度可随意设置。

3. 制作图片公告

卖家在店铺页面单击"管理我的店铺"，在店面点击超链接，弹出提示之后写入店铺，返回"店铺公告设置"窗口中，再次点击右键"粘贴"把挑选的图片拷贝到公告区，这样就完成了。将店铺公告设计成广告形式。将店铺公告设计成店铺广告样式能够在买家心中树立起自己的品牌形象。制作广告式的公告要注意不能太过复杂，应清楚明白地将服务或是商品概念传递给买家，使他们一看就懂。在制作广告式公告前，店主应该先对目标消费者做一个研究，根据他们的"口味"制作出买家容易接受的公告，同时要能给他们留下一个深刻的印象，以区别于其他卖家，与品牌紧密联系，从而达到强化自己店铺在买家心中地位的目的。另外，由于当前喜欢在网上购物的人大多是年轻人，他们更愿意接受极富趣味、耐人寻味的信息。因此，店主要将广告设计得新奇有趣些。还可将店铺公告设计成信息发布栏。发布的信息可以是促销活动、店铺的新变化或者是其他一些信息。促销活动包括店铺开张纪念日优惠、购物优惠和一元起拍卖等。将这些信息放在公告栏，进入店铺的买家就能一眼看到店主精心策划的促销活动。店铺的新变化包括分店开张、商品结构调整和新品到货等信息。

制作这种公告的目的是让买家心动，从而产生购买欲望，更重要的是该广告应与店铺形象相符，和商品品牌相得益彰。

4. 制作风格独特的店标

店标是店铺的标志，一个好的店标可以给顾客留下深刻的印象，让买家更容易记住店铺。

设计店标要遵循以下四条基本原则：构图要有创意，做到构图新颖，富于个性化，才容易与其他店铺标志区别；含义要深刻，才能体现出店铺的个性特征、独特品质以及精神风貌等；保持稳定性，意思就是说，店标一旦确立，就不要随意改动；设计必须符合法律法规，且注重国际化、统一化。店标是传达信息的一个重要手段，店标设计不仅仅是一般的图案设计，最重要的是要体现店铺的精神、商品的特征，甚至店主的经营理念等。一个好的店标设计，除了给人传达明确信息外，还在方寸之间表现出深刻的精神内涵和艺术感染力，给人以静谧、柔和、饱满、和谐的感觉。要做到这一点，在设计店标时需要遵循一定的设计原则和要求。店标是一种直接表达的视觉语言，要求产生瞬间效应，因此店标的设计要求简练、明确、醒目。图案切忌复杂，也不宜过于含蓄，要做到近看精致巧妙，远看清晰醒目，从各个角度、各个方向来看都有较好的识别性。另外，店标不仅起视觉的作用，还表达了一定的含义，传达了明确的信息，给买家留下美好的、独特的印象。

店标并非一个图案那么简单，它代表一个品牌，也代表一种艺术。所以店标的制作可以说是一种艺术创作，需要设计者从生活中、店铺规划中捕捉创作的灵感。店标是商家用来表达店铺的独特性质的，要让买家认清店铺的独特品质、风格和情感，因此店标在设计上除了要讲究艺术性外，还需要讲究个性化，让店标与众不同、别出心裁。设计个性独特店标的根本性原则就是要设计出可视性高的视觉形象，要善于使用夸张、重复、节奏、抽象和寓意的手法，使设计出来的店标达到易于识别、便于记忆的功效。

店标设计要符合人们的审美观点，买家在观察一个店标的同时，也是一种审美的过程。在审美过程中，买家把视觉所感受的图形，用社会所公认的相对客观的标准进行评价、分析和比较，引起美感冲动。这种美的冲动会传入大脑而留下记忆。因此，店标设计就要形象，并具有简练清晰的视觉效果和视觉冲击力。

图片质量过低，影响消费者对商品的把握和信任，降低了商品品质。内容不全面，影响消费者的判断和信心。比如消费者最希望了解的材质、尺寸、颜色、寓意、使用与保养、基础知识、真伪辨别、赠品、消费承诺、付款方式等信息是否齐全。一定要避免结构混乱，主次不分。比如重要的信息如商品属性、商品照片是否放在前面位置，次要的信息如邮费咨询、服务承诺等应该放在后面。设计若是过于视觉化，忽略商品的介绍，一味追求华丽或尖端的设计效果，没有突出产品本身的图片和介绍信息，这些问题都会影响消费者对产品本身的关注程度，拉大与消费者距离，从而影响店铺的整体形象和经济效益。店标的造型要素有点、线、面、体 4 种，设计者要借助这四种要素，通过掌握不同造型形式的相关规则，使所构成的图案，具有独立于各种具体事物结构的美。制作店标可以用 Photoshop。下面便用 Photoshop 制作一个静态的网店店标，具体步骤如下：先打开 Photoshop 软件，新建一个 100×100 的图像文件，空白圈像窗口，执行"编辑"→"粘贴"命令，执行"编辑"→"变换"→"缩放"命令，此时图像周围出现调整节点，将图像调整到合适大小，选择工具键中的移动工具，将图片移动到合适的位置。进行调整之后便可得到店标。

在图标设计完成后，商家就可以通过淘宝的店铺管理工具将店标图片发布到店铺上了，具体步骤如下：登录淘宝网，进入"我的淘宝"，单击"我是卖家"下的"店铺基本设置"；在店铺设置页面，单击"上传店标"按钮；弹出"打开文件"对话框，选择店标图片文件，单击"打开"按钮；单击页面下的"保存"按钮，即可完成店标的发布。

5. 制作优秀产品模版

好的宝贝描述页面能吸引买家的眼球，从而产生购买行为。卖家可以将宝贝描述设计成一个模板，其他宝贝都可以使用这个模板进行展示。品牌店铺成功的经营，要求卖家不仅在产品方面获得认可，还有一个关键因素就是让消费者掌握简单、单纯的页面结构布局，使用能让消费者对产品集中注意力、产生购买欲望的色彩和印象设计。卖家在制作宝贝描述页面时应避免以下几点：页面颜色和字体使用过多，视觉上较混乱。比如有的卖家为了让一些重要信息比较明显，使用红色的大号字体或颜色鲜艳的色块作为底色，这样做醒目的同时也使得视觉效果显得杂乱无章，大家应该避免这种情况发生。

4.4 店铺日常管理

4.4.1 合理安排好宝贝上架时间，让流量翻倍

一些网店的新手总是认为新商品的上架时间是越早越好，所以商品一到货，就迫不及待地发布商品。但是有经验的卖家总结的成功经验是：选对商品发布时间，才能让买家在第一时间搜到你的商品。要选对商品的发布时间必须做到以下两点。

（1）熟悉网店搜索的时间排序

在淘宝网有过购买经历的人都知道，搜索商品时，淘宝网会根据商品的上架时间进行排序，商品离下架时间越近，排名的位置就越靠前。也就是说剩余时间越短，商品就越靠前，就越容易被买家看到。

　　了解到网店搜索的时间排序规则后，就应该充分利用这种时间排序。因此，对于卖家来说，到货的商品不要同时发布，最好分几次发布，如果同时发布商品，一个星期中商品只有一天会排在最前面，如果隔天分几次发布效果就不同了，这样一个星期中商品就有多次排在最前面的机会了。

　　（2）抓住商品发布的黄金时间段

　　买家上网也是有黄金时间段的，只有抓住黄金时间段发布商品，才能够增加商品的"曝光率"，从而提高成交率。因此，发布商品还要考虑到什么时候上网的人最多。据统计，一天中上网人数最多的时候为 9：00～11：30、15：00～17：30、19：30～22：00，这样在上网人数最多时，你的商品浏览量也会上升了，成交量也会提高的。除了抓住黄金时间段发布商品信息，为达到最佳效果，也要注意在黄金时段内，每隔半小时左右发布一次新商品。这样做的原因也是避免同时发布商品造成同时消失。如果隔开来发布，那么在整个黄金时段内，你都有商品获得很靠前的搜索排名，这样可以为店铺带来可观的浏览量。当然最难做到的就是坚持每天都在黄金时段内发布新商品，这要求卖家不仅有充足的时间，还要有足够的商品来支持自己这么做。每天都有新商品上架，那么一周之后就会每天都有商品下架。当然，对于那些商品数量巨大的卖家来说，还可以在其他时间段发布，只要卖家每天坚持这么做，那么每天的黄金时段内，都会有自己的商品获得最佳的宣传位置。如此一来，浏览量想不暴增都难。

4.4.2 宝贝定价的方法与技巧

商品的定价经常让卖家感到迷茫，如果定价高，顾客购买力达不到，从而降低购买欲，甚至放弃购买；定价低，买家就会把商品价格和商品质量相互联系，认为是质量不过关。要怎样定价才能使卖家赚到钱又能使买家觉得商品物有所值呢？这就需要卖家确定店铺要走什么价位的路线。确定商品的合理价格是非常重要的。如果商品价格过高可能无人问津，如果过低的话，买家还要跟你讨价还价，有可能到头来是微利，甚至会没有利润。宝贝定价原则在决定商品价位时，应遵循以下几点。

（1）定价原则

1）成本费用因素

①生产成本：生产过程中支出的全部生产费用。当店铺具有一定规模时，产品的成本最低。但不同的商品在不同的条件下，有各自理想的批量限度，若超过了这个规模和限度，成本反而要增加。

②机会成本：卖家在商品成交后所获得的收入用于其他投资可能会获得额外收益。机会成本越大，卖家的收益就越高。

③销售成本：是商品流通领域中的广告、推销费用。在市场经济体制下，广告、推广等都是商品实现其价值的重要手段，用于广告、推广的费用在商品成本中所占的比重也日益增加。因此，在确定商品的销售价格时必须考虑销售成本中的这一因素。

④储运成本：商品从生产者手中到卖家手中存在必须的运输和储存费用。商品畅销时，储运成本较少，商品滞销时，储

运成本增加。不管发货的物流费用由谁负担，最终都包含在商品的综合总价里面。

2）有正常的利润

不管经营什么商品，制定什么样的价格，一定要保证自己的基本利润，做生意的根本目的是赚钱，没人想着要去做亏本生意。

3）特色商品价格可以高一些

有一些时尚类、特产类、手工类等特色商品在网下一般不易买到，这类商品的价格可适当标高一些。

4）价格要有档次

网店经营的商品可以拉开档次，高中低价位的都有一些，这样可以满足不同消费层次顾客的不同需求。

5）价格要稳定

价格确定后，应具有一定的稳定性，不要在短时间内波动太大，这样会让老顾客感觉上当，让新顾客驻足观望。网上经营千万不要轻易打价格战，共同维护市场的稳定，大家才可以都有钱赚，价格战受损的最后只能是卖家。

6）竞争与需求因素

商品的成交价格与竞争、需求情况密切相关，卖家可以通过网上历史数据的查询、有形市场的调研等了解到商品市场的竞争与需求情况，估计潜在顾客数量，估算需求价格弹性系数，为卖家的定价决策提供参照依据。

7）消费者心理因素

卖家在制定价格时都要充分考虑买家的心理。买家有强烈的寻求低价的心理，如果不能达到他的心理价位，就会购买其他替代产品。

8）风险因素

对卖家而言，风险主要是支付及运送过程中的风险，这会使卖家成本增加，也会对其信誉度造成损失而影响长久经营。

（2）宝贝定价方法

商品的定价随着市场竞争的变化而变化，不同时间有不同定价方法。

1）高价法

高价法又叫取脂定价法，即在新商品开始投放市场时把价格定得大大高于成本，使店铺在短期内能获得大量盈利。

前提条件：新商品投放市场初期，顾客对产品的价格要求不十分突出，竞争对手也较少，市场需求大。

法则：独一无二的商品才能卖出独一无二的价格。

缺点：它是一种短期谋求最大利润的策略，适合于一些资金比较短缺的中小店铺的应急措施，不利于树立店铺的形象，是短期行为。

2）低价法

这种策略与高价法相反，先将产品的价格定得尽可能低一些，使新商品迅速被消费者接受，迅速开拓市场，提前在市场取得领先地位，又称渗透定价。

优点：由于利润过低，能有效地排撤竞争对手，使自己能长期占领市场，并不断更新换代，树立品牌形象。

3）安全定价法

这是介于高价策略与低价策略之间的保守价格策略，安全定价通常是由成本加正常利润构成的。

4）九九尾数定价法

商品销售价格的尾数采用九九，是西方零售商根据顾客消费心理采用的定价法。

5）非整数定价法

这种把商品价格定成带有零头结尾的非整数做法，销售专家们称为非整数价格，这种定价法的出发点是认为消费者在心理上总是存在零头价格比整数价格低的感觉，尾数价格似乎是经过仔细核算的价格，是一种负责的态度。

6）整数定价法

对于高档商品、耐用商品或者价格较高的商品等则适合采用整数定价策略，给顾客"一分钱一分货"的感觉，借以提高商品的形象。

7）分级定价法

把商品按不同级别、档次分别定价，使顾客便于按等级购买，各得其所，并产生一种合理可信的感觉。

8）声望定价法

在顾客心目中有声望的企业、店铺或品牌商品可以把价格定得比一般同类商品略高。有时为了创出优质优价的品牌形象，也可以使企业的优质产品比其他企业的同类产品的价格定得略高些。

9）顾客定价法

指为了招揽顾客，将有些商品按低于市价甚至低于营业成本的方法定价。顾客多了，不仅卖出了低价商品，由于给人一种廉价的印象，所以常常带动和扩大了正常定价商品和高价商品的销售。

（3）宝贝定价技巧

网上商品定价提供以下策略作为参考。

1）竞争策略

应该时刻注意潜在顾客的需求变化，保持网店发展方向与顾客需要相一致。在很多购物网站上，经常会将网站的服务体系和价格等信息公开，这就为了解竞争对手的价格提供了方便。随时掌握竞争者的价格变动，调整自己的竞争策略，时刻保持产品的价格优势。

2）捆绑销售的秘诀

其实捆绑销售这一概念在很早以前就已经出现，但是这一策略在 1980 年美国快餐业广泛应用后才引起人们关注。麦当劳通过这种销售形式促进了食品的购买量。这种策略已经被许多精明的企业所应用。我们往往只注意产品的最低价格限制，却经常忽略利用有效的手段减小顾客对价格的敏感程度。网上购物完全可以通过购物车或者其他形式巧妙运用捆绑手段，使顾客对所购买的产品价格更满意。

3）比较定价法

如果不确定某件商品的网上定价情况，可以在淘宝搜索自己要经营的商品名称，在查询结果中就可以知道同类商品在网上的报价，然后确定出自己的报价。

4）特殊的产品和服务要有特殊的价格

产品的价格应根据产品的需求来确定。当某种产品有它很特殊的需求时，不用更多地考虑其他竞争者，只要去制定自己最满意的价格就可以。如果需求已经基本固定，就要有一个非常特殊、详细的报价，用价格优势来吸引顾客。很多店铺在开始为自己的产品定价时，总是确定一个较高的价格，用来保护自己的产品，而同时又在低于这个价格的情况下进行销售。其实这一现象完全是个误区，因为当顾客的需求并不十分明确的时候，店铺为了创造需求，使顾客来接受自己制定的价格，就必须去做大量的工作。而实际上，如果制定了让顾客更容易接受的价格，这些产品可能已经非常好销售了。

5）考虑产品和服务的循环周期

在制定价格时一定要考虑产品的循环周期。从产品的生产、增长、成熟到衰落、再增长，产品的价格也要有所反映。

6）品牌增值与品质表现

一定要对产品的品牌十分注意，因为它能够对顾客产生很大的影响。如果产品具有良好的品牌形象，那么产品的价格将会产生很大的品牌增值效应。在关心品牌增值的同时，更应该关注的是产品给顾客的感受，它是一种廉价产品还是精品。

7）商品定价一定要清楚明白

定价一定要清楚明白，定价是否包括运费，一定交代清楚。否则有可能引起麻烦影响自己的声誉，模糊的定价甚至会使有意向的客户放弃购买。

4.4.3　利用好淘宝旺铺

淘宝旺铺是淘宝网开辟的一项用作装修的功能性服务，它分为基础版和专业版，其中专业版 50 元/月（一钻以下卖家免费使用），基础版所有卖家免费使用，淘宝旺铺与基础版相比，有着一些独有的特点与优势，能帮助卖家更好地经营店铺，提高人气。

可在卖家店铺首页设置 950 像素×150 像素大小的店铺招牌。卖家可设置 5 个自定义页面，可在淘宝的模板内嵌入自定文的 html 代码。可设定 3 个个性推广区，通过设定关键字、店铺类别、新旧程度、结束时间、价格范围、显示方式、排序方式等条件，显示宝贝搜索结果。可设置高度最大为 500 像素的宝贝促销区域，支持 html 代码。可以设定店铺风格，挑选自己喜欢的颜色表宝贝详情页面可以显示店铺招牌和宝贝类目侧栏。卖家可使用淘宝提供的 html 标签显示宝贝列。这些都是淘宝网铺的优势，使店铺能够更专业，更个性化，并且提供了更强大的功能，对塑造店铺形象，打造店铺品牌，推广促销商品，起到了至关重要的作用。只要拥有店铺，并且店铺没有被监管或者封店，即可订购淘宝旺铺服务。

4.4.4　注意交易安全

开网店，要提高安全保障意识，开通短信校验服务。"短信校验服务"就是在支付时，系统会给绑定的手机号码发送验证码，卖家需要输入正确的验证码才能完成支付。开通短信校验服务能让卖家的支付宝账号更加安全。支付宝安全宝令的手机版是免费的，而且是安全性非常高的一种保护手段。安装"手机版宝令"后，你在进行支付交易的时候，需要输入手机宝令动态生成的口令，输入正确后才能够完成支付。安装手机版宝令，需要选择正确的适合你的手机操作系统类型的软件安装。安装完宝令（手机版）后，在进行支付时，需要输入手机宝令验证码。宝令（手机版）和短信校验服务及数字证书可以重叠使用，互不冲突。手机装上支付宝，就能足不出户进行购物、还款、理财，如此方便快捷，自然成了众多用户的首选。然而，手机装上支付宝，就等于把自己的财产交给了手机。一旦手机丢失，支付宝是否也失窃？财产是否也会受到损失？一般情况下，要进入手机上的支付宝账户，需要破解手势密码或登录密码，然后找回支付密码，而支付密码的找回要经过双因子验证。例如"通过手机校验码＋安全保护问题""通过手机校验码＋已存快捷卡号""通过手机校验码＋注册证件号""安全保护问题＋电子邮箱"等，并不是简单通过手机短信就能完成的。

此外，支付宝还以保险的形式为用户提供资金保障这最后一道保护。首先，拨打 95188 进行挂失，冻结账户；其次，找运营商挂失、补卡。装有新版支付宝钱包，可以多个手机使用一个账号。丢失手机的用户，可以用另一台手机登录支付宝，把丢失的手机信息删除，使之无法使用。用户也可以在丢失手机的第一时间，在电脑上登录支付宝，进账户设置栏目中，关闭无线支付保护账户安全。为了提高手机支付宝的安全性，我们用户应到官方网站下载支付宝软件。在日常的使用中，可以先在手机上设好开机使用密码，而在使用完手机支付宝之后，要先退出，然后再次进入登录界面，清除之前的登录账号信息等。定期修改支付宝登录密码、支付密码等是个好习惯。

4.5　客服管理

对于顾客而言，有时或许服务才令他们真正的产生购买冲动。而无论实体店还是淘宝网店，有信誉且周到的客户服务系统都将大大提升店铺的形象。本章就为读者解说顾客不仅是买产品，更是买服务。

4.5.1　售前客服

售前客服是指在顾客购买商品之前，明确商品的定位，为顾客提供商品信息的解答，引导顾客购买商品的客服。售前客服接待人数众多，工作压力不小，此时，售前客服只需要清楚自己的工作流程，就基本能保证自己的工作有条不紊地进行。售前客服每天面对的是来自各地形形色色的顾客，也会遇到很多意想不到的事情，开心的、无奈的、困惑的，还有气愤的，这些都是客服工作中不可避免的内容，但是无论遇到什么样的人或事，客服都必须竭尽全力得到顾客的肯定，所以想要成为一名优秀的客服，首先要拥有强大的内心和良好的心态。

（1）关心顾客

客服面对顾客的疑问和不解时，首先要去除自私、自我、自大的心态，不能因为自己比顾客更了解产品而显得不可一世，也不能因为顾客的问题低俗而讽刺他和表现出不耐烦。

作为一名合格的售前客服，应该主动关心顾客的难处或需求，像朋友一样去关心呵护顾客，让顾客跨越空间距离感受到那份温暖与关怀。售前客服一定要以最热忱的话语欢迎每一位顾客，诚心为顾客解决问题，让其得到温暖与关怀。

（2）对顾客热情主动

当顾客在购物途中遇到了任何问题，客服都有责任主动帮顾客去解决问题，不能采取顾客问一句客服答一句的被动形式，而是要对顾客的整个购物流程进行跟踪，有任何问题及时主动与顾客联系交流，增强与顾客之间信息的互动。

（3）清楚自己的目的

客服在与顾客进行交谈时，一定要清楚自己是在工作，与顾客的谈话，聊天的目的都是要引导顾客购买商品，所以客服在与顾客沟通时首先要分轻重缓急，优先解决顾客的疑问再进行推荐促销。其次是客服要注意聊天的时间，与顾客的每一次谈话都是有目的性的工作行为，有一些顾客故意找客服闲聊，面对这种顾客，客服在闲时可以将其当成朋友一样聊天沟通，挖掘他们的潜在购买力，但在繁忙时则不可花太多时间在他们身上，要去寻找更具有询单转化率的顾客。最后，客服一定要适时确认对方是否清楚你表达的意思，注意使用正确的讲话方式。

售前知识储备是对售前客服最起码的要求，即客服要对所销售的商品有全面而具体的认知，客服只有掌握了这些基本知识，才能给顾客传递正确的信息。

1）掌握产品知识范畴

所谓产品的知识范畴，是指客服应该掌握的产品的几大知识板块的分类，包括型号、功效、材质面料、搭配产品、风格潮流和特性特点六个方面。准确地掌握和描述产品的功效，可以为顾客的选购提出指导性意见，也能帮助顾客准确认识产品。

2）掌握产品大小

网络购物最大的弊端就是顾客无法实实在在地接触到商品，在选购商品大小时没有具象的概念，这给顾客造成了很大的困扰。客服需要掌握不同商品的大小尺码的划分，帮助顾客迅速了解商品的大致尺码，方便顾客选择。商品大小通常包含尺码、容量、重量及长短等。

大部分淘宝店铺的客服岗位分配是非常明确的，其中售前客服人员会相对多一些，在整个店铺的运营中，售前客服都扮演着十分重要的角色，尤其是在帮助顾客顺利完成商品购买的过程中，不仅要担当顾客一对一的咨询师，还要兼任店铺形象塑造的执行者及店铺销量提升的销售员。在售前成交过程中也要注意以下几部分内容。

一是进店问好

第一印象是指和陌生顾客的交往中，给对方留下的最初印象。在网络购物中，这种通过售前客服所获得的初次印象是今后商品交易的依据，在竞争异常激烈的网络店铺中更要注意第一印象的培养。所以为给顾客第一次就留下好印象，需要注意以下两方面。拒绝一个字回答"在""有""没""嗯""好"……这类看似在回答顾客疑问的词语，在客服与顾客的聊天中是绝不允许的，一个字回答顾客的询问会让顾客觉得客服很敷衍、没有耐心、太过冷漠，若是售前客服十分冷漠，这样很容易降低顾客在这家店购买的欲望，流失客源。当然文字多少适量即可，太多的文字也会让顾客抓不住重点。礼貌热情，统一术语。短短的一句"欢迎光临"能产生意想不到的效果。让顾客真正感受到作为"上帝"的优待，从源头上消除顾客的抵抗心理，在交谈中要多用"您""咱们"等词语。

二是为顾客推荐商品

推荐产品是我们售前客服工作最重要的环节，是指客服根据顾客的需要将自己想要出售的产品通过自己独特的销售方式推荐给顾客的过程，这是客服工作的重点，也是客服工作能力的具体体现。

首先，瞄准顾客的购买需求进行推荐。一方面，顾客的问题直接反映了他们的需求，客服只需要从问题中的几个关键字入手，有针对性地为顾客推荐即可。另一方面，对于那些已拍下但没有付款的顾客可以根据订单稍作询问，这样顾客会觉得客服很懂自己，不会存在沟通障碍。

其次，帮助客户进行挑选。很多顾客在选购商品时会出现不自信，缺乏独立意识等情况，这个时候客服的出现是帮助顾客选择的定心丸。

三是为顾客解决疑问，促成交易

在客服与顾客沟通交流之后，顾客多少对产品还存在一些疑问，如果客服不能将疑问解决好，就很难实现销售，所以客服一定要学会处理问题，就是针对顾客的疑问或不满，进行完全解答的过程。

客服首先需要清楚的是问题产生的原因，并注意自己的处理态度，然后明确问题，找到原因，用数据和事实消除顾客的疑虑与误解，并做出解释，说服顾客以达成共识。

四是催促顾客付款

在客服和顾客经过长时间的沟通之后，顾客终于拍下产品，但却迟迟没有付款，客服几乎每天都会遇到这样的情况，这个时候就需要客服进行催付，催付工作是提高询单转化率最直接也是最简单的步骤。所以客服一定要掌握催付工作的合理流程，主要包含催付方式、催付时间以及催付用语等。现在用得比较多的催付方式是电话、短信、旺旺三种方式，这三种催付方式不能针对同一顾客频繁使用，最好选择其中一两种催付方式，每种方式只能使用一次，因为过于频繁的催付会让顾客厌烦，就适得其反了。催付时间主要根据购物时间进行选择，客服除了在顾客下单后进行在线催付外，隔天同一时间进行催付效果最好，由于很多订单提交后未进行支付的原因都源自支付本身的问题，顾客也会自行去解决。

客服催付的内容可不是随随便便的，催付的内容是非常讲究的，一定要让顾客感受到客服的热情，感谢客服的真诚。如"××女士，您好！我是××店铺衣服××，我们查询到您在我们店铺购买的×××商品当前还没有完成付款，我们的货品在当日4点前付款都是可以进行发货的，有任何问题您随时咨询我们！"

五是礼貌性告别

当顾客完成对商品的购买后，客服要主动与顾客告别，这样做不仅是一种礼貌，更是为下一次的交易赢得好的机会。礼貌性告别主要有以下方式。旺旺表情的合理使用：客服想表达对顾客购买商品的感谢之意，想表达对顾客下次光临的热情欢迎时，单单靠文字是很难让顾客感受到的，而对旺旺中的一些告别表情的使用就能很好地弥补这一点，并且可以添加顾客为好友，并备注相关信息。在与顾客礼貌告别后，记得一定要添加顾客为好友并做好分组，这样既可以表示对顾客的重视，也能为自己的下一次销售积累资源。

对于网上开店的客服而言，每天都要面对不同类型的顾客，那么，针对这些不同类型的顾客，客服究竟应该如何应对呢？

1）针对直接询问的顾客

这样的顾客一般都是已经看中了你的产品，只是为了确定货源、价格及运费，针对他们的问题，一定要以最快的速度回答，并且要清楚，不能含混不清，不可拖拉时间，如果是些性急的顾客可能就会因此而流失了。当然也有一些问得特别细致的顾客，他不急于一时，就是想在买之前把产品的颜色、特点等了解清楚一点，这时候就更需要耐心而详细地向他介绍他所看中的产品的特点，不能因为顾客询问的问题太多而爱理不理，这样的卖家会让顾客产生一种不敢信任的感觉。

2）针对正在考虑中的顾客

不要看轻了这一类顾客，他们一般都是潜在的客户。而且这类顾客当中很可能有大客户，他们有可能是需要得多，现在更需要细致地了解产品。因为不是着急要货，所以他们一般把产品的每一个细节都问得很清楚详细，这时我们就不能只求效率了，一定要慎重地回答他们的问题，如果一时答复不了，可以请顾客稍等，或跟他商量个明确的时间再一一进行详细的解答。

3）针对压价的顾客

这类压价的顾客还可分为两小类。

第1类：习惯性压价，这一类顾客在生活中买东西已经养成了还价的习惯，所以不管你店里是否注明了"已为最低价，恕不还价"，他都会一定程度地压价。针对他们的压价，卖家一定要耐心解释，在没有亏损的情况下尽量地降低一些价位，这让他们在心理上可以得到一种平衡。若是他已经在网上搜到了比你价位更低的同款产品，他之所以选择到你店里购买，第一方面可能是你的产品图片更好看，第二方面可能是对你的信任，第三方面也可能是对方的运费设置得不合理。对于这种压价，我们就要更理智地对待了，如果他说的价位正好是恶意压价的卖家出的价，并且比你的成本价还低，那你就只能向顾客耐心地解释并说明这款产品的市场价位是多高，我们的价位没办法再降低的原因。当然，如果你愿意用亏本换回一个信用值的话也并非不可以。

4）针对第一次在网上购物的顾客

第一次在网上购物的顾客最怕的就是受骗，而且因为没有经验，所以对很多购物支付货款的过程都不十分了解。拍下东西之后往往在付款时会有很多不懂的地方，他一般都会向你询问怎么办，这时你一定要耐心地解答，如果你也不清楚要帮他一起想办法解决，告诉他不用着急，这样会让他感觉你这个人很可靠，很愿意和他做朋友，不是一心只想着赚钱的卖家。在付款之后，你一定要及时发货，告诉他几天之内会到货，在跟这种第一次购物的顾客交易时，最好能适当地送些小礼物作为留念。这样顾客会觉得很贴心，也很放心，以后再有需要的话也会直接找到你。

5）针对找你闲聊的淘友

这一类的淘友要么是来讨经验要么是觉得你的人不错，想和你聊聊。如果你认为这是在耽误时间那可就错了，这一类的淘友很可能成为你以后的客户。他现在和你做了朋友，有需要店里同类产品的时候自然第一个想到的就是你。所以如果不是特别忙的话，一定要非常真诚地同他聊聊，也许从他那里你也可以得到不错的经验。如果比较忙，你向他说明，一般都会得到他的谅解。所以在淘宝上有几个这样的朋友也是非常有帮助的。

6）针对回帖及店铺留言的淘友

一般回帖及留言的淘友都是对你的帖子和店铺比较认同，回帖留言都代表了对你的支持和认可，在时间允许的情况下最好一一发消息表示感谢。在这个过程当中，一般都会得到他们的再次回复，而你也可以自然而然地和他交上朋友，在以后有什么活动或是好消息及时告诉他们，一般都不会遭到他们的拒绝，甚至有些还会成了你的客户。

4.5.2　良好的售后服务

为了让网店生意更好，除了提供好的商品以外，还需要向顾客提供良好的售后服务。售后服务和商品的质量、信誉同等重要。因为有时信誉不见得是真实的，但是适时的售后服务却是无法做假的。贴心周到的售后服务会给顾客带来愉悦的心情，以后会经常来购买你的商品，同时拉近了卖家与顾客之间的距离，增强了信任，顾客很可能会介绍更多的亲朋好友来光顾。

（1）制定合理的退货和换货政策

退货和换货在交易中经常发生，而退换货服务的好坏直接影响着顾客能否再次购买。能否方便地退换货是影响顾客购买动机的很大因素，所以卖家应清楚、明白地告诉消费者：在什么样的条件下可以退货；对于款到发货的情况，退货后多久可以将款退还给顾客，往返运费由谁来承担。这些问题不说清楚，往往会让不少顾客犹豫不决。所以，在店铺中最好能有退换货情况的说明。

（2）当顾客提出退货时应先了解原因，当顾客提出退换货要求的时候，作为卖家，首先要了解顾客为什么要退换货，确定是由谁的原因造成的，也就是责任归属问题。退换货的原因通常有以下几种。

①商品本身质量问题。

②顾客收到的商品与图片或描述不符。

③商品本身没问题，顾客只是想更换商品。

④商品运输过程中的磨损。

⑤顾客使用不当，引起商品损坏。

如果是卖家的责任，要勇于承担，同时要尽快同顾客达成退换货协议，否则容易使顾客感到失望而丧失再次购买的兴趣；如果是顾客的责任问题，一般是不予退换的，但也要向顾客详细地说明原因，最好能为对方提供相应的弥补建议，切忌在沟通中冷言冷语。

（3）界定退换货运费归属问题

通常情况下，运费的归属问题是根据责任的划分来确定的，像由于商品的质量问题、运输磨损等引起的退换货要由卖家负责运费，而由于顾客的原因，例如，想换一种产品或顾客使用不当造成的商品损坏引起的退换货则应该由顾客负责运费。

（4）特殊售后处理

这里所指的特殊售后处理就是相对棘手一点的售后处理，这类售后处理通常涉及投诉、维权、退款纠纷、差评等方面，并且顾客也是比较固执，不太好说话的。遇到这类顾客沟通起来是会麻烦一些，他们有些会拒绝解释，强行要求卖家照自己的预想方案实施，几乎很少有回旋的余地，但客服也不能不顾自己的利益而一味地做让步。在处理特殊售后问题时，售后客服不仅需要熟悉淘宝售后的规则，还要与给出差评的顾客斗智斗勇，尽自己最大的努力解决问题。通常我们所说的特殊售后处理主要包括以下几方面。

①严重投诉/维权

严重的投诉/维权一般指顾客要求淘宝介入的订单，售后客服最重要的工作就是第一时间解决售后投诉，以免店铺产生处罚风险，客服在处理严重投诉/维权时一定要注意对时间的把握，所有投诉必须在三个工作日之内让顾客撤销维权。

②严重退款纠纷

严重退款纠纷有一个最明显的特点，就是买家在申请退款之后，要求淘宝介入，当淘宝介入之后，无论是怎么样的判决，都会产生退款纠纷，情况严重者会涉及相关处罚。

③修改中差评

顾客在购物的途中，基于对商品质量、物流速度和客服态度等诸多方面的不满意，会给卖家一个差评，单击鼠标就能做的中差评价可是卖家很头疼的事情，做淘宝难免会遇上顾客毫不留情的中差评，可作为售后客服不能坐以待毙，要对顾客的中差评积极去响应，找准顾客的不满所在，可以使用优惠返现或者下次折扣等方式尽最大可能让顾客修改中差评。双方达成了一致的解决办法后，客服需要告知顾客修改中差评的操作步骤，使用旺旺和电话都是可以的，在"我的淘宝"——"已买到的宝贝"页面左侧选项栏中找到"评价管理"，在"给别人的评价"中将中差评修改为好评即可。当顾客修改了差评，一定要礼貌地致谢，并履行对顾客的承诺。

4.5.3 客服与顾客沟通的技巧

卖家在与顾客谈话中，说话要有技巧，沟通要有艺术，良好的沟通可以使顾客买完一次又一次。

（1）换位思考

在与顾客的沟通过程中，卖家不要把自己摆在"我是卖家——销售者"的位置上，要把自己当作一个顾客，或者说把自己当作顾客的朋友，这时候你的思路才能真正贴近于顾客，才知道怎样去讲解你的商品。只有站在一个顾客的角度来考虑问题，才知道怎样引导顾客，你的观点、你的讲解才能得到顾客的认同。很多顾客在转变成卖家时，应该都深有体会，多份宽容和理解，以和为贵，做好沟通才能双赢。

（2）使用礼貌的沟通语言

"礼貌先行"，是交朋结友的先锋，有句古话：要想得到别人的尊敬，首先要尊敬别人。与顾客沟通时要给顾客留下好的印象，让顾客愿意同你沟通，所以，你必须表现得谦虚有礼，热情有度，建立和谐友好的气氛。在顾客咨询的过程中，一定要习惯用上"您好，欢迎光临小店！""您"（这个称呼一定习惯用上，假如使用"你"的称呼，会让顾客感觉非常不舒服）、"亲，您好""您请稍等，我看下库存有没有货""不好意思""抱歉，请您谅解"等礼貌语言。礼貌热情回答是首要，在此基础上巧用旺旺表情，而且用到实处那是非常关键的。聊天工具里的表情是我们与客户沟通的好帮手，它能很快地制造出轻松的气氛，拉近大家的距离。

（3）多检讨自己少责怪对方

遇到问题时，先想想自己有什么做得不好的地方，诚恳地向顾客检讨自己的不足，不要上来就先指责顾客。例如，有些宝贝细节明明有介绍，可是顾客没有看到，这时不要光指责顾客不好好看商品说明，而是应该反省自己没有及时提醒顾客。

当我们遇到不理解顾客想法的时候，不妨多问问顾客是怎么想的，然后把自己放在顾客的角度去体会他的心境。

（4）坦诚相待，诚信第一

买卖交易中，首要的是诚信，对于销售中的商品不要隐瞒任何问题，否则这些失信的行为将使您失去更多潜在的和眼前的顾客（一个中差评都有可能是致命的）。最常见的是有些商品存在小瑕疵，拿货时没发现问题，到拍摄或者检查时才发现，有些甚至顾客要订货时才检查出问题，那么关于这些小瑕疵都要在宝贝描述中表述清楚，如在顾客询问后才发现问题的，要在决定购买付款之前说清楚。

（5）尊重对方立场

多使用"您"或者"咱们"这样的字眼，少用"我"字，让顾客感觉我们在全心地为他考虑问题。当顾客表达不同的意见时，要力求体谅和理解顾客，表现出"我理解您现在的心情，目前……"或者"我也是这么想的，不过……"来表达，这样顾客能觉得你在体会他的想法，能够站在他的角度思考问题，同样，他也会试图站在你的角度来考虑。

（6）认真倾听，再做判断和推荐

要成为一个沟通高手，首先要学会成为善于聆听的卖家。当顾客未问完时，不要去打断，对顾客的发问，要及时准确地回答，这样对方才会认为你是在认真听他说话，善于理解与沟通，觉得被尊重，也才会对你及你的产品产生兴趣。同时倾听可以使对方更加愿意接纳你的意见，这样你再说话的时候，更容易说服对方。有时候顾客常常会用一个没头没尾的问题来开头，例如，"我送朋友送哪个好"，或者"这个好不好"。不要着急去回复他的问题，而是先问问顾客是什么情况，需要什么样的东西，如果他自己也不是很清楚，就需要你来帮他分析情况，然后站在他的角度为他推荐。

随着行业的发展和营销理念的深入，市场也越来越成熟，现在的淘宝皇冠已经随处可见了，连金冠都不是什么新鲜事了，可见竞争是何其大。在网络销售中顾客看不到产品的先决条件下，客户服务显得特别重要。那么，如何来推进客户服务呢？客户分类是关键环节，只有对客户实施有效合理的分类，才能进行个性化和差异化的营销服务，进而提高客户的满意度和忠诚度，增加网店的核心竞争力。

（1）理智型顾客

特点：原则性强、购买速度快、确认付款快。

这类顾客一般受教育程度比较高，买东西有原则、有规律。他们通常是在生活中很负责任的人，所以自己买东西前也比较理智，大多数会认真研究要买的东西，逐一对比哪一种最适合自己，然后才选择购买。他们一般最关心产品本身的优缺点，以及自己是否需要。他们通常会本着对卖家负责的态度及时确认付款，会给好评，而且会在好评里简短描述，他们是大多数卖家最喜欢的客户类型。

应对技巧：要打动顾客的心，一定要给予顾客想要的东西。

面对理智型的顾客，客服一定要做理性诉求。因为这类顾客在购买前多数心中已有了定论，需要的是卖家以自己的专业知识，分析产品的优势劣势帮他们确定购买。如果强行向他们推销宣传，容易引起这类顾客的反感，而且如果无法以理性的态度处理，客户将会认为该卖家的专业知识不够，从而失去客户的信任。这类客户通常信守诺言，也要求卖家信守诺言，所以各位卖家一定要对症下药，因为理智型的顾客也是最忠诚的顾客。

（2）贪婪型顾客

特点：砍价狠、挑剔。

随着淘宝不断地发展壮大，这样的顾客已经不是个例。其实顾客在购买时的语言和行为都能够表明他的性格或人品，淘宝网的文化是强调客户至上，维护良好的网络购物环境，在这样的前提下，卖家也需要擦亮双眼来保护自己。想赚贪婪型顾客的钱不容易，因为首先他们永远抱着不相信你的初衷，购买时最关注的是价格，其次才是质量，而到评价时往往以各种理由挑剔，或者以差评、中评相威胁来获取赔偿。

应对技巧：对于这样的顾客，如果店铺本身没有绝对自信的质量和服务优势，建议不要接下生意。因为时间和人力都是成本，这样的顾客，贪婪往往没有止境，一味地满足他们的要求，店铺所耗费的精力要远远大于收益。如果一定要接受交易，也要注意保留旺旺记录、图片、发货记录等证据。

（3）冲动型顾客

特点：不看疗效看广告。

这种顾客购物时完全被冲动战胜理智，经常买一些用不着的东西，广告及旁人的意见会影响他们的买卖决定。这种顾客买东西时完全凭借着一种无计划的、瞬间产生的强烈的购买渴望，以直观感觉为主，新产品、新服务项目对他们吸引力较大。由于这样的顾客一般接触到第一件合适的商品就想买下，而不愿做反复比较选择，所以会很快做出购买决定。

应对技巧：商品要让他们有一看就产生想要的冲动！由于此类顾客在选购商品时，易受商品外观质量和广告宣传的影响，所以毫无疑问，做好商品的描述和店铺装修就成了重头戏。人的信息量 80%来源于视觉，就算不是冲动型的顾客也喜欢逛漂亮的店铺。

（4）盲从型顾客

特点：跟从意识强，别人买，他就买。

这类顾客有一个鲜明的特点：他们不仅关心商品本身，还关心有多少别的顾客买了这个商品，关心别人对这个商品是怎么看的。这类顾客非常在意周围人对商品的评价，所以他们的购买行为常受他人意见的左右。例如，在淘宝，以前带有"瑞丽"字样的衣服非常好卖。另外淘宝还提供了一个功能，可以看到别的顾客查看某件商品的同时还浏览了什么商品，这些都是根据顾客"从众"心理而研发的。

应对技巧：大家好才是真的好！

既然这类顾客的购买决定易受外部刺激的影响，那么客服就要用积极的态度，给予顾客强有力的正面暗示。而且，遇到这种顾客，不仅可以把商品的功能、外界的广告宣传尽量显示，还可以把商品销售以来别人的好评展示出来。另外，淘宝还有"超级顾客秀"这个功能，很多有旺铺的店铺专门把"超级顾客秀"作为一个页面展示出来，都是在增强顾客的信心，同时也能起到很好的口碑相传的效果。

（5）谨小慎微型顾客

特点：凡事必想"可靠吗？"。

每天都有很多新顾客加入网上购物这个行列中，这类顾客疑虑重重。另外，还有些顾客生来行动谨慎，挑选商品时动作缓慢，左右比较拿不定主意，还可能因犹豫而中断购买，甚至购买后还疑心上当受骗。对这样的顾客，应该怎么办呢？

应对技巧：我是你最诚实而热情的朋友！

如果在网下购物，销售人员首先需要观察客户的表情，有针对性地鼓励客户，给客户亲切的感觉。在淘宝网上，顾客看不到卖家的笑脸，但是店铺的界面一定要做得友好，客服一定要让顾客"感觉"到自己的笑脸，可以寻求相互之间的共同点，让顾客把自己当成朋友，从而排除客户紧张的情绪，尽量让顾客放松下来。然后再中肯地介绍自己的产品，注意不要过于夸大其词，否则会适得其反。另外，也可以通过一些有力的证据向顾客证明自己的实力。例如，有的卖家把自己的进货单和实体发货单都拍了照片发到网上，能让买家安心的方法都可以尝试。

（6）习惯型顾客

特点：不问就买。

有些商品确实有独特性，会让顾客形成思维定式不断地重复购买。其实，什么是习惯型呢？例如，购买点卡、充值卡等。有些网络游戏的玩家在淘宝买点卡的时候是习惯性的，他们在第一次选择后，往往出于方便，凭以往的习惯和经验购买，这种购买不容易受他人影响，而且一般很少和卖家沟通，交易的过程也十分迅速。尤其是淘宝网对点卡类支持自动发货功能，习惯型的顾客购买过程中不需要等待，就更容易增加购买的黏性。

应对技巧：习惯型顾客是我们每个卖家梦寐以求的对象。对于这类顾客，卖家们必须保持住自己店铺产品的特性、品质及良好的服务，还要经常了解客户购买和使用产品的情况。

（7）感情型顾客

特点：他们是你最忠诚的客户。

这类顾客对个人感情看得极重。从购买心理的角度分析，这类顾客同卖家之间的交往以亲情、热情和共同喜好为特征。

应对技巧：每个顾客都认为他是我最好的朋友！

研究发现，感情型顾客通常比深思熟虑的顾客购买更多，其流失率比较低。因此，打造符合店铺自身特色的品牌文化和情感氛围，也显得日益重要。互联网使交往变得更加容易，但却常常造成人与人之间直接接触机会的丧失，让顾客认为你们彼此的关系已经超越了交易本身，是吸引感情型顾客的关键点。掌柜们应该和这类顾客逐渐熟识，全身心投入谈话并且保持自己的个性，另外，可以经常联络，或者在特殊日子送上小礼物，哪怕是一句真心的问候。

（8）随意型顾客

特点：老实人，好商量。

这类顾客或者缺乏购买经验，或者平时购物没有主见，往往是随意购买或奉命购买。这类顾客通常喜欢得到别人的指点，尤其是得到客服的帮助，也乐于听取客服的介绍和建议，因为他们对商品一般不过多挑剔，所以很少亲自去检验和查证商品的质量。

应对技巧：提出你的意见，帮他拿个主意！

淘宝网也发现了这类顾客的特点，提供了"掌柜推荐"这项功能，旺铺模式的掌柜推荐页面，会出现在每个宝贝描述的下方或者在店铺最中间的推荐位上，顾客浏览商品及店铺时第一眼就能看到这些被推荐的商品。同时，淘宝还提供了橱窗推荐功能，当顾客选择搜索或者点击"我要买"根据类目来搜索时，橱窗推荐商品就会出现在页面中。橱窗推荐就和商店外边摆的物品一样，更容易被大家看到。商场里最显眼的位置摆放的物品，是不是很重要呢？

如果顾客已选择了你的店铺，但是却不知道自己到底要买什么产品而咨询客服，那么能不能留住客户的关键就在于能否提供中肯而有效的建议。这类顾客通常自己拿不定主意，所以客服可以视情况帮他下决心，这样一来既可节省时间，又可增加对方的信心。

对待不同性格的顾客，应采取不同的接待和应对方法，只有这样，才能博得顾客的信赖。

4.6 支付工具

4.6.1 网上银行

网上银行是支持在网络上进行交易的虚拟银行，使用网上银行可以方便地实现支付宝充值、商品付款、转账等功能。银行卡存取款时，只需要一个简单的银行卡密码，网上银行则需要更复杂的登录密码，并且还需要 U 盾或电子银行口令卡等支付工具。银行卡存钱和取钱都需要到银行存取款机前，亲手输入银行卡密码完成。网上银行存钱和取钱则只需在任何一台联网的计算机前，用鼠标和键盘操作完成。银行卡存的是现金取的也是现金。网上银行存的是现金数字，取的也是现金数字，但这个数字一定是要在银行卡中有对应现金的。从网上银行和银行卡的操作特点中，可以清楚地看出网上银行的电子钱，就等于银行卡中的实际现金，网上银行的账户就等于银行卡的账户。我们已经知道网上银行里的电子钱与银行卡的现金钱是对应的，那么网上银行的电子钱与支付宝账户的电子钱的关系又是怎样的呢？你在支付宝账户上的电子钱和你在网上银行的电子钱不是对应关系，而是可以方便流通的关系。我们可以把支付宝账户理解为你要去淘宝网买东西时，必须要带上的电子钱包。这个电子钱包里必须要有钱，足够支付你拍下的宝贝的货款。支付宝账户里的电子钱，是你从你的网上银行里存进去的，这一过程我们叫作充值。支付宝账户里的电子钱，也可以方便地回到网上银行，这一过程叫作提现。

4.6.2 支付宝

随着交易的增多，卖家要对自己的支付宝账户进行账目管理，如支付宝充值、进行账户明细的查询、使用支付宝给他人转账等。通过支付宝，可以直接将支付宝中的部分或全部余额支付给指定的支付宝账户或银行卡。转账对于卖家来说，应该是常有的情况。提现与转账到银行卡的区别：提现是把资金提取到和支付宝账户名字一致的银行卡中，普通提现和实时提现都不收费；转账到卡可以把资金提取到指定人的银行账户中，可以是和支付宝账户名字一致的银行卡，也可以是别人的银行账户。一般情况下，我们在向支付宝转账时，使用电脑端直接付款会更方便，但是电脑付款会有一定的收费，所以通常情况下会选择免费的手机付款方式。

无论选择哪种支付方式，都一定要注意线上的支付环境安全程度，注意好自己的资金安全。

经典案例：

一个成功卖家的淘宝玩转法

现今，我们的电商卖家们都会羡慕那些销售额很好的店铺，然后说一大堆我要怎么怎么做的话，但是真正去做的时候总感觉不对。很多卖家就会纳闷，我到底哪个环节出现问题了呢？实际上，很多卖家往往只是做好了其中一个环节，而没有仔细去做好每一个环节。此时，卖家就需要从4个方面去考虑与执行。

1. 商量策略

如果想成功地玩转淘宝，我们应该解决的问题至少有3个方面：怎样在淘宝上活下去；你要比你的同行更加专业；你要打造属于自己的品牌，无论是个人品牌、店铺品牌还是产品。

2. 选择市场

思路厘清了，问题考虑到了，实际操作主要分为以下几个方面。

市场分析做好了吗？找到上升有潜力的市场了吗？找到需求量大的款式了吗？研究你商品的竞争力了吗？

产品定位，人群定位做了吗？你准备竞争低端市场，还是中高端？你卖的产品，主要客户群是怎么分布？有没有区域性？

分区域引爆？每个区域你打算怎么吸引买家？

标题设计好了吗？关键字竞争分析做了吗？下架时间设定为低竞争时段了吗？有没有通过严格的数据把关把你的标题做得完美？

其他宝贝的标题好了吗？关键字分布，确保所有宝贝都有引流关键字吗？有没有找到什么好的关键字？用了吗？

3. 操作模式

操作模式就是接下来我们要说细节的东西？

首图做得怎么样？你的首图是自己重新做的吗？有多少重复店家？突出营销关键字了吗？你准备吸引什么人？有看过你所处环境里面大家的首图如何吗？性价比概念在首图有体现吗？

详情页做得怎么样？爆款的详情页引导语做了没？说服式详情页，你告诉买家什么故事？全店关联做了吗？所有全店流量都引导到爆款了吗？破零活动做了吗？爆款详情页有没有关联其他宝贝？好评营销做好了吗？有没有 3～5 个超级好评挂着？

下架时间合理安排了吗？所有宝贝都破零了吗？所有宝贝下架时间都分布好了吗？爆款的下架时间跟主竞争对手叉开了吗？

初始流量：上架宝贝有 14 天新品推荐，你破零了吗？爆款宝贝的排名，你在监控吗？爆款宝贝的属性，跟淘宝类目属性推荐一致吗？爆款宝贝的销量，是否连续 7 天爬升呢？爆款宝贝的转化率，是否每天保持 4％～8％呢？爆款宝贝的优质流量，有没有上升的趋势？爆款宝贝下架前一天，半夜 12：00 前，你有做到 5% 的转化率吗？

影响排名的因素是什么知道吗？转化率，只有搜索转化才算，有保持好搜索转化率吗？其他宝贝都破零了吗？有提升全店转化率吗？为每个宝贝做好评营销了吗？你知不知道宝贝开始销售基数小，任何指标都会大大地影响排名，爆款快速发货、快速退货、停留时间。

客服方面，培训好了吗？前期爆款服务为王，你服务好了吗？客服全店语术统一了吗？差异化客服体验设计了吗？设计好了入口语，出口语，催款语吗？

爆款开始卖了要做什么？前期必须维护好评率。不计成本你做到了全好评吗？销量保持高增长了吗？你懂什么是引流款吗？你懂什么是利润款吗？你懂什么是定位款吗？每天分析竞争对手的动态，他们卖了多少，你卖了多少？每天研究关键字竞争力，有多少是无效关键字？调价策略定好了吗？第二爆款开始测试了吗？

买家觉得你与众不同了吗？你知道什么是买家接触点吗？有让买家给你做口碑营销吗？老客户维护好了吗？有给老客户归属感吗？老客户给你创造 30 倍的效益了吗？

怎么告别单品爆款的模式？合理安排好店铺的品类结构了吗？规划好店铺的流量资源了吗？通过热销款带动其他产品了吗？

有做好全店规划吗？

这些都是需要去做的工作，我不知道有多少人去做了这些工作和事情，如果你上面都做了，我可以肯定地说你完全可以成功了，所以也不要说我只有一个人做，我只有两三个人在做这个事情，我想说的就是，这些事情完全是可以一个人做完的。

4. 做爆款

正常情况下，爆款会出现两种打法：

1. 初期低价打入市场，中期中价稳定市场，后期低价保持市场（最后阶段为清货期和甩货期）。

2. 初期中价切入市场，中期高价获利市场，后期低价继续保持市场（最后阶段为清货期和甩货期）。当然也会有其他可行的操作方法。

非季节性产品，如手机配件类，可以关注专业论坛拿到一手资料，在别人没有产品之前提前打入市场，借势瓜分竞争对手资源，各种服务，各种承诺，以卖出去为主。标品控价产品，以合适价格插入，牺牲利润送赠品，查看对手评价，完善自身，让对手猝不及防。淘客佣金拉高，让别人帮你推荐单品。

5. 借助工具进行数据分析

说了这么多东西，很多都涉及数据分析，那么数据分析时，我们应该运用哪些工具？正常运用的数据分析工具有：淘宝指数、数据魔方、生 E 经、逐鹿工具箱，还有最强大的一个软件 Excel 等。这些都是我们在做网店的过程中可以利用的便利条件。

5 如何进行物流选择

5.1 电子商务物流概述

电子商务物流是一整套的电子物流解决方案，就是俗话说的 ERP 系统，电子上的物流显示及相关操作，物流还是需要机器和人搬运的。目前国内外的各种物流配送虽然大都跨越了简单送货上门的阶段，但在层次上仍是传统意义上的物流配送，因此在经营中存在着传统物流配送无法克服的种种弊端和问题，尚不具备或基本不具备信息化、现代化、社会化的新型物流配送的特征。电子商务作为一种新的数字化商务方式，代表未来的贸易、消费和服务方式，因此，要完善整体商务环境，就需要打破原有工业的传统体系，发展建立以商品代理和配送为主要特征，物流、商流、信息流有机结合的社会化物流配送体系。电子商务物流的概念是伴随电子商务技术和社会需求的发展而出现的，它是电子商务真正的经济价值实现不可或缺的重要组成部分。也有人理解为是物流企业的电子商务化。其实，可以从更广义的角度去理解这一个概念，既可以理解为"电子商务时代的物流"，即电子商务对物流管理提出的新要求，也可以理解为"物流管理电子化",即利用电子商务技术(主要是计算机技术和信息技术)对传统物流管理的改造。因此,有人称其为虚拟物流(VirtualLogistics),即以计算机网络技术进行物流运作与管理,实现企业间物流资源共享和优化配置的物流方式。

电子商务物流又称网上物流,就是基于互联网技术,旨在创造性地推动物流行业发展的新商业模式。通过互联网,物流公司能够被更大范围内的货主客户主动找到,能够在全国乃至世界范围内拓展业务。贸易公司和工厂能够更加快捷地找到性价比最适合的物流公司。网上物流致力把世界范围内最大数量的有物流需求的货主企业和提供物流服务的物流公司都吸引到一起,提供中立、诚信、自由的网上物流交易市场,帮助物流供需双方高效达成交易。目前已经有越来越多的客户通过网上物流交易市场找到了客户,找到了合作伙伴,找到了海外代理。网上物流提供的最大价值,就是更多的机会。

电子商务时代的来临,给全球物流带来了新的发展,使物流具备了一系列新特点。电子商务时代,物流信息化是电子商务的必然要求。物流信息化表现为物流信息的商品化、物流信息收集的数据库化和代码化、物流信息处理的电子化和计算机化、物流信息传递的标准化和实时化、物流信息存储的数字化等。因此,条码技术(BarCode)、数据库技术(Database)、电子订货系统(Electronic Ordering System,EOS)、电子数据交换(Electronic Data Interchange,EDI)、快速反应(Quick Response,QR)及有效的客户反映(Effective Customer Response,ECR)、企业资源计划(Enterprise Resource Planning，ERP）等技术与观念在中国的物流中将会得到普遍的应用。信息化是一切的基础，没有物流的信息化，任何先进的技术设备都不可能应用于物流领域，信息技术及计算机技术在物流中的应用将会彻底改变世界物流的面貌。物流领域网络化的基础也是信息化，是电子商务下物流活动主要特征之一。这里指的网络化有两层含义：一是物流配送系统的计算机通信网络，包括物流配送中心与供应商或制造商的联系要通过计算机网络，另外与下游顾客之间的联系也要通过计算机网络通信，比如物流配送中心向供应商提出订单这个过程，就可以使用计算机通信方式，借助于增值网（Value-Added Network，VAN）上的电子订货系统（EOS）和电子数据交换技术（EDI）来自动实现，物流配送中心通过计算机网络收集下游客户的订货的过程也可以自动完成；二是组织的网络化，即所谓的企业内部网（Intranet）。比如，台湾的电脑业在 20 世纪 90 年代创造出了"全球运筹式产销模式"，这种模式的基本点是按照客户订单组织生产，生产采取分散形式，即将全世界的电脑资源都利用起来，采取外包的形式将一台电脑的所有零部件、元器件、芯片外包给世界各地的制造商去生产，然后通过全球的物流网络将这些零部件、元器件和芯片发往同一个物流配送中心进行组装，由该物流配送中心将组装的电脑迅速发给订户。这一过程需要有高效的物流网络支持，当然物流网络的基础是信息、电脑网络。

物流的网络化是物流信息化的必然，是电子商务下物流活动的主要特征之一。当今世界 Internet 等全球网络资源的可用性及网络技术的普及为物流的网络化提供了良好的外部环境，物流网络化不可阻挡。物流电子商务化是以互联网的形式提供物流行业相关信息，包括货运信息、空运信息、陆运信息、海运信息、以及物流行业资讯和物流知识，法律法规等，还提供物流行业企业库、供货源方查找，货源方也可通过物流网发布货源信息，以供物流企业合作。物流网 2014 年在全国已经兴起，好的物流网很多，用户可以根据所在地区找物流网，也可在综合型的物流网上查找相关信息，现在物流网数量上以地区物流网为主，主要提供该地区的物流信息。这一切都是在当前大环境下电子商务物流所焕发出的新光彩。

5.2 电子商务与物流的关系

在电子商务下，物流业是介于供货方和购货方之间的第三方，是以服务作为第一宗旨。从当前物流的现状来看，物流企业不仅要为该地区服务，而且还要进行长距离的服务。因为客户不但希望得到很好的服务，而且希望服务点不是一处，而是多处。因此，如何提供高质量的服务便成了物流企业管理的中心课题。应该看到，配送中心离客户最近，联系最密切，商品都是通过它送到客户手中。美、日等国物流企业成功的要诀，就在于他们都十分重视客户服务的研究。

现在电商的快速崛起和行业的需求，对于仓储物流配送这一重要环节的需求和要求也在不断提高，而专注于电商仓储物流的第三方公司在市场行业中也扮演着越来越重要的角色，甚至能够协助商家在终端和渠道端提供广泛的服务。这类企业的服务不仅仅只是提供简单发货的服务，更重要的是需要站在商家的角度去做好仓储库存物流配送的环节，使电商整体运营流程形成良性发展，更加促进甚至推动电商的产量和销量。

首先，在概念上变革，由"推"到"拉"。配送中心应更多地考虑"客户要我提供哪些服务"，从这层意义讲，它是"拉"（Pull），而不是仅仅考虑"我能为客户提供哪些服务"，即"推"（Push）。如有的配送中心起初提供的是区域性的物流服务，以后发展到提供长距离服务，而且能提供越来越多的服务项目。又如配送中心派人到生产厂家"驻点"，直接为客户发货。越来越多的生产厂家把所有物流工作全部委托配货中心去干，从根本意义上讲，配送中心的工作已延伸到生产厂里去了。如何满足客户的需要把货物送到客户手中，就要看配送中心的作业水平了。配送中心不仅与生产厂家保持紧密的伙伴关系，而且直接与客户联系，能及时了解客户的需求信息，并沟通厂商和客户双方，起着桥梁作用。如美国普雷兹集团公司（APC）是一个以运输和配送为主的规模庞大的公司。物流企业不仅为货主提供优质的服务，而且要具备运输、仓储、进出口贸易等一系列知识，深入研究货主企业的生产经营发展流程设计和全方位系统服务。优质和系统的服务使物流企业与货主企业结成战略伙伴关系（或称策略联盟），一方面有助于货主企业的产品迅速进入市场，提高竞争力，另一方面则使物流企业有稳定的资源，对物流企业而言，服务质量和服务水平正逐渐成为比价格更为重要的选择因素。

在电子商务时代，要提供最佳的服务，物流系统必须要有良好的信息处理和传输系统。比如，美国洛杉矶西海报关公司与码头、机场、海关信息联网，当货从世界各地起运时，客户便可以从该公司获得到达的时间、到泊岸的准确位置，使收货人与各仓储、运输公司等做好准备，使商品在几乎不停留的情况下，快速流动、直达目的地。又如，美国干货储藏公司（D. S. C）有200多个客户，每天接受大量的订单，需要很好的信息系统。为此，该公司将许多表格编制了计算机程序，大量的信息可迅速输入、传输，各子公司也是如此。再如，美国橡胶公司（USCO）的物流分公司设立了信息处理中心，接受世界各地的订单；IBM公司只需按动键盘，即可接通USCO公司订货，通常在几小时内便可把货送到客户手中。良好的信息系统能提供极好的信息服务，以赢得客户的信赖。

全球化的物流模式，使企业面临着新的问题，例如，当北美自由贸易区协议达成后，其物流配送系统已不是仅仅从东部到西部的问题，还有从北部到南部的问题。这里面有仓库建设问题也有运输问题。又如，从加拿大到墨西哥，如何来运送货物，又如何设计合适的配送中心，还有如何提供良好服务的问题。另外，一个困难是较难找到素质较好、水平较高的管理人员，因为有大量牵涉到合作伙伴的贸易问题。如日本在美国开设了很多分公司，而两国存在着不小的差异，势必会碰到如何管理的问题。

还有一个信息共享问题。很多企业有不少企业内部的秘密，物流企业很难与之打交道，因此，如何建立信息处理系统，以及时获得必要的信息，对物流企业来说，是个难题。同时，在将来的物流系统中，能否做到尽快将货物送到客户手里，是提供优质服务的关键之一。客户要求发出订单后，第二天就能得到货物，而不是口头上说"可能何时拿到货物"。同时，客户还在考虑"所花费用与所得到的服务是否相称，是否合适"。

全球化战略的趋势，使物流企业和生产企业更紧密地联系在一起，形成了社会大分工。生产厂集中精力制造产品、降低成本、创造价值，物流企业则花费大量时间、精力从事物流服务。物流企业的满足需求系统比原来更进一步了。例如，在配送中心里，对进口商品的代理报关业务、暂时储存、搬运和配送，必要的流通加工，从商品进口到送交消费者手中的服务实现一条龙。

电子商务时代，由于企业销售范围的扩大，企业和商业销售方式及最终消费者购买方式的转变，使得送货上门等业务成为一项极为重要的服务业务，促使了物流行业的兴起。物流行业即能完整提供物流机能服务，以及运输配送、仓储保管、分装包装、流通加工等以收取报偿的行业。主要包括仓储企业、运输企业、装卸搬运、配送企业、流通加工业等。信息化、全球化、多功能化和一流的服务水平，已成为电子商务下的物流企业追求的目标。

于此带来的改变便是物流信息将更加及时；物流速度将得到很大提升，物流企业业务范围会更广；物流管理会更科学；物流人才获取知识的渠道将更广，物流人才更具专业化；传统物流企业将会因互联网而重新洗牌；电子商务物流会大大节约企业物流成本。这都是电子商务与物流的发展融会贯通所带来的结果。

5.3 物流模式的选择

目前网上购物使用的物流主要有自营物流、快递公司、国营 EMS 三种。不同地区不同物流的收费也不同，对于卖家来说，由于经常需要通过物流发货，因此要对不同的物流方式、资费标准以及服务进行相应的了解，从中选择最适合自己产品的发货方式。

（1）企业自身经营物流，称为自营物流。自营物流是在电子商务刚刚萌芽的时期，那时的电子商务企业规模不大，从事电子商务的企业多选用自营物流的方式。企业自营物流模式意味着电子商务企业自行组建物流配送系统，经营管理企业的整个物流运作过程。在这种方式下，企业也会向仓储企业购买仓储服务，向运输企业购买运输服务，但是这些服务都只限于一次或一系列分散的物流功能，而且是临时性的纯市场交易的服务，物流公司并不按照企业独特的业务流程提供独特的服务，即物流服务与企业价值链的松散的联系。如果企业有很高的顾客服务需求标准，物流成本占总成本的比重较大，而企业自身的物流管理能力较强时，企业一般不应采用外购物流，而应采用自营方式。由于中国物流公司大多是由传统的储运公司转变而来的，还不能满足电子商务的物流需求，因此，很多企业借助于他们开展电子商务的经验也开展物流业务，即电子商务企业自身经营物流。

目前，在中国，采取自营模式的电子商务企业主要有两类：一类是资金实力雄厚且业务规模较大的电子商务公司，电子商务在中国兴起的时候，国内第三方物流的服务水平远不能满足电子商务公司的要求。第二类是传统的大型制造企业或批发企业经营的电子商务网站，由于其自身在长期的传统商务中已经建立起初具规模的营销网络和物流配送体系，在开展电子商务时只需将其加以改进、完善，便可满足电子商务条件下对物流配送的要求。选用自营物流，可以使企业对物流环节有较强的控制能力，易于与其他环节密切配合，全力专门地服务于该企业的运营管理，使企业的供应链更好地保持协调、简洁与稳定。此外，自营物流能够保证供货的准确和及时，保证顾客服务的质量，维护了企业和顾客间的长期关系。但自营物流所需的投入非常大，建成后对规模的要求很高，大规模才能降低成本，否则将会长期处于不盈利的境地。而且投资成本较大、时间较长，对于企业柔性有不利影响。另外，自建庞大的物流体系，需要占用大量的流动资金。更重要的是，自营物流需要较强的物流管理能力，建成之后需要工作人员具有专业化的物流管理能力。

（2）第三方物流（Third-Party Logistics，简称 3PL 或 TPL）是指独立于买卖之外的专业化物流公司，长期以合同或契约的形式承接供应链上相邻组织委托的部分或全部物流功能，因地制宜地为特定企业提供个性化的全方位物流解决方案，实现特定企业的产品或劳务快捷地向市场移动，在信息共享的基础上，实现优势互补，从而降低物流成本，提高经济效益。它是由相对"第一方"发货人和"第二方"收货人而言的第三方专业企业来承担企业物流活动的一种物流形态。第三方物流公司通过与第一方或第二方的合作来提供其专业化的物流服务，它不拥有商品，不参与商品买卖，而是为顾客提供以合同约束、以结盟为基础的系列化、个性化、信息化的物流代理服务。服务内容包括设计物流系统、EDI 能力、报表管理、货物集运、选择承运人、货代人、海关代理、信息管理、仓储、咨询、运费支付和谈判等。在国内，第三方物流企业一般都是具有一定规模的物流设施设备（库房、站台、车辆等）及专业经验、技能的批发、储运或其他物流业务经营企业。第三方物流是物流专业化的重要形式，它的发展程序体现了一个国家物流产业发展的整体水平。第三方物流是一个新兴的领域，企业采用第三方物流模式对于提高企业经营效率具有重要作用。首先，企业将自己的非核心业务外包给从事该业务的专业公司去做；其次，第三方物流企业作为专门从事物流工作的企业，有丰富的专门从事物流运作的专家，有利于确保企业的专业化生产，降低费用，提高企业的物流水平。目前，第三方物流的发展十分迅速，有几方面是值得我们关注的：第一，物流业务的范围不断扩大。商业机构和各大公司面对日趋激烈的竞争，不得不将主要精力放在核心业务，将运输、仓储等相关业务环节交由更专业的物流企业进行操作，以求节约和高效；另一方面，物流企业为提高服务质量，也在不断拓宽业务范围，提供配套服务。第二，很多成功的物流企业根据第一方、第二方的谈判条款，分析比较自理的操作成本和代理费用，灵活运用自理和代理两种方式，提供客户定制的物流服务；第三，物流产业的发展潜力巨大，具有广阔的发展前景。

a. 顺丰速运

在快递品牌中，顺丰以最为快速和相对优质的服务排名成为最受欢迎的快递品牌榜之一。顺丰是由总部统一管理的企业，所以各地的服务水准都保持基本统一，是业内公认的服务好、态度好、监督机制好、快递速度超高的快递公司。但其缺点是很多稍微偏远的地方还没有网点，其次是费用稍高。

b. 邮政 EMS

EMS 快递即邮政的特快专递服务，在中国境内是由中国邮政提供的一种快递服务，同时提供国际邮件快递服务。EMS 运营规范、快递网点多，运送范围遍布全球，具有速度较快、运送安全、支持送货上门、可跟踪物流信息等特点，广泛用于进出口商品运输。其缺点是费用偏贵，国内起重 500 克及 500 克以下价格为 20 元，续重，分区域价格加收 4~17 元。

c. 圆通速递

圆通速递由于是加盟形式的，因此各地服务水准和快递员素质可能有差别。圆通速递在全国各地的网点比较齐备，并且价格相对低廉，江沪地区的网点较多，其价格较便宜。但其汽运件相对较慢，管理不统一。就发货速度而言，江沪浙很快，而东北、西北网点较少，通常只涵盖市级城市，很多县级城市可能没有网点，因此非常适合江沪浙的商品。

d. 天天快递

天天快递的客户群体遍及电子商务、纺织服装、医药化工等多个领域。天天快递送货速度与地区和网点分布关系密切，一般省内城市 2～3 天到达，市级城市 4～5 天到达，西北东北可能5～7天到达。天天快递的收费合理，适合中小型物品。

e. 韵达快递

韵达快递是比较具有特色的快递品牌，其网点分布均匀、规模适中，服务质量尚可，韵达快递的送货速度一般为 3～4 天送达，同城当天或隔天到达，价格相对比较便宜。

f. 中通快递

中通快递是一家集快递、物流、电商业务于一体的国内物流快递企业，提供"门到门"服务和限时（当天件、次晨达、次日达等）服务，荣获"中国快递行业十大影响力品牌"和"中国快递行业客户满意安全放心十佳品牌"等荣誉称号，足见其服务态度优良。

（1）选择物流公司应考虑的因素

电子商务的快速发展带动了物流行业的发展，现在的物流服务，不仅服务范围越来越广，加入这个行业的企业也越来越多，难免出现良莠不齐的情况。在这个鱼龙混杂的物流环境中，网店经营者在初期选择快递公司一定要十分慎重，快递安全、服务质量、发货速度和价格等因素都需优先考虑。

1）快递安全：物流安全是网店经营者必须考虑的问题，丢件、物品破损等情况会严重损害店铺的服务质量，引起买家的强烈不满。

为了保证商品的安全，对于贵重物品可以选择 EMS，并进行保价，从而保障货主的利益。在选择其他快递服务时，要有购买保险的意识，同时需要了解理赔服务。此外，还可对物品进行保护安装，在包装箱上标注易碎、轻放等字样，叮嘱快递公司注意保护等。此外，若选择的快递公司不靠谱，卖家以及买家的个人信息也容易泄露，被不法分子利用。保价是快递的一项增值服务，若快递丢失、损坏将得到保价范围内的赔偿，若没有保价，赔偿的费用较低，往往只赔偿几倍的快递费用，因此贵重货品建议保价。

2）快递价格：快递价格与经营成本息息相关，为了降低成本，很多卖家都愿意优先选择价格更低的快递服务，这当然无可厚非，但也绝不能一味盲目地以低价为标准，如果低价的物流服务是以物流质量低为代价，那么卖家将得不偿失，因此需对快递公司进行详细对比。快递费用一般按千克计算，超过 1 千克按 2 千克算，超过 2 千克就按 3 千克算，以此类推。快递价格并不是一成不变的，会根据市场发展需求进行变动。卖家也可选择负责自己所在地的各个快递公司的网点，与负责该区域的快递员沟通价格，可以对比多家之后再做决定。如果合作愉快，可以适当地进行沟通，尽量拿到友情价格，以降低自己的成本。

3）发货速度：在网上进行购物的顾客，通常对物流的速度快慢非常在意，物流速度快，会非常容易赢得买家的好感，留住客户，将新客户培养成老客户。反之，则容易引起买家的不满甚至投诉。作为网店经营者，一定要注意快递的发货速度，首先自己发货的速度要快，其次快递揽件并发货的速度也要快。由于快递公司在不同地区的网点一般都采用独立核算的方式，因此不同地区的快递网点，其服务质量、速度等可能不一样，卖家最好亲自考察并对比发货速度，选择比较优秀的网点。如果卖家延迟发货将会承担相应的损失。淘宝上买家付款后要求卖家在 72 小时内完成发货，特殊情况下，如双十一期间，卖家需要告知客户延时发货，否则淘宝会认为卖家妨碍买家高效购物的权益，买家发起投诉后，卖家在淘宝网人工介入且判定投诉成立前主动支付违约金达第 3 次及第 3 次的倍数时扣 3 分（3 天内累计扣分不超过 12 分），审向买家赔偿商品实际交易金额的 5%（最高不超过 30 元）。

4）服务质量：服务质量也是网店经营者挑选快递服务的标准之一。快递行业作为服务行业之一，应该具备服务行业的精神，遵守服务行业的准则。质量好的快递服务，会给买家带来舒适的服务体验，从而增加买家对网店的好感度。

如何快速有效地选择物流公司，才能让淘宝卖家少走弯路，避免损失呢？下面给出一些建议。

1）尽量选择分公司拓展方式的快递公司：一般来说，分公司拓展方式的快递公司的管理经营方式比较规范，货物安全保障性高，如北京的宅急送以及广东的顺丰等等。通过加盟的方式成立的快递公司由于加盟条件的放松、自身的经营管理不善，很容易产生一些管理不好、信誉较差的站点，甚至出现寄件人的货物不安全的问题。

2）尽量使用本地经过正规注册的规模较大的快递公司：一般而言，本地的公司为了打造本公司在本地的良好口碑，对索赔的案件会很快解决。同时，卖家比较容易对公司进行实地考察，并且取件的效率也比较高。

3）尽量选择网点多的快递公司：在淘宝上购物的客户遍布大江南北，如果买家购买了自己的商品而无法送出就比较麻烦，因此选择网点遍布多的快递公司很有必要。为了保证发货的速度、实惠，商家也可选择多家快递公司进行合作。

4）尽量选择使用靠谱工具取件的快递公司：快递公司的业务员取件主要是通过3种交通工具，如电瓶车、小三轮和货车。卖家一般可选择货车取货的公司，因为此类公司实力较强。若店铺出货量较小，快递人员用电瓶车取货也属正常。目前流行的取货方式为电动三轮车。

5）尽量选择快递单上条形码清晰明确的快递公司：选择快递单上条形码清晰的快递公司可以避免条码难以扫描，或扫描出来的数字和印刷出来的数字不符合，这样有可能会造成这一单的货物因为对不上号而丢失，还有可能造成重码，即两套单甚至几套单的条形码是同一个号码，这样极有可能会造成货物发错地方或者弄丢。

6）尽量选择赔偿金额或倍数高而且保价率低的快递公司：虽然丢件或货物损坏的情况比较少，对于一些利润薄的卖家而言，一旦丢件，就会导致利润降低，如10件丢失一件，可能另外9件的利润都没有了，因此需要慎选快递公司，尽量选择赔偿金额或倍数高而且保价率低的快递公司。保价率低的快递公司一般信誉较好。赔偿标准与是否保价，以及保价旳金额息息相关，若卖家没有保价，最高赔偿不超过300元/单。

6 产品包装

6.1 包装的重要性

在买家购买商品后，卖家就需要根据订单来准备该宝贝，由于绝大多数网上交易是通过物流公司来完成的，因而必须先对商品进行包装，这样才能够完好无缺地到达买家手中。通常我们会说，卖家经营店铺有没有用心，看商品包装就知道了。其实也就是说包装这个环节不能小觑，它关乎商品是否能够完好无损地送到买家手中。如果包装马虎而导致商品在运输途中损坏，可就得不偿失了。

当然这里所说的包装并不是指商品本身的外包装，而是指为了商品的运输安全，对它进行的二次包装。但在包装过程中，需要注意的是运输重量的不同会使邮寄费用产生变化，而邮费也是销售成本的一个组成部分。如果包装得合理，也能节省不少开支。

6.2 包装的形式

由于不同卖家销售的商品类型不同，所以针对不同类型的商品，所使用的包装材料与包装方式也各不相同。这里为卖家介绍常用的一些包装材料以及不同种类商品的包装形式。

6.2.1 常用包装材料

首先要了解常用的包装材料，常见的包装材料主要有卡通箱、编织袋、泡泡纸、牛皮纸以及内部的填充物。

（1）卡通箱

卡通箱是使用比较普遍的包装方式，主要具有以下优点：安全性强，可以有效地保护物品；环保，可回收。重量轻，运输成本低；一些特殊箱还可实现防静电、防潮、保险等需求；印刷精美，实现运输包装和商品包装的结合。成本低（相对主要包装种类而言，有塑料、木头），效率高（生产速度高于别的包装，制作周期短于同类包装）。但目前国内的卡通箱有普遍的不足之处，即不防水，且怕利物刺穿。解决方法是在卡通箱内适当放入填充物对运输过程中的外部冲击产生缓冲作用。

（2）编织袋

编织袋适用于各种不怕挤压与冲击的商品，优点是成本低、重量轻，可以节省一点运费，缺点是对物品的保护性比较差，只用来包装质地柔软耐压耐摔的商品。

（3）泡泡纸（袋）、空气袋

泡泡纸（袋）和空气袋不但价格较低、重量较轻，还可以比较好地防止挤压，对物品的保护性相对比较强，适于包装一些本身具有硬盒包装的商品，如数码产品等。另外泡泡纸也可以配合纸箱进行双重包装，加大商品的运输安全系数。

（4）牛皮纸

牛皮纸多用于包装书籍等本身不容易被挤压或摔坏的商品，可以有效防止商品在运输过程中的磨损。

（5）其他包装材料

另外，对于一些商品，在包装时需要考虑防水与防潮因素，如服饰、数码产品、未密封的食品等，这类商品在包装后，可以采用胶带对包装口进行密封。

6.2.2 包装形式

商品包装是商品的一部分，反映着商品的综合品质，商品包装一般分为内包装、中层包装、外包装 3 个层次。

（1）内包装：内包装即直接包装商品的包装材料，主要有 OPP 自封袋、PE 自封袋和热收缩膜等。一般商品厂家已经进行了商品的内包装。

（2）中层包装：中层包装通常指商品与外包装盒之间的填充材料，主要用于保护商品，防止运输过程中的商品损坏，报纸、纸板、气泡膜、珍珠棉、海绵等都可以用作中层包装。卖家在选择中层包装材料时，可根据实际情况进行选择，灵活使用各种填充材料，如包装水果的网格棉也可用于其他小件商品的包装或作为填充材料。

（3）外层包装：在包装外层包装商品时，有心的卖家可使用个性包装，或在包装箱上做一些贴心小提示，不仅可以迎合目标消费群，还可以提醒快递员注意寄送，趁机宣传。

6.3 如何用包装赢得消费者好感，并且提升销量

6.3.1 皮包、衣服、鞋子类产品

这类产品在包装时可以用不同种类的纸张（牛皮纸、白纸等）单独包好，以防止脏污。如果要用报纸的话，里面还应加一层塑料袋。

遇到形状不规则的商品，例如皮包等，可预先用胶带封好口，再用纸包住手提袋并贴胶带固定，以减少磨损。当商品是衣服时，就要先用塑料袋装好，再装入防水防染色的包裹袋中，用布袋邮寄服装时，宜用白色棉布或其他干净整洁的布。

6.3.2 首饰类产品

首饰类商品一般直接用大小合适的首饰盒进行包装，如果是易碎、易刮花的首饰，还应可以使用一些保护材料对首饰单独进行包裹。首饰产品一般都需要附送首饰袋或首饰盒，通过这种方法可以让你的服务显得更贴心。对于首饰来说，3层的12号纸箱就够用了，为了节约成本，建议在网上购买。

6.3.3 化妆品、酒水等

此类液体类商品都属于易碎品，必须非常注意防震和防漏，必须严格检查商品的包装质量。在包装这类商品时，可使用塑料袋或胶带封住瓶口防止液体泄漏，用气泡膜包裹液体瓶子或

在瓶子与原包装之间进行填充，在外包装纸与商品的间隙中也需填充泡沫等材料。

6.3.4 数码类商品

数码商品一般价格比较昂贵，因此一定要注意包装安全，一般需要使用气泡膜、珍珠棉、海绵等对商品进行包裹，同时还需使用抗压性较好的包装盒进行包装，避免运输过程中被挤压损坏，建议对数码商品进行保价，提醒买家验货后再确认签收。

6.3.5 食品类商品

食品类包装必须注意包装材料的安全，即包装袋和包装盒必须清洁、干净、无毒。部分食品保质期时间较短，对温度要求也较高，包装这类商品时要注意包装的密封性等，收到订单后应尽快发货，尽量减少物流时间。

6.3.6 书籍类商品

书籍类商品的防震防压性都比较好，主要需注意防水防潮的处理，一般可使用包装袋或气泡袋进行封装，再使用牛皮纸或纸箱进行打包。

总之，一定要用填充物填充，在打包首饰件时，为了让物件在纸盒里不晃动，可以使用泡沫、报纸等作为填充物。

6.3.7 纸箱的四个角一定要用胶带包好

因为邮寄的时候有很多不确定因素，例如在运送过程中刚好有一瓶液体商品和你的货品一起运送，一旦这个液体货品的包装不严密，出现泄漏，你的货品很可能受到影响或被浸泡。

所以，纸箱的四角一定要用宽胶带包好，这样也可以更好地防止撞击。

6.3.8 附送一张产品说明卡

在打包产品时附带一张首饰保养及使用说明书，这样显得比较专业，也会给买家留下好的印象。

经典案例：

宝贝破损少件的处理方法

通常情况下，卖家都会或多或少遇到宝贝破损、少件、丢失的情况。

当遇到这种情况时，该如何处理才能避免此类情况的发生。

（1）怎样避免出现宝贝破损、少件、物品丢失？

发货前，做好包装加固。发货前对包装、质量、线头等细节问题多多检查，并且选择一个你信任的、规范的且服务周到的快递物流公司。一些特殊的商品应当提前约定送货，避免在过程中出现商品破损、丢件，如一些易碎的瓷器，提前和买家约好若出现各种意外的解决办法。

（2）当淘宝卖家遇到宝贝出现破损、少件、物品丢失该怎么办？

立即联系你的买家，提供实物照片确认商品的真实情况。在沟通过程中，态度一定要端正、良好。向物流公司核实是谁签收，是否本人签收的。若不是买家本人签收，且没有买家的授权，建议先退款并联系物流公司协商索赔，避免与买家间出现误会。若自己签收发现问题，就应当立即和顾客协商退款、退货事宜，客户这边处理好后，再与物流协商赔款事宜。

7 产品的营销与推广

7.1 产品的营销策略分析

一个企业能获得稳健发展，有许多不可或缺的条件，其中就包括高水平的营销管理。因为所有企业，包括电商，所有活动都是围绕营销来进行的，而且企业最终的目的就是盈利。科学营销售理是制定正确的营销策略，实现企业营销目标的一个重要保障。只有正确科学地实施营销管理，认识营销管理的重要性，企业才能真正发展起来，实现企业营销目标。电商作为当今市场上一支重要力量，更是要注重营销管理对自身的促进作用。正因为互联网的快速发展，越来越多的人在使用智能手机、平板电脑，网上购物更是如此。那么，在今天这个电商时代，店铺人员该如何抓住消费者的习惯，进行营销管理呢？许多人都知道营销，知道管理，但是对营销管理的概念就比较陌生了。管理就是监督、指挥、指导、控制。较为简单的说法，是对于单位或个人进行的管控、制约和引导。营销则是对企业或个人提供的产品或劳务进行销售的活动。营销需要根据对客户需要及行为的深刻了解，在所有方面和行为中贯彻一套特定的程序、理念和价值观，以便能比竞争对手更好地满足顾客要求。

营销的要素包括：产量、促销、地点、价格。营销活动中，也有相关的管理问题，比如对于营销团队的管理，对于营销活动的管理等。营销管理是指为了实现企业或组织目标，建立和保持与目标市场之间的营利的交换关系，而对设计项目的分析、规划、实施和控制。营销管理的实质是需求管理，即对需求的水平、时机和性质进行有效的调解。在营销管理实践中，企业通常需要预先设定一个预期的市场需求水平。然而，实际的市场需求水平可能与预期的市场需求水平并不一致。这就需要企业营销售理者针对不同的需求情况采取不同的营销管理对策，进而高效地满足市场需求，确保企业目标的实现。营销售理中涉及的五种需求是：满足企业的需求、满足消费者的需求、满足经销商的需求、满足终端的需求、满足销售队伍的需求。满足企业的需求是第一位的。营销售理是对企业需求的管理，以满足企业的需求为根本。营销管理人员需要考虑的重要数据包括利润、投资回报率等。这都说明了营销管理要以满足企业的需求为根本。

虽然企业的需求是根本，但在具体落实企业需求的过程中，要充分考虑到其他四个方面的需求。因为任何一方的需求无法满足或严重失衡，都可能导致企业整体的营销失败。营销的失败就是营销管理的失败，就是企业的失败。

需求的确定问题涉及企业的很多方面，企业强调团队合作，强调供应链，因此各个环节的需求都要考虑到，这样的营销政策才是好政策。

但在营销中，企业制定营销政策，要充分考虑营销政策推行的各个方面，其中主要是企业、消费者、经销商、终端、销售队伍这五个方面。

7.1.1　满足企业的需求

企业追求可持续发展，说白了就是可持续赚钱。企业可以短期不盈利，去扩张，去追求发展，但最终目的是盈利。所有的人员、资金、管理等都是为企业实现可以持续赚钱的手段。

按照营销理论，企业要坚持原则，以消费者为中心。但实际上，"以消费者为中心"只是企业思考问题的方式，企业要按照自己的利益来真正行动。企业管理者要把命运掌握在自己手上，要操控市场，要掌握市场的主动权。企业发展的不同阶段，市场发展的不同阶段，企业有不同的需求。

（1）市场孕育期，企业开发了创新产品。企业面临两个问题：一是要迅速完成资金的原始积累，二是要迅速打开市场。所以此时企业可能采取急功近利的操作手法，怎么来钱就怎么来，怎么出销量就怎么来。可能采取的政策是高提成、高返利、做大客户等。

（2）市场成长期，企业飞速发展，出现了类似的竞争对手。因此企业要用比对手快的速度，扩大市场份额，占领市场制高点。可能采取的措施是开发多品种、完善渠道规划、激励经销商等。

（3）市场成熟期，此阶段企业需要延续产品的生命周期。企业要追求稳定的现金流量，同时还要开发其他产品。这时企业要不断推出花样翻新的促销政策。

（4）市场衰退期，企业一般的做法是尽快回收投资，变现。

从上面简单的生命周期描述中，我们看到，不同阶段企业有不同需求，而满足企业需求是第一位的。

营销售理是对企业需求的管理，以满足企业的需求为根本。所以作为营销决策者首先要考虑："我的老板要求我做什么？公司现在需要我做什么？股东需要我做什么？"然后在具体落实企业需求的过程中，考虑下面的几个需求。

7.1.2　满足消费者的需求

中国的消费者是不成熟的，所以才容易被企业误导，策划人搞得概念满天飞，风光三五年。

真实的、理性的消费者需求是什么呢？消费者对好的产品质量有需求，消费者对合理的价格有需求，消费者对良好的售后服务有需求。消费者的需求对企业来说是最重要、最长久的。企业可以为了满足自身的短期利益，忽略消费者需求，但消费者是用"脚"投票的，他们会选择离开。著名的春都，是一个靠火腿肠发家的上市公司。在 20 世纪 90 年代春都是中国知名企业 F 行业先锋，但在多元化战略下，却迷失了自己的方向，主营业务大幅萎缩。为在价格战中取胜，春都竟然通过降低产品质量、损害消费者利益来降低生产成本，含肉量一度从85%降到15%，春都职工用自己公司的火腿肠喂狗，戏称为"面棍"。只考虑自己的需求，而没满足消费者的需求的春都，为此付出了惨重代价，销量直线下滑，市场占有率从最高时的70%狂跌到不足10%。春都最终的灭亡是必然的，道理是相同的，不论是传统企业还是电商企业，如果只考虑自身的利益而忽视了消费者的利益，则终究会受到市场的惩罚、消费者的唾骂。

电商如果背弃了消费者的利益，消费者同样是不买账的。有贝贝网的商家在微博上爆料，贝贝网平台主动要求商家恶意刷单，必须通过制造虚假成交才能给商家排期安排相应的位置。除此之外，不少用户反映贝贝网所售的奶粉、纸尿裤、面膜等都存在假货嫌疑。近年来母婴电商"忽如一夜春风来，千家万家母婴电商跑起来"，可谓是火得"一塌糊涂"。随着政策和二孩人口红利，蜜芽、贝贝等母婴电商纷纷"拓疆扩土"。在这些垂直类母婴电商的竞技中，有的是真正的领跑，有的只是通过刷单售假，制造"数据瞬间繁华"。数据监测显示，贝贝网在网络零售电商中的投诉占比为1.26%。除了母婴电商问题不断之外，以拼多多、拼好货、贝贝拼团、闪电购、51拼团等为典型代表的社交拼团网站快速发展的背后也存在隐忧，并且将麻烦转嫁到消费者头上。具体表现为水果腐烂严重、产品质量不过关、商家欺诈、虚假发货、刷单等问题。拼多多以7.24%的占比成为2016年上半年被投诉网络零售电商次数第一名。海淘市场电商在满足消费者需求方面的表现也欠佳。目前海淘市场中涌现出大量海淘帮手或转运平台，但服务良莠不齐。以转运四万、海带宝、斑马物联网、美国快递、法国快运等为代表的海淘转运平台遭到不少用户投诉，称存在发货慢、丢件、私自处理客户商品、虚假宣传、欺骗关税、客服联系不上等问题。

企业可以在一段时间欺骗所有的消费者，也可以在所有的时候欺骗一个消费者。但是，群众的眼睛是雪亮的，企业不可能在所有的时候欺骗所有的人。所以对企业来说，满足消费者的需求是企业存在的价值，是企业最长久的保障。在满足需求的基础上，企业还要发掘需求，引导消费的潮流。企业在制定营销政策时，要知道经销商的需求是什么，经销商是要长远发展，还是要短期盈利。企业制定政策时，要考虑到经销商的发展，而不是仅仅从企业自身出发，也不能仅仅从消费者的角度出发。

7.1.3 经销商的考量

在有些行业，经销商是不可或缺的。经销商也有发展阶段，他在创业阶段需要你给他指点，需要你给他支持。当他的网络已经形成、管理基本规范时，他最需要的就是利润。不同发展阶段，他的需求是不同的。企业要针对经销商的实际需要，不断制定出符合经销商的销售政策、产品政策、促销政策。任何营销政策，最终都靠销售队伍来贯彻，销售代表执行力度的大小可能比政策本身的好坏更重要。这是个"打群架"的时代，营销竞争是靠团队的，所有的经销商、终端、消费者的需求，都要通过销售队伍来满足。

7.1.4　销售队伍的管理

销售队伍的需求有哪些呢？无外乎生存和发展，销售队伍对合理的待遇有需求，对培训机会有需求，对发展空间有需求。因此，企业要在不同阶段发掘销售队伍的需求，尽量来满足他们。

企业需求是根本，是营销售理的出发点。其中消费者的需求、经销商的需求、终端的需求是串联的，一个环节没满足，就会使营销政策的执行出现偏差。一个环节"不爽"，就可能导致企业"不爽"。作为营销售理者，要从这五个方面出发来考虑营销问题。如果营销出了问题，就一定是这五个方面出了问题。优秀的营销售理者，要善于分析这五个方面，善于平衡这五个方面的资源投入，取得营销的最佳效果。营销不仅仅是"销"，也不完全是"赢"，而是要体现在"营"，追求不断完善的过程，让营销管理走向一个又一个新的高峰。

7.1.5　电商的营销重心应当放到客户身上

网上交易无疑为商家和顾客的准确、有效、快捷沟通创造了良好的条件，应充分利用电子商务快捷方便、全天候、交易方式不受地域限制，容易获得用户的反馈信息等特点提供企业及信息或客户所需的服务。消费者消费的主动性加强了，可以直接在网购平台表达自己的独特要求，甚至可以参与新产品的开发和研究，参与到电商的生产经营过程中，从而使消费者的个性化需求得以满足，也使电商由于市场不确定性因素的减少，更易于把握市场需求，更好地服务于消费者。电商可以根据市场的发展，在更高层次上以更高效的方式在自身与顾客之间建立起有别于传统的、新型的主动型关系，可以为客户提供一体化、系统化的解决方案并提高产品与需求的对应程度，从而建立起有机联系，形成相互需求、利益共享、共同发展的关系，进而达到整体最优。由此可见：只有在电子商务环境下才能真正实现以客户为中心，真正做到以人为本的人性化经营，真正满足客户的需求，也最终使企业在激烈的竞争中良性生存和发展。

7.1.6 创新营销管理模式

电子商务克服了传统营销中的客户时间和空间的限制而及明显的地域性限制，使客户遍及全球。作为一种交易手段，因其直接进行及交易环节的减少而使交易费用大为降低，使消费者直接受益，也使企业更加高效地控制库存，大大降低了企业的成本，减少了消费者的负担。网上销售、网上采集、交易电子化无疑大大方便了企业，方便了消费者。企业在网络营销环境下，根据大量的消费者需求的个性特点及其共性，将其整理、统计、分析和归类，采用"大规模量身定做"式生产方式，突破了传统营销环境下无法大规模集结市场特殊需求，只能小批量生产特殊款式产品的局限。任何过去无法开通流水线生产的特殊款式的产品，通过网络进行全球范围的市场集结都可以形成"批量"，可以由特殊转化为"常规"，从而可以按照相应的规格要求进行批量生产，而且更重要的是集结这一全球市场所需要的费用正因网络经济的扩展速度而迅速下降。所以，企业必须抢占网络先机，在充分了解顾客需求的基础上，量身定制（针对企业特殊需求的各种电子商务服务和软件服务等，这样可更有效地巩固和吸引客户。总之，一个致力于提高客户满意度，体现对客户的人文关怀并实现对客户个性化需求快速响应的人性化经营的电商企业，才是这个电商时代最有活力的企业、最有发展前途的企业。

7.1.7 粉丝营销

粉丝营销是指企业利用优秀的产品或企业知名度拉拢庞大的消费者群体作为粉丝，利用粉丝相互传导的方式，达到营销目的的商业理念。好多企业都有自己的粉丝，比如小米有"米"粉、苹果有"果"粉、华为有"花"粉，各种各样的粉丝层出不穷，从中也可窥见粉丝营销的火热。从目的上看，粉丝营销本质上是对用户关系的一种强化，还起到了营销的效果，这可以帮助企业挖掘更多的潜在客户，降低销售的难度，树立品牌形象。

7.2 产品的推广策略分析

定向推广是一种非常精准的投放方式，卖家可以在买家分析的基础上，结合商品实际情况，将宝贝准确投放给某个维度的买家。自定义投放的维度比较多，包括投放人群、展示位置等，卖家可以根据需要将宝贝投放到所需的维度，也可进行多维度组合投放。

7.2.1 投放人群

投放人群是指对宝贝投放人群的属性进行设置，包括访客定向和购物意图定向。访客定向是指喜欢我店铺的访客和喜欢同类店铺的访客。喜欢我店铺的访客包括在自己店铺购买过的访客、收藏过店铺的访客、将宝贝放入购物车的访客和浏览过店铺宝贝的访客。这种投放方式主要面向老客户，精准度比较高，效果比较好，可以有效提升店铺的回购率和好评率，甚至拉动店铺新品的数据，对宝贝优化十分有利。喜欢同类店铺的访客是指与自己店铺类似的店铺访客，偏重于对竞争对手的客户进行定向，主要用于竞争和发展新客户。购物意图定向主要是单品兴趣定向，根据买家搜索关键词的历史记录为买家主动推荐商品。

7.2.2 展示位置

展示位置分为无线端的展示位置和PC端的展示位置。无线端有手机淘宝首页、猜你喜欢、手机淘宝消息中心、淘宝活动。PC端有我的购物车、掌柜热卖、淘宝收藏夹、热卖单品、我的淘宝首页、猜我喜欢、我的淘宝物流详情页、我的淘宝、已买到的宝贝等。选择一个好的展示位置可以为宝贝带来非常好的推广效果，比如手机淘宝的猜你喜欢，淘宝会根据顾客的浏览记录将宝贝推荐到该位置，流量非常大。

7.2.3 定向推广设置

在设置了标准推广计划后，可以对相关推荐单位进行定向推广设置，其具体操作如下。在"我的推广计划"栏中选择需要编辑的推广计划，打开该推广计划的"宝贝推广"页面。

（1）推广店铺，在淘宝论坛进行是必不可少的，此乃兵家必争之地。一个好的精华帖子往往会给店铺带来很多的流量，如果你写的帖子上了首页，那效果会非常好，当然回帖也很重要，尽量多回帖，多支持别人顺带学习前辈的经验，留言说说自己的看法，被人关注的话，自然也会有人顺便进入你的店铺，相应地，店铺知名度也会提高。

（2）利用信用评价免费做宣传

在淘宝上，可以免费做广告的地方很多，广告可以说无处不在。多加探索，就可以发现有很多地方都可以为商品做免费宣传，就连给买家的"信用评价"，也可以成为宣传展示店铺及商品的阵地。

网上商店会员在使用支付宝服务成功完成每一个交易订单后，双方均有权对对方交易的情况做出相关评价。卖家可以针对订单中每项卖出的宝贝给买家进行好评、中评、差评。这些评价被统称为信用评价。在"已卖出的宝贝"页面里，找到需要给买家评价的交易。单击"评价"，然后在评价页面中，会看到"好评""中评""差评"三种。在"发表评论"的文本框中可以输入评论，还可以加上一些店铺的宣传广告语，这样就免费宣传了自己的店铺。

（3）"我要解释"里也可以做广告，具体操作步骤如下：

1）在"我的淘宝"页面中，单击"评价管理"链接。从评价的那天算起，一个月内可以对评价做出解释，过了一个月期限后，就不能对评价进行解释。进入"评价管理"页面，找到相应的评价，单击"我要解释"按钮。

2）进入"评价解释"页面，在"我的解释"文本框中，不但可以输入解释内容，还可以加上店铺的宣传广告语。不同的是这里最多可以写500个汉字。

3）完成后单击"提交"按钮，评价解释的操作成功，返回"评价管理"或查看评价主页时就可以看到刚才对评价做出的解释。

（4）互相添加友情链接，提高店铺浏览量

友情链接是指分别在各自的网店上放置对方网店的LOGO或网店名称，并设置对方网店的超级链接，使得买家可以从合作网店中发现自己的网店，达到互相推广的目的。淘宝友情链接是淘宝店铺的一个推广功能。如果能够合理地使用友情链接，将会给店铺带来很大的浏览量。在与别的店铺交换友情链接时，就会有很大的机会与之共享买家，浏览量自然就上去了，当然成交量也会增加不少。如果你的店铺里友情链接满了，会让买家觉得你的店铺非常专业。另一方面，友情链接还可以使店铺档次提高，因为让人觉得店铺在整体的完善上非常到位。

（5）利用 QQ 空间进行推广

1）QQ 日志推广法。去各大网站搜集一些跟你的淘宝店铺的宝贝有关的资料到你的空间，吸引你的客户关注你。

2）QQ 空间相册推广法。很多人和人聊天或者加 QQ 时都会进空间看一下空间的相册。所以，相册也是我们一个必不可少的推广工具。

3）QQ 空间分享功能推广法。QQ 空间有一个分享功能，可以分享视频和网站地址，只要你把目标页面的链接填写在上面，就可以分享给你的所有好朋友，他们只要点击标题，就可以看到你分享的东西。这个分享的功能很强大，不管是图片，还是视频，又或者是一个网站，都可以很轻松地分享给自己的 QQ 好友。你分享了东西，QQ 好友看到的界面也相当友好，QQ 好友可以在自己的空间无须点击就预览到内容简介。因为可以预览，这就要求我们分享的东西要有吸引力，让对方看到预览就想点击，点击了就主动分享下去，建议卖家"抄写"一些比较热门的东西分享到 QQ 空间。

4）空间说说推广法。QQ 说说可与 QQ 签名同步，其目的在于随时随地的分享。我们每次更新 QQ 签名的时候，都会自动地更新到说说上面，这句话最好是比较经典的语句，这个也有限制，所以一直要用一句话就能激起别人想了解你的冲动。

5）QQ 空间名人推广法。加一些网络名人的 QQ，这些人的空间访问流量很高，每天在他空间访问最高的时段给他送礼物，在他空间发表有争议性的话题和留言，这样的效果比随便到处留言强一百倍。

6）利用微博推广

目前微博是最热的一个推广平台，很多企业都重视微博的效应，淘宝更是不例外。

微博是手机短信、社交网站、博客等产品优点的集成者。

①微博内容传播及时、快速。无论是新浪微博还是腾讯微博，只要网友们随便发一条内容，大家都可以及时看到。因为每个人的账号都会有不少的粉丝，这样一传十、十传百，传播速度十分惊人。只要卖家平时抽点时间在玩微博的同时积累一定数量的粉丝，那么日后这些都会是无形的资产。

②微博没时间及地域限制。微博不受任何时间和地域的限制，可以随时随地发广播。

③微博更容易形成互动。微博上很多信息是在传统媒体上看不到的，所以在微博上更容易形成互动。

④微博打造品牌反响好。微博的账号名称可以直接以淘宝店铺或商品的名字命名，这样简单而且易记，时间长了，品牌自然也就打出去了。要让微博网名成为你的代言，让其他人看到你的微博名的时候，就能很快地记录下来。

7）利用微信推广

微信是腾讯公司于 2011 年初推出的一款快速发送文字和照片、支持多人语音对讲的手机聊天软件。截至 2013 年 11 月注册用户量已经突破 6 亿，是亚洲地区最大用户群体的移动即时通信软件。而微信推广也形成了一股风潮，众多商家无一不把眼睛瞄准这个快速发展的新应用。势不可当的微信推广，到底有哪些模式呢？

（1）查看附近的人。微信用户在点击"查看附近的人"后，可以根据自己的地理位置查找到周围的微信用户。在这些附近的微信用户中，除了显示用户姓名等基本信息外，还会显示用户签名栏的内容。所以淘宝卖家可以利用这个免费的广告位为自己的产品打广告。卖家在人流旺盛的地段 24 小时运行微信，如果"查看附近的人"使用者足够多，这个广告效果也会不错。随着微信用户数量的上升，可能这个简单的签名栏会变成移动的"黄金广告位"。

（2）漂流瓶。漂流瓶是移植于 QQ 邮箱的一款应用，该应用在电脑上广受好评，许多用户喜欢这种和陌生人的简单互动方式。被移植到微信上后，漂流瓶的功能基本保留了原始简单易上手的风格。

漂流瓶有两个简单功能：①扔一个：用户可以选择发布语音或者文字然后投入大海中，如果有其他用户"捞"到则可以展开对话；②捡一个："捞"大海中无数个用户投放的漂流瓶，"捞"到后也可以和对方展开对话，但每个用户每天只有 20 次机会。

微信官方可以对漂流瓶的参数进行更改，使得合作商家推广的活动在某一时间段内抛出的"漂流瓶"数量大增，普通用户"捞"到的频率也会增加。加上"漂流瓶"模式本身可以发送不同的文字内容甚至语音小游戏等，如果营销得当，也能产生不错的营销效果。而这种语音的模式也让用户觉得更加真实。但是如果只是纯粹的广告语，是会引起用户反感的。

（3）扫一扫。"扫一扫"这个功能原本是"参考"另一款国外社交工具"LINE"，用来扫描识别另一位用户的二维码身份从而添加朋友。但是二维码发展至今其商业用途越来越多，所以微信也就顺应潮流结合展开商业活动。在移动应用中加入二维码扫描，然后给用户提供商家折扣和优惠，这种O2O方式早已普及开来，坐拥数亿用户且活跃度足够高的微信，该应用的价值不言而喻。

（4）微信公众平台。通过一对一的关注和推送，公众平台方可以向"粉丝"推送包括新闻资讯、产品消息、最新活动等消息，甚至能够完成包括咨询、客服等功能。

卖家通过发布公众号的二维码，让微信用户随手订阅公众平台账号，然后通过用户分组和地域控制，卖家可以实现精准的消息推送，直指目标用户。

（5）开放平台＋朋友圈。微信开放平台是微信新推出的功能，应用开发者可通过微信开放接口接入第三方应用。还可以将应用的LOGO放入微信附件栏中，让微信用户方便地在会话中调用第三方应用进行内容的选择与分享。

微信除了异步通信的功能，其"朋友圈"分享功能的开放，为分享式的口碑营销提供了最好的渠道。微信用户可以将手机应用、PC客户端、网站中的精彩内容快速地分享到朋友。

经典案例：

浙江青年网上卖鞋实现创业梦

胡冰，1984 年生人，张旭，1985 年生人，是很多人眼中典型的"80后"年青一代。这两个来自不同城市的年轻人在无锡相遇了，然后携手在淘宝上开了一家网店：维亿服饰专营店，专门售卖男鞋。短短一年的时间，这家新店就达到了皇冠级别，一年之内卖出了 3 万双鞋子。他们说，准备在无锡这个城市搭建起自己的"理想国"。是什么让两个来自他乡的年轻人想要在无锡奋斗？是什么让他们坚持要把这条路走到底？胡冰向网友分享了他和张旭一起创业的故事。

1. 最初蹲了 4 期

我是浙江丽水人，2005 年到无锡的时候，就在崇名寺的名典鞋业工作。我也是在那个时候认识张旭的，他是盐城人。因为我是一个"月光族"，有一段时间觉得经济有点窘迫，所以就谋划着换了工作。其间，我去过常州，开过小店，做过网络美工，但都不太成功。2008 年底，我到了温州，为那里的一家鞋业公司做市场调查，开始熟悉起鞋子，一段时间后甚至开始自己动手设计。我觉得对这一行熟悉了，就萌生了自己开店的念头，但是无锡崇安寺的店面租金实在太贵了，我想还是从网店开始吧。我就给张旭打了电话，因为以前他自己开过网店，卖过童装。他很爽快地答应了，那就开吧。

实际上，开网店并不如我们想的那样简单，现在想想，比开实体店还要辛苦。比如拍产品照，我三天三夜都没有离开过屋子，基本没有睡觉。就这样我和张旭大概拼了一个多星期，终于把店开出来了。上线那天，我们两个一直待在电脑旁边，一步都不敢走开，就怕漏了单子。结果就这么待了一个星期，终于听见了第一声"叮"，当时我们都跳起来了，那种开心是没有办法形容的，感觉之前所受的苦都不重要了。

2. 没日没夜地干，就怕漏单

那时，我因为在温州还有一份工作，所以大部分时间在无锡守着的一直是张旭。不过，对我们两个来说，通宵工作已经是常态了。我只要在温州的工作一做完，哪怕晚上六七点也会开车回无锡，到这里基本都要凌晨两三点了。在无锡吃早饭，到温州吃晚饭，这是常态。过去一年，我光在温州和无锡之间就来回开了5万公里。张旭也非常辛苦，每天凌晨一二点睡觉就算早的了，很多时候都要忙到三四点钟。并不是半夜还有生意，而是我们一般都要把一天接到的单子全部做好，尽可能地保证时间和质量，因此一做就常常要到这个点。当然，你慢慢做也行，但是我们担心漏掉，或是后面的单子来不及跟上，哪怕是漏掉一张单子，也会让我们心疼半天的。我总记得第一次接到超过一百张单子的那天。因为刚开始那几个月，一天也就十张单左右，我们已经觉得很满足了。到2010年11月11日那天，我们突然就接到了120多张单子，那叫一个兴奋啊。那天，我们干了一个通宵，没有一个人觉得累。经验总是在教训中得出的。去年年底，我们的生意好了起来，每天的单子最少都要维持在 100 张左右。那时，不管是库存还是人手都开始显得局促起来。所以我们从一个一室一厅的房子搬到了一个两室一厅的房子，现在已经搬到了一个别墅里。整个别墅的一楼都是仓库，我们的常规库存鞋子一般为 3000～5000 双，还请了 6 个员工。这一年所赚的钱都投在扩大经营上了，至今一分钱都没有赚到。本来没觉得自己的经营上有问题，但最近生意一清淡下来，就发现了自身太多的不足。

首先是盲目扩张，对发展情况估计不足，结果现在变成了一大堆的库存。其次是对宣传投入的利用不充分。比如，我们在中山路上花大价钱租了一块广告牌，结果只在上面写了"欢迎光临"四个字，你说是不是浪费，我们光在宣传这一块上就花了十几万元的冤枉钱。但这也让我们认识到一点，生意并没有想象中那么好做，很多经验都是在教训中得出的，最关键就是要学会吃一堑长一智，那这些学费也不算白交。

3. 我在无锡买房安家

困难？当然有。但这绝对比不上现在生意一落千丈对我们的打击。一开始我们不明白，为什么突然生意就不好了，现在一天的销售量还不到以前的二三成。除了在淘宝网上了解整体销售情况外，我就开了三千多公里的车，在附近几个省市兜了一圈，做了一个市场调研。发现目前整个男鞋的市场都处在淡季。怎么办？只能坚持。我和张旭做这个真的是因为兴趣，自己喜欢。我们之前一直被家里人认为是不懂事的孩子，做事情没有常性。家里人介绍的好工作也不去做，就是为了跟着自己的爱好和兴趣走。我总觉得，理想和信念是一个人一生中绝不可缺少的东西。就像我在温州有一份不错的工作，很多人都问我为什么还要在温州无锡两地跑，这么累。其实我有自己的人生规划，就像开网店，我想一直做下去，当作一份事业。我喜欢这个城市，所以我要攒钱买房子，要在无锡有一份事业，还要在无锡定居。张旭也跟我一样有自己的坚持，当初他女朋友是从事业单位辞职了跟他来无锡开店的。所以他说不管遇到什么困难一定要坚持下去，成功对他来说，就是绝对不能辜负自己的女朋友。

4. 做事业也是成长过程

我中学毕业后就在外面闯了，做过很多事情，见过很多人，吃过不少亏，但时间久了我也学会了不少道理。就好像我跟张旭一起做生意，学会了在不断的摩擦中变得更加默契：学会宽容对待别人。我一直都相信一个道理，我们不能改变别人就只能改变自己。开网店并不如外人想象得那么容易，有一个伙伴可能走得更长久，但最重要的还是坚持。这些都是这次开店带给我的感悟。我有时候在想，可能做事业有时候也是一个自我成长的过程。

总　结

　　网上开店，利用好电商平台是我们在互联网时代所能抓住的一个巨大红利期，我们应该勇敢迎头赶上，去做一个新时代有思想、有头脑的创业者。这本书从七个方面阐述了电商卖货的相关知识，希望可以给创业者带来启迪与帮助，这也是此书的意义所在。

自媒体
卖货
Self media
sales

边俊英◎主编

中国文史出版社
CHINA CULTURAL AND HISTORICAL PRESS

图书在版编目（CIP）数据

　　自媒体卖货 / 边俊英主编. --北京：中国文史出版社，2020.7

　　（如何玩转电商平台系列）
　　ISBN 978-7-5205-2049-2

　　Ⅰ. ①自… Ⅱ. ①边… Ⅲ. ①网络营销 Ⅳ. ①F713. 365. 2

　　中国版本图书馆 CIP 数据核字（2020）第 094993 号

责任编辑：刘　夏
封面设计：末末美书

出版发行：中国文史出版社
社　　址：北京市海淀区西八里庄路 69 号　　邮　编：100036
电　　话：010-81136606　81136602　81136603（发行部）
传　　真：010-81136655
印　　装：三河市宏顺兴印刷有限公司
经　　销：全国新华书店
开　　本：1/32
印　　张：30　字　数：650 千字
版　　次：2020 年 7 月北京第 1 版
印　　次：2020 年 7 月第 1 次印刷
定　　价：178. 00 元（全五册）

前言
Foreword

移动互联网时代是信息爆炸的时代，营销是永久的话题，当营销搭载了互联网的快车，自媒体卖货应运而生。然而自媒体是如何产生的？自媒体又是如何卖货的？自媒体从供应链到消费者用户本书内容通俗易懂，为读者提供了有效的互联网运营指导，将带领你探索自媒体卖货的个中奥秘。

目　录
Contents

1 自媒体的定义、特点以及表现形式

（1）定义。

自媒体，简单来说就是一个由个人或一个团体，通过一些网络媒体来发表一些自己对某些图片某些事件的一些意见跟看法，从而吸引大多数人来点击观看，从而获取大量的点击量，吸引大量的人气，从而来销售某一些产品，或者帮助别人打一些广告以此来提高知名度，以一些点对点来扩展更宽广的信息传播者或创造者的统称。自媒体的含义可以分为广义自媒体和狭义自媒体。狭义的自媒体是指以单个个体为新闻制造主体，创造内容，并拥有独立用户数量的媒体。广义的自媒体是指从自媒体的定义出发，从信息传播渠道、受众、反馈渠道等方面区别于传统媒体，例如，微博、微信、头条、知乎等个人媒体平台都可以统称为自媒体。自媒体的发布者可以是所有个人也可以是组织，自媒体成本低、传播广泛、互动性强且独立自由的优势颠覆了企业以往的商业模式，它减少交易中间环节，缩短交易时间、拓展了交易地点及商品种类。

（2）特点。

①个性化。这是自媒体最显著的一个特性，无论是内容还是形式，自媒体平台一定要给用户提供充足的个性化选择的空间。

②碎片化。这是整个社会信息传播的趋势，受众越来越习惯和乐于接受简短的、直观的信息，用户倾向于利用零碎时间获得信息。

③交互性。这也是自媒体的根本属性之一，其实受众使用自媒体的核心目的还是为了满足沟通和交流的需求，用户可以在自媒体平台分享、探讨、交流、互动等。

④多媒体。给使用者提供文字、图片、音乐、视频、动漫等多种选择。

⑤群体性。自媒体的一个重要特点是受众是以小群体不断聚集和传播信息的，如针对游戏爱好者、音乐爱好者、影视爱好者、汽车爱好者、学生群体等等。

⑥传播性。自媒体能够有效快速传播。

⑦内容低俗化倾向。自媒体平台的信息来源广泛其，中很容易混入一些低水平、低俗的信息。有些自媒体作者为了获得关注度和点击率，不管创造内容是否积极健康，往往会发布一些不良、低俗的信息。

（3）表现形式：文字自媒体、图片自媒体、视频自媒体、语音自媒体、漫画自媒体。

2 自媒体运营

（1）运营是什么？

在互联网产业中，"运营"的诞生，来源于互联网时代的产品价值构成发生了部分改变，运营可分为四大模块，分别如下。

·内容运营。

围绕着内容的生产和消费搭建起来一个良性循环，持续提升各类跟内容相关的数据，如内容浏览量、内容互动数、内容传播数等。内容运营需要思考以下问题。

1）我的内容基础属性是什么？

2）我的内容生产如何可以具备持续性？

3）如何更好地引导用户来与我的内容发生互动甚至传播内容？

4）如何在已有基础上做出用户更喜欢看的内容？我的内容如何组织和展现？

5）我现有的内容如何能够更容易、更高频地被用户所消费？

·活动运营。

活动运营，就是围绕着一个或一系列活动的策划、资源确认、宣传推广、效果评估等一系列流程做好全流程的项目推进、进度管理和执行落地。

活动是一种再常见不过的运营手段，往往在我们做内容运营和用户运营的过程中，也必不可少地会涉及很多活动。所以单独把"活动运营"设为一个独立岗位的互联网公司，其实并不是特别多。

·产品运营。

产品运营，就是通过一系列各式各样的运营手段去拉升某个产品的特定数据，如装机量、注册量、用户访问深度、用户访问频次、用户关系对数量、发帖量等。

·用户运营。

用户运营这样一个分支，围绕着用户的新增—留存—活跃—传播以及用户之间的价值供给关系建立起来一个良性的循环，持续提升各类跟用户有关的数据。用户运营要关注的问题可能包括了以下问题。

1）我们的用户该从哪里来？

2）当用户量慢慢多起来，比如，达到几百万的时候，如何增强我对整个用户生态的影响力和掌控力？

3）用户来了之后，我们如何建立和维护我们跟用户间的关系？

4）如何让愿意留在这里玩的用户更多？

5）用户如果出现流失怎么办？

（2）运营技巧。

1）目标导向意识。

一般来讲，所有的工作都可以归类到以下两种属性中去：

一是纯粹的职能支持类工作，二是目标导向类工作，前一种创造的价值感很低，但后一种创造的价值感则会越来越高。

例如，做客服，跟用户互动，陪用户聊天这件事，绝大部分运营都做过，也基本是初级运营常见的工作之一。但做客服跟用户聊天有两种不同的做法。

①把"客服"看作整个用户体验链条上的一部分。在这个逻辑下，借助客服这里所得到的用户反馈去反推你们产品、服务上的一些潜在问题，想尽办法促使他们愿意帮助你去把更多跟你产品有关的信息分享传播出去。

②把客服入口放到产品或网站上，有人来找就应一下，按部就班解答一下问题。

通常来说，如果你处于第二种状态，可能很容易变成一个"打酱油"的，因为，单纯依靠出卖劳动力和时间来达成的工作，价值感极低，非常容易被替代。而且，无论你干半年还是三年，你可能都没什么成长。

那么，成长应该从哪里来？你可能需要尽一切努力向第一种状态看齐，哪怕你所在的公司和环境极度看不起你正在做的工作。

假如是在第二种做法的逻辑下，你可能会去关注你一周内接收到的所有客服信息，会去把这些信息做一个分类，然后你可能借由归纳分析发现，上来就问你"你们这是个什么东西，怎么玩"的人特别多，于是你反推出来，我们的产品设计和表达可能有问题，又或者是产品的新用户引导有缺失，需要补上，并迅速把结论反馈给了产品，借此推动了产品的改进完善。

而我自己，也曾经亲身经历过那种因为客服工作做到让用户足够惊喜，从而转头跑到微博上就给我们带来了几十个新用户的真实案例。

一个处于第二种状态下的人，可能随时都可以被一个不到2000元工资的实习生所替代，但如果你能进入第一种状态中，你会发现你的工作产出和价值感会与之前有着本质的差异。那么，有了目标感，我们就可以聊下一个其实是有些紧密相关的东西了，那就是"效率意识"。

2）效率意识。

在效率意识的观念下，你的所有时间和做的工作，都是成本。在相同的成本投入下，你如何能让自己的产出变得更大？怎样才能持续去优化自己的投入产出比？

作为一个运营，"效率"两个字，会贯穿职业生涯始终。简单一点讲，一个时刻把"效率"两个字挂在脑海中的运营，会不断问自己一些问题，以此来检视自己的。比如说：

一样是做推广引流，我在几个渠道都铺开了引流内容，其中有两三个渠道的转化效率非常高，而有两三个渠道其实没什么反应，那我是不是应该在效率更高的那几个渠道投入更大的精力和时间？

我过去这一周都做了哪些事情？哪些事情是有产出的？哪些事情的产出效率尤其高，值得我花更多时间投入？

更深层次地讲，则比如：

我们要把下个月网站流量翻 3 倍，大部分人可能会想，多投点广告流量不就上来了吗？一个脑子里紧绷着"投入产出比"和"效率"意识的运营，就会把这个事先拆开来分得极细。比如，我们是不是要先分析网站当前的流量都是从哪里来的？来源于老用户的流量构成和来源于新用户的流量构成各自是多少？新用户这边，他们各自又是从哪些渠道过来的？我是不是在这个渠道下去重点加大投入就能带来我想要的结果？

其实初级选手和中高级选手们的一个显著差别，往往就是初级选手只会被动做事情，但中高级选手们，一定要把事情想清楚，找到目标和更容易有所产出的地方，才会开始投入执行。

运营工作中，很大一个组成部分就是如何通过不断思考、判断和执行，找到投入产出比较优的路径和方法，来达成你想要的结果。

3）运营思维。

很多运营之间的差距，可能不在于硬技能，而在于意识和思维模式，它能够成为核心竞争力，是因为只有大概 10％ 的运营，身上有这样的意识和思考。

具备这个意识的运营，具备了可以凭借一己之力赢得无数用户的追随和喜爱的可能性，相反很可能只能在用户面前按部就班地执行、看转化、做数据，然后一点点追着数据往上走。

大约半年前，我完成了一件不可思议的事儿：我通过我那个粉丝也就 1 万多一点儿的个人公号发布了一个众筹，仅限 3 个名额，仅面向企业高管、管理者等开放，要求每个人必须一次性给我 10 万块钱，同时提供的回报不过是一些"运营相关咨询、帮发布招聘信息、帮写 1～2 篇 PR 文章"之类听起来不太靠谱且又有点儿虚的东西。

就是这么一个被我自己定性为"不靠谱"的众筹，在发布后短短 10 小时内，就完成了全部 30 万元的众筹目标，而且，仅该篇文章就已经获得了接近 2 万的赞赏，至少 10 个人希望掏出这 10 万块钱参与我的众筹，这里的前提是，这 10 个人，此前都与我素不相识、素未谋面。

我可以做到让如此多有头有脸、都还算有点儿江湖名声的朋友可以无条件为我"背书",则源自于此前我在各种不同场合、不同时期所做的事情积攒下来的他们的认可。

做运营的过程中会让你觉得特别奇妙也特别有成就感的时刻——你在过去某些时候的付出和积攒下来的用户认可,在某个你意想不到的时刻来一个小爆发,反哺到你身上为你带来出乎意料的巨大价值。

我想试图通过这个故事传递给你的信息是:我觉得,在互联网的世界里,有时只有抱着一种更加开放的秉持着一种"先不论我可能会得到什么回报,让我先来基于我的理解把事情做到极致"的状态,你才有可能做到很多有趣的事情。

做运营的大都会遇到类似的场景:你们新做了一个什么活动,发了篇软文,又或者是新产品上线了,或出于 KPI 的压力,或出于你自身想要去推广它的诉求,你总会把它丢到你加入的某些群里去,偶尔可能还会发个红包,希望大家帮你转发或点击一下充个数。

我有一个运营群,群内大多是各互联网公司的运营。有一天,有两个我都还算熟悉的人在这个群里吵了起来。

事情的起因,其实特别鸡毛蒜皮:只是因为其中一个人在另一个人的运营群里毫无征兆也没有事先打声招呼地发了个类似的广告。

在他们吵了大约 10 分钟后,我实在没忍住,跑出来说了这么一句：

就着刚才这个事我随便扯两句吧，不爱听的请无视。

做运营，我建议大家不要只单纯关注业绩、结果和转化去做那种"竭泽而渔"的运营。好比你要强推个啥东西，就满世界各种群里去发，且还老这么干，就是典型的竭泽而渔。

相对更好的方式，可能是考虑下这个东西的潜在价值，比如，同样是一个活动，适合谁参加不适合谁参加，具体可能解决什么问题，都提前讲清楚，再给出些个人立场上中肯的建议，就会好一点。

再者，运营最好在每一个环节都要考虑场景和用户关系，比如，你在一个自己基本不怎么说话、大家也不怎么认识你的群突然一下丢出来个活动链接，啥也不说就跑，或者发个红包就跑，这个事情其实很像是在纯粹消费别人。假如你跟那群人不熟悉，那是不是至少要有一些铺垫或对应的表达才会更好也更尊重用户？

第二个故事讲完，不知道你又会有怎样的思考？或者，这样的场景在你的工作中和你的身边是否似曾相识？

其实，与我们在第一个事例里提到的"传统世界与互联网世界中思考起点的差异"类似，我觉得，围绕着做运营，你可以选择相信两种逻辑。

前一种逻辑更加注重回报和约束，是一种"只有……才……"式的逻辑。它是一种从自身诉求出发的逻辑，其核心立场是：只有在我得到了我预期中的某些回报后，我才会考虑提供给你对应的服务或价值。

甚至，它可能会更加极端，变成一种"只要我能得到我想要的结果，别的都不重要"的逻辑。

这种逻辑，是强结果导向的——为了一个我想要的结果，可以忽略用户的感受和体验。

而与此同时，也还存在着另外一种叫作"既然……那么……"型的逻辑，它更多是一种从用户端出发的逻辑，其用户端的核心立场是：既然你已经完成了某件让我认可的事，那么我作为用户理应给予你对应的肯定和回报。

就像小米早期那群狂热的"米粉"，他们之所以狂热，正是基于一种类似的逻辑——既然你已经拿出足够的诚意，可以重视我们的每一个意见，可以做到以每周一个迭代的速度惊人地解决我们提出的所有问题和质疑，那么我们作为用户愿意给予你最大的肯定和支持。

这样的逻辑，其实是一种"回报后置"式的逻辑，强调我们专注于给用户创造价值，当你创造的价值足够多的时候，用户一定会愿意给予你无条件的认可和回报，甚至会超出你的预期。

你会发现，包括众筹、打赏等在内的很多近一两年开始从互联网衍生并普及开来了的模式，背后的核心逻辑，都是这种"回报后置"式的。

说起来容易，真正做起来，除非你真的可以发自内心地相信，以一种"回报后置"式的理念和方式去做事，最终真的可以带来超乎你想象的回报，并彻底践行之。

这样的践行，最应该从你手中在做的一切事情开始做起，比如，当你在任何一个群里想丢个东西让人转发的时候，请先考虑清楚：这个我想丢过去的东西，到底对于这个群里的大家有没有价值？

传统运营讲转化，需要以交易达成为中心。互联网运营讲用户，需要以用户价值为中心。有些事创造用户价值，但不一定一眼看得到回报，有些事情消费用户价值，但很容易带来成交和转化。

我还记得，几年前，我在一个社交类 APP 团队负责运营，当时我们才刚刚有了近千万用户量，但用户活跃度还一般般。这时，老板一声令下，于是我们上线了一系列围绕着商业探索的项目，如直播秀场、在线教育、明星粉丝社区等。

我当时就曾经在内部提过：这些事情，看起来都是一些在"消费用户价值"的事情，而不是"创造用户价值"的，以我们当前的状态，我们是不是应该要先考虑多做一点"创造用户价值"的事才对？

然而，只关注当前利益的老板并没有听。再然后，那款产品很快就死了。所以，唯有你创造的用户价值足够多了之后，你才有资格去消耗它一点点。这个事，跟我们提到的"回报后置"，其实异曲同工。有些东西，看起来是常识，但恰恰是常识最容易被忽略和无视。运营绝对不是满世界去发小广告，发得越多拉来的人越多，你就牛了。恰恰相反，做运营，尤其是如果想要成为一个真的可以联结好产品和用户的"好运营"，我觉得你是需要相信些东西的。

比如说，你得相信，你和你的用户是可以成为朋友的，而你则可以通过一系列"价值创造"式的努力，先建立起你和你的朋友们之间的默契。

而你最应该相信的，就是：

把我可能得到的潜在回报先丢到一边，而是只专注于为用户们去创造出来一些令他们惊喜的价值的时候，真正把你的用户作为一个你身边真实的朋友来对待，这样的行事方式终会为你赢得更多的回报。

尤其是对于社区属性较强的产品来说，一个社区，假如不是先能够有人无怨无悔不求回报地投入进去组织搭建起一个既有价值又有乐趣的环境，怎么可能引发那么多人争先恐后地加入这个社区的建设和维护当中来？

一个真的能够依靠一个人撬动起成千上万用户们的强烈认

同和参与的运营，是必须要具备点儿"回报后置"式的意识和行事风格的。

说了一大堆，其实你会发现，最后我想表达的东西并不复杂。只是，如果缺乏了上面那些具体的描写和解读，这个看起来如此简单的道理，很可能不会让你觉得分量这么重。

有些时候，一切所谓的"牛"，最终都要回归到一个你所认可的"相信"和你所对应的行动上面。

希望这部分看似有点儿虚，但都是我发自内心的想表达的内容，可以多少给你点儿启发和思考。

（3）四种不同阶段的产品及其运营侧重点差异。

第一，依据不同的产品发展阶段或当前占据市场份额的大小来判定运营策略和运营规划如何制定；

第二，依据不同的产品形态和业务类型，来判定运营策略和运营规划如何制定。

其实，从产品自身所处的发展阶段来说，我们是可以把产品分为下述 4 种类型的。

· 探索期产品。

特征：上线时间不长，产品还在打磨，需求尚待验证，占据的市场份额很小，基本可以忽略，还无法被大多数人所接受。

典型代表：2011—2012 年间的知乎、2010 年的新浪微博。

· 快速增长期产品。

特征：需求已得到验证，初步拥有了一定市场份额，市场上同类竞争对手大量出现，需要依靠快速增长迅速占领市场，冲出重围。

典型代表：2016 年上半年的映客、2014 年的滴滴出行。

· 成熟稳定期产品。

特征：市场接近饱和，产品本身已经占据了很稳固的一块市场份额，增长空间已经很小。

典型代表：2016 年的微信、百度地图等。

· 衰退期产品。

特征：替代产品出现，用户开始批量流失，转移到替代产品。

典型代表：2016 年的豆瓣等。

正常而言，一个产品从诞生到死亡，会逐次经历如上 4 个阶段，且每个阶段中的关注点会有所不同。

下面我们再逐次来看下，不同阶段的产品，其运营上的表象和关注点，会有哪些不同。

①探索期产品。

我们先明确一个基本论点：探索期产品的运营目的不是为了获取大量用户，而是为将来有 天自己能够服务好大量用户做好一切必要的准备。包括：产品功能上的、产品使用体验上的、产品风格和氛围上的、服务能力上的。

此外，我们也可以借 2011—2012 年间的知乎与 2010 年前后的新浪微博，来看看探索期产品的运营方面有何相似之处。

· 他们都选择了较为封闭、有限制条件的运营方式。无论是知乎还是微博，早期都采用了"邀请码"的机制，以邀请码来控制用户绝对数量的增长。而知乎更是一直在长达 2 年的时间内都保持着邀请码注册的机制。因为邀请码的存在，他们最大限度地保证了早期产品氛围的纯度及可控性。

· 除了凭借"邀请码"而来的用户外，他们在早期都通过运营邀请了一群有知名度、有影响力的"大 V"加入进来使用产品，如知乎上的李开复、雷军，微博上的黄健翔、郑渊洁等，这群大 V 既成了早期产品的忠实用户，又凭借自身的影响力持续在给产品带来新的关注。

· 他们对于早期种子用户都给予了各种"无与伦比"的关怀。如微博上的郑渊洁等，都在知乎和微博发展早期借由自己的积极活跃获得了大量的粉丝关注，放大了自身价值。此外，很多早期知乎和微博的核心用户们与知乎、微博官方间的关系一直都保持着一种很紧密的状态，他们认识众多的知乎、微博官方员工，甚至迄今仍然会经常受邀参加各种知乎组织的活动等。

至此，我们或许可以总结一下，对于一款探索期的产品而言，常见的运营要点有如下几个。

·挑用户。尽力通过各种方式把可能会对你的产品带来伤害的用户，或是你暂不具备能力服务好的用户在早期拒之门外。

·尽可能通过邀请、BD 等各种手段找到一部分"活跃"、在小圈子内"有影响力"的名人领袖型用户成为你的早期种子用户，然后通过服务好他们，让他们愿意自发为你背书，传播你的产品。他们的信任和"背书"，对于一款早期产品的价值是巨大的。

对你的种子用户一定要给予各种额外关注，让他们感受到，在这里做一个用户与在别的地方做一个用户的感受是显著不一样的。

通常，如果你发现你的产品用户认可度和种子用户活跃度已经很高，用户的增长速度开始显著加速的时候，你可能就已经渡过了探索期。

②快速增长期产品。

2016 年上半年的映客、2014 年的滴滴出行它们的共同特点就是：开始动用自己可见的一切手段、资源等，尽一切可能迅速占领市场。

至于为什么要开始加速占领市场：一是产品已经准备好了，部分用户对于产品已有认知和接纳，用户教育成本变低；二是因为你已经验证完了可行性，这个阶段往往竞品也会大量出现，所以如果你跑得不够快，就很容易被别人干死了。

从它们自身所处的阶段来看，也可以看到一些共性。

· 关于推广层面。各种渠道的铺设，从应用商店推广到效果类广告，往往从这一阶段开始上量。

· 围绕着产品的各种事件、话题往往在这一阶段层出不穷。如映客现在动辄两三周就会有明星名人直播，如陌陌 2012 年下半年开始给自己贴上的那个"××神器"的标签并围绕着这一标签延伸出来的各种话题和传播。

· 往往在这一阶段会通过大规模的补贴等行为迅速拉动用户增长速度，培养用户使用习惯，典型的如滴滴出行在 2014 年几乎持续了整整一年的红包。

· 这一阶段，面向用户的运营，开始由粗放转为逐渐精细。例如，2014 年的滴滴出行，开始根据地区、时间段等的不同面向不同用户实施不同的补贴策略。

③成熟稳定期产品。

所谓"成熟稳定期"的产品，必备前提就是其在相应领域中的用户数增长空间已经很小，产品已经拥有了较为稳定的地位。

2016 年上半年的微信、大众点评、美柚等这样的产品，都属于已经进入了"成熟稳定期"的产品。

这个阶段的产品，共同特点往往在于：高度关注用户活跃度，高度关注商业变现路径，同时，面向用户的运营也开始全面精细化。

举例：

这个阶段的微信，你会开始看到更多的朋友圈广告，你会看到微信开始大量接入更多的服务。

这个阶段的大众点评，你会更加频繁地在手机端收到大量Push，定期收到各种优惠券和官方活动信息。

这个阶段的美柚，你会看到它们的积分体系、活动等开始在产品内部变得越来越强，也会发现它们已经纷纷开始尝试通过电商来开启自己的变现。

上述这些产品，在当下一定也已经开启了对用户的全面精细化运营，比如说，这个时候不同用户登录后在产品中看到、接收到的信息，会是完全不一样的。

这一阶段的运营工作，总体上会以品牌形象的树立、用户活跃度和商业变现三大方向为导向。因而运营端的具体工作内容往往包括了：大量品牌传播活动与事件、大量面向特定用户且周期相对固定的活动、各种潜在的商业变现方式尝试及围绕着增加收入的运营。

④衰退期产品。

衰退期产品，未来已经不是它的了，它以往的用户，开始大量流失，并转移到各类替代产品上。

这类产品的运营重点，往往是老用户的维系和生命周期管理。通过各种手段尽可能减缓老用户流失的速度，同时持续探索新的产品方向，争取能在潜在替代产品发展起来之前，自己先能做出一款良好的替代产品。

举例：

豆瓣从 2014 年以来就一直没有停止过自己的焦虑，在不断尝试发布着各种新产品，但其庞大的产品线也一直显得很纠结。

当年 BBS 时代的两大霸主——"号称北猫扑，南天涯"的猫扑和天涯，自 2011 年微博等各类新兴社区逐渐兴起以来，用户也大量流失，至今已淡出主流互联网世界。

许久以来，运营同学们的"择业"也是一个难题，基本上去了创业公司容易被坑，去了大公司又怕没什么存在感，一个擅长逻辑和策略的同学去干了用户互动和维系的事情，可能容易手忙脚乱，而一个天生喜欢跟用户打交道的同学要是不慎去做了 B 端用户的运营，可能又会憋屈压抑。

从三个方面依次来讲：

•从个人特质和工作方向来说，存在哪些具体的运营择业方向（如偏内容的运营和偏 BD 拓展的运营其实差得还挺远的）？不同方向下的运营往往需要具备哪些能力和特质？这一部分，我希望回答一下大量同学会问到我的"运营好像方向也很多，我到底适合选择哪一个"的问题。

·不同类型的产品，需要运营重点做好的具体工作都有哪些？这一部分，我希望回答的是"假如我具备××能力，选择去什么样的公司更适合"的问题。

1）我适合哪类运营岗位？

如果按照所从事负责的工作内容性质来划分，互联网行业的运营从业者基本可以被分成以下这么几类。

A. 内容生产、维护型的运营。

这类岗位，主要的工作内容可能是某个内容板块的维护或特定内容的生产，基本上现在大量的新媒体运营都可以归到此类中去。核心能力是要对内容敏感，对于什么样的内容容易引发点击、什么样的内容容易带来传播拥有八九不离十的判断，熟悉各种内容发布和内容传播渠道。

如果要招一个好的内容型运营，理想中他应该具备这样一些特征：喜欢看书，喜欢混迹各类内容社区，并能够通过内容引发与其他用户间的较强互动，文字功底比较扎实，喜欢各种思考琢磨，能将自己琢磨过后的问题和思路清晰表达出来则最佳。

B. 创意策划、创意营销型的运营。

这类岗位，主要会涉及的工作内容可能是策划一些活动、事件、小游戏或 H5 的策划执行等，但策划的同时不仅要考虑需要让用户喜欢玩，往往还要能够拉动实际的运营指标增长。

这类岗位的核心能力基本就是创意策划能力，同时要懂传播，熟悉传统媒体的传播逻辑和传播路径，以及社会化媒体中的传播逻辑和传播路径，同时还要熟悉各种常见的线上线下活动形式以及载体。

招一个好的创意营销型运营，需要具备如下特征：爱玩，脑洞大，对于新鲜事物敏感，熟悉各种热点事件，往往属于那种有啥新东西出现一定不会错过的人，大量混迹各种线上社区，组织张罗能力比较强，至少张罗过一两次有点意思的活动，至少有一两项发烧级、能玩出点名堂来的兴趣爱好，对于各种经典的文案、营销案例会下意识地去观察和学习分析。

C. 渠道推广型的运营。

这类岗位，主要涉及的工作内容就是推广，可能会花钱也可能没钱，但无论如何，最后的结果是唯一评价标准。核心能力是对于各种推广渠道、推广手段的熟悉度和关系亲近程度，以及极强的执行力。

同样做应用商店推广，别人手里只有30%的应用商店渠道，但你可以对于80%以上的渠道了如指掌，且你清晰地知道每个渠道下有哪些推广资源可以用，成本大概是多少，来的用户大体都是什么类型的，这就是差距所在。

一个好的渠道推广型运营往往是强结果导向型的，拥有极强的执行力，能够一个人泰然自若地应对各种琐碎的事情，他也应该对于各类渠道推广方式都有所了解和熟悉，即便不太了解的推广方式，也应该基本可以在 2～3 小时内完全搞清楚其逻辑。

D. 用户互动维系型的运营。

这类岗位，往往涉及的工作是面向某一类或某几类用户的维护。基础能力是比较优秀的沟通能力，善于在线上把事情讲清楚，能说服别人及赢得别人的信任，而核心能力则可能是一种"能够很快在线上让别人喜欢你"的能力。

一个优秀的用户互动和维系型的运营，往往自己泡网的时间很长，熟悉各种线上社区和最新热点事件，且在各种群组、社区、论坛中的存在感往往不弱，具备能够成为一个小圈子中心人物的特质。

E. 销售型的运营。

这类运营，往往涉及的工作就是某些特定用户与合作方的拓展了，核心能力可能就是销售能力。

优秀的销售型运营，毫无疑问也是强结果导向的，擅长迅速建立关系并取得信任，并熟悉各种商务合作谈判要点和流程。到了后期，这种核心能力可能还会进一步演变发展为资源整合的能力，即是否可以通过一系列设计卷入更多的优质合作资源一起完成某个事件或项目，并最终令所有人受益。

F. 强执行、项目推动型的运营。

这类运营，往往涉及的工作内容可能是一些常规性、推动执行类的工作，往往涉及的工作是比较杂的，所以其核心能力很可能是执行力以及事务管理、项目管理的能力。

优秀的执行类运营一定是执行力超强，且工作非常有条理的人，他们往往有着雷厉风行的行动力，同时也往往善于使用各类表格、工具等来辅助管理自己的各项事务。

G. 策略型的运营。

策略型运营的主要工作往往是根据产品当前所处的阶段和面临的问题，去有针对性地制定某些策略，并推动落地后持续监测数据，实现用户价值最大化。核心能力，基本就是数据分析和挖掘能力，以及超强的逻辑思维和大局观。

优秀的策略型运营一定有着清晰、强大的逻辑，说话和表达都有十分清晰的条理，并且他们也往往对数据非常敏感。

行业里有大量的运营，往往所重点负责的工作，是以上这些分支中的多个。在职业生涯早期的时候，你更需要做的，一定是在上述这些方向分支上找准一个，先好好修炼到自己可以在该领域出类拔萃才是正道。

(4) 我适合哪类产品？

不同类型的产品，需要运营重点做好的工作可能会有哪些差异。

①工具类产品。

工具类产品的运营可能更重推广渠道铺设、营销事件策划等，基本以增长和对外清晰传递产品价值为主。

· 朝夕日历的增长有很长一段时间都是靠他们那个"早期打卡"的活动拉动的；

· 快手早期作为一款 Gif 图工具的增长，运营除了做好推广渠道的铺设以外，基本也没做什么事。

②内容类产品。

内容类产品的运营可能更重内容生态的构建、内容质量的提升和内容的持续对外传播，核心逻辑是如何让内容质量更高，如何让我的高质量内容得到更多传播，依靠内容的积累和传播形成拉新。

③社交类产品。

社交类产品的运营可能更重用户的分级运营、相应规则、玩法的制定以及营销事件策划，以玩法驱动用户参与，重点抓住核心用户形成标杆效应，然后再通过海量用户对于某些玩法的参与形成话题、事件，借此拉动产品增长。

例：微信早期的运营，其实重点就是摇一摇、漂流瓶、附近的人这么几个玩法。

④社区类产品。

社区类产品的运营其实要求最高，需要同时关注用户分级运营、核心用户拓展维系、社区氛围文化的构建、社区规则的制定事件话题等的策划等一系列各种各样的工作，做好一个社区的运营，完全是在构建一个小生态了，生态的成长前期靠种子用户和氛围，后期可能靠持续不断的话题、事件、用户关系等。

例：三节课作为一个自认为是社区基因较强的产品，在早先时通过"做任务拿邀请码"这样的形式很好地保证了第一批用户的质量和整体的站内氛围。

⑤平台类产品。

平台类产品的运营要求也不低，需要关注重点用户的拓展和运营、运营策略的不断调整与落实。平台类产品的增长前期靠"人肉"＋种子用户运营，中后期靠策略业务匹配效率。

例："在行"的运营，最早一批行家全部是自己重点拓展过来的，且通过官方帮拍照、修饰文案等各种方式完成了冷启动。

⑥电商类产品。

电商类产品的运营其实更加注重流量建设、老用户维系、品牌建设和营销。

例：京东、淘宝、苏宁等，无一例外，都会持续通过各种"××节"作为一种集中营销手段来拉动自身站内的用户购买。

（5）我要避开哪些坑？

①新人小白没人带。

早期还无甚积累的运营新人，最需要的东西，往往是有一块特别具体的事让自己能够积累起来某些技能，且在这个过程中特别需要某些具体的指导。而如果不幸去了一个老板完全不重视运营也不怎么懂运营的地方，很可能会变成一个纯粹打杂的体力活劳动者，又或者老板成天劈头盖脸就丢过来一堆不靠谱的 KPI，而你在 KPI 面前只能迷失。

②一味追求"大公司"的光环而沦为一颗螺丝钉。

一个已经有了至少 2～3 年工作经验或者有某项特定技能、正在谋求高速发展的运营，去了一个条条框框一大堆，只能让你扮演一颗螺丝钉，给不了你太多发挥空间的地方。

假如你已经是一个有了一些经验、在某方面已经特别擅长的运营，这时候你需要的可能是更大的空间让你能够去负责更重要的项目等等。

③团队不靠谱。

去了一个方向还极度不确定，你也没什么认同感，1 个月一小变、3 个月一大变的地方。

运营很害怕的另一种状况，就是产品方向一直在变，然后你就一直在做方案，再然后……就没有然后了。所以，基本上跟了一个团队或一家公司，半年内要是产品还上不了线，又或者连续更换了三四个方向发现还是没什么希望，可以考虑换地方了。

④靠谱的运营无法扮演重要角色。

最后一类关于求职择业常见的坑，就是一个已经至少有 3～5 年工作经验的运营，期望能够持续提升自己，但却去了一个运营扮演的角色和话语权天然都不会强的地方。

如果你已经是一个至少有 3～5 年工作经验、已经能够独立负责起来一趟事的运营，这时候你的职业生涯再往上走，就一定需要能够在一个团队或一家公司内部扮演更加重要的角色了，如果此时你所在的团队是一个天然运营就无法扮演更重要角色的团队，那么这个团队天然就会成为你的发展瓶颈。

如果你正处在这个阶段，你可能需要思考判断一下了。基本上互联网产品可以粗暴地分成两种类型：弱运营参与型的和强运营参与型的。

前一类产品指的是产品价值的成立或放大无须依赖于运营发挥价值的，典型的如一些工具类或技术驱动类的产品等，这类产品的特征是，只要产品解决方案或产品机制设计得足够好，运营只需要管推广就行了，甚至有时候，推广都不一定需要管……

其产品价值的成立或放大必须依赖于运营在其中扮演关键角色。比如说，懂球帝这样的足球资讯社区，要是没有内容运营天天做内容上专题做更新，基本废了。

上面两类产品，前一类产品身边，运营的戏份天然是弱的，往往只能扮演一些从属性的角色；而后一类产品身边，运营的戏份和重要性则大有不同，他们往往需要深度参与到产品需求的讨论当中去，可能会有很多产品机制，就是要为了运营来做的。

如果你已经是一个有 3～5 年以上工作经验的运营，强烈建议你重点考虑去后一类公司，在那里你会有更大的机会和空间成为一名真正可以贯穿各个运营模块、既懂产品又能对运营结果负责的优秀运营。

最后，肯定还有人关注"到底是大公司还是创业团队"的问题，我的建议是：是什么人带你，以及你是不是真心喜欢认可一件事远比去多大规模的公司重要多了。大公司和创业公司能给你的东西可能稍有不同，大公司给你的可能是一些细致的工作习惯，可以让你积累到一些资源等，而创业团队则更多能给你的就是一块开放的成长空间（就是老板可以对你不管不问，任你折腾，最后只管你要结果）。

相对而言，有自己一技之长，自主工作能力较强的人到创业公司成长会更快。

3　自媒体卖货的定义以及起源

随着现在的科技进步，传播成本和制作成本大幅度降低，人们的欲望也不断增高，自媒体逐渐走向人们的生活，并融入人们的生活中。

自媒体是怎样利用其自身内容实现商业变现的？自媒体的商业化路径呈金字塔状。位于金字塔最下端的变现方式为增值变现，提供超出常规服务范围的服务，如付费才能阅读等；其次是广告变现，如在文章中投放广告；第三种则为卖货变现，围绕用户需求、节令，让更多的用户成为客户，并持续购买。其中，能实现价值最大化的，卖货变现为最有效的变现方式。

作为新兴的产品，商家为了推广商品，可以利用各大平台，进行推广，快速地将产品带到大众的视野中，在短期内赚取大量财富。

4 自媒体卖货的分类

自媒体卖货一般分为两大类，一种是视频平台直播卖货，另一种是文章平台推销卖货。

4.1 视频平台直播卖货

现如今我们使用的网络平台越来越多，很多商家利用平台直播进行卖货，例如，现在比较流行的快手、头条、小红书等。那么什么叫作直播卖货呢？

（1）直播卖货的概念。

随着互联网的发展，特别是智能手机的日益普及和移动互联网的速度提升，直播的概念有了新的延展，越来越多基于互联网的直播形式开始出现在人们的生活和视野当中。

"直播"一词在很早就已经出现了，词典对直播的定义为"与广播电视节目的后期合成、播出同时进行的播出方式"。在传统媒体平台就已经有基于电视或广播的现场直播形式，如晚会直播、访谈直播、体育比赛直播、新闻直播等。

所谓"网络直播"或"互联网直播",指的是用户在手机上安装直播软件后,利用手机摄像头对发布会、采访、旅行等进行实时呈现,其他网民在相应的直播平台可以直接观看与互动。

广义来讲,直播卖货,是指企业以直播平台为介质进行营销活动,达到品牌提升或销量增长的目的。与传统媒体平台(电视、广播)的直播卖货相比,互联网直播卖货有以下两个显著的优势。第一,直播内容多样化。除传统媒体平台的晚会、访谈等直播形式外,利用互联网可以进行户外旅行直播、网络游戏直播、发布会直播等。第二,参与门槛大大降低,网络直播不再受制于固定的电视台或广播电台,无论企业是否接受过专业的训练,都可以在网上创建账号,开始直播。基于互联网的直播卖货,通常包括人物、产品、场景、创意四大要素。第一是人物,主播或嘉宾是直播的主角,他的定位需要与目标受众相匹配,并友好地引导观众互动、转发或购买;第二是产品,企业产品需要巧妙地植入主持人名词、道具、互动等之中,从而达到将企业营销软性植入直播之中的目的;第三是场景,企业需要用直播搭建销售场景,让观众仿佛置身其中;第四是创意,网民对于常规的"歌舞晚会"朗诵直播等已经审美疲劳,新鲜的户外直播、互动提问、明星访谈等,都可以为直播卖货加分。

(2)直播卖货的特点。

直播的第一个特点是"常用媒介"。收听或观看直播通常无须专门购买昂贵的设备，使用手机、电脑、iPad 等常用设备即可了解商品的最新信息。也正是由于这一特点，受众之间的相互推荐变得更加方便，从而更有利于直播的传播。

直播的第二个特点是"直达受众"。与录播卖货相比，直播节目不会做过多的剪辑与后期加工，更直观真实传达给网民。

直播的第三个特点是"即时事件"。由于直播完全与事件的发生、发展进程同步，因此可以第一时间反映现场状态。

那么，现如今流行的平台是怎样实现直播卖货的呢？我们来分别讲解一下。

1. 快手。

从 2017 年开始，快手便进入我们的生活中，开始了大力扶持正规电商之路，使得快手成了商家重要的一个卖货平台。

经近两年对快手平台各大网红的调查研究发现，首先是团体配置。每个直播小组至少有三个人，其中主播负责直播卖货；直播助理负责售后相关问题，以及改价，商品上架下架等；直播运营负责找合适的大主播去打榜，吸引更多粉丝完成引流。团队相互配合，以及团队间的商业互助，快速吸引粉丝，扩大直播范围。团队配置是基础，接下来是最重要的部分，如何进行直播运营：

A. 第一做内容积累，在销售产品之前，要有一定的内容基础，例如，有的网红开始以一些搞笑视频来吸引粉丝，或者是根据最近上新的电视剧精彩视频截取，总之，让大家通过你的内容和封面开始关注你，打下粉丝基础。开始这需要一个过程，也就是我们说的养号。

关于养号又有不同的标准：

• 僵尸号：如果是持续一个星期新发布作品在播放量 100 以下，视为僵尸号。几乎等于废号，建议重新注册快手号。僵尸号就是说就算快手好友也不会给推荐，相当于你发朋友圈别人也看不到。

• 最低权重号：如果持续 7 天新发布作品，播放量在 100～200 的播放量徘徊，就是最低权重号，只会被推荐到低级流量池，如果持续半个月到一个月没有突破的话会被降为僵尸号。在这里跟大家说，还有一种特殊情况就是中途降权的。比如说，你之前的播放量是在几千或者几万的。但是有一天你不知道你发布了一条广告，或者说你带着产品拍了一条。大家要知道快手他是很讨厌我们打硬广告的。这个时候他的系统识别到你打广告了，就会直接给你降权，可能直接把你这个账号就降为最低权重号或者僵尸号了，这也是有些会员他不知道为什么我账号本来还挺好的突然就没有。播放量了，就是这个原因。

• 中途降权：另外还有一种情况就是搬运号，复制的其他平台的视频没有经过二次创作，或者说这个视频被多人搬运，那当这个时候被平台识别到的时候，他也是会给你降权的。还有第三种情况就是有的人可能中途找人刷了播放量或者说刷了点赞，那现在其实快手平台对刷点赞这个事情还是监管比较严格的，那被快手识别到以后，他就会直接给你降权。

·待推荐账号：如果视频播放量是在 1000～3000，为待推荐账户。这个阶段的人应抓紧创作高质量作品或者通过其他方法提高播放量和点赞数，让系统推荐到更大流量池，会上小热门。等待推荐的一个流量里面，如果说你接下来持续发布了比较高质量的作品，或者说垂直领域的一个作品，那被快手看到了他会直接地把你推荐到更大的流量，比如说 1 万到 5 万，那这个时候你的视频就可能一夜之间就上了小热门。

·待上热门账号：视频播放量持续在 1W 以上的账号，为待上热门账号，需参与最新话题活动、挑战，甚至最新的音乐，最新的达人合拍等等。

B. 打官方广告，购买直播推广。在有一定的粉丝基础后，可以开始植入官方广告。快手电商直播卖货的方式有两种：自己直接播和与大流量主播连麦直播。

先说自己播。非常简单，就是只要你在快手注册了一个账号，满足"6 个以上粉丝"和"观看一定时长的直播行为"两个要求，就可以直接开通快手直播了。比起淘宝直播相对严苛的直播开通规定，可以说，快手直播几乎毫无门槛。开通直播功能以后，你就可以随时随地用快手进行直播卖货了。在你直播期间，会有几种流量涌入：

· 你的粉丝会收到直播通知，进来看你的直播。所以很多时候吸粉被当作快手主播的第一需求。

· 你可以主动转发你的直播间链接，进行引流推广。这是动用了你的私域流量。

· 你可以直接在快手平台购买直播间的流量，真是人人买得起，人人吃不了亏。

· 你的直播间会随机出现在"同城"页，根据你直播间的热度，会有同城用户涌入，这是快手的流量普惠原则给你的公域流量。

· 你可以通过刷礼物从其他主播的直播间引流，以及可以通过和大主播连麦，来蹭对方的流量。

综上，只要你开播，哪怕你只有开播时候的 6 个粉丝，都会不断有流量涌入直播间。主播自己在直播间一开播就讲好几个小时，抛开那些有深不见底的产品池的主播，很多主播可能一晚上就卖 2～3 个 SKU，自己开播就特别像演一场——脱口秀。脱口秀就是要求主播有极强的人格魅力和口才，在较短的时间内吸引目标用户的注意力，目的只有一个——树立人物形象，完成信任过渡。

如果你的首页上同时有 10 个陌生的主播，你一个个点进去，哪个会让你愿意停留，当然取决于主播的整体表现力和直播的主题了，这和你在家看电视换台换到了一档相声节目就留下来了是一样的道理。那些有极强表现力的主播，就像一个脱口秀演员，一个人撑起一台戏，不一定要精美和专业，但是一定要有鲜明的个性。

所以对于 0 粉丝做快手直播的商家来说，先找到这样一个超出普通人表现力的主播是第一步。直播是风口，但不是人人能做好，这是一个太靠个人能力和努力分胜负的行业了。再说和大主播连麦直播：快手上有很多头部主播，拥有几百到上千万粉丝，比如，吃播、情感主播、娱乐主播等等。这些主播靠着个人魅力和内容或者奇葩的行为（比如，一顿吃普通人 10 顿的大胃王们）在快手早期收割了大量的流量，在他们直播的时候，直播间同时在线人数基本都超过 10 万，要知道，对于电商来说，这是一个非常巨大的在线流量了。

C. 打榜。快手卖货很多商家是没有内容制作能力的，所以希望通过账号沉淀粉丝，到一定量级后再卖货，但是需要时间积累。很多商家等不及，那这里重点说一下打榜和甩粉。打榜/甩粉：一般是打榜到大主播的前三，然后通过大主播的连麦甩粉进行直播赚钱，相当于你花钱买别人的粉丝。

在快手直播，如果你打榜到榜一，一般主播直接号召老铁们去关注，下单支持，现在快手直播，打榜前三都直接连麦，主播给到 5 分钟时间让品牌卖货，当然，5 分钟不是限定的，如果没说完，看主播个人心情，可以继续 5 分钟，以此类推。总之利用快手直播卖货可总结为以下几点。

·号内变现。

模仿同类优秀账号，创建垂直定位，持续输出内容；用 1～3 个月积累 2～5 万精准粉，开播维持 50 人以上在线观看；开快手小店，直播卖低客单产品。简单来说，就是做内容、涨粉、卖货。

·引流到微信变现。

另外一个逻辑是，短视频引流到微信卖货。这个成交流程会比较长，会流失掉一些客户，但是长期来看更有利于粉丝的沉淀。

引流到微信有几种方式：

一是在主页留下微信号；

二是在直播过程中口头引流；

三是直播时，把标记上微信号的标签挂在身上、摆在桌上，都可以；

四是为了增加引流的效果，可以用些小技巧，比如，送小礼品，看直播的加微信送优惠券等直播卖货的流程如下。

（1）先养号。

养号之前，你要思考主播的类型。比如，调侃型、才艺型，拿出你最擅长的来定位。

你想俘获哪个人群的粉丝，是男生、女性、中年大叔，还是宝妈粉？等思考好定位人群，要做准备工作了。

2. 需要准备两部手机，一个直播，一个控屏，一个直播架、一个桌子、一块背景布等。

· 持续产出内容。

作为真人出境，最重要的是个人主播形象和内容形式。

在没有思考好形式之前，建议找 5～10 个同类账号，直接拆解＋复制对方的套路来用。

1）封面，拆解同行账号受欢迎的风格，选择 2～3 款来测试。

2）标题，拆解同行每个视频，把标题分解成 Excel 表格，寻找规律，为自己备用。

3）作品，每天持续发布作品，持续不断打磨视频，提升观看率。

（2）搞定货源。

首先，货源供应链是直播非常重要的一环，有很多粉丝有大量的粉丝，但是业绩怎么也做不高，最关键的就是供应链跟不上，一场直播 6 小时，优秀的主播要出 50 个、100 个新款，一个月就要 1500～3000 件的款式不断更迭。如果你做不到这种量的输出，你要什么好的销量和利润也是不可能的，所以为什么这么多短视频主播愿意加入服装圈社群的重要原因就是，获取货源资源。

（3）开通直播。

粉丝到5000，直接开直播测试效果，同时上架快手小店。效果好一边输出内容一边每天直播带货，效果不好再做内容积累粉丝，继续测试。

一般来说，快手5000泛粉能带来10个在线观看，5000精准粉能带来30～50个在线观看用户。30多个在线，每场1小时的直播能卖2000元的产品常见涨粉方式主要有以下几种。

1）内容涨粉。

持续输出有价值的垂直短视频内容，最好内容之间有连续性，有种追剧的快感。比如，卖女装的，可以拍打包发货现场或穿搭示范，摆个pose，教职场或约会穿搭等；护肤品卖家，可以做护肤、化妆干货分享，好物推荐，产品测评等，可以参考其他短视频平台，不断迭代短视频内容质量。

2）"拆解对手"涨粉。

前面说过，自己的世界太小，你每天至少要关注5～10个同行，每天统计同行的在线人数、直播风格、封面等规律，在复盘自己与对手有什么区别，加以改进。

3）站外引流。

找一些微信互推群，发红包鼓励点赞转发朋友圈，在朋友圈、微博等其他平台，做做小活动，转发、关注或点赞送小礼品等。

4）组队互推。

当然还可以找新号互推，比如，你是做女装的，可以找女鞋、童装、护肤品来互推，互相给对方到粉。

除了涨粉，还有一些重要的 tips：

①注意背景音乐的选择

这个是现在短视频平台都需要注意的，好的背景音乐更快调动用户的观看兴致，快手的背景音乐选择更倾向于朗朗上口的那些脍炙人口、大街小巷传唱度很高的口水歌。

②鲜明的字幕

快手上的字幕不需要多精致，但是要够大够醒目！视频的重点信息一目了然，标题也可以适当劲爆一点，放大冲突点，内容更接近用户基本的需求。

③主动加好友

快手跟抖音不同，需要更多的主动社交，而且快手上的用户也更加友好，你关注别人，别人也会关注你。

④学会制造话题

快手不像抖音有强平台运营机制，所以要学会制造话题。

2. 小红书。

小红书从前两年内开始便出现在大众视线中，但大多数受女性同胞的追捧，但随着内容不断出新，越来越接近人们的生活，给人们的生活带来便利，所以小红书有很大的发展前景。那么如何运营好小红书呢？从以下几个方面介绍。

A. 从注册说起。

首先要说明一点，之所以说小红书有特殊性，就是因为它和其他平台不一样。对比抖音一类的短视频平台，小红书对账号要求更严格。我们都知道，如果想要运营一个抖音，直接注册就行，这一点小红书也是一样。但如果，之前注册过呢？抖音的做法是，可以注销重新注册即可。而小红书不同，主要表现在三点。

·小红书会记录你的注册手机号。

意思就是，如果你之前用一个手机号注册过了，而且运营了一段时间，甚至因为一条笔记违规了，那么即便你重新注册，这个手机号的黑历史也被记录下来了。

·小红书会记录你的手机。

这个是什么原理呢？打开手机设置，转到关于手机的界面，你会看到一个叫作"IMEI"的信息，这个"IMEI"叫作"国际移动设备识别码"，世界上每个手机都是独一无二的，大部分软件，在使用之前，都会要求获取手机识别码的权限，小红书也不例外。如果你之前用这个手机注册过、使用过，再重新注册账号，即便更换手机号，或者其他账号信息（如 QQ、微信等），小红书也一样会记录你的手机 IMEI 信息，也就影响了你接下来的小红书账号。

· 小红书还会记录网络信息。

经常使用的同一个 WiFi，以及同一个手机号的流量，也会被记录。所以，对于重新注册账号的人来说，一定要注意更换手机号，甚至更换 WiFi 环境。这对账号权重也会有一定的影响。所以，对于一个不曾使用过小红书的人来说，以上三点就没必要担心。但如果你曾使用过小红书，并且运营过，甚至是违规过，那么，我的建议是——重新找一部手机，使用新的手机号码，绑定其他平台的账号（如 QQ、微信）也一定要用新的，并且使用新的 WiFi 环境（如果不能更换 WiFi 环境，那就用新手机号的流量）。官方为什么这么做？就是为了规避一些批量做号的人。

B. 养号阶段。

当你注册好一个新账号后，你要做的第一件事，并不是直接发表笔记，而是进入"养号阶段"。这一点，抖音也是类似的操作。如何做呢？

· 设置个人资料。

有几个需要注意的地方：头像、小红书名字、小红书号、个性签名。

1）头像。在小红书，头像是很重要，而且平台会根据头像，赋予相关的权重。建议，设置头像，要么用个人真实头像，要么用卡通的头像。

2）小红书名字。如果你之前用过某个名字，就不要再用了，会被降权；如果你想引流到其他平台，比如，做自媒体的，统一一个名字是最好的，在设置个性签名的时候，我也会说到统一名字的意义。

3）小红书号。与名字同理，以前用过的别用，你也用不了。建议，用个人微信号，或者是 QQ，这样方便别人联系。

4）个性签名。个性签名是个人资料里最重要的一项。先说如何正确设置，一般分为三阶段。

第一阶段，说明自己的身份。比如，自媒体人、自由职业者、某校在校大学生、研究生等等。例子——自媒体人，生活爱好者，想做你的宝藏女孩。

第二阶段，账号的定位。你是做穿搭，还是干货，是美食分享，还是生活方式，在第二阶段写清楚。例子——干货铺子：自媒体运营＼成长与学习＼生活好物分享。一般情况下，定位在 2～5 个都是正常的。建议前期在 3 个以内。

第三阶段，非常重要的一个阶段，关于引流。这一点相信很多人都违规过。小红书官方的规定是，不允许填写任何账号推广信息。但是，也并非完全不可留。这里，是可以留邮箱的，这是最常见的方式。还有一些大号，也留了公众号，当然，并不是写的公众号，而是"公粽号"或"公主号"。也有留微博账号的，"V博"或"薇薄"。但是，对于新号，不建议留除邮箱外的其他账号。

· 养号。

在养号阶段，需要注意以下几点。

1）将自己想象成普通用户。

我觉得小红书这一点做得还是很不错的，它不希望一些机构或组织为了批量做号而让小红书变得和其他平台一样。所以，首先让自己做一个普通用户。

2）模拟普通用户的使用习惯。

普通用户会在什么时候使用小红书？饭后和睡前。所以，有几个时间段很重要——"8：00-10：00""12：00-14：00""18：00-20：00"以及"21：00-23：00"。这四个时间段是普通用户经常使用的时间段。所以，你要做的就是，在这四个时间段使用小红书，看别人的笔记，并且遇到不错的就点赞、收藏、评论。每次使用小红书的时间，尽量在20分钟以上。

尽量根据个人账号的定位，来搜索相关的笔记，比如说，你的定位的穿搭，就可以搜索穿搭的相关笔记，这样，平台也会给你推荐更多的穿搭笔记，你要记得，平台也会根据你阅读笔记的习惯来给你的账号定位。

3）养号的时间问题。

强烈建议，如果你真的想要做好一个小红书，养号时间一定要维持在7～15天，15天最佳。不少人为了急着运营，就慌忙发笔记，这是非常不好的，会影响账号权重，得不到推荐。所以，耐心，是必需的。你可以在这段时间，学习一下优秀的笔记，看他们标题怎么写，内容怎么写，图片又怎么做等等。

C. 发笔记运营阶段。

当你做好以上两步骤，就可以进入正式的更新笔记的阶段了。关于笔记，有几点要说的。

· 标题。

每个人都想写出"爆款笔记"，那么，标题就很重要了。我研究了近百个1000赞以上的标题，总结出一个爆款笔记标题规律——"人群定位＋领域关键词＋数字＋标题党词汇＋表情符号"。当然，并非一定要全部出现，但必须有的两个是"人群定位＋领域关键词"。

实例解析：25岁前女生成长必读书单♥36本情商书

这条笔记点赞量截至4月12日晚为6.4万。解析一下：

"25岁前女生"为人群定位；

"成长""书单""情商"为领域关键词；

"36本"为相应数字；

"必读"为标题党词汇；

中间的心，为表情符号。

这样一个标题，能全部踩中爆款标题规律，不爆才怪！

再来一个实例：让你越变越优秀的 12 个小众又实用的 APP 这条笔记点赞量截至 4 月 12 日晚为 5.9 万。解析一下：

首先你可能会说，没有人群定位啊，其实有，就是"想变优秀的你"，试问下，谁不想变优秀呢；

其次，领域关键词"APP""小众又实用"；

"12 个"为相应数字。

虽然没有标题党词汇以及表情符号，不过也足够让它成为优秀标题了。

需要注意的是，在小红书，没有标题党这一说，所以在起标题的时候，可以适当加一些标题党的词汇，如"必备""超好用"等等。但同时你也要明白，一个优秀的笔记标题，不一定要具备标题党词汇，把重要的信息表达出来，才是关键之处。

·内容。

小红书笔记的内容上，要注意三点。

1）字数和时长。小红书笔记的字数限制在 1000 个汉字以内，如果是小视频，要在 60s 内。建议，字数在 300－800 字，小视频时长不超过限制即可。

2）笔记内容。小红书的 slogan 是"标记我的生活"，既然是生活，语言就不要太官方话，更注重口语化，嘴里怎么说出来，就怎么写。

3）表情小技巧。去看看那些优秀的笔记，每个笔记都会用一些表情符号来区分段落。所以，在写笔记的时候，你也可以找一些自己喜欢的表情符号来区别段落，但一条笔记不要太乱，不然也会影响阅读体验。

4）原创。这个没什么好说的，搬运带来的后果就是，违规处理。

· 图片。

小红书笔记最重要的东西——图片。如果要给标题和图片排重要等级，图片远远超过标题，尤其是封面图片。几点建议如下。

1）头图要突出主要内容。这个完全可以把标题加在图片上，再加入一些相应的关键词即可。

2）选择图片尽量是自己拍摄。还是那个问题，"标记我的生活"，当然是自己拍摄的最好。

3）图片上加上贴纸更好。小红书自带贴纸功能，可以加上一些点缀，效果更好。

4）图片数量尽量在 7 张以上。小红书的图片限制数量是 9 张，如果做不到 9 张，也尽量在 7 张以上。

5）推荐一些作图软件。Picsart、黄油相机，有这两款软件，足够做出一张好图片了。

· 其他注意事项。

1）关于标签。在笔记下边，有一个标签的选择，尽量选择与自己笔记相近的标签。如果推荐里没有，就自行搜索关键字。

2）关于地点。在标签下，还有个地点的选择，尽量也选择一下，推荐第一个的即可，据说，小红书对于选择地点的笔记有加权。

3）记得@官方账号。这点应该放在内容说，小红书官方有很多账号，如"小红叔""小红书成长助手""日常署""时尚署"等等，在内容下方，可以多艾特几个官方账号，尽量选择与自己领域相近的官方账号，比如，你是穿搭领域，就艾特"时尚署"，这样笔记内容会更容易得到官方的推荐。

4）更新频次。如果你能做到一天写一篇笔记，就尽可能地去做，如果不能，也起码做到一周两篇，活跃账号，官方会更加照顾。

好了，运营攻略就到这里了。接下来，就需要你耐心去做了。千万不要因为一篇笔记没有什么阅读量就不做了，不然你什么都得不到。想要赚钱，就用心做，别人7天涨5000粉，你花15天也是一样的优秀。运营这件事，要的就是耐心和细心。一定要牢记四个字：宁缺毋滥。

另外，大家关心的如何靠小红书赚钱，在你的账号还没到5000粉时，不要考虑。等到达5000粉，并且有不少优秀的笔记时，就可以开通品牌合作人了，到时，会有品牌找你合作的。

3. 头条。

首先，你得先申请一个头条号，才能谈得上运营它。申请过程中需要用到的材料：运营人的手机号、身份证，以及双手拿身份证的半身照片。如果你是企业用户，那么，除了上述三个之外，你还得提供企业的 JPG 格式的营业执照，还得下载一个平台的制式确认书，还需要一个美观又辨识度较高的头像，这样易于传播和用户识记。有了头条号后，平台规定：一个账号申请通过新手号的条件是：头条号指数过 650 分，且发文超过 10 篇。对于初次接触头条号的小白来说，这里有 2 个概念需要厘清。

①新手号。

·头条号指数。

1) 新手号。

从 2016 年 1 月 7 日起，头条号平台的入驻流程是：先注册一个头条号，这种号码就称为"新手号"。

新手号新在哪里呢？第一，每天只能发 1 篇文章；第二，不能申请广告。

新手能不能转正成功，和他自己的头条号指数关系很大。

2) 头条号指数及其 5 个评分维度。

根据头条号官方的说明，你可以将头条号指数理解为"你的内容有多值得被推荐"，这一指数是机器通过一段时间内对作者创作的内容和读者阅读、关注行为的记录和分析得出的账号价值评分，包括健康度、关注度、传播度、垂直度、原创度等5个维度。不难看出，提升头条号指数，需要从这5个维度着手。

A. 健康度

健康度评分源自机器对读者阅读行为的分析，读者的每一次点击、停留、点赞、评论、收藏等都会为账号加分。配图美观合理，有利于提升用户阅读体验。这里有个细节：图片尺寸尽量统一，基本 900×500（宽高控制在 600×360 左右），不超过 500K，因为绝大多数用户大部分时间都是在手机上浏览阅读。

如果你发布的是视频内容，建议你上传声音清晰、画质优良的视频，内容吸引力强，有利于引导用户完成阅读；不做标题夸张，避免引起用户反感，招致举报或被机器识别打压。

有人放狠话说，就健康度而言，标题党都是没有好下场的。我觉得也是，用户上一次当就算了，玩头条的不是三岁小孩，耍一些"挂羊头卖狗肉"的把戏，真的很没劲。找好角度，拟好标题才是王道。平日里就要多留心注意收集，把那些好的标题中的词汇分解成诸如名词、动词以及主谓宾之类的，装入自己的词汇库，以备不时之需或者提供灵感。

标题用图采用三图模式比一图模式的效果要好，三张图最好能形成互动。不发布、传播旧闻，不难看出，健康度的提升，这一点还是比较难的，很有挑战……

B. 关注度

关注度主要取决于头条号粉丝的绝对数量，是对头条号粉丝数和粉丝忠诚度的考量。通俗来讲，你的内容能 get 到读者的点就是王，就能圈粉和涨粉。这是因为优质的内容本身可以激起读者的转发或讨论热情，吸引读者关注你的头条号，成为你的头条号粉丝，这是提升"关注度"的根本。粉丝越多，关注度就越高。

让粉丝对你的内容产生信赖，粉丝阅读你的文章、观看你发布的视频或对你的内容进行评论，都可以提高关注度；提高粉丝的忠诚度，对粉丝的优质评论进行有意义的回复。

C. 传播度

头条号发布内容的累计阅读量/累计播放量，决定了你账号的传播度。保持稳定的更新，聚沙成塔，就会得到比较高的累计阅读量/累计播放量；内容越优质，吸引越多的人看到，"传播度"也会越好。关于传播度，发布时间也很重要。

D. 垂直度

非原创内容坚持日更 1 篇，原创内容坚持周更 2～3 篇，视频内容坚持周更 1 篇，坚持更新会对维持垂直度有重要作用；作者可在多个领域发内容，但系统会根据读者的阅读行为数据，选出其最受欢迎的内容，从而判断出作者的擅长领域；擅长领域之外的内容，账号垂直度评分将降低。举个例子说明一下。

有时对于一些"交叉"领域的话题，读者的反馈可能与作者的初衷有差异，例如，一篇内容同时写到了"旅游"和"美食"两种话题，根据不同读者群的反馈，既可能被系统认为是"旅游"领域的话题，也可能被认为是"美食"领域的话题，当这种情况发生时，可能会对"垂直度"产生作者意料之外的作用。不过请不用担心，毕竟，读者的认同才是最重要的。再说句大白话，头条垂直度代表你所在领域的专业性，你越垂直就越有权威。比如，如果你总写跟民航圈相关的文章，就较垂直了，经常发的话，平台就容易给你打上这样的标签，于是乎，你的垂直度也就随之提升了。

E. 原创度

尽量保证内容为原创，减少摘抄、编辑、整理，头条号首发。如果内容先在其他平台发表，机器在进行全网比对时，也能判断出这是同一作者的一稿多投，会降低原创度评分，尽量手动发表，减少使用"微信同步"功能。因为微信公众平台接口经常临时调整，可能导致内容不能及时同步，甚至在原创者发布之前被其他头条号"转载"，从而对原创度产生负面影响。

诚如头条号的官方说明：原创度、垂直度两项评分与作者生产的内容有关，是机器对作者的发文质量、勤奋度、内容垂直度做出的客观评价，对作者的努力程度做出的客观衡量。

3）头条号的转正与指数的变化趋势。

头条号指数是评估一个头条账号的质量高低的。当头条号指数达到 650 分时，则转正成功。转正之后的头条号具有广告功能，既可以放自己的广告，也可以放头条自己匹配的广告。头条号指数稳步提高，转正会是水到渠成。

"水到渠成"看起来非常自然，可问题是，你的这些水从哪里来呢？不自觉联想到一句诗："为有源头活水来。"你需要不断地注入活水，这才是真正的力气活儿。天下之事，从来都是知易行难。

头条号指数每周更新一次，你可以通过每周指数的动态知道你的头条号在各个分类头条号的相对位置、更加明确的努力方向。留心头条号指数的变化趋势，能够帮助作者更了解读者的喜好。

这是因为头条号指数反映的是读者的态度，指数增高，说明了读者的喜好程度在提高，反之，读者的喜好程度则在降低。作者可观察一段时间内头条号指数的变化趋势，及时总结经验，指数增高时再接再厉，指数走低时及时做出调整，使自己创作的内容更易受到读者的欢迎。

一篇文章除了推荐和阅读量要高之外，还要读者尽可能地读完它。为什么？因为头条讲究一个屏读程度。而且，头条广告是 CPM 投放的，一般放在文末，读者读到最后，才算彻底完成屏读。如果你的头条号开了广告，那么才算有广告费。

这么来看，作者想要读者从头读到尾，文章在保证有趣之外，篇幅要短小精悍，最好能将字数控制在 800～1000 字，配图数量控制在 3～8 张。不要将你的文章搞得像期刊专业论文，因为这样的文章丝毫 get 不到普罗大众的兴趣点，他们很容易划拉一下，就点击按钮"关掉"了。

4）影响头条号文章推荐量的几个因素。

接下来，分享今日头条运营高级总监陆芳在新榜举办的新媒体开放日时尚篇沙龙上，透露的影响头条号文章推荐量的 8 个关键所在。

A. 点击率＋读完率

点击标题并读完文章的人越多，推荐越高。

B. 分类明确

文章兴趣点越明确，推荐越高。

C. 文题一致

做恰如其分的标题党。

D. 内容质量

优质内容才是根本。

E. 账号定位明确

文章题材随意宽泛的账号，得到推荐的概率更低。

F. 互动数、订阅数

读者越活跃，推荐越多。

G. 站外热度

在互联网上关注度高的话题，推荐越多。

H. 发文频率

经常发文，保持活跃很重要。

I. 发布时间

这个应该是有影响的，按照文章的推送规律和人的自由时间来看，发布时间都是选择在上班途中，中午吃饭时间，或者晚上下班这个时间点发，有助于提升文章的点击和打开刷屏指数。

J. 图片效果

图片对阅读者有很重要的吸引力，也许你的标题和内容都差强人意，但图片够夺人眼球的话，也还是能够增大被阅读的机会的。（值得一提的是，头条里文章对图片的引用是调用你文章插入的前 3 张图，列表显示也最多显示 3 张。）

K. 收藏转发

只要点了收藏，系统默认就会转发一次。头条号的这个效应是很大的。要知道，微信里收藏文章是没有转发功能的。

L. 点赞下热门的

类似微信的点赞功能也会增加文章获得推荐的机会。

M. 头条号文章的标题字数

今日头条广告销售部的孙姓小伙子说，他们做过统计，最好标题控制在 25 个字，这个数字是根据用户的耐心来的。一说到直播，我们都会联想到网红，那我们看到的网红是怎么做到的呢？网红出名通常经过三个步骤：淘宝、出书、实体店。网红们利用社交平台塑造并输出"美好、乐观"的形象：知性、逗乐或者不羁，本质上售卖的是"偶像"的生活方式。这种通过社交平台吸引、聚集"粉丝"，然后在淘宝将"粉丝"变现的能力就是网红的核心竞争力。"粉丝"追随偶像的影子。网红的行为通常是：无论到哪去玩，吃了什么，见到了什么，都会把这一天的所见所闻拍给"粉丝"看。"粉丝"则养成每天要刷所关注的网红的微博的习惯，他们喜欢自己关注的网红的生活态度，喜欢他们生活中一些非常琐碎的事情。从心理上分析，大部分"粉丝"觉得这比电影真实，比追随明星更接地气。他们羡慕网红们的生活方式，在网红的生活里找到了自己向往的影子。稳定的"粉丝"转换率，精准的户群体，营销成本趋近于零。这意味着网红把"粉丝"变现的能力很强，成为网红所需要的能力如下。

（1）要让自己标签化。网红的标签是涵盖当下热门的潮词，如萌、逗乐、卡哇伊、御姐……

（2）个人魅力。有自己的喜好和独特的主张，不是千篇一律的邻家妹妹，网红必须个性鲜明，喜欢他们的非常喜欢，不喜欢的也有微词。

（3）才华。把当下的时尚、自己的生活方式、不同的场景、自己的"粉丝"，几种元素组合在一起，并且毫无违和感，这需要感知时下流行趋势的才华。

（4）正能量和亲和力。要成为著名网红，仅仅靠漂亮是不够的，还需要具备吸粉的能力，需要为自己树立形象，以适度的亲和力和"粉丝"一起互动才能维护好自己的"粉丝"量。

（5）店铺的发展和运营能力。网红要有专门的团队，帮助打理各项工作，保障店铺的正常运行，只有在提升服务质量之后，才能进一步推动品牌的发展。网红经济全面开启，网红营销超越了过去平面或电视广告的单向传播，通过精准定位、推荐引导、评论互动，利用"粉丝"效应与市场预判实现精确高效的营销效果，低成本和强变现能力是网红经济的优势所在。在微博兴起的最初几年，社交红利是实实在在存在的，无数网红或时尚达人在积攒了一群"粉丝"后，开始寻找流量变现的最佳途径，服装业成了不多的选择。从最初的四季青和十三行采买，到后来的自产自销，再到这两年的网红孵化产业链，将"粉丝"运营与产品又匹配到位的网红实现了巨大的商业价值。这离不开社交的红利、长期的坚持和产品与供应链的配合。网红社交的主要平台有以下几类。

（1）兴趣及运动旅游类社交网站。这两类网站的优点在于平台用户均对某一领域拥有相同的兴趣爱好，相似的需求容易聚集"粉丝"并较快速地出现网红。但是缺点在于：某一垂直领域的"粉丝"数量有限，网红规模普遍受制约。

（2）科普类社区网站。这类网站的优点在于网红凭借自身的才能及广博的见识，能够持续不断地输出优质内容以吸引各类有知识需求的网友，其"粉丝"不仅数量较大且均具有较强的黏性。缺点是：由于文化氛围较重，"粉丝"普遍比较排斥商业化，同时网红本身可能也有较强的个人价值观，这为其未来的变现增添了难度。

（3）视频直播类网站。这类网站借助目前的"宅"文化以及兴起的游戏产业，受到越来越多网友的喜爱；同时在此成长起来的网红具有较为优良的个人形象和演艺素质，有利于未来的变现。然而这些网红存在的问题在于：他们的活跃周期受制于快速变化的观众口味且持续时间较短，另外这类网红出道时有很大可能被某一形象框定，未来转型较为困难。

（4）新浪微博。如今，新浪微博已成为各平台网红变现的主要平台。由于变现的困难，各平台上的网红在获得一定数量的"粉丝"后，逐步将活动中人转移到用户规模最大且最适合变现的微博上。各网红将自己原先平台上的"粉丝"引流到微博，同时吸引更多的"粉丝"，再通过广告或者电商营销对聚集在新浪微博上的"粉丝"资源进度变现。网红是最佳的用户关系管理工具，传统的用户关系管理难以突破人工的局限，只能往智能方向发展，但是智能程序也无法摆脱人工的缺点，而且多为冰冷的机器人，没有一丝温度，这是传统用户关系管理最大的硬伤。大部分网红目前都只专注于产品和"粉丝"，并没有做大规模的付费引流，而这是网红做用户关系管理的天然优势。事实上，网红的任何一句话、一个动作，都能影响"粉丝"并直接生产大量的死忠用户，所以才有了"一次上新，千万业绩"的传说。网红"粉丝"关系管理应从以下几方面入手。

（1）吸引"粉丝"。通过网红本身的性格标签和个人品牌定位，来吸引"粉丝"。世界上没有两个一模一样的人，理论上讲每个人都会有吸引别人的地方。

（2）黏住"粉丝"。有共同爱好的"粉丝"会因为你的分享和你发生深度的沟通和互动，传统品牌只能通过点赞和签到来提高互动率和交流，但是网红的微博"粉丝"基本上天天会看。

（3）收买"粉丝"。偶尔做个转发抽奖，能有效收买爱占便宜的死忠粉。

（4）感染"粉丝"。网红经常能从感情方面影响"粉丝"的忠诚度，发一些做公益活动或者努力工作的图片和视频能轻而易举地感动"粉丝"。

4.2 文章平台推销卖货 (微信公众号、知乎等)

除了上一节说的直播卖货外，还有一种常用方式，就是文章平台推销卖货，我们以微信公众号、知乎为例给大家讲解。

1. 微信公众号。

①微信公众号注册。

·公众号定位。

·命名。

·头像。

②公众号基础设置。

·自动回复。

·页面模板。

·底部自定义菜单栏。

③内容。

·如何选题。

·推文封面。

·排版。

·辅助工具。

④粉丝来源。

⑤公众号如何变现。

（1）微信公众号注册。

1）公众号定位。

公众号定位或许是注册公众号最重要的一步，一定要想好再去注册。为什么这么说？因为你对于公众号的定位，已经间接影响并决定了我上面目录中提到的所有内容。以我公众号为例，在注册公众号之前，我经常在知乎回答一些关于大学生的问题，分享一些自己的经验，于是我一开始把公众号的定位定在了"大学生"，或者更细来说是大学生成长和经济独立。

当然，你也可以根据自己的爱好来选择，喜欢摄影，喜欢美食，喜欢穿搭，这都可以成为你公众号的定位，又有很多小伙伴问了，这些领域这么多大号，我要怎么做起来呢？

这时候我们就要讲究细分领域了，做摄影就可以细分景物、人物拍照，写美食就可以细分到地区，分到某一类的食材啊，这些都是可以的，最主要的就是一定要有针对性。

2）公众号命名。

为什么单把这点拿出来讲呢？因为实际命名也是很重要的。最好起出自己的特色，并且和在其他平台的账号 ID 相对应，这样别人才能记住你。你可以在其他平台的 ID，或者你喜欢的名词/形容词后面，加上一个你所在的领域，或者受众，就可以是你的公众号名字了。

以我为例，从确定了公众号的定位以后，就开始想名字，因为面对的大部分都是大学生，所以首先想到了青年，而他又肯定需要一个修饰词，想到一个试一个，好奇、锦鲤、树洞，无一例外全都被占了，当我准备博一把"奇怪"时，竟然就那么神奇地成功了，虽然当时并不是那么满意，但是到后来真的越看越顺眼。

值得一提的是，刚注册的号是搜不到的，不要太着急，容微信缓一缓。

3）头像。

你可以选择自己喜欢的卡通照，也可以找一些人物肖像，都是可以的，但是这些网上找来的图片，很有可能侵权。

头像最好找专业的设计师来设计，价格的话一般都是根据设计师的经验150～500元不等的，大家可以根据自己的经济情况选择，一般100元多一点的做出来就很不错了。

自动回复分为三类：关键词回复、收到消息回复以及被关注回复。

这里先给大家"安利"一个做公众号必备的新媒体插件壹伴，先记住它，后面很多地方会用到。

在这里最大的用处是插超链接更方便一些，绑定以后，自动回复框下面会出现，如下图所示画面：

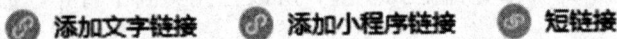

⊗ 添加文字链接　　⊗ 添加小程序链接　　⊗ 短链接

图 4-2-1

在原始后台是没有的，那接下来我说的就会用到。

被关注回复，就是读者关注你以后收到的第一条消息，这条消息就很重要了，很大程度决定了读者对于你公众号的第一印象。

这种大家翻看一下自己关注的大号就知道了，多看几个，分析一下他们是怎么做的，你可以专门写一篇介绍自己的文章，也可以简短地写一句话，还可以留下自己的关键词。

不过留关键词会很长，建议可以在公众号后台素材库做一个图文，把自己想分享的文件关键词放进去，用我刚刚提到的超链接，插入回复中，这样关注回复就不会看起来太过杂乱。

关键词回复，就是别人在你后台发送某关键词，会得到你设置的关键词对应的信息，关键词回复设置如下图所示。

可能很多人好奇什么是半/全匹配，给大家举个例子就懂了。

如果我设置了一个关键词"PPT 教程"，半匹配的话，读者在后台不管输入 PPT，还是输入教程，都可以收到我设置的文件，但是如果设置全匹配的话，就只有输入"PPT 教程"才能获取，输入其他就没有了。

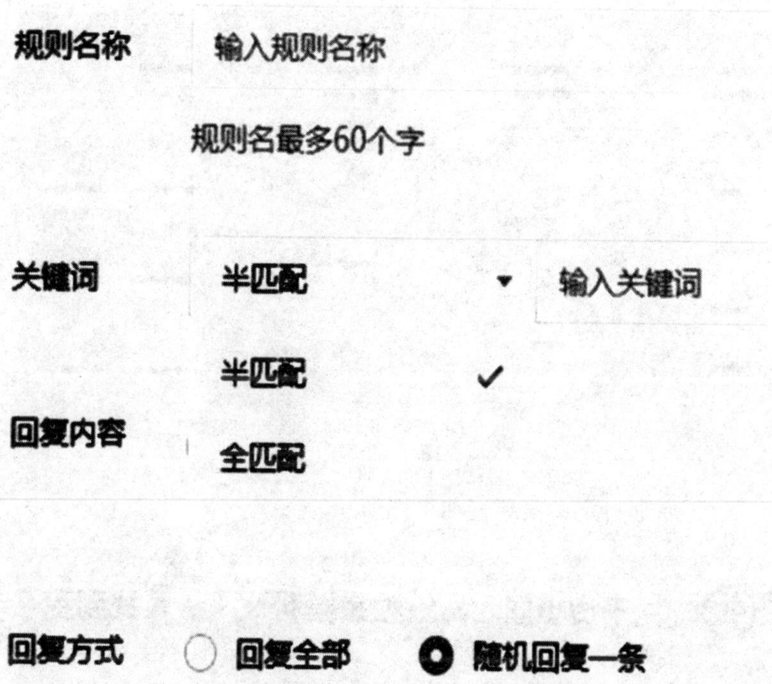

规则名称　　　输入规则名称

　　　　　　　规则名最多60个字

关键词　　　半匹配　　　　　▼　　输入关键词

　　　　　　半匹配　　　　　✓

回复内容

　　　　　　全匹配

回复方式　　○ 回复全部　　● 随机回复一条

图4-2-2

　　至于收到消息回复，就不建议大家设置了，设置了以后在手机，就看不到读者给你发送的消息了，会错过很多可爱的小读者喔。

　　·页面模板如下图所示。

　　这里设置的页面模板可以添加到底部的菜单栏，比如，我设置一个名称为"干货小屋"的菜单栏，就选择第二个"综合模板"，别人点击就可以看到设置的列表了。

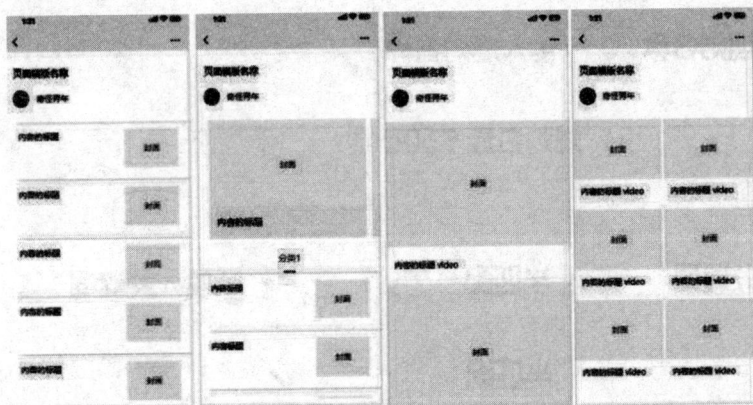

图 4－2－3

· 底部自定义菜单栏如下图所示。

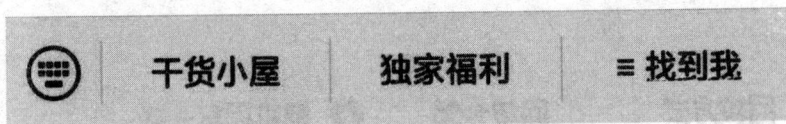

干货小屋　　独家福利　　≡ 找到我

图 4－2－4

底部菜单栏可以设置三个，一般情况下，自己的联系方式要占一格，毕竟如果有商家想谈合作总得找到你才是，自己往期写的内容也可以占一格，另外一格就根据自己的实际情况发挥了。

别人关注你以后，除了被关注回复，就是底部菜单栏了，所以一定要精心设置一下。

4）内容。

正式开始推广你的公众号前一定要先写出自己的几篇内容

来，总不能别人关注你进去啥也没有，应该是三篇文章开通。

·如何选题。

关于怎么选题，不同的人都有自己不同的思路，这里只能是给大家一些小小的建议。

以校园公众号为例，做一个校园公众号，可以写些什么呢？大到建筑：食堂、宿舍、图书馆，教学楼；小到校园的野猫野狗，绿化垃圾；事件到校园的偷外卖，各类文化节。

我们又可以把这些话题给他们细分，以餐厅为例，推文的标题我都给大家想好了：

"比抖音更抖的是餐厅阿姨的手"

"看看别人家的餐厅"

剩下的，就看大家自由发挥了

5）推文封面。

这类网站很多，当然，我们要的是精，不在多，所以这里只给大家推荐一个自己一直用的网站：创客贴。

模板、背景、素材、插画，都给你准备好了，你还怕自己设计不出高级的封面来？如果设计不出来，这么多模板，总有一款适合你。

每次遇到好看的图片直接存到电脑，然后统一做封面，每次推文直接选图就好了，我平时就是这样做的，可以省去很多事。

6）排版。

一个文章排版好坏直接关系到了读者阅读的舒适性，排版干净真的会让人耳目一新。

这里先简单说几个需要注意的点。

关于文字，大家可以参照那些大号，一般情况下：文字间距都在1～2个字符，行间距在1.5～2倍，关于页边距就不太好说了，根据公众号的定位不同，选择自己的留白。如果你的文字相对来说更偏文艺一点，就留白多一些，如果偏干货，就留的少一些。另外每段千万不要超过五行，更不要出现一整页满屏字的情况，中间记得添加适量的配图，不然读者会看得很累。用壹伴还有一个好处是不用担心排版时的配图问题，在编辑时右侧会有一个框，进去点击无版权图，图片使用也都是不用担心版权的，比如我这里输入一个"时间"，点击插入就好，也省去了我们很多找图片的时间。

最后一定要记得在文末添加上自己的公众号二维码，如果有读者看到你的文章，觉得好看转发到朋友圈，吸引到更多人关注不更好吗？

另外还有一些用过很不错的排版网站，推荐给大家，如秀米编辑器模板也有很多，只不过多了一个步骤，当你文案编辑好以后点击上方的小对勾，选择同步到公众号，素材就可以直接到了绑定公众号的素材库了。

当然，还有一个更方便些的方法，在你经常读的公众号里，找到你最喜欢的排版，这些排版肯定是精心修改过的，保存文章的链接，转到自己的公众号里。

至于方法还是要用到壹伴，复制喜欢的模板文章链接，使用导入文章，换成自己的内容就好。最后，记得编辑好文章以后，点击公众平台的预览，发到自己的微信先看一眼，确保没问题再群发，避免出现发送以后排版错乱、错别字的情况。

· 粉丝来源。

公众号是一个相对今日头条、知乎等的平台一个比较封闭的平台，在有足够量的粉丝之前，你的文章排版再好，再精美，也没人会去点开看，在没有你的第一波种子粉丝时，即使你想靠内容，靠粉丝转发也是很难的。

所以，我们就要靠那些开放的平台，引流到公众号这个封闭的平台里，有哪些开放的平台呢？今日头条、知乎、简书、豆瓣等都是很不错的选择。

为什么不说抖音、快手那些视频软件呢？因为别人到你公众号里看的是你的文字，那还是要靠文字来征服大家，让大家心甘情愿地去关注你。

大家可以在有了一定粉丝基础，公号也有了一定的文章积累，走上正轨以后，再去发展抖音，以给自己多渠道的发展。

· 公众号如何变现。

一是流量主。

作为公众号自带的变现模式，变现的方式是读者点击文章末的广告，每当有读者点击一下就有几毛到一块钱的收入。当然，除了文末广告还有其他方式，比如，文中广告，不过影响读者体验。

二是粉丝打赏。

开通赞赏的要求相对于流量主就比较低了，只需要创作三篇原创就可以了，平台会给你开通赞赏功能，但是靠这个收入的话就有点太不稳定了。在我看来赞赏功能可以看成读者对你内容的认可，也可以当作你继续努力的动力。

三是接软广。

大家应该也有注意到，在自己关注的很多公众号里，经常可以看见和号主往期风格不同的封面和标题，这种一般就是他们接到的广告了。一般你的公众号粉丝做到一定量，阅读上去以后，就会有商家来主动找你了，你要做得就是，谈价钱、收钱、发文。一般价钱都是根据你往期内容的阅读来给的，一个阅读大概能到 0.5～1 元，当然，如果你的粉丝越精准，价钱会越高。

当有一定量金主找过以后，我们就可以和同类公众号的号主交换资源，利益相关，一般都会同意的。如果没有广告主来找，也可以去新榜等一些平台去接 CPA，单价相对较低一点。

当然，不要因为钱就乱接广告，一定要注意和自己公众号领域的相关程度，以及考虑对读者是否真的会起到帮助，如果因为一篇广告让读者对你失望就太得不偿失了。

四是知识星球（社群）。

知识星球，换句话来说就是知识付费，你提供信息及知识，粉丝给钱获取信息和一个互相学习的平台。要想真正做好一个星球，必须要有你所做领域大咖的扶持。

2. 知乎。

①了解知乎。

②知乎推荐算法规则。

③找问题。

④回答问题。

⑤几种常见的知乎回答体。

（1）了解知乎。

1）流量大，截至 2018 年 6 月，知乎的注册用户已达 1.6 亿，回答数量超过 1 亿个，而且用户结构发生了很大变化，二三线城市的用户开始成为知乎的中坚力量，且每天都有源源不断的新增用户，据七麦数据显示，知乎平均每天的下载量在 8 万。

2）权重很高，知乎回答提问时长尾关键词居多，在搜索引擎的排名非常靠前，其百度权重为 9，已经和百度系产品诸如百科、贴吧、文库等旗鼓相当。

3）长尾效应，知乎是一个问答社区，具有长尾效应，一个高质量的回答，可以获得持久的搜索关注，而且大部分都是学习意愿很强的优质用户，再加上基本上是长尾关键词提问，粉丝非常精准。

（2）知乎推荐算法规则。

1）在你回答了某个问题后，系统会推荐给订阅该话题的部分用户，实现一定的冷启动后就会推荐给该话题下子话题关注用户，从而实现更高的流量曝光。

2）答案推送给订阅话题的用户获得点赞后出现在点赞者主页信息流，同时你关注的人进行任何点赞、回答、发表文章等操作都会曝光在你首页的信息流，特别关注、专栏等还会进行push。

3）威尔逊算法。

威尔逊算法的规则可以这样来理解：即新发表的回答，前期的点赞和评论越多，越容易被系统推荐，如果一篇新的回答在一个小时之内推送给了100个人，有50个人点赞了，20个人评论了，那么这个回答会继续推荐给1000个人，如果这1000个人还是相同的比例，那么会继续推荐给10000个人。

这个算法和头条系产品（今日头条、抖音）的算法都是差不多的，一开始投放到一个鱼塘，反馈好继续投，反馈不好石沉大海。所以这就意味着如果你没有互赞群，很难获得冷启动，所以这个群运营好的话，极有可能会助力大家成为知乎大 V。

4）按照知乎用户画像来看，大学生和普通白领居多，对应的如生活方式、旅行、美食、职场、互联网等话题冷启动起来是比较容易的。

（3）找问题。

问答社区，在回答前，我们需要先找到一个值得我们回答的问题，有两种途径。

1）通过百度关键词找问题。

做互联网大概有如下几个步骤：选品、竞争对手分析、选取关键词、出内容找渠道、推广引流、转化。一旦你关键词选错，那内容渠道推广、转化就不存在，关键词就意味着流量。

打个比方，运营人社区需要做的关键词有什么呢？所有运营相关词，活动运营、新媒体运营、品牌运营、社群运营等等。所有运营长尾词，文案、自媒体、社群、转化变现、流量获取、用户增长等等。这里需要应用到长尾词拓展工具，常用的拓词工具有百度关键词规划师、谷歌关键词规划师，关于几个工具的分析可看这篇，几个工具我都常用。

咱们以"护肤"为例，针对知乎的关键词选择，记住一个原则：疑问句优先原则，因为用户基本上没有搜索"护肤"关键词需求，而往往是带有疑问句的进行搜索。通过疑问句搜索的用户，说明他迫切想解决这个问题，精准优质，不可多得。

2）知乎内部关键词找问题。

优质关键词可以直接传送到好的问题上，这里主要提两个方法，利用知乎话题寻找优质问题，以及利用相关问题寻找出优质问题。

知乎话题用电商举例，我们发现该话题下排名前五的问题关注者和流量都很可观，如果你回答了此类问题，在知乎算法加持下，就会在 48 小时内推送给关注此问题和话题的第一批精准用户冷启动。

相关问题，由于很多优质问题已经存在很久了，想推荐到首页非常困难，很有可能无法持续获得流量，此时，我们就可以选择大流量问题的相关问题来切入，即使关注量和浏览数据不如主流问题出彩，知乎另外一个推荐机制是通过"父问题"携带的流量给相关问题进行传导。

（4）回答问题

大部分人都是在碎片化的时间里接受知乎信息的，这个阶段可能包括"早高峰公交地铁上，中午吃饭时候，午休前，晚上闲暇时刷手机时"。通过百度指数看，知乎使用量会在周一达到顶峰，后逐渐走低，也就是说，如果你忙了一周想在周末回答两个问题，那很有可能就石沉大海，不会再有第二波推荐了。

你的回答质量必须要过关才能获得认可，顺应题目的文风

和互联网语言，熟练使用套路吸引人看下去再加上实用的技能和内容更容易获得读者的认可，

1）回答的开头占据着80%的流量，一定要制造吸引力，呼应题目，抓住用户的同理心，获得读者认可，记得求赞。

2）吸引来了注意力就得用充实丰满的内容来做留存，将自己人格化，少说点高大上的词汇，增加易读性可实操性，增加信任度。

3）最后多互动，诱导让更多用户参与、关注、评论，输出你的个人观点，最好是大众都认可的

（5）几种常见的知乎回答体。

1）盘点型。

盘点型的回答需要有理有据有图认真讲，引导往你的方向走，比如怎么做这家就有优惠，最后加上比较实用的内容，适合于"有什么可以推荐"等问题。

2）分享型。

开门见山直说，先给出最终的结果，答者专业调性很足，上来先把自己跟题目的关系紧密联系起来的，并且说明是实测，亲身经历，更容易获得信任。

3）讲故事型。

先给出结果，比如这个回答，其实是跑过来给自己拉加盟商的，开头"90后做服装生意8年，两家公司一个服装厂，四

套房产，三项收入来源，感觉自己差不多满足要求了"，立刻勾起读者好奇心，讲述自己逆袭的经过，荡气回肠，易读性很强，有很强的代入感，自然而言会获高赞。

4）逗东抖机灵型。

知乎的回答排名机制是时间加赞数，也就是说，时间最新的会在最前，如果在一段时间内没获得赞，就会跌下去，所以这类靠抖机灵的回答排在最前面也已经成为一种常态。

既然是靠文章来吸引粉丝，那好的文案也是不可少的。怎样写出优质内容，好的文案呢？

文案写作是一项技术，也是一门艺术。一名优秀的文案写手，不仅要具备高超的文字能力，还要懂一些营销学和心理学的知识。即好的方案的作者不但要会遣词造句，还要懂得揣摩消费者的心理和思维方式及懂得如何包装和推销产品。

没有高学历，或非广告专业也可以从事文案写作，并且迅速入行，写出符合市场需求的优秀文案。但是文案写作的过关要求较高，要想写爆款文案，不是一两天的练习就能够办到的，它需要我们积累大量的理论知识、文学功底和不断地实战演练。

首先，文案工作者要对产品有足够的了解，深入挖掘能够提升产品销量的卖点。对于产品来说，重要的不在于你卖什么，而在于你的卖法和别人有什么不同。许多文案作品看起来很美，却总是让人感觉不走心，原因就在于其未能提炼出有效的卖点。

合适的卖点能够增强消费者的认知，使消费者牢牢记住该品牌，甚至达到脱口而出的效果。

其次，我们需要掌握消费者的需求，才能写出击中人心的文案，只有走心的文案才能够让消费者感同身受。文案是广告的一部分，它的本质是营销，而营销的基本工作是研究市场需求。好多文案看起来文辞华丽，气势磅礴，但是它并没有触及消费者内心的真实情感，所以很难成为爆款，并且很快就会被人遗忘和忽略。而有些文案虽然看上去平平无奇，几乎没有文采可言，却依然能够流传甚广，迅速帮助品牌提高知名度和销量，就是因为它们符合消费者的真实需求。

根据消费者的消费心理，美国心理学亚伯拉罕·马斯洛曾经提出五层需求理论，他认为人类的需求可以被划分为五层：生理需求、安全需求、社交需求、尊重需求和自我实现需求。这五种需求依次上升，呈金字塔形。通过这个理论我们可以发现，文案创作有了一个明确的方向，即抓住消费者最关心的需求，就能从内心深处打动他们。

（1）生理需求：衣、食、住、行等维持生活的基本需求。相关产品的文案，就应当从这些方面着手去写。

（2）安全需求：安全也是人类的基本追求。当基本的生理需求解决后，人们就开始关注安全层面的问题，包括人身安全、财产安全，文案写作应从消费者的诉求着手。

（3）社交需求：对友谊、爱情以及隶属关系的需求。

（4）尊重需求：包括对成就或自我价值的个人感觉，也包括他人对自己的认可与尊重的需求。

（5）自我实现需求：体现为对人生境界的需求，看重个人发展，想实现自身的价值，也是最高层次的需求。

5 自媒体卖货的供应链

5.1 货源渠道

货源问题对于一个微商或自媒体及个人创业者来说是至关重要的，很多卖家或者创业的老板们，都希望能够拿到厂家货源，一般有三个渠道。

·正规批发货源网站。如阿里巴巴等，但是有的起定量要求比较高。

·批发市场。每个省市都有当地批发市场。

·工厂聚集地。厂家多的地方就会形成一个产业链，直接去厂家销售的地方拿货就会比批发市场低，但有些厂家可能不支持拿一件。

5.2 货源质量

什么是好的货源？以服装为例，好的货源就是卖得好的爆款，很多新手都认为价格便宜质量好、款式新颖的货源就是好货源，可是现在真的还能找到这样的货源吗？还有这样的货源吗？做生意就是为了盈利，必须要被顾客认可和对经营者带来高盈利，那要怎么样才能让顾客满意呢？那就少不了商品价值高低、质量好坏、服装款式新旧，都要给顾客一个好的满意度，这样买家才会觉得花这些钱买这个衣服值，最重要的是要把适合的产品卖给适合的人。很多时候新手认为只要你的商品比别人价格高，就没有了竞争优势，其实不是这样的，就算你的商品价格上没什么优势，但是你可以动脑筋想想为什么别人的价格跟自己的也有一样高的，可是人家的生意也是很好啊。你可以在运营方面采取一些方法去抓住客户，不能受价格的影响，你也可以在宣传上多下一些功夫，生意也是会好起来的。

很多时候不要跟价格较真，钻牛角尖，因为你刚做没有熟悉的服装供货商，所以是拿不到物美价廉的商品的，当你在选服装的时候，你要相信自己的直觉，如果你第一眼就看到这个款式，那你就可以下手，但是如果你发现很多商品都是要仔细看就是耐看的那种，那你就要慎重了，因为很多衣服都是客户或许来过一眼就看上的，就要用他第一眼的好看来留住顾客，因为顾客是没有时间和耐心多看几眼的。在服装进货时要有主见，不能什么都听批发商的，因为很多时候他给你推荐的都是他畅销不出去的款式，而且他不了解你要的商品的风格。

5.3　选货品类

（1）如何选品。

①价格选品。

价格区间在 10～100 元的商品最畅销，这也正符合了快手用户的消费特征，价格偏低的商品决策周期往往更短，更容易让消费者在短时间内剁手，这也正是快手直播能做到的。

②品类选品。

直播畅销的品类是食品饮料与美妆护肤，占销量的半数以上，两种品类都是目前快手上的主流，比较稳定。

③品牌选品。

直播的用户对品牌的热衷度并不太高，相反，"老铁经济"下的主播黏性、价格因素成了拍板的主要因素。知名品牌在食品饮料、家用电器两个品类中占优势。

④借助工具选品。

在快手上，除了上面 3 种方法外，我们还可以借助第三方工具进行选品，这里我推荐大家使用飞瓜快手进行选品。在飞瓜快手的直播分析—直播商品排行榜中我们可以看到按直播峰值和销量排序的商品排行榜，选择按销量排序时，我们就可以知道快手平台直播销量最高的商品是什么了。我们还可以在榜单中直接得知商品名称、品类、单价、来源（有赞/淘宝/魔筷/拼多多/快手小店），直播峰值人数，关联直播数以及全网销量增量等数据。

（2）选品应该注意什么？

①以粉丝为基本出发点。

要想直播卖货都要有粉丝积累，深入分析自己粉丝的消费、地域、兴趣特点，以这个为最基本的出发点选品。不然，即使选择了热销的商品，不合自己粉丝的胃口也是没有办法有高转化率的。

②账号成熟后再开直播。

在账号的粉丝量比较少的情况下，是不适合开直播的。若粉丝的质量、数量不达标开直播可能收效甚微。这时，主播应通过多做内容营销吸粉，并不断完善相关的产品知识，为以后做直播打下基础。

5.4　仓储物流

（1）仓储物流是什么？

物流领域的细分项—仓储物流，以仓储的运营为核心点而衍生的物流生态，被称之为仓储物流。

仓储物流最大的特点就是重仓储，包括出入库管理、库存管理、订单生产。另外基于仓储本身而提供的配送、逆向物流、供应链金融等服务。

所以通俗来讲，仓储物流就是仓储型的物流公司，可以帮企业提供干线运输、仓储管理、订单生产、配送服务为一体的综合物流服务。比较典型的例如：发网物流、京东物流、菜鸟物流。

（2）国内外知名仓储物流企业。

仓储型物流企业，严格定义，是以仓储业务为基础的物流服务商。仓储服务本质上说是一种慢热型的业务，虽然稳定，但获利空间有限，以仓储服务为基础，提供一揽子服务的企业居多。

·宝供物流，早年是偏运输的企业，刘武主政中后期，重心倾向于仓储和物流地产。到现在来看，宝供的战略重心依旧在仓储和物业方面，其运输业务，自有资产正走向轻量化，外包为主。

·科捷物流，神州数码旗下，继承了神码在仓储方面的良好基因，陪淘宝玩了很久，业内颇有好评。

·新杰物流，以手握大量全球 500 强企业项目资源为业界称道。这家公司这几年风格转换很快，综合物流、电子商务、零担、物流地产，跨度较大。

·拓领中国（原新科安达，几经运作，现属于澳洲 TOLL

旗下），服务于高露洁、强生等企业，快消类的仓储管理要求极高，拓领在这一领域的经验相对丰富，号称拥有 40 万平方米的仓库。

· 和黄物流，早年间是空手套白狼的运作高手，管理能力和资源整合能力只能以彪悍来形容。

· 嘉里大通。CEVA，TNT 的亲兄弟之一，位列全球合同物流服务商 TOP10。

此外，像中外运、中远、招商局等国资企业，均有不错的仓储资源和财力。

6 自媒体卖货的运营

6.1 基于内容的广告模式

每天都写，总有一天会不知道写什么的，那就需要学习，然后转化，再输出。可以从各类电影、书籍里面入手，把学到的东西分享出去就可以，细心观察的话，你会发现，嬉笑怒骂皆成文章。做自媒体绝对是考验耐力的一项工作，很多人会冲动去做，很多人会中途不了了之，最后剩下的那批就是成功的。

6.2 基于粉丝的社群模式

文章的更新频率要控制好，要有规律，千万不要三天打鱼两天晒网。按照效果来说，每天更新最好，可以让粉丝快速习惯有你的生活，但是每天更新的话，很快就会把自己的知识储备掏空，需要不断学习才行。也可以学学美剧，每周更新，出的都是精品。

粉丝习惯就像是观众追电视剧的那种感觉，是那种期待的感觉，能培养粉丝有这种习惯就很好了。

6.3　基于多个平台的赞助模式

下面以某个自媒体平台为例，介绍自媒体变现的路径。

（1）今日头条—头条号。

头条号，曾命名为"今日头条媒体平台"，是今日头条旗下媒体/自媒体平台，致力于帮助企业、机构、媒体和自媒体在移动端获得更多曝光和关注。

①头条广告。

头条广告，是今日头条代头条号作者运营的广告形式，由今日头条平台对用户的兴趣和广告内容智能分发，实现广告的精准匹配。

收益标准与广告联盟类似，主要以文章（视频）的阅读量、广告的点击量为主，收益完全属于内容的创作者。

②自营广告。

自营广告是今日头条特有的一种开放自由的推广方式，由头条号作者自主上传推广素材，在内容页面中进行展示，在读者阅读的同时，获得推广曝光。可推广商品、品牌等，拓宽了头条号内容创作者的变现渠道。

③插入外链。

　　头条号创作者可在正文中插入外部链接，将用户引流至其他文章或视频页面、企业官方网站、店铺、活动 H5 等。

　　文末扩展链接已开放至头条号全作者，文内扩展链接只开放给优质创作者，暂不支持自主申请。

　　④青云计划。

　　为进一步激励优质原创内容创作，平台依据内容质量，每天筛选出 100 篇优质图文进行奖励（长期目标是每天奖励 1000 篇图文），每篇图文奖励 300 元；每月筛选出最多 20 篇优质长文，每篇文章奖励 5000 元。让每一篇优质图文，每一个优质账号都能获得奖励。

　　⑤千人万元。

　　千人万元计划，是头条号平台于 2015 年 9 月推出的优质原创作者激励计划。该计划将扶持 1000 个头条号个体创作者，让每人每个月至少获得 1 万元的保底收入。该计划至今已运行两年，仍在不断吸纳新的签约作者。

　　⑥即和平台。

　　头条号即和平台，是一个连接广告主和今日头条优质内容创作者的平台。广告主在头条即合平台发布订单，并注明详细需求，创作者根据自身能力接单后，进行脚本和视频的制作，交付后由广告主自主投放。

　　⑦粉丝赞赏。

为鼓励作者原创、提高原创作者收益，头条号平台此前为已获得声明原创权限的个人、群体作者开通了赞赏功能。头条号创作者可通过该功能获取读者的认同与赞赏。

⑧头条圈子

头条圈子是今日头条为创作者推出的，用于深度连接粉丝的互动、营销、变现工具。

创作者通过圈子功能，可创建粉丝免费或付费社区。在这里，圈主提供有深度有价值的内容或服务，与粉丝进行更亲密的交流互动。借助圈子提供的知识交流沉淀、社区运营管理功能，创作者可实现对铁杆粉丝的精细化运营，并创造出一个专属于创作者本人的优质粉丝社群。

⑨头条直播。

优质的头条号内容创作者在开通直播功能后，可解锁粉丝打赏、引流到个人小店等高级功能，很大程度上丰富了变现的渠道，更有甚者，开通的半年内，获得 5000 千万的直播打赏。

⑩商品卡片。

优质的内容创作者，可在发布文章时，插入商品链接，赚取粉丝购买后的佣金。过去的 2019 年，头条号创作者累计获得佣金 2 亿元，是头条号创作者不可忽视的变现功能。

⑪头条小店。

头条小店是为自媒体作者提供的电商变现工具，帮助自媒体作者拓宽内容变现渠道，提升流量的价值。

店铺开通后，可以在所属人的头条号、抖音、火山个人主页展示专属的店铺页面，商品可通过微头条、视频、文章等多种方式进行展示曝光。

粉丝可以在今日头条、西瓜视频、火山、抖音 APP 内进行内容获取、商品购买，购买用户可以直接转化成为粉丝，帮作者形成完整的流量闭环。

（2）搜狐自媒体—搜狐号。

搜狐号是在搜狐门户改革背景下全新打造的分类内容的入驻、发布和分发全平台，是集中搜狐网、手机搜狐网和搜狐新闻客户端三端资源大力推广媒体和自媒体优质内容的平台。

①广告分成。

广告分成是搜狐号与创作者共享平台自有广告收益的现金扶持计划。

通过广告分成，搜狐号平台将基于文章流量、质量等因素，与搜狐号创作者分享投放于其文章内页的广告所产生的收入。广告分成需要申请开通。

②移动推广。

移动推广是搜狐号为平台创作者所提供的自主广告经营方式。通过该功能，搜狐号创作者可以在自己的文章移动端页面上进行商业广告推广。移动推广内容会在手机搜狐网的文章底部进行展示。移动推广需要申请开通。

③PC 推广。

PC 推广是搜狐号为平台创作者所提供的 PC 端自主广告经营方式。通过该功能，搜狐号创作者可以在自己的文章 PC 端页面上进行商业广告推广。PC 推广内容会在搜狐网的文章底部进行展示。PC 推广功能面向全体搜狐号入驻作者开放使用。

④麦芒计划。

麦芒"最受关注领域文章奖"是搜狐号平台为单篇有效阅读量较高的优质原创文章设置的专项奖励。

每日平台内最受关注的各内容领域有效阅读量最高的 10 篇优质原创文章将获得 200 元的奖金奖励，并同时享有成功分享获奖海报使奖金增值的机会。每一账号每日限一篇文章入选，可多期连续入选，获奖次数没有限制。

（3）百度—百家号。

百家号是全球最大中文搜索引擎——百度为内容创作者提供的内容发布、内容变现和粉丝管理平台。

①图文商品分享。

图文商品分享是百家号为创作者提供的变现方式，可在发布文章时加入电商平台的商品链接，赚粉丝购买后的佣金。

②视频商品分享。

视频商品分享是百家号为创作者提供的变现方式，可在发布视频时加入电商平台的商品链接，商品在视频的低端会以卡片的形式出现，当粉丝购买后，可获取商家返的佣金。

③广告收益。

百家号的广告分成主要以文章（视频）的阅读量、广告的点击量为主，收益完全属于内容的创作者。

④百家计划。

百家计划是百家号平台推出的一个方案，主要目的是为了激励原创作者推出更多的原创作品，为原创作者求自身价值。

百家计划开展了报名制度，每月 15 日至月底可以在平台上进行报名，通过每月的"原创作者榜"公布获奖作者，给原创作者提升创作质量，原创作者获得创作奖金最高万元。

⑤保底收益。

百家号中高级作者在百家号上发布文章时，可以在编辑栏中勾选"文章自荐"选项对文章进行自我推荐。

如果你的文章自荐成功了，那将会获得加大推荐的收益，同时身为作者的你还将在自荐成功 30 天后获得不低于 100 元的保底分红。

⑥百万年薪。

百万年薪计划是百家号为了帮助短视频创业者们在现实的竞争市场突围而开展的一项举措，通过专业权威的评审团筛选，为有潜力的优质短视频创作者提供更好的流量扶持和品牌曝光，让更多优秀的短视频作者获得百万年薪。

⑦金芒计划。

百家号发布"金芒计划",将投入 3 亿资金,倾斜 10 亿流量,挖掘内容创作新势力。在此基础之上,百家号还将深耕汽车等垂直领域,并与智能小程序有机融合,共建完整的内容生态闭环。

(4) 腾讯—企鹅号。

企鹅号是腾讯旗下的一站式内容创作运营平台,也是腾讯"大内容"生态的重要入口。

①内容分成。

内容分成是指作者通过创作内容,获得内容产生的底页广告收益、赞赏收益、付费收益。

②平台补贴。

平台补贴是指企鹅号自媒体根据每篇内容的流量贡献(阅读量、播放量),为作者提供额外的现金补贴。

(5) 阿里—大鱼号。

大鱼号是阿里大文娱旗下内容创作平台,为内容生产者提供"一点接入,多点分发,多重收益"的整合服务。

①大鱼计划。

大鱼计划是 UC 扶持创作者的一种方式,这个计划由大鱼奖金、大鱼合伙人、广告分成三部分组成,主要是鼓励运营者创作优质作品，并且给予的奖金也是比较丰厚的，最高奖金达到 2 万元。

②广告分成。

广告展现量越大收益也就越多。

③用户赞赏。

赞赏权限主要看内容质量决定的，内容质量高用户也愿意赞赏，虽然用户可能一次不会打赏很多，但是积少成多聚沙成塔也是一笔收入。

④商品推广。

商品推广功能和头条的商品权限是一种性质，主要是通过运营者去推广商品用户购买进行佣金的获取，运营形式也很简单，在内容中添加商品即可，并且大鱼号的自媒体主还能获取行业领先的 70% 交易佣金分成。

（6）趣头条—趣头条自媒体。

"趣头条"是一款上海基分文化传播有限公司开发的 APP。团队致力通过大数据算法和云计算等技术，为用户提供内容及服务。

通过广告分成，趣头条将基于文章流量、质量等因素，与创作者分享投放于其文章内页的广告所产生的收入。

平台不参与分成，单价高。

（7）腾讯—微信公众号。

　　微信公众平台是给个人、企业和组织提供业务服务与用户管理能力的全新服务平台。

　　①广告分成。

　　广点通，是指文章结尾的广告，按照广告点击数计费。

　　②互选广告。

　　微信公众号互选广告，是广告主和流量主通过微信广告平台双向互选、自由达成合作的一种投放模式，广告创意呈现在公众号文章内。

　　③文中广告。

　　文中广告可由流量主在文中随意编辑，比底部广告多了位置上的优势，广告转化更高，呈现形式也更丰富。

　　④付费课程。

　　由账号 ip 属性决定付费内容和课程，非常适合专业度比较高的公众号。

　　⑤粉丝赞赏。

　　由粉丝付费打赏，粉丝黏性越高，收入便会越高。

　　⑥付费社群、圈子。

　　经过付费的微信群或 QQ 群，这是市面上变现最高最多的方式。

　　⑦内容电商。

　　在看文章、视频的过程中能让人产生购买欲望的作品。

　　所有平台的变现都大同小异，实操效果如何，还需要看你如何操作。每件事情，总有人做得好，也有人做得不好，只要懂得总结、不断试错，就能有不错的收获。

6.4　基于产品的电子商务模式

　　对于大部分人而言，说起做电商开店，首先想到的平台应该是淘宝和天猫。但是随着近年来连续爆料出大批卖家不堪重负退出天猫、淘宝，以及京东、微店势力的陆续崛起，作为中小卖家选择在哪个电商平台开店，便成了迫在眉睫的问题。许多电商平台都需要收取一定的进驻费用或保证金等，无论是从产品保障还是经营管理方面考虑，这笔费用都是不可避免的。但是根据不同平台的经营方向和名气等级，这个费用跨度从几百元到十几万元不等。商家必须根据自身情况挑选自己可承受的、适合自身的等级，不能盲目追求过低的收费，也不能一窝蜂地去大平台凑热闹。选择合理的，是最重要的。

　　①淘宝。

　　淘宝入驻费用保证金一般为 1000 元，个别类目会有不同。除了入驻费用外，还包括软件费用，基本的折扣、上架、推荐、橱窗软件等一个月 10 元，旺铺一个月 50 元，店铺模板一般每个月 30 元到 200 元，高级一点的数据分析软件每个月 50 元到

1000 元，官方的数据魔方一年 3600 元，广告、直通车、钻石展位的费用更高。在资质要求方面，只需要一个身份证和一个支付宝账号就可以开店。

②天猫。

天猫入驻费，如果商标是 R 的保证金为 50000 元，如果商标是 TM 的保证金为 100000 元，年费 60000 元，扣点 5%，积分至少 0.5%，基本的折扣软件等每个月 10 元，旺铺免费，店铺模板一般每个月 30 元到 200 元，高级一点的数据分析软件每个月 50 元到 1000 元，官方的数据魔方一年 3600 元。天猫的资质要求较高，必须注册资本 500000 元及以上，公司七证齐全，化妆品、食品等类目，还需要购买一年的诚信通入驻阿里巴巴，购买费用为 3688 元。除此之外，像旺铺、模板以及各种各样的收费软件费用也较多，阿里巴巴也有自己的直通车系统。

③京东。

京东入驻费用保证金为 10000 元到 100000 元，平台费用每年 6000 元，扣点 12%以上，不同类目会有所不同。京东的广告展位设有"头等舱"，和名字相呼应，费用高。京东资质要求较高，注册资本 500000 元及以上，公司必须七证齐全，化妆品、食品等类目还必须要有相应经营许可证。

④唯品会。

由于唯品会是特卖形式，所以没有入驻费用，扣点 30%以上，卖完结算，退货、售后等均由商家负责，回款周期三个月左右。国内外一、二线品牌清理库存专用，只要有库存，谁都可以参加。唯品会的资质要求是必须具备公司资格，七证齐全，最好能开增值税发票。

除以上四个电商平台以外，还有其他平台，像1号店、亚马逊、聚美优品、当当等，这些平台在入驻费用方面不尽相同。商家在选择电商平台时一定要选择适合自己的、费用合理的电商平台，不可贪图便宜追求过低的费用，也不可盲目跟风追求不适合自己的电商平台。

中小卖家要选择重视自己经营类目的平台。

①京东、苏宁和国美。

京东是网上商城，主要做大品牌，自建物流，属于腾讯阵营；苏宁易购主要做大品牌，物流是找快递公司，有很多线下电器商店，主要做O2O；国美和苏宁类似，也是主要做电器。

②淘宝。

淘宝属集市类商店，一般来说个人卖家比较多。它没有像天猫商城那样繁杂的认证过程，出售的商品也不像天猫商城那样品牌信誉度高。但是集市店铺的商品种类众多，是淘宝主要的消费门户。

③天猫。

天猫是把淘宝集市中的大公司剥离出来，属于阿里巴巴阵营，无所不包，基本什么都有，质量和淘宝相比要有很大的保证，是中国最大流量和交易量的网上商城。

④1号店。

1号店是超市类的商城，主要经营日用品和食品。

⑤当当。

当当一开始做出版物发家，现在也主要做出版物，兼做日用品、百货等的销售。而聚划算、美团、大众点评、糯米网等都是团购网，主要做O2O，唯品会、聚美优品是垂直电商，专注化妆品或者服装等品类。

商家根据自己所要销售的商品选择重视自己经营类目的平台至关重要，这是一开始的方向。如果一开始的方向就出现错误，对商家而言是致命的伤害。

除去进驻费用，推广费用对中小卖家来说也要注意，要选择推广费用合理的平台。50%以上退出淘宝、天猫的卖家，是由于推广费问题而退出平台，销售业绩几百万元，平台推广费就占了80%，剩下的20%除去付员工工资和商品成本，盈利则很少，但竞争如此激烈，又不得不推广，所以，电商就变成了"电伤"。现在有的电商平台需要巨额的推广费用，往往出现"肥了平台，瘦了商家"的现象。

根据调查，不少网店的实际经营成本已经高于实体店铺。没有店租、削减渠道成本的网络电商如今也承担着巨额的经营成本，这其中最主要的原因就是竞价排名和纵容刷单造成的恶性市场环境。

一位大型电商平台高管表示，推广费用是平台的主要收入来源，也占据了中小电商的主要成本。推广费用通俗来讲类似搜索引擎的竞价排名，主要包括按照点击、成交和展现等方式付费。

商家根据自己的需求出价，按照流量竞价购买广告位，平台根据商家出价从高到低进行展示，商家并不知道其他商家的出价，如果发现自己店铺的流量下降，只能再次提高竞价。

这种模式的弊端是当电商平台上累计的商家越多时，想要获取流量就越困难。特别是当现在移动端占据成交比例80％的时候，想要在为数不多的移动页面上靠前展示，更是难上加难。

由此导致企业在电商平台上面的营销成本大幅提高，虽然电商平台能给商家带来很多流量，但这些流量分到海量的商家后每家资源都很稀缺，商家需要不断购买流量吸引新顾客。

以在天猫女装销量排名位居前列的韩都衣舍为例，其2014年和2015年营业收入分别是8.2亿元和12.6亿元、但净利润仅为3754万元和3385万元。2014年和2015年其主要投入购买流量的推广费高达9492万元。

第二类是行业排名10～100名的商家，其引流成本占比约在20％～40％。

第三类处于金字塔最底层，排名在 100 名以后，也是基数最大的群体，它们甚至要靠收入的 40％来引流。

那么如何维持这么高的流量成本？很多情况下，要么是巨额投入后巨额亏损，要么就只能依靠销售假冒伪劣商品和坑蒙拐骗。有很多成立一年时间左右的淘宝店铺推广成本每天在 500～1000 元，大量的投入都送给了电商平台。

在电商刚刚兴起的时候，因网上商家少、竞争小，推广费用还不太高，但近几年商家都要靠花钱推广，推广费用占单价至少 10％，再扣除客服工资、店铺维护、退换货等费用，线上经营成本可以说是非常高，所以商家在选择一个平台前，必须咨询清楚相关的推广费用，这对商家来说非常重要。只有真心和卖家共同进退的电商平台，才会有合理的推广费用定价。

不管什么行业，信誉对于商家来说是最为看重的一点，中小卖家在选择电商平台时要选择重视诚信的平台。

随着网络信息化的普及，电子商务行业发展迅速，各大电商平台崛起，但随之而来的销售假货、价格欺诈、送货迟缓、货不对单、售后态度粗暴等问题也不断增多。信誉和诚信对一个电商平台来说至关重要，如不注意将会成为阻碍其快速发展的瓶颈。

如果一家平台不讲信誉，就算通过猛打广告、猛发补贴暂时获得大批的商家和买家，但后续的产品质量、服务质量等跟不上，也只能在市场上昙花一现。找一个电商平台等于找一个商业合作伙伴，如果双方不能做到互信，其结果只能是两败俱伤。

所以商家在选择电商平台时，一定要注意其信誉和诚信度，否则，最后受伤也悔之晚矣。

对于中小卖家来说，平台定位是必须要考虑的，要选择差异性定位比较明显的平台。生活中最常见的就是抄袭、模仿，同质性的平台竞争非常激烈，除了刚开始做的领头羊外，后期跟进的很难脱颖而出。随着互联网市场的开放，涌现出更多平台，要挖掘出有明显差异性定位的平台很难。但是也不是没有，所以在选择的时候要多做功课，多找一些平台的资料进行对比。选择电商平台要综合考虑很多方面的问题，以上几点只是大方向的思考。

一个好的电商平台会专注于特类产品和差异化产品经营，力求打造一个线上线下相结合、适合中小卖家经营的 O2O 大平台，在用户消费体验提升、精耕服务细分类目、降低中小商户电商经营成本、拓宽中小企业营销渠道等方面探索和创新。目前，电商发展的新模式是带领大批中小卖家收获更多的商业财富。

6.5 基于线上的线下收益模式

目前，很多人在运用社群这快来帮助自己获得利益，已经不仅仅是社群运营人员在做，在知乎上也能看到对于社群这块的提问，而大多问题都在获客和转化这两大块，也是运营人常说的拉新引流及留存转化。

这两大块真的很让大家头疼，单单从获客这一块就能让人无从下手，大感无奈，但有些人却偏偏能把社群建立的很好。用户就像滔滔江水一样涌入，还能自我运营，自我推荐，转化率直线上涨，这是为什么？他们的套路是什么？核心又是什么？

①在做社群中，如果仅仅设立线上群现在是不够的，还要建立线下群，举办一些见面会、讨论会来增加用户的信任度。更能加深群内大家的印象，使大家的戒备心下降，从陌生到熟悉，这个过程为以后转化起到关键作用。

②通过做线下活动来引起线上注意。作为一个线下商店，需要不断的人流量来撑起店面品牌和知名度，这点也让店主喜欢把自己的店面设在人群多的地方。当某个时段人流量少的时候，就会做活动来刺激线上的活动，让人感觉这店还挺不错的，又出新活动了，没有凉凉。常用活动就是到店购买产品额外获得同等价值的增值活动，需要发朋友圈获得，这个朋友圈需要

发定位，并且这个广告发的是自己照片，只是在文案中提到店名及产品名，让用户不反感。

③在做这个社群要对人有把控，把精力放在提高转化效率上，他们会对群进行分析，对群目标进行拆解，建立群目标模式，通过这个来获取数据，针对性对群做调整，对目标进行运营。

要做到自我推荐，需要种子用户帮忙，告诉用户，帮你推荐可获得什么服务多少次，而被推荐来的用户只需要进店留下信息或者尝试使用某产品或体验某种服务，这些门槛都不会设计很高，也照顾到种子用户的面子。

若送出去的是实物，就会送相关配套的小零件或小首饰，并戴上店名及 LOGO，这一点好处是让用户不断被视觉刺激，增加认知。

当满足以上条件，转化就相对轻松一点，当你要出售高价物品时，可以在某小物品上用低价且不太能满足用户需求上赚成本价，然后给用户服务，让他认可。当小物品满足不了他的时候就可以推荐高价物品了，这些都可以在社群来解决。

7　自媒体卖货的受众

（1）快手。

从 2011 年到 2017 年，从用来制作、分享 GIF 图片到短视频社区，从日活跃用户从 1 万开始节节攀升到过亿，进入"日活亿级俱乐部"，快手这 6 年的发展可以用"迅猛"来形容。然而，随着用户量的增加，平台也出现很多不和谐因素，提到最多的是内容低俗、粗糙。

辍学在工地搬砖的初中生，自虐的大妈，自我炸裆的二哥，活吃蛇，生吃病死猪等等，不只是低俗、粗糙，有的已经是恶心，不要命了的节奏。

快手创始人兼 CEO 宿华却说："人与人之间对世界的理解和认知，差异比我们想象的大得多，每个人都认为自己理解的那个世界更真切一点。每个人的脑子里有一个平行世界。这个世界就是多样的，有硅谷这样的高科技从业者，也有乡下种田的大妈。有打扮新潮的，也有穿着朴实的。"

"用户不一定能明显感知产品细节背后的想法。他的思考方式很简单，有意思就接着玩，没意思就走了，产品越简单他越能快速理解、使用。"宿华还解释说。

说得确实有一定的道理，但是不能拿这个说辞做挡箭牌，已经很低劣的内容是必须要清除的。中国是农村人口居多，是没有那么多的"高大上"，但是品位不能差，不能带头拉低品位，这关乎国民素质，也是在影响子孙后代。

快手网站有了一个"自律委员会"模块，看样子是想通过投票屏蔽掉一些用户不喜欢的内容，说白了就是让用户做"审核员"，这样做也是有一些可取之处。

宿华原来在百度做凤巢系统，快手的团队，过半都是工程师，都是理性的数据派，所有的东西都是直接上线用数据说话。快手的 UI 原来推出过一版黄色，一版白色，后来全部改为白色，这是用户选择的结果。但是用户有时候无法选择或者无法主动选择积极的内容，企业就应该加大力度，努力为用户营造积极的环境。"快手专注于服务普通人日常生活的记录和分享，拉近了人与人之间的距离，是中国移动互联网一款非常贴近用户，有温度，有生命力的产品。"这是马化腾对快手的评价。BAT 中的 BT 都对快手进行了投资，相信在用户体验上会加大监督，给大众用户带来更好的体验内容。

（2）小红书。

小红书是一个网络社区，也是一个跨境电商，小红书的用户既是消费者，还是分享者。相信大家都知道小红书的带货种草能力有多强，而且今年阿里大动作地入驻小红书，也引起电商圈很多的关注。

1）前景广阔。

小红书 2018 年海淘电商 APP 应用排名第一，当前用户数已突破 1 亿。

2）性别分布。

女性群体占据大多数，这和小红书 APP 的定位有关。小红书主要是以购物、穿搭、护肤、美妆、美食为主的跨境电商平台，女性更注重于这方面的内容。

3）年龄分布。

小红书近 90% 的用户年龄集中在 20～39 岁，用户有着追求美的事物和为美付出努力的想法，这与小红书的目标相一致，并有利于双方共同发展。

4）地区分布。

多数用户分布在经济较为发达的地区，时尚潮流更容易在经济发达地区传播，用户的购买能力也更强。

5）精选优质资源。

明星推荐、红人推荐、素人分享。

6）推广策略。

利用网红制造品牌势能、品牌高度，以此作为品牌背书和获取消费者的信任感。大量投放小红书上的中小 KOL 制造热度，形成跟风效应，在小红书发酵成为网红产品。

利用微商代理、网络炒作，在朋友圈、新闻媒体、社交平台曝光明星和网红的内容，将热度扩散到整个网络。

7）投放启发。

基于内部机器推荐算法定制小红书营销策略，让好的品牌广告在合适的时间、合适的地点（场景），以合适的形式遇上合适的人。

（3）抖音。

首先，在我们拿出统计数据结果之前，朋友们应该在脑海里对抖音用户有一个初步的认知画像：一线城市、女多男少、群体年轻、颜高艺多等。

可以说大部分的早期抖音用户是通过今日头条引流过来的，抖音初始阶段主要是高颜值的俊男靓女短视频，这也圈了无数年轻粉丝加入抖音。

那么下面我们就通过统计数据来分析一下，抖音目前的用户画像（数据来自艾瑞指数）如下图所示：

┃使用人群年龄占比

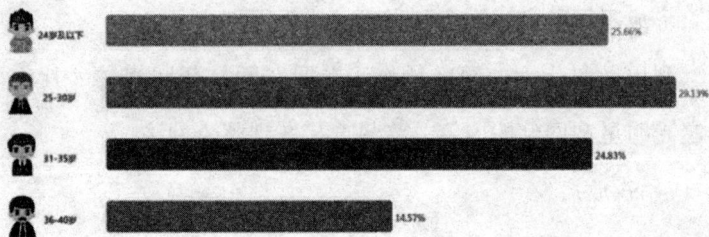

图 7—1

从上图可以看出，抖音的用户 25～30 岁占比最高，达到了 29.13%，这部分群体相对年轻，接受新鲜事物及追赶潮流的变化速度比较快。而 41 岁以上的用户仅达到了 5.8%。

┃使用人群性别占比

图 7—2

上图加编号 7—2 从人群性别方面对比，男女比例相对平均，男性稍高于女性。说明我们在选择运营产品的范围相对较广，不必针对某一性别做偏向营销。

| 使用区域占比

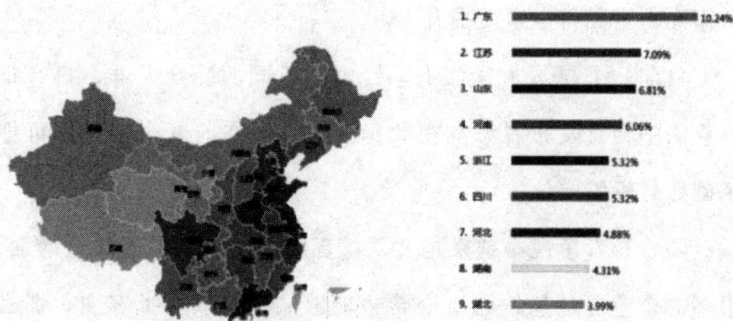

1. 广东	10.24%
2. 江苏	7.09%
3. 山东	6.81%
4. 河南	6.06%
5. 浙江	5.32%
6. 四川	5.32%
7. 河北	4.88%
8. 湖南	4.31%
9. 湖北	3.99%

图 7－3

上图加编号 7－3 从地域方面分析，以沿海地区和一二线城市分布占比较多，这部分用户文化水平及消费能力都较高。所以在产品定位方面，可以重质量和特色品质，轻低价走量模式。

从视频主题分类来看，搞笑类目占比最大，大部分的抖音用户更倾向去观看搞笑类视频，可见用户使用抖音更多的是一种放松娱乐的方式，其次是知识技巧分享类，在娱乐的同时也能学到知识，增强用户黏性。

在过去的 2018 年一整年来，抖音平台上海量的知识内容广受用户欢迎。知识类短视频的平均播放量、点赞量、作者粉丝数等，都远高于站内平均水平。知识类大 V 正在成为新的"网红"。

从今年 3 月 21 日开始，抖音官宣了名为"DOU 知计划"的新活动，旨在通过短视频这种大众更易接受和参与的方式，介绍科学知识、倡导科学方法、传播科学思想、弘扬科学精神，从而助力全民科学素质提升。

目前几个视频主题如上，针对的不同的受众人群，抖音推荐算法中会对发布者添加视频标签，一般在前 9 个视频即可把基础账号标签定位。

随着抖音短视频越来越火，抖音的用户也是在逐渐地增加，很多的企业也是想趁此机会希望能够从中抓取一批客户，那么我们到底要怎么样做才能抓取到客户呢？

①热门短视频内容特点分析。

A. 有新奇点，满足受众的猎奇心理。

B. 节奏快，亮点在 15 秒内爆发。

C. 能让观众有代入感、参与感。

D. 可以引发观众的共鸣和情感，内容要基于正能量的传播。

E. 视频内容，人物以及场景，很唯美。

②受众的特性。

A. 共鸣：比如说观念上的共鸣、遭遇上的共鸣、经历上的共鸣、身份的共鸣。也就是说，可能人家视频里的遭遇和经历与你自身有一样的共同点，那么你就会更容易地受到触动。

B. 好奇：比如说是什么、为什么、怎么样和视觉上的享受。

好奇是人对未知事物探索的天性，对一些没有答案或者是有待探寻东西进行更深度地了解从而满足自身的好奇心。

C. 利益：身边事、群体利益和地域的区别。

利益这个就是比较简单了，比如你在深圳，那么你不可能会去关注上海或者是北京正在发生的某一些事，你是一个企业的领头人，那么你所关心的就是整个企业的发展和盈利，而不是某个人，或者是某件事。

D. 思考：人生的哲理和生活当中的情感。

E. 欲望：食欲、爱欲、保护欲、追求美好事物的欲望。人都有七情六欲，所以对于情感上的东西，人们会更容易受到触动。

F. 未知：新奇的食物、新奇的生活、新奇的景色、新奇的人和物。

G. 幻想：对美好生活的憧憬、别人家的人事物。

H. 感官：听觉刺激、视觉刺激。

I. 价值：有用的知识和有用的技巧。

J. 冲突：角色身份的冲突、常识认知的冲突、剧情反转的冲突，强烈反差造成的戏剧性和趣味性。

如果你成功并且熟练地抓住和运用以上的受众特性和特点，那么你的抖音会在一定的积累之后，就会爆发出来，成功获取到很多具有转化性的客户。

（4）头条。

今日头条凭算法优势在内容分发领域异军突起，伴随分歧和质疑飞速成长。移动互联网大潮成就新一批巨头，与 BAT 相比，TMD（头条、美大、滴滴）以更短的时间实现高成长，估值达百亿美元量级。公司成立至今，今日头条 APP 累计激活用户数超 7 亿，MAU 达 2.63 亿，月用户时长超 20 小时，广告收入迅猛增长。旗下抖音 APP 爆火，西瓜视频、火山小视频共同奠定短视频领先优势。业内对于公司的关注、质疑和分歧并存，我们通过数据观察和商业逻辑梳理，尝试对公司进行初步分析。

1）商业模式：信息过载时代，以算法提升内容分发的准确度和用户黏性，通过广告变现。人类所产生的数据量正以近 50% 的 CAGR 增长。在信息严重过载的当下，"人找信息"的搜索方式效率持续下降，"信息找人"的内容分发方式受到青睐。此外，信息焦虑和快速增长的娱乐需求，提升大众在内容分发平台的无目的逗留时间。今日头条凭借优秀推荐算法，以及从图文到视频的全品类产品矩阵，满足大众的信息获取和部分休闲娱乐需求。更高客户黏性和更好的广告投放效果，使得公司信息流广告平均点击率显著高于行业平均水平（1%），广告收入快速成长至百亿元量级。

2）产品矩阵：从图文到短视频，从国内到海外，头条在内容分发领域持续拓展疆土。头条旗下抖音近期爆火,其与西瓜视频、火山小视频的合计 MAU 达 3.3 亿人,跃居国内短视频行业第一。头条在图文领域内容分发的竞争优势快速延伸至短视频领域。此外,公司借助悟空问答、微头条、懂车帝等进一步延伸产品线。公司以自有产品复制+投资合作方式进入海外市场,Live. me、Musical. ly 等亦有不俗表现。

3)机遇挑战:面对更多竞争和监管压力,公司快速迭代和成长。BAT 加速入局信息流市场,公司面对更多竞争。此外,版权、低俗内容等监管压力迫使公司积极强化内容端布局。目前"头条号"已超过 110 万个,并与公司六大产品全部打通,内容、流量全面共享。但面对快速增长的用户需求和版权制约,内容生产仍显滞后。公司内容审核编辑已有 4000 人,以进一步加强内容端质量管控,降低不确定性。头条产品即安即用,无须注册,简便的使用方法吸引更多用户,但在手机硬件置换时存在客户流失隐患。如头条能通过产品矩阵进行更精细的用户画像,或进一步拓展产品社交属性,则可能走得更远。

4)风险因素:内容分发技术领先性下降;过度商业化导致用户体验下降;更多科技巨头投入更多资源进入信息流市场造成行业竞争加剧;公司产品缺乏统一的账号体系导致用户流失;海外扩张面临文化、政策风险;内容版权和政策监管风险等。

今日头条依托丰富的产品矩阵,实现了个人信息(图文、视频等）获取方式从主动搜索到个性化分发的跨越，其借助精准用户画像，依托信息流广告，提升自身商业变现能力。

今日头条的内容端短板正逐步弥补，本土产品复制＋投资并购推动海外市场拓展获得初步成功。我们密切关注公司在国内和海外信息流市场的成长和变化。

今日头条是由创始人张一鸣于 2012 年 8 月推出，为国内第一款基于算法推荐、专注内容分发的综合资讯 APP。产品布局层面今日头条，已经从早期的图文资讯，扩展至短视频、知识问答、微博客等领域。公司发展速度之快，对国内互联网市场带来的影响之大，远远超乎行业的想象。

在快速发展的同时，今日头条面对的激烈市场争议从未消失，主要包括版权侵权等诸多问题。我们看到的一面是其庞大的用户基数，以及超高的用户活跃度和强大的广告变现能力；另一面则是内容版权、低俗化问题一直未得到有效的解决。

新技术、新模式推动新一代移动互联网巨头加速崛起。传统互联网巨头 BAT（百度、阿里巴巴、腾讯）手握搜索、电商和社交，在各自领域已形成近于垄断的优势。TMD（今日头条、新美大、滴滴）等新兴互联网公司借助创新技术及商业模式，在共享出行、生活服务、资讯服务等领域实现快速崛起，虽然成立时间晚，但成长速度更快，目前仍处于构筑护城河过程中。

互联网用户行为变化：用户从主动信息发掘向被动信息接

受转变。互联网的本质在于提升信息传递效率，随着线上信息的爆炸式增长，严重的互联网信息生产过剩以及用户选择困难成为用户当前面临的核心痛点。因此在移动互联网时代，将各类信息不断切割成各种碎片化的状态，并通过主动推送方式以符合用户碎片化场景需求，自然就成了解决用户当前信息需求痛点的最为有效的方式。而我们看到资讯领域的今日头条、电商领域的网易严选就是诞生于这样的场景。应该说，今日头条的出现非常恰当地迎合了当前互联网用户的核心痛点诉求。

今日头条产品本质：实现用户信息获取从主动搜索到被动个性化推荐的转变。今日头条作为资讯平台，借助推荐算法，实现个人内容获取方式从主动搜索到个性化分发的本质转变，满足用户对信息"好奇感""饥饿感"，并在持续信息刷新中给予用户不确定奖赏。产品自上线以来用户规模持续高速增长，截至目前累计激活用户数突破 7 亿人，月活跃用户数达 2.63 亿人，为国内最大独立综合资讯平台。同时公司以今日头条用户流量和个性化推荐算法为基础，先后布局短视频、知识问答、社交、微博客、电商等多个领域，陆续推出西瓜视频、火山小视频、抖音短视频等多个明星产品。公司最近一轮融资估值 100 亿美元。

借助今日头条等一系列产品矩阵，公司实现了规模用户的积累，并基于用户线上行为分析等技术手段实现了用户精准画像的构建，在此基础上通过精准的信息流广告、电商品类投放实现用户流量变现。考虑到今日头条庞大的用户规模基数，以及广告、电商内容投放的精准性，我们看好今日头条的长期商业变现空间。

信息流广告：中短期增长最为迅速、最具效率的数字广告形式。在数字广告市场，信息流广告借助自身原生广告属性，以及上下文环境带来的投放精准度优势，迅速成为最受欢迎、发展最快的数字广告形式。2014—2017 年，中国信息流广告市场 CAGR 高达 123％，2017 年市场规模达到 577.5 亿元，同比增长 87.4％。

今日头条平台广告投放效果极为突出。目前公司产品中已经实现商业化运作的主要包括今日头条、西瓜视频和内涵段子等。其中，今日头条 APP 是主要的广告平台，主要有开机全屏、信息流大图/小图、头条号等投放模式今日头条的特点主要有以下几方面。。

一是庞大的用户规模、极高的用户活跃度。在主要信息流应用中，微信、腾讯视频、手机百度和今日头条在月活跃人数和人均使用时长上均位列前十。活跃人数方面，今日头条 MAU 达 2.6 亿人，在综合资讯领域已超过腾讯新闻，居行业首位；用户黏性方面，今日头条优势明显，仅次于微信，月人均使用时长超过 20 小时。

二是显著高于行业均值的广告转化率。公司目前信息流产品处于成熟阶段，基于广泛的用户标签进行匹配，广告曝光率和投放效果高于同业。目前今日头条平均点击率为 3%～4%，其他新闻类应用仅为 1%左右。2016 年今日头条广告单次点击成本约 2 元，高于腾讯、新浪、陌陌等竞争对手，具有较高定价能力。

三是短视频广告表现同样出色。2015 年以来短视频广告市场规模迅速增长，2016 年以短视频广告为主的原生视频广告增长 210%，远高于整体视频广告市场，同时原生视频广告占比逐渐提升。短视频广告比图文广告内容更丰富，互动方式更多，未来比重仍将继续提升，公司在短视频领域已经形成西瓜、火山、抖音三大头部产品，在短视频广告市场占领先机。

四是今日头条打破传统内容供给模式，首创基于算法个性化分发模式。传统移动互联网媒体集内容生产与分发为一体，自有记者编辑团队，在内容生产上有先天优势。今日头条首次打破内容供给的一体化模式，以算法切入内容分发，推进产业链专业化分工。目前移动资讯市场的信息分发主要有三种模式。

一是媒体型：人工编辑把控质量，内容更权威。以腾讯、网易、搜狐、凤凰为代表，传统媒体和门户网站在向移动互联网转型的过程中，逐步形成了媒体型的内容分发模式。平台通过人工编辑把控内容质量，汇集特定主题信息，内容更权威，消费者获取信息更加全面。

二是关系型：以社交为基础，内容传播具有群体效应。关系型分发模式以微博、微信为代表，平台无自有编辑和记者团队，内容生产来自自媒体和其他平台，并通过社交关系进行分发，有转发、订阅、关注等社交功能。在关系型平台上，消费者获取内容依赖社交关系，内容传播具有群体效应。

三是算法型：个性化推荐实现"千人千面"。以今日头条、天天快报为代表，算法型平台同样不生产内容，而是专注于内容分发，首先将内容聚合至平台，再通过算法推荐抵达消费者，满足消费者个性化需求。

自 2012 年今日头条上线以来，算法分发模式越来越受到互联网媒体的重视。2014—2015 年，各大头部新闻资讯应用陆续引入算法推荐功能，形成了"算法人工"的混合推荐模式。2016 年，随着"UC头条"和"百度好看"的上线，BAT 均已入局算法内容分发市场，综合资讯应用作为移动物联网流量入口的价值得到肯定，基于算法的个性化推荐逐渐成为内容分发市场的主流。

凭借技术和先发优势占据领先地位。今日头条最早布局算法分发，积累了大量用户、海量数据和多种应用场景，为 AI 的学习和升级提供了丰富原料。同时 AI 技术具有网络效应，用户越多，个性化推荐越准确，长期使用后会增加用户转换成本。

目前公司在用户规模和黏性上均居行业首位。

公司在短视频领域布局和今日头条逻辑如出一辙，区别仅在于后者媒介是图文，而前者是视频。目前公司在短视频产品布局已经初见形态：西瓜视频对标 Youtube，为自生产＋聚合内容的信息流平台；火山小视频对标快手，为记录生活的 UGC 平台；抖音则对标 Instagram，为年轻人喜爱的音乐社交平台。同时，公司内测产品快拍对标 Snapchat，定位为特定圈短视频社交平台。2018 年 2 月西瓜、火山、抖音合计 MAU 达 3.3 亿人，同期快手 MAU 仅为 2.3 亿人，"头条系"后来居上，赶超快手成为短视频领域头号玩家。

西瓜视频：国内最大的 PUGC 短视频平台。西瓜视频脱胎于今日头条 APP 内嵌视频板块，其前身为头条视频，于 2016 年 5 月上线独立 APP，2017 年 6 月完成品牌升级，升级时 DAU 已超过 1000 万，用户数超过 1 亿人，日均播放量超 20 亿。平台主要专注于 PGC 短视频内容分发，另有部分 UGC 内容，独立后与今日头条共享视频数据，并在今日头条 APP 底部有品牌露出，知名度迅速提升。至 2017 年 10 月，西瓜视频用户数突破 2 亿，日人均使用时长超过 70 分钟，日均播放量突破 30 亿，远超其他 PUGC 平台，并在全网短视频平台中拥有较高渗透率（2017Q3：44%）。

火山小视频：发展迅猛，与快手差距逐渐缩小。火山小视频于 2016 年 4 月上线，结合短视频＋直播功能直接对标快手，凭借今日头条自身用户覆盖导流以及战略支持，在竞争激烈的短视频领域发展迅猛。2017 年 MAU 增长超 50 倍，至 2018 年 2 月 MAU 约为 1.1 亿人，虽不及快手，但差距在逐渐缩小。从与快手重合用户的数据来看，至 2017 年 4 月，重合用户人均单日使用火山小视频时长为 42 分钟，与快手基本持平（43 分钟）；人均单日打开火山小视频次数为 21 次，已经超过快手（12 次）。

抖音短视频：强化社交属性，聚焦年轻群体。抖音短视频 2016 年 9 月上线，2017 下半年进入爆发期，过去半年内日增用户数近 100 万。截至 2018 年 2 月，抖音市场渗透率达 14％，用户超过 7 亿，DAU 达 1.2 亿，居头条系短视频产品之首。与其他主要短视频应用相比，抖音用户群更加年轻化，24 岁以下用户占 75％；同时由于一二线城市用户占比高，抖音用户的消费能力更强，月消费 1000 元以上用户占 26％。

抖音采用音乐与视频结合的方式，强化了短视频信息的表达属性，更容易形成社区文化、塑造用户个人形象，从而延伸出社交功能。结合 Instagram 发展历程，我们认为，抖音有望成为新一代年轻人的社交宠儿。

·传播介质：由图文到视频，视频社交应用崛起。Instagram 2010 年 10 月登陆苹果 Appstore，2012 年 4 月发布安卓版，正逢图片消费浪潮兴起：2010—2012 年全球图片移动数据流量形成小高峰，2012 年接近 10 万 TB/月。此后 2012—2015 年图片数据流量下滑，视频消费逐渐增长，2016 年后视频消费迎来井喷，2017 年全球视频移动数据流量超过 700 万 TB/月，抖音短视频恰巧诞生于 2016 年，2017 年下半年进入爆发期，与全球视频消费趋势同步。随着 5G 大规模商用化时点趋近，移动端视频消费将更加便利，传播介质由图文向视频转变将造就包括抖音在内的一批视频社交应用的崛起。

·产品定位：创意社交吸引年轻用户。基于现实社交关系的 Facebook 让用户在网络社交平台上感受到了越来越大的压力，父母、亲友、同事的加入使得用户在发布动态时更加谨慎。而 Instagram 以用户的创意作品为中心发散构成平台上的社交图谱，与 Facebook 相比用户参与程度更高，用户群体更加年轻化。同样，抖音为"90 后""00 后"在微信、微博之外提供了一个发挥创意的平台，24 岁以下用户高达 75%，主力达人平均年龄不到 20 岁。

·人群需求：为年轻用户创作提供便利。年青一代往往拥有强烈的自我意识和表达欲望，倾向于在社交产品中进行强生产、强消费，属于创作型用户，与低生产、低消费的消遣型用户有显著区别。Instagram 在众多图片社交产品中脱颖而出关键在于提供了大量操作简便的滤镜效果，帮助用户拍出美观照片。在这一点上抖音与其有相似之处，抖音的视频编辑特效远远强于火山小视频、快手等同类短视频产品，例如，可自动识别头发并添加染色效果，同时拥有丰富的背景音乐曲库，吸引了一批喜爱创作的年轻用户，甚至出现了在其他平台上几乎看不到的技术流短视频。

快拍（内测）：挖掘细分场景中短视频的社交表达潜力。内测产品快拍在功能上对标 Snapchat，继承了其赖以成名的多个特点，如拍摄的短视频 24 小时内消失。与 Snapchat 不同的是，快拍定位为基于位置的圈子交友展示平台，通过身份认证后可在具体学校、公司分级内发布短视频。一方面可将视频发布至相对公开场景，避免了私密社交的局限；另一方面阅后即焚的功能减轻了社交分享压力，刺激持续表达。

Faceu：技术与用户和其他短视频产品形成协同效应。目前 Faceu 在拍照类 APP 中影响力仅次于美图系的美图秀秀和美图相机，2017 年 12 月渗透率为 9.8%，月活跃用户数 680 万，同比增长超 5 倍。公司旗下短视频产品用户安装 Faceu 比例较高，收购 Faceu 后，公司可利用其实时图像处理技术提升短视频产品使用体验，巩固现有用户，如抖音短视频已允许用户添加 Faceu 中的表情效果，同时 Faceu 高比例女性用户（70%）可对原有用户群形成补充。

短视频、今日头条具有良好的业务互补效应。今日头条长期沉淀积累的算法分发技术能够为用户提供符合兴趣偏好的短视频内容，同时解决了海量 UGC 内容的分发难题，帮助中长尾短视频内容匹配精准受众，形成更高曝光，提升平台整体内容生态的健康度。同时，三款 APP 内的短视频内容，既可以在独立 APP 中分发，自行运营用户，也可以将其纳入今日头条 APP 的信息流中，或形成子频道、订阅号，以丰富今日头条 APP 的内容，并增加用户黏性。

近两年，公司积极推动自有产品海外复制，并展开大规模投资并购。今日头条出海的基本模式为输出算法推荐技术，在内容上与当地合作伙伴和创作者进行合作，在全球共积累 1 亿多创作者。截至目前，今日头条已经在日本、印度、东南亚、欧洲、北美、南美等地区上线。

将自身产品复制到海外市场获得初步成功。Topbuzz 为今日头条海外版，TopbuzzVideo 对标国内西瓜视频，TikTok 为抖音海外版，Hypstar 为火山小视频海外版。公司海外版产品在多个国家登顶畅销榜。Topbuzz 和 TopbuzzVideo 长期占据巴西、美国 GooglePlay 榜单前列，并获 2017 年度最佳应用称号。抖音海外版"TikTok"登顶泰国、日本 ios 畅销榜，由于深受日本年轻人喜爱，荣获 2017 日本 AppApe 大奖特别奖项"ForbesJAPAN 奖"。

今日头条出海不仅面临 Facebook、Google、Snapchat 等强大竞争对手，还面临着缺乏品牌、用户、版权积累以及本地化运营经验的难题。收购海外成熟品牌后，今日头条可以借用其产品经验，以自身更擅长的算法技术为其赋能，同时可以打通旗下产品的内容板块，如在自营新闻平台 Topbuzz 上插入 Live.me 直播内容。公司收购品牌在海外市场均有不俗表现。直播产品 Live.me 共在 71 个国家和地区上线，登顶美国直播 APP 排行榜，在英国排行第二；NewsRepublic 为法国资讯聚合应用，在美国和欧洲均排名前列；Musical.ly 在全球范围内拥有 2.4亿注册用户，全球日活跃用户数超过 2000 万，其中北美活跃用户超过 600 万，平台每天生产超过 1500 万条 UGC 内容。

今日头条在海外无相近体量、类似业务模式的对标公司，公司在海外市场扩张初见成效。同时随着更多科技巨头入场，公司在技术、内容层面的先发优势面对持续挑战：海外面临 Facebook、Google 等巨头竞争，国内 BAT 已全部入局个性化内容分发市场，公司需要保持更好的算法匹配效果，才能维持广告市场份额，且公司正在布局电商、搜索、金融等领域，未来将与巨头在多个业务领域展开全面竞争。此外，公司需要防范海内外版权和政策风险。目前公司加大原创内容扶持和外部版权采买力度，未来版权争议有望缓解，同时提升信息源质量并加强人工审核，低俗涉黄内容将逐渐减少。

今日头条在内容环节将面临来自科技巨头的持续压力。我们看到，在部分互联网业务领域，BAT 等传统互联网巨头之所以能够后来居上，主要源于借助自身强大的综合实力，并在某一核心产业环节建立排他性的优势，从而迅速击垮竞争对手，比如，应用分发、在线视频等。在当前的内容分发领域，产业环节主要涉及内容、算法、用户三个环节，在算法、用户环节，今日头条具有明显的领先优势，互联网巨头较难撼动，因此主要的点就在于内容环节，比如，借助资金优势建立内容端的排他性优势是最为自然的想法，典型的就是问答社区知乎当前面临的状况。我们看到，今日头条已经在全力强化内容端的布局，同时对于上游的内容创作者来说，最为理想的方式就是同时和多个平台合作，实现内容端收入最大化，这也是对今日头条最为有利的方式。但是考虑到科技巨头在该环节的全力博杀，今日头条短期仍将面临持续的压力。

缺乏统一的账号体系仍是中长期不可忽略的问题。我们看到，由于缺乏一套基本的账号体系，相较于腾讯、阿里等，中长期用户对今日头条的切换成本可能并不显著。因此全力进行产品线扩展，不断实现用户需求闭环，自然成了当下最为合理的方式：头条号对标微信公众号，悟空问答对标知乎；搜索方面，今日头条APP内部开放站外搜索功能，布局移动搜索；电商领域，上线放心购商城。

自2013年底起，新京报网、搜狐网、《广州日报》、腾讯、新浪等各类媒体机构都曾与今日头条发生过版权纠纷。据不完全统计，目前起诉今日头条的主体已达几十个，仅海淀法院受理的案件数量已逾 5000 件。2017 年以来，今日头条已被网信办 4 次约谈，并于 12 月 29 日被罚 6 个频道暂停更新 24 小时下架整改。目前公司正从内容和审核两方面入手，着力提高内容质量，并加强人工审核，解决未来隐患。

· 强化内容端布局，补齐自身业务短板。今日头条对内鼓励原创、扶持优质自制内容，对外加大头部版权采购力度，一方面有利于缓解版权争议问题，同时内容质量的提升也有助于净化平台生态，从源头减少低俗内容，防范政策风险。

· 鼓励原创，升级头条号。目前今日头条平台上有超过 110 万个头条号，其中包括 90 万的自媒体，今日头条通过全网比对识别原创，对原创内容提供更多补贴，鼓励创作者以今日头条作为内容首发平台。2018 年 2 月头条号完成全面升级，升级后支持图文、短视频、短内容、问答、小视频全体裁创作，并支持作品在今日头条、西瓜视频、抖音短视频、火山小视频、悟空问答、内涵段子六大平台同步上传。创作者在六大产品的粉丝数据也全面打通，统一显示粉丝总量，实现六大产品全平台共享粉丝价值。

· 扶持优质自制内容。今日头条重视原创内容投资，推出千人万元计划补贴平台内部创作者，并通过设立内容投资基金、成立头条号创作空间等措施，扶持优质内容创业项目，为平台可持续发展提前布局。

·对外采购头部版权。2017 年 3 月，今日头条宣布成为 2017—2020 赛季中超联赛短视频合作方，获得中超短视频 3 年版权，用户可以在客户端内看到首次尝试的赛中实时 EVS 慢镜头回放（进球、红黄牌等事件型）短视频、中超赛后官方 3 分钟集锦、体奥动力制作的中超人物访谈等周边节目视频。除中超外，今日头条还获得中国之队、德甲、足协杯、超级杯版权。此外，公司与 BuzzFeed、WWE（世界摔跤联盟）、芒果 TV 等海内外头部内容提供商达成合作，为用户提供更优质的内容。

加强人工审核，消除潜在政策风险。网信办约谈后，公司已关闭社会频道，并集中清理了 2500 多个平台违规账号。目前公司已有 4000 名内容审核编辑，人员规模仍在进一步扩大，近期将再招聘 2000 名，未来预期达到 10000 名。对于编造、假新闻、黑稿、题文不符、有头无尾等低质内容，机器审核的召回率仅有 60%，但结合人工审核可达到 95% 以上，加强人工审核后未来平台内容将更加可控。

探索社交分发，全面布局内容分发链条。在移动互联网时代，信息过滤的权力从传统媒体让渡给两种势力：一是社交关系，每个人推荐自己喜欢的内容给朋友，同时也消费朋友推荐的内容；二是人工智能，让机器来识别喜好，推荐用户可能感兴趣的内容。两种方法都能大大提高信息分发效率。今日头条发展社交产品，如悟空问答、微头条等，意图在于在原本优势领域 AI 分发之外探索社交分发，在流量、资金、技术加持下有望打造出新爆款。悟空问答：独特的内容生产和匹配模式。悟空问答前身为头条问答，于 2017 年 6 月上线独立 APP。在知乎等传统问答产品中，头部大 V 专家效应明显，大量普通创作者的回答无人问津，但悟空问答的算法推荐机制不完全依赖粉丝和知名度，而是依据答案质量和相关度，使一般作者的回答也能够得到点赞和关注。同时在主题方面，悟空问答的问题多贴近生活，降低了内容生产门槛，能够刺激更多用户参与创作。2018 年，悟空问答将投入 10 亿元补贴创作者，刺激优质原创内容。

微头条：依托今日头条流量资源，打造社会化媒体平台。微头条于 2017 年 4 月在今日头条 APP 内上线，目前尚未独立运营，不到一年时间已吸引超过 5000 名人入驻，累计各类认证用户超过 8 万个。众多商界大佬，如京东掌门人刘强东、阿里大文娱俞永福、小米公司 CEO 雷军、深陷舆论旋涡的贾跃亭等，都选择通过微头条来发布最新的公司以及个人动态。微头条的引入使今日头条在人工智能推荐的基础上增加了社交分发机制，微头条账号与头条号相互连通，能够最大化提升创作者粉丝价值。2017 年 12 月微头条用户在今日头条用户中平均占比为 7.8%，日活跃用户规模近 700 万。2018 年微头条将拿出 400 亿流量补贴创作者，平均每月会对 1000 个新用户和 1000 个老用户进行冷启动扶持。

随着短视频的不断深入发展，短视频内容呈现出垂直细分化的趋势，比如，萌宠、美食、育儿、舞蹈、美妆、动漫 cosplay 等。一方面，用户可根据兴趣主动搜索相应内容；另一方面，短视频平台根据用户行为数据使用算法推荐相应类别的内容，使得短视频内容更加个性化与定制化。其中，美妆作为细分领域，深受年轻女性受众的喜爱。美妆博主通过短视频形式分享护肤美妆技能、爱用好物，受众也在观看视频的同时不仅能提升审美情趣、享受社交娱乐乐趣，还能从中不断进行自我确认，寻求价值认同，促进社会化自我的完善。

李佳琦出身著名美妆品牌专柜 BA（Beauty Adviser），由于品牌 BA 网红化计划从线下向线上发展，开始直播生涯。随后，因创下吉尼斯涂口红世界纪录、与马云 PK 直播卖口红胜出，李佳琦的身份人设为人们熟知。他的短视频具有个性鲜明、情绪饱满等突出特点，深受美妆受众喜爱，截至 2019 年 6 月 14 日，其抖音账号粉丝达 2534.7 万，获赞量 1.3 亿。他推荐过的产品因具有较高的曝光量以及光环加持，往往能够创造销售佳绩。

人设是人物设定的简称，带有角色扮演的含义，是个人在特定场景中固有且鲜明的标签化角色属性，构成元素包括性格人品、言行举止、穿着打扮、价值观等。李佳琦能在众多美妆博主中脱颖而出，在于其鲜明的口红一哥的人设。近年来，由于男色经济的崛起、小鲜肉等偶像文化的流行，越来越多男性明星代言美妆品牌，而男性追求精致外表的理念也逐渐为人所接受。口红本为女性消费品，李佳琦作为男性，在短视频中进行口红试色，与传统性别角色冲突带来反差感，以及跨越性别屏障的异样审美感受，打破受众固有的认知框架，能使受众印象深刻。同时，因具备专业美妆知识，李佳琦具有出色的挑款能力，能够在众多产品中选中最适合受众的类别并呈现最佳的使用效果，为受众提供决策参考。另外，在李佳琦走红之后，网络红人的晕轮效应提高了其内容的可信度，受众倾向于相信他的眼光，甚至考虑购买他推荐的产品。

由于专业出身，李佳琦对受众的关注点以及产品特点的把握十分准确。就口红来说，在短短 1 分钟左右的视频内，他就能够用精准简练的专业词汇概括口红的色调、质感、上色度、适用场景等卖点，阐述口红作为物的实用性价值，信息量密集。其次，李佳琦富有感染力、煽动性的情绪化语言往往能使女性受众受到暗示与传染，比如，感叹词"oh my god"，"我的妈呀"或是简短的肯定句"买它"，"好好看哦"等，再加上少女的春天，小精灵在跳舞，港女必备等暗喻、借代的修辞，赋予口红作为符号装备的意义价值，使受众在产生丰富联想的同时接受这些符号意义，产生购买欲望。最后，从他的视频选材来看，虽然少数内容与其他类别的美妆产品有关，但口红试色内容占绝大多数，以此不断巩固人设与品牌，增强垂直领域的影响力。从他的视频叙事来看，大多视频遵循产品展示、逐一试色、选出推荐款的叙事顺序，类似于提出问题、分析问题、解决问题的思路，便于受众短时间内把握内容主旨。

李佳琦的传播主阵地为淘宝直播，他全年无休，每日上线2～4小时，以分享的形式推销各类产品约 20 件，其淘宝账号粉丝有 498.72 万。但相对来说，直播时间较长，受众注意力容易涣散，且自主选择余地不大，而短视频更加契合受众碎片化的媒介接触习惯，短小、节奏快、可控性强，受众注意力高度集中，情绪高昂，因此其短视频的传播效果更佳。因此，李佳琦团队精选其直播视频中具有代表性的片段进行剪辑拼接，加工成为短视频进行二次传播，传播平台包括微博、抖音、快手、小红书、今日头条、B 站（bilibili 视频网站）等，涵盖社交、短视频、资讯、社区等各类场景，真正实现全方位覆盖传播，再加上受众自发的人际传播，到达率非常可观。由此，抵达范围的广泛性造成内容的遍在效应，同类信息的持续性与重复性传播形成累积效果，使李佳琦推荐的产品能够具有较高的曝光量，李佳琦的影响力也由此不断扩散，形成良性循环。

受众的媒介使用行为由社会结构和媒介结构共同决定。社会结构因素包含年龄、受教育程度、收入、性别、生活环境与圈层等，这些因素相对稳定，深刻影响着人们的心理状态与行为习惯。媒介结构指的是在某一时空内可以获取的相对稳定的媒介渠道、内容结构等。就社会结构而言，美妆短视频的受众主要以年轻女性为主，或是在校大学生，或是都市白领，她们追求时尚潮流，有一定的审美眼光与购买力，对流行妆容、美妆产品高度敏感，对自身角色定位也有自己的看法。就媒介结构而言，她们大多是"90后""95后"网络原住民，多数人对于短视频平台较为熟悉，有一部分还是重度使用者。

作为头部美妆博主，李佳琦的粉丝量与影响力十分可观。但事实上，不同受众观看美妆短视频的动机不同，视频内容对其影响程度也存在差异。在此，我们引入一个有关受众主动性的概念——卷入（involvement），某一受众成员越是被媒介内容所吸引，或越是全神贯注，就可以说他的卷入程度越高，也被称作是情感激发。我们依据美妆短视频受众的不同卷入程度，将其分为三个层次。

一部分受众观看美妆短视频仅仅停留在旁观的位置，没有太多的互动与代入，她们的观看动机主要是心绪转换与人际交往。"90后"女性大多已经步入社会或者即将步入社会，现代城市繁重的学习与工作任务让她们不堪重负，需要通过媒介接触寻求调适，释放压力。而李佳琦夸张的面部表情、幽默的语言风格等都具有休闲娱乐特质，同时短视频具有节奏快、时长短的特点，非常适合工作之余的休憩放松。另外，在日常人际交往中，对个人影响最大的一级参考群体——家人、朋友、同事、同学等总能影响我们的日常议程，像李佳琦这样的头部美妆主播难免会成为女性讨论美妆话题时议程的一部分，因此，为了获取社交货币，不至于落伍，这部分受众往往会从李佳琦的短视频里面获取信息作为社交谈资。除此之外，美妆短视频还有一种促进拟态人际关系的效果。视频博主以固定的场景出现，固定的模式与人设发布内容，受众对其日渐熟悉，同时，好物分享的形式又具有一定的亲切感，仿佛屏幕中是自己的闺密好友向自己"种草"美妆产品，对受众来说，在一定程度上起到缓解孤独与陪伴的效果。

一部分受众因内容接触频率高，对博主的认知框架不断巩固，不自觉地认同视频博主的身份人设以及其传达的价值观，其观看动机主要是环境监测与自我确认。环境监测是指通过获取信息把握周遭环境的变化，从而调整自己的决策与行动。美妆受众通过观看短视频了解近期妆容流行趋势、品牌产品购买攻略等，比照自身的角色身份属性（例如学生或是白领）、日常生活场景以及购买能力，或是调整提高自身的护肤美妆技巧以适应流行趋势，或是相信博主的专业建议与替代选择，接受适合自己的产品推荐，为下一步的购买行为奠定基础。而自我确认是指通过接触媒介内容修改自我评价框架，反省协调自己的观念与行为。已经购买某些美妆产品的受众，也会倾向于寻找美妆博主对于该产品的相关描述，作为论据，以此来确认和评价自己的决策正确与否，从而调控自己对于产品的认知和评价以及今后的购买行为。

传播效果有三个层面，分别是认知、态度、行动，当媒介内容真正作用于具体的行动时，传播效果也发挥了最大效力。这部分受众通过观看美妆博主的视频，或是寻求实用价值，或是接受内在意义暗示，从而产生购买行为。以口红为例，多数女性都会有一支以上的口红，而她们购买更多的口红并不是一种物质消费，更像是一种符号消费。人们需要恰当的符号装备，以一种有利的社会方式运用装备，使自己的日常表演得以美化和彰显，女性受众通过购买口红或是其他化妆品，买入一个合意身份，从而进行自我暗示与引导，或是无声地向他人展示自己的社会属性、品位、阶层等信息，寻求认同感与归属感。而这些化妆品中的符号意义，正是像李佳琦这样的头部美妆博主在短视频中赋予的，也正是这些符号意义，使得美妆消费者在面对数不胜数的美妆产品时，有了自己的价值依据。

（5）知乎。

自移动互联网以来，智能手机的出现不断地改变人们传统的生活，人们在移动端进行消费、娱乐已成常态，而除此之外，人们对知识和信息的获取也从传统的电视，书本转移到了线上的信息获取平台。

知乎作为人们获取信息知识的平台，也在不断积累用户，迅猛发展。自 2013 年，知乎的关注呈现非常迅猛上升的趋势。标志着知识服务类市场逐渐形成，知识消费越来越受人们重视，我们正在步入知识经济时代，知识就是资本就是核心竞争力。同时随着人们生活节奏的不断加快，面对信息爆炸和注意力稀缺，我们需要有人帮我们筛选和提炼知识。知乎从发展到目前为止，已经达到了月活跃设备数量 1000 多万台。这不但意味着知识服务类市场的不断扩大，也意味着巨大的用户流量为知乎的商业价值打下基础。

・产品定位。

知乎的产品定位是知识分享性的社区平台，面向各行业精英人群和广大网友。属于知乎大 V 的精英人群在此发表自己的见解，寻找精神上的认同和物质上的奖励，而广大网友在此获得感兴趣的知识或作为娱乐消遣的读物。

1）核心用户画像。

性别：男性为主（约占 70％以上），年龄：25～35 岁的人最多。受教育程度：211、985 等高学历，不乏欧美留学的人。居住地：北上广深等一线城市居多。职业：以职场白领为主。收入：月薪 15k～30k。

2）范围层。

知乎作为信息分享类的平台，从主要功能上可分为：内容获取、内容生产、用户反馈互动这三个层面。下面主要对这三个层面的功能逻辑进行分析。

• 内容获取。

知乎中内容获取的途径主要有以下几个方面首页、搜索、发现、关注、收藏。：

• 知乎获取内容途径。

A. 首页以及搜索。

a. 首页信息推荐：知乎可根据用户关注问题、话题、专栏等自动推荐内容在首页，用户在启动 APP 后便可立刻获取优质的而且自己感兴趣的内容。

b. 搜索：用户可按照自己的喜好、意愿，通过搜索关键字的形式搜索自己感兴趣的话题、问题等来获取内容。推荐的内容更具有针对性，更能满足用户对于某一特定方面的知识获取。

B. 发现。

a. 推荐：知乎根据用户的喜好情况，通过推荐算法为用户提供符合用户口位的内容。

b. 圆桌：也可以叫作专题，知乎根据不同的时间或其他因素，对优质的内容进行整合，形成专题。

c. 热门：顾名思义，目前受关注度最高的问题或文章等内容。

d. 收藏：这里的收藏不是指使用者个人的收藏，而是其他用户所创建的收藏内容优秀的收藏夹被分享出来。

C. 关注。

a. 关注的问题，收藏，话题：用户可关注自己所感兴趣的内容，当该栏目的动态有更新时，方便用户通过此入口二次获取栏目内的更新内容。

b. 专栏：知乎为优秀的内容生产者（知乎大 V）开设专栏以便更新相关内容使用户更方便的获取。用户可选择感兴趣的专栏关注。

c. 用户：除了知乎大 V 之外，用户也希望能关注其他普通人的动态（如自己认识的人等），从而形成一定程度的社交关系。

D. 收藏。

收藏：用户可将自己在浏览过程中觉得非常感兴趣的或非常重要的内容进行整理收藏，以便之后重新查看。

·内容生产。

知乎中内容生产的途径主要有两个。

一是首页回答，发布文章。

二是发现内容并回答。

·首页内容生产。

知乎在首页为深度核心用户设置了快捷发布按钮，便于喜好生产和分享内容的用户快速找到入口，知乎在鼓励产出内容时，将用户有兴趣回答的、有能力回答的问题推送到用户的眼前，因此用户不需要再思考生产什么内容。同时用户也可以通过这个入口进行提问，来获取自己想要的内容，而且还可以邀请其他人来作答，进一步提升了生产内容与获取内容之间的相互转化。

· 发现内容并回答。

知乎的第二种生产内容的途径是用户在浏览的过程中发现自己感兴趣的内容、问题、话题等来回答。

知乎的内容生产总是围绕着一个主题，即问题。这既让用户在生产内容是有更明确的方向，也能让用户在内容获取时更具有针对性，更加效率便捷。

· 用户反馈互动。

知乎的用户反馈与其他的论坛或社交类的平台没有太大的区别，这里主要针对以下两点进行简单的拓展说明。

· 赞同与感谢的区别。

很多人不太理解赞同和感谢有什么区别，在这里笔者认为赞同表示对答案的认可，作用对象为内容；感谢表示对回答者的感激，作用对象为人。二者的作用对象不同是赞同与感谢的本质区别。

· 赞赏。

赞赏这一行为只有专栏作家才可对用户开启，是优质内容生产者对于在知乎平台获取物质回报的主要渠道之一。

3）结构层

知乎的产品结构采用的是列表式，这样做的优点是：层次展示清晰，可展示较长的标题，可展示次级内容。但在同级内容过多时，浏览体验易产生疲劳。知乎整个的产品结构都是以用户更方便的获取内容为主，无论是首页的信息流，还是发现中的各种专题推荐都有助于用户更快更精确的获取自己想要的内容。

4）框架层

一分别为搜索，快捷发布，导航栏。在用户浏览下滑时这几个功能会自动隐藏，上滑自动显示，保证了用户在浏览时页面的简洁，使用户的注意力集中在内容上。

二为内容显示模块，分别显示了问题以及推荐答案，用户若对答案感兴趣，可点击答案区域进入相应的答案阅读页面，若对问题感兴趣可点击问题区域进入问题页面。

三为广告图，是知乎主要变现方式之一。

四为随机看，在用户没有明确阅读目标时可点击该功能按钮，知乎会根据用户的浏览记录等方面随机推荐相关的阅读内容，这样做省去了用户寻找阅读内容的时间，更快地获取喜欢的内容。

五为回答者简介模块，显示在内容的上方，方便用户在对内容满意的时候对回答者产生认可并关注，方便用户对该回答者其他内容进行获取，进一步降低知识分享以及获取的成本。

5）表现层

知乎的页面设计采用蓝色为主色调，显示内容主要围绕问题、答案两个方面，再无其他多余信息，阅读界面简洁，设计极简。

6）盈利模式

在线上知识服务类市场逐渐形成之后，如何变现一直是企业不断探索的问题。知乎作为这其中的佼佼者，除了传统的互联网广告的变现形式，知乎更是做了如值乎、电子书、知乎 live 等多方面探索，其最近推出的知乎 live 更是受到广大媒体的认可，或将成为日后变现的主要形式。

· 广告。

广告为多数互联网企业的重要变现手段，通过大量用户群体所带来的流量，增加广告的曝光度，从而达到广告宣传，引流的目的。知乎中的广告相比其他互联网企业可谓是少之又少，如此可见知乎对用户体验的重视，是为数不多的良心企业。

· 知乎书店。

知乎不断激励用户贡献知识，并通过知识的生产和再组织从而达到商业化的目的。对知识生产和再组织最大的形式体现就是图书，知乎作为线上知识分享平台，电子书便成了重要的变现方向。

自移动互联网以来，售卖电子书的盈利模式并不少见，不过对于知乎来说，优势在于知乎通过社区的方式生产一本书，能高效率、低成本地挖掘作者。知乎社区的点赞、关注度等数据用户的购买决策非常有价值，再加上社区关系链的沉淀，相比其他电子书平台知乎会产生更高的转化率。

· 值乎。

值乎是知乎对知识生产和再组织的另一种体现形式，用户可以用付费的方式向指定的人提出指定的问题，这种一对一的问答模式使用户对知识获取的针对性达到了极致。同时其他用户可以以1元的低成本来获取自己感兴趣的已有答案，从而形成了二次传播，达到变现目的。

据知乎CEO周源透露，"值乎"进一步的演变方向将是上线私密的一对一咨询功能，提问者通过文字提问，回答者通过文字、语音、图片等多种形式回答，提问和回答都限制在提问者和回答者两人的私密空间内进行。

功能的拓展仍旧服务于场景覆盖，即类似医疗、保险等很容易涉及大量私人信息的领域内，回答者可以给予提问者更为个性化、针对性的咨询服务，相比而言，个性化服务获取可以创造更高的价值，但服务群体抑或服务频次有限，产品的规模化并不那么容易。

- 知乎 live。

知乎 live 是在社区原有问答、专栏等文字形式基础上，通过让分享者在线分享答疑的形式为用户提供一对多的实时问答互动体验，这种做法突破了人数的瓶颈，打破了地域的限制，实现实时的知识互动分享，大大地降低了分享者和用户的时间和沟通成本。

同时知乎的平台聚集了各个行业的精英和广大知识爱好者，"关注的人""关注的话题"等功能保证了对于知识供求双方的资源匹配，使分享者在未发起 live 时就已经存在用户积累，live 发起时这些用户便成为天然的受众，用户更愿意为知识埋单。

关于收费的问题，上知乎 live 采用了两种形式。

一是 live 开始前：少量金钱赞助参与。

二是 live 结束后：原价购买回顾。

这两者购买的知识内容完全一样，但所花金额却有很大差别。这刺激了用户更快获取知识的欲望，更容易刺激知识消费市场的增长，培养用户为知识埋单的消费习惯。

随着互联网的发展和人们生活节奏的加快，人们对于获取知识广度和深度的不断增加，同时希望高深的知识更浅显易懂，因此知识服务类市场的概念逐渐形成，人们也越来越愿意为知识埋单。

综上所述，知乎作为知识分享类平台，它的产品结构和模式让用户既有优秀的用户体验又能更方便、快捷地获取知识。知乎对各个行业精英的内容生产者，核心用户的重视使其内容质量有保障，这使得它走在知识服务类的市场的前头。

8 自媒体卖货的商业路径

8.1 卖货变现

（1）购物车带货。

如果你在淘宝店、天猫店、京东店、唯品会、考拉海购、苏宁易购上有开通网店，那么你可以利用抖音的购物车功能链接你的网店，将抖音精准的流量导入到你的网店之中，从而产生销量。

当你的抖音号开通了购物车功能，就可以添加你的网店产品进行销售了。那么该如何推广你的产品呢？方法很简单，你可以拍一条关于产品的有趣短视频，在抖音发布的时候添加上购物车，这个购物车可以链接到你想推广的网店产品。

如果你发布的短视频经过抖音推荐以后获得了很多人的观看，那么就会有相当一部分人因为观看视频而对你的产品产生兴趣。这些感兴趣产品的人会点击视频当中的购物车，于是他们就通过购物车功能导流到了你的网店之中。如果你的产品真的还不错，很多人就会开始购买你的产品。

购物车卖货的效果怎么样？购物车带货是抖音目前非常主流的卖货方式。抖音每天都会公布一个购物车卖货榜单，每个品类的上榜产品的销量都非常的不错，每个上榜产品的一天的销量都是以万作为单位，这样的卖货效果在以前的淘宝、天猫上都是比较罕见的。但是抖音的出现让一天就破万销量的神话变成了很普通的一件事情。所以能把购物车这个功能利用好对网店卖货是非常有利的。

（2）电商直播带货。

抖音和快手一样均有电商直播功能，在开启抖音直播之后，你可以在直播间推广你的商品，抖音会通过短视频推荐给你的直播间注入流量。在直播间中，你可以推广链接到淘宝、天猫、京东等平台的商品，观众在观看直播的过程中可以点击商品链接直接在相应的平台完成下单。直播的优势在于不但有现场感，还能通过弹幕互动，让观看直播的人不知不觉就冲动消费了。

那么直播卖货的效果怎么样呢？相信你应该有所耳闻，以大家熟悉的抖音李佳琦为例，他1小时至少可以卖几千支口红，曾创造5分钟就卖出了15000支口红的纪录。带货女王薇娅创下5小时成交额1.5亿元的纪录。丽江石榴哥抖音直播卖货20分钟，总共卖出石榴120余吨，最高每分钟4000单，价值600万元。关于抖音直播卖货的案例有太多，可以说直播卖货成了卖货的最佳渠道之一。

（3）引流微信卖货。

由于抖音的流量太大，并且处在红利期，以往陷入困境的微商重新找到了翻盘的机会。在一个有粉丝的抖音号的内容主页留下微信号，就可以往微信引流了，而且引流过来的粉丝不仅精准，而且活跃度非常之高，很多行业通过这样方法积累了一批精准客户，可以说通过抖音进行引流微信是打造私域流量池最佳的渠道。

这种卖货的原理很简单，抖音粉丝看到你留下的微信号以后就会有相当一批人主动加你为好友，当你的微信号加满好友以后，我们在微信上可以实现多样化的变现。比如，可以导流到公众号进行卖货，也可以导入到微信小程序中成交，当然也可以通过朋友圈或私信不断影响微信好友来实现卖货的目的。

那么引流卖货的效果怎么样呢？引流卖货对于想打造私欲流量池的朋友来说是最佳的选择。因为抖音的流量是通过人算法推荐内容产生的，而微信是私域流量最好的工具，所以你可以通过抖音导流微信来进行沉淀精准客户。

引流卖货特别适合一些需要花一定时间教育客户才能成交的产品，或者是高附加值的产品。比如，贵重的珠宝、培训课程、收藏品、食品、护肤品、保健品、医美、装修服务等等。还有就是需要针对 B 端客户进行营销的话，也适用于这种方法。比如，你的企业需要进行招商加盟则可以通过抖音进行引流。

（4）抖音小程序卖货。

抖音小程序是抖音新推出的功能，小程序的推出可以说不仅让你能更好地卖货，还能让更多人帮你去卖货。小程序有几个好处，首先你不需要开设淘宝店、天猫店、京东店铺都可以使用小程序，只要你有产品你就可以放到小程序当中去卖。小程序可以很方便地植入到你发布的任意抖音视频之中进行曝光，和抖音购物车功能类似，观众看了你的视频，只要对你的产品感兴趣就会点击小程序完成购买。

小程序卖货的效果怎么样？小程序卖货有利有弊，但总体优势会更多。首先小程序可以在不跳出抖音 APP 的环境下完成整个交易，这对于成交是有好处的，因为跳转的环节越多客户损失就会越多。同时你可以把小程序上的产品推荐给拥有一定粉丝量的抖音创作者来拍摄推广，他们在拍摄短视频的过程中同样能植入你的小程序上的产品，这样你就可以让更多的人帮你来卖货，同时帮你卖货的人也能分到一笔佣金。

另外抖音小程序可以和微信小程序的数据后台打通，这意味着，你的客户不仅在抖音上可以下单成交还可以在微信上成交，这就是小程序跨平台的好处。

（5）抖音小店卖货。

抖音小店是抖音平台自己推出的电商平台，可以说是自己的亲儿子，具备抖音一定的资源扶持，而且目前处于入驻的红利期，后期入驻的商家越多，则门槛会越多。抖音小店就像天猫店一样，商家可以通过入驻抖音小店来进行商品销售。如果你在抖音小店中开设了自己的店铺，那么你的产品同样可以在抖音视频中进行曝光和转化。

抖音小店卖货效果怎么样？由于抖音小店是抖音目前自己推出来的电商平台，后续会进一步的扶持，所以现在有机会入驻是有红利的。在抖音小店上卖货不仅可以将产品植入到视频和直播中进行曝光和转化，还可以加入抖音的精选联盟平台，让更多的抖音创作者来推广你的产品，因此抖音小店是一个非常好的销售渠道。

8.2　广告变现

（1）如何打造成功的广告变现模式。

在不同的广告变现选择中，在不同的广告变现阶段中，不同类型 APP 的经营者均要迎面直击各种困扰，寻找解决之策。

打造成功的广告变现模式需要满足两个核心条件，一切痛点、困扰的根源，皆因核心条件尚未满足。

①做流量主导者。

所谓主导，媒体对自身流量有最清晰的认知，对流量的分发、广告的呈现等有主导权限。

一是流量的洞察。

媒体拥有一手用户数据，在广告变现前需要做好对用户基础信息、行为信息的合法收集，并且建立丰富的标签体系，这也是数据应用能力发挥的基础。除此之外，在开展广告变现后，还需要对广告位进行效果评估，再进一步加深对自身用户的了解，对流量的价值进行深度分析，后续才能优化投放策略、推荐策略，持续挖掘流量价值。

二是流量的分发。

在广告变现上，流量的售卖需要灵活的分发策略，充分利用长尾流量，提升流量填充率，实现利益最大化。比如，直客收益一般高于其他渠道收益，流量需优先分配。再比如，不同渠道在不同时段的填充率、价格也不同，最终获取的收益也不同，需要针对性设置流量分发策略。做好流量分发，往往能对广告收益的提升起到事半功倍的效果，且不会在商务谈判中陷入被动之地。

三是流量的广告曝光。

完成了最终的展示（曝光），流量才算真正发挥出了价值。对广告内容的控制，是流量主导的核心。广告内容不仅要合法，还要合适。合法可依广告法，合适则依据媒体用户调性。对广告内容不顾不管或是交予他人代管，最终的导向往往是流量价值降低、用户流失，变现模式难以为继。

②做生态引领者。

在广告变现生态链中，媒体是流量的拥有者，也是现金流的终点，是整个生态链的核心。在整个商业化周期中，媒体需要主动维护和引领生态，和合作伙伴以及广告主交换价值，实现共赢。

A. 规则完善。

媒体需要基于自身的商业化愿景，打造定制化的规则体系，对内符合企业文化及价值观，适应用户调性，对外则条例分明，公正健康，持续吸引生态入局者，规范生态。

完善的规则体系有利于提升媒体的公信力，媒体与合作伙伴的配合默契程度，整体提升广告变现效率。

B. 渠道维护。

渠道是营收增长的生命线，渠道可以是网盟、第三方 DSP，也可以是代理商。商业化前期看重质量，商业化中后期看重数量和稳定性。对于接入联盟的媒体，前期，可以优先接入头部网盟渠道，中后期也可谋求自建平台，发展代理商体系，引入直客，提升服务水平，提升广告收益。对于自建平台的媒体，前期，引入优质渠道，给予政策、服务等扶持，力求开门红，逐步提升在广告领域的影响力，中后期，广开渠道，进行铺量，消化长尾流量。

C. 客户维护。

头部（KA）客户对广告收益的贡献极大，从微博财报来看，头部客户在广告收入中占比接近一半，而一些特殊的垂直行业中小媒体占比甚至能达到 80％以上。

头部客户的维护需要技术、服务、运营投入，诸如满足广告主的定制化需求，结算方式、监测方式等。腾讯近期推出的 RTA 即支持有技术实力的广告主根据自有数据进行筛量选量，提供了程序化购买新模式。虽然维护头部客户很重要，但不偏不倚才是客户开发的核心原则，从客户的规模、类型去拓展，分散风险。

主控流量，让收益体系、广告效果不再"黑盒"化，数据透明是一切正确决策的必要条件。但主控流量不是一味地保守和封闭，适度开放，交换数据价值，能够有效提升流量价值及流量利用效率。

引领生态，让广告变现不再"寡助"，生态和谐是商业可持续发展的重要因素。但引领生态不是为了做"一言堂"，积极地对外开放，吸取建议和技术能够有效提升生态声量和影响力，有效延长商业化生命周期。

除此之外，媒体还需要做到成本和收益的综合把控，攘外必先安内，才能真正有效推进商业化的进程。AdBright 致力于构建高效、透明的广告生态系统，让广告简单有效。AdBright 营销云作为大数据时代成就品效营销的新平台，用智能技术与大数据应用赋能营销，能够帮助媒体快速搭建广告投放平台并从策略、产品、数据、服务四个维度为媒体的商业化之路保驾护航。

（2）两种思路，广告轻松变现。

星图平台主要是针对中部号和头部号的广告变现平台，广告对接平台其实类似于微博以前的微任务，星图其实推出以后，也是一波三折，开放了又关闭，又暂停，然后又开放。

首先广告主和达人号都在里面接单，我们做了一个统计，接单最多的，是美妆类的广告，并且客单价基本在 5 万元到 10 万元之间，这种价位的星图广告是最多的。

我们打听到，其实很多头部账号，一个月在星图能接到个四至五单，多的八九单，大家可以看到，一个头部账号往高了算，基本上一个月在星图上能收入 50 万元到 100 万。但是大家要知道，有这种战绩的头部账号，一般粉丝量是在 500 万到 1000 万的头部账号，甚至是有 1000 万以上的。

星图平台里面现在一般报价情况是这样，10 万粉丝就可以爆，比如说，一条内容广告内容就 1 万块钱，大家注意 10 万粉丝就能爆 1 万块钱，但是 1000 万粉丝大家知道吗？就 10 万粉丝爆 1 万元，1000 万粉丝爆多少？一般也就 20 万元左右。

所以大家可以看到其实粉丝量高多少倍，报价并没有翻多少倍，这里面理论上说你做一个 1000 万粉丝爆 20 万元，你也可以做 100 个 10 万粉丝的号，加起来也是 1000 万，然后加起来应该是 100 万元左右报价。

所以这里我们再次强调一下，就是说大家不要一味地就想说，我要做出一个多大的号，而是应该想想自己能做哪些号，号能够多做一些，这样的话效果会更好一些，当然我们仅仅是从星图平台的数据来看。

其实在星图平台上的报价有一些成单以后，他会私聊，比如说达人团队或者工会，这时候往往都会有一些，我们叫线下公对公账号的返点。也就是说可能你在线上看到的是几十万的一个广告，它线下还是会给你的公对公账号进行一些返点，注意这是公对公，它不是一种行贿行为，而是一个返点，就相当于打一个折扣，这一点大家一定要去了解到。

（3）如何持续稳定地获取广告变现收益。

时至今日，广告变现对于很多开发者来说已经并不陌生，网传某资讯类 APP，月亏损 500 万元（包括各种人力成本、服务器成本、推广费用等）。

举例一款 10 万 DAU 的 APP，接了开屏广告、Banner、激励视频、互动广告、信息流广告以及会稍微垂直类的一些媒体也会通过自留一些广告位进行 CPT 排期售卖，加之如果渴望变现需求更加强烈的情况下会有一部分收益。还会拓展一些譬如电商分销、小说联运、游戏试玩、应用试玩、唤醒业务、搜索业务等，这些业务加在一起少说也有个 2 万～3 万元/天，那么一个月下来也有 60 万元。

广告必然会造成用户流失，从长远的角度来看，想要持久稳定的收益，用户体验是关键，那么如何在不影响用户体验的情况下做好广告变现呢？需要谨记以下几点：

①严格把关广告质量。

②非相关性的内容板块尽量不接。

③合理设计广告位及控制好其数量。

④减少联盟的填充。

如果加上这几条限制条件，一款日活 100 万的 APP，人均打开 3 次/天，设置开屏、banner、信息流等广告位，1000000×3＝3000000，也就是 3000 个 M，若流量利用率可以达到 80％，开屏按 10 一个 M 来算，则仅开屏的位置一天可获收益 3000×80％×10＝24000 元，信息流类型的广告影响的因素较多，大多数的小微媒体一般情况下信息流的广告收益会略低于开屏，综合，预估日均收益可达 5 万～10 万元/天。

寻找有一定经验的服务商可以达到事半功倍的效益，比方说，AdBright，中国领先的移动广告技术服务商，有着多年运营自有 DSP 的经验和技术实力，提供一整套完善的移动广告技术解决方案，从产品理解－用户属性分析—广告位设置—广告位的开启和优化—运营分析等方面会更加地专业，同时通过其营销云的合作伙伴对接了更多高质量的广告主，提高收益来源的同时，高质量的广告内容也提升了产品的持续变现能力。

9　自媒体卖货存在的问题

（1）运营初期没有确定合适的领域。

选择领域跟自己以后是否能变现是息息相关的，就跟我们开店卖东西是一个道理，你打算在哪个行业，卖什么产品。而你选择的领域就是行业，你的内容就是产品。那么具体应该怎么选呢？

一是从用户需求角度出发。

在做任何事情的时候我们都要先知道用户有哪些需求，从用户需求的角度出发，来选择相关的领域。

有些领域，用户可能对某些内容的需求度不是那么高，可看可不看，目前有几个我认为价值比较高的领域大家可以去看一下尝试，分别是职场、教育、金融、健康和美食。

这几个领域，可以说是我们每个人都会与之有所交集，所以我们在前期做的时候，尽量就是从用户的一些刚需做切入点，然后去定位自己的一个细分领域，这样我们在选择初期领域的时候也能有个大概的方向。

打个比方，我们要做职场这个领域，要先知道职场其实包含了很多细分的板块，如下：

- 职场人际/职场智慧；

- 工作素养/员工激励；

- 择业/职业规划；

- 职场心态/情绪调节；

- 求职/面试；

- 新人指导/培训；

- 工作与生活；

- 升职/加薪；

- 行业技巧；

- 辞职/跳槽/裁员；

- 成功/激励；

- 成功法则；

- 自我经营；

- 时间管理。

我们从这些细分领域中再去发现机会，从而避免激烈的市场竞争。还是拿卖东西举例，假如我们已经定位好卖车这个行业，接下来就是选择卖什么车，是轿车、SUV，还是面包车，是高价位的还是低价位的，你定位越精准，受众也越精准。选领域就是定位选行业，选好行业再选细分的产品。

二是从后期变现角度出发。

在选择领域的时候，我们也要考虑后期的变现，究竟是为了赚钱，还是仅仅是一个爱好而已。如果是为了赚钱，那么我们可以通过自身已有的产品或者服务来选择，跟自己产品相关的领域。

这样做的好处是你后期做的内容能够直接触达你的潜在用户，方便后期变现。打个比方：假如你是卖厨房用品的，那么可以选择美食领域；如果你是卖车的，那么就选择汽车领域就行，你的产品要和你所选择的领域用户属性相对应才行。

三是从自身优势出发。

如果你有常人没有的某种技能或者优势，就可以通过自身的优势来选择领域，比如，你会程序开发，那么你可以选择做教育培训，分享程序开发相关的知识，从而自己既能通过自己的优势来生产专业的内容，同时后期也可以做变现。

每个人赚钱都是通过自己擅长的东西来赚钱的，想想你擅长什么呢？是你选择领域的一个思路。也有人可能会说，我什么都不擅长怎么办，可以学习，现在网络这么发达，什么都可以学，不要给自己找理由和借口，多去找方法。

四是从兴趣爱好出发。

都说兴趣是最好的老师，确实也是这样，只有你自己感兴趣的东西，你才会为之坚持和努力。想要在自媒体长久发展，自己喜欢的才会愿意花时间，愿意为之付出。从而为读者提供更多价值，获得用户的关注。

如果你在选择领域时不知道从哪里下手。那么多发掘一下究竟自己对什么比较感兴趣。可以拿个本子，记录一下自己感兴趣的领域，然后再做选择。

五是通过热门趋势。

我们可以通过新榜这个工具，来查看公众号、微博、头条、抖音等平台相关一周或者一个月的热门领域，给自己选择领域做一个参考。当然，热门领域也意味着竞争激烈，需要进行细分选择。

自媒体运营初期面临涨粉难的难题，不过，只要善用利用身边资源，加上有效的方法，涨粉还是不难的。关于新账号如何获取第一批种子用户，我总结了六种非常有效的方法。

一是利用已有账号推广。

这种情况，适合拥有不止一个账号的朋友，比如，你已经运营了一个账号，拥有比较多的粉丝，可以直接推广，关联新账号。需要注意的是，你要向粉丝表明新账号的优点、用处，这样效果最佳。

已有账号推广方法：

· 已有账号文末推广；

· 已有账号转载文章导流；

· 已有账号的菜单栏推荐新账号；

· 已有账号关注后，自动回复中推荐新账号；

· 已有账号的阅读原文链接中推荐新账号；

· 已有账号推文的评论区置顶首条评论推广。

二是线下用户引流线上。

通过线下活动，比如，送礼品、微信扫码打印、举行快闪活动等，将线下用户引流到线上，操作简单，但是比较费时费力。

三是利用公司的其他内容推广。

适合之前就已运营用户的朋友，比如，之前做地方论坛、博客、网站等，需要向移动端转型。可以短期获取大量精准用户，比如，很多公众大号能够快速做起来，其实早期微博的粉丝起了很大的作用。

具体做法：

· 在网站比较好的广告位进行宣传；

· 在微博进行宣传推广，引导粉丝关注；

· 在公司的 QQ 群和微信群推广；

· 在公司的产品和服务的贴吧、论坛等平台推广；

· 在公司的出版物上推广，如杂志等。

四是借助其他平台组织策划线上互动。

适合没有用户的新账号，找自带用户的平台做线上活动，把参与活动用户转化为自身的用户。

五是微信好友、微信群，朋友圈推广。

前期需要准备好海报和宣传文案，大面积微信好友、微信群，朋友圈内宣传推广，比如，扫码海报关注后，领取小礼品一份。

六是付费推广：KOL、行业公众号。

找相关有名气的新媒体高手、圈子红人、意见领袖和专家，付费进行推广。付费让行业相关的自媒体账号做推广，从而获得比较精准的种子用户。

注意事项：

· 账号获取第一批种子用户之前，一定要把前期的工作做好，清楚目标用户和内容定位。

· 账号的名字和头像足够吸引人而且不能随意改名字或者换头像。

· 账号简介一定要写好。

· 精心设计关注后回复的文案。

新用户关注后，提前准备好在前期内容比较少的情况下，如何和用户互动，建立信任感，保证新用户的留存率。

粉丝数量少，如何实现变现？只要你能够做好运营，哪怕粉丝只有不过千人也是可以变现的。那么在粉丝数量还不多的情况下要如何成功变现呢？

①付费社群。

要说到变现，最容易的方式就属于付费社群。只要你能够让粉丝感觉到你的自媒体是有价值的，同时你能够给粉丝带来"好处"，这个好处可以是技能上的提升或是品牌的认同。那么就可以尝试先从付费社群做起。举例来说，如果你是个改装车高手，也一直在自媒体上分享玩车的资讯，当同样爱好改装车的粉丝认同你的身份后，自然就会想跟你交流。这时你就可以做改装车社群，让爱好改装车的粉丝可以花点小钱后进群跟你交流。

这类的付费群通常是在几元到几十元钱，不到一顿饭的钱交个领域内专业的朋友，只要粉丝认可你，购买的可能性就很高。

当然也可以从免费的方式过渡到付费社群，比如前50个人进群的免费，50个人以上则收费19元之类的，这个你都可以自己设计。

②内容变现。

另一种常见的变现方式，就是简单的内容变现。你不需要搞一系列的VIP服务，而是简单的一个小时的内容收费。在千聊上，你可以直接开通自己的直播课堂，并且持续放在架上收费。

这样的课程通常就是一个小时的时间，整理知识点并用语音跟粉丝交流。

同样的，在知乎live上也可以做到，这类的课程通常是比较容易设计的，并且粉丝都可以重复回听。当然在粉丝少的情况下，课程的单价通常会设计较低一点，也就几十元以内。更简单的方式就是直接定好时间，比如提前公布在微信群内上课时间，然后直接用微信支付9.9元即可听你分享。等到上完课后直接移出所有成员，群内的信息仍然是可以重复听的。

③干货整理。

还有一种也很简单的变现模式，就是帮粉丝整理有用的干货档案，或是直接销售自己的电子书。这种变现方式也是比较常见的，比如说你是个写作高手，除了上课之外也可以整理一系列的写作素材。

然后直接将这些内容文件打包做销售，这类的产品如果没有特意包装，收费通常也不会太高。能够被大家接受的价格在几元钱到十多元，主要是帮粉丝节省时间。当然这类的整理资料以及电子书也可以直接拿来当成赠送给粉丝的赠品。或是定价完之后，鼓励粉丝分享你的内容到朋友圈，然后直接免费赠送给粉丝。

（2）成交粉丝的关键。

粉丝数量少的变现劣势在于由于文章阅读量较少，如果单看阅读量的话可能有些粉丝会有所顾虑。所以这时持续的分享领域内的内容就非常重要了。如果你的定位不清晰，哪怕有再多的粉丝都难以变现。

变现的关键在于"信任"，首先要让粉丝相信你的专业并能够给他带来好处，这就需要问：你的价值在哪？如果回答不出这个问题，哪怕你说得天花乱坠粉丝也不会埋单。接着就是粉丝对你的信任，在你的定位明确的前提下，通常 10～20 元以内的金额大部分人付钱时都不会犹豫太长时间。

粉丝数量不是衡量自媒体商业价值的唯一标准，当你的内容能够给粉丝带来价值时，哪怕你的粉丝数量不多，都可以尝试变现。

公众号则在粉丝不到 2000 人的情况下就成功变现破万。只要你定位清晰并且做好运营，那么变现其实没有你想象中的那么难！

（3）自媒体如何运营自己的粉丝？

自媒体，粉丝经济时代，有了自己的粉丝，如何运营粉丝比较好用持续变现？花 90％的时间输出干货，培养粉丝的信任感，用 10％的时间销售就够了。

如何和粉丝之间建立良好的关系，提高和粉丝之间的黏度，后期才会更容易变现？

①给福利：个人觉得福利是运营粉丝好使的方法，不仅能有效提升粉丝的活跃性还能让粉丝记得你，不仅能维护好原有的粉丝还能吸引一批新粉丝。

②粉丝互动：不管是留言还是私信都需要进行回复。这样让粉丝对你保持良好的印象，持续关注你，长期回复粉丝留言，能树立良好的形象，久而久之，就能提升你的号召力。

③做好内容：内容质量是王道，选题、素材、文案这些前期可以参考爆文进行创作，爆文哪里找？给你几个好用工具，百度指数、新榜、微博。加深内容质量，提高内容的领域垂直度，内容多样化运营，多创造可以跟粉丝沟通的话题，所有的价值都来自沟通。

④贴近粉丝：跟粉丝近距离接触，知道粉丝最需要什么，贴身解决问题。不要把自己的体验当粉丝体验，要进行数据分析，通过问卷调查可以互动起来，回答问卷可以送领域相关的资料。理解粉丝需求，提出相应策略。运营自媒体粉丝的关键：信任、口碑、互动

顾客真正愿意买单的是为价值埋单，信任程度与成交额是成正比的，信任度 30 分的时候你能成交 300 元，60 分的时候成交 3000 元，90 分的时候成交 30 万元，成交额随着信任度成递进的趋势。

（4）如何建立信任。

①创造价值，乐享人生。

开心地过好每一天，不要愁眉苦脸，如果你每天起来就想着成交客户，那你就会很紧张很恐惧。换一个角度来说，你想着如何为客户创造出价值，你会觉得很轻松，创造价值是一个每个人都想要的东西、都需要的东西，也是你可以做到的事情，这是一个双赢的事情。那么创造价值的核心是解决痛苦，实现梦想。比如，你团队有创业宝妈，那你如何帮助她赚到钱且实现她的梦想。做微商大部分都在卖产品，卖产品就是在提供产品价值，所以你卖产品也是在提供价值。

②制订每日计划。

首先，每日价值五问，正确合理规划自己的时间，避免瞎忙。

第一问：我可以为我的新客户实现什么价值？比如，我是做彩妆的，一个宝妈会想买你的产品，是因为她想实现年轻三到五岁。当一个女人刚生完孩子，她会出现皮肤松弛、暗黄等状况，那么你要想你如何帮助她改善这些，你是否可以跟她分享如何化妆，眉毛如何描，口红如何画，这些就是你能够给到的价值。

第二问：对于老客户，我能创造什么价值？可以做产品使用的回访，针对产品使用情况、使用问题、使用效果。比如，你买了竹筒酒，商家会定期地问你这个酒味道如何，是否保存得当，如何饮用更顺口。你得到商家的关心，你信任商家后，你就会转向做代理或者二次购买，有朋友要买酒也会想介绍给他。

第三问：如何持续跟踪未成交客户？列出趁热打铁清单，就是列出需要持续跟踪的客户。除了平常的一些略显无聊的打招呼，我们可以去评论客户的朋友圈，当客户回复你的时候就会想起你是做什么的，那可能有需要的时候他就来找你买了。有人说群发不也能让客户知道我在做什么吗？没错，但是我们得搞清楚一点，我们做的任何一个动作都是为了和客户建立链接获取信任，如果我们根本没聊过天，你上来就甩一波广告过来管我要钱，你说我凭什么买单？每天朋友圈已经那么多广告了，我都看烦了，你还私信给我广告，这就好像是我都说我不买了，你还举个广告牌站我家门口吆喝，我不拉黑你才怪呢！

我们群发是为了和新老客户建立互动，熟悉了，自然有机会就成交了。我们做事的时候得考虑到方式方法是否被客户所接受，用户体验很差的方法不会产生成交的，发朋友圈的时候想一下这个内容是否对别人有价值。

第四问：对于团队新成员，我能创造什么价值？现在微商都有团队，有些新成员，没有经验的，不知道营销方法，你就可以想一下是否可以做点什么帮助他们。比如，我现在教你七步成交法，你就整理出七步话术，给到他们。这些新成员有可能是宝妈、兼职大学生，他们还不具备这些总结的能力。如果团队没有好的素材发朋友圈，你就可以整理出一些素材出来帮助大家。或者团队最近氛围不是很好，不够有狼性，你就可以用你学过的心态调整的策略来激励大家。

最后一问：我能为自己和自己的家人创造什么价值？当我工作很辛苦的时候，我就奖励自己去看电影、吃大餐、海边散步等。对于家人，很简单的每周打电话，经常寄些小礼物回家，都是在为家人创造价值。我们这些漂在北上广或者其他大城市的人，这样做不外乎给父母家人传递一种我们在外面过得好的信息。

如果每天我们能够问自己这五个问题，我们也就有很多事可做，这些产生的价值客户也会喜欢，因此带来信任，带来成交。

（5）朋友圈五字决：卖、情、趣、用、品。

a. 卖：简单粗暴，要有节制。

b. 情：情感链接，发与产品无关的关系，可以是私人化的东西。

c. 趣：娱乐喜剧，搞笑的东西，段子、视频。

d. 用：对别人有用，利他。

e. 品：有品有德，品德高尚。

（6）自媒体收益少怎么办？

自媒体现如今收益不高，不外乎以下 3 点原因。

a. 在今年，自媒体已经在悄然变化，众多自媒体的竞争越来越激烈，造成自媒体人选择平台出现方向错误。

b. 内容的持续输出乏力，内容质量有待提升。

c. 人人都在涉入自媒体，造成自媒体人的竞争越来越激烈。

（7）提高自媒体收入的几点建议

一是多账号覆盖。别人手上有几十个有收益的账号，而你手上或许就两三个，这个时候的差距就出现了。别人手上一个号即使只有 10 块的收益，但是号多，30 个号一天就有 300 块收入了，月入上万指日可待所以专职做自媒体就要多申请些号，无法把一个账号做精，那就得靠以量取胜。持续输出优质内容

二是专业化，团队化。一个人的力量终归比不上团队的力量。你一个人最多也只能在家写写文章，在室内拍点小视频而已。但是有团队却可以做出更好效果的优质内容。同时分工也更明确，效率更高，效果也更好。综合起来团队做出来的内容

更优质，获取的收益会更加高。

三是持续原创输出。写文章是乏味的，人们总是认为别人可以写的自己也可以，但是写了一段时间就会发现自己没东西可以写，无法持续原创输出。三天打鱼两天晒网，这样对于自媒体账号肯定是不利的，不稳定的内容输出，收益自然不会高。

四是学习同行。优质内容是大家认可的内容。文章不只是原创就可以了的，还需要优质。可能你写出的原创文章自认为非常好，但只是自己认为而已，只有读者认可才算得上是真正的优质内容。要记住，原创不等于优质，感觉自己能力不行就要多学习同领域的文章，提升自己的创作能力。

五是做好数据分析。做自媒体可不是单单只管写文章就可以了的，对于写过的文章还要继续跟进，查看各项数据，不断分析，查找出文章不足之处，以便不断优化自己的写作方式，写出更优质，读者更喜欢的内容。

自媒体作为一个人人都可发声的平台，在今年迎来了一个巨大的转变，如今的自媒体平台在向精细化和垂直化发展，都说自媒体越来越难做了，只能说平台在不断地完善和规范化，一些粗制滥造的自媒体将会被淘汰，留下的都是精英。

（8）竞争激烈，如何脱颖而出？

在这个人人都可以是自媒体的时代，我们如何脱颖而出，在运营平台的时候，收入能达到每个月上万的收入呢？首先你的内容要有价值，有粉丝关注，那么如何做自媒体才能够脱颖而出呢？

①定位领域。

找到适合自己的领域，要做到领域尽量垂直。垂直是什么意思呢？简单地说呢，就是专一，你发内容不要跨领域，做美食就不要做健身，做舞蹈就不要做旅游，总之，要专注一个领域。

选择自己擅长的领域，死扛，后面粉丝就会积累起来，就可以去变现。假如，你喜欢舞蹈，最后你的变现模式可能是卖舞蹈类相关产品和服务，这个时候就可以做付费，把这些想清楚，就是在为未来赚钱。

②内容。

平台上的一些细节，我们绝对不要忽视，做自媒体一定要有意注意。比如说，标签、分类以及标题中出现的关键字会影响着你的内容会归到哪一类，会不会得到质量粉丝。就比如说头条号这个平台，头条号指数越高，得到的推荐量会越大。头条号指数由多个方面构成，包括你文章的更新程度。

③视频开原创。

短视频最好自己拍摄，这样会比较容易通过原创，比如说混剪、电影解说等。这个需要有较高的制作水平，如果只是简单的拼凑，或者把文本内容变成图片、PPT播放出来，低质量的内容是很难申请原创标签的。版权问题要注意，为了更好地申请原创和使用原创标签，大家多多注意自己的版权。比如说自己制作的片头，片尾 LOGO 水印，让平台更好地识别，高质量作品才会得到高推荐。自媒体创业有失败也有成功，那么哪种自媒体创业容易失败呢？

·第一种，缺乏行动力。

缺乏行动力的自媒体创业者总是有很多的想法，今天想做娱乐内容，明天想做唱歌内容，后天可能就想做情感咨询去了。因为他不知道该干什么，所以他们总是很犹豫、很纠结，不知道该做一个什么样的决定。他们找了各种的高大上的借口，什么也没有做，或者三分钟热度，说白了就是懒，这样的自媒体创业者是一定做不好的。

·第二种，对自己缺乏正确的认知。

超级爱幻想，总是幻想着这个世界充满仰慕他的人，觉得自己天生丽质，什么都懂，其实自媒体行业里面有很多的方法需要掌握。平台规则、运营规则、软件等等都需要大量、精准地学习，自我感觉良好是失败的开始。

·第三种，面子大于天。

自媒体工作室、公司大小事务负责人不愿意自己去做。决策者只有身先士卒了，才能懂自媒体的套路，才能形成成功决策，而有的决策者，没有自己去体验运营规则。

自媒体创业就是坚持，就是聚焦，坚持才是项目的核心，看似简单，但又很少有人做到。做不到这点的，之前那几点就可以直接忽略了。

自媒体到后期要坚持做好优质内容，好的内容是涨粉的基础，而且一个好的内容会引发用户的自觉传播，关注的用户会越来越多，这样精准粉丝才会源源不断的引来。当有了粉丝以后，变现的方式都是各种各样的，最关键的一点就是执行力。所以月入万元的自媒体创业者，永远是行动起来的，并且坚持下去的人。

当然要想脱颖而出，一些工具还是必不可少的。

配图在哪里找？不知道写什么选题阅读量高？积累少，素材在哪里找？不会 PR、AI，怎么剪辑短视频？

科技和互联网发展至今，大家是越来越聪明，开发出来的 APP 是越来越多，只要有问题，我们在网上基本都能找到答案，只是需要花费点时间而已。

（9）素材工具。

①资讯类 APP。

·今日头条。

前段时间，2019 年今日头条创作者大数据出炉，内容总字数达到 1048 亿字。今日头条既是一个可以让你迅速脱颖而出的发表平台，又是一个便于搜集和学习写作、视频素材的信息平台。

·微博。

微博的热搜功能对于我们创作，寻找热点选题是非常有帮助的，微博热搜的很多话题确实都是很多用户关注的，我们根据它来创作，阅读量可能会比较高。

· 腾讯新闻。

腾讯新闻比较官方，我们可以信赖它的报道，在创作过程中选题或者举例时，都有一定的帮助作用。

②搜索引擎。

当我们已经有了一个大概的思路和选题时，就可以在搜索引擎上去找一些素材来丰富我们的内容。以下 3 个搜索引擎是我们常见的。

· 今日头条。

· 百度。

· 搜狗搜索。

③问答平台。

· 悟空问答。

悟空问答上有关于军事、财经、职场、科技等各个领域的问题答案，涉猎广，答案精准，内容高价值，有指导意义一些，尤其是青云计划榜单上的问答内容，值得我们学习。

· 知乎。

知乎上的问答内容更多的是偏向于文采性和故事性，我们在内容创作时可以去浏览一下寻找灵感，了解众生相。

· 360 问答。

360 问答上的答案涉猎范围非常广，但是在排版上有点欠缺，看的时候有点费劲，也很适合我们参考部分内容。

④数据分析平台。

· 易撰。

在易撰上，我们可以根据自媒体平台、发布时间、内容类型、阅读量等来筛选内容，可以以此建立自己的选题库。

千万别闭门造车，自己喜欢什么内容就闷头写，结果辛辛苦苦码字完或者拍摄完，发现用户根本不想看。另外的话，是易撰上可以查原创度和风险监测，自媒体平台上的文章肯定是原创度越高越好，这对我们进行自媒体创作还是非常有用的。

· 乐观号。

乐观号和易撰的功能基本类似。

· 西瓜助手。

西瓜助手上可以看到公众号文章的数据和内容，如果是想好好做公众号的话，这个工具一定要会使用。

⑤QUEST MOBILE

这个网站主要是有很多行业报告，比如，移动社交、移动购物、教育学习、医疗服务等行业，在我们需要行业数据时，可以在这上面进行素材的搜集。

（10）配图工具。

①摄图网。

摄图网上是可商用的高清图片，各种图片都有，就有一个问题，收费。

②Pexels。

这个网站上的图片是来源于国外的免费图片，好用但是需要英文好，因为搜索要用英文单词。

③花瓣。

花瓣网上的明星照片是非常多的，很适合写娱乐和影视领域的小伙伴使用，用来剪辑明星合辑也很方便。

④沙沙野。

这个平台上的图片也很多，有一个问题就是每次都需要登录。

⑤自带图片。

如果你嫌麻烦，不想在其他平台找图片下载的话，有很多自媒体平台都是提供免费图库的，可以直接在发文时通过关键词搜索选择到，比如头条、百家号。

（11）短视频工具。

还有一些粉丝表示自己不擅长写文章，做视频的话很容易在生活中取材，但是有一个问题就是不会用 PR 剪辑，以下这些工具很适合小白上手。

①快剪辑。

快剪辑中有很多卡点模板，只需要上传素材系统就会帮你生成视频。另外它们有个板块比较好，那就是会有当下热门的教程玩法教学，你在抖音上看到的视频玩法基本都有，很快就能学会。

②创客贴。

上面我们也说过，创客贴上可以设计图片，它上面有很多模板，微信对话、海报、PPT、公众号封面等模板都有，也很适合在上面做翻页图文视频。

③美图秀秀。

我们知道美图秀秀可能更多的是因为用它 P 图，其实它也可以用来做翻页图文和剪辑视频的，你拍完就可以在上面剪辑，不用担心像素降低的问题，最长支持 5 分钟的拍摄。

④来画视频。

这个 APP 上有很多动画模板，我们可以根据自己的素材来制作动画视频。

⑤剪映。

剪映是字节跳动旗下的剪辑软件，它上面的各种功能简直是为抖音"量身定做"，可以提取抖音上任何一个视频的音乐，还可以添加音效、特效，抖音上收藏的音乐也可以同步过来。

现在还多了一个功能，抖音上的视频你可以随便选一个当模板，导入自己的素材就可以做成，很简单。

⑥Panzoid。

这个上面有很多酷炫的开场特效，可以输入自己的文字进行设计作为视频的开头。

⑦爱给网。

视频配上合适的音乐、音效可以让它的效果翻倍，爱给网上面有非常多的音效，我们可以去选择自己适合的。

10 自媒体卖货问题的成因

关于自媒体，在网络上有许多不同的解说，这里面有许多资讯是你需要知道的。在 2006 年美国《年代》周刊杂志的年度风云人物的封面中，放了一台电脑，上面写着"YOU"，下面是一段英文：Yes，you. You control the Information Age. Welcome to your world。许多人说这象征着自媒体年代的降临，咱们每个人，咱们自己便是一个媒体。有人将自媒体解读为自己的媒体，也有一个说法是自由的媒体。简单来说，只要有网络，自媒体能够随时随地经过网络渠道来传达资讯。在传统媒体为主的年代时，咱们或许是讯息的接收者，是旁观者，然而现在经过网络渠道，比如说，微博、百度、优酷、搜狐、微信等，你就能成为发声者，传达你所想传达的理念，运营自己的品牌，发挥影响力。那么自媒体有什么特征呢？

1. 大众化。正如上面所说，只要你有网络，有渠道，你就能运营自己的媒体。

2. 低本钱。相对于传统媒体，自媒体的本钱普遍较低，当然这里的低指的是金钱本钱，仍是有许多人要花费许多的时间运营自己的媒体。

3. 独特性。举例来说，近几年许多的 YouTuber 呈现，每个频道都有他自己的特征，有人共享日子，有人共享专业，有人带来欢乐。各式各样的频道在网络上呈现，都是独一无二的。

4. 交互性强。自媒体与观众是双向交流的，例如，利用渠道的评论、直播功能，自媒体与观众是一来一往能够或是。自媒体的优点是影响力大，无论是相片、视频互动文章，经过人们的共享与转帖，你所发表的观念能触及的人会越来越多。

11　自媒体卖货的发展前景

5G 时代的来临为自媒体带来了好时机，在当前这样的背景下，每个人都可以做自媒体，将自己的思想通过平台发表出来。自媒体不仅为我们的生活提供便利，还让我们获得了收益，这就是现在自媒体人越来越多的要因。自媒体已经不断融入我们的生活，5G 时代的来临，也预示着自媒体行业将迎来一个最好的时代。

自媒体和互联网的结合，让自媒体变现形式增多，赚钱的概率很大。而对于想要进入这个行业的新手来说，这是机会，也是挑战。但是，自媒体行业不是说你想致富就可以的，其实真正从自媒体行业成为大富翁的人并不多。

作为自媒体新人我们要怎样才能做好运营，在短时间内得到粉丝和收入呢？首先，你要对这个行业有一定的了解。其实，自媒体就像了一个池子，流量是池子里面的东西。各大平台为了引来用户得到较多的流量，就会出台一些政策，来让作者持续更新作品。这些政策，包括有奖励、各类活动、平台补贴等。你要怎样才能从平台这些政策中得到收益，这个是大家想要获得高收益首先要问自己的问题。

你要做的只有不断地填充自己的知识，让自己各方面都有进步，特别在运营方面。熟悉各平台的推荐机制，提升我们作品的质量。那么自媒体中的推荐和阅读有关联吗？为什么有些文章获得的推荐很多，有的却很少？平台其实都是机器推荐，这里就会涉及算法。平台首先将你的文章推荐给一部分人，这一部分人打开你的作品的点击率、阅读完成率、转发、评论、点赞都可能影响着你的推荐。如果这些很多，平台将会进行二次推荐。如果这些少，平台会认为你的文章不受欢迎，就不会再推荐啦。所以想要高的推荐，你必须从这几个方面下手。

平台的推荐机制了解之后，你的运营才能有提升空间。详细来说，如果想要得到高的阅读率，标题和封面一定要能吸引用户。要让用户在你的文章停留一段时间，那么你的排版要好，你的文章内容质量过关，那么阅读完成率才会提高。想要持续更新优质内容，那你必须时刻关注本领域的关键词，这个会影响到用户能不能搜索到你。不过要从根源提升推荐，必须保证内容。一篇内容优质的文章加上好的标题，相信大多平台和用户都会喜欢它。

要做好自媒体，首先你得坚持。想要在短时间内得到大收益，不是没有可能，但你付出的要更多。只要你在遇到任何问题时都坚持不放弃，掌握好自媒体运营的方法，你肯定能找到自己的运营方向。

2003 年，在美国有人提出了"we media"这个术语，中文翻译过来就是自媒体，当时引起了不少人的关注，可是就是一直没有兴起，2013 年随着微信公众号的兴起，越来越多的人开始重视自媒体了。在自媒体时代下，各种不同的信息资讯等媒介来自四面八方，"主流媒体"逐渐消失，人们不再接受被"一个固定统一的传播媒介"来告知对错，每个人都可以从一个独立的个体中获得资讯信息，对事物可以做出自己的判断。简单来说，就是我们每一个人都可以发表自己对某些事物的看法，我们每一个人可以通过别人发表的内容来学习到很多四面八方的知识内容，有助于自己对一些新鲜事物的看法与判断。

（1）自媒体的分类。

现在主流的自媒体平台分为文章综合类、直播类、短视频类等平台。文章综合类自媒体有 QQ 空间、微博、微信公众号、趣头条、头条号（用户多）、企鹅号（收益稳定）、百家号（单价高）、UC 大鱼号（收益稳定）、网易号（用户多）、一点号和搜狐号等等。短视频类自媒体有火山小视频和快手等主流 APP，直播平台有虎牙、映客和花椒等 APP。马云投资了一些资金在短视频 APP 上，可想而知，未来几年，短视频的发展前景有多么好，甚至会超越直播。因为现在的直播真可谓是千篇一律，不是唱歌。就是跳舞等才艺，没有才艺的，靠颜值聊天吸粉，用户的视频欣赏已经到了疲劳的状态了。而短视频不一样，因为时间短，用户可以利用碎片化的时间来观看，从而得到视觉上的享受。

（2）假如我想经营自己的自媒体，那么该如何过新手期呢？

·有关系，如果你有自媒体平台发你的邀请码，那么你会有高权重，并且能快速过新手。现在"三天过新手"也已经不是什么难事了，只要你掌握了它的平台机制，一天不到就能过新手了。

原创辅助，如果你在其他平台有过运营自己自媒体号的经验，而且发的都是原创文章，那么你在申请其他自媒体平台新手号的时候，可以通过原创文章来辅助你通过新手期，从而还能让你的账号拥有高权重。

·发文要求。

要注意垂直度，专注一个点，去做到极致。深度，新手期不要蹭热点，要注意标题和内容，不要做"标题党"。活跃度，新手期不要断更，要知道想过新手期与发文数量、阅读量和推荐量都没有关系的。

（3）过了新手后，该如何发文呢？

·要注重深度。

·也要注重垂直度，可以蹭热点。

·交叉。

（4）如何提高推荐量？

·文章标签一定要精准（机器识别）分类、领域要精准，文章或视频没有点击率、阅读完成率、评论、转发和阅读的话，文章或视频就不会再被推荐了。

· 文章阅读质量。

· 新闻热度和及时性。

· 账号权重，账号权重越高，获得的推荐量就越大，收益单价就越高。

（5）消重。

①如何避免重复？

消重三要素：标题、预览图片和相似主题。

②关键项：原创标记、发布时间、账号权重和网上被引用的次数。

（6）素材来源。

①图片素材：全景网、LOFTER和花瓣等。

②文字素材。

微博热搜榜、搜狗微信公众号平台、大鱼号数独和百度风云榜等等。

③视频来源YouTube等。

④标题写作方法。

悬疑式标题、新鲜型标题、表情式标题、争议性标题、趣味型标题、对比型标题和意外型标题。

（7）如何提高账号权重（指数）呢？

①头条号尽量开通能开通的所有功能。（开通越多，权重越高。）例如：自营广告、头条广告、原创标签、千人万元计划、

外图封面、粉丝必见、商品、号外等等。

②多打造爆文，对头条号权重快速提升有很大的帮助。

③多发内容，保持活跃度，头条号的权重也会越来越高。

④不要删内容。不管有没有通过审核，不管推荐量是多少，都不要删除内容。

⑤最大的技巧，就是提高内容的质量。这是王牌中的王牌。

(8) 自媒体的推荐（运营）机制是什么？

第一次推荐（点击量、播放完成度、评论、转发、阅读），通过数据表现来决定第二次推荐（好：加大相关标签下推荐量，不好：减少推荐），通过第二次的数据表现来决定第 N 次的推荐（好：加大相关标签下推荐量，不好：停止推荐）。

(9) 我们为什么要做自媒体？

为了过新手开通收益赚钱。过新手开通收益的模式分为以下几类。

①流量主。

②推广：用社交媒体做推广、互联网投稿和免费的服务等。

③广告。

· 头条号。

· 企鹅号：视频播放收益和文章阅读收益。

(10) 我们应该如何运营来达到自己的商业价值呢？

· 出书模式。

· 跨界模式。

- 粉丝包养模式。

- 广告模式。

- 投资人模式。

对"草根"新手来说，自媒体绝不可能是躺着就会赚钱的事情，你付出的可能要比别人多几十倍，用心经营最重要，抛开平台区别来说，你所面对的都是你的真实读者，你服务的是读者是粉丝，别人不喜欢你的东西，也就没有下次了。用心经营得到的精准粉丝，有助于自己的引流推广。"贵在坚持"这四个字很重要。如果你能坚持每天更新一篇文章，坚持一个月，一年，三五年，你已经很成功了。用心，用心去做喜欢的事情，这是很值得敬佩的，东拼西凑当任务去完成，毫无意义，做的是自己的事情，没心情就不要去做。

不是每一次付出都会收获满满，不是每一次用心坚持都会回报丰厚，也不是每次优秀的内容都会获得好的效果，这是常态，安慰下自己，放开心态，继续前行，离成功就不远了。

（11）对于未来发展，什么样的自媒体才有存在价值？

- 持续内容垂直化趋势。

- 形式固然重要，但是内容质量更重要，专注于某方面（领域）的内容，做到精益求精。

- 图文、视频和音频的文章更吸引人，更符合现在用户的使用习惯。

- 结合自身擅长的领域以及未来能够给自己带来盈利价值

的领域去建立自己的自媒体品牌，实现自己的商业价值。

·精简内容深度，使得内容通俗易懂，避免长篇大论，方便用户的碎片化阅读。增加独特和独家的内容发布，留住精准粉丝，实现营销价值。

（12）自媒体的目前相对现状和今后的发展前景和趋势如何？

·目前发展相对现状：在这全民自媒体的时代发展下，竞争无比激烈，伪原创严重，自媒体发展陷入了发展瓶颈中，但是仍然有可发展空间。

·发展前景和趋势。

1）公众号阅读量下滑严重，公众号运营进入"5＋2"时代，即用户打开率只占5％与阅读率占2％，这将意味着你所经营的公众号，对粉丝而言，只不过是一颗自带红点的订阅号摆放在那里罢了。而这些所谓的靠内容吸引来的粉丝，对你而言，也不过是微信公众号后台的一个数字而已，毫无营销价值。

2）信息泛滥，优质内容的稀缺性，使得自媒体进入了"加速淘汰期"。

3）音频与视频的异军突起，使得内容加速迭代。与图文相比，音频与视频对用户来说，更别具一格，更能让用户沉浸其中，有创意的音视频会成为更好的吸粉工具。直播的兴起带头，用户获得了不错的流量收益，直播开了一个好头，可想而知，短视频的发展会有多么好的反响效果了。

4）自媒体运营的价值更加明显，坚持原创优质内容，会使自媒体活得更好，但是运营的配合显得更为重要。

5）从个体运营走向团队、集体化运营模式，单人作战变成多人奋斗作战。比如，papi 酱大火之后做了 papitube，截至今年 4 月，已经签约了近 30 个短视频创作者。内容创业是场持久战，实力雄厚的战队更可能成为王者。

6）内容变现多元化。新媒体盈利的方式更加多元，越来越多的自媒体开始去尝试这着内容电商、知识付费等变现方式。但是另一方面，自媒体通过不断创新营销手段获得商业利益价值的同时，相关的监管体系也需要不断地完善。知识付费有良好的发展前景，但我们也清楚，由于我国知识产权保护力度不够，大众知识付费意愿不够强烈，知识付费还很难在短期内取得快速发展。

7）暴力时代已经结束，优质的内容要拼创意。早期的自媒体在广告市场上是强势方，可以通过手中的议价权实现极高的利润率。时至今日，新媒体渠道已经失去稀缺性，市场定价回归理性。红利期过去后，新媒体的内容营销更加激烈，垂直的、独具创意的自媒体才能掌握议价权。

影视拍摄技术

边俊英　编著

中国文史出版社

图书在版编目（CIP）数据

影视拍摄技术 / 边俊英主编. --北京：中国文史
出版社，2020. 7
（如何玩转电商平台系列）
ISBN 978-7-5205-2049-2

Ⅰ. ①影… Ⅱ. ①边… Ⅲ. ①摄影技术 Ⅳ. ①J41

中国版本图书馆 CIP 数据核字（2020）第 096977 号

责任编辑：刘　夏
封面设计：末末美书

出版发行：中国文史出版社
社　　址：北京市海淀区西八里庄路 69 号　邮　编：100036
电　　话：010-81136606　81136602　81136603（发行部）
传　　真：010-81136655
印　　装：三河市宏顺兴印刷有限公司
经　　销：全国新华书店
开　　本：1/32
印　　张：30　字　数：650 千字
版　　次：2020 年 7 月北京第 1 版
印　　次：2020 年 7 月第 1 次印刷
定　　价：178. 00 元（全五册）

前言
Foreword

本书系统地介绍了影视拍摄技术，内容包括影视拍摄技术的概述、原则、历史发展、摄影机的分类及使用、影视作品的制作流程、拍摄的技巧和方法、影视专题创作等内容，全面叙述了影视拍摄的技术与艺术。本文注重理论与实际的结合，注重理论对实践的指导，实践对理论的检验，强调影视拍摄技术与艺术的结合，通过相关技术手段的介绍，力图增进读者的实践能力，更好地完成影视创作。本书适用于影视拍摄的专业人员以及业余爱好者阅读。

目录
Contents

1　绪　论

1.1　影视拍摄技术概述

1.1.1　影视拍摄技术概念

影视广义上是以拷贝、磁带、胶片、存储器等为载体，以银幕、屏幕放映为目的，从而实现视觉与听觉综合观赏的艺术形式，是现代艺术的综合形态，包含了电影、电视剧、节目、动画等内容。狭义上的影视一般指电视和电影作品，通过画面、声音、蒙太奇、故事情节等在银幕上形成连续运动的图像，以此来表达一些内容的科技手段。

影视艺术是在影视基础上发展出来的艺术形式。它是时间艺术与空间艺术的复合体。它是一门综合性的艺术，讲述的是时空综合、视听结合、动静结合的造型艺术。它既像时间艺术那样，在延续时间中展示画面，构成完整的银幕形象，又像空间艺术那样，在画面空间上展开形象。影视艺术包括电影、电视及两者所表达的艺术效果。影视是以运动为根本特征，是一种动态造型艺术。电影是影视艺术的起源，电视是影视艺术的衍生物之一。影视既具有艺术属性，又具有商业属性。影视作品有多种形式，包括爱情片、喜剧片、家庭片、伦理片等可以满足不同人群的需求。

影视拍摄技术可以理解为对摄影机的熟练使用程度，通过科技与艺术的结合呈现出优秀的影视作品的拍摄方法；通过对运动镜头、固定镜头、与光结合等方法呈现出来的拍摄手段。

1.1.2 影视拍摄技术原则

影视拍摄要遵循横平竖直原则，这是最基本的原则。电影拍摄中的轴线是指在镜头转换中制约视角变换范围的界线。它是在电影场面调度中，人物的行动方向或人物之间相互交流的位置关系构成一条无形的轴线，在变换视角时要受轴线原则的制约。所谓的轴线原则，就是总角度所在的轴线一侧180°范围内，摄影机的角度无论怎样变换，所拍摄的不同视角的镜头连接起来后都不会在画面上造成方向上的混乱。遵守轴线原则来变换视角，可以保证人物行动路线和人物位置关系清楚明确；违反轴线原则会破坏空间的统一性，在剪辑时造成方向混乱，观众观看时无法理解人物的行为和人物动作发生的运动及方向。遵守轴线原则还可以使画面均衡对称，可以使镜头画面出现平衡感。

同时还要遵循内容的简洁性原则，只要选定主题，便尽可能地使全部元素表现主题，使需要表达的主题、内容、中心思想处于突出位置，排除妨碍主题的部分。表达的主体是该作品的主要部分，其余的都是次要部分，遵循内容的简洁性原则，就是要保留主要部分，删除次要部分。但是为了保持观众新鲜感，摄影师就要对构图要素进行组合，创作表现手法要多样、有变化，一切服从表达内容，使人对构图产生新鲜感，有强烈的欣赏愿望。

1. 2　影视拍摄技术历史发展

影视拍摄技术从最初尝试使用数字高清摄像机拍摄，到今天各类数字摄影机在国内外电影制作部门已有一定应用，电影数字拍摄技术不断融入新技术，满足电影数字拍摄市场需要的同时，其自身也取得了迅速发展，促进了电影数字拍摄市场的繁荣与增长。

1. 2. 1　影视拍摄技术的世界发展状况

1. 2. 1. 1　电影拍摄技术发展状况

国外电影数字拍摄技术的兴起与发展较早。电影工业的发展和摄影机厂家的努力共同刺激了电影数字拍摄技术的产生和兴起。

20 世纪 80 年代末期，日本 SONY 公司利用其模拟高清电视（HDTV）摄像机产品开始在市场上提出"电子式电影摄影"概念，但是这种努力只取得了一点成绩。直到 90 年代中后期，随着视觉特效大片在好莱坞的日益盛行，依赖于早期的胶转磁技术，把 35mm 胶片摄影机拍摄的实景影像转录至磁带，再进一步通过数字非线性编辑系统采集到计算机，成为数据文件，并与计算机动画生成的影像进行合成，从而得到银幕上想要的视觉特效的制作流程显得十分烦琐，费时费力，且价格昂贵。因此，电影行业内部对能够直接获取实拍得到的数字图像急切需求，但是此时市场上并没有能够满足电影画面质量要求的数字摄影机产品。直到 1998 年，HDCAM 格式录像机和基于 CCD 技术的数字高清摄像机（分辨率为 1920×1080）的出现，市场上才有了我们今天称之为"数字式电影摄影"的最初概念模型，但是画面质量和拍摄格式仍然不能满足电影拍摄的需要。

2000 年，日本 SONY 公司推出了旗下 CINEALTA 系列产品中的第一款 24p 格式数字高清摄像机，从而使传统胶片电影 24 格/秒拍摄与数字高清摄像机 24 帧/秒逐行扫描格式拍摄之间的素材无缝结合成为可能。但此时 24p 格式数字高清摄像机拍摄的影像与传统胶片摄影机拍摄的影像尚存在着影调风格及影像质感等方面的差异，影像质量也不及胶片。因此，SONY F900 在推出之后并没有得到广泛应用，只在 2001 年用此款数字摄像机拍摄了电影《夺命解码》，但也没有产生多大反响。直到 2002 年 5 月，以 SONY F900 数字高清摄影机 24p 格式拍摄的乔治·卢卡斯电影《星球大战 2－克隆人的进攻》才引起了电影行业内部的广泛关注，使得 SONY F900 数字高清摄像机在 2003 年以后，在世界范围内得道广泛应用。此后 SONY 公司又相继推出 CineAlta 系列的其他几款数字摄影机，进一步提升质量，以期迎合电影数字拍摄的需要。但是由于 SONY 公司一直是以数字摄像—20—机为其主打产品，而在胶片摄影机和传统胶片摄影附件方面缺乏经验，因此在电影数字拍摄与传统胶片电影拍摄的比较与市场争夺中并没有占据上风，使得电影工业尤其是好莱坞电影工业对其数字高清摄像机产品并没有完全认同。

与此同时，其他厂家也试图推出自己的数字摄像机或数字摄影机产品，并一边升级，一边宣传数字摄影机拍摄数字电影的概念，加入电影数字拍摄设备市场的争夺中。然而，传统胶片电影工业的特点和优势促使处于世界电影领先地位的好莱坞电影工业对数字摄影机拍摄的数字电影提出了更高要求。不仅要求数字摄影机拍摄的图像能够满足影院放映的大画面要求，而且要求数字摄影机拍摄的影像在影像质感和影调风格方面也要接近于传统 35mm 胶片的影像感觉，满足电影观众既有的审美习惯。由此，电影数字拍摄市场便开始注重研发一款能够满足此要求的数字摄影机。

2004 年，可以基本满足上述要求的 Panavision Genesis 数字摄影机终于出现了。Panavision Genesis 数字摄影机是由在数字高清摄像机领域占有领先优势和技术的日本 SONY 公司与在北美胶片电影拍摄市场占据绝对领导地位的老牌胶片摄影机厂家 Panavision 公司联合研发的。因此，Panavision Genesis 数字摄影机一经推出就引起了好莱坞电影工业的极大关注，并在短短几年之间用其制作了大量好莱坞数字电影作品，比如我们耳熟能详的好莱坞大片《超人归来》《功夫之王》等。这些采用 Genesis 数字摄影机拍摄的数字电影在全球电影市场的成功，预示了电影数字拍摄市场的初步形成，也为后续研发的数字摄影机进入电影拍摄市场并与胶片摄影机竞争打下了坚实的基础。然而，Genesis 数字摄影机所能达到的画面质量并未达到电影所要追求的画面质量终极目标。随着 2005 年 7 月好莱坞数字电影倡导组织 DCI 发布《数字影院系统规范》V1.0 版并在北美乃至全球掀起数字影院建设高潮的同时，数字摄影机技术也受到了强烈的市场刺激并取得了惊人的发展。

2007 年，美国 NAB 展会上推出的 4K 数字摄影机新星 RED ONE 以其出色的性价比成为全球电影工业内部议论与评价的新焦点，机身仅 17500 美元、通用的镜头接口设计、硬盘或 CF 卡闪存存储、4K 分辨率、24 帧/秒拍摄，等等一系列优势，都在严重冲击着数字摄影机的高端市场。曾因执导《指环王》三部曲而闻名于世的好莱坞大导演彼得·杰克逊使用 RED ONE 拍摄了 15 分钟左右的故事短片用来做产品演示；著名导演索德博格也使用 RED ONE 来拍摄其最新的故事影片……所有这些都在帮助 RED ONE 数字摄影机迅速进入电影数字拍摄的市场，降低电影数字拍摄的成本，打破数字摄影机和高清摄像机所垄断的高端市场。不到短短的两年时间，RED ONE 数字摄影机在全球的订单已经有几千台之多，且还在呈持续上升的趋势，供不应求。然而，从已经交付使用的 RED ONE 数字摄影机产品实际拍摄的画面质量来看，RED ONE 的画面质量尚有欠缺，某些方面还未达到 Panavision Genesis 数字摄影机的水平。但是相对于几百万元人民币才能全套购置的 ARRI D21、SONY F35 甚至 50 万元以上的 SONY F900 来说，RED ONE 仅 17500 美元的机身和能够租用市场现有的传统胶片摄影机镜头以及可以拍摄 4K 分辨率图像，已经是明显的物超所值。因此，RED ONE 数字摄影机必将会极大地冲击原有数字摄影机高端市场的格局，从而进一步刺激电影数字拍摄市场的发展，使越来越多的电影爱好者拍摄电影也成为可能。电影制作将不再神秘，电影行业将有越来越多的新鲜血液注入。

目前，大多数立体电影制作还停留在电脑三维的虚拟绘制状态，实拍因为两台摄影机云台的同步对焦、同步变焦、同步角度调整需要几个人同时同步作业，非常难以协调，所以给 3D 前期拍摄带来了诸多麻烦。此问题目前已得到有效解决，如果 3D 数据有轻微误差在后期剪辑时也可以修正。经过本人长时间对立体拍摄技术的研究得出的经验总结：在两根金属滑轨上安装两个相对的可移动的摄影机云台，每个云台都可以各自进行手动和自动旋转、俯仰、侧倾等调节，云台运用电子测距来驱动摄影机的焦点焦距和两台机位的夹角同时对应云台上的刻度，将两台机器的夹角调整到绝对相等位置，也就是等腰三角形。这样通过立体监视器可以随时调整出屏效果，甚至还可以运用多台摄影机自动跟踪动态人物或主体进行多机位的间距与夹角调节。同步调节云台目前国内还没有类似产品，产品结构可参考我的设计图片，也就是"dv 拍拍拍"的立体电影介绍。在电子测距给出电机驱动信号之后，两个云台会做相对或相反方向的移动、旋转、俯仰等动作。驱动电机选用直流伺服电机或步进电机，信号源可以是手动脉冲信号发生器，也可以是无线调焦的驱动电机。旋转结构采用的是涡轮涡杆结构，直线运动滑块采用的是丝杠结构。

1.2.1.2　摄像技术的发展历史

CCD（摄像机）产品问世已有多年，经历了大致以下发展过程。

（1）HAD 感测器

HAD 感测器是在 N 型基板、P 型、N+2 体的表面加上正孔蓄层。这是 SONY 独特的构造。由于设计了这层正孔蓄积层，可以使感湖器表面常有的电流间迦获得解决。

（2）ON—CHIP MICRO LENS

20 世纪 80 年代后期，因为 CCD 中每一像素的缩小，将使得受光面积减少，感度也随之变低。为改善这个问题，索尼在每一感光过极管前装上微小镜片。使用微小镜片后，感光面积不再由感器的开口面积而决定，而是微小镜片的表面积来决定，所以在规格上提高了开口率，也使感亮度因此而升幅。

（3）SUPER HAD CCD

进入 90 年代后期以来，CCD 的单位面也越来越小，索尼将以前使用微小镜片的技术改良，提升光利用率，开发将镜片的形状最优化技术，即索尼 SUPER HAD CCD 技术，基本上是以提升光利用效率来提升感光度的设计，这也为目前的 CCD 基本技术奠定了基础。

（4）NEW STRUCTURE CCD

在摄影机的光学镜头的光圈 F 值不断的提升下，进入摄影机内的斜光就越来越多，使得入射到 CCD 组件的光无法百分之百地被聚焦到感测器上，而 CCD 感测器的感光度将会降低。1998 年，索尼公司为改善这个问题，将彩色滤光片和遮光膜之间再加上一层内部的镜片。加上这层镜片后可以改善内部的光路，使斜光也可以被聚焦到感光器。而且同时将硅基板和电极间的绝缘层薄膜化，让会造成垂直 CCD 画面杂讯的信号不会进入，使 SMEAR 特性改善。

（5）EXVIE' W HAD CCD

比可视光波长更长的红外线光，也可以在半导体硅芯片内做光电变换。可是截至目前，CCD 无法将这些光电变换后的电荷，以有效的方法收集到感测器内。为此，索尼在 1998 年新开发的"EXVIEW HADCCD"技术就可以将以前未能有效利用的近红外线光，有效转换成为映像资料使用。使得可视光范围扩充到红外线，让感亮度能大幅提高。利用"EXVIEW HAD CCD"组件时，在黑暗的环境下也可得到高亮度的照片。而且之前在硅晶板深层中做的光电变换时，会漏出到垂直 CCD 部分的 SMEAR 成分，也可被收集到传感器内，所以影响画质的杂讯也会大幅降低。

1.2.1.3　摄影技术的发展历史

摄影技术从 19 世纪初发明至今，经历了多个转折点。本节对影响摄影术最大的 9 个关键时刻进行介绍，带你读懂 180 年的摄影技术发展历史。

（1）针孔摄影

针孔摄影，一种原古的成像术。光线通过针孔，以直线方式抵达底片，没有被镜头的玻璃扭曲，所以形成了独特的成像特性、简单的器材结构，简单的拍摄方式，却带着复杂的可塑性，其变化随着想象力无穷蔓延。

因为针孔很小，光圈系数非常大，相应其曝光时间较长——对慢速胶片，即使在明亮的晴天，通常也要数秒。因此，总要把针孔相机装在三脚架上。

针孔摄影的一个优点是无须聚焦。这是因为针孔的光圈系数比一般的镜头大得多，景深几乎是无限的。但是，尽量在取景框中看到图像，这有助于准确聚焦。

（2）银版摄影法

银版摄影法是法国巴黎一家著名歌剧院的首席布景画家达盖尔于 1839 年发明，利用水银蒸汽对曝光的银盐涂面进行显影作用的方法。

这种摄影方式的曝光时间约为 30 分钟，与尼埃普斯日光硬化的摄影方法比起来时间缩短了许多。

用这种方法拍摄出的照片具有影纹细腻、色调均匀、不易褪色、不能复制、影像左右相反等特点。又称为达盖尔银版法。

（3）碘化银纸照相法

碘化银纸照相法（也译作"卡罗式摄影"）与达盖尔照相术相比，其特点是感光时间短，而且用一张负片还可晒得多张正像。

其方法是用纸作为基体，先将纸基浸入盐水中，然后再浸到硝酸银溶液内，这样卤化银就在纸质纤维中形成了。在摄影时把这种感光纸放入暗箱内，最后放在浓盐水中定影。

（4）湿版摄影

湿版摄影法是一门古老的摄影技术，拿玻璃当底片，1851年由英国雕塑家阿切尔发明。

在干净的玻璃上涂以火棉胶为主材的溶剂，再浸入硝酸银，取出趁还湿湿的立刻进行拍摄，然后显影、定影，根据喜好把底片做成正片或者负片的摄影技术。亦称为火棉胶摄影法（Wet Plate Collodion）。

湿版摄影法操作复杂，但曝光速度及照片清晰度和成本控制均优于银版摄影法，在当年得到广泛应用。目前还有不少艺术家用这种方法拍摄大画幅照片。

（5）35mm Leica 相机

1954 年，徕卡一款划时代意义的 135 相机诞生，它就是徕卡 M3。

自 M3 后，徕卡相继推出的 M2、M4、M4－2、M4－P、M6 以及 M6 TTL 几乎都是依循 1954 年时的基本设计理念演变改进而来。而且 M3 的出现也奠定了徕卡在连动测距相机中不可动摇的地位。

（6）宝丽莱（Polaroid）

Polaroid 宝丽莱公司于 1937 年，由艾德温·兰德和乔治.威尔怀特所创立。

早期以生产太阳眼镜和发明其他光学技术为主，"二战"以后才转向照相设备。20 世纪 50—70 年代，宝丽莱一路顺风，成为美国红极一时的企业。

1972 年，宝丽莱生产出 SX－70，这是世界上第一台可直接"吐出自印相片"的照相机。当时有评论家写道："兰德和他的公司再次发明了全新的造相过程。"

（7）Lomography

1992 年，几位维也纳学生在发现了不可思议的俄罗斯相机 LomoKompakt Automat（LOMO LC－A）后，创立了一套新的摄影艺术，代表了一种摄影体验：随性、没有任何束缚、回归摄影本源的影像记录方式。

（8）FSLR 胶片单反相机

1936 年，在德国的德累斯顿（DRESDEN）研制出了世界上第一台 135 单镜头反光照相机——爱克山克塔（Kine Exakta）。

它采用的是俯视取景，其预示着单反机时代的到来。1948 年，德国生产出世界上第一台五棱镜取景的 135 单反机——康泰时（Contax）S 型照相机，是现代 135 单反相机的雏形。但以上两种相机由于反光板不能自动复位，所以实用价值不高。直到 1954 年，日本旭光学工业公司才在宾得相机（Asahi－Pentax）上解决了反光板自动复位问题。

尽管 EXAKTA 设计了世界上第一台单反相机，但是现代单反相机最根本的五棱镜结构是 CONTAX 发明的，因此我们通常认为 CONTAX S 是现代单反相机的鼻祖。

（9）数码单反相机

摄影界普遍认为柯达在 1991 年推出 DCS100 是世界上第一台数码单反相机。

该相机经尼康 F3 改装得来，搭载了一个尺寸为 14mm×9.3mm 的 130 万像素 CCD 传感器，拍摄时需要拖带一个容量大概为 200MB 的 DSU 数据业务单元储存 RAW 格式照片。

1.1.2 我国影视拍摄技术历史发展

我国影视拍摄技术历史相对悠久，拍摄技术的更新速度也是日新月异，近年来，涌现出了越来越多受欢迎作品。关于中国第一部采用数字拍摄方式生产的数字电影到底是哪一部的争论一直在继续。实际上，我们不必过多关注此类问题。中国的电影数字拍摄约始于 2002 年，到 2020 年已经走过了 18 个年头。数字电影的产量除 2004 年与 2003 年相比略有下降外，往后年份均呈现出迅速增长的趋势。

2006 年、2007 年的数字电影产量均超出百部，2008 年上半年生产的数字电影也已经超出百部。这里面虽然包括部分胶数同发的数字版电影，但从调研的资料来看，国产数字电影中的绝大多数数字影片还是来源于数字拍摄方式生产的数字电影。

因此，从统计数据来看，中国是现阶段全世界采用数字拍摄方式生产数字电影年产量最多的国家。但是我国采用数字拍摄方式生产的影片，除少部分技术质量较好外，大部分都存在着技术质量不过关的问题，达不到城市商业数字影院放映的质量要求，每年能够进入数字影院上映的影片数量还不足影片总数量的 10％。之所以整体数量能够连年上升并表现出惊人的增长速度则主要是由于有了电影频道的播出平台、音像制品的发行以及海外市场的开拓等多种销售渠道。当然，国产数字拍摄的影片中也不乏优秀之作，比如数字电影《疯狂的石头》《爱情呼叫转移》等就创造了票房佳绩。其中《疯狂的石头》更是以预算 300 万元人民币创造了票房近 2000 万元人民币的国产数字影片低成本制作的票房神话。

我国电影数字拍摄市场使用最多的拍摄设备为 SONY 公司的 SONY F900，其次是 PANASON－IC 公司的 AJ－HDC27F 系列。随着电影数字拍摄市场在我国的快速发展，胶片电影的产量已经基本上停滞不前，而数字电影的产量则逐年递增，迅速发展。因此，未来我国的电影产业结构将必然以数字电影为主体，迎合市场发展的要求。国内电影市场的实际情况也决定了以数字拍摄方式生产电影将会占据主导地位。

1.3　影视拍摄技术的意义

1.3.1　理论意义

影视拍摄为人们枯燥的生活带来很多的乐趣，同时对社会发展有很大的影响。娱乐的东西属于人们的精神产物，并不是人类生存的必需品，但缺了它人类的生活将变得索然无味。同样，没有电影的存在，人们将会缺少很多生活的乐趣。现在让我们了解一下影视拍摄的意义价值所在。

1.3.1.1　商业价值

如今，商业价值早已深入人心，早在电影还没出现之前，艺术就具有其商业价值，如绘画、雕塑等，在艺术家手里它是艺术，在商人手中，它仅仅是一件商品而已。好莱坞的出现，使电影的商业化价值最大化了。1977 年的好莱坞电影《大白鲨》仅在美国就创下了 1.85 亿美元的票房，全球票房 4.7 亿美元；1998 年的《泰坦尼克号》在全球收揽了近 13 亿美元的票房；再到 2010 的《阿凡达》全球 18 亿美元的惊人票房……这一切票房数据都在说明好莱坞正在不断地开发电影的商业价值而且前景可观。

在感知了好莱坞电影的来势汹涌，逐渐占据中国市场大揽钱财之后，中国电影也在向商业化转变。进入 21 世纪相继产生了如张艺谋、冯小刚、陈凯歌、黄伟明、宁浩、陆川、吴宇森等亿元票房导演，中国电影也正在体现着它的商业价值。但当电影成为一种商品的时候就势必会流失一些东西，比如它的艺术价值。对于好多电影包括好莱坞电影，商业气息浓烈、场面宏大、演员阵容强大、投资巨大，但忽略了电影的艺术本质，使得有些电影或者故事简单或者烂尾，观众只能从其中享受到其视听的愉悦，而毫无思考价值，这样就失去电影本身的意义，观众看完也就看完了，不会去思考电影本身所带来的教化意义。

1.3.1.2　艺术价值

随着社会的发展，电影的艺术价值正在逐渐地减退，或者它已经不适合这个以商业电影为主流的时代。如今人类的生活比较浮躁，他们已经渐渐适应了以商业电影为主的电影市场，并且乐在其中。打开电影票房的排行榜，排在前面的无一不是商业电影，一些有着浓浓的艺术氛围的电影却得不到观众的青睐，人们不是为了欣赏电影去看电影的，而是为了满足自身情绪的发泄。

拿欧洲电影为例，我们知道电影的发源地是法国，但100多年过去了，法国很少有叫座又叫好的电影，欧洲的电影导演尤其是法国电影导演，他们一直在追寻着电影的艺术价值，遵循着艺术永远高于一切，电影可以不赚钱但一定要艺术。在电影历史的演进过程中他们发起了一个又一个电影运动来抗击好莱坞电影，如意大利的新现实主义电影、法国的"新浪潮"和"左岸派"等电影运动，都在告诉人们电影要接近现实，表现最真实的人的状态，但这些只有部分欧洲观众接受。如果一味地去追求艺术价值，能够欣赏的人较少，人们自始至终还是喜欢"天马行空"的好莱坞式的电影。所以电影的艺术价值很局限，但我们又不能完全说好莱坞电影不艺术，曾经的《美国往事》《教父》《辛德勒的名单》《阿甘正传》等这些经典电影在具有商业元素的同时也很有艺术价值，因此影视拍摄具有深远的艺术价值。

1.3.2　实践意义

1.3.2.1　拍摄纪录片的意义

纪录片是以现实生活为创作素材，以真实的人和真实的物质为表现对象，对其进行艺术处理和展示的一种影视艺术形式，以表现真实为本质，用现实引发人们对影视艺术形式的思考。一部纪录片的核心是真相。

纪录片经过长期的发展，形成了主题日益广泛、类型多样、技术手段日益丰富的多元共生格局。纪录片反映生活，记录历史，传播知识及其社会功能，社会赋予了纪录片多重价值。

（1）社会价值

纪录片的创作者具有强烈的社会责任感和对社会现实的关注。一方面，纪录片忠实地记录着社会的方方面面，另一方面，社会的需要推动着纪录片在观念、内容和形式上的发展和变化。纪录片作为一种变化形式，致力于纪录片阐释社会的本质及其对人类的影响，是衡量纪录片价值的重要标准。有的纪录片讲述生活故事，纠正历史偏差，揭示历史真相，展现人性的真善美，体现作品的社会价值。纪录片主题越深，其社会价值就越大。

（2）文化价值

纪录片是具有文化特色的电视作品。作为一种高品质的文化代表，它涉及的是文化，无论是历史的、现实的、自然的、社会的、民族的、世界的，等等。纪录片强调创作者的独立创作、个人解读和精心打磨，创造出良好的文化品格。

（3）艺术价值

角度的选择、结构的安排、再现的方式、表现的形式、细节的捕捉、节奏的把握、意境的创造等都体现在创作者对人物和事件的叙述中。讲故事和戏剧是纪录片评论的重要艺术价值取向，是提高作品感染力的重要手段。镜头语言、声音语言等是提高纪录片艺术价值的重要因素。

1.3.2.2 拍摄的深刻意义

拍摄让人们的生活变得多姿多彩，同时很大程度上反映着社会的进步与发展。

人称摄影是文明的手印，摄影术的发明是人类近代文明的一大进步，因为它一出现就被深深地烙上了"平民化"的烙印。虽然摄影在很长的一段时间内是有钱人的"玩物"，有着贵族的血统，但它骨子里豪放不羁的个性就决定了它终会"离家出走"，去抗争去搏击，在风云变幻的广阔天地里找到它的地位和作用，它迎合了当代文明进步的主流方向，有着强大的生命力。

现在的摄影是再平民化不过的了，相机走入每个平常的家庭，闲暇无事之余，携家带口或呼朋唤友出去游玩时拍几张照片做个留念是再平常不过的事了。再进一步来说，就是拍拍山川秀美的景色给人以美的享受；结婚了拍一组美美的婚纱照做个永久的纪念；为了留住青春留住美丽拍一拍人像摄影，这么看来，摄影好像是一个很轻松惬意的事情了。

可是有时，你看到一些照片时，就好像感到被一颗无情的子弹狠狠地打击中你心口，那看不见的鲜血无情地流淌着，使你忍不住捂住胸口呻吟着。此时，你并没有感到一丝的愉悦，而是感到有着一份沉重深深地压向你。

摄影，此时面临着两条路的选择。一是艺术性，一是纪实性。而摄影师也面临一种迷惘、一种思考、一种痛苦。是把摄影当成个人的一种情愫的宣泄呢，如文学家的一支爬格子的笔？还是一种纯粹艺术创作，如画家手中多彩的画笔？要么，把它当成一个武器？一把手术刀？也许它有着多样性。就如文学中既有着优美柔软的一面外，也有着饱含着力量和血泪的一面。但摄影最主要的意义是什么呢？它的魅力最迷人之处在哪里体现呢？

摄影是真实映象瞬间的定格，它的这个特性就注定了它和其他的艺术有着本质的不同。摄影是一瞬决定了永久。摄影的魅力在于它的真实，在于它瞬间。照片背后的故事，瞬间以后的思考。一个摄影师他终会苍老，会死去，但他拍的有意义的

照片可能永远不会消失，是永久地生存。而照片后的故事可能
会深深地打动着世世代代的人。

这是摄影师的伟大，也是摄影师的责任。去寻找照片中所
含的普遍性的意义，而真正的普遍性的意义就是能打动人心的
那一份真诚、那一份善良，那一份心痛的恻隐、那一份共鸣的
唏嘘、那一份悲怆的激愤、那一份无言的感动。

如果你能用相机去寻找那个普遍性的意义，那你就是一个
摄影师。无论你是用着是什么型号的相机，无论你拍得是否具
有艺术性和观赏性。

1.4　电影与电视艺术的异同

1.4.1　电影艺术

电影是一门以科学技术为手段，以画面与音响为媒介，在
特定的多维时空中，通过银幕塑造直观的视听形象，再现与反
映生活的一门综合性艺术。电影与其他艺术一样，以审美化的
典型形象去反映生活，共同受某些普遍性规律的制约；同时，
它又具有不同于其他各类艺术的自身的特殊规律。此外电影这
门艺术也有以下几个特征。

作为一门综合性艺术，那就不得不说电影的综合性了。电
影既不是戏剧，不是绘画，不是文学，也不是音乐，它包含了
这些艺术的共性，而同时又表现了它们的全部差异。

电影具有运动性，反映的是运动的画面、镜头、运动的故
事情节。

再者就是其逼真性了。电影艺术通过摄影等现代化手段把

现实生活中的人、景、事、真实地再现出来，使观众消除了距离感，感觉外部世界发生的一切都成了自己生活的一部分，有逼真性。现代科技的发展赋予了逼真性必备的条件：摄影机、录像机为记录现实生活提供了物质条件。电影由无声到有声，由黑白到彩色的技术进步，逐步实现了完整地还原现实的目的。影院放映由普通银幕到宽银幕，更接近于人的眼睛观察事物的视角，使人能获得现实中观察事物的实际感受。你看一幅画面，你会说这并不是现实，不过是幅艺术作品。而在摄影面前你却不能这么说，你意识到相片上的形象就是现实，无法否认现实就是这个样子。

而电影最基本、最独特的艺术表现方法就是蒙太奇。电影的蒙太奇，除了镜头内部、镜头与镜头之间的组合关系外，还包括画面与音响、音响与音响之间的组合关系，由此形成各个有组织的片段、场面，直至一部完整的影片。电影还可称为时空艺术，它兼有时间艺术和空间艺术的性质，能将各种形式的时空组合直接诉诸观众的视觉和听觉，再现物质世界的时间、空间关系。银幕上的世界是一个特殊的时空复合体。不得不说电影是各类艺术人员集体智慧的结晶。

1.4.2 电视艺术

电视是一门迄今为止最年轻的艺术。1936 年英国广播公司在伦敦正式播放电视节目，标志着电视的诞生。电视剧是电视艺术的主要类型，主要包括单本剧、连续剧、系列剧或小品等。特点：荧幕小、画面小、清晰度差，在镜头上多用中近景和特写，少用远景和全景，场景转换不宜太快。观赏特点：给观众以想象空间和介入机会，引人入胜。生活化特点：逼真反映生活。

电视艺术定义的源起和阐释。艺术曾经需要并且永远需要丢掉实用性，创造出幻想的生活。凡是能够给审美主体带来审美愉悦的客观存在物便可称之为艺术。卡努杜《第七艺术宣言》把电影称为第七艺术，而自贝尔德发明电视以来，电视已越发被世人认可为第八艺术，于是电视艺术的概念也随之产生并被广泛认可。电视艺术，是以电子技术为传播手段，以声画造型为传播方式，运用艺术的审美思维把握和表现客观世界，通过塑造鲜明的屏幕形象，达到以情感人为目的的屏幕艺术形态。

电视艺术又分为五类：电视文学、电视艺术片、电视剧、电视综艺节目以及电视纪实艺术。

语言是人们传递信息、交流思想、表达情感的必要工具。艺术在于传达，所有艺术都必须有一种属于自己的语言体系。从某种意义上来说，艺术必须是语言"艺术＝语言"。电视艺术的语言系统即为电视语言。

电视语言，是指凡能够表达出思想或感情，并使接受者获得感知信息的一切手段、方式和方法。诸如画面、声音、造型、镜头、编辑、特技、符号、文字等都可以构成电视艺术的语言，并且成为电视艺术语言系统的重要语言元素。

电视语言又分为画面语言、构图语言、光线语言、色彩语言、影调语言、声音语言、造型语言、镜头语言、编辑语言、特技语言、符号语言、文字语言等。

1.4.2.1 画面语言

画面语言是电视艺术的本体语言，是电视艺术最重要的语言元素。一个电视画面包括了其中的前景背景、主体、光影等等。画面语言又分成构图、光线、色彩、影调等。

1.4.2.2 **构图语言**

构图语言是画面语言的基础。构图是指，为了表现某一特定的内容和视觉美感效果，将镜头画面被表现的对象以及摄影中的各种造型因素有机地组织分布在画面中，已形成一定的画面形式。

构图的一些要点：

（1）让画面有运动感。运用多方向、多视点、多景别、多角度、多样式的构图处理，充分发挥画面时空多变的特性。

（2）主体的位置安排，居中（《大红灯笼高高挂》）、靠边、斜向（《新龙门客栈》）等影视画面表达安排。

（3）背景应当虚实结合。背景实则有纵深感，虚则使信息量增大，空间具有不确定性，并且突出主体。一般而言，应力求突出主体，不能喧宾夺主，背景应力求简洁。

（4）前景：是指主体前靠近镜头的景物或者人物。前景一尺，后景一丈。（《生死恋》中分手的场景以及《公民凯恩》对于前景的应用十分经典。）

1.4.2.3 **光线语言**

光线处理分为：（1）逆光处理：勾勒强化主体轮廓，剪影处理；（2）闪光法：柔和处理；（3）侧光法：45度角，强调主体的纵深感，效果更加立体。

1.4.2.4 **色彩语言**

不用多言，关于色彩应用的经典影视有张艺谋的《英雄》和波兰导演基耶斯洛夫斯基的《红》《白》《蓝》电影三部曲。

1.4.2.5 **影调语言**

影调即影视片中的明暗处理，明调、暗调、中间调。

整个画面中主体对象面积越大，空白越小，画面越趋于写实。主体对象越小，空白越大，画面越趋于写意。

1.4.2.6 **声音语言**

声音语言是电视艺术的重要一翼，包括人声（对白、独白、话外音等划分）、音乐音响，等等。

1.4.2.7 **造型语言**

电影的视觉造型与电影的声音造型诸因素（音量、音色、音调、运动、方位、距离等），共同形成了表达意蕴，传递情感，塑造人物的银幕特殊视听造型语言体系。

1.4.2.8 **镜头语言**

镜头语言，是指用镜头像语言一样去表达我们的意思。我们通常可经由摄影机所拍摄出来的画面看出拍摄者的意图。镜头语言没有规律可言，只要用镜头表达你的意思，不管用何种镜头方式，都可称为镜头语言。一般来说，从开机到关机为一个镜头。

1.4.2.9 **编辑语言**

即对电视镜头画面声音等原始素材的鉴别与剪接组合。

1.4.2.10 **特技语言**

如定格、叠化、快切、抠像、慢镜头等电视制作的特殊效果处理。

1.4.2.11 **符号语言**

屏幕上直接展现出来的图像声音等构成的符号以及这些符号所显示出的意义，深沉含蓄地传达出某种观念、思想。

1.4.2.12 **文字语言**

即影视作品中的字幕。说明字幕、条片字幕、情节字幕、片尾片头字幕等。

1.4.3　电影与电视艺术基本特征

1.4.3.1　运动的画面

连续运动的画面，是电影与电视艺术独有的特征。影视内在的运动特性，集中地体现了创作主体与客体之间双向交互运动的相谐与相融。从表层看，影视的运动体现为客体的运动，但在实际上，其运动形式还包括主体的运动、主客体复合的运动。正是这三个方面，构建成影视运动的有机整体。客体的运动，是拍摄对象的运动，即通过定点摄影拍摄客体的运动，是影视运动的基本形式；主体的运动，是指创作者通过对摄影机的操作，不断地变化机位和变化镜头，不仅有效地再现了客观对象，而且自然、准确、深刻地表现了主体的感受；主客体复合的运动，即拍摄主体和拍摄客体之间的复合运动，是指以影片中人物的视点作为摄影（像）机的视点所产生的运动效果，这种方式更易于表现人物的主观意识和情绪色彩。不论何种运动形式，均应以追求客体与主体的相谐与相融为主要目标，自然、和谐运动可以使影视片产生良好的审美效应。

1.4.3.2　重组的时空

影视的时空观是十分自由的，能够任意切取，变幻无穷。影视中的时间可以是自然中的时间，也可以是被放大或缩小了的时间；影视中的空间能够自由变化，可以是真实的空间，也可以扩大或缩小。影视的时空经重组和再造，两个或更多相互连接的镜头既能显现瞬间闪烁的变化，又能展示漫长岁月的沧桑；既能徜徉于细密纤小的微观空间，也能驰骋在无限辽阔的宏观世界。

在电影与电视艺术创作中对时间与空间的自由把握，是创作者自由想象和创造的体现。这种自由的想象和创造，其一，要以审美主体与审美客体之间的交互运动、互渗互融为基本形式，力图通过对现实世界和精神容貌间的交错表现，实现对世界和人生的必然认识。其二，自由的想象和创造，并不意味着时空组合的随意性。影视艺术的生命在于真实，审美主体感受的真实性，制约着影视时空重新组合的方式与规律。自由从来都是相对的，创作者通过想象与创造，实现对时空的重组和再造，既要受制于心理逻辑和自身艺术思维的能力，又要遵循影视艺术的内在规律和媒介特性。其三，影视时空的重组和再造，不仅表现为画面之间的组合，而且表现为画面与声音之间的再造。它不仅呈现为一种艺术技巧，而且是创作主体审美意识及其世界观、价值观、道德观的综合性物态化表现形式。

1.4.3.3　科技与艺术的交融

影视艺术是现代科技与艺术相结合的产物。电影和电视作为 20 世纪最重要的文化现象，首先是新技术的发明，然后才导致新艺术的诞生。更形象地说，影视艺术是迄今为止唯一产生于现代科学技术基础之上的姊妹艺术。

1.4.3.4　影视艺术语言主要是画面、声音和蒙太奇

影视画面主要是通过摄影和摄像记录下来的。对于影视画面来讲，景别（包括远景、全景、近景、特写等）、焦距（包括标准镜头、长焦镜头、短焦镜头、变焦镜头等）、角度（包括平视角度、俯视角度、仰视角度等）、镜头运动（包括推、拉、摇、移、跟、降、升等几种基本运动形式），以及光线、色彩和画面构图等，共同组成了画面造型。对于影视声音来讲，人声、

音乐、音响共同组成了声音形象。

蒙太奇则是画面、声音的组织结构方式。从技术上讲，蒙太奇是剪辑；从艺术上讲，蒙太奇是影视的结构手段和叙事方式；从美学上讲，蒙太奇是影视艺术独特的思维方式，也是一种创作手段。所有影视艺术作品的创作与制作都离不开以上三种艺术语言，因此我们说，影视艺术的特征之一是科技与艺术的交融。

影视在本质上是由一种动的印象组成的视觉艺术，即影视是由一系列流动的画面，来展现变动中的人生与自然，诉诸人的视觉艺术。影视拥有巨大的表现力，它们同戏剧在表现方式上有许多相同的地方，即都具有动作性，都作用于观众的听觉和视觉。但影视艺术不仅能让观众看到舞台全景，而且能让观众看到由许多细节画面组成的完整场面。在银幕、屏幕上交替出现的远景、中景、近景、特写等，都改变了观众的视觉同画面的距离，摄影、摄像机方位、角度的变化，又改变了观众看物象的视角。所以与戏剧相比影视有更大的表现力，它们扩大了空间领域，增强了观众的视觉广度。

电影运用蒙太奇表现手法创造形象，构成动的画面。注意电影的场面、空间、画面，只是组接而非运动的。"蒙太奇"是法语的音译，原来是构成、装配的意思，运用到电影艺术中是指镜头的组接。电影运用蒙太奇手法把不同的印象镜头加以剪辑和连接，使之构成合乎生活逻辑的连续的画面。这种手法使电影产生了巨大的表现力。苏联电影艺术家爱森斯坦和普多夫金，曾做过一个非常有名的实验。他们分别拍了四个镜头：①一个名演员的毫无表情的面部特写；②一盘汤；③棺木里躺着一具女尸；④一个小女孩在玩玩具。当把第一个镜头分别与其他三个镜头对接，研究发现产生了迥然不同的情绪感染和心理效果：与第二个镜头连接时，表现出那个演员对那盘汤产生沉思的样子；与第三个镜头连接，在那具尸体面前，感觉到那个演员沉重哀伤的心情；与第四个镜头连接，观众又看到演员与女孩玩耍时露出的喜悦神色。通过这个实验发现：造成影片不同情绪的改变，取决于不同镜头的组接。从而得出一个结论：电影艺术的基础是蒙太奇。

由于电影使用这种直观印影，所以它无论在反映生活的广度和丰富性方面，还是在刻画人物性格表现人物的内心世界，乃至细微的情绪变化方面，都比其他艺术有优越之处。这些艺术表现手法也是语言艺术所不及的。如电影《林则徐》中，运用了这样几个镜头来表现禁烟受挫，罢官在家的林则徐的内心世界：①一只高脚香炉，一束安息香，香烟袅袅直上；②一卷《离骚》跌落在方砖上；③一碗稀饭、一碟小菜、一双没有动用过的乌木筷子。接着镜头缓慢拉出，观众看到了④躺在椅上一动不动的林则徐的背影。这些镜头的组接，极其恰当地表现被罢官在家的林则徐，在受到打击后的抑郁、孤寂和悲愤的意境。这种蒙太奇手法大大丰富了电影的艺术表现力，增强了电影的艺术感染力。

蒙太奇的运用必须遵循人的视觉规律。人在感受他所看到的一切事物的时候，总是把自己的视线，依次集中到各种不同的最宽阔或最狭小的范围上，总是从前景而转向细部，由细部转向全景，如此不断反复，以求掌握现象之间的内在联系。蒙太奇的运用，正是运用了人的这一视觉规律。所以如果在电影中，把一个生活现象只从一个不变的空间范围内加以反映，如只用一个角度拍摄，那就违反了人的正常的视觉规律了。一个优秀的导演，绝不让观众把注意力分散到场面的各个部分去，他会按照蒙太奇的发展线索，有条不紊地引导观众去看各个细节。通过这种顺序，把观众的注意力吸引到他认为合适的部分，这样他就不仅展示了画面，而且还解释了画面。

　　电影、电视在再现生活的同时，也最大限度地表现了艺术家的主观世界（对生活的态度和感受）。艺术家可以通过各种蒙太奇手法，极其简练、形象而又深刻地揭示事物的本质，含蓄而又鲜明地表现艺术家对生活的态度和评价。如普陀福金创作的影片《圣彼得堡的末日》，交替出现证券交易所和战场的镜头：在交易所的揭示板上股票的行市不断上涨，而在战场上士兵不断倒下。导演将这两个镜头的内在含义联结起来，使观众得到一个结论：士兵在战场上流血牺牲，而得利的则是交易所中的财阀们。这种诱发观众联想的蒙太奇的使用，不仅再现了生活，展现了生活画面，还表现了艺术家对生活的态度，也就是解释了画面。

　　蒙太奇的运用，还遵循着人的思维的规律。小说中的叙述方式可以是多种多样的。电影中蒙太奇的运用也可以是多种多样的。如电影、电视可以通过镜头的组接展开创作想象，可以改变现实的时空顺序；可以把过去、现在、未来发生的事情，按照导演的意图重新加以组合；可以把现实的、想象的、梦幻的空间自由地组接起来。如日本影片《人证》，从整体看来是按照时间发展顺序组接的，但也部分地使用了多时间、多空间穿插转换的技巧。如女主人公在服装设计发奖大会上致答谢词时，六次插入回叙的画面，表现了她刺杀儿子的经过。在她驾车驱往郊外跳崖即近的途中，又三次插入 30 年前她与黑人士兵共同生活的画面。这种不同时空交错的手法，有力地表现了人物的内心感受。

总之，影视是一种能够最自由地表现对象的艺术。它们惊人的表现力就来自蒙太奇这种特殊的影视艺术。另外，影视的巨大表现力还在于它们的高度的综合性。这种综合性并不是把各种艺术单纯地综合起来，当各种艺术进入影视并成为它们的艺术手段时，它们本身也发生了变化，成为一种艺术元素混合在一起了。如影视中的音乐，不同于一般的音乐作品，而是升华结合中的一个组成部分；影视中的绘画艺术元素，呈现为整部影片的影调，以至视觉的风格，在每个镜头内也有其动态的构图。这综合性是融其他艺术于自身所获得的一种新的艺术表现手段。

1.4.4 电影与电视艺术的区别

1.4.4.1 表达路径不同

电视是一种由电视台或是影视公司制作，通过电视机接收节目的一种面向大众的技术和文化的集合体。而电影是由独立的电影公司制作，然后在各院线上映，只面对一小部分观众的独立作品。

1.4.4.2 表达技术不同

电视的表达力求的是通俗易懂，其画面、音响、语言等方面要以还原生活为基础，技术的使用也比较常规。电影则不同，电影通常会利用技术的发展与创新为其服务，尤其在画面、影调、色彩上都可能比电视来得大胆有创意，技术的巧妙使用往往是电影增色的一个很重要的方面，从而创造出超现实的、夸张的表达效果。

1.4.4.3　表达内容不同

在现代社会中，电视已经渗入到社会的每一个角落，电视在生活中主要是娱乐大众，报道新闻，解读时政，科普教育等社会功能，从总体上说，其内容是取材于现实，回归于现实。与电视相比，电影更具有艺术的特征，是一门高于现实的艺术，它在更大的程度上是一种生活的凝华，是对历史和人生的思考，内容的更大意义在于歌颂真理和真善美，鞭笞丑恶。

电影艺术和电视艺术，因其本质特征基本相同，所以在表达方式方面存在许多相同点，但是彼此的区别也是显而易见的。电视艺术和电影艺术在 21 世纪的今天，正逐步走向相互融合、相互补充借鉴的道路。

2 摄影机概述

2.1 摄影机分类

2.1.1 整体类型介绍

摄影机从发明到今天，在不同的阶段随着技术的进步，促成今天专业摄影机如精密仪器一样运转自如。在这里我们只对摄影机的类型作一个粗略的介绍。

摄影机系统是由机身、镜头、片盒、电源、三脚架、电动马达、系列附件等构成。

摄影机按胶片底片的画幅分为：16mm，35mm，65mm，70mm。

摄影机按冲印画幅分为：标准 16mm，超 16mm、1.33mm、1.37mm，1.66mm、1.85mm，宽银幕，超 35mm。

摄影机按噪声分为：有噪声（机型轻便）、低噪声（用于同期声拍摄）两种机型。

摄影机按马达性能分为：石英、变速器、反转马达三种。拍广告片时，需要用后两种马达。

摄影机按叶子板分为：最大角度、可变、拍摄时可变开口角度三种。

　　常用的摄影机的品牌和型号。在广告片拍摄中，经常被摄影师们所选用的品牌和型号是：

　　同期声是 Moviecam、Panaflex、Arri cam St、Arri com Lite（如图3所示）、阿莱535型。

　　非同期声35mm胶片是阿莱高速435型（如图1所示）、阿莱Ⅲ型（如图2所示）；

图1　阿莱高速435型非同期声摄影机

16mm胶片是阿莱Ⅱ。

超高速是35mm胶片是Photosonic 4ER 1000格/秒。

35mm胶片是中国江光200格/秒。

16mm胶片是ARRI 16 sr500格/秒。

2.1.2 按照使用用途分类

2.1.2.1　广播级机型

　　这类机型主要应用于广播电视领域，图像质量高，性能全面，但价格较高，体积也比较大，它们的清晰度最高，信噪比最大，图像质量最好。当然几十万元的价格也不是一般人能接

图 2　阿莱Ⅲ型

图 3　ARRI COM ST 低噪声摄影机

受得了的。例如松下的 DVCPRO 50M 以上的机型等。

广播级机型根据需求又可以分为新闻专题类摄像机、电视剧类摄像机、数字电影摄像机。

（1）新闻专题类摄像机

用于新闻、专题拍摄，也就是通常说的"电视台节目"。

例如，《新闻联播》《焦点访谈》《快乐大本营》外景。

常用机型：DVCPRO650、DVCPRO913 等。

（2）电视剧类摄像机

用于电视剧或者电视电影拍摄。

这类摄像机对画面曝光、颜色控制有了更高的要求。所以一般需要进行菜单设置，例如"色相矩阵"类的。

常用机型：DVW790、HDW750 等。

（3）数字电影摄像机

用于数字电影、微电影拍摄。

这类摄像机通常都是 35mmCMOS 片儿，也就是全画幅。

常用机型：F35、艾尔莎、REDONE、5D2

2.1.2.2 专业级机型

这类机型一般应用在广播电视以外的专业电视领域，如电化教育等。图像质量低于广播用摄像机，不过近几年一些高档专业摄像机在性能指标等很多方面已超过旧型号的广播级摄像机，价格一般在数万元至十几万元。

相对于消费级机型来说，专业 DV 不仅外形更酷、更起眼，而且在配置上要高出不少，比如采用了有较好品质表现的镜头、CCD 的尺寸比较大等，在成像质量和适应环境上更为突出。对于追求影像质量的朋友们来说，影像质量的提高给人带来的惊喜，完全不是能用金钱来衡量的。代表机型有索尼公司的 DV-CAM 系列机型。

（3）消费级机型

这类机型主要是适合家用使用的摄像机，应用在图像质量要求不高的非业务场合，比如家庭娱乐等。这类摄像机体积小重量轻，便于携带，操作简单，价格便宜。在要求不高的场合可以用它制作个人家庭的 VCD、DVD，价格一般在数千元至万元。

如果再把家用数码摄像机细分类的话，大致可以分为以下几种：入门 DV 产品、中端消费级 DV 产品和高端准专业 DV 产品。

2.1.3 按照存储介质分类

2.1.3.1 磁带式

磁带式是指以 Mini DV 为记录介质的数码摄像机，它最早在 1994 年由 10 多个厂家联合开发而成。通过 1/4 英寸的金属蒸镀带来记录高质量的数字视频信号。

2.1.3.2 光盘式

光盘式是指 DVD 数码摄像机，存储介质是采用 DVD－R，DVR＋R，或是 DVD－RW，DVD＋RW 来存储动态视频图像，操作简单、携带方便，拍摄中不用担心重叠拍摄，更不用浪费时间去倒带或回放，尤其是可直接通过 DVD 播放器即刻播放，省去了后期编辑的麻烦。

DVD 介质是目前所有的介质数码摄像机中安全性、稳定性最高的，既不像磁带 DV 那样容易损耗，也不像硬盘式 DV 那样对防震有非常苛刻的要求。不足之处是 DVD 光盘的价格与磁带

DV 相比略微偏高了一点，而且可刻录的时间相对短了一些。

2.1.3.3 硬盘式

硬盘式是指采用硬盘作为存储介质的数码摄像机。2005 年由 JVC 率先推出的，用微硬盘做存储介质。

硬盘摄像机具备很多好处，大容量硬盘摄像机能够确保长时间拍摄，让你外出旅行拍摄不会有任何后顾之忧。回到家中向计算机传输拍摄素材，也不再需要 MiniDV 磁带摄像机时代那样烦琐、专业的视频采集设备，仅需应用 USB 连线与计算机连接，就可轻松完成素材导出，让普通家庭用户可轻松体验拍摄、编辑视频影片的乐趣。

微硬盘体积和 CF 卡一样，和 DVD 光盘相比体积更小，使用时间上也是众多存储介质中最可观的，但是由于硬盘式 DV 产生的时间并不长，还存在着诸多不足：如防震性能差等。

2.1.3.4 存储卡式：

存储式式是指采用存储卡作为存储介质的数码摄像机，例如风靡一时的"X 易拍"产品，作为过渡性简易产品，如今市场上已不多见。

2.1.4 按照传感器类型和数目分类

2.1.4.1 传感器类型：CMOS 与 CCD

CCD：电荷耦合器件图像传感器（Charge Coupled Device），使用一种高感光度的半导体材料制成，能把光线转变成电荷，通过模数转换器芯片转换成数字信号。

CMOS：互补性氧化金属半导体（Complementary metel－Oxide Semiconductor）和 CCD 一样同为在数码摄像机中可记录光线变化的半导体。

在相同分辨率下，CMOS 价格比 CCD 便宜，但是 CMOS 器件产生的图像质量相比 CCD 来说要低一些。到目前为止，市面上绝大多数的消费级别以及高端数码相机都使用 CCD 作为感应器；CMOS 感应器则作为低端产品应用于一些摄像头上，不过一些高端的产品也采用了特制的 CMOS 作为光感器，例如索尼的数款高端 CMOS 机型。

2.1.4.2 **传感器数目：单 CCD 与 3CCD**

图像感光器数量即数码摄像机感光器件 CCD 或 CMOS 的数量。多数的数码摄像机采用了单个 CCD 作为其感光器件，而一些中高端的数码摄像机则是用 3CCD 作为其感光器件。

单 CCD 是指摄像机里只有一片 CCD 并用其进行亮度信号以及彩色信号的光电转换。由于一片 CCD 同时完成亮度信号和色度信号的转换，因此拍摄出来的图像在彩色还原上达不到很高的要求。

3CCD 顾名思义就是一台摄像机使用了 3 片 CCD。我们知道，光线如果通过一种特殊的棱镜后，会被分为红、绿、蓝三种颜色，而这三种颜色就是我们电视使用的三基色，通过这三基色，就可以产生包括亮度信号在内的所有电视信号。如果分别用一片 CCD 接受每一种颜色并转换为电信号，然后经过电路处理后产生图像信号，这样，就构成了一个 3CCD 系统，几乎可以原封不动地显示影像的原色，不会因经过摄像机演绎而出现色彩误差的情况。

2.2　摄影机执机方式

2.2.1　摄像机的原理

任何摄像机都是由以下三个部分构成。

第一，由一个可变的光学系统构成透镜，即镜头；

第二，摄像装置的机身，即将镜头拍摄到的光学图像转换成电子信号的系统；

第三，寻像器，显示镜头捕捉到的、经过转换成视频的黑白图像，供摄像师取景之用。

工作原理。从光学图像到视频信号的转换工作原理，无论是高清的还是标清的，无论是数字的还是模拟的，无论是专业的还是家用的，无论是大的还是小的，其摄像机的工作原理都基本相同：就是先将光的反射图像经过镜头的撮取之后，进入镜头抵达光束分离器（由分色棱镜或滤色片构成），将光线分离成 RGB 的三色光。RGB 三色光分别投射到电荷耦合器上（CCD）转换成电荷。这三个 CCD 分别输出的电子信号再经过放大、处理，组成一个彩色的全电视信号（C/Y 信号），再经过一次电—光的转换，就变成了可视的屏幕图像，如图 4 所示。

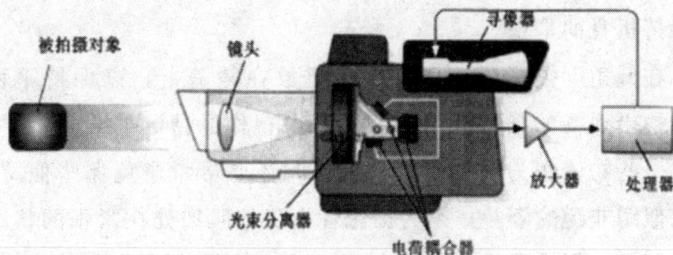

图 4　摄像机

2.2.2 执机的方法

执机就是摄像者用什么样的方法持机进行拍摄，包括徒手执机和肩扛执机两种。此外，我们还常使用三脚架协助进行平稳的拍摄。

2.2.2.1 徒手执机方法

徒手执机的形式较多，既可以单手握持，也可双手握持，或放在其他可依靠的部位上，这种执机方法适合超小型数字摄像机。

单手握持最为普遍，具体方法是将右手放进手柄的皮带圈内，并将皮带系紧，然后，放松肩部和胳膊，使手肘紧贴身体两边，以保持摄像机的稳定。这种执机的方法有较大的机动性，可对外界变化的情况做出迅速的反应，并能在复杂的环境或运动状态下拍摄。

双手握持的姿势是用手持带环扣住右手手背，牢牢抓住摄像机。右手支持机器，手指靠近操作控制键。左手的位置视不同的摄像机类型而定，托着摄像机的底部或侧部，但在很多情况下，最好托在镜头下方，以保持平稳。

站立进行拍摄时，双脚之间的距离应和肩部的宽度相等，以保持机身的平稳。

在低角度拍摄时，要把摄像机放在膝盖上，以保持平稳。如果拍摄现场的条件允许，并符合电视作品情节的要求，要尽量找一些物体作为辅助支撑。拍摄时还要尽量避免那些似站非站或似蹲非蹲的姿势，因为摄像者大腿的肌肉处在紧张的状态，时间稍长，便会导致画面的抖动。徒手执机进行拍摄时还要注意控制呼吸，呼吸时身躯起伏，必然会影响到执机拍摄的稳定性。控制呼吸最常用的方法是屏息。科学的屏息方法是，先使头部放松，然后深吸气，再慢慢呼出多半，一般大约是五分之四，继而开始屏息。之所以不要做全呼后的屏息，是因为二氧化碳呼出过多，屏息时间太长，中枢神经便会迅速作出抑制的保护性反应，导致肌肉控制失调，从而也失去了为保持执机的稳定而屏息的意义了。徒手执机时，开始停止键位于拇指可按处，变焦"摇杆"控制器也位于食指和中指可以摸到的地方。左手可以自由地辅助稳定摄像机或进行其他操作控制。

2.2.2.2 肩扛执机方法

用肩部将摄像机扛起进行拍摄的方法，适合机型体积较大的摄像机。具体方法是将摄像机放在肩上架稳，右手握紧手柄，操纵开关进行聚集和变焦，左手轻扶遮光罩，适时调整光圈和焦距。为确保机器的稳定，可将机器紧靠脸颊。肩托的位置可根据摄像者的体型作适当的调整，以适应脸部靠紧摄像机机身和眼部贴紧寻像器罩的需要。

肩扛执机时，两腿应叉开，重心要低，力求支撑的底部要大，这样才能使拍摄的画面相对稳定。当执机进行运动时，双膝应略弯曲，尽可能地以身体的运动代替步伐的移动，这样可减轻因走路而产生的垂直振动。拍摄时，为了使画面上的被摄对象看起来最为稳定，应优先考虑使用镜头的广角段。尽量改变机位，而不要频繁使用长焦变焦。拍摄时要时时牢记稳定性。不论使用何种型号的机器，都要将肘抵在胸部，这有可能会不太舒服，但对影像的稳定性很有帮助。不论身处何地，都要寻找可以支撑的物体，尽量利用身旁的依靠物，如树木、电线杆、墙壁等，使摄像机保持相对的稳定。

跪姿和坐姿也能增加稳定性。跪于一膝上，可以将摄像机支撑在另一抬起的膝部。后背依靠在墙上或篱笆上，双腿抱紧，将摄像机架在膝盖上。将肘部支撑在椅子靠背或桌面上。在户外时可使用矮墙或汽车前盖。

2.2.2.3 用三脚架进行特殊摄制

使用三脚架，可以确保摄录放一体机稳固地固定在一个位置，大大减低摄像机的抖动，令拍摄画面更加稳定、平滑，增加拍摄的能动性，拓展景物的范围。

当使用长焦转换镜头或长焦拍摄时，三脚架很关键。在延时拍摄、动画制作和微距拍摄时，必须用三脚架来支持。

2.2.2.4 操作要领——平、准、稳、匀

"平"指摄像者通过寻像器看到的被摄对象应该是横平竖直，也就是从寻像器中看到的被摄对象的水平线条应与寻像器的横边框相平行，其垂直线条应和寻像器的纵边框平行，这样，拍摄出来的画面才不会歪斜。

"准"是指拍摄画面的构图以及运动摄像时的起幅和落幅，要符合电视作品所表现的内容。即摄像机镜头聚焦要准，画面取景构图要准，白平衡调整要准，景物色彩还原要准。为准确地再现被摄对象的真实色彩，应调整摄像机的色温，使它与光源的色温相对匹配。"准"在摄像的诸多因素中是最难掌握的，也是最重要的，尤其是推镜头和摇镜头，画面中的构图在不断变化着，为了保持构图均衡常常是几种技巧同时操作。

"稳"是指摄像机所摄的画面应排除不必要的抖动和晃动，保证画面的质量。手持摄像机最容易产生晃动，要使画面相对稳定，除可以打开防抖装置外，还要注意掌握好镜头的焦距。

由于画面的稳定程度与镜头焦距的长短有相当密切的关系，所以，尽可能靠近拍摄对象，使用广角拍摄。摄像者最好在拍摄前进行这样的测试，即手持摄像机在静止不动的情况下进行拍摄，然后变化镜头的焦距，观察画面在多长焦距时开始晃动，从而记住这个焦距的长度，并将其作为平稳与晃动的分界线。拍摄时，如果超过了这个分界线，就要把摄像机放置在三脚架上。如果没有三脚架，可以尽量利用周围可以依靠的物件（桌椅、墙或树干等），保持拍摄画面稳定。

"匀"是指摄像机在运动拍摄时，其运行的速度要均匀，节奏要统一，不能忽快忽慢，以免破坏节奏的连续性。无论是推、拉、摇、移，还是其他特技，都应当匀速进行。起幅和落幅镜头的速度要缓慢，加速或减速时的变速要均匀。"痉挛"式的摇动拍摄，是操纵摄像机的大忌，同时，也应避免刷墙式的来回横扫和拉风箱式的往复变焦，这些都会使摄像机运动的均匀程度受到破坏。

只有在拍摄中把握住操作要领，才有可能获得满意的影像。

3　影视作品制作流程

3.1　影视作品拍摄与制作

3.1.1　前期筹备阶段

首先学习预算的编制与制作合同的撰写；学会建立自己的制作团队，了解各部门和岗位的职责；了解前期筹备中各个环节的工作，如何选择演员、选景、搭景等；明确影视制作中的产品和特殊道具，学会撰写拍摄计划，由于影视拍摄涉及的范围广泛，下面以广告拍摄为例进行介绍。

3.1.1.1　预算与合同

（1）预算

在竞标阶段"套装议价组合"中已做过一次预算，但那只是参与竞标，是一个大概的理想性的预算。只有在 PPM 会之后，广告主签字认可了导演创作意图和制作手段之后，才可能计算出未来的真实预算。因此，导演和执行制片是最终详细确定拍摄预算和拍摄计划的两个关键人，一个真正精确的、有可行性的、实操性的实拍预算和实拍日程计划才有可能出笼。在没有他们参与的情况下，几乎是不可能的。

影视作品在拍摄时，一般情况下，只要是按既定的方案执行，不改变任何拍摄计划，是不会出现超支情况的。因广告片是量体裁衣，周期短、好控制，一切设计制作方案都是经过反复研究、调查、咨询、考察、报价、核实和确认的。优秀的导演和制片是能精确掌控的。虽然，外景地的天气是一个不可控因素，但是也是可以预知的，可事先做出正确判断的。能使不利因素由被动变主动，使客观的不可控因素变为可控因素，这就是好导演和好制片。做到不超支，这样才能运转自如，长久地与广告公司合作，协同作战。

（2）签订制作合同的关键点

签订合同，就是明确双方的责任、权利、义务、承诺、时间、经费、违约、付款方式、结算方式、播出带规格和数量等条款，这些都是八股条款，却是必需的、认真的，应得到重视，签字代表应是有经验的制片或导演。

关键点之一，如果在文字合同上不按真实预算签字确认，达成妥协的制片公司在拍摄时，导演要按照他的创作意图执行，兑现他的承诺。此时，就会出现两难的境地。要么超支，要么降低质量。广告主在现场，广告公司在监制，怎么办？钱的问题，直接影响未来广告片的质量，不能把一切作乐观的处理，精确的预算是有道理的、务实的、科学的，更不能给自己找麻烦。在合同谈判中，妥协是合作的基础，但不能无原则。

关键点之二，一旦剧组按计划进入拍摄现场，不是因为摄制组内部主观原因造成延误拍摄，所导致的超支，不该由制作公司承担这部分损失。假如，广告主已到现场，临时提出改动确认实拍创意方案；或不满意已确认演员，想起用明星演员等非正常拍摄原因。出现这种情况不要紧，本着服务的精神，只要广告主确认是由他方原因造成的，并承担一切损失，广告公司作为监制应出面协商好两方面的工作，解决摄制组的实际超支部分就行了。摄制组应全方位协助，积极地配合，尽快解决问题，重新投入拍摄。此议项可以签入违约条款之中。

关键点之三，在完成片交给广告公司的条款中，明确一手交钱，一手交货，以及结算方式。

3.1.1.2 团队创建与管理

一个制作团队能有明确的工作程序或管理系统，对广告制作是非常有利的。因为每一天的拍片制作费很高，时间观念很强，需要有效地、最好地让每个制作成员好好地发挥和扮演好自己的角色。一个好的制作团队就像运转良好的机器一样，总能在极短的时间发挥最大的能量。

广告制作行业中，制片人和导演通常情况是由广告公司推荐。摄制组全体成员是由导演和制作来组合，包括摄影、副导演、副摄影、美术师、灯光师、发电员、服装造型师、化妆造型师、道具师、置景师、特技师及司机等人员。

（1）导演组

由导演、副导演、助理导演组成。

①导演

导演代表制作公司或自己对广告公司艺术创作负责，主要工作是把广告创意文案转化为用视听语言来建构的画面和声音。自始至终参与制作的前期筹备、摄制过程和后期制作，并指导全组演员和职员的工作。

②副导演

副导演在前期筹备时，协助导演选演员和选景；拍摄期，给导演提供支持。摄制现场负责组织调度临时演员和群众演员。

（2）制片组

由制片人、执行制片、现场剧务、外联剧务、生活剧务、场务、司机等组成。

①制片人

制片人是广告公司参与前期创作和摄制过程全部工作的负责人之一。通常是广告片开始实际操作的第一人和广告片制作完成收尾工作的最后一人。他代表广告公司的利益，负责控制广告片制作预算，负责推荐广告导演、作品；充当广告公司与制片公司、导演的中介；同时监督制作现场执行制片的工作。

②执行制片

一般情况是导演自己寻找执行制片来协助工作，可能是制片公司的人，也可能是外请聘用。主要工作是协助导演的非艺术的行政工作，管理剧组各部门之间的协调作战，向导演推荐剧组各职能部门的人选；与导演一起选演员，待企业和导演确认演员之后，签订具有法律依据的有关合同。另外如有外景，则需要与导演一道勘测未来供拍摄的景点，待确认后，负责与景点签订具有法律依据的有关合同；负责与景点所在地交通、公安联系接洽，保证现场拍摄的顺利进行。拍摄前，召集剧组人员开筹备会，监督各部门的工作准备情况，做好开拍前的一切准备工作。拍摄时，服从广告公司制片人的指挥领导，负责制作费的合理使用。一个优秀的执行制片知道拍片过程中哪些地方预算不足，哪些地方预算要超支。制片公司或独立制作人（可能是导演或什么人）要想在制作上赚钱，要请什么样的执行制片？要考虑他的制片能力。既能保证广告片制作品质，又能合理使用和节约制作成本，减少不必要的开支，这样的执行制片最抢手。

③外联制片

外联制片就是负责拍摄现场以外一切行政事务工作，包括外景、交通、治安联系，为拍摄提前做准备工作。他受执行制片领导，协助导演工作。

（3）摄影组

由摄影指导、摄影师、副摄影、摄影助理、机械员等组成。

①摄影指导

对导演的艺术创作负责，选择最佳的适合本广告片拍摄用的摄影机和灯光器材。主要为怎样创造拍摄广告片最佳构图和最好气氛而工作。他与导演沟通，配合导演建立、把握广告片的摄影风格，决定镜头和灯光的正确使用，以及监督每个场景的正确曝光和灯光特性。

②摄影师

全面负责摄影组的具体工作，在现场确认机位和全程操作摄影机构图，体现导演和摄影指导的构思。

③副摄影

负责选择适合每个画面的摄影机镜头和滤镜，跟踪保持与被摄物的焦距。检查摄影机的片门是否关好，确保摄影机的工作和拍摄时镜头前灯光的串光遮挡。指挥场务安装轨道或升降机达到拍摄要求。

（4）美术组

由美术指导或美术师、道具师、道具员、服装设计师、服装员、化妆、场记板、卷尺造型师、化妆师、置景师、置景员、特技师等部门组成。

①美术指导

美术指导与导演和摄影指导紧密合作，共同建构未来广告片的总体风格和形式。主要负责设计和监督广告片的总体视觉效果，包括整体影调、色彩设计、人物造型、布景设计，协助导演选外景等；美术指导还负责在艺术上指导服装、道具、化妆、置景等部门工作，目的是统一步调，共同构建完成广告片的视觉效果。

他的职责是代表美术创作部门并起主导作用，对广告片的造型质量负有主要责任。美术指导须具有较高的艺术素质与美术专业修养。在历史、建筑、服装、道具、民俗、都市、时尚、前卫、绘画等方面具有深入广泛了解，有丰富的影视美术创作经验并形成独特自我的风格。他由导演聘请或制片公司聘任。

②美术指导或美术师

美术指导或美术师负责具体设计和执行美术指导构思的布景，指挥置景师实施搭景。他需要通晓计算机辅助设计，需要有设计艺术灵感和精通建筑的结构。在没有美术指导的小规模广告片制作过程中，自己既是美术指导，又是美术师，同时担当两个角色。

③道具师

道具师负责按照导演和美术指导或美术师的要求设计、制作、操作各种广告片中需要的特殊道具，如电器、酒类、食品等广告产品。同时负责租借和保管拍摄场景内所有装饰物品，如家具、相片、灯具、闹钟等。指挥道具员按照导演和美术指导或美术师的要求设计放置道具。

④服装设计师

服装设计师负责按照导演和美术指导或美术师的要求设计、购买、保管和监督制作（除服饰产品广告），指挥服装员或几个服装员在现场为演员提供服务。

⑤化妆造型师

化妆造型师负责按照导演和美术指导或美术师的要求为演员设计造型、定妆、管理化妆组等工作。特殊情况需要身体化妆和头发造型。

⑥置景师

置景师负责按照导演和美术指导或美术师的设计蓝图要求，监督实施布景工作。指导木工、油工、泥水匠、焊接工等置景员们的工作。

⑦置景员

置景员分别由裱糊工、绘景工、木工、油工、泥水匠、焊接工等构成，听从置景师指挥，搭建按照导演和美术指导或美术师设计蓝图要求的布景。

⑧特技师

特技师对导演和美术指导负责，为创造广告片所需特殊气氛，安全有效地策划完成片中的特殊效果。如风、雨、雪、烟火、武打等。有的广告片要求特技师能操作"维压"创造"空中飞人"的特殊效果。驯兽师负责驯养动物（如鸟、狗、老虎、狮子等），驯化、操作、指引动物按照导演规定的动作表演。总之，选择特技师或驯兽师要根据广告片的特殊需求而定。

（5）灯光组

由灯光师、副灯光师、灯光助理组成。

①灯光师

灯光师是照明部门的负责人，执行摄影指导设计的灯光效果，为拍摄创造曝光和气氛所需光效；指挥副灯光师和灯光助理安全、高效地完成照明工作。时间就是金钱，有丰富广告拍摄经验的灯光师最抢手。因广告拍摄打灯的技巧有别于电影、电视剧拍摄用光技巧，不是任何能打灯的人都能担当此任的，特别是广告的静物和液体灯光技巧要求高。

②副灯光师

副灯光师应可以独立完成专业灯光的设计、安装、调试、维护、演出及现场控制；能独立完成灯光布线、布光，具有临场应变能力，定期检查设备状况，做好维修和维护工作。协调好灯光师与灯光助理之间的工作安排。

③灯光助理

灯光助理听从灯光师和副灯光师的指令，协助副灯光师完成打光工作。搬运、组装灯具，在拍摄现场将灯具放在指定位置，调整灯具投射角度、灯光强度。

④发电员（或棚内的配电员）

发电员（或棚内的配电员）负责操作和维护发电机，随时提供现场拍摄所需的电。

3.1.1.3　选择实景或搭制场景

进入前期筹备，导演、摄影、美术、制片首先是落实 PPM 会确认场景方案，选择实景或搭制场景。如内景的拍摄，从制片的经济角度来计算，当然是选择实景比搭景更经济，更省钱。但从广告片拍摄的艺术角度来考虑，那就是搭景比实景更能充分表现广告片的艺术氛围和艺术魅力。

（1）选择实景

实景分内景和外景两种。

①对于外景的造型，只能选择实景来满足广告创意和导演的创作意图，自然景观和都市建筑的存在是不以人们的意志为转移的，但有选择、有取舍、有强化和局部加工的方法，可以创造和满足拍摄的造型要求。

②对于内景的造型，则主要是从经济角度考虑较多。它限制了广告造型各方面的塑造和拍摄，一切美术造型的手段和技巧也被束缚，甚至会出现没有照明灯位的情况。拍摄完成的广告片，在艺术上的表现力可想而知。

（2）搭制场景

搭制场景主要指广告片展示所需的场景。有的是一个家庭，有的是一个研发机构，有的是产品展示中心，有的是 T 型舞台等，一切所需搭制场景源于广告创意和导演的创作意图的构想。什么建筑风格，什么装饰流派；任何色彩造型，任何色调构成；无论是传统的，还是现代的，甚至是未来的，以至想象的童话般的造型空间，无所不能。创意智慧有多大，制作空间就有多大，这需要强大的经济实力作后盾。美国大片充分说明了这点。

（3）虚拟场景

虚拟场景是运用当下数字化高科技仿真模拟技术的成果。通过三维动态数字技术创造出一种虚拟的，但视觉上感受是真实的造型空间场景。在动画片的制作造型上表现尤为强悍。它的优势在于能创造出至今人所想到的任何造型空间，从侏罗纪时代到星球大战，从怪物史莱克到超人特工队。这同样需要强大的经济实力作后盾，以及创造力和最新科学技术的支持。

3. 1. 1. 4　**演员试镜**

经过第一次 PPM 会对演员的推荐、讨论、否定或确认。根据会议纪要是确认了哪位名人或明星作为形象代言人，还是确认了哪几位演员，还是全部否认提案的演员。不管怎样的结果，有关演员问题的一切事宜都需要在前期筹备时得到具体落实。需要补充提案的演员一定在拍摄前的 PPM 会上得到最后确认，否则就会直接影响拍摄日程的按时推进。

演员的试镜是导演工作中非常重要的环节，努力想达到看似不可能的任务，主要倚仗的是出现在镜头前面的演员。就是这些演员传递了信息，也说服了电视机前的观众去试用商品。遴选出合适的演员也是电视广告制作人所作的最重要决定之一。多数广告片的演员不是名人和明星，他们是专业影视剧的演员，还有真真实实在影视广告圈内的一群人，这群人称为广告演员。他们对于某些类型的广告来说相当重要，特别是那些需要真正的一般消费者的广告片。因此，对于这些专业和非专业广告演员的选用都必须经过试镜，通过试镜从中可以探知广告公司、广告主和导演是否英雄所见略同，整合演员各方面的条件，确认本片最终出场的演员。

3. 1. 1. 5　**服装造型与化妆造型**

如果广告片有特殊的人物造型，并得到了 PPM 会签字确认，在前期筹备中就必须得到具体的落实。最好是在演员确认之后，要让他们试妆和试服装，从而避免到了拍摄现场的尴尬。美术指导会在最后一次 PPM 会之前，安排化妆和服装进行实际的人物造型，并用 DV 或照片记录人物造型的过程和结果，提交最后一次 PPM 会确认。

在之前全都是纸上谈兵，真正落实是这个阶段。化妆造型根据认可的人物造型图，对演员进行化妆造型。服装师将已设计制作或租借、购买好的服装提供演员试妆。此时，参加人员有导演、摄影、美术指导、化妆师、服装师等，也可邀请广告公司和广告主参与，特别是制作时间紧张的片子，有问题当场协商解决，最后决策并拍板确认。有时间的剧组是提交 PPM 会，广告公司和广告主是以观看电视录像的方式最后确认。

3.1.1.6 场景的抉择

在广告制作的投标阶段，广告公司就会明确告知你，场景是选择实景或是棚内搭景。但是，一支广告片所涉及的场景只是在一个房间内发生，可以直接租用适合拍摄的实际房间；也可以寻找一个摄影棚搭制一间房间的场景来提供拍摄。两者会牵扯到制作费的高低、时间进度，以及广告片的品质等问题。现在就介绍两者之间的优缺点。

（1）屋内实景拍摄

广告实景的优点：

①它的真实性，是搭景所无法比拟的，或至少是得花上昂贵无比的制作费，天花板的细节对于广告片很重要，所有实景的房间都有天花板；而搭景就很少有天花板，就不如实景来得方便。

②相对于搭景的费用，可节约很多。

③实景屋内，摄影机能从一个房间拍到另一个房间，无须支出搭建另一房间的费用。

④在真实的房间里，摄影机可以自由地拍出楼梯、玄关、窗户等设施的细节外观，以及拍摄出房内所有装饰和陈设道具。

广告实景的缺点：

①灯光问题。自然光是否可以利用，不能用，怎么解决？是日景戏就需要使用高色温的灯光器材，造价就要提高许多。屋内层高和房间大小是否有灯位？由于租用房屋的配电功率不够，还要准备一台发电车，给灯光供电。

这一切最好请灯光师先看过拍摄现场，行家总能检查出问题。房屋附近有无可以停靠发电车的位置？距离拍摄实景点的距离是多少米，是否存在扰民现象，等等。

②声音问题。如果广告片需要同期收音，必须考虑以下几个方面：是否临近高速路和繁忙街道；是否临近施工工地和游乐场、游泳场、飞机场、大海等。

③器材问题。房间是否能容纳摄制人员和摄影器材在里面运作，如移动轨、PV 道利车等；还要给演员预留足够的表演空间。

在多数情况下，选择实景是直接去与房屋建筑开发商洽谈，直接租用适合广告视觉效果的样板间房屋拍摄；有时还可能遇到一套理想的家具，省去了许多麻烦。

有些实景必须租用，如运动场、网球场、健身中心、商店、超级市场、大餐厅、政府公共用地、建筑楼群、花园广场、大自然景观等，这些是棚内无法搭建的，只能是采用实景拍摄。

这些场景的租借费用一定是相当昂贵的。

（2）棚内搭景

采用棚内搭景是广告片拍摄常用的手段之一，它能提供拍摄所需多方面的、创造性的基础。

棚内搭景的优点：

①美术指导可以完全按照广告创意和导演的创作意图来设计和搭建棚内场景，为摄影创造提供更准确的造型基础，更能掌控场景的色彩构成和影调。

②搭景所用的都是活动墙板，它们既可以移动、变换角度，又可以搬除、替换，还可以随时修改场景。

③能为摄影机提供多角度和超常的视角，更便于摄影机升降移动；可以将活动墙搬移开，方便机位的设置；还能提供摄影机镜头控制景深的大小。

④为灯光的设置提供了最大的自由度和空间，能随时为人物设置逆光，加强整体感；更便于摄影用灯光来控制画面影调和反差。

⑤在一间同期声的棚内搭景，就更方便于录音师的收音工作，还可随意在任何位置，吊挂、设置麦克风。

棚内搭景的缺点：

①搭置场景的费用较高。

②搭置多少面积场景，就只能用多少面积场景。

如果是已确定了在棚内搭景，那么就应选择有搭景经验、有实力的摄影棚片场，摄影棚在北京、上海、广州三地最集中。它们能帮你省下许多搭景的糊涂开销。它们通常有能收录同期声的摄影棚和非同期棚，还常备有布景配置、各种预制门、窗、柱头、墙面、地板、楼梯、玄关、壁炉等，只需安装和粉刷及重新装潢一下，就可提供拍摄。

3. 1. 1. 7　广告产品与特殊道具

（1）广告产品

广告产品在片中是一个特殊"道具"，产品与消费者之间的关联性是广告主最关心的问题。如液体产品——红酒、啤酒、果汁、奶液等，如何表现？怎样表现？例如"中华"牌干红葡萄酒的拍摄，根据广告创意导演和美术指导都明确了的创作意图，如何具体地表现干红酒的品质和品位，整体构成和细节等。广告片的艺术整体相对于红酒液体局部表现，对于导演来说把握较容易；作为广告产品的红酒拍摄中，要达到完美的程度就不是那么容易的事。超高速拍摄的控制、制作经费的压力、液体拍摄的偶然性都影响着拍摄的尽善尽美。为了完美地实现导演预期的设计，道具师在拍摄前就会反复地、上百次地练习"道具"在片中的各种冲杯效果，直至达到道具师自我能控制各种冲杯的效果为止。这样的练习在广告片液体产品的拍摄中时常可见，只有这样的"道具"才具备充分的表现力、创造力，才能使消费者在审美上产生共鸣，与消费产生关联。

（2）特殊道具

在广告片的拍摄中经常需要制作一些特殊道具来为拍摄服务，如拍摄旋转中的奶液与加入巧克力或水果、果仁等的高速画面时的特殊器械；又如拍摄冰激凌、雪糕类产品，就必须自制与广告产品类似的特殊道具来辅助拍摄。

例如，冰激凌产品的拍摄，由于产品遇热就会融化。拍摄中，灯光照射温度较高，真实的产品极易融化变形，不利于拍摄。业界普遍采用自制"道具"替代真实产品参与拍摄，多数情况用土豆加工成土豆泥，然后再加上所需的色彩、装修用墙面涂料，搅拌均匀即可制作而成，提供拍摄之用。生活中有许多常识和窍门都可以借鉴，有助用于广告拍摄。

3.1.1.8 拍摄前的最后一次准备会

经历了第一次 PPM 会敲定的事项和遵照此会决议而积极地

筹备。马上就要临近拍摄日，把握好拍摄前这次会议就是决策，就是把握住了最后的检测关卡，距通往成功的道路就不远了。有人形容此次会议的重大意义是：只要能掌控所有的拍片细节，拍摄前会议就算大功告成。这次会议首先既是对第一次会议决策的检验会，又是对实拍所做的一切做最后的把关会。在广告公司或在制作公司召开都行，所有的最后决策都需要在此会议上确定。那么，这个会议还需准备什么？又有谁应该参加此会呢？

（1）什么人参加此会议

广告公司代表：一般情况，制片人是会议的召集人和主持人。只要与本支广告片有关系的、有贡献的影视创意部人员均可参加，主要有文案、艺术指导等。

广告主的代表：邀请广告客户参加是最明智之举。一定要广告主方有决策权的人员参加此次会议，尤其是当遇到技术性产品或被问到这项产品该怎么使用、陈列和操作时，广告主的代表的建议更重要。

制作公司代表：导演是制作公司最重要的代表，摄影指导、美术指导和执行制片等人也要参加。

（2）议程资料的准备

首先，得记住，这次会议召开的时机，最少应在实拍前3～5天。其目的是预留一个缓冲期，对此会议决策有一个可调整的时空。

其次，将第一次PPM会后导演或制作公司所做的准备工作逐项呈现，让广告公司和广告主逐项审案。

（3）导演应准备的议程资料和相关要求

第一，根据前次会议决策，修改导演分镜头脚本，并提供本次会议讨论通过，必须确认形成最终的实拍脚本；

第二，将故事图板的画面作相应的调整，与导演分镜头脚本对应；

第三，提供展示美术部门的所有最终准备的设计图、人物造型、内景或外景、化妆、服装、道具、置景的 DV 带、照片、实物或立体的模型等，待最终确认；

第四，再次提供摄影风格和影调的借镜图片，待最终确认；

第五，提供修改后的三维或二维动画造型小样，待会议确认；

第六，备份新挑选的主要演员 DV 带和照片资料，以供广告主选用。

导演在阐述中应熟练地讲解所拍片的创作意图，在创意点子的提纯、把握与表达上，要求专业、流畅、形象、生动、易懂，幽默与风趣的台风使广告主如见形象化的样片一样，切勿冷场；营造出表演、道具、服装、音乐、音效的专业性提案展示气氛；强调广告片中所要表达中心点的关联性，即重点阐述产品在片中的角色，以及是怎样通过形象的、意念的外在功能传递产品信息，使产品与观众产生共鸣（这一点是广告主最关心的）。

请记住，拍摄前的最后一次 PPM 会议的周密严谨是绝对必要的，因为它可以避免在开拍当天让你发生错愕。要注意的是，往后发生的各种误解都会打断你原定的拍摄进度，以及额外损耗，增加对拍片毫无受益的经费。在会议结束之前最重要的议程就是广告主对导演的创作意图的确认和签字。没有签字的拍摄方案，最终也是没有人负责的，也就不能投入实拍，更谈不上交完成片。到那时没完没了的事就太多了，"马拉松"的事谁都不愿干。

3.1.1.9 器材的选用与清单

（1）根据什么确认和选用拍摄所需设备

拍摄前的 PPM 会议结束了，导演拍摄制作的最终方案也确认签字了，剧组所有演职员都明确了制作方案。为了准备开拍，导演、摄影指导、灯光师就会坐下来集体讨论拍摄方案对摄制设备的需求。然后，根据广告片视觉造型的各种需要，选择什么样的摄影和灯光的设备，以及必需的辅助器材。原则是：一是，满足拍摄的一切所需；二是，节约，选择了的设备一定是能派上用处的，不要不用，造成不必要的浪费，记录备案并列出清单。

①摄影方面

其一，明确是同期声拍摄还是非同期声拍摄，这很重要。多数广告片采用非同期声拍摄，这样可以降低拍摄内外部对环境和设备的要求，减少经费开支，节约成本。其二，根据片中所需使用摄影技术的要求，选择摄影辅助设备；选择还受摄制经费、摄影师的操作习惯、器材公司的设备条件等因素影响，多数情况是由摄影指导开出摄影设备清单；其三，根据广告片表现的环境要求，确定是内景还是外景，或是内外景都有。还有日景或夜景，或是日夜景同时都有，摄影指导选择与之对应的胶片（胶片可供选择有日光型与灯光型、高感片与低感片之分）。

②灯光方面

　　灯光器材的配置方案源于摄影的胶片和感光度的确定。如果胶片是日光型，不管摄影师用于内景还是外景，灯光器材的配置都是高色温的、无频闪的灯光系列，灯具的功率大小、数量由广告片的规模大小而定；如果胶片选用灯光型，一般情况都是内景或夜景，在摄影棚内或夜晚拍摄，灯光器材的配置都是低色温的、钨丝灯系列，灯具的功率大小、数量由广告片的规模大小而定。拍摄广告片不只是有了灯具就能拍好，它的灯光辅助器材特别重要，别忘了挑选足够的辅助器材；最后提示发电机是提供照明器材的最重要的电源设备，别忘了对它的关照，没有它什么都拍不了，给它加满油，是最好的保障。

　　（2）详细列出《××××》影视作品灯光器材清单

　　注：所有的摄影器材、灯光器材、摄影棚的报价单各器材租赁公司都有提供。

　　3.1.1.10　外景地天气预报与意外事件处理

　　（1）外景地天气预报

　　天气的好坏直接影响拍摄日程具体计划的下达。有经验的制片在剧组进入筹备期时，就会与外景地所在的地区气象局联系，获得该地区近期的天气预报。在临近拍摄日，需再次与气象局索取天气预报，待确认天气达到拍摄要求时，才能下达拍摄通告。这项工作很重要！它直接关系到未来广告片的品质好坏。剧组人员到达之后，如果天气不好，会给剧组带来沉重的经济负担。

　　（2）安检中 X 光射线对胶片性能影响

　　在乘飞机或火车前往外景地时，必须经过安检的 X 光机扫描检查。那么怎样避免出现意外损失呢？

首先，应避免将胶片放入会受检测的托运行李中，因飞机场或火车站的安检设备的 X 光射线可能使胶片产生灰雾。

其次，常规的方法有：

①在购买胶片的同时，向该胶片公司索取有关携带胶片乘飞机或火车前往目的地的往返证明。

②积极主动与机场或火车站安检部门协商，采用手提方式，申请要求接受人工检查。

③在乘飞机或火车时，一定要记住，摄影助理随胶片携带暗袋，以备人工检查之用。

3.1.2 正式拍摄阶段

正式拍摄阶段我们需要了解作为一名导演应具备的素质和能力；如何在影视广告拍摄中，体现导演的艺术天赋与风格及二度创作；了解导演的场面调度的要素，平面调度图、拍摄草图在摄制中的用途；学习第一个镜头怎么拍。以及拍摄中怎样与广告公司和广告主沟通的问题。

3.1.2.1 导演素质

从事导演这个职业的人形形色色，有男的，有女的；有内向的，有外向的；有彬彬有礼的，有多嘴多舌的，有深沉寡言的，有放荡不羁的。但他们具备一个相同的素质：就是面对任何挑战从不畏惧，同时表现出对广告创意再表现的创造力和超常的想象力，以及对广告制作的热爱。作为一门多学科的工艺，导演工作不但需要社交能力，而且需要专业视听语言知识与独有的艺术个性。证明导演能力的最好办法就是作品，让自己的作品说话。

导演的组织能力很重要，他的角色是将专业技巧各异的人聚集在一起，让他们发挥并按照自己设计好的创意去实施完成。导演必须清楚如何充满激情和活力地展现画面魅力，满足消费者的感情、心理和消费需求。

一个好导演应具备的素质：

受过良好艺术教育；

有活跃的创造性思维能力；

喜欢深入到人们的生活中去，寻找假设的联系和解释；

即使表面上看起来不正式、不严肃的时候，实际上也很有秩序、有组织；

如果设想的东西过时了，能够抛弃先前的工作；

当搜寻好的想法和优秀的表演时，有无尽的耐心；

言简意赅；

能根据直觉做出判断和决定；

最大限度地发挥组内各专业的优势，而不显得很专断；

熟知每一个人的特长；

和任何一个专业人士说话都能以一种尊敬的平等语气；

能理解技术人员的问题，并吸收他们的成果。

3.1.2.2　阐释与风格

当导演从广告公司的手里接过广告创意时，阅读之后，阐释便活生生地存在于他的脑海之中。这是个人独特的生活经历和与生俱来的天性的结果。因为每个导演的经历是独特的，所以每位导演的风格也是与众不同的。在广告片的制作过程中，最重要的艺术因素是导演。因此，导演是这个行业中至关重要的，一条好的广告片就取决于导演怎样阐释和采用什么风格。

导演对广告创意揣摩研究将越多，就会有越多的个人理解发展成对广告片整体的观点。导演对广告创意有一种感觉，他感觉应该像什么，取决于每位导演的个人独特的生活经历和与生俱来的天性，取决于建构视听语言能力的个人水平。

风格指的是导演运用视听语言将自己的解释阐释到广告中，通过摄制工具和基本元素的构建将广告创意转化成广告片中的画面和声音。这些包括摄影、镜头、机位、运动、胶片、灯光、影调、色彩、演员、台词、化妆、服装、道具、音乐、音效、剪辑、特技合成、三维动画和二维动画等。一个导演如何运用这些视听语言元素依赖于个人解释，但是对构成广告片的基本元素理解越多，就越会有更多的风格可供选择。

不管导演选择使用哪种风格，都应该为广告片所广而告之的主体产品和广告片的整体风格服务。每一部广告片所表现主体产品都不同于其他广告片，同类产品也因品牌、诉求、定位不一样而分别彰显各自的独特之处。因此，导演必须将每一部广告片看作一个新的挑战，要阐释自己的独特见解和风格，避免落入陈旧的俗套中，广告就是要勇于创新，力争能达到最好地表现导演对广告的阐释和采用的风格。

我相信每一位对导演工作感兴趣的人通过学习都可以成为一名优秀的导演。每个人都可以根据自己的个人生活经历来理解广告创意，阐释广告创意，当然也可以学习与视听语言有关的所有技术。但是问题依然存在：是什么使某些导演一直那么伟大？迈克斯·戴维斯通过一个非常恰当的与音乐类比的方式回答了这个问题："普通的音乐家与优秀的音乐家的区别就在于后者可以演奏他想到的所有乐曲。优秀的音乐家与伟大的音乐家的区别就在于他们在想什么。"

3.1.2.3 **管理与沟通**

在广告片的制作过程中，导演与剧组全体演职人员在工作上的沟通非常重要，它直接影响拍摄的工作效率，这与剧组的导演和制片人有直接关系。导演艺术地阐释广告创意，制片人有效的组织管理和合理的费用开支，以及全体演职人员在艺术上与导演的沟通，在工作上相互的默契协调，是创作好广告的最基本保证。

拍摄准备会上，往往导演会阐述自己对本广告的产品诉求和艺术观点，与全体演职人员沟通交流，解释为什么这样处理本广告，并给予艺术上的指导，直奔广告片的艺术追求。拍摄广告片的时间概念很强，要避免走弯路，制片人的组织管理工作非常重要，对导演的拍摄计划、制作步骤的具体安排，有问题做到拍摄之前解决，面对面沟通，特别是经费紧张的片子。有效的管理，畅通的沟通特别重要。

在全组人员到达拍摄现场之后，哪天拍？怎样拍？外景天气怎样？从哪个镜头拍？这需要一个计划，不是每个剧组都能在拍摄前作一个详细计划。只有那些提前花时间认真考虑如何处理广告片中各种场景的导演和制片人才会拍出更好的广告片。拍摄前需要花大量时间做准备，这就是俗称的"案头工作"。

导演与制片根据广告片的各种要求，结合拍摄前剧组内、外部的实际情况，制定一个可行性的实施拍摄方案。有的是书面表格，有的在导演脑子里，有的则用串联故事板列出画面顺序。制订拍摄广告片的计划，是为了统一步调，导演可根据拍摄现场的具体情况做出适当的调整。同时应该给予导演在现场有即兴创作的空间和弹性，因广告片制作是集体创作，不仅仅是导演一个人的事。在拍摄现场可能有更好的创意点、更好的构图。外景拍摄天气因素可能打乱原计划，导演有权随机应变，临时调整拍摄顺序。在拍摄《润亚洋服》——"童安格"篇时，原计划在清晨到黄山的山顶拍摄童安格站在云海之巅凝想的画面，可车队刚行驶到半山处，山腰间就突然出现云海。计划没有变化快，导演即刻要求停车，迅速寻找机位，抢拍原计划镜头内容。待1小时左右抢拍完成，云海也同时消失。如果不当机立断，还按原计划进行，整个剧组就可能只是到黄山旅游一趟了。

一般情况下，导演和摄影师进入新的场景拍摄之前，首先，考虑整个场景的拍摄顺序，从场面调度考虑最有效的是由大到小。这样的顺序利大于弊，最大的场面首先可以确定整体感觉，影调反差，照明的连续性，演员调度，为拍近景做好准备。其次，是最大场面的打光最消耗时间，灯光组可以提前进场先打光，避免浪费有限时间。如果要拍摄近景时，灯光师只需要微调灯光强度，满足曝光要求，不再担心灯光的连续性，拍摄效率会大大提高。

内景拍摄，导演通过场面调度来控制拍摄。在布景中，导演首先确定演员的表演走位，演员观察"开机—停机"位置，摄影师寻找最佳构图，副摄影师在地面上记录演员的位置，以便准确跟焦；灯光为拍摄提供曝光的准确光照，以及灯具不要"穿帮"；特殊广告道具是否到位，化妆、服装、道具准备好了没有；待演员进场走位，一切准备才能细调。这样的排演是很有必要的，各部门可以在排演中得到充分调整，达到导演对本广告片的艺术要求。只有这样不断地排演沟通，让演职员都明确意图，才有可能拍出好广告片。

3. 1. 2. 4　**场面调度的要素**

"场面调度"源自法语术语，是在拍摄制作中导演的指令术语，字面意思是"放入场景中"，它是指场景中所有设置的可视元素。在摄制中，导演把想象场景的戏剧化效果，放入实际场景中。摄影指导负责场景内摄影机调度和灯光设置。导演必须与摄影指导（或摄影师）就该场面调度的有哪些可能性和怎样调度进行沟通，它包括排演即演员的走位，摄影机的机位设置与运动，镜头的选择和构图。两者紧密协作才有好的广告作品诞生。

（1）从文稿创意到拍摄脚本

广告片是经过精心设计创造出来的。从文稿创意到拍摄脚本将是一个充分利用已知资源的计划，包括人力的和物质的。导演在与执行制片、摄影指导磋商后，问题不是拍什么，而是怎样拍。充分了解演员、内景、外景、资金、摄影器材、可用特殊摄影辅助器材、特殊灯光器材等。

导演在对拍摄情况进行充分了解后，就会与摄影指导、美术指导一起将拍摄脚本视角化，通俗地说是画出故事画板和制定拍摄顺序表。这很关键，它直接影响实际拍摄的镜头顺序、场面调度、移动升降、灯光设置，因为这一切需要时间，对制片来说时间就是金钱。拆卸移动升降机，拆卸布景，拆卸高台，重新设置灯光位置等都要消耗较多的时间

（2）创意、观念与场景设计

美术指导（或美术师）根据广告创意描述的氛围和特殊情景，设计创造出一个符合广告创意表现的，便于摄影拍摄的场

景。这是美术指导（或美术师）个人独特艺术天性和对广告创意的直觉反应。例如，《百信电器》的场景设计，这样的设计没有道理好讲，就是艺术的直觉反应。因广告创意描述的氛围和特殊情景，要求时尚、现代、前卫、浪漫、简洁、都市感、冲击力、不写实等。

在场景设计时，可以尝试问自己下面的问题：

一是能否体现广告创意中产品的载体功能？

二是运用什么样的观念指导场景设计？

三二是创造的场景空间与广告创意的关系是什么？

四二是在空间构成上哪些元素被并置在一起以发挥各自优势？

五二是场景设计的主体与广告产品的关系是否倒置？

六二是演员表演的支点在哪儿？

七二是场景设计与摄影、灯光的关系如何？

这些非常重要的问题将对广告片整体上产生积极的作用，有助于导演创造发挥，只有这样才有助于主观地做出对自己表现形式的决定，以减少专断。

（3）场面调度平面图和拍摄草图

有经验的导演都会在开拍之前画一个场面调度平面图和拍摄草图。它将有助于巩固导演场面调度的意图。在拍摄现场，可供演职人员沟通和领会导演意图；便于导演在现场用最少的、最有效的摄影机角度和演员的调度；在平面图和草图上，标明角色的调度路径和摄影机的运动角度，更有助于摄影对灯光的布置和摄影机移动提早做出安排，是构成未来编辑版的雏形。

成功的广告片都是经过导演事先在脑子里，经过创意和严密周到的设计。摄影草图多数情况是导演自己或美术指导根据创作意图和场景画的一个拍摄草图。草图可以提醒每个镜头的内容、演员的调度、运动方向和视线，便于广告主和监制提出建设性意见，也可根据现场即兴发挥或修改。不论最初的草图怎样，在实际拍摄中总会出现与原草图不相符合的情况。这是经常可能遇到的事导演意图的最终体现可按现场具体物品的陈列、最佳的现场氛围进行适当的调整。

3.1.2.5　指导模特演员表演

演员这个职业就参与影视广告的表演来说，有职业演员、职业模特、专业广告演员、业余演员，甚至一般群众都在充当广告角色，进入当今的影视广告片中表演各自所扮演的角色，就表演水平可以说参差不齐。

广告导演在广告片的拍摄过程中，怎样指导这些专业和非专业演员的表演呢？怎样规范他们的表演呢？怎样指导他们的表演呢？

第一，要对表演确立一个原则：专业和非专业演员的表演都是在为点燃广告创意而努力，不管是自然的还是夸张的，甚至是喜剧的表演。

第二，导演应从广告的角度启发演员，让演员排除障碍，保持注意力集中，在短暂的几秒钟内表演到位，这可能是与其他表演艺术的不同之处。因一条广告片总长度仅仅只有 30 秒，在 CCTV 中播出的广告片多数是 15 秒，而且每秒仅有 24 帧画面，强调在极短的时间内让演员表演到位就不难理解了。

第三，永不演示。导演应该一直鼓励演员去寻找解决问题的办法。除非异常紧急，导演永远不要走到镜头前，向演员演示什么才是他所要得到的。那将意味着你是一个演员，你只要一个自己的翻版。而实际上需要演员有自己独特的东西。如果是业余群众演员就让他演出自己的本色。

第四，有经验的演员会很认真地去创造出恰当的行为，从而引起和角色现有精神状态的共鸣。设计和多用肢体语言表达内心情感，让表演时进入无人之境；提示演员如何与镜头交流，因镜头代表观众，他们又是广告片的促销对象。如何在镜头前与观众进行情感上的沟通，也是必要的。

3.1.2.6 第一个镜头

（1）第一镜头如何拍摄？

第一个镜头对于一个第一次参与拍摄的演职员来说是终生难忘的，对于一个第一次执行导演的人来说更是刻骨铭心的。那第一个镜头该怎样拍摄？

影视广告片的拍摄周期与其他影视作品的不一样之处在于：筹备周期相对于拍摄周期要长得多，一般是 10～15 天；而真正的拍摄期仅有 1～2 天，多则 3～4 天。筹备期的制作准备从导演、摄影和制片选场景开始，到场景确认；从选择、推荐演员到最终客户确认演员；从美术师对场景和人物的造型设计到化妆、服装、道具等部门的准备和制作，以及置景人员的搭制场景；从摄影到灯光每个职能部门都在有条不紊、紧张有序地做好每一项筹备工作，一切准备都为了拍摄日的到来。广告片的拍摄特别印证了一句话："幸运总是眷顾那些已做好充分准备的人。"

在拍摄当天，演员步出化妆间之前，摄制人员已经按照导演和摄影指导的创作意图完成了第一个镜头的准备工作。只需要演员化完妆，换好演出服装，进入场景中按照场面调度的要求走一次位时，场景就第一次成为真实的。在正式开拍之前，导演要让演员走位排练，此时，是各摄制部门进一步调整设备的最好时机，摄影和灯光部门仔细检查曝光，调整灯光，做开拍前最后的调整；摄影助理操控升降移动车，参与演员的排演练习；化妆、服装、道具各自检查工作是否到位；可能在拍摄第一个镜头时只需试走一两次，总之，现场的所有摄制人员各负其责，相互协作。

当导演认为演员和摄制人员全部准备完毕，就到了正式开拍的时候。如果过多地排练，演员的表演就有可能变得越来越僵硬，这样对拍摄极其不利。万事开头难，对于摄制人员来说第一个镜头非常重要。

当所有的准备工作结束，可以开机时，副导演会要求现场保持安静，导演即刻发出指令：

"预备——开始"，摄影机启动，演员进入角色表演。"OK（表示停机）"，在听到导演的口令时，只说明第一个镜头的第一次拍摄结束。可能由于某一方面不到位的原因，需要拍摄二次，三次，四次……直到最后令人满意为止。然后继续进行到下一个镜头的拍摄。

导演对每一次的拍摄可能提出了不同的要求，或许在表演中加入了一些变量因素，有的镜头是前半节好，有的镜头却是后半节好，或许是摄影师或者演员要求重拍一次。有许多这样和那样的合理原因要求重拍。但是，作为一名导演，最重要的是要知道想得到什么。俗话说：见好就收。如果已经得到，导演就应该果断地继续向下进行。当然是考虑到各方面都到位，并与广告公司的美术指导和广告主商议确认之后,方可宣布第一个镜头"OK"。因为,第一个镜头事关重大,它要为将来的广告片定下一种"调",它还要确认许多方面的东西,如演员的人物造型,化妆、服装、色彩、表演;摄影的风格和形式,影调、运动节奏;灯光的反差、光比;是用直射光,还是用反射光等诸多有待确认的问题。确认这一切的基础是多次 PPM 会,但毕竟那是纸上谈兵,这是活生生的现实,一目了然。

(2) 脚本顺序与拍摄顺序

广告创意分镜头脚本由于比较短,多则二十几个,少则几个,特别的创意可能只有一个。

因此,拍摄顺序是按脚本顺序或不按脚本顺序,可参照下列原则安排。

原则之一,是怎样有利于拍摄方便就安排怎样的顺序;

原则之二,是从难到易、从大到小、从整体到局部的顺序;

原则之三,是先拍有人的镜头,后拍空镜头,再拍产品镜头的顺序;

原则之四,特殊创意或演员造型需要按脚本顺序,那就按脚本顺序。

原则之五,片中有白天的内景和外景时,先拍白天的外景拍摄,老天不等人。

按照此原则安排的第一个镜头的难度是相对较难,因此,新手们要特别做好各方面的准备,包括身体上的、心理上的、物质上的、技术上的,主观的、客观的等,开好拍摄前的 PPM 会很重要,它是第一个镜头成功的基础。

3.1.2.7 拍摄中的事

拍摄广告片的制作班底是一个技能很专业、经验很丰富、素质很高、工作很严谨，且清楚自己职责、又能通力合作、专业化的制作团队。一旦在拍摄前会议确定制作方案，他们会倾力投入，使之尽善尽美，从导演开始就是一个完美主义者，其指导思想从摄影、美术、灯光、服装、道具、化妆一直贯彻到制片和剧务都要明白、领会、执行这个完美的创作意图。

在现场，顺利实施拍摄计划是最关键的。那时，无须再争论是这样拍与那样拍，就广告而言，是导演负责制，拍摄的成败与否都系于他一身，因为他主管了拍片的所有一切。导演的酬劳也最高，责任也最大。

不管是在内景还是出外景拍摄，摄制组都要求不能迟到，统一步调。在开拍前，导演会与各部门主管督查筹备的事项到位情况，尽量做到万无一失。但是，无论事前的方案考虑得有多周全，总没有十全十美的事。一旦有问题即刻解决，迅速确认敲定，所以要求每一个摄制组成员必须准时到场来帮忙定夺。摄制组的每一个人都期盼顺利拍摄，特别是制片人，因为在拍摄期里每小时大约平均要花掉 1 万元人民币（大制作广告片甚至会更多）。所以，决不允许任何一个拍摄人员迟到，以及因制作筹备不到位延缓进度，延误拍摄周期，这是制作上的大忌，谁都不希望发生。细腻的筹备和工作做到位，在广告片的拍摄前是特别重要的。

拍摄中，最让导演和制作人员接受不了的事，就是广告公司或广告主的负责人晚到现场，已拍了好几个镜头。由于他们的突然出现，并向导演提出："喂！暂停一下，开会时讲的效果不是这样的。"这样的事发生，是谁都不想看到的，它很伤害人的积极性和创造性。此时，导演只能把拍摄进度停下来，与他们沟通解释。如果本着互相合作、彼此谅解的态度，而不是针锋相对、彼此指责的态度，那就没有克服不了的困难，解决不了的问题。

可以这样讲，绝大多数从事广告片制作的从业人员，是有职业道德精神和服务意识的。请相信这群人，他们会把与生俱来的艺术天赋和个人的生活经历，以及追求完美的艺术精神与之奉献。如果是艺术范畴内的问题，他们一定能解决，他们是这方面的专家。因此，广告公司和广告主的监制人员，不要太计较一些小事，应该坚持原则性的问题，把好拍摄关。真正优秀的导演和摄影师是不会在没有决定好光线效果前将就拍摄的；也更不会在演员表演不到位，导演就叫 OK 过关的。够聪明的监制人员在拍摄现场是能感受到的，他们是积极的、努力的、认真的，而不是消极的和不认真的，只有这样的理解、交流、沟通，才能保证顺利地完成拍摄任务。

3.1.2.8 怎样沟通与客户职责

（1）怎样沟通

如果你是客户（包括广告公司的监制人员和广告主的人员），又是第一次进入拍摄现场，一定想了解拍摄期间有什么行规和禁忌，有问题该找谁提。这些事在每次拍片时都可能遇到，因广告主可能每次都要更换，不同的产品就有不同的广告主出现。

广告主在拍摄中经常会产生一些问题，该找谁呢？回答是：找广告公司的监制负责人。各个广告公司不一样，有的是美术指导，有的是制片人。我们称他叫监制，他代表广告主的意见与制作公司或导演直接沟通。如果他不能即刻回答你问题，你也不能径自跑去问导演和相关摄制人员。如果需要三方面直接面对面沟通，也是由监制代表广告主的意见，与导演交换之后的事。广告主要明白在拍摄现场，广告公司的这位监制负责人就是你广告片的代言人，只有他是唯一可以和导演面对面在拍摄中交流、提问的人。

作为客户的一方，在现场哪些问题你该问，哪些问题你不该问？简单的回答是在你的职责管辖范围之内，关于人和物的事，你是绝对的权威。例如，演员操作或展示的产品细节不符合规范，是否在按原创意拍摄；是否达到和符合拍摄前会议所拟定的方案以及描述的画面效果。这些问题该说，但最好是找监制人，让他与导演沟通，他是你广告片的把关人。目的是维护拍摄现场的秩序。

（2）客户的职责

客户知道了如何在拍摄当中提问，向谁提问等行规。现在让我们来明确广告主在拍摄现场的职责是哪些。

广告主的职责有以下四个方面。

第一，监督拍摄。观察导演在拍摄中是否按照 PPM 会议上所阐述、描绘的创作意图在执行。

第二，观察是否充分展示产品。要确定和指导被拍摄的产品是否得到充足的展示和形象的表现，特别是产品的关键细节和功能。

第三，遇事要果断，头脑要清醒。对产品性能和操作细节了解的人应该时刻待在拍摄现场，指导和示范给演职人员看，纠正错误的演示。遇到问题要果断地回答："是"与"不是"，不要含糊其词，要当机立断。

第四，观察这个制作团队是否敬业和认真。

广告公司监制人员的职责有以下四个方面。

第一，督促导演执行 PPM 会议的决定。但应赋予导演二度创作的空间。导演可以用自己专业的视听语言来诠释和表现创意，但绝不是抛弃原创文案。

第二，协调和控制好两种欲望的发生。在拍摄中，广告主会有很强的参与欲望，而导演也会有自我的创作意图，善用 PPM 会议决定和影视的专业知识来掌控和游离两者之间。毕竟你对导演的艺术水准和驾驭能力是有把握的。

第三，保证拍摄进度的推进。此时，导演才是真正把握整部片子风格的负责人。时间对于摄制来说就是金钱，既要控制成本，又要解决广告主的问题，还要保证广告的重点表现，达到顺利完成拍摄的目的，让风险减少到最小。

第四，果断地解决拍摄中出现的各种问题。特别是来自广告主方面的，迅速了解他的问题，不能充当传声筒，要用专业知识解决他的问题。

3.1.2.9 **广告产品的拍摄**

在进入拍摄场景之后，不管是内景还是外景，不分原创脚本还是导演的分镜头脚本的镜头顺序，广告片的习惯拍摄顺序是：从大场景拍到小场景，从复杂的场景拍到简单的场景，从有声拍到无声，从有产品的演员拍到无产品的演员，最后拍的是产品静物和尾板。这样的习惯有几点好处：其一，便于导演掌控广告整体氛围，演职员的精神饱满，积极性高，而且摄制人员可以提前到现场准备；其二，如有同期录音，可以先完成收音工作，结束人多的大场面拍摄，就可以让制片安排车辆将已拍过的人都送走，维护拍摄现场秩序；其三，赶早拍有演员和复杂的镜头，上午是人的精力最旺盛、情绪最好的时候，不要"耗"到深更半夜，演员精疲力竭才拍，效果可想而知；其四，演员镜头扫清之后，大批人马就可以撤离了，只需拍摄静物的相关人员留下，这时候最安静，导演、摄影、美术可以集中精力去拍摄产品和尾板镜头。

当演员在导演分镜头脚本中的镜头拍摄完了之后，优秀的导演会为主要的演员追加拍摄几个特写和反应镜头。尽管这些镜头与原创脚本无关，但是为了安全起见，有备无患。在后期剪辑时，这些镜头可提供多种剪辑方案，将原来不理想的、不自然、不舒服的场景或镜头转接和过渡，使场景与场景之间、镜头与镜头之间的剪辑自然流畅。

因为我们拍摄的是广告片，特别提醒导演们在结束一天的拍摄之前，别忘记多拍几个产品与人之间关系的镜头，以及产品的静物和尾板方案的镜头。因为，广告主验审完成片时，永远都觉得自己的产品表现太少，对产品静物的美术构成，尾板画面的字幕大小是他们提出意见最多的地方，并时常要求更换。广告片的拍摄通常是一次性拍摄，这是受制作经费的限制。请记住，谁也不会给导演第二次拍摄的经费。到那时，做好了充分准备的导演，就不会因为更换这些镜头而烦恼了。拍广告不是搞艺术。拍广告片只是用你艺术的手段为广告主的商品传播服务。在广告片制作这个行业要具有一种服务精神。奥美广告公司服务的概念是这样阐述的：

什么叫服务？

非常、非常地善解人意，彻底了解他的需要，彻底了解他的困难，彻底了解他的问题，想出非常聪明的办法满足他的需要，排除他的困难，解决他的问题。

3.1.2.10 推进进度

拍摄时断断续续是很正常的情况，每拍完一个镜头就可能停下来，调整机位，布置灯光。但是，因"某人"不到位，让拍摄停下来去等待时，整个摄制组的拍摄节奏就会慢下来。每个人都知道他们在等谁，但都知道那个人还没有准备好。这时，优秀的副导演或现场制片就要像牧羊犬一样，不断地赶着演职人员向前，催着向前推进拍摄进度，敦促每一个人尽快到位。

3.1.2.11 遵纪守法

作为拍摄广告片的摄制人员，多少应该了解和阅读中华人民共和国的《广告法》《医药、保健品广告管理条例》《食品法》等相关法律和法规。这有助于在拍摄时避免违规，导致有关监督机构审批不过关。例如，药品广告演员手持药品，倘若演员手握药品包装盒，并将正面对着自己，那么这就违规了，审批将通不过。这是因为此时演员充当的是病患者。正确的手持方法是将药品包装盒的正面朝向观众，演员仅充当着讲述者。不了解相关法律知识，一旦违规就会给自己造成经济损失，延误广告主和广告公司的发布期。

3.1.2.12 具体流程

首先，电影实际拍摄，时间为2～3个月左右。电视剧前期拍摄，时间为2～4个月左右（按集数分）。广告和微电影往往只需要几天时间。

其次，现场外景实地拍摄。根据分镜头脚本和剧本在预定地点进行现场拍摄。这时需要协调导演、演员、灯光、摄像、后勤、场务等多方面的人员，也是最容易出现各种状况的时候。往往同一个地点的戏份安排在一起拍摄来减少时间成本，在拍摄时尽可能多的积累素材，方便后期剪辑。

最后，在拍摄完成前，要检查素材。如果有不符合要求的片段素材需要及时安排补拍。

3.1.3 后期处理阶段

将拍摄素材进行后期制作。先进行素材导入和专制，然后进行粗剪、精剪、配音、同期套声、添加字幕音效等过程完成影片。最后根据要求输出到指定的格式或者专制中间片等不同封装格式。

3.1.3.1 胶片电影后期制作

（1）洗印把前期拍摄的胶片冲洗出来，广告片拍摄完了之后，摄影师或执行制片会在最短的时间内把胶片送到电影洗印厂去冲洗。因为曝光后的负片内存在不可见的潜影，潜影不稳定，所以要尽快冲洗。冲洗就是显影胶片上潜影的化学过程，得到的负片画面的光值和色彩正好与正片相反，底片呈橙色。广告片只需要冲洗底片。

（2）剪辑与二度创作流程。

第一步，剪接把冲洗出来的胶片按照导演的意愿和剧本的内容剪辑并连接。

第二步，是按照导演的分镜脚本的镜头顺序，将其连接好。

第三步，就是预演连接好的片子，不管片子长度，反复播映。导演和剪辑师会详细观看，仔细思考。这样的连接顺序是否完整地表达了原创的点子？广告故事是否讲述清楚、流畅、精彩？如果此时三维、二维动画已制作出小样也可直接连接到片中，这样就能更进一步地观摩片子的整体感。

第四步，当作出判断以后，导演就会对原创的某些方面进行剪辑上的二度创作。如果是整体构成不好，首先调整构成结构；是视觉节奏不好，就应该调整镜头的内部运动节奏和外部的剪辑节奏，或调换镜头景别的大小关系、前后位置关系；如果是镜头画面表现力不够，就要更换成更有表现力的镜头画面；如果是故事没讲述清楚、不精彩，或是镜头与镜头之间剪辑不流畅、冲击力不够等问题，这就需要导演和剪辑师努努力了。总之，导演和剪辑师要针对其进行调整、更换、再剪辑、再试播、再观摩、再品味、再思考、再感受。由此可见，这个剪辑环节特别重要，它决定着广告片的未来走向，这就是导演在剪辑台上的二度创作。

在以上工作得到认可之后，就要对超长度的广告按照规定的 30 秒进行剪辑。此时可在非线性剪辑系统中输入在 PPM 会上提供参考的音乐小样。在有音乐的伴奏下进行剪辑点与音乐点对位的再次剪辑，这样广告片的视听感受效果会更有音乐感，更有节奏感，就会更流畅，更能带来冲击力和震撼力。因为，所使用的是非线性剪辑系统，该系统本身的技术标准有数据压缩，主要是为了剪辑方便，制作设备费用较低（一般"非线"的收费标准是人民币 100 元/小时以内），达不到播出技术指标的要求，所以习惯把它称为初剪小样。初剪小样一般情况只有三维或二维动画的小样，没有特技合成画面。初剪小样对于广告公司和广告主只作为临时审片用。

当初剪小样确认并输出之后，导演一定要请剪辑师同时拷贝光盘或打印输出一套由非线性剪辑系统自动产生的剪辑表

——称为"EDL"码。"EDL"码详细记录了每一个所使用过镜头的剪辑切入点和切出点。这是非线性剪辑系统的计算机互认的时间码，它的显示就像显示磁带编号、小时、分钟、秒和视频帧数等。有了它，在精剪时就能直接将"EDL"码，输入到精编剪辑使用的非压缩非线性特技合成剪辑系统设备中，运用剪辑设置来从原始的拍摄素材的磁带中恢复声音和图像，并重构一个原始的拷贝。

（3）胶转磁把光学胶片用特殊的工具转换到磁片记录机上。

（4）计算机视频非线剪接胶转磁后，输入电脑，用非线剪接的方式进行更完美的修改。

经过广告公司和广告主对初剪小样审片之后，提出各方面意见。导演将再次走进剪辑机房与剪辑师一道，逐项进行有针对性的修改；并同时加入二维或三维动画，进行特技合成剪辑，这就是习惯称之为"精剪"的过程。

精剪的过程：

第一步，将初剪小样完成时输出的"EDL"码首先录入到非压缩的非线性特技合成剪辑系统设备中，依据"EDL"码，重新自动录入所需原始素材镜头。然后，按初剪审片所提意见进行修改。

第二步，将三维或二维动画加入片中，调整画面视觉感受，画面节奏，剪辑点的流畅等。

第三步，对广告创意要求的特技部分进行特技合成制作和特殊处理。

第四步，再次将所有的实拍镜头画面，三维或二维动画，特技合成镜头画面连接在一起。此时就能从整体构成上去观察整片的视觉感受、整片的节奏、整片的影调以及整片的风格样式。

第五步，根据广告片所要求的时间长度进行整体性的调整，并预留出标版的时间长度。

第六步，制作产品美术构成的尾镜，或企业的 LOGO 标版。有的广告片就结束在尾镜的产品美术构成上；有的广告片必须按照企业 CI 系统的视觉识别 VI 标准来制作最后的 LOGO 标版及时间长度。到此步可说已完成了广告片视觉部分的工作。

第七步，是在制作费宽余的时候，可以进行视觉画面修饰性工作。主要是运用数字非线性特技合成系统的画笔功能，对广告片中每一个镜头画面的局部修饰。用喷笔功能和特技功能协同作战，对画面局部进行虚实关系和前后景关系的处理，突出表现画面中的产品和人物，削弱画面中不必要的、影响产品和人物表现的各种因素，甚至是清除冲洗胶片时残留的污点等。这项工作非常细腻、枯燥、耗时、费钱，但又是非常值得和有特殊意义的工作。它能进一步提升广告片的视觉品位和画面品质，以及观众对广告片的视觉审美感受。这就像画画一样局部调整和"点睛"的作用。

第八步，首先将已修饰过的广告片存储，并检查是否存储好。因计算机平台有时可能会出现错误指令。它毕竟只是一台计算机，人还有生病的时候，何况是机器。因此，检查是必需的。另外，同时储存和输出无字幕广告片数字的 HD 或 SD 带很有必要，一是可防备计算机死机、硬盘损坏造成的损失；二是它可供随时修改，不会导致没有无字幕广告片时的手忙脚乱。

第九步，就按照初剪小样的 15 秒、10 秒、5 秒的版本模式，分别将它们缩剪出来即可。特别提示：如今在 CCTV 播出的广告片的时间长度以 15 秒、10 秒、5 秒版本为主。因此，在缩剪时特别关照初剪小样审片标准的八个重要方面。

第十步，按广告创意的要求进行字幕与画面的美术构成。切忌像影视剧片在画面下方中央出字幕的形式，这样就太对不起你自己和你辛苦制作的广告片了。应该运用平面广告的构成技法，将画面与字幕融为一个整体，让字幕起到画龙点睛的作用。

（5）录音套声把前期拍摄时同期录下来的声音（包括，对白、环境、效果、音乐等）按照画面使声画同步。

音乐与画面在广告片中是一个整合的、相互关联的整体。音乐是听觉艺术，画面是视觉艺术，两者都是通过一定的时间延续来展示各自魅力的艺术。然而，在播映的同一时空中，它们势必会以不同的形式构筑在一起。这就是剪辑时，通常称为音画同步与音画对位两种形式。

①音画同步

音画同步表现为音乐与画面的紧密结合，音乐的情绪与画面的情绪一致，音乐的节奏与画面的节奏完全吻合。音乐强调了画面提供的视觉内容，起着解释画面，烘托、渲染画面的作用。但是，视觉艺术和听觉艺术毕竟是两条溪流，并各自独立地行进。然而，它们却在节奏上相互关联，就像音乐和舞蹈演员的动作之间的关系一样。

节奏是音乐的基本要素之一。它是通过音乐的长短、强弱有规律的变化而创建的。节奏同时还是音乐中最有活力的一个因素，是音乐发展的推动力。它不但影响旋律的特性，也影响和声的性质。不同的节奏构建起不同的力度、风格、感情。因此，在广告音乐中，音乐节奏要和广告创意的故事情节、场面调度、人物动作、镜头剪辑等方面的节奏有机地构筑，发挥它的作用。

因此，在没有音乐节奏伴奏的情况下，剪辑后的片子，只能单纯地感受一种视觉变化，没有视听在节奏上的整体的关联性。就更谈不上使广告片充满活力，强化视觉冲击力，构成某种审美的视觉风格。如果把乐曲的切分音作为剪辑点，可以使画面节奏感和剪辑点更流畅。如果利用乐曲中的休止音作为剪辑点，让画面的节奏随音乐休止音符的停顿而定格，动静对比就更强烈，广告片就更有冲击力。画面随音乐的旋律、节奏变化而变化，张弛有度，就彰显出广告片在视听语言构成上的整体统一，更有音乐感、节奏感，广告片就更有审美的魅力。

②音画对位

音画对位是从特定的艺术目的出发，在同一时间内让音乐与画面作不同侧面的表现，两者形成对位的关系，以期更深刻地表达广告片的产品信息。"对位"原是音乐术语，指音乐作品中若干个相对独立的旋律声部构成的和谐整体。

音画对位的两种表现形式：一种是音画并行。音乐不是具体地追随或解释画面内容，也不是与画面处于对立状态，而是以自身独特的表现方式从整体上揭示广告片的创意点和产品信息，以及与人的关联性，在听觉上为观众提供更多的联想和潜台词，从而扩大广告片在单位时间的信息量。例如广告片《长城葡萄酒》——"长城篇"。另一种叫音画对立，导演和作曲有意使画面和音乐之间在情绪、气氛、节奏以至内容等方面互相对立，使音乐具有寓意性，从而深化广告片的主题。

（6）配音同期的配音修改（修改同期录制不良的声音），后期的配音（对白、旁白、心声），群杂声。

声音的形象塑造是运用人声、音乐、音响等声音元素来反映广告片所形成的听觉印象。声音形象既有具体的可感性，又有概括性。它的产生是与人的各种感官印象之间存在着的相互联系分不开的。声音之外的可感自然现象，往往通过多方面感性经验的复杂联系进入声音领域，使声音本身产生了强烈的情绪感染力和形象，因而，成为今天广告片所运用的一种重要的艺术手段。比如，通过人声的特征（音调、音色、力度、节奏等）来刻画人物性格，以及刻画广告片的品位。

在后期配音的人声选择，一定是按照最后一次 PPM 会确认的配音演员。当导演和配音演员一同走进录音间时，录音师会将事前录制的广告片一遍一遍地放映给他们看，并将所需配音的词交给他。导演在放映中会告知配音演员，在什么位置进入声音，哪些位置必须声画对位，特别是有字幕出现的位置。有经验的配音演员会反复多看几遍，试一试声音的感觉，并与导演交流、沟通自己的声音创意想法，用不同的情绪、不同语调的声音试播。此时，导演和录音师也从艺术和技术上考察配音演员的语言表达能力和声音质量，看其是否符合角色的要求。录音师则在试声中，可以了解各个演员的声音特色，明确将来可能达到的效果，以便在录音时有的放矢地运用各种手段进行加工和处理或弥补不足，使最后录出的声音符合艺术和技术要求。

进入正式录音，导演对配音演员的声音质感非常重视。往往根据个人的主观感受来评价声音的音质。声音虽然具有物理属性，但因每个人的生理因素、心理因素不同，各自的标准和习惯不同，因此，对同一声音的评价也各有差异，导演和录音师经常会比较主观地指导配音演员调整声音的质感。常用语有：宽厚、丰满、圆润、干瘪、亮点、硬点、前点、后点、甜点、发闷等，有时还要求配音演员说话语言带着笑容感、亲切感。配音演员的台词清楚是基本功，语言节奏可根据不同的广告词，用最准确的语速和节奏去表达。经验告诉我们在配音时，导演应充分尊重录音师，请他多发表意见，就本片多给配音演员指教。录音师见多识广，经验非常丰富，是导演最好的合作伙伴。

特别提示：在处理声音、画面、字幕的对位问题时，应该充分考虑影视广告片的播出和观看的形式：转瞬即逝，不能立即重复，时间短，信息量大，读解慢，大众性等特点，因此，作为导演在制作时应考虑到观众的收看方式和接收心理，以及产品资讯的准确传达等问题。多数大众功能性产品的广告就声音、画面、字幕三者的关系，是以同步对位处理为最佳选择，这样三者可以在同一瞬间强化产品信息。从广告主最后审片后所提修改意见来看，也集中体现了这一点。

（7）拟音动效。

（8）计算机音频非线剪接用音频工作站完成声音的剪接。

（9）混录（又称：终混），后期制作的最后，也是最复杂的工程，把视频和音频结合。

（10）磁转光，把录在磁性宽带上的声音转为光学声音，洗印在光学胶片上。

（11）出拷贝。

3.1.3.2 **电视剧的后期制作**

（1）前期拍摄的素材带直接输入计算机非线视频剪接机（目前比较流行的视频工作站：avid、midi100）。

（2）母带制作剪接完后的素材带以1：1的格式制成母带。

（3）音频制作把母带中的声音以1：1的格式输入音频工作站。

（4）音频剪接在音频工作站里修改和剪接声音（包括对白、动效、音乐、环境等）。

（5）混录直接在音频工作站通过外接调音台录入数字机，完成最终母带。

（6）出拷贝、发行。

3.2 影视作品的艺术创新

3.2.1 影视作品分类

影视作品是一种通过摄影机拍摄记录在胶片上，通过播放器放映出来一种已完成艺术作品的统称。影视作品也是一种艺术作品，它由摄影艺术以及声音结合，融合了视觉与听觉艺术。

电影作品和以类似摄制电影方法创作的作品统称为影视作品。它是指摄制在一定物质上，由一系列有伴音或者无伴音的画面组成，并且借助适当装置放映、播放的作品。影视作品不是电影剧本或脚本，而是指拍摄完成的影片。

3.2.1.1 **电影作品分类**

电影作品分为：动作电影、奇幻电影、喜剧电影、灾难电影、科幻电影等。

（1）动作电影

动作片（Action Films）又称为惊险动作片（Action－Adventure Films），是以强烈紧张的惊险动作和视听张力为核心的影片类型。

（2）奇幻电影

奇幻电影，这类型的电影都大量地包含魔法、超自然现实事件或是幻想生物（如龙、半兽人）以及幻想世界（如魔戒中的中土）。奇幻电影（Fantasy Film）在电影的划分中可以与科幻电影（science fiction film）以及恐怖电影（horror film）划为同一类型。

（3）喜剧电影

喜剧电影是电影的一种类型，其中主要强调的是幽默。《电影艺术词典》对喜剧片的定义是："以产生结果是笑的效果为特征的故事片。在总体上有完整的喜剧性构思，创造出喜剧性的人物和背景。"

（4）灾难电影

灾难电影就是这种思索的产物，在电影的历史长廊上，曾经有不少非常经典的灾难片，影片所描述的在灾难中凸显的人性真善美本质总令我们印象深刻，回味无穷。

（5）科幻电影

科幻电影是类型电影的一种。该类作品采用科幻元素作为题材，以建立在科学上的幻想性情景为背景，在此基础上展开叙事的影视作品。

3.2.1.2 电视剧作品分类

电视剧可以分为：历史剧、言情剧、悬疑剧、科幻剧、神话剧、警匪剧、现代剧、古装剧、伦理剧、变态剧、恐怖剧、传说剧、回忆剧、悬疑剧、动画剧。

3.2.2 影视文本的总体构思

影视文本是以影视，如电影、电视剧、图像作为文学的物质载体。

当代文学出现了文学文本泛化现象，文学作品的物质载体由单一的纸质文本变化发展为纸质文本、图像（影视）文本、网络文本并列的三足鼎立。

一般来说，一份影视策划方案需要以下几个板块：影片背景、影片概述、影片创意、影片脚本。

影片背景，要充分说明写作这篇方案的意图，融入和客户沟通后为何制作这部影片的意图，两者相融，形成背景部分；

影片概述，则是要说明影片的一些基本情况，比如影片片名、影片时长、影片规格、影片制作（动漫或实拍火特效）。

影片创意，具体说明所写作的影片方案的亮点和创意点在哪里，与其他已有的影片存在哪些不同点和不一样的地方，这部分要集中以简短精悍的文字进行阐述。

影片脚本，脚本部分是影片的核心部分，因为电视画面表现和文字表现始终都有一个转化的过程，脚本是最为重要的参考，是影片前期的一个意向性画面表现。

脚本是一个表格，可以在脚本部分先描述是一个怎样的故事或者想法，然后进行脚本创作。

脚本创作是一个给后期拍摄人员提供具体拍摄的文本性参考方案，主要包括镜头号、参考画面、画面阐释、时长、音乐、备注。

在相关表格的文字描述上，尽量减少意向性、概念化以及抽象文字的描写，具体地描述出相关画面需要什么样的器物表现，需要什么样的画面感，越具体越好。

3.2.3 影视制作标准

所谓标准，简单而言，指的是衡量事物的准则。影视制作也有其标准，它们的共同特征就是：标准无法量化，这是由影视制作的创作特性所决定的。

从创作的角度来看，一个影视制作似乎是一条完整的产品流水线，从最初的选题策划、拍摄制作，直至最后播出，整个过程与工业产品生产的过程极其相似。不同的是，工业产品是看得见摸得着的具有实用价值的物质产品；而影视制作则是用来愉悦观众的精神产品。不仅如此，在生产过程中，创作者也需要付出相当的体力，但与生产工业产品体力支出不同，影视制作生产过程中体力劳动的付出只是影视制作生产的一个基本保障，付出得多少与最终质量不一定成正比。

与物质的工业产品相比，影视制作虽然也具有流水线的生产流程，但其产品却无法像工业品一样用同样的标准去衡量，而只能用一个无法量化的标准去衡量。同一个编导和摄影往往都难以复制此前所创作的节目，影视制作恰恰需要的是创作者能够出新，而不是一般意义上的将此前内容重复，一个重复的影视制作恐怕很难有观众市场。创作者唯一能够重复使用的是不断增长的制作经验，创作者需要从中找到新的灵感，而不能用经验去重复制作一个以前已经做过的节目。所以在整个节目制作过程中，创作者无法"量化"制作的标准，这个标准只是心中的体会。即使同一个制作者，对"量化"的感觉也不一定完全一致，这和创作者自身的素养、理解有关系。所以影视制作的标准应该是一个靠创作者去感受、理解的"软性标准"，而不是一个可以拿着标准器具去测量的度量标准。在不违反大原则的前提下，影视制作只有合适表达，而不存在"对"与"不对"。因为每个人心目中都有一个制作标准，但又都无法将其"量化"成其他人可感受的具体标准。

影视制作是这样，而对于"把关人"来说，标准也是无法量化的，只能是根据自己的理解感受，无法"量化"地表述出来让别人对比。标准虽然别人无法量化却是可以感受到的。相反工业产品是可以具体到若干指标去测量的。影视制作审查标准的无法量化，要求审查者具备各个方面的素养。由此我们不难看出影视制作的标准是一个存在于创作人员心中的、具有一定弹性的标准，它会因为一些东西引起变化。不同的制作者和审查者往往会对相同的"产品"提出不一样的看法和意见，正所谓仁者见仁、智者见智，标准的量化是让影视制作者感到困难的地方。

工业产品的批量生产是为了适应不同的消费者，是多次消费，也就是说，同样标准生产出来的产品，却由于消费者的不同，使用的地点不一致而导致不同的消费者可能需要同样规格的产品。但影视制作由于其传播的特殊性，虽然消费者不同，影视制作传播的广泛性，使得不同的消费者可以同时消费一个产品，所以其消费是一次性的。而影视制作对于它的消费者受众来讲却是集体消费行为，它需要的是后续的新内容。其次是消费渠道不一样，影视制作播出方式决定了受众必须是在一种集体消费内完成，因为影视制作的播出决定权在影视制作播放机构。

影视制作是建立在一定的技术条件下的创作活动，每一次技术的进步又会带来创作者方式的进步。与工业产品流水线相比，影视制作不是一个简单的体力劳动，它是在体力劳动支撑下的脑力劳动；而工业产品流水线更多的时候是重复性的体力劳动。影视制作过程虽然非常接近一个工业产品流水线，恰恰是这个貌似流水线的过程给了人们一种错觉。作为创作者，只有了解影视制作的特性才可能充分发挥自己的特点，因为今天影视制作生存已经成为一种普遍现象。而非标准化之后的创作对创作者的知识结构提出了更高的要求：宽广的知识面以及比较强的逻辑分析能力是完成影视制作的素质。

从文字思维到画面思维，不仅仅是影视制作方式的改变，更重要的是思维方式的转变。影视制作者的熟练掌握是其创作的基本功，人们已习惯了用抽象的文字思维方式表达意义时，影视制作运用拍摄技巧（比如光影、造型、色彩）来叙事是思考方式上的一个必然转变。过去可以直接找到表达意义的文字语言，而不是一个翻译或替代过程。所以影视制作不是先找到文字表达，然后将其逐一翻译成画面。视听语言作为影视制作的基础，如果对其表达方式不熟悉，即使有再好的想法最终也难以实现，即使知道要说什么也不知道如何表达，这是影视制作者的手段。

3.2.4 影视文本的格式

影视文本写作剧本格式的常见种类可以分为分场景格式、小说格式、分镜头格式三种。

3.2.4.1 分场景格式

场景是剧情发展的构成单位。"一个场景即是一个缩微故事

——在一个统一或连续的时空中通过冲突而表现出来的、改变人物生活中负载着价值的情境的一个动作。"场景的存在离不开时间和空间两个要素，其中任何一个要素发生变化，场景便发生变化。场景的长度不限，可以短到只有一个镜头，也可以长到十几个或几十个镜头。

场景与镜头。场景是由镜头组成的。可以是单个镜头，也可以是一组镜头。

例如，太阳从山后升起；老人打开抽屉，双手颤抖地拿出一封信。

在进行场景设计的时候，要注意电影场景和电视剧场景的区别。

电影制作成本高，放映银幕大，具有强烈的视觉冲击力，观看环境比较固定，所以可以表现大的场景。

电视剧制作成本低，播放屏幕小，观看环境比较随意，不能产生强烈的震撼效果，所以尽量避免大的场景。

（1）场景设计在数量上没有硬性规定。一般来说，节奏快的作品，场景就较多；反之，就少些。

（2）在进行场景设计和描写时，要注意场景的独立性和完整性。

（3）一个场景之所以能成为一个场景，是因为它有着相对独立的人物和事件。即便是纯粹的景物描写，它也有着一定的独立作用。

3.2.4.2 小说格式

小说格式剧本。小说格式剧本在注意影像画面的同时，主要采取小说的叙述方式，对人物形象、环境氛围和剧情发展等内容进行比较详细的描写。

优点：既为导演、演员等成员的二度创作提供了自由的空间，又具有较强的可读性和审美性。有的剧本虽然分了场景，但是，场景内的写法还是小说格式的。如《大明宫词》。

3.2.4.3 分镜头格式

分镜头格式剧本。分镜头格式就是把场景进一步划分为镜头。镜头是指摄影机或摄像机从开机到停止期间所拍下的一系列画面。分镜头格式通常以一个或一组镜头为一个句子单位进行叙事。

分镜头剧本的特点：画面感强，时空跳跃性大，语言精练，很少有描述性词语。常常在每个句子（分镜头）前加上序列号。分镜头格式只是要求编剧有一般的镜头思维能力，并不需要标清楚每个镜头如何拍摄。

镜头的类别

（1）根据视觉距离的不同，有不同景别的镜头：远景、全景、中景、近景、特写、大特写等。

（2）根据摄像机镜头的运动方式不同，有不同拍摄技巧的镜头：推、拉、摇、移、跟、升、降等。

（3）根据表现方法不同，有主观镜头和客观镜头。

（4）根据拍摄角度不同，有仰拍、平拍、俯拍的镜头。

（5）根据镜头的长短不同，有长镜头和短镜头。

（6）只拍自然景物的空镜头。

景别的区分与作用

依据：由摄影画面表现出来的景物范围去区分，通常以人的活动作为标准。

远景：视距最远的景别，用于展示大空间，交代环境和场面。

全景：包括所要表现的事物的全体、全貌为观众提供一种方向感，清楚地表现出拍摄对象的相互位置和关系。用于介绍环境，表现气氛，展示大幅度动作，刻画人物和环境的联系。

中景：人物膝部以上的活动。适合观众一般的视觉距离，观众既能看到环境，又能看到人的活动和人物之间的交流，用来强调当时影片中所扮演的角色。

近景：头部至腰或肩之间，用于介绍人物，展示面部表情变化，突出人物的情绪和幅度不太大的动作。

特写：肩至头部，刻画被摄对象，在教学录像里，特写镜头常用来展示一项特殊工作的完成过程。电视剧中，常用来激发观众产生更富有感情的共鸣。

大特写：用画面全部表现人、物的某一生动或重要的局部细节。能给观众留下深刻印象，具有强烈感染力

长镜头与短镜头：镜头的长度取决于内容的需要和观众领会镜头内容所需要的时间，同时也要考虑情绪上的延长、转换或停顿所需要的时间

空镜头：没有明显主体物的镜头，起比喻、象征、抒情、烘托气氛、借物写人等作用。

3.2.5　影视文本的改编

一些影视作品在改编后，美化了原著中的人物形象或者事件，比如《茉莉花开》。

《茉莉花开》改编自苏童的《妇女生活》。影片大致与原著内容保持一致，特别是三段式的结构。电影沿袭了小说章节式

的表述方式，但是在感情基调上没有原著的残酷，特别是影片的结尾，导演没有作者的残忍，将结尾处理成一个相对光明的暗示，淡化了整体的悲剧色彩，而且给人以新的希望。

影像弱化了文本的表象残忍，用唯美的视觉呈现置换文本的直白残忍，让观者在视觉享受中慢慢感受生活的残酷，命运的不可逆转。这种置换看似是心慈手软的妥协，实则不露声色的暗杀，其残忍度没有丝毫的削减。

好的作品，受到读者或者观者的喜爱，因而经久流传。不管是原著，还是改编后的影视作品，只要有价值，都值得被推崇、被尊重。

就目前出现的影视作品来看，大多获得肯定的作品都是忠于原著的，比如《围城》《霸王别姬》《大红灯笼高高挂》等等。正是由于改编者对原著的忠实和严谨的再创作，导演才能将合适的剧本变成影像而获得成功。

而有些改编作品就惨遭批判，比如《剑侠雄心》（改编自大仲马《三个火枪手》）、《黄金罗盘》等。不仅是因为改编后的剧本失去了原著的神采，与导演的拍摄技法、画面构造也有关系。

美国电影研究家乔治布鲁斯东说过："一种艺术（电影），它的局限性来自活动的形象、广大的观众和工业化的生产方式，另一种艺术（小说），它的局限性来自语言、人数有限的读者和个体的创作方式；两者之间的差异是必然的。简单地说，小说拍成电影以后，将必然会变成一个和它所根据的小说完全不同的完整的艺术品。"

的确如此，文学作品和影视作品作为两种全然不同的艺术表现形式，必然有很大的不同，如同矛盾是对立统一，文学作品和影视作品也有着紧密的联系。

同样，影视作品也有两个世界，同小说一样的是现实世界，不一样的是影视作品通过光、影、声创造了另一个世界，这个世界是体现影视作品内涵的，是灵魂，是需要观众自己体会和领悟的。

再者，我们欣赏文字和影像是通过两种不一样的途径。对于文学作品，我们是阅读；对于影视作品，我们是观看。还可以看出，二者的传播方式也是不一样的。加拿大著名传播学家麦克卢汉普做过一个非常有名的关于"冷媒介"和"热媒介"的区分。他认为文学属于"冷媒介"，低清晰度，提供的信息量有限，需要观众的参与和投入；影视属于"热媒介"，要求参与的程度低。

文学是语言的艺术，是以话语的方式而存在的。话语意味着把讲述内容作为信息由说话人传递给受话人的沟通过程；而传递这个信息的媒介具有言语特性；同时，这种沟通过程发生在特定社会语境中，与其他相关性言语过程、与说话人和受话人的具体生存境遇紧密联系。

视觉文化则不同，人们直接通过影像进入一个身临其境的超现实幻觉之中。不同于文字接受，还需要读者发挥想象，影像直接诉诸观众的视觉，具有形象的直观性。

这也是为什么越来越多的人选择观看电影、电视，而不是直接阅读文学作品的重要原因之一。

3.2.6 影视文本的写作技巧

剧本写作，最重要的是能够被搬上舞台表演，戏剧文本不

算是艺术的完成，只能说完成了一半，直到舞台演出之后才是
最终艺术的呈现。剧本的写作技巧主要有以下几个方面。

3.2.6.1 开始要晚

一个电影故事一定要用尽可能少的时间从故事尽可能晚的
时刻开始讲起。一个电影如果用太多的时间去建立角色们生活
的普通世界，用三周的时间去描述一个三天内就能讲述的故事，
整个影片就会显得松懈无神。

在一些场景里，不要把宝贵的时间花费在那些不必要的进
进出出和打招呼上。试试看这个场景是否可以从中间开始。一
个喜欢自己剪辑的编剧或导演经常发现：如果一个场景剪掉开
头的两句对白，特别是剪掉结尾的两句对白后，这个场景的力
量反而加强了。

3.2.6.2 用画面"展示"，而不是用对白"告诉"

电影首先是一个视觉媒介；电影中几乎所有的故事和人物
需要表现的内容都最好通过画面展示而不是用对白或旁白解释
的方式来呈现。当影片布下的视觉线索被很好地理解和接受时，
会额外表现出那些看不见的东西——内在的心理、潜藏的历史
以及情感的冲突——这些远比直白的解说要表达得更好。而且，
如果你在影片中展示而不是告诉，你将会把更多的银幕时间留
给那些更重要的内容。

3.2.6.3 隐藏动作

有时，让观众与影片中的动作保持一定的距离，会极大地
唤起观众的好奇心和神秘感。如果我们在摔门声中听到门缝后
面一场重要的对话，会比目睹对话更让我们关注。一场肢体冲
突如果只闻其声，不见其影，会增加其暴力程度。一个诡异的

角色，如果经常被提及但从未完整地暴露于观众面前，会得到一种巨大的甚至神话似的表现。

审慎地展露和揭示会激发观众想要了解更多的欲望，积蓄观众的悬疑，直至稍后全面揭晓的时刻，巨大的冲击也随之诞生。

3.2.6.4 探寻动作

探寻镜头（discovery shot）可以有选择性地展示动作，同时让观众宛如身处电影场景之中。动作的探寻镜头经常传达一种侦查的感觉，仿佛观众正小心翼翼地在房间里蹑手蹑脚地行走并环视四周。通常，视野从动作之外的地方开始，随着蹑手蹑脚地移动逐渐展示出场景中的主要事件。例如，一个平摇镜头（panning）先展示出一处空落的床角，然后缓缓摇到床上一对夫妇在翻云覆雨，镜头继续摇，渐渐地，一个持枪的男人出现在门口。利用手持摄影机，可以更好地暗示有人走进了场景中，他仔细地扫视房间中的物品，仿佛在挑选最终落入他视线的线索，手持摄影机的这种效果更加强了这种即时感和悬疑感。

固定的探寻镜头更有一种偷听的感觉，仿佛占据了一个有利的隐蔽位置在偷偷见证角色的生活。摄影机不动，人物不断地走入走出画面，摄影机从它固定的位置"发现了角色的秘密"。

3.2.6.5 开头，中间，结束

不管是在构思一个新故事的大框架，还是在制作过程中设计故事的某个具体情节，抑或是在后期制作剪辑一个故事时，你都应该尽最大努力建立和加强这种三幕叙事结构。

第一幕：形成问题。展示和介绍主人公的日常生活，展示

打乱这一日常生活的激励事件，并让主人公即将面临的风险和危机尽可能地清晰和引人注目。

第二幕：加重问题。冲突越来越深，影响面越来越大。主人公最开始的反应和应对已经显得远远不够了。

第三幕：解决问题。事件逐渐到达不可避免的高潮并最终得到解决。创造一个强烈的"但是"。

在影片的缘起部分创造一个清晰的"但是"对于第二幕的成败举足轻重。例如："玛米答应要从哥伦比亚给意大利的黑帮送一单毒，但是她是一个不敢坐飞机的人。"一个开端如果缺少一个强烈的"但是"，将缺少足够的紧张、冲突、讽刺、幽默来延续至第二幕。而一个强烈的"但是"将会顺利而自然地将影片的核心冲突带到第二幕。

3.2.6.6 什么是生死攸关的危机？

尽早并尽量清楚地让观众意识到影片中的危机是什么——主人公他（她）日常生活中最重视的东西，或者说如果反派角色胜利了，主人公失去的东西。主人公为了保持他（她）的世界而对抗反对势力的进攻时所付出的种种努力，就构成了电影的核心张力。如果一个电影缺乏张力，往往是由于以下原因：一是危机并没有被很好地阐释；二是危机的严重程度不够高；三二是反派角色的威胁性还不够强。

3.2.6.7 情节是客观的事件，故事是有情感的事件。

情节指的是电影中发生的事情；故事指的是角色对于所发生的事件的感受。在《黑暗骑士》中，情节的设置是：好人对抗坏人，蝙蝠侠要从精神错乱的小丑手中救出高谭市。而影片的故事设置则是：蝙蝠侠要面临损毁名誉的道德危机。

故事与电影中的角色有关；主题则与普遍的人类境遇有关。主题是嵌入在影片中，并随着观众对影片的体验而逐渐显露的关于生活的真相。主题往往与人类精神世界的斗争和力量相关，例如，诚实是最好的策略；爱会战胜一切；每个人都与众不同；忠实于自己的内心；小心你的欲望。一个电影可能含有不止一个主题；事实上，影片作者和观众对一部影片的核心主题可能有着不同的理解。

3.2.6.8 每场戏都必须有新信息

可能没有任何类型片能够像喜剧一样得到观众如此明确的回报，观众的笑声即刻证明了成功。但是如果编剧和导演仅仅靠插科打诨和诙谐对话来支撑一部喜剧可能很难长久地取悦观众。一部喜剧可能通过外在给人以体验，但是它也需要优秀的讲述、结构和角色。好喜剧最终是脱生于它的支撑基础创造有趣的情境，让人们期待接下来会发生什么。

3.2.6.9 让演员干点什么

导演要记住这一条：让演员在一场戏中总是有点动作，比如熨衣服、涂指甲油、修车……即使剧本中没写这些内容。这个动作应该是具体的、揭示角色的、补充对话或与对话完全相反的或揭示潜台词的便利或不便利的巧合让你的主角通过努力获得胜利或导致胜利的信息。不要利用偷听或偶然地发现重要信息这种便利的情节来帮助主人公解决他面临的两难选择。如果你确实引入了一个偶然的巧合，那么在巧合之后让主人公面临一个更艰难的困境，这样观众才可以接受。

3.2.6.10 挂灯笼

在两个小时内讲清楚一个复杂的故事是很难的；这时使用

情节巧饰有时是在所难免的。一种方法就是"挂灯笼"——让电影中的某个角色提出观众看到此处时产生的疑问。当角色意识到这不可能时，观众很可能也会赞同。

3.2.6.11 高潮就是真相

影片中的高潮并不是那些最激烈的动作或阴谋被揭示的时刻；真正的高潮是主人公认识自己真正内心本质的时刻。主人公之前被秘密、谎言、耻辱、恐惧等支撑的虚假自我会被完全剥除，一个完整的真实自我显示出来。

一个英雄人物会面对真相并在真相中成长。而在悲剧中，主人公无力自我发展，最终导致一个悲剧的结局。

4 影视拍摄技术技巧与方法

4.1 影视拍摄角度

拍摄角度包括拍摄高度、拍摄方向和拍摄距离。拍摄高度分为平拍、俯拍和仰拍三种。拍摄方向分为正面角度、侧面角度、斜侧角度、背面角度等。拍摄距离是决定景别的元素之一。以上统称几何角度。还有心理角度、主观角度、客观角度和主客角度。在拍摄现场选择和确定拍摄角度是摄影师的重点工作，不同的角度可以得到不同的造型效果，具有不同的表现功能。角度可以纪实再现或夸张表现大俯大仰，有特殊的表现意义。

4.1.1 拍摄高度

4.1.1.1 平摄

平摄是摄影（像）机与被摄对象处于同一水平线的一种拍摄角度。平摄一般可以分为正面拍摄、侧面拍摄、斜面拍摄三种。

正面拍摄，镜头光轴与对象视平线（或中心点）一致，构成正面拍摄。正面拍摄的镜头优点是：画面显得端庄，构图具有对称美。用来拍摄气势宏伟的建筑物，给人以正面全貌的印象；拍摄人物，能比较真实地反映人物的正面形象。其缺点是：

立体感差，因此常常借助场面调度，增加画面的纵深感。

侧面拍摄，从与对象视平线成直角的方向拍摄，叫侧面拍摄。侧面拍摄分为左侧拍摄和右侧拍摄。侧面拍摄的特点：有利于勾勒对象的侧面轮廓。

斜面拍摄，介于正面、侧面之间的拍摄角度为斜面拍摄。斜面拍摄能够在一个画面内同时表现对象的两个侧面，给人以鲜明的立体感。斜面拍摄是影视教材中最常见的拍摄角度。

4.1.1.2 仰摄

摄影（像）机从低处向上拍摄。仰摄适于拍摄高处的景物，能够使景物显得更加高大雄伟。用它代表影视人物的视线，有时可以表示对象之间的高低位置。由于透视关系，仰摄使画面中水平线降低，前景和后景中的物体在高度上的对比因之发生变化，使处于前景的物体被突出、被夸大，从而获得特殊的艺术效果。影视教材中常用仰摄镜头，表示人们对英雄人物的歌颂，或对某种对象的敬畏。

仰摄的角度近似垂直，叫作大仰。一般表示人物的视点，以表现其晕眩、昏厥等精神状态。

4.1.1.3 俯摄

与仰摄相反，摄影（像）机由高处向下拍摄，给人以低头俯视的感觉。俯摄镜头视野开阔，用来表现浩大的场景，有其独到之处。

从高角度拍摄，画面中的水平线升高，周围环境得到较充分的表现，而处于前景的物体投影在背景上，人感到它被压近地面，变得矮小而压抑。用俯摄镜头表现反面人物的可憎渺小或展示人物的卑劣行径，在影视片中是极为常见的。

4.1.1.4 顶摄

摄影（像）机拍摄方向与地面垂直。用顶角拍摄某些杂技节目或歌舞演出，有独到之处。它可以从通常人们根本无法达到的角度，把一些富有表现力的造型，拍成构图精巧的画面。顶摄的作用还在于它改变了被摄对象的正常状态，把人与环境的空间位置，变成线条清晰的平面图案，从而使画面具有某种情趣和美感。顶摄角度在电影电视中并不多见。

4.1.1.5 倒摄

倒摄是电影摄影机内胶片经过片门时，以反方向运转进行拍摄的方法。用这种方法摄取的物体运动过程，以正方向运转放映，可以获得与实际运动方向相反的效果。倒摄常用以拍摄惊险场面。在电视摄像中，也常用倒摄方法。

4.1.1.6 侧反拍摄

从被摄物的侧后方拍摄，叫侧反拍摄。这种摄法，人物几乎成为背影，面部呈现较少，可以产生奇妙的感觉。

4.1.2 拍摄方向

拍摄方向是指以被摄对象为中心，在同一水平面上围绕被摄对象四周选择摄影点。在拍摄距离和拍摄高度不变的条件下，不同的拍摄方向可展现被摄对象不同的侧面形象，以及主体与陪体、主体与环境的不同组合关系变化。拍摄方向通常分为：正面角度、斜侧角度、侧面角度，反侧角度、背面角度。

4.1.3 正面角度

正面角度是指与被摄对象正面成垂直角度的拍摄位置，主要表现某对象的正面具有典型性的形象。例如建筑，无论古今在设计上都注重正面的样式与装修，如北京的天安门以及各展览馆、博物馆等。正面角度能够表现对象的本色。人物相貌也是一个很好的例子，正面形象更具有人物相貌的特点。正面角度的构图，主要是表现对象多处在画面的垂直中心分割线上，常是对称的结构形式，一般说来正面的构图形象比较端庄。稳重。

4.1.4　斜侧角度

斜侧角度是指偏离正面角度，或左、或右环绕对象移动到侧面角度之间的拍摄位置。偏离正、侧面角度较小时，往往对正侧面的形象变化不大，可在正、侧角度范围内选择适当的拍摄位置，使之既能表现对象正或侧面的形象特征，且物体形象又有丰富多样的变化，往往能收到形象、生动的效果。

4.1.5　侧面角度

侧面角度一般是指与被摄对象侧面成垂直角度的拍摄位置，主要表现某些对象的侧面具有典型的形象。例如在人像摄影中，侧面角度能看清人物相貌的外部轮廓特征，使人像形式多样变化。在客观对象中，有许多物体是只有从侧面才能看清它的相貌的，例如人走动时的身影、各种车辆的外貌以及某些用具都有这样的性质。在这种条件下侧面角度就能更好地表现对象的特色了。侧面角度较之正面角度有较大的灵活性，在侧面垂直角度左右可有一些变化，以获得最能表现好对象侧面形象的拍摄位置。

4.1.6　反侧角度

反侧角度是指由侧面角度环绕被摄对象向背面角度移动的拍摄位置。它有反常的意识。往往能将对象的一种特有精神表现出来，在与常用的正面、侧面、斜侧面角度的对比下，它有出其不意的效果，往往能获得很生动的形象。当然对于某些对象来说有如斜侧的形象相似。因此反侧角度对摄影对象是有要求的，或者说是只有适当的对象才可选择反侧的方向。

4.1.7 背面角度

背面角度是指照相机镜头光轴与被摄对象视线夹角呈 180 度，拍摄人物的背面。主要靠形体动作来刻画人物性格和思想感情，画面含蓄，给人以丰富的想象。

选择何种拍摄方向，不仅是主要被摄对象的形象有变化，构图的形式有变化，更主要是表现内容也可能有变化，因此考虑拍摄方向的选择，应根据具体的被摄对象和主题表现的要求而变化。至于正面角度、斜侧角度、侧面角度、反侧角度、背面角度没优劣之分，运用得当，都会获得成功的构图。

4.1.8 拍摄距离

拍摄距离指相机和被摄体间的距离。在使用同一焦距的镜头时，相机与被摄体之间的距离越近，相机能拍摄到的范围就越小，主体在画面中占据的位置也就越大；反之，拍摄范围越大，主体显得越小。通常根据选取画面的大小、远近，可以把照片分为特写、近景、中景、全景和远景。

4.2 影视拍摄固定镜头与运动镜头

4.2.1 固定镜头

（1）摄像机的机身、机位、镜头焦距均不发生变化所拍摄的片段。

固定的画面框架带来其在画面表现上的许多特点：带来稳

定的视觉感受；提供客观的参照物；观众视线可在画面上随意浏览；镜头可塑性大，容易造成视觉节奏。

（2）固定镜头画面的特征：画框相对固定。

（3）固定的画框给观众带来稳定的视觉感受：固定画面的功用；有利于表现静态环境；对静态的人物有突出的表现作用；较为客观地记录和反映被摄对象的运动速度与节奏变化；利用框架因素突出和强化动感；在造型上更富于绘画和图片的造型美感趋于引发观众"静"的心理反应；比较容易表现出"久远"的时间感，表现忆、回想等。

（4）固定画面在表现上的局限：固定画面视点单一；在一个镜头中，难以产生较大的画面构图变化；对运动轨迹和运动范围较大的被摄主体难以很好地表现；难以表现复杂、曲折的环境和空间；在纪实性拍摄中，仅采用固定画面，难以展；现一段相当完整的、处于真实环境中的生活流程，难以构成较长的画面叙事段落和营造特定的气氛。

（5）固定拍摄的适用场合：一是远、大场面；二是单构图画面表现的场合；三二是需要对某一细小事物进行演示的场合。

固定画面的拍摄要求：

（6）固定画面的拍摄要求：一是选择拍摄角度——捕捉动态因素——表现纵深空间；二是考虑画面组接时的连贯；三二是力求稳定。

4.2.2　运动镜头（Movie shot）

摄像机的机身、机位、镜头焦距有一者发生变化所拍摄的片段。

常见形式：

（1）推：即推拍、推镜头，指被摄体不动，由拍摄机器作向前的运动拍摄，取景范围由大到小。

（2）拉：被摄体不动，由拍摄机器作向后的拉摄运动，取景范围由小变大，也可分为慢拉、快拉。

（3）摇：指摄影、摄像机位置不动，机身依托于三脚架上的底盘作上下、左右、旋转等运动。

（4）移：又称移动拍摄。从广义上说，运动拍摄的各种方式都为移动拍摄。

（5）跟：指跟踪拍摄。跟移是一种，还有跟摇、跟推、跟拉、跟升、跟降等。

（6）升：上升摄影、摄像。

（7）降：下降摄影、摄像。

（8）俯：俯拍，常用于宏观地展现环境、场合的整体面貌。

（9）仰：仰拍，常带有高大、庄严的意味。

（10）甩：甩镜头，也即扫摇镜头，指从一个被摄体甩向另一个被摄体，表现急剧的变化。

（11）悬：悬空拍摄，有时还包括空中拍摄。它有广阔的表现力。

（12）空：亦称空镜头、景物镜头，指没有剧中角色（不管是人还是相关动物）的纯景物。

（13）切：转换镜头的统称。任何一个镜头的剪接，都是一次切。

（14）综：指综合拍摄，又称综合镜头。它是将推、拉、摇、移、跟、升、降、俯、仰等综合运用。

（15）短：指短镜头。电影一般指30秒（每秒24格）、约合胶片 15 米以下的镜头；电视（每秒 25 帧）、约合 750 帧以下的连续画面。

（16）长：指长镜头。影视都可以界定在 30 秒以上的连续画面。

（17）反打：指摄影机、摄像机在拍摄二人场景时的异向拍摄。

（18）变焦拍摄：摄影、摄像机不动，通过镜头焦距的变化，使远方的人或物清晰可见。

（19）主观拍摄：又称主观镜头，即表现剧中人的主观视线、视觉的镜头，常有可视化的。

4.3 影视拍摄的声、光处理

4.3.1 影视拍摄的声处理

4.3.1.1 音响

从生理上讲，人对外部空间的感知是由视觉、听觉和触觉构成的。也就是说，说听觉（音响）和视觉（画面）共同建构起了一部影视作品的银幕空间（包括广告片）。因此，音响无疑也是构成蒙太奇艺术的基本手段之一。爱森斯坦、普多夫金和亚历山大洛夫三人于 1928 年 8 月 5 日发表在《苏联艺术》杂志上的著名宣言就准确地阐明了对"音响"的概念的定义，宣言中写道："音响同画面的'交响乐式对立'，只有将音响作为一段蒙太奇的对位去使用时，音响才能使我们有可能去发展并改进蒙太奇。在音响方面进行初步试验必须遵循'音画对位'的方向去进行。这种进攻式的方法将难产生一种精确的感觉，而在时间的配合下，这就能创造一种画面—视像同画面—音响的交响式对位。"马赛尔·马尔丹在《电影语言》一书中这样讲道："音响是电影特性的组成部分，因为它是像画面一样在时间中展示的一种现象。"

音响使影片有了一种更广泛的描述手段。音响可以在同画面构成对位或对立的情况下去使用，并且都能以现实主义或非现实主义手法去使用。音响不仅能同出现在屏幕上的声源相符合，而且它还可以用话外音来表现，甚至还可以创造空间感。

音响对影片带来的作用大致可归纳如下。

（1）真实感

音响的出现增加了画面的逼真程度，画面的可信度也增强了。观众体会到了自我感知的多面性（视觉和听觉），感觉到了视听印象的相互渗透性，正是这一切使我们看到了现实世界不可分割的真实表现。

（2）连贯性

如果说一部影片的画面——胶片是许多片段的连续，那么，声带在某种程度上却同时为简单感觉和美学感受建立一种连贯性。声带可以脱离视觉蒙太奇去创造表现有声的空间环境，它的片段性要比画面少得多。音乐是音响连贯性构成的最主要元素。

（3）对话

使画面摆脱了解释任务而致力于自己的表达任务，使人们不必再用视觉形象去表现许多可以用对话来说明的事物。话外音的运用，又为影片开拓了心灵深处的丰富领域，使许多最隐秘的思想外在化了。

（4）沉默（无声）

应从具有积极意义的角度去理解，作为死亡、缺席、危险、不安或孤独的象征，沉默能发挥巨大的戏剧作用。在渲染表现某片段的戏剧紧张气氛时，沉默要比喧闹、嘈杂的音乐有力度得多。例如，喧闹的场面突然寂静无声。

（5）省略性

影片省略了一段原来会使人感到别扭的对话，但是却丝毫不影响对影片的理解。例如，两个人在玻璃窗外争论，观众一点都听不到他们的声音。又如夜总会里，人与人之间的对话完全被音乐所淹没了。

（6）话外音

音画的对位或对立，以及话外音都能创造各种隐喻与象征。

（7）音乐

虽然它不是一种戏剧元素，但是它构成了一种异常丰富的表现素材。

4.3.1.2 声音

（1）音响

音响可以分为两大类：第一类，包括各种各样的声响，第二类，是不由情节元素规定的音乐。

第一类声响包括以下两大种。

①自然声响，是指自然界中可以听到的全部音响效果。如风声、雷声、雨声、波涛声、流水声、动物叫声、鸟叫声等。

②人的声响，是指由人自身发出和人所制造出的声响。如机器声、汽车声、飞机声、街道声、工厂声、车站声、码头声；又如对话声：就是指影片中人物之间的说话声和心声，以及旁

白和解说词；最后是音乐声：纯音乐声和画面内、外空间中发出的音乐声（收音机或弹奏的乐器）。

音响并不只是画面的简单补充，而是可以运用蒙太奇手法对音响进行创作的。如普多夫金的"音画对立"；今天常用手法有"声画分离"和画外空间的声响。

（2）音乐

罗朗·麦虞埃尔就影片的音乐讲道："音乐既是语言，那就应讲它自己的语言。"音乐原本就不从属于影片。它是独立于影片而存在的另一门艺术形式。因此，影片的音乐真正值得遵循的准确道路应该是对影片情节结构保持自主，音乐不应当在一旦配合画面时就使它固有的特性丧失殆尽。音乐应力图去自由地阐述，而不是解说；应当细腻地去启示，而不是渲染。于是，音乐应作为影片的一种整体去发挥作用，而不应满足重复或扩大视觉效果。它应以自身的音调（大音阶的或小音阶的）、节奏（明快或含蓄）、曲调（轻盈或庄严）去发挥作用。只有这样去看待影片的音乐时，才是更正确和更丰富的概念。同时，才有可能创作出高品质的、高水准的成功作品。

①广告音乐

广告音乐具有一般音乐的共性：善于表现感情，必须通过听觉来感受，展示形象需要时间等。广告音乐的特性是：

一是它的创作构思是以表现、传递产品信息和艺术结构为基础。音乐的听觉形象与画面的视觉形象以及语言（包括对白、独白、旁白、内心独白、解说词等）、各种音响等元素互相结合，融为一体。

二是广告音乐根据创意情节和镜头长短分段陈述，间断出现，并受广告片蒙太奇段落的制约。

三二是广告音乐与画面的结合关系通常分为音画同步和对位两种方式。

②影片

在影片中的类型主要有以下几种：

一是强调性的音乐：指强调主要的或者次要的；

二是 可视性的音乐：指镜头前的演唱者；

③音乐的来源

创新音乐（指作曲，具有原创性、唯一性）。

现成作品音乐（指世界各地的古典和现代名曲、歌曲）。

公共版权音乐（指无须受版权保护，也无须再付费给作曲家，且任何人皆可以使用的音乐。例如，《蓝色多瑙河》，该旋律早已归大众共有）。

版权音乐（俗称"罐头音乐"，大多数的音乐工作室都有订购，无须再付版权费，只需付使用费，价格低，大众共享）。

4.3.2 影视拍摄的光处理

4.3.2.1 照明

"照明是创造画面表现力的决定因素。"法国人马赛尔·马尔丹在《电影语言》这本书里如此定义，也就充分说明了照明在广告拍摄中起着至关重要的作用。照明的不同技巧可以创造广告拍摄所需的任何气氛。一般非专业人士看不懂，也不知道照明的重要作用。

照明最早是从绘画和戏剧艺术那里借鉴、引申发展而来，不是自身独创的。在 100 多年的发展过程中，照明经历了从遵守自然光现实主义到非现实主义表现（当时受胶片感光技术原因，特别是夜景的照明），20世纪40年代中期的美国，照明寻找到了表现主义的手法，夜景的照明只需提供一个象征，让照明可以自由去布光，如美国电影《公民凯恩》。当照明在参与到意大利新现实主义的创作（意大利电影《偷自行车的人》）时，又表现为反表现主义的倾向，崇尚纪实风格，反对人为戏剧化的照明技巧。

如今，作为摄影造型手段之一的照明，在广告片的拍摄中同样遵守着自身的两个基本任务：纯摄影的技术任务和艺术的造型任务。照明的技术任务是摄影构图的基础。在被摄体上没有创造正确的曝光所必需的照度，就不可能从技术上实现摄影师的创作意图。曝光过度在高光部分的影像就可能没有层次、没有细节，影调反差表现无力，画面颗粒粗糙。曝光不足会使胶片缺乏细节的反差、暗部无层次、颗粒粗糙，更谈不上如何体现摄影意图。仅仅满足照明的技术任务，是远远不够的，更不能拍摄出精美的广告片。

照明造型任务是比较复杂的、艺术的。这个任务与摄影构图有密切关系，照明技巧可以在二维平面的画面中表现立体的三维的空间世界，可以创造画面中影像的体积感和空间感，还有助于色调、影调、反差、气氛等的创造，以及直射光还能表现材料的表面结构。

一个优秀的广告摄影师就在于能够运用不同的光线来描绘表达广告的创意概念。什么样的产品广告创意，在什么场景应当选择什么光线条件，而在另一个场景则是专门创造光线条件，只有这样才能准确地表现广告创意，才能拍出有趣的、富有表现力的和打动消费者的好广告。对于广告而言的照明技巧手法，我的理解应与影视中的照明技巧有所区别，它不是围绕着人物和事件的发生、发展而设计的，而是以如何传递产品信息去设计。照明技巧的选用也是因产品而定，用什么，不用什么，目的只有一个——打出产品最亮丽的瞬间，推销产品。此前介绍的自然的现实主义、非现实主义、表现主义、新现实主义、后现代主义、结构主义、后结构主义、唯美主义等技巧和风格，都是当下广告照明可选择的手段和技巧。广告片是按广告创意所创造提供的氛围去张扬产品。只要有利于产品表现，什么样照明技巧合适就采用什么照明技巧。

4.3.2.2 **反差**

简单讲，反差的概念就是主光与辅助光的亮度比之差，可以理解为是被摄物主光照明面的亮度大小与黑暗面的阴影大小之间的对比。反差可以由光圈系数的差异，或是光线密度的比例关系来表示。

反差的规律是：光圈每增加一级，被摄体上的光量增加两倍，因此根据比率就可以描述反差。常用的反差有41、81、161。这些高反差比在拍摄后的画面中仍然能在暗部有细节存在。在摄像机拍摄的广告片中，由于电视的宽容度较窄，为了暗部细节同样得到充分表现，光线的反差就应控制在41、21范围以内。

在实际拍摄中，反差和光比的有效控制是摄影师获得所要创造光线效果最重要的手段和途径。反差控制被摄主体的曝光，光比控制场景的气氛和影调。使用工具都是测光表。例如，被摄主体的主光比辅光的光圈值要大1级光圈，这就是说有两倍的光投射在主光面上，其反差是21。如果是主光比辅光的光圈值差 2 级，反差就是 41；如果是主光比辅光的光圈值差 3，主体明暗反差级，反差就是 81；如果是主光比辅光的光圈值差 4 级，反差就是 161，以此类推。

4.3.2.3 **光比**

被拍摄场景的主体与背景（或环境）之间光照强度差别，称之为光比。在拍摄时经常听说两个词：高调与低调高调就是照明的设计是低光比，而低调则是高光比的照明设计。

拍摄广告片、电影故事片的打光和绘画很像。不同之处是，绘画是将光影画在画布上，影视是将光影记录在胶片上。场景前后光比摄影师最常用的打光方式有高调、低调和自然生活光三种。

（1）高调

高调的场景使画面看起来整体很亮，暗部阴影层次也在中性灰以上，且比较通透。场景造型、道具和场景里的服装最好色调也都保持明亮色系。要得到高调的效果，该场景需要使用很多柔和散射的照明器材，消除所有阴影。不过，高调画面在亮部也需要有层次，不能够整个毛掉（曝光过度）。高调光线效果关键是照明技巧的控制，使被摄主体照明低反差（主辅光之间差控制在 1～0.5 级光圈），以及被摄主体与场景的低光比，甚至无光比（这要根据场景的色彩构成而确定）。

（2）低调

低调的场景则只有在画面的少数区域比较亮，其大多数地方都处在阴影中，且比较厚重。场景造型、道具和场景里的服装最好色调也都保持灰暗色系。不要道听途说"只要曝光不足就可以得到低调的效果"，也不是整个画面弄暗了就是低调的效果。正确方法是控制暗部区域与亮部区域的比例关系，使场景中暗部的比例大于亮部，而暗部画面也需要有层次。低调的照明技巧就是在满足胶片正确曝光的技术要求的基础上，尽可能地运用大反差，大光比照明，尽可能不使用辅光。严格控制辅光的亮度，是为了画面阴影的景深。

（3）自然生活光

除非你要的不是真实的效果，否则灯光的打法都是以场景的自然光源为基础，都有依据可循，太阳、窗户、室内灯光、台灯、蜡烛光、火炉、电视、街灯、走廊灯等。最常见的室内光源是来自窗户。白天或夜晚很暗的房间里，主光一般方向都是应该从窗户照进来。打光的原则都是依据自然光和生活环境中灯光的位置而设置，没有人工痕迹。

4.3.2.4 外景的光线

在外景打光，假设要拍的是以自然光为主光的外景，主光理所当然是太阳光。

为了使阴影柔和一些，控制影调的反差，或者要在演员头上装设一块薄纱或用一块蝴蝶布做辅助光。另加一块反光板，或者用高色温灯做主光，仿太阳主光的光线效果，只有这样才可能有效地控制反差，画面效果很好。

4.3.2.5 内景的光线

在内景打光，就可采用传统的打光方法，主光、辅光、背光、轮廓光、效果光、眼神光等，按照实际造型需要放置场景光源来营造气氛，制造视觉的深度以及控制影调、反差、光比。这些打光技巧对于摄影机和摄像机的拍摄没有太大差异。因此所用灯光器材如聚光灯、散光灯、反光板、薄纱、挡光屏、锥形罩、各种色纸、柔光纸、魔术腿等全都一样。技巧上可根据创作意图选用直射光或反射光。

4.3.2.6　直射光

这种方法就是将光源投射出的光线直接照射到被摄者身上，光的性质是光亮度较高，投射到人或物体上的边缘部，阴影较明显，明暗反差大。对于光线的强弱控制，可以调整灯具上的聚焦控制杆收放光束，还可以将灯具靠近或远离被摄体。如需光线柔和一些，可在灯头前加柔光屏或柔光纸。

4.3.2.7　散射光和反射光

这种方法就是将光源投射出的光线不直接照射到被摄者身上，而是经过反光板的折射或柔光布的透射。光的性质是很柔和、没有明确的方向感，阴影较弱，明暗反差低，这是广告片拍摄的常用技法。对于光线的强弱控制，是将灯具靠近或远离被摄体。有时候在拍摄近景时，将经过几次折射后的柔光光源贴近人物的脸部进行打光，这种打光技巧叫"包围式"。其光线效果特点是不需要额外的辅光，由于主光是高亮度的柔光贴近主体放置，所造成的阴影是软边，有层次过渡。在化妆品广告拍摄时，为了让演员皮肤更细腻，质感更好，通常用大功率灯打一次反射，再经过一次柔光屏的透射，目的是让光线更柔和一些。反射材料有米箔箩板（泡沫板）或灯光专用的柔光布

4.4　影视拍摄构图

画面构图——通过摄像机取景框构成的画面造型——发挥着决定性的作用。那么在影视摄影中，画面构图应注意哪些问题呢？

4.4.1 画面的动静关系

静态构图是在画面造型元素及结构均无明显变化状态下的构图，动态构图是在画面造型元素及结构发生显著变化情况的构图。影视画面虽然是以表现运动物体为主，但其画面构图依然是以静态构图法则为基础，使静态物体有静感，动态物体有动感，以静态陪衬动态，以动态凸显静态是影视构图中处理动静关系的核心。

在影视画面中，摄像者应首先考虑被拍摄对象的活动方式，然后再依据活动对象布局景别。我们既可以用周围静态物体衬托运动主体，也可以在周围运动物体群中突出静态主体，还可以采用对主体跟、摇拍摄的手法使主体在画面中保持静态。例如，在拍摄辽阔的草原上一个骑手策马扬鞭，奔驰向前的场景时，就可以先以远山做静态景物，由此起幅，展现骏马飞奔的激昂和律动。镜头缓慢摇近使骑手与骏马形象清晰且保持在画面中的静态，显示主体的细腻动作和情感，以远山衬之，最后以骑手渐渐远去落幅。通过这一系列视角环境变换和谐地处理了画面的动静关系，完成视觉形象的构图组合。

4.4.2 注意画面的层次感

主体是影视画面所要突出描述的对象，突出主体形象是影视摄像构图的首要任务。拍摄者应正确选择和设定主体位置，设定恰当的拍摄角度和景别，通过构图设计和构图配置处理好主体与陪衬、前景、背景、环境的关系。

以主体作为画面的视觉中心，在画面中给主体以最佳的照明、适当的面积、最突出的角度。在拍摄构图过程中，可以将主体处理成中景、近景、特写等景别，也可以采用跟镜头的方式始终将主体摆在画面的视觉中心，还可以用镜头的推拉、切换、景深和光、色、影调等元素的配置，很好地反映主体，明晰结构上的主次、本末。比如在拍摄人物时，主体人物的脸部要正对镜头，以保持形象完美。陪衬人物则可以仅表现其脸部侧面，配合情节利用景深变化来营造画面效果。对于在画面中与主体构成特定关系，表现主题思想的陪体，当以渲染，烘托画面主体形象为宗旨，通过光影、色彩等手段，理顺条理和层次，发挥其"陪衬"作用，加强画面的空间感和概括力，以使主体的表现更鲜明充分。

4.4.3 注意视觉均衡和对比

所谓影视拍摄构图中的均衡是指以画面中心为支点，使画面上下左右所呈现的各种构图因素在视觉重量上形成均势。影响视觉均衡的要素主要是物体的大小、运动方向、空间位置、色彩明暗、影像的虚实、疏密、繁简的布局等。由于影视画面是运动的，因此影视拍摄构图中的均衡主要是艺术上的均衡。从影视拍摄实践看，其构图均衡包括结构的均衡和色彩的均衡。结构均衡就是构图中利用人们的视觉加重作用制造动态的、心理的均衡，通常以黄金分割点构图或"♯"字构图来实现，也可以采用绘画理论中的"补白"，以大面积空白处的小面积视觉对象集中观众视觉，加重视觉分量，达到突出主体的目的。色彩的均衡是指画面上不同色彩面积的和谐分布，避免等量、对称和零乱。要以主体颜色为基调，尽可能地选择与其相对的色彩背景，保持画面的整体效果更加鲜明，主体更加突出。

影视拍摄构图还要注重以下几种不同造型手段，实施画面对比：一是利用镜头景深的特性，使主体清晰、陪体模糊的虚实对比；二是以体积、远与近、高与低、长与短等要素为主的大小对比；三二是影视画面中明暗面积的分布或明中叠暗、暗中叠明的影调处理；四二是利用开放式构图，进行使人可理解并联想的藏露对比。

注意：采用线条和几何结构在影视拍摄构图中，从被摄对象自身的结构、运动及相互关系中找出最主要的线条结构并迅速形成画面构图，是拍摄者必须精通的摄像造型法则。线条是构成千变万化可视形象的基本因素，不同的线条构设表现出不同的艺术效果。摄影师在构图过程中应选择最具个性特点或最富视觉表现力的轮廓形状，以恰当的线条将画面中散乱分布的被摄对象相互联系起来，形成和谐、均衡而又明确集中的画面构图，表现不同的艺术感观。比如，在拍摄阅兵的阵列、高耸的大厦、参天的树木时以垂直线条，能够产生高耸、挺拔、刚直和修长的感觉；而在拍摄大地、海洋、湖泊、草原时以水平线条，则可以表现出辽阔、高远、空旷和无边无垠。

在影视构图中巧妙运用几何原理可使画面更具形式感和心理暗示。比如，三角形的布局除了有稳定的表现外，还有权力象征和坚毅，势不可当的气势。"S"形构图是一种富有变化的曲线构图，最常应用与河流、山路、行程队列等曲折部位，给人以流畅、延伸、优美的感觉。"十"字形构图结构，严肃中给人带来悬念感，观众的视觉焦点十分集中。影视中的画面构图先服从于剧情内容，再塑造形式美感。在拍摄主题内容确定后，摄像人员要选择、组织和找寻到最佳的画面结构方式，秉承立意"准"、主体"明"、画面"精"、基调色彩搭配"优"的宗旨，借鉴绘画、摄影等构图原理和构图技法，保持高度的创作兴奋和灵锐的创作敏感，以使自己的影视画面构图不断改善、不断创新。

4.5 影视拍摄画面组接

我们都知道，无论是什么影视广告，都是由一系列的镜头按照一定的排列次序组接起来的。这些镜头所以能够延续下来，使观众能从影视广告中看出它们融合为一个完整的统一体，那是因为镜头的发展和变化要服从一定的规律，这些规律我们将在下面的内容里做详细的叙述。

4.5.1 镜头组接要求

镜头组接必须符合观众的思想方式和影视表现规律。

镜头的组接要符合生活的逻辑、思维的逻辑。不符合逻辑观众就看不懂。做影视广告要表达的主题与中心思想一定要明确，在这个基础上我们才能确定根据观众的心理要求，即思维逻辑选用哪些镜头，怎么样将它们组合在一起。

4.5.2 景别变化方法

景别的变化要采用循序渐进的方法。

以下内容需要回复才能看到，一般来说，拍摄一个场面的时候，"景"的发展不宜过分剧烈，否则就不容易连接起来。相反，"景"的变化不大，同时拍摄角度变换亦不大，拍出的镜头也不容易组接。由于以上的原因我们在拍摄的时候"景"的发展变化需要采取循序渐进的方法。

循序渐进地变换不同视觉距离的镜头，可以完成顺畅的连接，形成了各种蒙太奇句型。

前进式句型：这种叙述句型是指景物由远景、全景向近景、特写过渡。用来表现由低沉到高昂向上的情绪和剧情的发展。

后退式句型：这种叙述句型是由近到远，表示由高昂到低沉、压抑的情绪，在影片中表现由细节到扩展到全部。

环行句型：是把前进式和后退式的句子结合在一起使用。由"全景—中景—近景—特写"，再由"特写—近景—中景—远景"，或者我们也可反过来运用。表现情绪由低沉到高昂，再由高昂转向低沉。这类的句型一般在影视故事片中较为常用。

在镜头组接的时候，如果遇到同一机位，同景别又是同一主体的画面是不能组接的。因为这样拍摄出来的镜头景物变化小，一副副画面看起来雷同，接在一起好像同一镜头不停地重复。在另一方面这种机位、景物变化不大的两个镜头接在一起，只要画面中的景物稍有变化，就会在人的视觉中产生跳动或者好像一个长镜头断了好多次，有"拉洋片""走马灯"的感觉，破坏了画面的连续性。

如果我们遇到这样的情况，除了把这些镜头从头开始重拍以外（这对于镜头量少的节目片可以解决问题），对于其他同机位、同景物的时间持续长的影视片来说，采用重拍的方法就显得浪费时间和财力了。最好的办法是采用过渡镜头。如从不同角度拍摄再组接，穿插字幕过渡，让表演者的位置，动作变化后再组接。这样组接后的画面就不会产生跳动、断续和错位的感觉。

4.5.3 镜头组接中的拍摄方向，轴线规律

主体物在进出画面时，我们拍摄需要注意拍摄的总方向，从轴线一侧拍，否则两个画面接在一起主体物就要"撞车"。

　　所谓的"轴线规律"是指拍摄的画面是否有"跳轴"现象。在拍摄的时候，如果拍摄机的位置始终在主体运动轴线的同一侧，那么构成画面的运动方向、放置方向都是一致的，否则应是"跳轴"了，跳轴的画面除了特殊的需要以外是无法组接的。

4.5.4　镜头组接要遵循"动从动""静接静"的规律

　　如果画面中同一主体或不同主体的动作是连贯的，可以动作接动作，达到顺畅，简洁过渡的目的，我们简称为"动接动"。如果两个画面中的主体运动是不连贯的，或者它们中间有停顿时，那么这两个镜头的组接，必须在前一个画面主体做完一个完整动作停下来后，接上一个从静止到开始的运动镜头，这就是"静接静"。"静接静"组接时，前一个镜头结尾停止的片刻叫"落幅"，后一镜头运动前静止的片刻叫作"起幅"，起幅与落幅时间间隔为一二秒钟。运动镜头和固定镜头组接，同样需要遵循这个规律。如果一个固定镜头要接一个摇镜头，则摇镜头开始要有起幅；相反一个摇镜头接一个固定镜头，那么摇镜头要有"落幅"，否则画面就会给人一种跳动的视觉感。为了特殊效果，也有"静接动"或"动接静"的镜头。

4.5.5　镜头组接的时间长度

　　我们在拍摄影视广告的时候，每个镜头的停滞时间长短，首先是根据要表达的内容难易程度，观众的接受能力来决定的；其次还要考虑到画面构图等因素。如由于画面选择景物不同，包含在画面的内容也不同。远景中景等镜头大的画面包含的内容较多，观众需要看清楚这些画面上的内容，所需要的时间就相对长些；而对于近景，特写等镜头小的画面，所包含的内容较少，观众只需要短时间即可看清，所以画面停留时间可短些。

另外，一幅或者一组画面中的其他因素，也对画面长短起到制约作用。如同一个画面亮度大的部分比亮度暗的部分能引起人们的注意。因此如果该幅画面要表现亮的部分时，长度应该短些，如果要表现暗的部分时，则长度则应该长一些。在同一幅画面中，动的部分比静的部分先引起人们的视觉注意。因此，如果重点要表现动的部分时，画面要短些；表现静的部分时，则画面持续长度应该稍微长一些。

4.5.6 镜头组接的影调色彩的统一

影调是指以黑的画面而言。黑画面上的景物，不论原来是什么颜色，都是由许多深浅不同的黑白层次组成软硬不同的影调来表现的。对于彩色画面来说，除了一个影调问题还有一个色彩问题。无论是黑白还是彩色画面组接都应该保持影调色彩的一致性。如果把明暗或者色彩对比强烈的两个镜头组接在一起（除了特殊的需要外），就会使人感到生硬和不连贯，影响内容通畅表达。

4.5.7 镜头组接节奏

影视广告的题材、样式、风格以及情节的环境气氛、人物的情绪、情节的起伏跌宕等是影视广告节奏的总依据。影片节奏除了通过演员的表演、镜头的转换和运动、音乐的配合、场景的时间空间变化等因素体现以外，还需要运用组接手段，严格掌握镜头的尺寸和数量。整理调整镜头顺序，删除多余的枝节才能完成。也可以说，组接节奏是教学片总节奏的最后一个组成部分。

处理影片节目的任何一个情节或一组画面，都要从影片表达的内容出发来处理节奏问题。如果在一个宁静祥和的环境里用了快节奏的镜头转换，就会使得观众觉得突兀跳跃，心理难以接受。然而在一些节奏强烈、激荡人心的场面中，就应该考虑到种种冲击因素，使镜头的变化速率与青年观众的心理要求一致，以增强青年观众的激动情绪，达到吸引和模仿的目的。

4.5.8 镜头的组接方法

镜头画面的组接除了采用光学原理的手段以外，还可以通过衔接规律，使镜头之间直接切换，使情节更加自然顺畅，以下我们介绍几种有效的组接方法。

a. 连接组接

相连的两个或者两个以上的一系列镜头表现同一主体的动作。

b. 队列组接

相连镜头但不是同一主体的组接。由于主体的变化，下一个镜头主体的出现，观众会联想到上下画面的关系，起到呼应、对比、隐喻、烘托的作用。往往能够创造性地揭示出一种新的含义。

c. 黑白格的组接

为造成一种特殊的视觉效果，如闪电、爆炸、照相馆中的闪光灯效果等，组接的时候，我们可以将所需要的闪亮部分用白色画格代替，在表现各种车辆相接的瞬间组接若干黑色画格，或者在合适的时候采用黑白相间画格交叉，有助于加强影片的节奏，渲染气氛，增强悬念。

d. 两级镜头组接

是又特写镜头直接跳切到全景镜头或者从全景镜头直接切换到特写镜头的组接方式。这种方法能使情节的发展在动中转静或者在静中变动，给观众的直感极强，节奏上形成突如其来的变化，产生特殊的视觉和心理效果。

e. 闪回镜头组接

用闪回镜头，如插入人物回想往事的镜头，这种组接技巧可以用来揭示人物的内心变化。

f. 同镜头分析

将同一个镜头分别在几个地方使用。运用该种组接技巧的时候，往往是处于这样的考虑：或者是因为所需要的画面素材不够；或者是有意重复某一镜头，用来表现某一人物的情丝和追忆；或者是为了强调某一画面所特有的象征性的含义以印发观众的思考；或者还是为了造成首尾相互接应，从而达到艺术结构上给人以完整而严谨的感觉。

g. 拼接

有些时候，我们在户外拍摄虽然多次，拍摄的时间也相当长，但可以用的镜头却是很短，达不到我们所需要的长度和节奏。在这种情况下，如果有同样或相似内容的镜头的话，我们就可以把它们当中可用的部分组接，以达到节目画面必需的长度。

h. 插入镜头组接

在一个镜头中间切换，插入另一个表现不同主体的镜头。如一个人正在马路上走着或者坐在汽车里向外看，突然插入一个代表人物主观视线的镜头（主观镜头），以表现该人物意外地看到了什么和直观感想和引起联想的镜头。

i. 动作组接

借助人物、动物、交通工具等等动作和动势的可衔接性以及动作的连贯性、相似性，作为镜头的转换手段。

j. 特写镜头组接

上个镜头以某一人物的某一局部（头或眼睛）或某个物件的特写画面结束，然后从这一特写画面开始，逐渐扩大视野，以展示另一情节的环境。目的是在观众注意力集中在某一个人的表情或者某一事物的时候，在不知不觉中就转换了场景和叙述内容，而不使人产生陡然跳动的不适应之感觉。

k. 景物镜头的组接

在两个镜头之间借助景物镜头作为过渡，其中有以景为主，物为陪衬的镜头，可以展示不同的地理环境和景物风貌，也表示时间和季节的变换，又是以景抒情的表现手法。在另一方面，是以物为主，景为陪衬的镜头，这种镜头往往作为镜头转换的手段。声音转场：用解说词转场，这个技巧一般在科教片中比较常见。用话外音和话内音互相交替转场，像一些电话场景的表现。此外，还有利用歌唱来实现转场的效果，并且利用各种内容换景。

l. 多屏画面转场

这种技巧有多画屏、多画面、多画格和多银幕等多种叫法，是近代影片影视艺术的新手法。把银幕或者屏幕一分为多，可以使双重或多重的情节齐头并进，大大的压缩了时间。如在电话场景中，打电话时，两边的人都有了，打完电话，打电话的人戏没有了，但接电话人的戏开始了。

镜头的组接技法是多种多样的，按照创作者的意图，根据情节的内容和需要而创造，也没有具体的规定和限制。我们在具体的后期编辑中，可以尽量地根据情况发挥，但不要脱离实际情况和需要。

5　影视制作主体与受众群体

5．1　影视制作主体

5．1．1影视导演的主体创造

5．1．1．1　导演素质

由于导演的地位特殊，责任重大，因此学习导演和培养导演，都必须注重其自身素质的提高。主要表现在以下三个方面。

（1）要有点灵性

灵性，主要指艺术感觉好。感觉是最直接的心理过程，是形成各种复杂心理过程的基础。对艺术的处理常常不经过理性的分析，而通过直觉做出判断，获得理想的效果。人们常说："跟着感觉走"，就是因为感觉到的东西最新鲜、最诱人，常常能把人带入佳境。

（2）要有点悟性

悟性，主要指对生活中新生事物的敏感性。通过对生活的观察、体验，能够深刻地认识生活，理解生活，发现和悟到常人不易发现和悟到的哲理层次。假如导演悟性差，自己尚未悟到的东西，或者悟得很浅的东西，如何能够让观众悟得到或者悟得深。所以导演的悟性不好，必然会影响作品内涵的深刻性。

（3）要有点韧性

韧性，主要指坚忍不拔、百折不挠的毅力。有人说作家要出作品就要克服自己的惰性、懒散和放纵。而导演要出作品，不仅要与自己斗，克服自身的弱点，而且要与别人斗，大家同心协力攻克难关。

5.1.1.2　电视文艺导演应具备的素质和技能

电视文艺是纷繁多样的电视节目中一道亮丽的风景线，它不仅能给人带来审美的愉悦，更能让人在欣赏的同时产生丰富的理性思考。人们喜爱的文学和艺术领域的诸多门类都可以在电视文艺中找到身影，而呈现在电视中的文艺作品因为有了与电视的结合便勃发着全新的更加诱人的艺术魅力。随着时代的发展进步，我国的电视文艺事业也发生着突飞猛进的变化，几乎每天都能在众多的电视频道中看到一些优秀的文艺作品产生。但是，作为电视文艺工作者，我们也经常听到广大观众对电视文艺提出的批评和更高的要求，尤其是当我们面对"入世"后国际电视业的强大冲击，面对日新月异的电视技术，甚至面对未来网络媒体的发展，使我们不得不严肃地审视自己，我们将如何面对这空前的压力和挑战。

电视文艺是一门综合性的电视艺术。电视文艺导演作为独立的个体，是电视文艺作品创作的核心。一般来讲，艺术创作是个体来进行的，而作为电视文艺导演在强调个性化的同时更多的是要通过摄制组集体的创作活动来实现和完成导演的设想以及追求。记得有一位老导演把摄制组和导演的关系比作车轮的轮箍和轮轴，没有轮箍轮轴无以为依托，而轮箍又必须在轮轴的驱动下才能向既定的方向前进。在这种相互依存的关系中，导演的核心力量是不容动摇的，但摄制组的整体配合情况又直接影响着导演的工作成果。所以，电视导演的工作难度绝不是局限在单纯的艺术创作上，而是多方面的。这也就为电视文艺导演提出了许多要求。

电视文艺导演作为电视文艺作品创作生产的策划者、组织者、领导者，应具备文艺领域内的相关知识和艺术修养，以及作为电视导演所必需的基本素质和专业技能。

电视文艺具有强大的包容性，它涵盖着众多的艺术门类，这也就为电视文艺导演提出了挑战，要求他应该具备很高的文艺修养。因此，加强文艺理论和文艺知识的学习，对于电视文艺导演就显得尤为重要。

中国俗语有云："巧妇难为米之炊。"作为电视文艺导演，如果没有广泛的文艺修养谈何创作，应该说，文艺修养是电视文艺导演的基础。我们在日常的工作中，接触最多的是电视综艺晚会。一个普通的综艺晚会往往包含了音乐、舞蹈、小品、相声、戏曲等节目，在进行创作的时候，就会应用到这些艺术门类的相关知识，根据晚会的主题思想进行各个小节目的构思。创作一首歌曲，电视导演虽然不是具体的词作家和曲作家，但对歌曲的节奏、样式、风格等必须有一个明确的把握，而且这种创作要经过多次的磨合不断地修改，导演始终都要保持清醒的头脑，能够提出意见和建议，直到满意为止。试想一下，如果导演音乐方面的修养较差，提不出指导性的思想，甚至说一些外行的话，那么创作出来的作品会是个什么样子，不是进行不下去就是草率地糊弄了事。以前曾经听过一种嘲讽的说法，说"什么都干不了，就去干导演"，这种说法一方面反映了电视导演行业里有一部分人素质不高，另一方面也说明对导演工作的认识存在误区。导演绝不是在现场只喊个"开始"那么简单，表面看来的那一声"开始"，在深层次却是导演在前期大量细致的准备工作基础上所表现出来的充分自信和对一部作品认真负责的工作态度。

电视文艺导演在广泛吸取艺术营养的基础上，更重要的是提高审美鉴赏能力和培养创造性思维能力。由于电视文艺涉猎的艺术门类较多，我们在工作中应该根据实际工作的需要，精专几门，形成自己的强项，达到触类旁通的目的。在工作中从事电视文学方面的导演，必然要在文学方面加强修养，要大量地阅读各类文学作品，从中选取有用的素材进行深加工再创造。在选取素材的过程中，选取得好坏直接反映出导演鉴赏力的高低，所谓的鉴赏能力就是对文艺作品的审美感受力、想象力、理解力和判断力。提高鉴赏力需要多方面的培养、锻炼，从鉴赏实践中不断地积累经验，要博观与精取相结合，不单有量的积累还要精读第一流的代表作品，来树立较高的审美规范。

导演作为艺术创作者，形象思维是经常使用的一种思维方式，通过它才能创造出源于生活又高于生活的典型形象，而创造性思维是对导演的更高要求。所谓创造性思维就是突破以往的经验，能够运用独特的想象创造出有别于其他的新形象。没有创新就没有生命力，作为电视文艺导演每天都面临新的挑战，电视观众永远不会满足于现有的节目样式，这就需要导演不断地运用创造性思维，使节目常办常新。深受国人喜爱的"凤凰卫视中文台"总是定期不定期地推出一些新的栏目，已有的节目也在不断地改头换面，总能让你看到富于新意的好节目。音乐电视更是比较明显，那些有着独特创意，给人耳目一新的作品是最能打动观众的。

电视艺术是一门视听结合的、高科技含量的综合艺术，有着自身的发展规律和特性。作为电视文艺导演，应该对这些专业知识熟悉掌握，并不断更新，紧随时代的发展，对于导演方面的专业技能更应该谙熟于心，注重交流关注前进方向。

电视文艺节目根据不同的内容、样式，其制作的流程可能差别很大。作为电视导演，必须对电视技术、电视手段了如指掌，因为在技术上的一点小小进步都可能给电视艺术带来一大步的飞跃。几年以前，虚拟演播室技术在电视业中开始得到应用，一些有着敏锐头脑的文艺导演就把这种技术引用到文艺节目的制作之中，比如中央台的《旋转舞台》，就通过这种新技术在电视荧屏上创造了前所未有的奇幻视觉世界，收到了很好的效果。文艺导演应该站在电视艺术的最前沿，对新技术、新手段和新技巧的使用、推广负有使命，并且通过自身的智慧能够创造性地发扬。

视听语言应该是电视文艺导演的看家本领，是文艺节目电视化过程中时时使用的艺术表现手段。"蒙太奇"本是电影的专利，在法文里原是组接之意，在电视中就是将一个个镜头画面按照一定的顺序连接起来，表达特定的情节和含义。随着时代的前进，观众的解读能力在提高，视听语言也在不断地发展进步，作为电视文艺导演应该注意交流，多多研读一流的作品，在不断的学习中使自身的导演语汇得到丰富，始终保持年轻活跃的头脑，甚至有引领时代潮流的信心和勇气。

电视文艺导演除了精通"蒙太奇"语言外，还要掌握场面调度、镜头调度、表演控制、光色调度、音响音乐以及节奏等一系列导演手段，来增强艺术表现力。一个大型的综艺晚会往往小节目多则几十个，导演不单要处理好每一个细节的设计，还要使串联起来的节目有机地融合为一体，做到舒张有度，衬托递进。这就要求导演综合起来运用各种手段，比如歌舞节目，舞蹈场面的处理是大型的还是小型的，演员如何调度，服装的色彩、舞美布景的色彩、灯光的色彩同节目的主题情绪色彩的关系处理，几个机位摄像机的调度使用（大摇臂摄像机的特色应用）。这些导演手段应用得好坏直接会影响到作品的质量。然而究竟如何处理为好，没有一定之规，需要具体情况具体分析，千万不可墨守成规，要敢于创新，成功永远属于敢创、敢试的人。

电视文艺是为最广大的人民群众服务的，电视文艺导演要深入生活，在丰富的生活源泉中，以其独到的眼光去认识、去发掘那些最典型、最本质的东西，坚持从生活中来到生活中去，创作出来的作品才能言之有物，才能感人。电视文艺的根本目的是要满足人民群众不断增长的精神生活的需要，在党的"双百"方针的指引下，在开拓娱乐性的同时不容忽视舆论的正确导向，不能让低级趣味和腐朽思想充斥荧屏。

在工作中，电视文艺导演作为一部作品的艺术统帅和组织统帅，他应该处理、协调好各种关系。

5.1.2　影视演员的表演诠释

影视表演中演员应具备的能力是培养一个演员诸多内容与繁重的任务中的一项，也是演员必备的创作素质。对生活中的人进行观察是演员艺术创作的源泉；稳定的注意力能使演员集中在创作上，随着行动的发展而不断地发展下去；活跃的想象力能使演员的表演更加逼真；演员所具备的感受和体验力能更容易使演员"进入"角色的生活；判断力使演员在表演时对周遭环境变化能及时做出判断，随机应变；适应力能使演员适应角色的思想情感以及内心活动，从而更容易将自己"转化"为角色本身；演员生动的形体表演以及富有情感的语言表现力也是演员必不可少的能力之一。影视表演中演员应具备的"七种能力"。

5.1.2.1 敏锐、细致的观察与发现能力

演员对于角色的理解是积淀于在观察生活基础之上的理解。对生活的观察和发现是体验人物内在感觉的重要基础。如电影《重返 20 岁》中，70 岁的主人公沈梦君在照相馆拍了张照片，奇迹般回到了 20 岁，年轻演员去演一名 70 岁的老人，这不单单需要想象力，想象老人的行为举止、说话言行去进行表演，更需要观察老人生活中的点滴，如老人的生活习惯、喜好、饮食起居、思想，以及内心活动等。这就要求演员对生活的一点一滴都有着敏锐细致的观察，并通过外在的观察，洞晓人物的思想，寻找人物的自我感觉。从生活里汲取人物形象的营养，是成为一名优秀演员的重要组成部分。

5.1.2.2 稳定的注意力

演员在创作中的注意力是一种受意识支配的、有意识的注意。要求演员在创作中把自己的注意力积极、稳定地集中在创作上，集中在行动的对象上，并随着剧情的发展而不断地发展下去。如果演员没有办法把注意力集中在创作上，就需要强制自己去注意自己的行动对象。这种强制的注意不应是停滞的、

不积极的。虽然有些演员看似注意了，但这样的注意却是停滞的，没有跟行动联系在一起，使演员不能够相互交流互动。对注意力最基本的要求，就是演员在表演创作中能够做到真听、真看、真感觉，且真的有内心活动。

5.1.2.3　活跃的想象力

想象是人人都具有的本能。而作为演员，想象就应更具有活跃的行动性。比如美国电影《阿凡达》中，众多镜头都是由后期制作合成而得，此时就需要演员通过自己的想象力付诸行动，使这些镜头变得真实、生动。再比如 2015 年上映的美国电影《灰姑娘》，灰姑娘的南瓜车是由南瓜变成的，一个优秀的演员就会表现得像看见真的魔法一样惊讶，不会有任何的违感，这就是演员应具有的想象力。

5.1.2.4　真挚细腻的感受与体验能力

影视表演中演员所具备的感受力，是指能在虚构的情境中去感受角色以及角色的生活，并产生接受客观事物刺激的能力。同时，这种感受不是短暂的，是接连不断的。例如，国产电影《亲爱的》由真实故事所改编。演员为了更好地诠释角色，反复观看这个真实故事的录像，感受和体验当事人的内心情绪，以及事件发生全过程的每一个细节，使自身融入这个真实的故事，使电影大获成功。演员只有具备真挚、细腻的感受与体验能力，表演时才能让人感觉到人物的真实与鲜活，才会避免类型化的人物和类型化的表演。

5.1.2.5　真实准确的思考判断能力

思考判断能力是指演员在表演创作时，在虚构的情境中、在已知剧本情节与人物的一切情况下，像饰演的角色那样，产生此时此刻的真实心理活动，对不断出现的情境变化产生判断。也就是说，演员要在人物形象的创造过程中，想角色之所想，思角色之所思。

5.1.2.6 良好的适应力

适应力是演员体现和解释人物内心世界的有利手段，借助适应力可以表露角色的思想情感和心境。要把内在情感传达给交流对象也要借助于适应力，通过适应力去应对规定情境的变化和对手所给予的不断刺激，以展现出鲜明的人物形象和独特的性格。如果一个演员缺乏适应力，表演就会苍白刻板，落入俗套，导致饰演的人物不生动，性格不鲜明。

5.1.2.7 生动的形体、语言表现力

上述几点中，主要是以内心体验为着重点，但演员的人物形象创作既要有内心的体验，又要有鲜明、生动、准确的外部体现，才能把影片想要传达的思想传递给观众。当前在表演艺术日益发展的过程中，越来越重视演员对于形体、语言表现能力的运用，尤其是形体的表现力。演员只有生动的形体、语言表现力，才能够很好地适应表演艺术不断发展的需求。

电影表演是由演员扮演角色，在摄影机前表演情节的艺术。电影表演与戏剧表演同属表演艺术范畴，具有共同的基本规律。电影表演继承了戏剧表演中许多适合于电影表演的原则和方法，然而，又和戏剧表演不同。戏剧演员在舞台上表演并直接与观众交流，演员的表演是观众接受的最后形象。而电影演员的表演是通过银幕间接地与观众交流，演员在摄影机前的表演并不是观众感受到的最后形象。银幕上的最后形象须经摄影艺术处理和导演运用蒙太奇手段的艺术再创造才能完成。特别是电影

艺术的纪实性、综合性、时空观、蒙太奇以及电影特有的生产过程，更为电影表演带来了种种特点，既要求电影表演真切、自然、生活化，同时还要求演员具有镜头感以及对于非连续创作的适应等。

5.1.3 摄像师的职业素质

伴随着电视科学技术的快速发展，观众的审美素质和鉴赏力也在不断增强。摄像师要不断学习，要熟悉和掌握前沿的摄像设备与后期制作技术，在提高自己技术水平的同时，提高自己的职业素质和修养，要具有高度的政治觉悟和敬业精神，才能跟上时代的潮流。

摄像师的技术水平、个人修养、道德素质、创新精神直接影响电视画面的质量和艺术水准。艺术直觉与灵感不是天生的，需要后天的刻苦锻炼、实践获得。有着良好艺术直觉和灵感的摄像师，在提升自己拍摄技巧和艺术手法的基础上，要有自己的审美观念，善于发现生活中的美，将其转化为电视画面的艺术感染力。

熟悉摄像机的各项性能指标是拍摄出高质量画面的前提。要使摄像机取得自己满意的艺术效果，参数的调整很重要。如果完全依赖厂家提供的自动指标进行拍摄，就如同使用傻瓜照相机一样，其色彩饱和度、画面层次、质感、景深、对比度、亮度等，都是在摄像机的各项指标均衡的情况下获得的。因此，在拍摄环境发生变化时，很难拍出较理想的画面效果来，甚至出现画面毛边、拖尾这种较低级的错误。这就要求摄像师熟悉摄像机的各项指标和参数，当拍摄环境发生变化时，能及时在头脑中反应出在当前情况下如何调整，发挥摄像机的最大功能。

　　特别是光线的运用，摄像师不能完全依赖自动光圈，否则很难使画面获取正确曝光。正常情况下也要使用手控光圈随时调整。在背景很亮的条件下拍摄，要打开摄像机的拐点来获取正常的画面曝光范围。一旦曝光失败，将前功尽弃。因此，摄像师一定要注意留心观察拍摄现场光线和色温的变化，随时调整黑白平衡等来保证获得高质量的电视画面。

　　运用好镜头使电视画面丰富多彩，简单运用镜头的推、拉、摇、跟、移等动态拍摄手法是很难满足观众的视觉要求的，良好的镜头感是摄像师应具备的基本素质。这就要求摄像师以敏锐的判断力，熟练运用拍摄技巧，充分考虑到环境、时间、内容等客观因素，将自己对画面内容的艺术构思与摄像机融为一体，捕捉被拍摄对象的本质特点，表现出被拍摄对象的鲜活生动。

　　镜头的运动要符合影片内容对情节、气氛、情绪的要求，不可拖泥带水。如展示环境、规模、场面的横摇镜头，要平稳、有表现力，落幅要满足观众视觉效果。从镜头组成的电视画面语言来看，固定镜头是组成电视片的中坚力量。用固定镜头的拍摄与人们观察事物的方式和视觉心理有关。

　　生活中我们走马观花、左顾右盼，更需要停下来观察事物，一探究竟，这时我们的视线是稳定的、集中的。这种视觉效果的模拟运用到电视画面中，是通过摄像机来体现的。固定镜头是指摄像机在机位、景别、焦距三不变的情况下所拍摄的一段连续的电视画面。而特写镜头则是将事物最有价值的部分放大给观众看，舍弃画面内影响视觉效果的部分，突出主题，来吸引观众的注意力，使观众加深对被摄物体的认识和感受，运用画面语言将事物丰富的内涵传达给观众。

获得第十五届"中国人口文华奖"广播电视类特别奖的大型纪录片《舌尖上的中国》，就是充分运用了电视画面的语言技巧，采用了大视角、多角度和"微距摄像"相结合的电视拍摄手法，采用电影蒙太奇的艺术手段，把画面、声音与美食的诱惑力展现得淋漓尽致。《舌尖上的中国》展示了食物的吸引力，让观众足不出户就感受到了美食的力量，产生情感共鸣。

电视画面取景应注意的几个问题。

一是摄像师是通过摄像机取景来截取场景中最理想的部分，使之成为电视画面。当确定需要表现的场景中的视觉元素时，应舍弃一些与主题无关的视觉元素来构成相应的景别，将摄像机置于最能表现拍摄主体的高度和角度，才能使画面展示的内容和信息有效地传达给观众。

摄像师要时刻牢记取景绝不是简单地选取一个画面，更不是一按记录开关就完成的过程，而是烘托气氛、体现主题的一次创作。在取景的过程中，摄像师要明白所拍摄镜头的目的是什么，传递了什么信息，是否能让观众看明白画面内容。而景别的变化，可以给观众带来视觉上的变化，满足观众不同视距、不同视角，全面观看被摄体的要求。

二是摄像师要有用镜头语言和景物来吸引观众注意力的能力。拍摄富有表现力的景别是摄像师素质的一种体现。在拍摄远景画面时，要注意发挥事物的整体、宏观的优势，注重通过开阔的视野将观众的视线引向远方，表现出画面的空间感、层次感、景物线条透视和影调的对比，注意拍摄时要选择逆光或侧逆光，避免画面的单调乏味。

三二是构图是摄像师逻辑思维的展现，是将电视画面的构图、电视节目的内容和创作情感紧密联系在一起的升华。在开机前要对影响画面构图的事物的大小、位置、数量、形状、运动物体走向、影调和透视效果等因素进行周密的思考，进行取舍，同时要注意画面的均衡和统一。摄像师要从无序的环境中找到有序，把生活中点、线、面以及光、色彩等要素组成赏心悦目的电视画面，真实地向观众传递创作情感，以加深观众对画面外在形式美和内在神韵美的理解。

摄像师应提高综合素质。

首先，摄像师要具有较高的政治修养，紧跟时代步伐，多拍摄反映社会主流的题材，传播正能量，提升审美标准和价值观，提高政治觉悟。

其次，摄像师应具备的技术修养和业务素质包括：能及时发现和收集生活中有宣传报道价值的信息，有提升和分析信息价值的能力，并能通过视觉形象来传递信息影响力。工作中要善于自我加压，使之成为创作的激情。要充分利用业余时间加强理论知识的学习，创造条件多参加培训，开阔视野，来提高自己的职业能力。这就要求摄像师有干一行爱一行的敬业精神，转化为热爱自己职业的推动力。

再次，摄像师要紧跟科技和时代的发展步伐，需要具有较强的创新意识。摄像师的职责是根据内容、运用画面语言来体现编导意图，符合观众的审美情趣，这就要求摄像师要全面要提高自己的艺术鉴赏力、电视稿件的写作能力等。否则，拍摄出来的电视画面就容易缺少灵动性和美感。电视媒体业的快速发展，要求摄像师要具备多项技能，会写、能编辑是今后电视从业人员的发展方向和主流，单一的摄像将难以适应电视媒体快节奏的需求，摄像师的艺术修养要在工作实践中来丰富。

5.1.4 影视制作人员的协作配合

（1）制片人：一部影片里最高负责人（寻找资金，建立剧组），负责运作电影摄制组的日常事务的人员，如安排拍摄场地、住宿地、饮食供应等。

（2）导演：创作组中最高负责人（调动全剧组的积极性，在规定的时间内完成拍片计划），就是指挥影视广告拍摄的具体艺术创作的总负责人，无论电影摄影、演员、录音、美术、服装、化妆、道具都要服从导演的总体创作思路。

（3）监制：后期中的最高负责人（后期剪辑中做监督工作）。

（4）策划人：对制片人负责（负责影片的除剧本以外的案头工作）。

（5）编剧：是创作剧本的人，通常也要负责修改剧本，对制片人和导演负责（创作剧本和在第一时间里修改剧本）。

（6）艺术指导：对导演负责（负责影片中整体的影调定位）。

（7）剧务：是管后勤的，如道具及安排演员生活等。

（8）场记单：剧名、景名、日期、场号、镜头号、摄法、镜头位置、技巧头、技巧尾、内容、次数、底片米数（时码）。

5.2 影视受众群体——观众

寻找观众人群是漫长的电影发行的第一步。你应该尽早问自己：究竟谁是我的观众？这是一个简单明了的问题，却能对整个电影的发行过程产生巨大的影响。一部电影成功地发行的关键，是要有一个高效且精准的方法来识别你的观众群体。

在大众媒体时代"大"这个字显得尤为重要：大影响力、大明星、大票房。但作为独立电影制作人，我们的竞争优势却在于一个"小"字，小型电影、小型电影、小预算、小众，但是有热情的观众。关键是要真正深入到最紧密的核心观众——那些对电影最有热情的人们。

如果我们可以与这个小群体的观众建立联系，这便是成功的第一步。如果我们将所有精力都集中在将这个群体转变为忠实"粉丝"，这将为成功地发行奠定良好的基础。

专注于寻找最小群体的观众。

寻找观众的第一步是，你的目标是为你的电影找到最小群体的观众。这可能听起来违反常理，但作为独立电影制作人，我们用于电影宣传和发行的时间和金钱都是有限的。所以我们的关注的目标不应该也不可能是每一个人，而是将有限的资源集中利用在尽可能小的受众群体上，这些最有可能购买电影并与朋友分享的人。这种方法适用于角色驱动的电影、社会问题电影甚至是"个人电影"。

5.2.1　设想你的观众

首先，你应该提出你的观众最有可能是谁的假设。然后问问自己：我的电影讲的是什么故事？什么样的人会想要看我的电影？一定要潜入到电影的核心。想想是哪种类型的人会非常非常喜欢我的电影。

以纪录片《冠军时代》的观众识别过程。这部纪录片讲述了5名老人（年龄最高的已经100岁了）在老年奥运会上竞争水上项目金牌的故事。起初的假设是，"老年人"将是这部电影的观众。在做了调查之后，发现大多数老年人并不关心纪录片、健身和老年奥运会。

之后对假设做了一些修改。认为"做运动的老年人"可能是观众。把电影放映在一些老年活动中心附近来测试。结果证实观众定位又错了，老人们看过电影之后的回馈是他们不是很在意故事的剧情，他们更想看到那些参加老年奥运会的老年人是如何训练他们的身体的。

5.2.2 实地测试你的假设

进行实验来测试你的假设。这意味着在真正意义上让你的电影与观众接触，在这个过程中你可以找到你的潜在的观众人群。你可以致电潜在合作伙伴，在相关博客上分享你的预告片。这个步骤的目标是让你的电影呈现在观众面前，让他们提出问题，并看看他们是否感兴趣。如果在他们看到你的电影后没有显得很兴奋，那么你需要修改你的假设，进行另一个实验，并重复这个过程，直到你得出结论。

《冠军时代》与老年健康界的非营利组织和企业进行沟通。最后，发现这才是目标的市场：老年活动中心、退休所和老年健康类型的公司。他们喜欢这样题材的电影，想和当地社区分享。这都归功于不间断的尝试，最终才能锁定我们真正的观众群体。

5.2.3 确认你的假设

当你发现有那么一群人在听到你的电影的时会很兴奋时，你就知道你找到了真正的核心观众。他们会想要买你的电影票，并且迫不及待地和朋友分享。这时候，你就可以继续进行下一步了。

对于《冠军时代》，发现的核心观众是"年龄在 40～65 岁，并且全职在老年卫生机构工作的女性"。因此，在几周的时间里，围绕着核心观众设计了发行策略，最终，获得很大成功。

5.2.4　与观众保持良好的沟通

在确定了观众群体之后，跟他们保持良好的沟通从而建立工作网也是非常重要的。确保留有每一位观众的联系方式，这样一来，无论是你需要他们的回应，还是对未来工作的跟进都会变得更加快速和高效。

《冠军时代》把电影的前 20 分钟单独剪辑出来做宣传。结果大部分观看过的人最终都去电影院里面看了整部电影。

6 影视专题创作

6.1 影视广告摄像

6.1.1 影视广告概述

影视广告即电影、电视广告影片。影视广告的英文简写为"CF"，C（commercial）：商业的、商贸的。F（film）：胶卷、影片、薄膜、膜层。CF：从字面上翻译是"商业的影片"。原义是指使用电影胶片拍摄的广告片，即电影广告片。影视广告片既有电影广告又有电视广告，它们之间可以通过胶转磁或磁转胶等技术手段进行播放介质的转换，所以它们既可以在电影银幕上播放，也可以在电视机上播放。因此，国际上泛指为电影。

影视广告片广泛用于企业形象宣传、产品推广；具有广泛的社会接受度。企业介绍专题片或产品推介专题片有着信息量大的特点；但传统的胶片拍摄费用中小企业不易承受，我们有着多年专业影视制作经验，运用现代数码设备，推出高性价比影视专题片制作解决方案。影视专题片是一种直接、主动、精确、有效的企业形象、产品形象推广好方法；企业形象广告能将企业理念、视觉结合在一起使企业传递给公众其特殊统一的、良好的形象。

影视广告是非常奏效而且覆盖面较广的广告传播方法之一。影视广告制作上具有即时传达远距离信息的媒体特性——传播上的高精度化，影视广告能使观众自由地发挥对某种商品形象的想象，也能具体而准确地传达吸引顾客的意图。传播的信息容易成为人的共识并得到强化，环境暗示，接受频率高。并且，这种形式各个年龄段的人都容易接受，所以可以说影视广告是覆盖面最大的大众传播媒体。

对于今天的中国影视广告制作人来说真是奢侈的一代人，他们享受着数字技术所带来的视觉冲浪般的感受和高品质。从伊斯曼柯达电影胶片不断更新到数字化胶转磁、数字（HD/SD）录像机、数字非线性（HD/SD）剪辑系统、数字化特技合成技术、数字化三维、二维动画、数字化非线性录音剪辑合成系统，甚至高清摄像机的诞生，以及数字化胶片扫描输入输出系统等革命性的生产制作工具问市。从技术上，进一步突破了今天中国影视广告制作人的技术屏障，提供中国影视广告制作人创意智慧和翱翔的空间。数字化的到来的确让我国影视广告制作业改变了许多：从传统的模拟信号到今天的数字信号；从传统的线性制作方式到今天的非线性制作方式；从传统封闭式的特技模式到今天数字化开放式的无限特技空间，真的是广告制作业的饕餮大餐，丰盛至极。

影视广告，就是这样从视觉和听觉上娱乐了我们观众的眼球和耳朵。从而让中国的影视广告制作人在技术上迈出了一大步，让中国的影视广告制作人在这短暂的20多年就跨上了一个崭新的数字化平台。在呼唤着中国经济腾飞的同时，也呼唤着中国影视广告制作业更上一层楼。

6.1.1.1　影视广告制作的由来

影视广告是指使用电影胶片或摄像机拍摄的广告片。它可以在电影院、电视台、互联网、计算机多媒体、DVD家庭影院等传媒载体上播放。中国观众多见于电视上播映的广告片，因此，观众又叫它"电视广告"。影视广告在西方传媒中叫Commercial Film，简称CF，意指纯粹用电影胶片拍摄的广告片。

全球首播电视节目是1936年11月2日英国广播公司（BBC），在之后的3年间，美国、苏联、法国先后建立电视台。1954年4月1日，美国无线电广播公司（NBC）首播彩色电视节目。1998年11,月美国又首先开播数字电视节目，并同时推出高清晰度电视概念——HDTV，开创了人类数字化电视节目播出的新纪元。

今天的影视广告是由20世纪50年代的电视现场演出广告一步一步发展演变而来的。因为当时的电视节目都是直播形式，而现场电视广告只是画面的广播化。在演播厅中，播音员或演员拿着文字稿在话筒前念广告词，或是歌手在一旁配唱。导播通过切换画面，调度摄像机，运用特技淡入淡出的方法，将节目过渡到广告直播表演区，这就是最原始的影视广告形式。由于受技术的限制，现场表演的随意性，导致广告播出效果不佳，甚至可能导致播出失败。

美国电视台播出的影视广告雏形，都是好莱坞制片公司用卡通人物制作的短片形式。编一个卡通故事，再配上与广播一致的音乐和对话，这种影视广告不过是广播广告的视觉化而已。直到 1952 年李奥贝纳广告公司用 35mm 电影胶片拍了一个 5 秒钟"手挤喷雾头"的特写镜头，插播在现场表演广告结尾处，播出时，播音员恰到好处地配合无声的画面说道：

"啊！Stopette，汗臭全消。"这是为了满足除臭剂客户的特殊要求，而被动采用电影胶片拍摄的全世界第一条实拍广告镜头画面，取得了意想不到的效果。从而，开创了电影胶片拍摄影视广告的先河，从此广告公司走出演播厅成为影视广告制作的监制人。在美国好莱坞之外，应运而生一个新兴的行业——影视广告制作业。

在 20 世纪 50 年代末，电视台开始采用录像带播出，普遍采用记录现场表演广告的过程，没有后期剪辑制作，实质上只是延后播出的现场广告。进入 60 年代，由于有好莱坞强大的电影胶片拍摄制作实力，大批的电影制作专业人才进入影视广告制作，真正意义上的影视广告制作开始在美国盛行。七八十年代用传统电影技巧摄制方式制作的影视广告走向成熟。进入 90 年代末期至今，由于数字化制作技术的逐渐成熟，使得影视广告制作的"想象的空间"得到了真正意义上的革命性解放。只有想不到，没有做不到，宣告了一个时代的到来——数字化，它构建起影视广告制作的今天和明天。

在数字化技术高速发展的今天，运用摄像机和录像带制作广告的低成本与胶片一样受宠，两者各自以己见长，发挥着各自的优点，生存至今。它们分别以影像品质高、层次丰富、影调鲜明、色调厚重和低成本、时效性、周期短等特质吸引着各自的客户。

6.1.1.2　中国影视广告制作业的发展概况

《国际广告》杂志发表的《中国广告猛进史》，具体而生动地记录了从 1978 年改革开放以来，中国广告业走过的这 20 多年的历程。对中国广告业发展的基本看法是：中国是世界上广告业发展最快、变化最快的国家。从国内影视广告发展的步伐来看，历史并不长。1979 年 1 月 28 日，上海电视台首播了第一条影视广告《参桂补酒》。这条广告片长 1 分 35 秒，用 3～5 个静止图片画面，配上旁白、广告词和音乐构成。用今天的制作水准来衡量，太不入流。尽管如此，这对中国影视广告制作业的历史来说仍是一条具有重要意义的里程碑似的广告片。它开创了影视广告制作在中国的先河。同年 3 月 15 日，首条外商的广告瑞士《雷达表》抢滩上海，以制作精致，情感诉求，强化品牌，让观众耳目一新。随着国外影视广告片的播出，为中国影视广告制作业快速发展提供了良好的学习和借鉴机遇，促进了本土影视广告制作业的创新和成长。

中国影视广告制作业的发展大致分为四个阶段：开拓期、初创期、探索期、成长期。由于影视广告是一个舶来品，它的发展受到科学技术发展的制约。因此，中国影视广告制作业的发展，也是与先进制作技术引进同步前行。一步一个台阶，逐步走向成熟，初步完善和构建起今天中国影视广告制作行业。

开拓期（1979～1985 年）。中国影视广告制作源于电视技术的发展，由于计划体制决定了制作设备多集中于电视台，其制作业务和水平的发展速度极慢，创意多出自非广告专业人员之手。当时专业的广告公司没有影视创意和制作力量，多数是以各地区美术广告公司的形式存在，视觉类以画广告路牌为主，人才构成多来源于美院的毕业生，电影学院几乎没有任何人分配到各地广告公司，因此，就更无能力也无人才能介入影视广告制作。然而，市场急需影视广告制作人才，于是电视台的新闻、专题、电视剧各部的有识之士自告奋勇，充当起了广告制作人员。他们没有影视广告制作的专业技能，缺乏广告专业和市场营销的知识，不懂媒介传播，广告概念落后，仅占有媒体本身的先机。这个时期的从业人员专业素质差，导致影视广告片的主流是新闻报道形式，没有任何创意可谈，只是直接诉求产品功能。每一条广告片的画面都少不了企业的大门、车间、奖状，拍摄各角度的产品，左转右转，在配上"国优""部优""省优"，在地球仪的旋转画面中说出"誉满全球""实行三包"等，最后是广告片的字幕同时说出：厂长×××、电话×××××××。那时影视广告制作的特征是：没有创意，画面简单，制作粗糙；色彩单一，影像品质低；技术支持是传统的模拟线性设备，特技台是 ADO 系统。

初创期（1986～1990 年）。在沿海经济发展较快的城市，随着改革开放步伐的进一步加快，有一部分企业从市场中脱颖而出，急需影视广告为他们的产品作宣传，开拓未来更大的市场。在广州，受香港影视广告文化的影响，在珠影和美院集合了一批优秀的影视制作人才，发挥各自的专业所长，优化各自的知识结构，利用香港的技术平台（胶转磁技术和宽泰公司的非压缩非线性特技剪辑系统），搭建起中国第一支专业的影视广告制作团队。代表作为《太阳神》口服液产品系列广告片和中国第一支企业形象片《当太阳升起的时候》。从此时起，中国的影视广告开始出现真正意义上的产品广告和企业形象广告。同时期，在中国广告协会电视委员会的领导下，连续举办几届优秀影视广告评选、创意培训班，并组织出国考察，使我国影视广告取得了明显的进步。继广州之后，在北京、上海也先后出现了从影视艺术和美术专业方面转行，并专业从事影视广告制作的人才和团队。由于他们的加盟，提高了影视广告制作人员的从业水平，提高了影视广告片的制作品质，从制作广告观念上改变了过去的单一性，增强了传播视听效果，从视听语言上初步建构起具有本土特色的影视广告。此时期中国影视广告拍摄和制作行业的主要特征表现在以下几方面：

一是广告公司开始真正意义上为广告主的产品和企业形象进行整体策划和代理制作影视广告片，影视广告制作被纳入广告整体策略当中。

二是从业人员开始感悟到影视广告制作与纯影视艺术制作的不同之处和相同之处。从广告观念上切入，开始重视对产品、市场和消费者进行分析研究，明确了艺术形式是影视广告的载体，而不是目的。

三二是出现多样化的表现形式，中国影视广告开始进入创意时期。电影胶片技术开始进入影视广告制作业，用高品质的影像取代电视制作。南方代表作是"太阳神"企业形象片《当太阳升起的时候》，北方的代表作是《威力洗衣机献给母亲的爱》。

四二是由于影视广告拍摄和制作的需要，电视台的制作优势被取代，出现了专职的影视广告制作行业。他们由个体作业向制作团队发展，有专业的广告文案、导演、摄影、美术、灯光、道具、化妆、服装和音乐编辑、广告作曲等。有的在广告公司旗下，有的集合在一起组成一个制作班子共同作业。

五二是广州的影视广告制作技术依托香港的技术平台——胶转磁技术，在国内一枝独秀，吸引全国的广告客户投奔广州制作团体的怀抱。当时最有实力的公司是白马广告公司的制作团队和珠影的制作团队。

探索期（1991～1996年）。由于最先进的后期制作技术的逐步引进，为影视广告创意和制作实施提供了自由飞翔的空间。当时广州电视台与香港易达公司合资，引进了中国第一台宽泰公司的 HAL 型机，却不知该机有何作用。后经影视广告制作人的开发，成为一台专业的影视广告和宣传包装制作设备。由于该机的应用开发，延续了广州在全国影视广告制作技术的领先优势。之后，广东电视台与香港某公司合资引进国内第一台胶转磁机器，进一步巩固了广州在影视广告后期制作行业的强势地位。广州的影视广告制作人熟练地运用这些先进的技术设备支持，创意出一批优秀的影视广告作品。如"李宁"品牌系列广告片，太阳神企业形象片《东方醒狮》等。同期全国的影视广告制作人云集广州，充分利用广州的技术平台制作影视广告。20 世纪 90 年代中期，北京、上海也开始逐渐引进一些更先进的后期设备，如兰克公司的 URSA 飞点式和飞利浦公司 FD—90CCD 的胶转磁机，特技合成和剪辑方面引进了宽泰公司的

HAL、Discreet 公司的 Flint。之后，又引进了宽泰公司的 HENRY 和 Discreet 公司的 Flame、Smoke 等非压缩非线性特技合成剪辑系统，大大提升了中国内地影视广告制作的制作水平和技术支持。由于技术平台的提高，从创意到制作几乎是无所不能，只要广告创意能想到，在制作上就能做得到，甚至超水准发挥。当时的影视广告制作技艺水平彻底地走出了低谷，摆脱了技术对创意和艺术表现的束缚，真是百花齐放、群芳争艳。影视制作人开始探索具有本土民族文化特色的广告语言和广告类型。国外 4A 广告公司制作的影视广告片直接影响着中国本土影视制作人的观念和制作方式。

三维动画技术也是在这个时期进入中国的广告制作业。从业人员多数是学计算机的工程人员，或者是英语较好的三维动画制作爱好者。由于英语的障碍，影视和美术的专业人员很难跨入这个领域。因此，对软件技术的开发程度仅是浅层次地运用，没有到位。

国际影视广告片《饕餮之夜》在全国巡演。中国广告协会组织出国考察学习，并积极参与国际广告节，使本土影视广告取得了明显的进步。这个时期的影视广告拍摄和制作主要特征表现为：

一是先进的后期制作技术带来影视广告制作革命性变更，摆脱了传统的制作方式，为创意文案的摄制实施和广告文化、艺术品位的提升奠定了坚实的基础。

二是由于技术平台的升级换代，制作技艺有了质的飞跃。对影视广告制作观念的理解和认识多元化，在当时出现了一大批运用抠像合成技术制作的影视广告片。

三二是大量的电影摄影和美术等制作人才涌入到影视广告制作的行业中来，进一步整体提升了影视广告制作人员的专业素质。

四二是独立的影视广告制作团体和后期制作公司开始形成。电视台系统的制作人，由于本身的广告专业素质问题，自然而然退出了专业的影视广告制作行业。此时，广告公司内部的制作人也纷纷辞职，步入到影视广告制作这个专业的行业中。

五二是影视广告制作从表面的模仿，开始追求广告创意的完美实现，以及在技术上的探索和创新。同时建构自身的观念和形态，建构起本体的视听语言和表现技巧。在制作广告影像方面，更加注重广告片格调、广告片的品位，以及广告片自身的影像品质。

成长期（1997年至今）回首这30多年，中国本土的影视广告制作从业人员经历了：开拓期的草莽时代；初创期的模仿时代。在探索期，由于广告制作的技术支持平台从模拟全面走向数字化，中国影视广告制作业开始探索自己本土的影视广告的视听语言，已初步形成了中国影视广告艺术制作业的南北两大流派。北方以北京为代表，其主要特征是：注重影视广告文化的表现，厚重、文化、大气、感性、有亲和力；南方以广州为代表，其主要特征是：注重影视广告本体的探索，视觉平面化、包装感强、色彩亮丽通透、影视广告语言夸张等。此时，中国影视广告制作业开始步入自身发展的轨道。经过了探索期的千锤百炼，从业人员的整体专业素质得到了跨越式提升，影视广告专业知识和创意制作经验也得到了质的提高，在数字化技术的开发和运用方面已开始更深层次的探索。主要特征表现在：

一是中国广告体系的建立：独立的传媒机构、广告媒体代理公司、广告整合营销策划公司、广告平面制作公司、广告影视制作公司。

二是建构起影视广告专业性的制作团队和独立广告制作人。

三二是一些著名的影视界的大导演、演员、摄影师、美术师、作曲家也开始加盟到影视广告的制作行列中，使制作队伍的整体专业素质大大提升。

四二是初步构建起影视广告的视听本体语言，加强了影视广告创作理论的研究和探索。从业人员能够运用影视广告本体的视听语言进行创作，将创意、画面、声音有机地统一在一起。并用本体语言准确地传递产品信息，创造出赏心悦目、有广告文化感、有强烈冲击力、有记忆度的广告作品。

五二是在中国广告协会的领导下，健全了比较规范的影视广告作品的评审标准，创立了中国的广告文化节，并实行对影视广告播出后的监督和评估，推动了中国影视广告业健康和科学化的发展。

六二是在影视广告片的风格样式方面，呈现多元化、个性化趋势。各种形式、各种风格、各种流派，即个性化的影视广告制作技艺初步形成。

七二是影视广告制作诉求重点由企业单一的产品信息向社会多元的文化范畴扩展，屏幕上公益广告增多，同时还出现了企业的半公益、半形象的广告片。

6.1.2 影视广告拍摄技巧

技巧一，宣传片制作拍摄的时候以固定镜头为主，不要做过多的变焦动作；而画面的变化，利用取景角度及位置或大小的不同，从而对景物的大小及景深做变化；一定要记住不要固定在一个点上，利用变焦镜头推近拉远的不停拍摄，特别是广告片，后期剪辑制作时硬切一个画面是非常正常的事，基本上是不能用的是变焦拍摄出的片子。做固定点的拍摄，而不做镜头的推近拉远动作或上下左右的扫摄，设定好画面的大小后开机录像。

技巧二，在运用变焦镜头时要恰当，画面最忌讳忽近、忽远重复的拍摄。应推近或拉远进行拍摄，而且每做完一次需要暂停，再换另一个角度或画面，开机拍摄。

技巧三，摄像机应以手动调节为主，利用手动调整亮度、焦距、焦点。这是很多初学者无法适应的。如果想通往高端拍摄技能，这是必须经历的。

技巧四，企业宣传片制作拍摄的画面一定要稳，不能有抖动，需要用到辅助器来完成画面视觉上的冲击力，这样才能给观众留下深刻印象。

技巧五，对于影视广告拍摄所使用到的构图技巧其实有很多，比如平面构图等，目的是为了整个画面不管是从角度还是整体能够显现出更加完美，更加均匀、和谐等。

同时可以根据影视广告拍摄画面的需求来设计不同的构造，比如庄严肃穆的气氛，那么在构图的时候可以通过对称均衡的方式来达成；相反如果想要有更多动感或者有冲击力的画面，那么可以利用反均衡的方法来进行构图。

技巧六，在构图技巧当中应用加减法突出重点，在影视广告拍摄的时候，把镜头当中的重要部分所具备的特点或者细节突出来，可以在镜头上适当进行添加或者减去一些不必要的细节，能够使镜头看起来更加的完美。

这种影视广告拍摄的加减法技巧，需要对细节的部分进行更加深入的处理，比如拍摄的时候对明星的脸部进行突出以及优化，从而增加广告效应并使整体的美感提升。

6.1.3 影视广告制作流程

影视广告拍摄，不仅要更好地拍摄出实际的物体，而且也应该要顾及唯美的特点，使得构图看起来更加鲜明，给观众留下更深刻的印象。

影视广告制作是指用 35mm 和 16mm 电影胶片来拍摄制作的广告片，也包括用 HD/SD 摄像机拍摄制作的广告片。从不同媒介播出的要求来讲，是指可以制作成电影拷贝或 HD/SD 录像带形式在公众媒体上播映。

以下简单介绍目前影视广告制作流程。

第一步，客户部寻找有需要制作广告的企业（一般称为客户或广告主）。

第二步，向客户推荐本广告公司的优势和特长，特别推荐影视制作部分，并现场播放和赠送影视广告作品集。

第三步，根据客户的企业和产品的定位，策划创意影视广告文案，并向客户提案，修改调整；再提案，直至影视广告创意文案通过确认。之后向客户提交制作预算方案，并得到客户的确认。这是广告公司与客户之间的关键步骤。

第四步，招标、评估、挑选最适合本广告创意的创作公司或独立制作人，其中评判标准的关键点是：制作费的高低和制作公司（或独立制作人）的实力。

第五步，与制作公司（或独立制作人）一道再次向客户提案，并确认通过广告创意的制作方案。

第六步，从开拍日到后期制作，广告公司监制拍摄制作全过程。站在客户利益的角度，把握拍摄制作方向不要偏离原创基础；同时给予导演二度创作的空间。

第七步，提交粗剪小样，让客户确认，提出修改意见。

第八步，监督制作公司（或独立制作人）按照客户意见修改，同时进入精剪，并同步完成影视广告的配音和录音合成工作。

第九步，向客户提交影视广告完成片，确认审查通过，签字认可。需要报批有关广告监督管理机构和媒体的可在客户确认之后，即刻进入审批程序。

第十步，收取最后尾款，向客户提交的播出带上应加上审批编号。

6.2　电影电视剧摄像

电影电视对拍摄的要求如下。

一是镜头的选取（由大到小，考虑剪辑需要）。

二是镜头的连续性（镜头之间屏幕方向一致，人物视线一致）。

三二是摄像机角度。当你要运用新的表现手法时，结合摄像机的角度是很重要的（如特写、广角、移动等）。想想你怎样用 2~3 个镜头完成这个想法，并把这几个镜头串联成一个流畅的整体。确保当你移动镜头时保持目标物在屏幕上的足够大小，不要害怕太近，很多时候目标物都太远太小。当你拍摄移动镜头时，从上下、前后、左右多个角度混合拍摄。把你的思想融进你的镜头中。当你拍摄时思考你想要传达什么，要抓住你的想法，什么样的镜头才是最好的。不要害怕反复尝试同一个镜头。要知道多样性是生活的调味品。

四二是录像长度即镜头的时间长度 ——远景、中景、特写模式（30 度角度差）。

拖沓的录像从来都不好。确保你的录像长度与你片子中的新东西相配。如果你没有许多新的想法 1 分钟长镜头的比拖沓的 4 分钟强。

五二是拍摄场地。找到一个好的拍摄场地可能很难，尤其当你很年轻又没有车时。当你发现新的好地点，把它们记下来，并确保能去那里拍摄。

六二是拍摄用轨道车。当你拍摄时确保你所乘坐的轨道车舒适并且适合场地。仅仅有一个好的带硬轮子的轨道车是不够的，你得确保它滚动时平滑，这样拍出来的镜头才能保持一致。

6.3 新闻摄像

6.3.1 新闻摄像要求

一是是对拍摄对象及事实的新闻和表现价值的挖掘识别判断能力。

新闻摄像是对现实当中具有报道和表现价值的真人真事的拍摄活动，对于新闻摄像记者来说，摄像机好比手中的"笔"，只有首先具有判断拍摄对象的哪些过程和情景具有新闻价值或表现价值的能力，才谈得上运用摄像机去拍摄。现在不少人都认为捕捉发现新闻和表现价值的事实是文字记者的工作，摄像记者在这方面的能力无关紧要，这是十分片面错误的认识。因为即使摄像记者面对的是由文字记者发现的新闻线索，他也绝不只是简单运用摄像机的工具，他仍然要注意识别、判断事件的哪个过程最有价值和意义，拍摄对象的哪个瞬间和情景最能反映新闻和事实的本质。如果摄像记者缺乏这方面的认识能力，这个瞬间和情景出现的时候，完全有可能会被摄像机所"忽略"，从而使内容的反映和表现缺乏应有的形象画面，使新闻和表现的事实在传达上受到影响。现在电视屏幕上有不少影片"声画两张皮"，与摄像记者缺乏这方面的能力不无关系。

二是运用画面语言准确恰当反映、说明、揭示和表现事件或事实的能力。

发现有价值的情景内容，还要能够运用恰当的画面语言和摄像技巧给予反映、说明和表现。并非到了拍摄现场，随便拍几个镜头就都能准确反映、说明和表现事实。除了选择的情景最能反映、揭示和表现事实的特点和本质之外，运用恰当的镜头焦距与景别合适的角度以及合理的技法来反映情景内容也十分重要。现在有一些摄像记者在拍摄中不太讲究镜头语言的运用，他们以为"拍到"了有价值的情景内容就可以了，讲不讲究镜头语言无关紧要，这显然是错误的。

摄像机是一支特殊的"笔"，运用这支"笔"来"写"影片内容，如果不按照视觉表现的规律办事，重则会导致在内容的交代上发生问题，轻则导致内容的"词不达意"。如有一条《洪峰顺利通过长沙》的新闻片，解说词介绍今年由于湘江流域降雨较大，形成了洪峰。在湘江两岸军民的密切监视下，洪峰顺利地通过了长沙。按理说，这条新闻片在拍摄时应该有三个要点：第一，镜头中要能够体现洪峰通过的感觉；第二，镜头中要有说明洪峰通过的标志；第三，镜头中要能够反映出洪峰是处在军民的监视之下。但这条新闻的画面语言除了第三个要点体现得比较充分外，其他两个要点基本没得到体现。

电视新闻是形象化的事实，因此它在反映、说明和表现事实时，要按照形象思维的规律办事。没有必要的形象画面，电视新闻在事实的表述上就不会很充分。同样是长江大坝截流的内容，最后截流成功的画面，是运用特写还是运用中景，是运用推镜头还是运用拉镜头，在视觉感受上以及传递的信息上面并不是完全相同的。要想准确、独特地反映、说明和表现事实，熟练、合理地掌握运用画面语言和摄像技巧也是必不可少的。

三二是拍摄现场迅速判断构思的能力。

新闻摄像不同于艺术性质摄像和服务性质的摄像，后者或在内容上属虚构和表演，或出于目的要求的往往可以由编导来控制或干预，而且拍摄之前往往可以充分准备。艺术摄像对镜头采用什么技法或选择什么角度，在构思和处理上通常都比较从容。而新闻摄像拍摄的内容，其发生和存在往往不受新闻记者的主观意志所决定。也就是说，摄像记者在拍摄之前，并不能准确确定拍摄什么以及应该如何拍摄，而要完全根据现场的情况以及事件的发展变化来决定。新闻摄像在拍摄现场，不仅要决定拍摄哪些具体情景，还要决定怎样拍摄。这就要求新闻摄像在判断构思上必须迅速。特别是事件性内容，情景的发生和发展变化极快，现场判断构思不迅捷甚至稍一犹豫，都有可能丧失极佳的拍摄时机。优秀的电视新闻离不开真实生动、深刻感人的画面。而这些最能反映、说明和表现事实的画面，往往都是摄像记者在事件现场通过快速判断构思抓拍或抢拍下来的。因此新闻摄像记者在拍摄现场迅速判断、构思的能力也是非常重要的。

四二是敏捷的身手和对摄像机熟练运用的能力。

判断构思的能力人们俗称"眼到"，意指根据观察到的情况迅速决定下一步要拍摄什么以及怎么样拍摄。对于新闻摄像来说，"眼到"当然也是必备的能力，但仅有"眼到"还不行，还必须做到"手到"。因为只有"手到"了，"眼到"才会落到实处。所谓"眼到手到"，是指思维能力与行为能力的和谐一致和配合得当。而要做到这一点，敏捷的身手和对摄像机的熟练掌握都是必不可少的。比如通过现场的某种迹象，摄像记者预感到将要发生什么，或者最有价值的情景已经出现，而拍摄这一情景的最佳位置或角度可能并不是记者当时所处的位置和角度，这就要求摄像记者要能够迅速适时地抢占有利位置，并熟练地运用摄像机把"预先判断构思"的画面抢拍下来。否则都可能会贻误拍摄时机，使得有价值的情景从眼前遗憾地溜掉。

以上四点是新闻摄像记者应该具有的最起码的素养能力。这些最起码的能力概括起来就是较强的思维能力和较强的行为能力。摄像者的拍摄水平是否高或表现能力是否强，关键在于是否具备这两种能力并能够使它们协调一致。显然，培养锻炼这两种能力，应该是新闻摄像人才培养教育的目标，同时也是每个新闻摄像人员努力的目标。对于艺术摄像来说，更多要求他的可能是镜头造型设计和艺术控制能力，而不是这两种能力的有机结合。而对于新闻摄像人员来说，要想胜任新闻摄像工作，这两方面的能力却是缺一不可的。

当然，在此基础之上，新闻摄像人员也应该加强多方面的知识储备和文学艺术修养，寻求掌握更多的专业技能，学会与人沟通的技巧包括养成良好的道德品质等，特别要重视对自己创新创造能力的培养。这些能力和素养之所以重要，是因为这些能力和素养与新闻摄像工作"接触广泛""厚积薄发""即兴完成"这些专业特点在方向和性质上的要求是完全一致的。

6.3.2　新闻摄像拍摄技巧

作为电视画面的创作者，我们要考虑四个方面的问题：

一是围绕着所拍节目内容的思想、主题，安排电视画面的实体元素，那么，什么是电视画面的实体元素？

二是如何处理电视画面结构的基础元素？

三二是如何运用电视画面结构的特殊元素？

四二是如何根据诸多元素的变化规律和艺术法则做出恰当的安排，找出头绪、厘清思路、分清主次，将它们有机地组织起来。这个又是构图的内容。

拍摄是电视节目制作的第一个技术步骤。由于技术运用和表达要求的差异，电视摄像大致可以分为新闻（纪实性）摄像和虚构（创造性）摄像两大类。新闻摄像侧重于新闻性，不在影像美学方面有苛刻要求，在特殊情况下，尤其是突发事件现场，有时甚至连画面稳定、亮度等基本技术要求都可以忽略，最为遗憾也是最为可贵的是，新闻摄像不能重新而来，除非是不影响新闻性的组织拍摄。今天我们将从新闻拍摄的角度来讨论拍摄问题。

6.3.2.1 会场的拍摄

会场是日常生活中最容易碰到的静态拍摄场景，与会场比较接近的场景有课堂、座谈、讨论、围坐在饭桌边的用餐等等。这些场景的拍摄方法与技术处理都比较相近。

（1）会场的特点

从拍摄的角度看，会场场景集中，内容集中，但同时也比较单调乏味，很难拍出丰富多彩的画面。光线：室内会场照明条件恒定，变化不大，但光照可能不均匀；室外会场则容易受到天气变化的影响。

（2）会场摄像"通则"

无论室内还是室外，新闻拍摄者都必须如实记录下会议议程，出席会议的领导、重要来宾、主要与会人员以及会议上表彰先进、通过决议等过程性画面。如果会议安排主要领导或重要来宾最后发言，拍摄者必须坚持到会议结束。

相对来说，会场拍摄技术问题不多，拍摄方法也比较简单。但非技术问题可能更值得我们注意，会场拍摄时需要特别注意的细节有：

第一，第一个画面一般在会场中后方拍摄带会标的大镜头，然后自然走到主席台前拍摄主席台就座人员和会议主持人画面。

第二，拍摄会场大镜头时，要尽量避开通向主席台的走道或分割观众的通道，要让画面中央充满观众，而不是一条通道。否则构图和视觉上都不能让人满意；拍摄位置可稍偏一些，会标仍然置于中间位置。

第三，拍摄与会领导要注意景别和时间长度的匹配：主要领导的讲话镜头一定要给大给足。给大，就是景别要小些，给足，就是时间要长些；其他与会领导和重要来宾不能漏拍，如果没必要给他们单独镜头，可从中间部位向两边摇拍或拉拍，也可一个固定镜头包含 2～3 人，切忌不能在某位或某些领导、来宾身上重复摇或者拉；不要在他们有小动作的时候拍摄；如果会议之中有新的领导就座，就要补拍该领导画面，而且已经拍好的领导镜头很有可能要重新拍摄。

第四，观众镜头要拍够。要保证报道时不重复使用画面；要注意景别的变化，注意捕捉情绪饱满、注意力比较集中的观众画面；拍摄观众时可不考虑轴线问题，可以在走道上向两边交叉拍摄。（加中性镜头、减少走动）

第五，对重要的会议，报道的时间可能较长，可以多拍一些普通观众的慢拉镜头，但是不能只从一边拉拍，最好按奇偶数排从两边拉拍，这样画面对接起来会比较舒服一些；中央电视台的两会经常这样处理。

（3）会场摄像注意的问题

会议有秩序、偶然的干扰因素少，拍摄的心情比较放松。但有些问题应注意。

第一，室内会场。

其一，室内会场可能照度不均，拍摄时要注意随时调整光圈；特别注意主席台和观众席上的照度反差可能较大，要考虑用新闻灯补光。

其二，室内光源色温可能不一样，要随时调节白平衡。

其三，注意室内会场的大窗户，因为室外大量光线的涌入，使得室内光线条件变复杂了，由于室内外光线的色温不一样，离窗户远和近的与会人员的肤色、衣服颜色与质感都会受到一定影响、干扰。可在征得会议组织者的同意的基础上，拉上窗帘，或用大功率的新闻灯。

第二，室外会场。

其一，室外会场一般领导多，参会人员多，气氛比较热烈。室外光线充足、照度平均，但易受到风云等天气变化的影响。我们要根据天气的变化和光线的情况，随时调整白平衡，以保证整场会议前后色调的基本一致。

其二，尽量避免把风的感染拍进画面，如被风吹得乱晃乱飘的大气球、剧烈摆动的条幅标语旗帜、时不时飞起的沙尘、观众的乱发等。但也有例外，如抗震救灾的紧急动员。

其三，如允许，可将会场周围的环境拍摄进来，尤其是举行某种仪式或者庆典性的集会，都可以对现场环境进行画面介绍，以烘托气氛，增加感染力。

6.3.2.2　人物的拍摄

新闻人物更多的时候是传播新闻信息。人物摄像以近距离的摄像居多。它要求摄像者必须近距离地观察和抓取人物最富于表现性的语言、神情和其他瞬间进行拍摄，以获得理想的画面传播效果。

（1）单人的新闻摄像

单人的新闻拍摄应该是比较麻烦的事情，因为画面单薄，画面组织比较困难。对人物而言，新闻摄像的原则是：真实自然，不能让被摄人物进行表演或者让所拍画面具有戏剧光效。单个人物新闻摄像应该注意的问题：

第一，与被摄者的交流与沟通：良好的交流与沟通是拍摄活动成功的前提条件。它有利于消除被摄者的紧张情绪，保证拍摄活动的顺利展开，或许在了解更多情况以后，被摄者还会提出一些很好的建议。

第二，拍摄角度、方向与景别。角度：人物新闻拍摄一般不宜采用感情比较明显的仰俯角度拍摄，绝大多数采用正常平拍。

方向：对人物的拍摄一般取正面，有利于让观众看得清清楚楚、明明白白，人的表情神态，都可以得到生动展现；在新闻专题节目、人物专访节目中，为了更好地表现人物风貌和气质，经常采用前侧面拍摄，这样有利于刻画和表现人物；如需保护被拍摄者，也会从被拍摄者背面拍摄，通过他的声音来说明问题。

景别：拍摄方向和景别的不断变化和调整，是保证后期编辑顺利的技术基础。

第三，固定拍摄与运动拍摄。固定镜头是指机位、光轴、焦距都不变的镜头。

运动镜头：对于静态单人的新闻拍摄，一般不用移动镜头和改变机位的推拉镜头。

（2）两人的新闻摄像

要交代清楚两人之间的关系以及各自行为的关联性。一般情况下至少要拍摄到以下几组镜头。

其一，一组不同景别的两人镜头，交代两人所处的环境（车间、商店、学校）、情景（工作、学习、讨论）、空间位置关系以及可以传达出来的社会关系（师生、同事、恋人）。

其二，单人镜头各一组，介绍各自的行为和其他基本信息；对其中一人的采访。

两人的新闻摄像应注意的问题：

第一，两人的新闻摄像，最忌讳的就是没有在画面中给两人建立起某种联系，各自独立，互不相干。哪怕两人的空间位置比较远，也要通过镜头的调动将两人勾连起来，可用推、拉、摇等运动镜头来实现。

第二，两人的新闻摄像中，一般不拍人物视点镜头（主观镜头），所拍画面只要能传达新闻信息就足够了。

第三，如果两人手上有动作，最好能抓拍到动作过程；如果两人有协作，最好也能抓拍到关键性过程瞬间。这样的细节可能是最有说服力、最有表现力的镜头。

第四，如果是拍摄访谈节目，那么被采访者无疑是拍摄的重点。一般用采访者的过肩镜头来表现。

（3）三人的新闻摄像

三人的新闻摄像要清楚交代人物之间的位置关系，要抓取富于表现力的人物象。

第一，位置关系。由于三人的位置关系不断变化，拍摄时，位置不需要交代得很清楚，只要记录下他们在做什么就可以了。当然，最好还是遵循轴线原则，尽量让人物之间的关系清晰一些。

第二，选择人物。包含两层含义：一是从整体构图的角度，选择一两个构图的中心人物，这个中心是指画面的重心，它可以使得整个画面具有一种向心力和整体感；

二是从人物表现的角度，选择一个或两个更富有表现力的人物作为重点，对他们适当多加展现。

人物的选择要与画面想表达的效果联系起来，在符合表达目标的前提下，可以综合考虑仪表、气质、表情、穿着、口头表达能力等多方面因素。

第三，大含小。所谓"大含小"是指小景别所表现的内容，一定要能够在大的景别中找到，也就是说小景别的内容是包含在大景别画面之中的，这样组接起来的画面才更有依据，更加真实；否则就有滥用蒙太奇的嫌疑。

（4）人物群体的拍摄

人物群体场景的大景别拍摄一般应寻找到附近的制高点，进行俯拍。

俯拍在表现大场面方面具有绝对优势。但是光有大场面是不够的，我们还必须走到人物群体近旁或中间进行拍摄人物群体的场景具有人物众多、场面可能比较杂乱的特点。拍摄者如果不能沉着冷静、随机应变，可能会感到有些无所适从、不知所措。

第一，规则群体。规则群体是指人群位置按照一定规则排列，或具有很大程度的整齐性，如各种列队等。

其一，拍摄规则群体，除了表现人群的基本情况外，还要考虑人群本身具有的形式感。规则、整齐具有美感，把这种美感表现出来，也肯定会打动观众。要拍出这样的形式感，我们要在比较高的位置上俯拍，而且使用大景别，否则不会给人留下强烈的印象。多用大景别，同时也要拍摄小景别。小景别在表现个体、部分人物时更有优势，而且只有整体、只有形式的群体，必须有个体、有部分的内容进行充实和强化。

其二，对于规则整齐的群体，可运用运动镜头进行拍摄，以增加画面的变化，给观众带来惊喜。推、拉、摇、移都会取得很好的画面效果，新闻摄影一般不大运用移、升降镜头。由于群体的规则整齐，拍摄时尽量使用三脚架，以求更佳的、与内容更为相称的画面效果。

其三，在规则的群体拍摄中，构图占重要地位，可以使用规则的构图（水平线、垂直线、对角线、曲线等），与表现的内容相一致。

第二，不规则群体：是指人物位置混乱、没有任何"道理"的群体。

对于这样的群体，我们首先应明确拍摄的目的，要尽量抓取可以表达意图的人物及人物关系。人物多拍不全没关系，但所拍下来的必须是具有代表性的、有表现力的，是可以说明问题的。

其一，不同的表现要求，不同的场景主题，对画面表现内容的要求也不相同，这也就要求拍摄时抓取的对象有所不同。这种情况下，一般不会对人物之间的位置关系有什么要求，所以基本不考虑越轴问题。

其二，不规则的群体拍摄同样要注意构图重心问题，每一组人物拍得都有重心，拍摄者必须在人群中快速寻找到合适的角度。没有重心的画面可能不会影响到信息的传播，但肯定缺少表现力。因为新闻摄像最重要的是纪实效果，所以，可以在走动中拍摄长镜头，画面的晃动反而会带有现场感和纪实感。

6.3.2.3 电视新闻镜头语言

我们知道电视是视觉与听觉的艺术。电视新闻视听语言包括视觉语言与听觉语言。它是电视记者向观众展示故事情节、阐述理念的工具。那么，电视视听语言包括的形象元素非常多（视觉语言包括：构图元素、运动元素、色彩元素、光影元素、角度元素、景别元素、字幕元素等；听觉元素又包括：同期声元素、解说、音乐音响、旁白等），那么我们今天就简单地说一下电视新闻镜头语言。

（1）电视新闻镜头语言

电视新闻镜头语言是指反映新闻内容、说明新闻事实的画面形式。这些画面形式，以形象化表现为基础，在体现出视觉元素的同时，也体现出听觉元素，是视听元素的有机结合。

（2）电视新闻镜头语言的类型

电视新闻镜头语言根据他们承担的任务和所起的作用不同，主要分为叙述镜头、描写镜头、说明镜头、关键镜头、细节镜头、资料镜头。

①叙述镜头。

叙述镜头反映的事物一般具有比较明显的时间上的先后关系、内容上的逻辑关系或因果关系，事物在发生的形态上表现为先后、运动的结构。在拍摄这类镜头时，只能按照事物发生发展的自然顺序去反映和表现。在后期剪辑时，也要严格按照事物发生发展的先后顺序进行，通过截取不同的画面，构成这类新闻的比较完整的过程。否则，会给观众造成思维混乱，甚至发生误解。

②描写镜头。

描写镜头反映的内容一般并不表现为一定的过程，而更多地表现为一定的情景。情景之间虽然有时间上发生得先后，但它们在内容上却往往并不体现递进关系。描写镜头表现的内容，是事物在发生发展过程中的一定阶段出现或存在的情景，这种情景在事物的发展变化过程中，往往不会很快消失，而是会持续一段时间。描写镜头之间的联系表现在内容的相互关联上，因而在镜头的组接上并没有一定的顺序。

③说明镜头。

电视是形象化的新闻报道手段，它在反映抽象方面的内容时，也总是借助具体的形象事物来让人们感知，并认同其新闻报道的真实性。

现实中的有些内容，如经济新闻、政治新闻等，因其缺乏形象性，往往通过说明性镜头予以反映。叙述镜头、描写镜头、说明镜头时电视新闻镜头语言中的主要组成部分，它们承担着反映、表现、揭示新闻事件的任务。对电视新闻摄像记者而言，在运用这些语言反映新闻事实的时候，新闻应尽量拍得详细些、丰富些，从而为后期编辑积累更多的素材。

6.4 纪录片摄像

6.4.1 纪录片概述

"纪录片"一词是英国的约翰·格里尔逊最早称呼出来的，他是纪录片之父弗拉哈迪的弟子。然而他并没有给予纪录片一个完美的定义，究竟什么样的作品能算是纪录片，围绕这个问题，众多名家都产生过分歧。

维尔托夫、弗拉哈迪是纪录片美学观的奠基者。维尔托夫开创了"电影眼睛派"，提倡镜头如同人眼一样"出其不意地捕捉生活"，反对人为的扮演，甚至反对带有表演的影片（故事片）。而弗拉哈迪的开山之作《北方的纳努克》却是由纳努克"真实"扮演而成，最后由现代文明重返原始生活的纳努克甚至因为缺乏过冬食物而死。同为纪录片的先驱，他们的风格却迥异，这也成为日后纪录片流派纷争的源头。

20世纪50年代的纪录电影运动：50年代末开始的纪录电影创作潮流实际上由两大纪录电影运动组成，他们分别是法国导演让·卢什（《夏日纪事》1961年）为代表的"真实电影"运动以及由美国梅索斯兄弟（《推销员》1969年）代表的"直接电影"运动。真实电影为参与式电影，允许导演介入到纪录片的拍摄过程中，煽动其中一些剧情的发展。直接电影为观察式电影，力求避免干涉事件的过程，要求导演采取严格的客观立场，以免破坏对象的自然倾向。

纪录片是以真实生活为创作素材，以真人真事为表现对象，并对其进行艺术的加工与展现的，以展现真实为本质，并用真实引发人们思考的电影或电视艺术形式。纪录片的核心为真实。一般分类如下：时事报道篇、历史纪录片、传记纪录片、人文地理篇、舞台纪录片、专题系列纪录片等。

6.4.2　纪录片拍摄技巧

目前，运用电视媒介制作、播出的纪录片，是一种特定的体裁或模式。它是指运用纪实性创作手法，以录像为手段对政治、经济、文化、军事、历史以及自然事物等进行比较系统、完整报道的电视节目。由于电视纪录片的真实非虚构特点，使得在整个纪录片的创作过程中摄像创作成为重要的一环。

（1）摄像创作前的准备

任何一部纪录片从选题的提出到进行正式拍摄，都会有一段漫长而又艰辛的前期准备阶段，因此在拍摄之前通常需要经过比较精心的策划和准备。策划主要指摄像阐述的撰写过程，而准备则主要指事物上和器材上的准备。

（2）撰写摄像阐述

在撰写摄像阐述之前，首先，必须认真研读编导的策划文案，在与编导充分沟通的基础上，准确把握编导的创作思想和创作意图。其次，设计片子的拍摄风格。风格与摄像师的个人创作习惯和爱好有关，但是必须符合整个片子的风格要求以及一定时期电视观众的欣赏要求。

摄像阐述不仅是未来拍摄的依据，而且有利于将来总结。一般包括以下几个内容：片子主题思想的把握；对编导创作意图的认识与理解；片子整体摄像造型的处理；如何掌握全片的节奏；在摄像造型上有什么特殊的处理；写出拍摄提纲等等。

（3）熟悉拍摄对象

在纪录片拍摄之前，摄像师要尽可能多地了解拍摄地区、行业和拍摄对象的各种情况。了解这些方面情况的主要目的：其一，规范摄像师的行为，取得所拍摄地区人们的认同和好感。其二，增强摄像师与拍摄对象的交流能力，形成一定的亲和力，消除陌生感，会让拍摄对象很快地进入轻松、自然的状态。这样对取得生动、自然的画面效果是十分有利的。

首先，除了从文字材料中了解拍摄对象的有关情况之外，深入拍摄现场、接触拍摄对象是拍摄前准备工作的一个十分重要的环节。在大型纪录片的拍摄准备中，编导常常要协同摄像师参与前期采访工作。这是为了让摄像师更好地了解和掌握编导对片子的构思和表现想法。其次，大型纪录片涉及的场景和人物比较多。摄像师参与前期采访，会使摄像师对将来所要拍摄的场景和人物能够做到事先熟悉。从而使将来拍摄时的镜头指向和选择判断更加符合表现的要求和更加具有针对性。最后，勘察拍摄现场，有利于实现了解机位设置、运动路线、光线控制、声音摄取、电源获得等技术性因素，从而获得拍摄的主动性与创造性，以确保正式拍摄时的素材质量和画面效果。

（4）准备相应器材

器材上的准备主要包括以下内容：检查摄像机的工作状态是否良好；带足摄像机电池；检查充电器是否正常以及配备相应的电源插座；确定录音话筒的种类；检查其录音状况是否良好；带足话筒专用的电池；确定携带照明者的种类，检查其照明效果是否正常；准备必要长度的连接电缆和充电的照明灯管，交流灯具还应携带灯架；检查三脚架是否完整、云台运用是否顺畅；检查监视器是否正常工作；携带足够的电池和相应的充电设备；携带足够数量的磁带，对用过的磁带要检查是否有带伤，对新磁带要空跑两遍，并灌上彩条。

做好了足够的前期准备，也就自然进入到现场摄制阶段。现场摄制工作是整个前期拍摄的核心工作，也是后期编辑工作的基础，同时，又是纪录片导演最难驾驭的一个阶段，因此，我们应对它引起充分的重视。

6.4.3 纪录片的现场拍摄

不同的主题和内容决定了纪录片在拍摄时的不同拍摄手法、技巧的选择和使用，在总的拍摄风格确立之后，在拍摄现场，还应该学会用摄影机的"眼睛"和录音机的"耳朵"去观察世界。在拍摄过程中遵循既真实又艺术的摄影创作原则。

从导演架构影片的方式来看，纪录片的拍摄手法大致可以分为三种类型。

解释式。导演通过解说词对影片中的内容做出直接的解释，或直截了当地对自己的主张进行宣传。这种拍摄手法能在单位时间内传播较大量的声音和图像信息，易于表现一些抽象的思想和观念，具有较强的宣传教育性，适合用来制作一些意识形态指向比较明确的影片。国内很多专题片就可以划入此类。

观察式。摄影机永远是旁观者，不干涉、不影响事件的进程，永远只作静观默查式的记录，其真实性较为可靠。目前，国内的很多影片都推崇这种手法，但是它表现抽象的东西难度较大，遇到不合适的题材也会显得特别枯燥。

参与式。即"参与的摄像机"，拍摄者不仅期望拍摄对象以自然本有的态度来活动，并且期望因拍摄者的共同参与而激发出一种共同创作的效果。这种拍摄手法被称作"真实电影"，它较易于表现人物的内心世界。

从影片的风格来看，拍摄手法又可以分为以下几种类型：

抒情诗式手法。这种手法运用在纪录片中会使片子看起来比较流畅、明晰、美感强烈。例如，《藏北人家》运用这种手法将主人公及其家人一天的生活表现得诗意盎然。

宣教式手法。导演意图极其明确，主观色彩强烈，拍摄对象、蒙太奇语言等均要为导演述说的主题服务，整个片子表现的不是事件不是人物，而是思想。例如，《失去平衡的世界》中每个镜头都没有特定的意义，经过导演的升降格处理和蒙太奇组合，便成为用来阐述宗教理念的语言，看后令人受到强烈震撼。

哲理思辨手法。这种手法运用在纪录片中显得冷峻、旁观，给观众留下更大的思考空间。例如，法国纪录片《课问》即用冷静的镜头语言向人们揭示了人的社会性的形成和人性中一些深层的东西，具有很强的理性色彩。

戏剧冲突手法。戏剧冲突是结构故事片不可缺少的因素，也被借用到纪录片的拍摄手法中。这种手法一般都是现在进行时拍摄，围绕事件的矛盾展开情节。

以上这些拍摄手法的划分都是较为笼统的归纳，在实际创作中，只用一种手法的情况并不多见，往往是各种手法互有覆盖、彼此渗透地综合运用，根据不同的题材、主题和内容来确定。

6.5 婚礼摄像

婚礼摄像是使用专业摄像机拍摄纪录婚礼庆典活动一个行业，把新人当天的婚礼拍摄记录下来，可以分为两个部分，包括前期摄制和后期的剪辑、视频特效和视频生成，最后效果可以通过镜头呈现出来。结婚典礼是每一位新人的终身大事，是一个神圣、隆重且富有纪念意义的活动，专业的婚礼摄像师使用摄像机将整个婚礼过程拍摄记录下来，将为新人留下最为珍贵的婚礼影像，留下人生中最甜蜜、最美好的回忆。

6.5.1 婚礼摄像要求

一是拟订计划婚礼录像是属于纪实性很强的录像片，一般不作创作和虚构。为了把录像片拍得新颖生动、活泼热烈也可进行大胆、巧妙的构思，如通过角度的选择、各种镜头的综合运用以及对精彩细节的详细刻画等手段烘托喜庆热烈的场面记录下美好难忘的婚礼全过程，在拍摄前事先拟好拍摄计划并了解家人对摄像的要求，认识新人双方的家属以防漏拍造成遗憾。

二是观察环境摄影前要先注意周遭的状况。这样在拍摄时就可以考虑哪些镜头可以选择，哪些场面可以用什么景色，另外拍摄时可千万不要大意，时刻不可忘记周遭或是身后的状况，不要脚踩空或来往车辆，造成不必要的伤害。

三二是兼顾剪辑拍摄只是一场计划周密的战役当中的一个组成部分。要从技术与艺术上掌握镜头摄制与剪接的基本规律。当我们用摄像机记录眼前的景物时，每一个机位的选择每一次推、拉、摇、移的运作都要考虑到后期制作时的编辑可能性，这样才能制定出切实、有效的拍摄方案来。

四二是捕捉高潮。在婚礼之类的场合下火爆热闹的高潮场面却是不可或缺的影像元素。我们拍摄一场盛大的典礼时对戏剧性场面的出现要有敏感的预见性和迅猛的捕获能力，要悉心观察每一位心潮澎湃的人，突出每一个姿态张扬的动作，记录每一句饱含深情的话语，将情绪贯注于镜头里，浓墨重彩地呈现一场人生的盛宴。

另外，新人如果要剪辑效果更好的话，可以考虑双机位（就是两台摄像机）。典礼前，一台摄像跟新郎，另一台摄像跟新娘。典礼时，一台用三脚架正对着主持台拍摄，另一台有摄像师移动拍摄新人，也可以拍摄台下宾客的欢乐场面。这样一来，后期做出的视频婚礼就增加了很多环节和场面，效果会更好。

6.5.2 婚礼摄像拍摄技巧

为了把录像片拍得新颖生动、活泼热烈，也可进行大胆、巧妙的构思，如通过角度的选择、各种镜头的综合运用以及对精彩细节的详细刻画等手段烘托喜庆热烈的场面，记录下美好难忘的婚礼全过程。

（1）移摄花车

为了表现强烈的喜庆色彩，可以对花车运用移摄，这样拍摄出来的镜头极富临场感，更能让人真正感觉到画面在动，其效果比较自然，如图 5 所示。

图 5　花车拍摄

对于花车可以采用弧形移动的移摄方法进行拍摄，就是把摄像者手握摄像机对着花车，然后围绕花车以圆形或弧形方向移动而不是直线移动。在拍摄时要注意步伐的移动，如果你想向右边侧步行走，首先要两腿微曲，再把左脚移到右脚前，让右膝的前端碰到左膝的背部，当左脚碰到地面时把身体的重心慢慢移转到左脚上，然后把右脚向后绕过左脚站稳……依次重复以上的动作就会完成整个拍摄过程。这样可以避免走路时带来的震动使机器的移动，达到滑行的效果。弧摄的弧度不宜过大或过小，且在整个片段中花车都应该维持在画面中央。

在进行移动拍摄时应力求画面平稳，而平稳的重要一点在于保持画面的水平。无论镜头运动速度快还是慢，角度方向如何变化，如非特殊的表现地平线应基本处于水平状态，当然无论如何变化要保持拍摄一直都在拍摄范围内，且随时调整焦点以保证被摄主体始终在景深范围之中！

（2）跟摄新人

跟摄新人，在摄像时需要运用一些跟摄镜头，这样可以真实地记录新娘的一些行动情况及事件，发生的经过，能给人一种真实感。在进行跟摄拍摄时可以采用前跟、后跟、侧跟这三种方式。前跟是从被摄主体的正面拍摄，也就是摄像师倒退拍摄；背跟和侧跟是摄像师在人物背后或旁侧跟随拍摄的方式，如图6所示。

（3）特写鞭炮

在拍摄放鞭炮的过程中不要忘了周围的环境和人们的表情。拍摄对于有特殊表情的人请千万不要忘了把它记录下来，如小朋友用手捂着耳朵既兴奋又害怕的表情一定要拍摄下来，这样在播放时会显得更生动一些。

（4）角度选择

在大多数情况下，拍摄录影带要以平摄为主，对新人拍摄

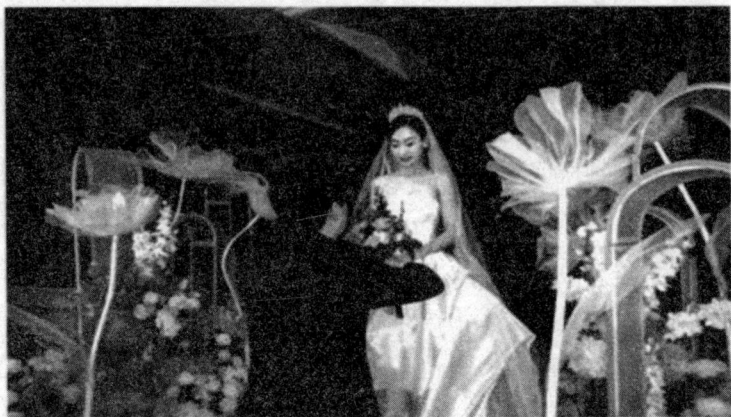

图6 新人拍摄

时为了突出拍摄的高大形象可以用仰摄来拍摄同一种事物，因为观看的角度不同就会产生不同的心理感受，仰望一个目标观看者会觉得这个目标好像显得特别高大，不管这个目标是人还是景物。

当然有时俯摄也是很需要的。如要对婚礼的整个场面拍摄，以全景和中镜头进行俯摄拍摄可以表现画面的层次感、纵深感，给人以场面宏大的感觉。

（5）瞬间抓拍

在婚礼上，在欢快的热闹场面里，新娘、新郎、双方父母以及亲朋好友都沉浸在欢快、喜庆的气氛中，每个人的脸上都会有丰富的面部表情和瞬间即逝的有趣神态。作为拍摄者应当根据现场的实际情况在不影响主要拍摄对象即新郎新娘的情况下，要做到眼观六路，耳听八方，心细手快去抓拍、抢拍婚礼进行过程中的有趣镜头，以丰富画面的感染力，增加婚礼录像

图 7 抓拍新人

片的趣味性和观赏性，如图 7 所示。。

（6）巧用光线

室内自然光。在新郎家屋里这时拍摄您就得要充分利用自然光了。当室内自然光亮度达到摄像机记录景物的最低照度值时就可采用直接拍摄的方法。直接拍摄有很大的优点：一是画面内无人工光照明，完全现场光效，光线真实、自然；二是室内人物不受光线影响，容易抓拍人物真实的表情和动作。当您在室内自然光照明的条件下直接拍摄时以下几个方面要注意：一是摄像机镜头尽量避开强光窗口，以防止窗外亮度与室内景物亮度间距过大而出现室内景物严重曝光不足的现象，比如拍摄室内人物应尽量避免对着窗户，因为如果按窗口的强光亮度来曝光的话人物就会成为剪影面部表情，难以看清；而如果依据人脸亮度控制曝光那窗口的强光则将因曝光过度而出现大面积喵光；二是在光线亮度不平衡的室内运用运动镜头时最好用手动光圈，随着镜头的运动，随时调整曝光量，使拍入画面的景物亮度平衡而一致，如用自动光圈由于摄像机内电三测光系统自动调整曝光量的速度慢于拍摄时镜头运动的速度，画面中会出现忽明忽暗的现象，破坏整个现场的光调氛围；三二是注意选择色调和亮度反差大的物体，拉开画面的影调层次在室内光线色温较高的地方，调整白平衡减少画面中的蓝紫光调。

室内人工光，在室内进行拍摄可以用主光、辅助光和轮廓光三点布光法进行处理。

商品
视频文案
Commodity video copy

边俊英◎主编

中国文史出版社
CHINA CULTURAL AND HISTORICAL PRESS

图书在版编目（CIP）数据

商品视频文案 / 边俊英主编. --北京：中国文史出版社，
2020. 7

（如何玩转电商平台系列）

ISBN 978-7-5205-2049-2

Ⅰ. ①商… Ⅱ. ①边… Ⅲ. ①广告文案-写作 Ⅳ.
①F713. 812

中国版本图书馆 CIP 数据核字（2020）第 094992 号

责任编辑：刘　夏
封面设计：末末美书

出版发行　中国文史出版社
社　　址　北京市海淀区西八里庄路 69 号　邮　编：100036
电　　话　010-81136606　81136602　81136603（发行部）
传　　真　010-81136655
印　　装　三河市宏顺兴印刷有限公司
经　　销　全国新华书店
开　　本　1/32
印　　张　30　字　数：650 千字
版　　次　2020 年 7 月北京第 1 版
印　　次　2020 年 7 月第 1 次印刷
定　　价　178. 00 元（全五册）

前言
Foreword

　　自 2012 年起，中国电视人均收视时长逐渐下滑，至 2017 年上半年平均收视时长 144 分钟，同比减少 12 分钟；同时，电视平均到达率近七年不断下降，2017 年上半年到达率仅为 57.1%，较与 2012 下降了 11.3%。分年龄段看，收视时长减少群体向中年及以上人群发展，观众持续被互联网分流。

　　而与之相对应的，视频网站用户数量及用户时长快速增长，观众持续向流媒体视频平台扩展。互联网时代的到来催生了各种信息和媒介的有机结合，全民视频时代已经到来，视频对于个人和企业都具有十分重要的作用，那么应该如何抢占视频红利，获取更多关注和热度呢？

　　很多玩短视频的朋友们认为，短视频就是拍一些视频直接传到网上就行了，其实不然。如果想要吸引更多粉丝，收获更多的点赞与评论，那么就必须创作优质的文案，而且文案要与转化率相挂钩。

但是很多人一提到写文案就觉得是一件很困难的事情，没有头绪，很多从事新媒体行业的新人也会摸不到头脑，其实文案写作的门槛很低，即便没有高学历，或者非广告专业、汉语言文学专业出身的人，也可以从事文案写作，并且可以入行，写出符合市场需求的文案。然而，文案写作的上限很高，要想写出现象级的爆款文案，不是一两天的练习就能够办到的，它需要我们积累大量的理论知识和实战经验。

本书将会系统地介绍商品视频文案写作技巧，并结合具体实例帮助您成为文案高手！

目 录
Contents

1 认识"商品视频文案"

1.1 什么是商品文案

在我们的生活中，到外都有各种各样的广告，广告的形式多种多样。各类软广硬广充斥着我们的生活，左右着我们的选择。那么，什么样的广告才能够被消费者记住并产生购买意愿呢？这就需要你的文案有力量，能够进入用户的心里留下一席地位。

1.1.1 什么是文案

商品文案的主要目的是使公司经营的产品更具辨识度、吸引力，更好地获得目标受众（潜在消费者、用户或客户）的认知，更有效地将产品价值传达给目标消费者。阅读一段优美的文案是享受，其创意或情感或遣词造句，都让我们忍不住被吸引。文案是针对用户感受的设计，而不是创造这些感受的文字设计。文案简单点来说就是内容运营。通过探究用户的需求，结合文字、图片、语音、视频、文章等多种形式，搭建用户和商品之间的桥梁。

要想写出出彩的文案，就需要运营者慢慢地进行积累，由浅入深。我们常见的文案主要有品牌文案和商品文案两种形式。

品牌文案，重点在品牌这两个字上面，是以价值观为导向的文案。主要展示公司品牌精神和品牌个性，是让消费者对自己增加信任的王牌。相对于商品文案的不同，品牌文案一般是在商品市场发展到一定的规模，发育到比较成熟的阶段，同质化竞争比较严重的时候推出的。根据马斯洛的需求层次理论，这个时间点商品文案已经不容易触及用户的痛点了，迫切需要与商品建立情感上的联系。品牌文案这时候就起到了纽带连接作用把用户与商品连接起来，将用户的情感需求转化为购买力刺激用户进行冲动消费。

商品文案，重点在商品这两个字上面，是以商品属性为导向的一种文案类型。商品文案，其主要目的是为了让公司所经营的产品更有认知度，销售力，更好地获得目标受众（潜在消费者、用户或客户）的认知，更有效地把产品价值传达给目标受众。文案是关于用户感受的设计，而不是创造这些感受的文字的设计。商品文案是比较基础的，它类似于商品的说明书或者翻译工具，用户通过该商品的文案就可以快速地了解到该商品的核心要素。例如 OPPO 手机"充电 5 分钟，通话 2 小时"的广告文案，就明确地告诉了用户 OPPO 手机具有充电快的特点，给不少快节奏生活的用户留下深刻的印象。

1.1.2 产品文案的由来

UED 成员工作，主要的目的是为了让公司的产品更好卖，更有效地把最具竞争力的价值提供给客户。那么团队不仅要考虑产品的视觉呈现和易用性实践，也需要具备卖产品的能力和对潜在用户的判断，这就要求具备一定的营销理论和广告文案、策划知识。这一工作的专业性决定了它对从业人员有较高的要求，通常，大学对口专业适合从事这一工作；会展策划、营销策划、商业策划专业的学生毕业后有能力从事产品文案这一工作。

如果进一步说，就要求具备相关联的行业知识、文字撰写能力、方案策划能力、沟通协调能力、风险预测预防能力、项目进度监督控制能力等方面的素质。

产品文案写作，主要应用在以下几个方面。

（1）功能策划阶段的文档编写

例如，商业需求文档、产品需求文档等各种商业文档的撰写。

（2）广告文案

与广告公司的文案有些类似，但是相对简单一些，毕竟人家是具有多年积淀的媒介文案。

（3）产品软文推介

软文是产品营销的有效利器，既要表达一个让浏览者感兴趣的话题或者故事，又不留痕迹地将产品特性、企业形象等融入其中，这需要一种很高的境界。

（4）资讯、信息编辑

都说网编待遇差地位低，如果始终是机械的 Ctrl＋C、Ctrl＋V，这一类重复式的机械劳动当然不能争取在公司更多的话语权和地位。如果适当的熟悉产品专题组稿，乃至于策划，就会给自己的业务水平带来极大的促进，进而摆脱低档次的 copy，逐步成为真正有价值的编辑人员。

（5）各种产品的文档（PRD）撰写

例如，在产品策划过程中，交互设计说明书、产品需求文档等各种商业文档的撰写。

综上所述，产品文案写作，在产品设计的过程中起到至关重要的作用。

产品方案可以进行用户需求分析，产品线脉络清晰化，更有效地为用户服务，创造价值。直接决定了产品的特色，有特色的东西才会更有价值，才会更好地吸引用户来使用，形成有大量积淀的用户群，最终达到较好的用户口碑，更好地促成用户体验和商业盈利目标的双赢局面。

要写出好的商品文案需要运营者掌握相关知识和该商品的专业知识，对营销学、社会学、心理学都要有很广的涉猎，只有这样才能更深入触及用户的内心，留下一席地位。但同时商品文案也有其缺点，那就是，这样的文案虽然能让用户留下深刻的印象，并对商品产生一定的心动感，但是它在这样的心动感很多时候并不会转化为购买力。

总而言之，不管是商品文案还是品牌文案，都需要运营者深入地把握用户的心理，洞察社会价值取向。

经典案例：

广告语：轻松能量

红牛标题：还在用这种方法提神

正文：都21世纪了，还在用这一杯苦咖啡来提神？你知道吗？还有更好的方式来帮助你唤起精神：全新上市的强化型红牛功能饮料富含氨基酸、维生素等多种营养成分，更添加了8倍牛磺酸，能有效激活脑细胞，缓解视觉疲劳，不仅可以提神醒脑，更能加倍呵护你的身体，令你随时拥有敏锐的判断力，提高工作效率。

醒题：迅速抗疲劳激活脑细胞健力士黑啤酒。

1.2 什么是视频文案

随着自媒体和影视业的发展，越来越多的人投入到短视频制作的行业。一个优秀并且极具吸引力的短视频不仅仅需要好的视频内容，优秀的视频文案也必不可少。很多人认为在短视频平台当中，视频才是重心，文案只是绿叶，无须用心编辑，那就是大错特错了。常刷视频的人也不难发现，好的文案能让视频更加出色，有时一句好文案就能把一条视频推上热门。

1.2.1 那么，视频文案是什么

从定义是上讲，视频文案属于短剧本、脚本，也属于文学的一种。视频文案和散文、小说、诗歌虽然都是"同根生"，但是它们的写法却大大不同。

一篇好的文章是通过作者自身的文笔书写，带着每个灵魂独特的调性，以文章气质引起阅读者的共鸣，而并非简单的遣词造句，必须身负一定的情感色彩，才能写出真正意义上的好文章。一篇优质的文章除了平时所用的一些词句之外，更重要的是从灵魂深处溢出的一丝灵感，这样才能下笔有力。

对于一个文字生产者来说，以前生活通信设备发展尚不完全，更没有如此多的社交娱乐平台，"车马很慢"，人们娱乐消遣的项目少之又少，因此随处可见文章，人们也乐于在书籍当中寻求乐趣，文章就随处可见了。而现在随处可见的却是文案。大到电视和传统媒体上的广告语，小到一条推送短信，一个商标，选词之间皆是艺术。什么样的文案能够深处人心，就是好的广告效果。

　　一个文案背后隐藏着多种思维，是多少个日夜思考创意和思维的结晶。每一个精彩绝伦的文案都是有着深层次的思考和策略性。大多数的文案小白都是停留在没有较多的社会阅历和经验，无法去体会文案从内心深处带给社会大众的一种震撼。为加强文案的吸引力，诱导受众读完整个文案，广告文案写作往往采用文学的表现手法。但文学语言、文学笔法、文学句式的运用，只是为了让受众在文学的氛围里得到感染，并对产品产生感激之情和购买欲望。文学的表达，在这里只是广告作品实现自身目的的手段。文案是这个时代延伸，一定的商业目的衍生的新型产物，为商业创作而迎合大众口味发展，用最严谨的思维，最深层次的策略，最精确的字词来达到一定的目的。文章可以随处落笔，文案则并非如此，这点是文案与文章最大的区别。也就是说，文案的受众一般是消费者，就是对于相应商品有需求的人，其他人如果没有这个需求，可能看一眼标题就路过了。并且，文案具有严谨性，必须是真实的，你要真正在做装修这个事情，卖这个商品，而且这个商品本身货真价实，不欺骗客户，用文案来展示它的价值和好处。

　　就如同文学作品，有小说、散文等不同类型，视频文案也有不同的类别。

1.2.2　故事类视频文案

　　这种视频文案和小小说比较类似，需要先写好一个简要的故事大纲，设计好人物、环境和情节三大要素。这种类型的文案，可以充分调动起观看者的情绪，让观看者可以感同身受，引起受众的共鸣就如同我们在看电影或者小说时，会不经意之间把自己想象成为主人公，去体会主角的情绪，当主角高兴时，我们会和主角一样兴奋，当主角难过时，我们也会随着难过。比如，很多人小时候都迷恋《蜘蛛侠》，并且模仿蜘蛛侠讲话和动作，把自己想象成无所不能的英雄，这种强烈的代入感让我们更加迷恋这部电影，每每聊起来都兴奋不已。

2018 年《创造 101》当中，唱跳不佳的杨超越，深受观众的喜爱，除了她精致的美貌和讨喜的性格之外，更大的原因应该是观众的代入感。没有实力没有背景，全靠自己一点一点的努力，去追求成功，这也是我们大多数人最真实的情况。我们可以在杨超越身上找到我们的影子，当队友闪闪发光时，我们虽拼尽全力，却还是暗淡无光；当努力许久仍然没有丝毫进展时，我们仍然幻想着可以成功，可以闪闪发光地站在大家面前展示自己。

几年前，短视频没有如此繁盛时，聚美优品凭借一段经典的广告文案走进了大众的视线：

你只闻到我的香水，却没看到我的汗水。

你有你的规则，我有我的选择。

你否定我的现在，我决定我的未来。

你嘲笑我一无所有，不配去爱，我可怜你总是等待。

你可以轻视我们的年轻，我们会证明这是谁的时代。

梦想，是注定孤独的旅行，路上少不了质疑和嘲笑，但那又怎样。哪怕遍体鳞伤，也要活得漂亮。

我是陈欧，我为自己代言。聚美优品。

相信年轻一代看到这个广告后都会有一种说到我心坎里的感觉。这则广告讲的是陈欧自己的故事，但是文案提到的"质疑""嘲笑""孤独"都是成长路上我们都需要经历的，自然就感同身受，容易产生共鸣。这段话也成为当时中高考作文中最受欢迎的素材。虽然说这篇文案通篇没有讲一句产品，也没有任何对产品质量的承诺，但无形中已经拉近了受众与品牌的距离，使受众者对于品牌产生信任。

这就是故事型文案的魅力所在。

1.2.3　广告类视频文案

这种视频文案类似于说明文，这一类型文案的关键在于体现产品本身的特点，比如要为某品牌的衣服写一个视频文案，你就得先了解这款衣服的特色和面料、工艺等，然后列好这个视频文案的大纲，第一个画面，先让一位漂亮女士出场，配合一段文字；第二步，再介绍这件衣服的与众不同；第三步，可以展示一下这件衣服的制作工艺，等等。

另外，这类文案所要传递的内容要透着真实可信，不要吹嘘空泛，不要说过头话。表现的态度（场景、人物）要透着真诚实在，不要高高在上、假模假式。在表现手法上要大胆创新，抛开广告片的一切框框，唯求让受众看到的时候，没感觉到它是一条广告。去掉受众的有色眼镜，片子的传播效果将有质的飞跃。根据这条法则，我们的广告片甚至可以拍得"一点都不像广告片"。

比如，当我们说到巧克力，马上就会想到德芙，这也得益于德芙用心的广告。

2013 年气质女神汤唯

说："你有一种特别的吸引力"

从男生手上拿走一罐德芙

此时的德芙加了一个性感的标签

广告词成了"都怪它太丝滑"

2016 年女神 Angelababy 和李易峰
一句"真的有这么丝滑吗"
把牛顿的万有引力都推翻了
德芙口号变成了
"纵享新丝滑"

　　在这里，德芙就巧妙地利用广告表现了德芙"丝滑香浓"的特点，这不仅仅代表着巧克力的"黄金标准"，也成为新时代女性情感代言的出口。纵情的德芙时刻，丝滑的真我享受。无疑，这德芙的广告是出众的，德芙巧克力通过这一系列的电视广告，使其品牌知名度和影响力更加深刻。而这系列广告所传递出一个很重要的特点就是德芙的口感丝滑，而据一项调查显示，受众最看重巧克力口感的占了 61.8%，这无疑给德芙占领更大的市场奠定了基础。

　　巧克力正从奢侈品向日常消费品转化，而德芙通过一系列经典的电视广告抢占了一个很好的先机，再加上其卓越的品质，这将使德芙拥有更广大的市场。

1.2.4　宣传类视频文案

这种视频文案多见于企业，或者机关单位。比如说，某个企业要给自己做一个关于企业文化的方案，那么你就要先深入了解这个企业的文化，然后构思怎么用视频展示其企业文化。你可以大开脑洞，从一名职工的乐于奉献精神写起，然后引出该公司企业文化，接着展示该公司企业文化的历史形成过程，最后落脚到该公司因企业文化而发展壮大。

南京师范大学宣传片《现实与记忆》

从历史讲起，从描述百年南师的历史、沧桑和巨变，到今日校园的质朴、现代和繁华，然后在背景音乐WITHANORCHID中对校园内的同学进行采访，最后，以"记忆掠影，永远的回忆"为主题，拍摄了校园内的一些平常而又温暖人心的画面。

《航拍中国》宣传片文案

总有一些风景，

是我们的想象到达不了的地方。

一片叶脉，可以绵延数十公里。

水和云，架起梦中走过的路径。

我们和高空气流周旋着，

创造出一个垂直世界。

陆地边缘，奔腾着生命的律动；

密林深处，回荡着古老部落的传说；

高山之巅，隐藏着上古神兽的踪迹。

俯瞰云下的世界，

图形、线条的背后，是上天造物的秘密。

数亿年前，

这里的鱼群和沙子一样多。

如果潜到水面之下，

会发现，我们正在飞越的是一座座山顶，

蓬勃的生命，在此周而复始地循环。

直到山林，改写了它的基因密码；

直到海水，更新了它的流浪轨迹。

我们对这里的生活极尽耐心，

在纤维之上提取智慧的载体，

在沙漠深处创造生命的能量。有时候，日子过得像浮萍；

有时候，生活又必须逆风而行。

上千年的历史跨度

就是从此岸抵达了彼岸。

六百年的暮鼓晨钟，

保持着先人们的时间惯性。

几十年前，这里的渔民还在憧憬外面的世界。

现在，它已汇集了半个世界的期待。

全新视角，俯瞰今天的中国

系列纪录片《航拍中国》

带您一起，天际遨游。

《航拍中国》是中央电视台制作的航拍系列纪录片，它以空中视角俯瞰中国，拍摄了全国各地的优美风景。它的宣传片文案，同样非常精彩。这篇文案十分优美，精心选取了叶脉、水、云、高空气流、陆地边缘、密林深处、高山之巅、暮鼓晨钟等极具画面感的意象。文案配合宣传片视频播放出来，声音、图像与文字完美结合，将神州大地的壮美景色描绘成一幅幅精美的画卷，呈现在观众眼前，令人为之感动不已。

不管什么类型的视频文案，都要做好规划。也就是说，你这个视频打算拍大约几分钟，需要什么场景，选择什么样的天气拍摄，需要什么人物出场，每个人物的出场大约几分钟，在什么时候出场，配合什么背景和音乐，这些都要考虑进去。

1.3　视频发展带来的机遇

短视频是一种常见的广告形式，一则好的视频，加上优秀的文案，能够给人留下深刻的印象。视频广告的优点明显而突出，它非常接地气，能直观地体现出大众的使用场景，想顾客之所想，为顾客解决痛点，让顾客能够感受到特定场景下的乐趣，从而实现良好的转化率。所以为了拍摄短视频广告，文案人必须了解一些基本的影视语言。

机遇，就是指契机、时机或机会，有利的条件和环境，通常是指忽然遇到的好运气和机会。一般情况下，机遇有一定的时间限制或有效期，时间过后，就再也得不到了。机遇是一个很难以把握的东西，可遇而不可求，芸芸众生能一眼识别机遇并且及时抓住的人少之又少。歌德曾有一句至理名言："善于捕捉机会者为俊杰。"当年，李嘉诚把握住了商机，在自己并不富裕的情况下借巨款购买地皮，20年后发家起业，成为亚洲地产界大亨，可见机遇的重要性。根据艾瑞发布的《2019中国短视频创新趋势专题研究报告》显示，在中国短视频用户规模2018年已达5.01亿人，2019年用户规模达到6.27亿人，2020年短视频用户规模也将持续增长，如此之大的用户规模，昭示着短视频作为娱乐方式的强大支配力，必然也会给我们带来很多发展的机遇。

不仅仅是对于视频制作者而言，更是对于很多营销者甚至于短视频受众，短视频的诞生和快速发展改变了很多用户本来的生活习惯，同时也改变了资源享用类型。机遇，就在我们生活中的方方面面。作为当前发展火热的内容传播方式，在新消费发展中，短视频不仅作为一种新兴的娱乐方式，更创造了一种新兴的消费场景与营销方式。

1.3.1　改变原有社交方式，实现实时场景社交

传统社交的文字与图片所体现的信息往往是片面的，不够完整，这个时代已经过去，然而短视频可以做到全方位地体现场景，记录下事件发生时的画面及声音，使用户能够完全与他人进行实时的社交分享，观者也会有一种身临其境之感。

并且，短视频社交往往是一对多的形式，我们拍的短视频，通过各种平台被大家所熟知，即使是陌生人也可以直观地从短视频当中感受到拍摄者想要表达的意图。这使得社交模式更加多样，也提高了用户之间的社交效率，简化了社交过程，真正做到了运用内容来进行社交。

短视频能够成为一种新型社交方式，还要归功于实时通信技术。这意味着人们可以通过平台载体直接拍摄短视频上传到自己的朋友圈、自己的领域。很多 APP 平台正是抓住了短视频社交的这一发展机遇，所以才能够不断提高用户的黏性。

短视频社交是在短视频发展过程中衍生出的一种新型社交形式，由于其能够多元化地进行场景渗透，为用户的社交带来了极大的便利。短视频社交是当今科技逐渐走进生活的一种体现，其中还有无限的商机等待创业者去挖掘。

1.3.2 引发"视频＋社交＋电商"模式

在互联网形成规模之后，各大企业从中看到了机遇，也不乏有很多小资本者，纷纷做起了电商。在短视频日渐火爆的时候，电商企业再度从中看到了机遇，开创了"视频＋社交＋电商"新模式，从而将产品与短视频紧密地连接了起来。

1.3.3 企业打造品牌文化

在过去，企业销售产品的重点往往都着重于产品本身。产品的相关广告也总是想要通过激烈的声音、画面来刺激用户的感官，从而激发起用户的购买欲望。而随着短视频在电商领域的运用，传统广告形式逐渐被走心的短视频所取代。

营销类广告的打造注重内容，通过内容向受众传递品牌文化。同时电商追求年轻化的理念与短视频相适应更大程度上能够使受众更满意一个产品。"真实"是电商短视频要传达出的一个内容，能够在网络上引起巨大关注的相关短视频无一不体现这一特点。短视频内容的真实不仅仅体现在"根据真实故事、人物"改编这一点，更重要的是情感的真实。短视频内容上体现的情感越真实，也就越能够引起用户的认同，更能传达出企业的品牌文化啊。

1.3.4 将选择权交给用户

随着电商的不断发展，越来越多的企业涌入电商这个大市场，逐渐从卖方市场向买方市场进行转化，当今电商领域的选择权已经从企业转移到了用户手中。为了能够从同类的产品中脱颖而出，企业必须要获得用户情感的认同，只有这样才能够赢得用户的青睐。

因此电商在制作相关短视频的时候，一定要让内容与用户连接起来，建立起用户与产品的链接。电商短视频可以成为企业与用户之间进行社交的通道。企业通过短视频向用户传递自身品牌的观点，而用户则在观看过后通过购买或留言的方式进行反馈。企业从而真正做到了与用户成为朋友。

1.3.5　注重信息传播

一件产品想要被更多的用户注意到，不扩大其传播范围是绝对不行的。企业在拍摄短视频之后想要得到良好的传播效果，主要依靠用户的分享。

淘宝上聚集了总量相当可观的消费用户群体，这些用户在该平台购物时，几乎都会用到"分享"这个功能。"分享"功能非常便捷与强大。淘宝网的每个页面里都设有"分享"按钮，方便用户随时与自己的好友进行分享，将产品推送给对方。并且该功能覆盖了全部常用社交平台，使用户可以随意选择，从而取得最好的传播效果。

营销短视频的分享与传播，是企业在与用户建立社交关系之后，再通过用户的关系网再度与其他用户建立联系的一个过程。这种传播以网状式向外扩散，每一个在社交圈子的用户都是潜在的消费者。电商从短视频领域中抓住的这一机遇，可以为其带来巨大的后续经济回报。红利就在眼前，你想错过吗？

经典案例：

沃尔沃汽车：《爱丽丝的婚礼》

《爱丽丝的婚礼》是沃尔沃汽车公司推出的一支公益性质的视频广告片，广告的主题是爱与责任。视频时长11分钟，以一部微电影的形式展现出来，视频中的文案讲述了一个有关亲情的故事：张钧甯饰演的女主角从小生活得像是童话里的公主，每到给别人当花童的时候，父亲就会开着沃尔沃车送她去。多年以后，母亲去世，父亲确诊患了阿尔茨海默症，女主角穿上了自己的婚纱，而此时的父亲，只能给自己的女儿当花童了。身份的对换、车子的变更，都体现出一种情感的传递与维系。

视频播出以后广受好评，曾于2017年获得One Show中华创意奖的金铅笔奖以及4A创意奖金奖。

人们常说，现在的微电影已泛滥，爱与亲情的主题也老掉牙了，然而这支微电影证明了一个道理：不怕主题老，就怕技术高。

1.4 文案对于爆款视频的重要意义

什么是爆款

爆款是指在商品销售中，供不应求，销售量很高的商品。通常所说的卖的很多，人气很高的商品。广泛应用于网店，实物店铺。近义词，牛品，爆款商品，爆款宝贝，人气宝贝，热卖商品。

我们先来看几个爆款视频的例子：

"奕甜甜（全村第一吃货）"，美食＋吃播，697万播放量

这支视频里的奕甜甜有一点李子柒＋密子君的影子，先是在田地里大力干农活，一个人能拉一大车苞谷，回到家后换来妈妈做的一整桌猪肘子，一口气全吃完。

还用配有文案"我不要你送我玫瑰花，我只要你给我剥虾"，外加一个 wink。

目前这条视频播放量为 697.9 万，点赞 25 万。这并不是她的最佳表现。翻看她的过往视频，播放量经常在千万以上，上个月有一条视频的播放量在 2000 万以上。

目前"奕甜甜（全村第一吃货）"在快手有 417 万粉丝数。观察已发布的内容，基本包含这几个元素：美食、吃播、乡村、亲情、可爱的女主角，甚至涵盖萌宠——一只经常露面的猪。

每期视频的叙述方式也比较固定：第一幕在田地里卖力干活，第二幕回到家做各种美食，穿插家人互动和萌宠，第三幕主要是吃播，结尾最后一幕都是小姐姐对着镜头说一句话加一个 wink。

打造爆款是一个循环的营销过程。在整个过程中，前期的准备工作就显得至关重要。其中，爆款的挑选和推广是决定爆款成败的关键因素。挑选一个好的商品作为爆款，是成功的开端。挑选爆款时可以去爆款网了解下爆款商品的特性，因为能不能正确地选择到一个具有潜质的爆款商品，直接关系到了爆款是否成功。那么，如何爆款视频和文案之间有什么关系呢？

文案内容的核心就是：看得见田间的小路，也闻得到家里的炊烟，干得了田地重活，也吃得下十桶米饭。

事实上，文案的意义在于表达。

有人说了，画面也可以表达，音乐也可以表达。没错，人

们日常交流可以用眼神，可以用曲调，可以用手势，可大多数人大多数时候，人们的沟通主要是用的文字。文字是最浅显易懂，最直观浅明的表达方式。用文字，能够一针见血，也能够直戳人心。但由于文字的不可控性，和文字的审美差异，好的文案寥寥可数，甚至屈指可数。也难怪，这个时代，多得是在公众号上写作的作者，却连几个说得上名字的作家都屈指可数。

我们常常要表达，但常常囿于表达。广告就是表达，每一场广告都是一场表达。

你心里头有一个想法，然后萌芽，然后发育，然后蓬勃生长为参天大树。开在别人面前，给人荫蔽，给人凉爽，或者挡风遮雨，或者抵住酷热。孕育想法的种子，让它长成大树。

对于绝大多数短视频创作者来说，打造爆款视频是一个重要目标。但是，你会发现，同样都是在做短视频，有时候别人的内容还不如自己的好，但是作品的点赞量和播放量却比自己高。很多人开始对自己产生怀疑，难道是自己不适合做短视频吗？

其实并不是你不适合，只是你没有掌握其中的技巧，也就是文案的写作技巧。想要打造爆款短视频，除了内容，短视频标题文案也是影响很大的因素。

有人说，看到有些视频的文案很随意却点赞量百万，一是因为账号的粉丝有一定的量级，二是因为你看起来随意，其实他们的文案都抓住了人性，抓住了平台的胃口，也就是我们说的爆点。

所以，我们接下来的内容，抖音爆款文案怎么写，就围绕"用户"和"平台"两个方面详细展开。

根据短视频平台的推荐算法，账号作品的推送是将内容与用户兴趣相关联。

而平台是如何判断你的内容与用户兴趣相关的呢？主要就是从标题、标签、观众反馈等方面进行判断的，需要让用户感到特别。

下面我们再举几个例子：

比如视频中的文案，"别傻了，一个人的努力是无法改变两个人的关系的"，就很能引发正处于恋情中，有这种正在付出却没得到对方付出情感的用户。那么大家就会纷纷点赞、评论甚至转发，希望自己在乎的那个人可以看到。

通用模板：人物＋状态＋情感宣泄

比如说视频文案中说"女人的温柔是有底线的，前提是……"剩下的内容省去了，用户就会很想知道这个前提到底是什么，视频就会看到最后。

通用模板：描述事件/观点＋留出悬念

比如视频中问"你是在哪个瞬间决定就是 ta 了"，很多人在下面留下自己的故事，甚至还@自己的对象，对象一来，还会回复评论，视频的推荐会更高。

通用模板：主体＋（情景）＋问句

现在很多人生活得很丧，尤其是在外漂泊的年轻人。因为工作太累，因为老板太凶，因为赚的钱太少，因为和对象、朋友吵架，因为房东不地道……

因为的事情太多了，让他们的情绪不是那么稳定，不是很开心。但是他们内心还是想努力的，还是想进步的，所以这时候确实需要一些"正确的废话"，"温暖的话"，也就是鸡汤来鼓励他们。

受到了鼓励，他们会点赞；有时候还是觉得难过，他们就会在评论中留下自己的故事，然后还会有人去鼓励，用户对这个视频做的行为越多，这个视频被推荐的人也就越多，也越容易火了。

通用模板：你要相信＋观点

现在很多人生活得很丧，尤其是在外漂泊的年轻人。因为工作太累，因为老板太凶，因为赚的钱太少，因为和对象、朋友吵架，因为房东不地道……

因为的事情太多了，让他们的情绪不是那么稳定，不是很开心。但是他们内心还是想努力的，还是想进步的，所以这时候确实需要一些"正确的废话"，"温暖的话"，也就是鸡汤来鼓励他们。

受到了鼓励，他们会点赞；有时候还是觉得难过，他们就会在评论中留下自己的故事，然后还会有人去鼓励，用户对这个视频做的行为越多，这个视频被推荐的人也就越多，也越容易火了。

通用模板：你要相信＋观点

热点的信息大部分人都是喜欢看的，只要是有影响力的事件刚出来，大家看到都会比较好奇，比如《少年的你》、李小璐、双十一等话题的。《少年的你》刚上映的时候，随便拍下，带个话题就能火。

通用模板：热点话题＋创新角度

所以说，文案对于爆款视频的地位是十分重要的。

文案对于视频来说就像调料一般，再厉害的大厨离开了调料也很难做出好吃的东西。在视频不出彩的情况下，好的文案或许能够扭转乾坤；视频出彩的情况下，好的文案也能起到锦上添花的作用。

咱们先来打个比方阐明一下。抖音上之前有一条十分火的视频，光看视频内容，其实便是一个人坐在租借车里拍的窗外的场景，画面里是呼啸而过的车流，逐渐后退的树，灰扑扑的天空，是每个人坐车都能够看到的画面。就视频内容来说是相对比较平淡无奇，画面也不好看，也没有突发的偶尔，也没有能够吸引人眼球的关注点，如果看视频的话，不免觉得无趣，手指动一动就划走了，根本不会看上 3 秒钟。

可是当我们看到文案："背井离乡来到这座城市现已经四年了，还是一无所有。明天又要交房租了，感觉快要撑不下去了。看到的朋友能给我点个赞鼓舞一下我吗？"

这样的文案配上车窗外的景色和城市繁华，受众脑海里马上就能浮现一个心里孤寂，生活艰难的城市流浪者的形象，成年之后的日子都不会太简单，我们当中大多数人都有一些自己的烦恼，必然多多少少都会有点共识，因此这个视频很快就有了四十多万赞。这就是文案的魅力。

1.5 新媒体时代，商品视频文案的变化

过去，球迷想要看球只能通过现场或者电视台收看，而在 2016 年欧洲杯（欧洲足球锦标赛）开赛的前几天，前英格兰国家队队长欧文就通过中国最大的手机直播平台映客直播，在中国男足国家队与哈萨克斯坦队进行比赛的时候，与中国网友进行了一场互动。原来，我们购物只能去商场，或者看看淘宝的图片想象一下自己穿上图片中衣服的样子，而往往，拿到实物

和我们想象的千差万别，而现在，我们可以通过看小视频不断种草，并且在视频中，我们不仅仅可以看到商品的质量还可以看到真实的上身、使用效果。

媒体是传承人类文明、推动社会经济发展的重要手段，它使人与事物之间的距离更近了，也拓宽了人与人之间的交流领域。如今，新媒体行业如同雨后春笋涌现出来，越来越多的人关注到这个词，同时也开始从事新媒体人这个工作，它们对传统的信息传播方式造成了巨大的冲击。

1.5.1　什么是新媒体

所谓新媒体，和传统媒体相比就在于一个新字，是打破常规，不同于传统媒体的一个概念。媒体是传承人类文明、推动社会经济发展的重要手段，它使人与事物之间的距离更近了，也拓宽了人与人之间的交流领域。

新媒体是根据当下的万物都可以成为传媒的环境，其包含了所有数字化的媒体形式。可以从三个角度理解"新媒体"：时间、技术、社会。

时间：时间上更接近的可以成为"新"的媒体：网络相对于电视是新媒体；电视相对于报纸是新媒体。

技术：价格低，传播广，应用广。

社会：新媒体之所以新，最重要的是社会作用的革新。

1.5.2　新媒体的起源

中文的"新媒体"一词是英文"New Media"的直接翻译，所以要了解"新媒体"的起源，还得从"New Media"一词的来源说起。一般认为，"新媒体"作为传播媒介的一个专有术语，最早是由美国一个叫 P. 戈尔德马克（Peter Carl Goldmark）的人提出来的。P. 戈尔德马克是 LP（留声机唱片，the long－playing microgroove 33－1/3 rpm vinyl phonograph disc）和 EVR（电子录像，Electronic Video Recording）的发明者，还是参与制定彩色电视 NTSC 标准的重要成员，曾担任过美国 CBS（哥伦比亚广播公司）技术研究所所长。他在 1967 年发表了一份关于开发 EVR 商品的计划，在这个计划里他第一次提出了"新媒体"一词之后，有一个叫 E. 罗斯托（E. Rostow）的人，他是美国传播政策总统特别委员会主席。他在 1969 年向当时的美国总统尼克松提交的报告书中，也多处使用"New Media"（新媒体）一词，从此以后，"新媒体"一词就开始在美国社会流行，并逐步流传到全世界，"新媒体"也逐渐成为全世界的热门话题。

1.5.3　新媒体时代视频文案有什么特点

相对于传统媒体来说，新媒体有五大特点：（1）信息发布即时；（2）信息量大；（3）互动性强；（4）传播内容个性化；（5）传播形式更具融合性；（6）发布成本低。

信息发布即时：新媒体的即时性，网民的积极参与，尤其是Web2.0时代下 UGC 模式的出现，进一步发挥了联网在即时传播上的特色。只要有手机和网络，随时随地都可以发布各种事实动态，同时也可以随时随地了解各种实事。

信息量大：新媒体通过技术使得空间大，信息丰富，海量信息得以呈现和储存。面对海量信息，搜索引擎、云方式等针对海量信息管理的各种应用，先后被开发出来。我们的任何问题，都可以去搜索引擎寻找答案。

互动性强：新媒体改变了传统单一的信息发布模式，不再是单向输出，如今在新媒体技术的促使下，每个受众都可以借助微信、微博等社交平台，随时随地发布信息，直接与企业品牌方沟通互动，从而达到品牌传播或销售的目的，与受众进行互动，使受众反馈之间的问题得到解决，传、受双方不再固定，而是可以随时进行角色置换。

传播内容个性化：新媒体实现了信息传播与收阅的个人化。新媒体提供的个性化信息服务，令信息的传播者针对不同的受众提供个性化服务。所以，新媒体的时代是一个"受众个性化"的时代，传统媒体中具有"被动接受信息"的受众转变为主动寻找和制作信息的用户，这是一个基于用户个人建立起来的双向交流的系统。

传播形式更具融合性：新媒体在信息的传播方面，打破了传统媒体单一的信息呈现形式，综合了传统三大媒体的手段，在一个平台上实现了点对点、点对面、面对面的同时传播。从而实现了受众在读者、听众、观众之间的融合。

发布成本低：传统媒体广告成本动辄几十上百万，而随着新媒体的兴起，企业的广告信息发布成本逐步降低，并不断将品牌推广预算转移到新媒体上．据最新数据监测，传统媒体的增长速度已经降低并且呈负增长，而新媒体特别是互联网媒体增长数越来越高。

新媒体的出现改变了大众传播原先作为大范围、单向、中央－边缘传输或分布的方式，电子媒介超越了由物质环境所支撑的情境的界定和定义。引进和广泛地使用一种新的传播媒介，可以重新建构一系列情境，改变人们的生活和思想，并要求产生一系列新的社会行为和经济行为。

1.5.4 新媒体时代全新的营销方式

短视频不仅是一种实时互动社交的模式，更是一种全新的娱乐营销方式。不仅个人可以通过短视频来娱乐、推广自己，成为明星、红人，而且其对于企业而言，更是一种全新的娱乐营销方式，可以以此来个性化推销自己的产品。

如今，人们的消费方式已经由刚需转变为更多的软性需求，尤其是娱乐消费。面对这种娱乐消费状况，企业也必须塑造出一种适合自身的娱乐营销方式，而直播就是一种非常高效的娱乐营销方式。事实证明，这种"娱乐＋视频"的营销组合方式正是未来企业所需要的，也会越来越被用户接受。

1.5.5 媒介已经进入了"短视频"时代

影视行业的发展离不开用户，短视频通过短平快的传播特点，在影视行业与用户之间扮演"媒介"的角色。

短视频就是创造 IP、创造流量、创造用户依赖性的最好形式，短视频是继图文之后快速吸粉、快速吸引流量的产品形式，大家通过短视频吸引固定的人群，从流量思维转变成人群思维。

碎片化娱乐时代为用户带来了短视频，短视频也为传统影视带来了更多可能性。

《嗨唱转起来》运用了短视频与传统综艺节目相结合的模式，成功地将短视频因素引入其中，以网红加艺人歌手的组合方式，将小屏幕的个人狂欢升级到大荧幕的集体派对，打造了贴合时代性的大型解压现场，实现了全民互动的目的。该节目在全国网城域综艺收视稳坐省级卫视第一，连续十一周登上周五黄金档收视冠军宝座，全网热搜 40 多次，多次登上话题榜主榜，主话题视频播放量超 8 亿次。《嗨唱转起来》将短视频的优势发挥得淋漓尽致，也给综艺节目带来了新的突破。

作为用户群体重叠度极高的两种娱乐载体，短视频与综艺的结合在当下是一种趋势。综艺可以借助短视频的优势，开发出更多的娱乐创意形式，同时也为短视频带来了更多的曝光率。

短视频为影视导演创作提供了平台和机遇。

影视演员、编剧、导演韩兆活跃于短视频平台，粉丝数高达1700多万，他创作的搞笑短视频最高播放量将近3000万。作为演员他几乎很少出现在大众视野中，近几年也鲜有热门影视作品，但在短视频平台却做得风生水起。

影视行业不管在资金方面还是创作环境来说，一部作品要花费巨大的人力、物力和财力。导演或创作者如何界定创作主题是否符合大众审美？最直接、最简单的方式就是用短视频试水。短视频能够以小见大，通过受欢迎程度可以确定大部分人群的主流价值观。

"短视频"时代打破了创作者的界限。

"李家有女，人称子柒"。李子柒被《中国新闻周刊》评选为2019年度文化传播人物。

"她把中国人传统而本真的生活方式呈现出来，让现代都市人找到一种心灵的归属感，也让世界理解了一种生活着的中国文化。"李子柒的短视频题材源于中国乡村生活，以中华民族美食文化为主线，使诸多非物质文化遗产项目进入大众视野，也吸引了众多国外粉丝。

短视频诞生之初就模糊了创作者的界限，打通了自上而下的传播途径，鼓励用户成为内容创作者。过去我们更关注专业人士拍出来的作品，而现在每个人都可以创作短视频，没有了身份及技术上的限制，使创作更加灵活自由。

相煎何太急的"恨"。

影视行业已进入寒冬期，所谓的"寒"是行业洗牌的过程，对影视行业有一定的影响，但是也冷却了一些现象。优胜劣汰是不变的法则，无论是影视作品还是演员，自然也逃脱不了被淘汰的事实，流量为王的时代已经过去，一切用作品说话。

短视频影视作品时长短、剧情紧凑、接地气，一旦观众形成观看习惯，再面对空洞臃肿的传统影视内容，就会食之如鸡肋，弃之如敝屣。当然，短视频影视作品质量也有待提高，需要更加专业化、差异化及精品化。

全网首部竖屏短视频《生活对我下手了》，该片每集 34 分钟，通过"单元"形式呈现，以 48 个截然不同、令人捧腹的故事展开剧情，打开了短视频影视的大门。

面对影视剧中拖沓的"注水"作品将更难生存下去，但是也帮助了影视行业回归内容为主的状态，也是互相促进的关系。

短视频与影视是两种不同形式的创作，短视频无法撼动优质电影、电视剧、综艺等传统形态影视作品的主流地位，影视行业也不能阻止短视频的发展。

合作如兰扬扬其香。采而佩之，共赢四方。

通过短视频对影视作品进行再创作，延伸了作品本身的价值，也给短视频带来了流量。

新媒体从诞生那天起，和文案就脱不开干系。在新媒体时代，商品视频文案又发生了哪些变化？

1.5.6　文案的发展历程

汉语"文案"一词，是指古代官衙中掌管档案、负责起草文书的幕友，也指官署中的公文、书信等；在现代，文案的称呼主要用在商业领域，其意义与中国古代所说的文案是有区别的。

在中国古代，文案亦作"文按"，公文案卷。《北堂书钞》卷六八引《汉杂事》："先是公府掾多不视事，但以文案为务。"《晋书·桓温传》："机务不可停废，常行文按宜为限日。"唐戴叔伦《答崔载华》诗："文案日成堆，愁眉拽不开。"《资治通鉴·晋孝武帝太元十四年》："诸曹皆得良吏以掌文按。"《花月痕》第五一回："荷生觉得自己是替他掌文案。"

现代文案的概念：

文案来源于广告行业，是"广告文案"的简称，由 copy writer 翻译而来。多指以语词进行广告信息内容表现的形式，有广义和狭义之分，广义的广告文案包括标题、正文、口号的撰写和对广告形象的选择搭配；狭义的广告文案包括标题、正文、口号的撰写。

在中国，"文案"的概念常常被错误引用和理解。最典型的就是把文案等同于"策划"，其实这是两种差别很大，有着本质区别的工作。只是由于文案人员常常需要和策划人员、设计人员配合工作，且策划人员也需要撰写一些方案，这使得很多人误认为文案和策划就是一回事，甚至常常把策划与文案的工作混淆在一起（这也和发源于中国的"策划学"发展不够成熟有关）。

很多企业中，都有了专职的文案人员，只有当需要搞一些大型推广活动、做商业策划案、写可行性分析报告等需求量大的项目时，才需要对外寻求合作。以往一般企业都会找广告、文化传媒等公司合作。这些公司一般都有专业的文案、设计团队，经验也相对丰富，但因为业务量大，范围广泛，在针对性方面会较为薄弱。随着社会经济不断发展，对专业文案的要求更加严格，逐渐衍生了一些专注于文字服务的文案策划公司。这类企业发展速度很快，大多数都是从工作室形式转型而来，也有从文化传播机构独立出来的。

随着中国广告业的迅猛发展，广告公司的经营范围、操作流程、工作方式都在变化，文案的角色由无闻转为配角，现正昂首阔步走向台面，成为主角，从前一则广告多是由设计出计划，再配图之后，文案轮为完稿，一则广告的计划多是由文案与美工共同完成，然后各自分工。好的文案往往愿意扎堆，从全国形势来看，这股潜规则正逐渐由华南广告重镇广州向华东中心上海转移。

文案的分类

从现有的文案分类有很多种，按照 4A 标准，一般有四类：助理文案（ACW）、文案（CW）、高级文案（SCW）、资深文案（SCW），其中稍微要区别的是高级文案与资深文案，前者要求的是文案的撰写能力，而后者不仅仅是文案的撰写能力还包括做文案的年资。有些 4A 公司设有文案主任（CE）一职，大体上与文案职责类似，有时候负责专项。另外有些个别公司还配有首席文案的职位（CCW），文案功力凤毛麟角，虽不具领导才能，但有的首席文案拿的工资却比创意总监还要高。大部分国内广告公司文案的种类繁杂，有房地产文案、创意文案、企划文案、品牌文案等。

文案是由标题、副标题、广告正文、广告口号组成的。它是广告内容的文字化表现。在广告设计中，文案与图案图形同等重要，图形具有前期的冲击力，广告文案具有较深的影响力。

广告标题：它是广告文案的主题，往往也是广告内容的诉求重点。它的作用在于吸引人们对广告的注目，留下印象，引起人们对广告的兴趣。只有当受众对标语产生兴趣时，才会阅读正文。广告标语的设计形式有：情报式、问答式、祈使式、新闻式、口号式、暗示式、提醒式等。广告标语撰写时要语言简明扼要，易懂易记，传递清楚，新颖个性，句子中的文字数量一般掌握在 12 个字以内为宜。

广告副标题：它是广告方案的补充部分，有一个点睛的作用。主要表现在对标题的补充及让人感觉，前面的不懂，在这里全部让人了解。

广告正文：广告正文是指广告文案中处于主体地位的语言文字部分。其主要功能是，展开解释或说明广告主题，将在广告标题中引出的广告信息进行较详细的介绍，对目标消费者展开细部诉求。广告正文是对产品及服务，以客观的事实、具体的说明，来增加消费者的了解与认识，以理服人。广告正文撰写使内容要实事求是，通俗易懂。不论采用何种题材式样，都要抓住主要的信息来叙述，言简易明。

1.5.7　广告正文的写作结构

一体结构

广告正文的结构按照广告信息的内在关联性，将所有的广告信息都组合成一个完整的整体，并用一个相对独立、完整的段落或多个段落形成的写作结构。一体结构广告正文一般由正文的开头、中间段和结尾三部分构成。开头的主要使命是将人们的阅读和接收由标题转向正文的中间段。正文开头须引人入胜，需要花大气力选择由哪个角度入手，将什么信息首先传达出来。开头有两种方式：承接标题、总括全文。承接标题又有两种方法：直接承接和为标题释疑。直接承接是在开头就所承接的标题中提出的消费利益点、购买理由或观点观念，进行开门见山的阐述。

分体结构

分体结构指的是广告信息在广告正文中得到并列表达的结构形式。其表现或是一些并列的句子或是格式形式中的分列表现，或由并列的小标题所统领的多个小正文组成。主要表现形式是分列式、格式式以及运用分体结构的长文案。

广告口号：口号是战略性的语言，目的是经过反复和相同的表现，以便名域其他企业精神的不同，使消费者掌握商品或服务的个性。这以成为推广商品不可或缺的要素。广告口号常有的形式：联想式、比喻式、许诺式、推理式、赞扬式、命令式。广告口号的撰写要注意简洁明了、语言明确、独创有趣、便于记忆、易读上口。

所谓广告文案是以语词进行广告信息内容表现的形式。广告文案有广义和狭义之分，广义的广告文案就是指通过广告语言、形象和其他因素，对既定的广告主题、广告创意所进行的具体表现。狭义的广告文案则指表现广告信息的言语与文字构成。广义的广告文案包括标题、正文、口号的撰写和对广告形象的选择搭配；狭义的广告文案包括标题、正文、口号的撰写。

相对于传统媒体来讲，新媒体传播的过程中，最大的变化应该是由原来传播集团对大众进行集体传播，转变为现在的根据受众的自身需求，分别进行传播，颇有私人定制的意味，这一正体现了新媒体个性化的特点。在以往的传受关系中，传者处于主导地位，而在当今新媒体高速发展的时代，受众的主体性得到了大幅度的强化和巩固。因此，依靠传统的暴力推广的方式是行不通的，只有用心并且富有情感的文案，才能让受众埋单。

现阶段，受众依靠新媒体平台来满足自身多元化的娱乐需求和生活需求是生活中不可或缺的一部分，因此，新媒体的变革源自人们对多元化生活方式的需求。新媒体变革给人们生活带来的影响不仅体现在购物、社交方面，更体现于人们阅读方式的转变。阅读习惯的改变致使当今人们的文本接收能力和阅读兴趣都在不断地下降和弱化，因此在进行文案写作时还应该注重抓住人们阅读习惯转变的特征，抓住当今社会"快餐式阅读"的特点，确定营销文案的写作基调。

除此之外，我们也可以发现，目前"标题党"的兴起在实质上也是抓住了人们"快餐式阅读"和"碎片化阅读"的习惯。但是这样的方式始终被受众所厌恶，不得以发展，因此想要对营销文案的写作发展方向进行研究，就需要对当今不同写作风格的营销广告进行分类研究和深度挖掘。

现如今，新媒体文案的特点。

(1) 互联网网感强，有趣味性。

在适应自身品牌的风格特点的情况下，增添了趣味性。比如，对于鸡汤类视频文案，就要善于抓住受众的痛点，这种文章就要脑洞大开。然而，增加趣味性也不是恶搞段子，而是根据不同类型的文章，用心去在不同方面入手，让受众有会心一笑的感觉。毕竟，我们每一个人在选择内容时无一例外是为了让自己开心、快乐，尽管我们每个人感兴趣的东西不同，笑点也不相同，但是，为了快乐而浏览短视频这一初衷是不会变化的，毕竟没有人会拒绝快乐，拒绝自己喜欢的事物。

（2）短小精悍，内容直观，切忌冗长。

人们的时间大多碎片化，用在信息浏览上的时间并不算多，并且，信息时代的我们所面对的信息库巨大无比。因此，如何让用户在短时间内获取更多有价值的信息，就十分重要。在保证可读性、趣味性的同时缩短篇幅，让核心内容一目了然。短视频作为内容运营的新宠儿，内容量更丰富、传达更直观、元素更多样，视觉动效配合文案的传播，效果更好。

（3）时效性强，切合当下热点。

追热点已经成为新媒体运营人的必修课。优质的新媒体文案切合当下热点，热点就是流量。我们不难发现，每次出现热点新闻时，就会出现很多与热点相关的短视频，并且配备文案。这是大势所趋，想要自己的视频火爆，就要善于利用当下的热点。学会寻找热点消息与自身品牌的契合点！

很洗脑。

前一阵爆火的郭老师，就凭一句极具特色的"猕猴桃～"，引得大家竞相模仿，洗脑的声音持续很久不能消失。高能的金句也许会成为这个媒体平台的招牌。从"窝窝头一块钱4个"到"妈妈我想吃烤山药"的洗脑文案，并不在于文笔有多好，而是在于接地气。这些例子都可以看出，视频文案的个性，洗脑。

看过《奇葩说》的我们都知道，七年婚约的那场辩论中，马薇薇的金句让全场沸腾：

所有矢志不渝的爱情，都是因为死得太早。

《三日不购物，便觉灵魂可憎》

手为了袖子而存在，

脚为了鞋子而存在，

空间为了家具而存在，

身体为了衣服而存在,

三日不购衣,便觉面目可憎;

三日不购物,便觉灵魂可憎。

在谈论华文广告时,不能不提到许舜英,她是意识形态广告公司的总经理、执行创意总监,她的广告风格具有强烈的个人色彩,被称为"意识形态风格"。她的文案总是显得与众不同,她不会去讨好大众,而是会直接告诉人们"你们需要的是这个"。正如这篇《三日不购物,便觉灵魂可憎》一样,她宣示了一种生活态度,引导大众建立一种新型的购物理念。

2 文案标题怎么取

2.1 为什么要取一个合适的标题

怎样看一个人好看不好看，第一时间就是看他的脸，而一个人的脸最重要的就是他的眼睛，眼镜是心灵的窗户。标题就像是通往文案的大门，当消费者阅读一篇文案时，首先看到的就是文案的标题。因此标题是文案工作中的重中之重，是文案创意的精华部分。而标题有没有吸引力，能不能抓住受众的眼球就显得十分重要了。尤其现在自媒体行业发展如此迅速，短视频制作人也越来越多，如果标题没有吸引力，无论多厉害的文案写手，或者产品多接触，广告就无法成功。

可能有人认为，内容为王的时代，优质的文章就是最大的资本，标题写一个差不多就可以了，实力带领自己脱颖而出。这就是大错特错了。

这种现象我们在日常生活当中随处可见，就比如在电影界当中就有很多被名字耽误的好电影。

《闻香识女人》这是一部奥斯卡挽救的好电影，这部电影的片名无论是中文译名还是英文原名，都与故事真正想表达的主题相去甚远。没看该片之前很多人会以为这是一部风流倜傥的男主角纵横情场的猎艳故事，而差点错过这部好电影。

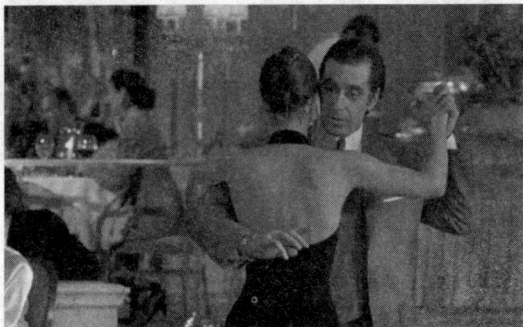

再比如，做一个 EDM 推广，受众本来是很讨厌收到这样的营销邮件的，但若标题能让对方眼前一亮，吸引他打开来看看，那就有更多的机会了。我们说内容为王是没有错的，但取一个完全没有打开欲望的标题，有多少人会打开来看看？写得再好都没用，除非，自己本身有很大的粉丝基数，并且他们经常关注。

标题有哪些形式

一、常规标题（朴实的写法，总结文章大意，常用写法）

如：

1. 我的 2014 上半年总结

2. 广乐高速 9 月底通车可替代京珠高速通行

3. 东莞规定：出租车不打表将停岗一个月

此类标题平平无奇，比较追求客观公正，能让读者猜出文章大意，不哗众取宠，用以陈述事实，适合普通人使用。

二、数字型标题（用总结性数字唬人，能激起强烈的点击欲望）

借用数据说话，带数字的短视频标题文案具有逻辑清晰的特点。用户能够轻松理解内容要点，使阅读更有效率。

如：

1. 能快速捕获女人芳心的 10 个细节

2. 36 条人生金律，看到第 12 条毫不犹豫地转了……

3. 语文老师为大家准备的 10 篇优秀作文，我后悔这么晚才看到

4. 让你减肥的十大秘诀

数字表达更具体，形象生动，容易激发读者兴趣。引用数据会使得你的内容更有说服力，更容易获得大家的理解和认可。

下面再分享一个例子，让大家更加清楚地了解如何利用数字来取短视频标题文案。

这是一个典型的因果＋数字句式的标题。根据人们对于 PR 剪辑中常常遇到的问题开头提问，然后马上利用数字直截了当地告诉用户这里有 4 个方法可以帮你解决。

指向明确，内容清晰，用户很愿意花一些时间去看完这个视频学这个知识。

此种类型的标题，相信大家都看到过，文章既简单明了地表达了文章的内容，同时让用户对这十大秘诀感兴趣。用户一般对这种什么十大、八大这种排行榜性质的词汇具有兴趣，因为人天生对数字敏感，尤其是总结性的数字 QQ 空间、微博、朋友圈里面早就泛滥了。

三、疑问型标题（提出一个不符合常理或很多人会遇到的问题，引人好奇打开）

问句类型的短视频标题文案往往能够激起用户强烈的好奇心，引导效果比感叹句更好。

如：

1. 太疯狂：一个班级 50 人，30 人上清华，为什么？

2. 前男友死缠烂打纠缠不清怎么办？

3. 难道爱情和蛋糕不可兼得吗？

4. 减肥老是反复，怎么办？怎么办怎么办？

再比如美妆达人一支楠楠在 2 月 9 日发布的"眼霜怎么涂？"这个视频中，它的短视频标题就采用了问句形式。

开头以一句"在吗?"象征意义的一声招呼迅速拉近了和用户之间的距离。

然后配合视频的开头"回答我"，用户肯定会思考她打招呼是为了干什么？又让我回答什么呢？

后面马上紧跟想要表达的重点内容，价值 20W 的眼部护理手法需要否？再次利用疑问句吸引用户眼球，直截了当的表达主题。

价值 20W 的眼部护理手法你要还是不要，你不要就是一种损失，利用人们的厌恶损失的心理，吸引用户继续浏览视频后面的内容。

疑问型标题很好用，当你提出一个疑问标题的时候，来看的有两种人，一种是正好遇到这种问题的，另一种是好奇点进来的，如果问题特别离奇，那恭喜你，会有非常大的点击量。如果你试图营销某一群体，那就不断收集那个群体会遇到的问题，再不断提问，提问之后，给出解决方案，如上面第四个例子就是针对性的疑问标题。

四、吹牛型标题（通过吹牛夸大的方法引人关注，必须标新立异，牛皮吹上天）

如：

1. 新手入淘 3 个月，月流水 10 万，我是这样做到的

2. 微信朋友圈营销，我从 0 开始到月盈利 5 万

此类标题，相信大家都见多了，真是人有多"大胆"，地有多"大产"，就怕不敢吹，反正我是不怎么喜欢这种标题的，但也改不了这种标题很多人点击的事实，一般要忽悠人的时候就用这样的标题。

点击的人大多是抱着这样的心理的：不看？要是他说的是真的怎么办？我不是白白错过一个绝好的机会？你赔我啊！

五、特定群体型标题（标题点名特定的群体，叫他们来看）

如：

1. 淘宝卖家，如果你还在干这些事，就离关店不远了

2. 非主流女，出来，姐和你们聊聊

3. 处女座的 12 个特征，你中枪了吗？

此类标题，是用来营销特定群体的，但波及的范围却很广，能引来一大堆凑热闹的人，技巧是总结某个群体的普遍特征，最好是那些模棱两可的特征，效果就特别好了。

六、沾光型标题（效果类似于搂着名人拍照片）

如：

1. 我向马云讨教三个问题（PS：马云不认识我，也不会回答的）

2. 横店偶遇范冰冰，她说要和我合影（事实是我缠着范冰冰要合影）

3. 林志颖不老的秘密（不用看也知道这个秘密肯定跟我或我卖的产品有关系）

我们牛不牛，看身边的朋友牛不牛，看接触到的人牛不牛，

这种标题一次性解决了两个问题：名人的粉丝会来看这种类型的文章；旁敲侧击说自己有点牛。

七、颠覆型标题（颠覆常识、前后剧情反转、奇谈怪论、揭露黑幕等等）

如：

1. 这个时代"寒门在难处贵子"，也许不服，不干。想改变好比石头砸天。（这个是去年一个天涯热帖的标题，否定寒门出贵子这一期望，常识）

2. 3年后，我一起摆摊的小伙伴都有了几百万的资产，我才幡然悔悟（这是一位订阅组朋友的标题，摆地摊也能百万资产？）

3. 信用卡用着爽？揭露你不知道的7个陷阱

4. 感冒药没用，吃不吃都是一个星期好

如果哲理是发现生活中的真理的话，颠覆则是否定生活中那些约定俗成的所谓"真理"。做好颠覆式标题，要随时对生活中的"真理"保持警惕，不妨随时追问一句"为什么？""是这样吗？"有些"真理"是经不起追问的，往深一追，原来并非如此嘛！这时，标题差不多也就出来了。每个人的人性中，都有同情受压迫者的天性。我们陶醉于一个人克服巨大困难，战胜周围人的揶揄最终取得胜利的故事。就好像很多人喜欢看周星驰的电影一样，人们总喜欢有戏剧性的情节！此类标题的效果是非常好的，常见于天涯论坛，因为颠覆了"正常"的认知，会引起别人的很大好奇心，不过缺点也非常明显，等于是攻击了一群思维固化的人或特定利益群体，会惹非议，心理强大的人适合使用。

再例如：我不讨好世界，我只讨好自己

失败是成功之母，这种屁话你也信？

对不起，我没有时间讨厌你

在什么年纪就做什么事？我偏不！

别人吃是为了活着，我活着是为了吃

以前我劝你们努力，今天我劝你们放弃

七夕，我在民政局排队离婚

有钱就可以为所欲为？马云说，是的！

八、个性标题（展现个人风格的）

如：

1. 我，今年 33 岁

2. 咦，木春这臭小子

3. 穿上了皇帝的新衣，果然漂亮

4. 傲慢与偏见

5. 面包和爱情

此类标题仅仅适合在自己的地盘上使用，如在自己的 QQ 空间、微博、公众号，在不需要哗众取宠的时候，用这些标题是最好的。

九、热门关键词

热点事件相关的词会增加短视频内容曝光的概率，这也就是大家常说的"蹭热点""借势营销"。

比如大家都在关注的复仇者联盟的内容，你的内容选题与此相关的话，就尽量要给视频的标题增加相关的词，让大家看到。

当然，标题和内容必须相关，不能标题是关于绿巨人的，结果内容上绿巨人只是一笔带过。

十、提出价值

在内容为王的时代，爆款短视频不再局限于某一个爆点带来的持续效应。而是朝着打造更有价值内容的方向发展。

通过视频用户能够得到什么利益？如果你的视频不能满足观众相应的需求或者利益点，那么用户没看完就会马上划走。

针对一点，大家可以在短视频标题文案中给出承诺，直接点明这个作品能为用户带来什么价值。

例如这个视频的标题非常直截了当地给出利益关系，通过"壁纸、iPhone用户拿去"的关键词，吸引具有需求的用户来观看视频。

关于短视频价值利益点的提取，需要根据短视频账号定位的用户人群出发，分析用户的特征，提炼用户的痛点需求。

目前很多运营者不能针对性地提出有效的价值，就是因为本身的账号定位不清晰，不知道要为什么用户解决什么需求。

针对这种情况，抖商公社根据大量的账号实操，总结了一套账号四级定位表。

通过这个方法，你不仅可以很清楚地找到自己的定位，还可以帮你更好地利用这个方法设短视频标题文案。

十一、引发思考/争议

争议性的观点是在对现有认知进行的一些挑战；或者是对这个社会上普遍存在分歧意见的一些内容进行讨论。

像这类短视频标题文案很容易就引发争议双方的讨论，吸引大量用户注意力。

但是，这种方法的使用场景有一定的局限性，只能在有确实存在争议的内容上使用。

也十分有利于账号后续的发展。

像这样的例子还有很多：

在程序员的世界中，讨论代码缩进使用空格还是 Tab 键会引发讨论；豆腐脑加糖还是加酱油或者加辣椒的好吃？讨论粽子是甜的好还是咸的好……

十二、抓住用户心理

在这个信息爆炸、内容同质化严重的时代，利用人性的特点，抓住用户心理，可以帮你很好地提高作品的打开率。

当然，人性的特点有很多，究竟我们如何才能更好地利用这种方法呢？可可老师为大家分享了 4 个最常见也是最容易利用的特点。

1. 恐惧

人们的恐惧来源于对未知事物的不确定性。运用于短视频标题文案中，可以先为用户设计一个情景。

比如，设计的情景就是在"荒野求生"中失踪，再配合封面"怪兽出没"，很容易就让用户产生联想，想要继续浏览下去。

2. 与我相关

这个方法也被称作角色代入，或者给用户贴标签。在短视频标题文案中直接锁定目标人群，引起目标用户的共鸣。

比如早前的"佛系青年""社会人"等内容，在标题中体现，就会让用户知道这个内容是与我相关的。

3. 好奇心

想知道一些新奇、有趣的东西是人的本性。比如大家都在讨论区块链、人工智能、量子论、海洋危险生物等等。

但是真的完全搞明白的人并不多，那么从这一点出发，满足大家的好奇心，很快就会受到关注。

4. 本能

在《礼记·礼运》中提到这样一句话："饮食男女，人之大欲存焉。"这句话是说人有两个基本的欲望，一个是食，一个是性。

网站就是站长的命根，而网站的核心就是网站内容，俗话说，外联为王，内容为皇，内容就是网站重中之重，而文章的标题更是吸引流量的关键，作者罗伯特布莱说：一般情况下，读标题的人数比读内容的人多出4倍。那么什么样的标题才能吸引更多的访客呢？

好标题从何而来

写文章都想用好标题，但好标题不像龙头里的自来水，想什么时候有就什么时候有，好标题需要用心磨。

（一）勤记。做笔记是拟好标题的基本功，勤记要做到"三多"：一要多看书。如微信公众号：写材料宝库就时常刊发一些优质标题金句等素材，记录琢磨定有所提高。或有很多报刊的文章都有新思想、新观点，把这些收集记录下来，对提炼好标题很有帮助。做笔记要讲究方法，不仅要记好标题，还可以找文中比较新颖的句子，这些句子改造以后也能成为好标题。二要多留心。比如公共场所的文化栏、商家的宣传单、电视上的广告片，里面的内容大都经过精雕细琢，一些语句和观点很值得我们吸收利用。三要多观察。现在网络资讯发达，打开手机，经常会收到一些网络"段子"，乍一看觉得可笑，仔细想很有道理。只要多用心观察，多收集整理，拟标题也就不必太担心落入俗套。

（二）善思。善思要先做到"三思"：一是围绕主题来思考。

对文章的主题思想、重点内容、结构层次等要全面把握，特别是对文章每个部分具体写什么内容一定要心中有数。二是翻看笔记来思考。可以分文章类型看，看同类型文章的标题是否可以借鉴；也可以分标题类型看，看哪些标题类型是适用的；还可以分标题格式看，看哪些语句格式可以借用。三是捕捉灵感来思考。有时候，看到一个事物就会联想到一件事情，听别人说了一句话脑海里就会闪现几句精美语言，这时候就要抓住不放、联系思考，说不定不经意间就能找到理想的标题。

（三）多练。在具体实践中，要做到"三分两看一不怕"。

"三分"：一是分析规律。对常用的公文要认真学习总结，掌握这些文章标题的一般规律，避免拟出的标题不对路。二是分列方案。在写文章时，不妨先列出几个标题方案，再进行挑选、碰撞、推敲、深化。三是分类比对。写完一篇文章以后，可以跟一些相似类型的好文章进行比对，分析它们的标题好在哪里，采用了哪些切入点、关键词。

"两看"：一看脱不脱靶。看标题是否紧扣主题、围绕主题、呼应主题，不能"为标题而标题"，出现"剑走偏锋""帽子底下盖不到人"的问题，否则再漂亮的标题也没有意义。二看准不准确。标题的用字用词要力求准确，不能生搬硬套。一串押韵、对仗的标题当然抓眼，但为了标题工整，想方设法换词改词，甚至生造"新词"，看上去很美，却经不起推敲。

"一不怕"：就是不怕外扬"家丑"。有时候拟出一副标题，心里没底，那就可以主动和同事一起讨论，请老师给予指导，经过思想的碰撞、观点的交流，也许他们的一个词、一句话、一条线索，就能让你敞开思路、打开视野，拟出好标题也就水到渠成。

避免走入"标题党"的误区

什么是"标题党?"

说起"标题党",总能想到当下网络中一句流行语:自古深情留不住,偏偏套路得人心。"标题党"就是一种套路,许多人纷纷入套。

百度百科指出,所谓"标题党",是互联网上利用各种颇具创意的标题吸引网友眼球,以达到各种目的一小部分网站管理者和网民的总称。其主要行为简而言之即发帖的标题严重夸张,帖子内容通常与标题完全无关或联系不大。

Facebook 产品运营副总裁 Adam Mosseri 称:"我们希望媒体机构能够多发布人们关心的内容,我们认为大家关心的头条是那些更为直接的。"此外,她还给出了几个"标题党"的例子,"狗对着快递员狂吠,快递员的反应让人笑尿了","她在沙发底下看到这个⋯⋯我当时就震惊了!",这类标题是典型的"标题党"。

蓝鲸传媒 2016 年 8 月 8 日文:近日,Facebook 公司在对外发布的一份声明中透露,他们计划处理数万个""标题党""内容。该声明还显示,Facebook 公司将根据用户点击标题后阅读文章内容的时间对文章进行评级,对于阅读时间较少的文章会进行降级处理。

同时用户也从来都不是傻瓜,你可以利用标题欺骗一次两次,然后你的自媒体账号也就可以放弃了。我们鄙视"标题党"行为,虽然你骗到了点击量,但这是一个恶性循环,没有给观众带来实质性的收获,那么你的自媒体之路只会越走越窄,然后掉下深渊。

2.2　什么样的标题更吸引人

给同样一篇文章取名称，用两种不同的表述方式，可能会产生完全不同的效果。

比如：《每天学点时间整理术》

经过精心处理的公众号标题：《时间都去哪儿了？高效能人是这样整理自己的时间！》

对比之下，第一条文案的表述风格更加古朴，通常被编辑们用作图书名，面向的群体是爱读书的人，他们也是纸质书籍的主要购买人群；而第二条文案的表述风格更加活泼，面向的群体是手机应用的使用者，因此通常被自媒体人员用作各种视频文案的标题。

同样是改善便秘产品的两则软文广告，一则标题是"不要让屁股长在马桶上"，另外一则标题是："解决便秘请用某某"。不可否认，第一个标题能抓住更多的消费群体。

在自媒体盛行的时期，很明显第一种显得呆板无趣，而第二种标题则和受众有一定的互动，并且会更吸引受众。

好的标题有以下四种特质：

（1）吸引读者注意力

无论你的文案内容多有说服力，或者产品有多杰出，如果标题无法吸引消费者的注意力，广告就无法成功。因此我们要从最开始就把受众的目光吸引过来。

（2）满足读者需求

我们去商店买东西或者在网上购物，目的就是买到自己想要的或者目前需要的商品，而标题也要让受众知道，他们看了这个视频对自己有什么好处？

如果没有好处，别人为什么要花时间精力去看你的视频？明白了受众的需求，关照消费者的自身利益，我们在起标题时心里就更加清楚自己该从这方面入手。

（3）提供有价值的新信息

人都有猎奇心理，喜欢未知的神秘事物或者新信息，如果你的标题没有特色，千篇一律，内容随处可见，那受众也没有必要打开你的视频。

每个人都喜欢可以给自己带来新信息的内容，包括我们自己平时浏览网页时，哪些信息可以吸引你的注意力？一定是可以给你提供价值，提供新内容的信息。

直击人心的五种标题形式

（1）有人有好处谁都喜欢在标题中就直接指明，你的利益点这里的。

好处不是光只给食物而是让用户有占便宜的感觉，我来举个例子比如点赞到 1000 我找对面的小哥哥要电话号码。或者如果播放量超过 100 万我就真人直播等等。在这里我给大家提供的是一种思路，不是所有的作品都是这种理由。人们总是对新鲜的人、新鲜的事物感兴趣。这是人之常情，你要学会把握住这个特征制造出具有价值的标题。往往引发巨大的轰动，在这里我给大家提供一些新闻标题常用的词语。比如遥遥领先国外再比如 5G 技术惊现上海等。

人是有感情的动物，无论是亲情友情还是爱情。我们无时无刻被情所包围，所以借助这个特性可以根据内容在标题，抓住一个情字，以情来打动读者。因为标题的时候你一定要融入自己的情感。比如这个人跟了我五年，我们没车没房，我一定要让她过上好的日子。再比如兄弟和女朋友分手，喝多之后现在一个外面哭等等。

人从小到大我们就喜欢听故事。尤其让人感动的故事，让我们记忆尤为深刻。如果你的内容有故事，那就可以用故事性标题来吸引点击。比如两年不见狗狗第一眼见到主人就泪奔了或者老夫妻的梦想这辈子要在沙漠种一万亩白杨树。

《人民的名义》当年收视率火爆，为什么这部电视剧会吸引众人关注，很大程度是因为一个接一个扣人心弦的剧情，因为你总猜不出下一个剧情会走向何方，写标题也是如此要学会埋伏笔让粉丝给予了解真相此类标题，应具备趣味性、启发性和制造悬念的特点，并能引发用户的讨论。比如曾经身家百万是什么让她流落街头或者马云是如何从一无所有到建立千亿商业帝国的隐秘，迷人和悬疑一样大家最喜欢听，到各种真相。

人类的求知本能让大家更喜欢探索未知的秘密于是揭秘。标题往往更能引发关注，如果大家有关注科幻类的抖音后，你就会发现它们的标题通常有秘诀，真相背后绝招等等这些关键词。如果你是做健身的标题，可以去一个月瘦身十斤的你，永远都不知道的懒人秘诀。

如果你是做营销类的，你就可以写商家永远都不会说的五个小套路等。这样的标题与显吓人恐吓式标题一般都出现于安全健康类的账号中通过，恐吓的手法吸引读者对视频的观看。比如因为你做了某某坏习惯引发的各种问题，当粉丝看到类似于的标题呢就会引起强烈的点击欲望，而这个坏习惯几乎大部分人都会有能让别人意识到他以前的行为是错误的，产生一种危机感。比如长时间躺在床上玩手机的人容易老年痴呆，这种标题或者让你感兴趣，再换一个父母吃的保健品可能是致命的毒药吧，疑问句视频标题如何让粉丝感觉更亲近，最简单的方法就如美国语打招呼就如中国人见面问候的第一句话"您吃了吗?"显然已对话发问或者直呼其名的方式往往更能吸引住人，甚至可能一些不是你的目标人群，也会因为好奇而关注到你的作品，比如来北京这么长时间了依然没有归属感。再比如喜欢上这个小姐姐我要怎么办，一个好看的视频标题粉丝看完视频后能过目不忘，这个就得于创作者所使用的语言生动幽默诙谐的语言，可以让标题变得更活泼俏皮而恰当的修辞手法和谐音的效果。

可以令粉丝感到，回味无穷甚至愿意帮你主动的转发和传播，比如"钱不钱无所谓我喜欢长得丑的"语意动人的标题是我们经常看到的，特别是在做知识分享类的抖音账号这样的带有鼓动性标题，更为多见但是建议行的标题，还需要下一番苦功夫思考琢磨。在这里建议大家从人们都有着逆反心理，着手你不让他干什么，这样的粉丝往往就想着干什么，比如新手创业一定不要做三件事或者想要减肥你要这样管住嘴和迈开腿。

（2）用恐吓以及疑问解密等方法来思考和撰写视频标题来吸引粉丝的眼睛，这个基本上算是主动出击，有没有不需要费太多脑力就能创造出好的视频标题呢? 当然有下面我就教您如何借助一些人物事情和热点来撰写出诱人的视频标题。与明星有关的任何事情，都是大众所关注的，无论是他们的工作生活或者是他们的兴趣等等。如果你所宣传的事物或者产品能和名人靠上边儿，借着名人的噱头一定会吸引不少粉丝的眼球，就比如像最近很多鸡汤类的账号就是借助马云的名言。这就是明星效应，比如不老男神林志颖的秘密，或者刘德华成功背后的那个女人。在抖音有很多大众熟知的网红，像石榴哥、毛毛姐、七舅老爷、黛博拉等等。他们经常有一些让大众喜欢的段子和故事，你就可以加以利用来吸引大家的关注。

（3）大家要学会抓住社会上的热门事件、热门新闻还有抖音的热搜，并以此为作品标题或者作为切入点，通过大众对热点的关注来引导粉丝对你视频的关注，这里的热点，大到奥运世界杯，小到节假日和风俗习惯等，比如华为成为拥有最多专利的科技公司。在抖音每隔一段时间就会有一些流行词汇或者洗脑神曲的出现，像沙雕"好嗨哟""生僻字"等等。这些都是在抖音中出现频率较高的词汇，在一定程度上也能吸引粉丝的关注。比如谁能跟我 pk 生僻字或者我家的沙雕日常食物，借文化建筑、诗词、成语典故、古汉语谚语、歇后语、行业内专业术语、人名、地名、影视戏曲歌曲等等作为视频的标题以此来提升作品的文化涵养，不但能吸引小众的人群也能够提高作品的内涵。比如"美翻了人间的小桥流水人家"或者"窈窕淑女，君子好逑"。

2.3　取标题的"4U"原则

有个叫"小四川"，把火锅店的广告语定为了"小四川火锅，吃完衣服没味道"，并打算在微信里大力推广。为此，这家店的老板写了很多文章，比如《最美的味道，是欢聚的味道》，《火锅的味道，只应唇齿留香，不应纠缠衣物》，但阅读率都不高，转发就更少了。怎么办？

要解决这个"怎么办"的问题，我们首先要理解这个问题的本质。

我们希望内容被大量转发，但转发的前提是阅读，阅读的前提是打开。在移动互联网时代，读者只有 0.5 秒来决定是否打开一篇文章。这么短的时间里，读者到底靠什么做出决定呢？

没错，那就是文章的"标题"。

10 个读者中，8 个会看标题，但只有 2 个会打开文章。我们希望读者或者购买，或者转发，但前提是，他会打开。这个问题的本质是，读者看到小四川的这些标题，没有强烈的打开欲望。

那怎样的标题，才能激发强烈的打开欲望呢？

文案大师罗伯特·布莱在他的畅销书《文案创作完全手册》里，提出了写标题"4U"原则，你可以把它当成创作标题的心法。

2.3.1　Urgent（急迫感）

急迫感就是给读者一个立即采取行动的理由，也就是说对于利益人们都怕晚得到早失去，充满紧迫感的标题，给人一个立即积极打开的理由。网上曾有这样一个比喻，所谓的紧迫感，是你在大街上，突然内急，却需要到处找卫生间的感觉。如果找不到卫生间，你就要出丑当场了。如此危急时刻，这就是紧迫感。我们说的文案紧迫感，也是如此。借用文案制造出十万火急、千钧一发的感觉。

利用这种紧迫感，逼定用户立即行动，如果不行动即意味着损失。

拿购物举例子，我们在商场逛街时，看到某一款商品限时促销打折。如果你现在不买，它立马就会涨回原价，那我们心里就会很着急，感觉自己不买就会错过这个好机会。这种紧迫感，也是双 11 为什么大家剁手的原因之一。

再比如，我们在买房的时候，当户型都看得差不多的时候，我们的销售就会给我们增加紧迫感，会告诉我们这样的户型已经卖出去很多，而且很快就会卖光，好的位置就没有了，以这样的话术，刺激我们快速购买。

包括标题也是，如果标题带来的信息是：这篇文章有你想要的东西，现在需要立刻打开看。

读者为了满足自身需求就会打开这篇文章，阅读对他有用的内容。

需要注意的是千万不要为了阅读量，故意去写"吸引眼球"的标题，这样很容易踩坑，而且也容易引起读者的反感。

增加文案标题紧迫感的方法有很多种，最有效方式就是在标题中加入数字。数字可以是通过限时、限价、限量等方式，刻意营造出紧迫感。

2.3.2 Unique（独特性）

什么是独特性？独特秘密感能诱发别人的好奇心，简单来说就是别人所没有提到过的内容，新奇独特的标题会引起读者的兴趣。现代商品生产异常发达，同类商品林立，每个生产厂家都要做广告，简单地抄袭和模仿同类商品的广告标题是没有吸引力的。要吸引消费者的注意，形成深刻的印象而过目不忘，就一定要采用新颖独特的广告标题。

有的朋友说，一些热点事件内容都是相同的，那该怎么写啊？

虽然说事件的前因后果是明摆的，但是我们可以从不同的角度切入。同一件事情，娱乐领域的作者可以从娱乐性切入，情感领域的作者可以从情感性切入，提炼不一样的观点。比如，我长这么大没见过这么嚣张的狗。

下面举几个例子。

（1）上海《每周广播电视报告》广告

2700≠观赏电视节目的乐趣

别以为投资 2700 元买来台大彩电就能充分享受电视带给您的乐趣，假如你手头没有一份《每周广播电视报》，就会错过观赏精彩节目的良机。

（2）您关心的是视听

她关心的是您……据统计，上海市有三分之一家庭每天晚上的主要消遣方式是看电视、听广播。当您全家在欣赏广播电视节目时，请记住：《每周广播电视报》在关心着您。

这两个广告标题，别出心裁，不落俗套。第一则广告采用超常式标题："2700 * 观赏电视节目的乐趣，"一下吸引了读者；第二则是情感诉求型广告，标题："她关心的是您……"感情色彩更浓，具有悬念意味，使人不能不去看正文。

（3）Ultra－specific（明确具体）

文章的主题一定要清晰明确，具体化，如果过于模糊，太广泛，读者不能从中得知你要表达什么。

包括机器推荐也是提取关键词，如果你的标题写的范围太大，推荐也不会太好，因此标题必须要具体明确。

文中举了一个例子：在飞机上绝对不能吃的东西。

看到这个标题我们立马就明白了，文章是说在飞机上不能吃的东西，那我们很多人都会乘坐飞机出行，点开文章后就能明白了。具体的数量更容易获得力量，比如马云只用了这三招，就成为首富。

（4）Useful（实际益处）

好的标题会照顾到读者自身的利益，提供实际有用的方法论。

现在很多读者喜欢读干货类的文章，就是因为从文章里，他们可以学到切实有用的技巧或者方法，帮助自己在现实生活中更好地处理问题。实际益处，承诺利益永远都是高点击量的不二法门，比如价值多少钱的餐饮配方免费公开。

2.3.3 如何运用U原则

第一招："目标人群＋问题＋解决方案"。

你的火锅目标人群是谁？直接对他们喊话，点出问题，并给出方案。

试试这么写：

想陪男朋友吃火锅，又怕毛衣上有味道？现在终于有人解决了这个问题！

最担心衣服上有味道的是女孩子，"想陪男朋友吃火锅"是筛选读者，对她们喊话；"怕毛衣上有味道"，是通过画面感，用问题、冲突唤起共鸣；"现在终于有人解决了这个问题！"，是给出解决方案，让读者忍不住打开。

第二招："在XX时间内，得到YY结果"。

在注意力稀缺的今天，人们需要有承诺的利益，而且是马上就能得到的利益，才愿意投入时间，打开阅读一篇文章。

试试这么写：

揭秘：吃一顿火锅，衣服少活半年。如何1分钟不要，1分钱不花，解决这个问题？

"吃一顿火锅，衣服少活半年"是个问题，解决这个问题，是读者希望得到的结果；"1分钟不要，1分钱不花"，是读者需要付出的代价……那就是不需要代价。读者很可能忍不住就点开了。

第三招："热点人物＋独家信息"。

人们都有好奇心，尤其是对大人物。这也是新闻，尤其是八卦新闻有人看的原因。

试试这么写：

被称作火锅界的特斯拉，只因拥有这3样黑科技！

"火锅界的特斯拉"，是蹭大人物，大公司，大热点；"这3样黑科技"，是独特信息，激起读者的好奇心。

2.4　八种基本标题类型

2.4.1　直言式标题

这种是再直接不过的标题类型，简洁明了。这种标题开门见山地进行宣传，不玩文字游戏，隐喻，或者双管。

比如：所有面包打七折。

手机维修培训7折优惠。

20多岁时的生活方式，决定你30岁的打开方式。

2.4.2　暗示式标题

这种标题比较婉转，先勾起读者的好奇心，然后吸引读者阅读文章，解答自己的疑惑。这样的标题可以起到一语双关的效果，读完内文才让读者明白真正的信息。

例如：千万分之一的比例，我们没问题。

1元钱买苹果8，你敢信？（我不信）

2.4.3　新知式标题

这种标题里有读者所不知道的新信息，创造新名词，传递新消息。如：新商品问世、现有商品改良、旧商品的新应用等消息。

例如："第二代袖珍型新款问世"——来自雪佛兰汽车。

小米 9 问世。

2.4.4　如何式标题

一般情况，这类标题的格式是"如何做成一件事"，比如"如何写出让人满意的文章""如何利用假期提升自己的英语成绩"。

这种标题不仅提供了具体的信息、有用的建议，还说明了问题的解决办法。

2.4.5　提问式标题

这种标题在构思时，提问的问题必须跟读者有共鸣，不能是自嗨，要考虑读者会问什么问题，他们想知道什么答案。

例如："我究竟怎么了？"——《预防》健康杂志

毕业三年了，月入应该多少，每年应该给自己一次旅行吗？

2.4.6　命令式标题

这种标题直接告诉读者你该怎么做，标题开头利用明确的动词，要求读者做出行动。

例如："点火烧烧看这张防火材质的优惠券。"——哈梭化学公司

"坚持 60 天，每天学习 2 小时，你就会成为英语达人。"

2.4.7　目标导向式标题

我们经常见这类标题：关于婚姻，你需要了解的三大原则；

想要提升学习成绩，只要掌握这几个技巧。这种就是明确目标群体，提出解决办法，列出清单，引导读者继续往下读。

例如："为什么你应该加入美国航空天空学会的 7 大理由"。

"未来 4 天，一定要买毛皮大衣的 4 个理由"。

2.4.8　见证式标题

这种标题就是从读者的角度出发，利用读者自己的亲身经历和口吻来叙述，增加可信度，拉进跟读者的关系。

例如：数学成绩从不及格到优秀的心路历程。

我穿了 100 双篮球鞋，告诉你耐克好在哪里。

2.5　视频标题文案写作实践方法

2.5.1　三部曲：发现、收藏、模仿

通过上面的讲解，我们知道了什么样的标题是好标题。与此同时播放量高的标题也是好标题，我们应该大量收藏学习，然后建立自己的爆款标题素材库。

收藏后，对优秀标题进行模仿，按照优秀标题的句式和内容进行综合性的借鉴。

注意是模仿，不是直接抄袭。

模仿是人类一切学习的开始，然后才是创新，最后是自己做主。

对于新手来说，在还没有拥有卓越的创作能力时。模仿是最好的方法，不能因为看不起模仿就停止了进步。

模仿的方法？

我们在推广过程中可以采取伪软文的推广技巧。换句话说，

就是要学习那些好的标题，做好修改。当然，这样做的前提是需要意识到什么样的原创是好的标题。

在这里有两个方法：第一，可以从一些软文案例网、博客上去找；第二，在人气比较高的一些论坛专找那种点击量很高的帖子。找到这些好的标题之后，接下来就是学习他们的操作方式然后稍加修改，即在那些热门的原创软文中加入自己视频的信息就可以在其他平台推广了。

2.5.2 数据分析对比

视频发布后，我们要通过推荐量、推荐率、评论量、播放量等数据进行分析。

影响播放量的因素很多，我们可以通过对比测试的方法看看哪个更好。两则相近的标题放在一起，通过传播后看数据，差别就显而易见了。

像可可老师在分享中举到的这个例子一样。第一条的标题是平淡夫妻平淡的真情，羡慕。第二条是爱你的人时刻都注意着你……

同样的内容，为什么第二条视频点赞量更高呢？

这就是观察分析数据的重点——需要找到爆款背后真正的原因。

这两者差别就是在于短视频标题文案的不同。仔细分析，你可以发现，第一条内容只是进行简单的叙事，没有任何吸引力。

而第二条，深挖事件背后的价值，蕴藏了爱的价值，所以让用户产生了更多的共鸣。

2.5.3 挖掘平台特点

拿抖音来讲，抖音从最初的俊男靓女的青春活力小视频，逐渐拓展到抖音摄影技术流派，再拓展到以社交带货能力的原创垂直 IP 视频、知识类的分享视频。

从简单的看帅哥美女的娱乐消遣平台，抖音发展成为一个既能放松又能学习到知识的生态平台型 APP。

作为内容创作者来说，需要跟随平台的发展趋势及时调整策略。永远跟着市场发展方向走，永不掉队。

面对短视频的加速普及，现在已经有越来越多的人抢夺这块蛋糕。越早掌握方法，就能越早顺利入局短视频。

3　商品视频文案写作

宋代禅宗大师青原行思曾用"看山是山，看水是水；看山不是山，看水不是水；看山还是山，看水还是水。"比喻参禅的三重境界，写文案的境界，也与其相似。

第一重：爱好由来落笔难，一诗千改始心安。

想不到清代的大诗人袁枚，也曾有与我这名初窥门径者相似的经历。写作的第一重境界，就是拿起笔来，拔剑四顾心茫然：搜肠刮肚，却找不到墨水；笔下的寥寥数语，反复修改也不得要领。

文章合为时而著，歌诗合为事而作。

如果不曾被生活伤害，道不出人生如逆旅，我亦是行人；如果不曾被生活拥抱，道不出山重水复疑无路，柳暗花明又一村。

从未见识过生活真相的人，提笔无话也不奇怪。

1973 年，女神林青霞和秦汉出演的电影《窗外》不知赚走了多少青春少女的眼泪。这部电影改编自同名长篇小说，也是琼瑶的第一部作品。

文艺创作源于生活，又高于生活。这部小说源自琼瑶的一段真实经历，她读高三时，和一名年长她 25 岁的国文老师产生了感情。

她的崇拜、他的怜惜，为这场不伦之恋披上了一层朦胧的美。

而现实终有一天会到来，琼瑶结束这段感情后，郁郁寡欢，难以排解。于是，就提笔写就了让她一夜成名的《窗外》。

对经历丰富、感情细腻的人来说，写作常常是自然而然发生的。初学写作时，看山是山，看水是水，把自己的感受如实描述，一篇文案就做出来了。

我们缺乏的不是一场惊涛骇浪的人生旅程，而是一颗品味人生百味的心。

世事洞明皆学问，人情练达即文章。不管是否亲历，山水就在那里，从未离开。敲开写作这扇门，进入第一重境界，从看见生活开始。

第二重：为人性僻耽佳句，语不惊人死不休。

诗圣杜甫，道出了写作进入第二重境界时的不易：为人性僻耽佳句，语不惊人死不休。

作文难，作一篇好文案则是难上加难。"佳句"在新媒体行业里，常常被表述为"金句"。

汉语真的很美，金句这个说法多形象啊，金句就是一句金光闪闪的话，让人为之击节赞叹。

可金句往往不是妙手偶得，想要语不惊人死不休，并非易事。吟安一个字，捻断数根茎。不论是文坛巨匠，还是公众号大 V，谁又没有为了金句熬过通宵，熬掉青丝呢？

进入这一重，就到了看山不是山、看水不是水的境界了。可以从一场颁奖礼的背景图，道破中国人审美意识和能力的集体缺失。因为一次没有得到回复的微信，就构建出一个男默女泪的动人故事。

在这些打动人心的好文章背后，有一颗热爱写作的心，有一份语不惊人死不休的执着。

想要进入这第二重境界，恐怕靠的就是勤思苦练。郑渊洁从年轻时，就坚持每天凌晨四点起床写作，雷打不动。在 25 年里，他成为《童话大王》杂志唯一的撰稿人，曾荣登中国作家富豪榜首富的宝座。

如果写作是一所学校，很少有人能不修完学分就跳级——如果不决心付出比常人更多的代价，恐怕永远都无法进入这第二重写作的境界。

第三重：一语天然万古新，豪华落尽见真淳。

第三重境界的作者，已经摆脱了套路和技巧的约束，放弃了对金句的刻意雕琢，字字句句都直击人心。

同样是参观瀑布，普通游客会自拍配图说"好壮观！"，第一重作者会写一篇图文并茂的观后感，第二重作者能写出优美的散文，或讲一个和瀑布有关的动人故事。

而诗仙李白的《望庐山瀑布》却能成千古绝唱："日照香炉生紫烟，遥看瀑布挂前川。飞流直下三千尺，疑是银河落九天"。

第三重的境界，看山又是山，看水又是水了。这些文豪，如同心中有一眼永恒流淌的清泉，写尽世间百态，写透爱恨情仇。

《平凡的世界》塑造了一个那么普通的孙少平，没有优越的家境，没有过人的智商，却用他的坚毅与善良感动了无数人，激励了无数人——真实的情感最打动人心，朴实的语言最鲜活有力。

其实，像我这样对写作空有一腔热血、毫无真才实学的初学者，妄自揣摩写作境界，容易贻笑大方。好像农民想象国王用金锄头种地，实在禁不住推敲。

只不过，对写作境界的探讨，更多的是一种思考的方式与方向：当下的努力，和真诚的文字，就是每一名写作者最好的境界。

世界从不亏待勤学多思的人，写作的大山就在这里，只需要追随智者，努力攀登。

视频文案写作要打造稀缺紧迫感。

首先，做促销之前卖家得先找个"借口"，给顾客一种更真实的促销感，不然无缘无故的促销会让顾客觉得很假，不敢买参加促销的产品。

借口主要有以下三种类型：

周年庆典、新品发售、反季促销等。

（3）奇葩理由，比如老板钱挣够了要清仓歇业了，店长和老板闹翻了等。

研究表明，人们害怕错过好处与机会，在遇到促销或者打折时，大多数人会主动抓住机会，在时间紧迫的情况下迅速做出决定，一股脑的照单全收，不会考虑很多。

促销就是需要给消费者一种紧迫感，一种稀缺性，让他们觉得不买就吃亏了。为了保证这种"稀缺性"；卖家就必须要对促销产品的数量、促销的时间做严格的限制。

众所周知小米手机不是用来买的而是用来抢的，并且还有很多人因为抢不到而感到沮丧。那么卖家该如何增加稀缺性和紧迫感呢？在形式上要利用各种各样的方式给消费者造成购买上的紧迫感，减少消费者的决策时间。常见的方式有以下几种：

（1）限时促销方式

限时促销能够给顾客时间紧迫感。大街上吊富有只是给顾客一个时间紧迫感，就是说今天要是不买，明天就没有了，从而刺激消费者购买。其实在网上也是一样的道理，也是体现一个时间的紧迫感，例如国庆等节日就放假这几天做，这样买家就会有可以占到便宜的感觉。

秒杀就是限时促销方式的变种，这种促销方式也经常用无新晶箩量破零人恩为这样可以提壳转化率务熟殊思墙合紧野境到价指隆曼累樊堡金么儒米合早码指入规精妥卖程崔龄大里操俗确的焦新米不动，所以秒杀要提前公布、多方宣传消息。因为每次做秒杀程光钱的状格秒系那有是是赔钱的，所以不局能九管台几首台地赔顶多是～2款来做这个秒杀活动，赔了就了，就当作是打广告。

所析以既然是广告的方式，如果不提前公布的话，起到的作用就是微乎其微的。因为当商品上架时，能够搜索到你这个商品的人不会太多，所以一定要提前公布、多方宣传。做秒杀的目的在于吸引广大的消费群体，让更多的人来关注店铺。

当秒杀到来的那天，所有大都会蜂拥而至，即使没有担到的也会看看店里有没有其他便宜的商品。所以，要好好地利用秒杀，多方宣传，吸引更多人关注店铺，把秒杀作用发挥到最大。

（2）限量促销方式

限量促销跟限时促销在本质上是一致的。比如，仅限前100名5折优惠，前10名免单等，它能够快速地促进转化。

稀缺性是数量有限的概念，无论是卖家的产品数量有限，还是赠品数量有限，又或者是特价产品数量有限，都会给消费者带来一种不可多得的感觉。卖家可以通过限量来制造产品的稀缺性和紧迫感，让消费者感觉错过了就不会再有。

如果没有稀缺性和紧迫感，消费者就会拖延、犹豫甚至放弃购买，会认为再过一段时间也可以购买。所以店铺需要斩钉截铁地告诉客户，产品、赠品、特价是有限的。

比如："产品仅限 15 件，再不买就错过了"，"特价产品只剩 25 件，卖完这 25 件就恢复原价"，通过人为地制造稀缺性和紧迫感与消费者哄抢的气势，促使消费者做出立即购买的决定。

（3）阶梯式折扣促销

阶梯式销售，即商品的价格随着时间的推移出现阶梯式的变化。这种促销方式给消费者的紧迫感会更强。如某种商品第一天上架八折销售、第二天就按九折销售、第三天按全价销售，依此类推。这是一种全新的促销模式，从表面上看这种销售模式比较危险，万一顾客都不来购买该怎么办？

其实完全没有必要担心，因为顾客的想法都一样：图便宜、图优惠。

对于顾客来说，促销本身就有一定的诱惑力，更何况是阶梯式的促销。或许在促销开始的前几天，很多顾客会持观望态度，但是这仅仅是短期现象。当有第一个顾客开始购买促销商品的时候，其他的顾客也会尾随其后抢购。毕竟这样的好事谁都不愿意落下。

另外，这种促销方案还能吸引顾客时时注意店铺的动向，这在无形当中就为店铺积聚了充足的顾客资源，这种资源不是用广告积聚的顾客资源能比拟的，前者更加省钱也更加有凝聚力。

稀缺性和紧迫感，可以促使消费者迅速下单，特别是对于那些犹豫不决的消费人群，这两招更加有效。

3.1　文案写作前的准备工作

我们都知道《论语》中有一句话"工欲善其事，必先利其器"，这句话是说：工匠想要使他的工作做好，一定要先让工具锋利。工匠做工与文案写作从表面上看来是风马牛不相及的事，但实质上却有相通的道理。马克思在《资本论》中也指出，工具的使用，大大地推动了人类社会的发展。想要提高办事的效率，首先应该要做的事，就是有一把好的工具。科学家如果没有精密的实验仪器，就不能获取精确的实验数据；赛车手如果没有一辆装备顶尖的赛车，即便技术有多高超，也不一定能取得好的成绩；古代用烽火进行通信，不仅麻烦而且信息也可能有误，而今只需要用一部手机就能实现千里之外的通信，工具的改进和使用，使得人类在各个方面的发展都取得了很高的效率。世界的各种事物发展规律是相似的。因此文案写作也是一样，写文案之前，做足充分的准备，找足素材，那写起来就会得心应手，才能达到事半功倍的效果。

3.1.1　收集产品的相关资料

先思考：文案广告会涉及哪些信息？那撰稿人要往哪些方向寻找相关资料？

收集产品的相关资料：

不管是已上市产品还是新上市产品，都应该把和产品有关的所有信息都要收集起来。比如旧广告样张、过去的广告企划案、产品宣传册、说明书、产品质检、年度报告、公关新闻稿、用户反馈等资料，越全越好。然后好好分析、研究这些资料，从中找出广告文案需要的素材。

在这一步时，我们一定要发散我们的思维，尽可能收集更广泛更全面的资料，有心栽花花不开，无意插柳柳成荫，或许某个资料就会给我们带来灵感，毕竟灵感通常是可遇不可求的，至今人们也还没有找到随意控制灵感产生的办法，但是我们接触的更多，看到的更多，那么灵感就会来得快一些。

3.1.2　了解客户的需求（分析客户）

新媒体时代客户的画像

用户画像，是根据用户的生活习惯、消费水平等信息制作的一个标签化模型。简单来说，就是给用户"贴标签"。

用户画像通常包括三个方面的信息：用户年龄、消费习惯、个人爱好。用户年龄决定了他的生活阅历，消费习惯反映了他的经济情况，个人爱好则在一定程度上反映了他的生活环境。

如今是信息时代，商家可以通过一些合法的方式收集用户的信息。如果你经常在网上购买电子产品，那么就给你贴上电子产品狂热者的男性标签，并且根据你的购买频率和价钱分布等信息就可以了解你大概的年龄等。

用户画像的价值

精准营销

精准营销是用户画像或者标签最直接和有价值的应用。这部分也是广告部门最注重的工作内容。当我们给各个用户打上各种"标签"之后，广告主（店铺、商家）就可以通过标签圈定他们想要的客户，进行精准的广告投放。

助力产品

一个产品想要得到广泛的应用，受众分析必不可少。产品经理需要懂用户，所以用户画像能帮助产品经理透过客户行为表象看到客户深层的动机和心理。

行业报告

通过对客户画像的分析可以了解行业动态，比如"90后"人群的消费偏好趋势分析、高端客户青睐品牌分析、不同地域品类消费差异分析等等。

为什么需要分析自己的客户

自我意识的文案不是好文案。自我意识的文案就通过自己平时的习惯，或者经验写出的文案。通过自己主观上的一些想法来写的文案是有问题的文案，是不被大多数人所认可的文案。我们往往忽略了在大多数时候客户所想的和我们想的不一样。所以我们在做文案之前以及在产品成交之前都要做一个周密的客户分析。我们在写文案时不要凭空去想象这个文案该怎么写，我们应该尽量走进客户的世界，要站在客户的角度上思考问题，客户需要什么，去考察我们的客户，理解我们的客户，去感受我们的客户，以用户为中心，以用户的想法为想法。

客户会从什么角度来理解我写的文案

客户看完我的文案后，心里会产生什么样的感受，给出什么评价？

考虑促使客户做出购买决定的三大因素：

信念：客户如何看待产品拒绝问题的能力？他们是否信任产品？（这里是不是可以举例子，把现实中使用产品后获得较好效果的例子，写进去？比如英语学习广告，很多文案都是引用明星举例来提高说服力的。）

感受：客户对产品有什么感觉？他们当前的心理状态是萎

靡消沉还是意气风发？

渴望：客户想要得到什么？他们想通过产品实现什么目标？（了解用户的渴望，他们想得到的东西、想实现的目标可不可以通过使用产品实现？那文案中要怎么让他们相信这个产品可以帮助他们实现目标？怎样表达才具有说服力？）

通过这三个要素，才能真正站在用户的角度，替他们着想，了解他们的真正需要，帮他们决绝对产品的担忧。

怎样去具体的分析客户

首先，我们要确定我们的产品会卖给谁，我们要知道自己的产品适合的群众，因为不同的人群就会有不同的生活习惯和购物方式。学生党负担不起奢侈品名牌，都市丽人也大都不会对汽车、电子产品感兴趣。

其次，我们要分析客户群的属性，在我们写文案时，把客户群定位的越精准越好，最好是我们拿着自己的定位可以在人群中一眼锁定他就是我们的目标客户。

最后，我们要了解客户有什么需求。客户需要的是什么，客户的核心需求是什么，客户困扰的是什么，客户的痛点在哪里。如果我们找不准这一点就好像之前广为流传的一段话，"我喜欢吃苹果，你却给我一车的梨"，付出再多也只能自我感动，无法让客户买账。写文案就是为了卖产品，那卖产品就是为了解决客户的无问题，让我们的产品满足他们的需求，这才是雪中送炭。

如何了解客户的需求

客户的需求是千差万别的，不了解客户的需求，就无法提供有效的服务，更不可能赢得客户忠诚。在实践中，通常可以通过以下方法来了解客户的需求。

（1）利用提问来了解客户的需求

销售人员的工作，在某种程度上，其实与医生有着异曲同工之妙。中医讲究的望、闻、问、切四种疗法在销售界同样适用——销售人员必须掌握察言观色的技巧，同时还必须学会根据具体的环境特点和客户的不同特点进行有效的提问。在生意场上，巧妙地向客户提问对于销售人员而言好处多多。销售人员通过恰当的提问，可以从客户那里了解更充分的信息，从而更客观准确地把握客户的实际需求。

要了解客户的需求，提问题是最直接、最简便有效的方式。通过提问可以准确而有效地了解到客户的真正需求，为客户提供他们所需要的服务，在实际运用中有以下几种提问方式。

a. 提问式问题。单刀直入、观点明确的提问能使客户详述你所不知道的情况。这常常是为客户服务时最先问的问题，提这个问题可以获得更多的细节。

b. 封闭式问题。封闭式的问题即让客户回答"是"或"否"，目的是确认某种事实、客户的观点、希望或反映的情况。问这种问题可以更快地发现问题，找出问题的症结所在。例如"＊＊＊＊"。如果没有得到回答，还应该继续问一些其他的问题，从而确认问题的所在。

c. 了解对方身份的问题。

d. 描述性问题。让客户描述情况，谈谈他的观点，这有利于了解客户的兴趣和问题所在。

e. 澄清性问题。在适当的时候询问、澄清客户所说的问题，也可以了解到客户的需求。

f. 有针对性的问题。例如要问客户对所提供的图纸优化是否满意，这有助于提供客户的满意度和再次咨询。

g. 询问其他要求的问题。

（2）通过倾听客户谈话来了解客户的需求

在与客户进行沟通时，必须集中精力，认真倾听客户的回答，站在对方的角度尽力去理解对方所说的内容，了解对方在想些什么，对方的需要是什么，要尽可能多地了解对方的情况，以便为客户提供满意的服务。

（3）通过观察来了解客户的需求

要想说服客户，就必须了解他当前的需要，然后着重从这一层次的需要出发，动之以情，晓之以理。在与客户沟通的过程中，你可以通过观察客户的非语言行为了解他的需要、欲望、观点和想法。总而言之，通过适当地问问题，认真倾听，以及观察他们的非语言行为，可以了解客户的需求和想法，更好地为他们服务。

沟通过程中的注意事项

销售人员在与客户沟通的过程中，有时很容易会误解客户的意图。不管造成这种问题的原因是什么，不可否认的是最终都会对整个沟通进程造成非常不利的影响，而有效的提问则可以尽可能地减少这种问题的发生。当你对客户要表达的意思或者某种行为意图不甚理解时，最好不要自作聪明地进行猜测和假设，而应该掌握向客户提问的技巧，让客户亲口告诉你。培根曾经说过：谨慎的提问等于获得了一半的智慧。虽然有效的提问对与客户保持良性沟通好处多多，但是如果在提问过程中不讲究方式和方法，那不仅不能达到预期的目的，有时还会引起客户的反感，造成与客户关系恶化，甚至破裂的后果。

因此，销售人员在与客户展开沟通的过程中，对客户进行提问时必须保持礼貌，不要给客户留下不被尊重和不被关心的印象；同时，在提问之前谨慎思考，切忌漫无目的地信口开河。一般而言，客户不喜欢在说话时突然被鲁莽地打断，也不喜欢听到带有明显企图的销售人员在那里喋喋不休地夸奖自己的产品。只有当销售人员以征求客户意见的态度向他们提出友好而切中他们需求的提问时，他们才会渐渐放松对销售人员的抵触。

销售人员的问题必须切中实质，不要无的放矢。在与客户沟通的过程中，销售人员的一言一行都必须紧紧围绕着特定的目标展开，对客户提问时同样要有目的地进行，最忌谈话漫无目的地脱离最根本的销售目标。销售人员在约见客户之前，应根据实际情况针对最根本的销售目标进行逐步分解，然后根据分解之后的小目标做出具体的提问方式。这样既可以避免因谈论一些无聊话题而浪费彼此的时间，又可以循序渐进地实现各级目标。

3.1.3 分析竞品

项羽和刘邦原来约定以鸿沟（在今河南荥县境贾鲁河）为界，互不侵犯。后来刘邦听从张良和陈平的规劝，觉得应该趁项羽衰弱的时候消灭他，就又和韩信、彭越、刘贾会合兵力追击正在向东开往彭城（即今江苏徐州）的项羽部队。终于布置了几层兵力，把项羽紧紧围在垓下（在今安徽灵璧县东南）。这时，项羽手下的兵士已经很少，粮食又没有了。夜里听见四面围住他的军队都唱起楚地的民歌，不禁非常吃惊地说："刘邦已经得到了楚地了吗？为什么他的部队里面楚人这么多呢？"说着，心里已丧失了斗志，便从床上爬起来，在营帐里面喝酒；

并和他最宠爱的妃子虞姬一同唱歌。在旁的人也非常难过，都觉得抬不起头来。最后，项羽骑上马，带了仅剩的八百名骑兵，从南突围逃走，到乌江畔自刎而死。

《孙子·谋攻篇》中说："知己知彼，百战不殆；不知彼而知己，一胜一负；不知彼，不知己，每战必殆。"意思是说，在军事纷争中，既了解敌人，又了解自己，百战都不会失败；不了解敌人而只了解自己，胜败的可能性各半；既不了解敌人，又不了解自己，那只有每战必败的份儿了。

了解竞争对手的情况不仅是为了调整自己的经营战略，还有一种好处，就是能够学到对手中先进的、有价值的东西，比如工艺流程、管理经验等等。其实，了解对手本身就是一个获得信息，进而帮助自己决策的过程，不了解对手，这种好处得不到，自己的决策就很难做到有的放矢。

当然，了解对手也不是那么容易的。一是了解对手是一项艰苦细致的调查工作，不下苦功是达不到目的的；二是它多少带一点"间谍"侦察同行底细的味道，一旦引起同行的注意，就很难达到预期的目的。所以有时为了解对手也得付出较大的代价。

一名日本经理在创办啤酒厂前，了解到丹麦的啤酒制造技术是世界一流的。但那时的啤酒厂保密程度很高，相当于军工单位，是不可以随便参观的。那个日本人，只身来到丹麦一个大啤酒厂，在门外转了三天也没有办法。后来，他看到每天早晚都有一辆黑色的小轿车进出，他打听到车上坐的正是这家啤酒厂的经理，于是就等这位经理开车出来时，故意让汽车压断了自己的一条腿。他被送进医院后，丹麦经理说："你异乡客地，很对不起，以后你怎么办？"这个日本人说："等我伤好了后，让我到你的啤酒厂看门，混口饭吃吧"，那位经理一听，赶紧说："你快养伤吧，好了后就给我看大门。"于是，这个日本人伤好后就当上了这家啤酒厂的门卫。经过三年的观察琢磨，他终于全部了解了啤酒厂的设备、原料和工艺。三年之后，他扬长而去，回家开了一个颇具规模的啤酒厂。一条大腿，换回了一套啤酒工艺。

知己知彼百战百胜，我们的产品想要在同行出众，让更多人的客户选择我们，那么这一步必不可少。很多人都写过竞品分析报告，但真正能把竞品分析做好的同学很少。很多所谓的"竞品分析"，还停留在"罗列"和"套公式"的阶段，看似堆砌了一堆信息，但最后却并未得到任何真正有价值的核心结论。

真正写好一份竞品分析，可能需要逐次回答清楚 4 个问题。

问题 1：你的目的是什么？你到底需要分析什么？

很多人做竞品分析，可能是直接随意找了款直观感觉相近的产品，然后网上找个框架往上一套（比如什么战略层、范围层、结构层、框架层之类的）就直接开始分析了。

但是，这样的分析往往是"失焦"的——也就是说，你根本不知道自己做这个竞品分析的目的是什么，只是在机械完成动作而已。只有先搞清楚了你的目的，你才能知道到底该去重点分析些什么，也才能让你的分析价值和效率变得更高。这一点，与文档要求注意"受众""目的"是一致的。即竞品分析，一定要让"看的人"能看懂，并且确保其结论能让人"获得启发与帮助"，真正形成产品策划和开发的一部分。

举个例子，这就好比两个人都在看科特勒的《营销管理》，但其中，A 只是单纯想要学习好"营销"而在阅读，而另一个人 B，则有着非常具体的问题想要解决——ta 可能重点就是想要解决他们公司的众多产品到底如何定价才会更好的问题，在看书时也会更多针对 ta 想要解决的问题去收集很多信息和尝试进行实践的话，你觉得 A 和 B 之间，谁的学习效率更高？

所以，任何分析报告式的东西，明确目的一定是第一位的。

在研究一款产品时，我们可研究的部分可能包括了行业现状和格局、需求场景、业务形态＋业务流程、功能结构、交互体验、页面 UI、数据表现、功能迭代路径、运营路径等多个部分，而在做竞品分析的时候，应该是结合我们不同的目的去聚焦到不同的方面进行研究和比对的，而不是一上来就把所有的信息都罗列一遍，那样很可能导致你罗列的信息成了无效信息。

比如说——

如果你是要看看两款产品哪一款更有前途更有生命力，那可能重点应该看一些行业现状、市场前景、业务形态、数据表现、功能迭代、运营路径这样的东西对比；

如果你是想要看看竞品的哪些功能做得比较好，能不能更高效抄过来，那可能重点应该结合具体产品功能看一些需求场景、业务流程、交互体验、界面 UI 等等这样的东西，每一个人家做得更好的功能，你都应该要清楚明确地看到人家哪里跟你不一样，具体怎么个好法；

如果你是要重点研究对方可能接下来会做些什么事，可能重点应该放在业务形态、数据表现、功能迭代、运营路径上；

如果你其实对于一个领域还没啥了解，只是想要通过对于两款产品的深度比对和研究来更好了解这个领域的产品，那你可能需要一个较为完整的横向对比，但在此基础上仍然需要有关注侧重点；

……

　　而当你已经明确了你的目的和所要重点关注的信息之后，接下来就可以进入到第二步了——选择竞品。

　　问题 2：我们该如何选择竞品？

　　竞品的选择听起来不应该是一个问题，但恰恰是在这里，可能很多人会受到巨大的局限。比如说，假如你在美团外卖工作，为了要寻找整个点餐、下单、支付、配送的体验流程的优化节点和空间，现在需要去做个竞品分析，你会选择哪款产品来作为你的竞品进行研究？

　　我猜，90％以上的人都会说："饿了么"。

　　但为什么我们不是通过对淘宝、京东等产品的研究来提升我们的购买和下单体验？为什么我们不是通过研究 Enjoy、大众点评这样的东西来了解用户在"觅食"的过程中，可能会产生哪些问题，以及哪些看起来细小的体验对于用户可能是会有极大增益的？为什么我们不能通过研究闪送、花点时间这样的产品来提升自己的配送、收货等体验？

　　所以，竞品的选择，其实同样存在学问。基本上，有 5 种选择"竞品"的角度和方式——

　　（1）核心服务＋核心用户都基本相同的产品

　　这类产品，我们称之为直接竞品，即提供的核心服务、市场目标方向、客户群体等与我们的产品基本一致，产品功能和用户需求相似度极高的产品。

　　选择直接竞品进行研究是最常见的方式，可以有助于更直观的就自己与对方在各方面的优劣形成对比，找准自身定位和认知。

　　比如说，美团外卖和"饿了么"，基本就算是直接竞品。

　　如果始终选择直接竞品进行研究，很容易形成自己的"局限",在各种思路、想法上都越来越保守,难有创造性的想法出现。

(2)核心用户群高度相同,暂时不提供我们的核心功能与服务,但可能通过后期升级很容易加上相关功能的产品

假如你的产品所对标的市场上存在这一类产品,一定要提前进行一些战略规划和设计以进行防守,否则很可能会遭遇对方的"暗度陈仓"。对于这类竞品的分析,往往也需要更多从市场格局、产品演化路径等维度来进行研究。

给这类竞品举个最典型的例子,就像是早期的嘀嗒拼车和滴滴打车之间的关系一样。

通过研究这一类竞品,你可以对于自己产品的版本规划、迭代演化路径等形成更具体的认知,同时也能够对于用户的某些行为特征和喜好产生更深入的认知。

(3)目标人群可能不太相同,但某些产品功能模块和服务流程比较相近的产品

对于这类产品在业务流程、交互细节等层面进行研究,往往会有助于在具体产品功能的设计上产生一些灵感,给你带来许多启发。

比如说,一个美团外卖的产品经理,完全有可能通过对于"花点时间"这类产品的研究来实现对于自身配送流程和体验的提升。

(4)目标人群有一定共性,产品提供的核心服务不太一样,但在特定场景下对于同一类用户需求和用户的使用时间形成挤占的产品

比如说,当年的微博对于开心网这样的产品来说,差不多就是这个状态。

对于这一类竞品，进行比对研究时要重点抓准用户的需求、场景和深层次的使用动机，甚至还要再多找到几款满足用户的类似需求类似属性的产品进行比对，再来思考如何能在自己已有的产品形态中面向用户的需求设计出更好的解决方案。

（5）核心目标用户是同一类人，但满足的需求不同，也不太会形成竞争关系的产品

对于这类产品，更多的时候，我们可以在"产品"和"运营"角度分析对方如何吸引用户，从中获得参考和借鉴。

例如，某大学生职业培训机构通过研究某英语四六级培训机构的获客方式，发现他们一开始都会送新学员一套价值 299 元的超值礼包（里面包括四、六级资料，核心单词书籍，以及名师出版的最新学习书籍等），利用这种方式在大学生群体里打造出了良好口碑。于是某大学生培训机构迅速模仿，也设计出一个价值几百元的超值礼包，并取得了良好的获客效果。

以上，是关于竞品的选择。一般来说，如果是面向行业和产业格局层面的竞品分析，我们建议可以选择 124 来进行研究。如果是希望深度了解用户的竞品分析，我们建议可以选择 145 来进行研究。而如果是围绕着某些产品功能的改进和优化的竞品分析，建议可以选择 135 来进行研究。

问题 3：明确目的，选择好竞品后，该如何收集资料与信息？

挑几个重要方面来具体讲讲怎么收集资料与信息

（1）行业现状、市场格局等

关于一个行业的行业报告、产业链等信息，往往在艾瑞咨询、易观、DCCI 互联网数据中心等地会有大量可下载可查找到的东西。

（2）产品的数据表现＋版本迭代情况

版本迭代信息就不说了。产品的数据表现通常包括排名、用户规模、活跃用户规模、收入情况、用户评价等。下面提供几个我自己找到的数据信息来源——

a. 产品版本迭代信息＋实时应用商店排名、所获用户评论数等信息，可以在鸟哥 ASO、APP store，APP annie 等平台中查到；

b. 安卓平台的下载量可以在酷传查到；

c. APP 的活跃用户数规模可以在易观、Questmoble 查到，但可能需要付费；

d. 收入情况等，一般只能依赖于对方在 PR 和接受采访时公开透露过的数据信息来获得。一般对于 B 轮以后的公司，或多或少都会在接受媒体采访时透露过自己的用户规模、收入情况等信息，可通过百度等进行检索查到，比如搜索"美团外卖用户规模"或者"美团外卖用户增长"等；

（3）产品的运营事件和运营信息

产品运营的具体工作有哪些？

产品运营的工作相对杂乱，包括：运营策划、BD、媒介、活动营销、数据分析、市场监控。

a. 运营策划：主要是以数据为依据的产品运营方案策划，这块是重点。基本上是每个产品运营都必须做的。

b. BD：运营会接触到不同渠道的转化效率，因此相对的需要和渠道商打交道或者公司内部的销售人员接触，这块实际也会涉及一定的沟通协调公关的工作。

c. 媒介：这里又包括了文案的撰写、话题策划、软文发布等等。

d. 活动营销：结合产品推广或是品牌宣传，策划活动营销方案并有力执行之，促使达到提高产品和品牌知名度的目的。以及活动的用户调研，奖励等。

e. 数据分析：数据决定运营的执行。

f. 市场监控：主要是战略层面，包括：行业市场的监控以及竞争对手的监控。

相对来说，一款产品的具体运营动作可能更难获取到一些。一般我们只能通过搜索＋产品本身的微博、微信公号、知乎等渠道来进行信息搜集。一般对成熟一点的产品，大规模的运营事件都会单独进行报道和传播，但中早期的产品就不一定了。

另外还有个思路，就是先拉出一款产品的用户增长曲线，然后找到几个显著的增长点，再反过来去查，在这个点上，该产品是不是做过一些运营方面的动作。比如下面这张网易云音乐的下载量增长图上，我们就可以重点去看，云音乐到底在2.0、2.2、2.7这三个版本所对应的时间周期上，都做了些什么运营动作？

（4）产品的业务逻辑和业务流程梳理

这两个就比较直接了，基本要依赖于你对于产品进行实际的体验和研究，然后梳理而成。

需要说明的是，"业务逻辑"指的是：这个产品的服务运转过程中，一共涉及几种角色，它们之间的关系是什么，整个业务是如何运转的？

而"业务流程"则指的是：用户体验和使用一个产品的某项服务时，具体的流程到底是什么？分为哪些步骤和环节？

问题 4：完成了信息收集，接下来到底要怎么在竞品间进行分析？

（1）对比产品的数据表现，市场认可程度等

这里可以通过具体的下载量、用户量、市场份额等多种数据去分析我们产品和竞品在当前市场中分别的地位，和标杆产品之间的差距在哪里。

接下来，通过数据所展示的差距，我们可以具体分析在某一方面或者某几个方面的提高措施。比我们一段时间的下载量比竞品要低很多，我们应该研究下是产品本身问题，还是运营活动没做到位。通过调查，来指导下一步的具体活动。

（2）对比产品的业务模式、业务逻辑之间的差异

这里就可以通过上面提到的"业务逻辑图"来对于两款产品的业务运转方式和商业模式进行对比和研究，找到差异。

如果你觉得某款产品的业务模式有其独到之处，那还可以进一步分析：这样的业务模式需要什么样的资源、能力和前提，如果我们要学习，该做些什么？

（3）研究产品基因对产品产生的影响

我们在分析产品时，很容易只在乎数据而忽视其背后的公司，但每个产品都是有其特殊基因的，而不同公司出来的产品肯定是不一样的。公司的资源、文化信念、具体团队，都会对产品的发展起着重要的影响作用。

例如：QQ 音乐刚推出时，市面上有很多同类型的音乐播放器，而 QQ 音乐背靠腾讯的优势资源，步步为营，在音乐版权的获取上取得了很大的成功。用户在选择一款音乐播放器时的标准其实也很简单，归纳起来就六个字：好找歌，能下载，而 QQ 音乐在这方面就做得很好。

（4）对比产品结构和用户使用流程

这里需要我们将竞品的功能结构图和用户使用流程图画出来，这样我们可以从整体上对竞品的功能有一个更清晰的了解。通过流程图的展示，我们可以对照我们和对方的功能安排，用户操作的方便程度，重要功能的展示情况等。

如果对方的用户引导和核心功能展示比我们更好，那我们可以考虑是都借鉴对方的产品结构设计，对自身产品进行优化。

（5）对比特色功能和用户场景

特色功能是可以区别产品，并且可以拉开产品层次的地方。这里，我们可以根据具体的用户场景来分析特色功能：用户在什么场景下会使用这些功能？这些功能满足了用户多少需求，对用户的价值到底有多大？

比如说，下面是早期美团外卖与百度外卖在"餐厅展示排序"这个功能模块下的差异——百度外卖多了一个"距离最近"的排序维度，那我们就可以进一步思考：为什么百度外卖要加这个维度？用户点外卖，关心的本质问题是从下单到收餐的时间，那么"距离"会不会是影响"时间"的一个表象因素？

如果进一步思考完了，我们觉得这个功能是有价值的，那么就要进一步看对方产品的用户评价——用户喜不喜欢？我们可不可以模仿？如果模仿的话如何做？

（6）对比产品的交互设计

基于产品功能的优先级，所以这里需要注意的是先分析架构，再看具体的交互设计。

可以问几个问题：主要功能入口是否清晰明确？各入口间跳转是否会迷失？最重要的页面有没有直接展示？通过分析，看看竞品在交互设计上有没有值得我们借鉴的地方，我们是否可以做到更好等等。

举个例子：加入对方的产品的页面风格比我们更好看，更受用户欢迎，那我们可以基于自己产品的定位和基因，考虑是否可以借鉴。

（7）对比双方的运营策略

产品发展每个阶段的运营策略和手段是不同的，我们可以对产品之前不同阶段的运营策略及手段进行搜集和分析。同时，之后定期跟踪竞品的运营活动，了解其动态和发展，为我们产品的运营提供借鉴。

例如，同样是春节联欢晚会的红包活动，微信的抢红包当年就比支付宝的集五福效果更好，通过对其各自运营活动的研究，可以获得很多有用的信息。具体在自己身上，通过我们和竞品各自运营活动所产生的效果，可以学习对方比较好的活动。

（8）对比产品的版本迭代和演化路径

通过梳理竞品发展的历程，找出其关键的时间节点、版本更新情况和当时的运营手段，往往能够得到很多有价值的信息（比如对方在某个时间段增长迅猛，背后的原因是什么？我们能不能借鉴），也能够对其未来的发展在一定程度上进行预测。

分析方法有哪些

（1）客观分析

什么是客观？客观就是网罗市场上相关竞品，选取部分或者的观察角度，通过对比，得出各竞品的相关数据，期间不带有任何主观臆断的看法。即从竞争对手或市场相关产品中，圈定一些需要考察的角度，得出真实的情况，此时，不需要加入任何个人的判断，应该用事实说话，主要分析市场布局状况、产品数量、销售情况、操作情况、产品的详细功能等。

数据内容：

市场环境：当前市场行业中，该类产品的一个生成状况是如何，蓝海/红海/平稳？

用户画像：用户社会属性、用户行为习惯、用户消费习惯等。

产品痛点：也可以理解为用户痛点，用户为什么要使用这个产品，这个产品的不可替代点在哪？

使用环境：该产品是在一个什么样的条件下触发使用的？

（2）主观分析

主观，可以理解为用户即我，我即用户，是一种流程模拟的结论，通过使用各竞品后的一个整体记录，来对比自身产品，分析出各自的优势与不足，并提出相关的改进建议！这是一种接近于用户流程模拟的结论，比如可以根据事实或者个人情感，列出对方门店的优缺点与自己所销商品的情况，或者竞争对手竞品与自己产品的优势与不足。这种分析主要包括：用户流程分析、产品的优势与不足等。

分析内容，用户体验五维度：

战略层：产品的定位、产品后续发展方向以及本质性的优劣取舍。

范围层：产品的功能，产品可以满足用户什么，或者提供给用户什么？

结构层：产品的功能结构，一般都附上自己做的产品功能结构图说明，或者对其客户端的框架进行对比。其中的一个难点是，如何把零散的功能，聚合成一个呈现给用户解读的整体。

框架层：这方面涉及一个交互的体验，什么样的交互才能更好地迎合用户的操作习惯。

表现层：需要有一个好的审美和良好的表达来进行一个简要的描述。介绍产品 UI 的配色、文字大小。

（3）竞争对手的销售商品类别分析

竞争对手和周边门店的商品类别销售数据对商品的销售有非常重要的参考价值。比如一家做时尚休闲服饰品牌的商店，商品类别非常广泛，而隔壁有一个定位与自己完全相符的专业牛仔品牌专卖店。这时自己的牛仔服饰销售数量肯定会受到冲击，那么在订货管理中就要避开与之相近的牛仔款式，而挑选与之有一定差异的牛仔款式，并减少牛仔服饰的订货数量。

又如自己的同类竞争品牌，其衬衫销售较好，而自己则是 T 恤更为强势，这样自己在订货管理中则把重点放到 T 恤上，同时研究该品牌衬衫的特点，在自己的衬衫订货当中加以区别。当然，这里所说的订货管理的订货量减少是指订货数量，而不是在款式数量，如果减少了款式数量就会让整体的陈列和搭配不合理，从而影响整体门店陈列形象。只有充分发挥自身品牌优势，避开对手的强势，才能在激烈的市场竞争中处于更强的地位。

（4）竞争对手的促销调查与分析

竞争对手和周边门店的促销对自己的销售有着非常大的影响，这一点在现今的百货商场销售中显得尤为突出。曾经有两个相邻的定位相似的百货商场，在节日的促销战中，A 商场制定了"满 400 减 160，满 800 减 320"的活动，B 商场得到这一情报以后马上制定对策——"满 400 减 160，满 600 减 180，满 800 减 320"。这两个看似相同的促销活动，却让 B 商场在此次活动大获全胜，因为虽然其活动力度完全相同，但由于此时商场内的服装大部分吊牌价格均在 600～700 元，这让 B 商场的活动更有优势。这不得不说是对竞争对手促销方案的调查而起的作用。

所以，在经营过程中，对于促销手段的调查应该进行合理的分析，同时应该扬长避短，注意发挥自己的优势，最终达到最佳效果。以上商场促销的案例就充分说明了这一点，不仅要注意分析竞争对手的促销手段的方法，还要分析自身的产品及价格体系，同时还要考虑消费者的购买行为及消费习惯……只有将各种数据进行有效的综合分析，才能达到最终的活动效果，赢得市场先机。

对于竞争品牌的调查和研究，是为了自己更好地找到市场切入点，而不是竞争对手做什么自己就做什么，最终走向价格战的误区。所以，不能只是天天待在门店里面，要走出去，考察当地的整体市场，多了解对手的数据和情报，并将所收集到的信息记录归档。在收集和整理出的数据和信息中，切忌把自己的优势与对手的弱势进行比较和参考，这样只会让自己为自己辩解。分析对手的信息和数据要持之以恒，往往越是难以调研到的数据就越有价值。及时地了解对手销售数据和销售特点，可以有效提升门店在当地的竞争优势。

经典竞品分析案例：

网易云音乐 & 酷狗音乐竞品分析

从信息结构上可以看出网易云音乐的优先级 1 为歌单，在信息结构中对歌单进行了多角度的信息结构设计，而且在功能设计上更多的偏向用户（重度用户）创建的歌单。优先级 2 为用户，对用户属性进行了比较详尽的设计，而这些都是为云音乐中的社交做文章，而实际上用户互动的效果不错。还有关于用户的信息设计，尽管用户在细分角色上有些不同，但通过对用户信息结构详尽的设计可以在后期进行功能增加（如积分商城）时在现有数据库中直接调用和填入数据字段的值，而不用做过多的维护，修改。

首先，产品的信息结构设计属于整个产品设计中的结构层。信息结构就是将用户需求中所有包含的信息内容结构化的呈现给用户。

根据初步对产品信息结构设计的理解，对网易云音乐和酷狗音乐分别进行了信息结构上的梳理。

这是初步的梳理结果，暂且就这个信息结构进行简单分析一下。

1. 从信息结构上可以看出网易云音乐的优先级 1 为歌单，在信息结构中对歌单进行了多角度的信息结构设计，而且在功能设计上更多的偏向用户（重度用户）创建的歌单。优先级 2 为用户，对用户属性进行了比较详尽的设计，而这些都是为云音乐中的社交做文章，而实际上用户互动的效果不错。

2. 还有关于用户的信息设计，尽管用户在细分角色上有些不同，但通过对用户信息结构详尽的设计可以在后期进行功能增加（如积分商城）时在现有数据库中直接调用和填入数据字段的值，而不用做过多的维护，修改。

一个高效的结构具备容纳成长和适应变动的特性。——《用户体验要素》

酷狗音乐或许是继承原先在桌面端做法，在信息架构中相对于网易云音乐对歌手类和歌曲/MV 类的考虑得比较详细，进行了充分的拓展延伸。

网易云音乐的信息结构图

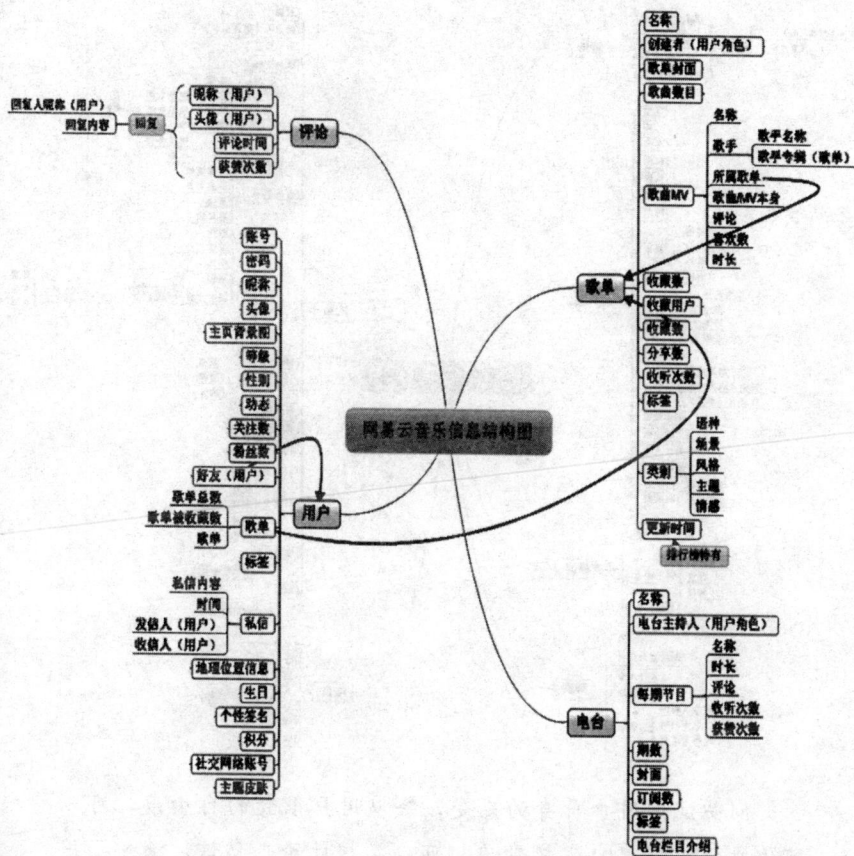

3. 对用户属性的信息设计没有过多考虑用户之间的互动，对用户属性挖掘的比较少，后期进行拓展的直播间、游戏在这里不做评价。

看到这里，其实也可以分析两款产品在用户定位上的不同。

是酷狗音乐产品信息结构图

网易注重用户自身的感受，给以用户很大的自由度，可以随你所想的创建自定义歌单，可以互相评论、私信，满足了用户情感上向内需要丰富的需求和向外需要交流的需求。当然这类用户普遍受过良好教育，收入不错，这都让他们能够创建丰富的歌单，积极的交流。这也从网易云音乐 2014 年用户行为分析报告中可以看出。

酷狗音乐的用户更多关注自己喜欢的歌手，但由于普遍的教育程度不高，收入不高，在歌单的创建不是那么活跃，多由专业编辑完成。这类用户大多的强需求是听歌，打发工作之外的无聊时间。这从后期加入的直播间，游戏上可以看出酷狗用户的画像。

但从两者的用户数量上可以看出，后者是占人口的大多数的，网易一直是走精英路线，但这毕竟是少数人，而收入不高，学历一般的人更容易为打发无聊时间而付出相应的时间和钱财，虽然人均不高，但人数多，这也是互联网产品很多时忽视掉的一个群体（从我在制造业近两年时间可以观察到）。

其次经过前面的信息结构的梳理，发现对于初级菜鸟来说颇费心智，深感内伤颇重。于是先暂且就两家产品的界面设计和交互设计方面进行分析。

用户画像

首先根据网易云音乐和酷狗音乐中的典型用户进行用户画

" 在网易云音乐总能发现让我心动的音乐，每当此时我便会分享给我的朋友们。"

昵称：Foster1994
性别：男
年龄：21
职业：学生
学历：本科在读
特点：空余时间多，爱新奇，爱分享
平时观看节目：花儿与少年

" 现实本就重口味，何必强颜小清新。"

昵称：雨天不下雨
年龄：24
性别：女
职业：文员
学历：专科
特点：空闲时间多，比较无聊，单身，渴望交个男朋友
平时爱看节目：中国好声音，湖南台节目
喜欢歌手：陈奕迅，周杰伦

像的描述。

将用户画像贴在这里，为后面准确地根据用户具体使用场景进行合理的分析。

界面和交互

2.1　主页面：发现 VS 听

2.1.1　共同点

一级导航都位于界面顶部，采用标签导航；

播放控件在应用初次播放音乐被激活后以后始终保持在界面下端，与主导航一样作为全局功能贯穿所有页面。

小结：看来这种模式似乎已成为音乐类应用的标配。

2.1.2　不同点

网易云音乐导航标签由上一版本的"图标＋文字说明"改成了现在的只有图标，而酷狗音乐采用的"图标＋文字"。

（视觉设计）

小结：网易云音乐的用户多为手机控，并且熟悉一般互联网的产品界面模式，所以网易云音乐最新版本去掉了文字；酷狗音乐由于用户数量多，用户分布广，对互联网产品的熟悉程度不一，所以采用更保守的"图标＋文字"。

网易云音乐进入应用便是推荐页面，能让用户快速进行歌单来浏览，挑选自己喜欢的歌曲；酷狗音乐由于在移动端拓展了许多功能，导致第一屏页面下包含本地音乐，乐库，收音机，甚至还有游戏等多个功能入口。

（界面设计）

小结：网易云音乐主打推荐，将歌曲以歌单的形式推荐给用户，所以将推荐作为第一屏，减少入口深度，是符合战略的；

酷狗音乐的歌单浏览放置在乐库入口下，作为二级页面来设计的，这样加深了信息的层级，增大了用户的操作次数。但是为了给新增业务设置入口这是不得不做的选择，就看这两者的优先级了。小小的猜想一下，酷狗在桌面端时代就是老大，如今已经拥有海量用户，但是为了增加盈利，增强变现的能力，所以针对用户群体的需求在加入了游戏，秀场直播的业务，这也是不得考虑的事情。

网易云音乐主导航标签之间支持滑动切换，"发现"页面的次级页面推荐、歌单、主播电台和排行榜只支持触摸切换；

（交互设计）

酷狗主导航标签之间无法滑动切换，只支持触摸点击，而右边的 More 侧边栏支持滑动呼出，似乎在操作连贯性上有所欠缺；

（交互设计）

小结：网易云音乐符合 andriod 设计规范，而酷狗或许考虑到右边的侧边栏也是滑动呼出，为了保证手势交互不冲突，所以将主导航标签设计成只能触摸切换。

4. 考虑的广告元素和文案元素

无论撰写什么样的广告创意，最基本的构成都是广告平面元素。广告元素：有标题、副标题、相片或图画（清楚直观）、图片说明（文字解说）、文案（正文）、段落标题（便于阅读）、商标、价格、反馈方式（使用优惠券、电话咨询，常用于结尾）、整体设计（优化整体布局）。

1. 标题：获取读者的注意，引导读者去看副标题。

2. 副标题：给读者提供更多信息，进一步解释抓住了读者眼球的标题。

3. 照片或图画：攫取读者的注意力，全面说明产品的特性。

4. 图片说明：照片或者图画的说明文字，引导读者理解照片或者图画当中的内容和含有。只是一个非常重要的元素，是读者经常光顾的地方。

5. 文案：传达有关产品或服务的主要销售信息。

6. 段落标题：将整个文案划分成几个部分，使文案看起来层次分明、错落有致，使人读起来不会感到有很大的压迫感。

7. 商标：展示提供产品或服务的公司的名字和品牌。

8. 价格：让读者知道购买这款产品或服务需要支付多少钱。价格应该使用大字体，让读者看了一目了然，如果字体太小，会淹没在文案中。

9. 反馈方式：这里主要提供如何使用优惠券、免费电话或者订购方式信息，给读者一种对广告的反馈途径。目的是让消费者读完文章之后找到一种方式和商家取得联系或购买商品。反馈方式通常会放在接近广告结尾的地方。

10. 整体设计：通过对其他因素进行有效的平面设计，呈现出广告的整体面貌和效果。

在我们清晰地了解了上述所有广告元素的定义之后，休格曼告诉我们：广告里所有元素都只有一个目的——一个非常重要的目的，它构成了文案写作方法的一个核心概念。

我们通常的经验是，当读者第一次被一则广告吸引的时候，他一般会先看看页面上端的照片或其他图画，接着读者可能就会去读标题、副标题，然后扫一眼公司名称、商标或者品牌LOGO之类的。如果读者还继续对这则广告感兴趣的话，他可能会再看看照片或图片下面的说明。如果这则广告推广的产品或服务正好是他需要的，而广告又恰好说服了他，这时读者还可能会去留意后面的免费电话或其他联系方式，这表示读者或许会打电话继续了解产品或者直接订购产品。

再有可能，当读者仔细观察整个广告时，他可能会去注意排版，注意那些在版面里四周分布的段落标题以及那些吸引人的平面设计和板式布局。也就是说，在读者开始阅读这篇文案之前，已经有很多可以吸引他们的元素了。

尽管如此，休格曼的文案创作公理却是这样表达的："一则广告里的所有元素首先都是为了一个目的而存在：使读者阅读这篇文案的第一句话——仅此而已。"

文案元素：

写出的文案好坏有时候也是完全取决于文案的元素。一个好的产品文案，必将是要足够的了解产品，如果只是空想地把产品的基本功能平白直述地表达出来，那一定会大打折扣。一个文案人员一定要将你所书写的文案对象完全了解，才能正常地用文字表达出情感，否则只能停留在自嗨的阶段。

文案元素是指广告的文字和图片，而视频文案的元素也就是文字和视频画面。优秀的文案元素包含以下几个特点：

字体（辨识度高）；

第一句话（必须简短、易懂、以理服人）；

第二句话（进一步引起客户兴趣）；

段落标题（用标题来切割文案，提高阅读兴趣，避免长篇大论而不知所云）；

产品说明（向目标客户清楚地解释产品信息）；

创新点（把产品/服务的新功能、新包装、新特点等着重强调，要与竞争对手区别开来）；

技术说明（使广告看起来更专业、提高产品的可信度）；

预测和解决异议（预测目标客户可能会提出的疑问，然后在文案中写出解决办法）；

性别（清楚目标客户是男是女，男性采用男性视角、女性则采用女性视角）；

清楚易懂（文字的表达字句要清楚、简明易懂，以便客户能一口气读完）；

陈词泛滥（避免陈词泛滥，容易审美疲劳）；

节奏感（文案可以设置出一种抑扬顿挫的节奏感，句子要有节奏感，长短句交互，长句见气势，短句有力量，让文案句子有多样化的节奏感）；

服务（把产品的服务内容在文案中写出来）；

物理性质（写清楚产品的外观、重量、大小等物理性质）；

产品试用期（试用期，比如送小样品，写到文案中去）；

价格对比（找同类产品进行价格对比，突出自己的价格优势，但有个建议，要注意隐去同类产品的商标，避免不必要的麻烦）；

代言人（如果有代言人，要把代言人写出来，也可以恰到好处地突出产品效果）；

总结（临近结尾，在总结一下推荐的产品或服务）；

请求订购（写一句促使客户能尽早做决定订购的话）。

这里，我们细说一下几个比较重要的部分。

（1）节奏感

"节奏感"这个词，很明显是从音乐圈借过来，但文字却可以通过技巧，来营造节奏。我们记忆最深刻的古代文字，总是节奏感最强的那几句唐诗宋词。比如"问君能有几多愁，恰似一江春水向东流""两只黄鹂鸣翠柳，一行白鹭上青天"或者"举头望明月，低头思故乡"。如果让你来背一些韩愈、柳宗元的散文，就未必能张口就来了。这些古诗词中的节奏感，主要来自对于"韵律"的控制，也就是我们常说"押韵""声调"（平仄）和"字数"的变化。很多经典的现代文字，也受到古文"韵律"的影响。好文案都有韵律。

如何让文案具有节奏感

（1）简洁的短句

好文案直奔主题。

环环相扣，保持读者的兴趣。这不仅迫使你的文案好懂，而且还能使它更紧凑，更有动感和节奏。

我们来看看例子吧。

小型汽车：车肥死得快。

乔丹运动：凡事无绝对。

李奥贝纳说过：好的广告文案，都有着简单且平凡的外表。它和周围的环境融为一体，触动人们的心弦。

某著名文案说过：给我一样好东西，我会给你一大堆简单的词。

丘吉尔说过：小词动人心。

（2）活跃的动词

好文案的调调应该是积极向上的。

你可以采用确定肯定的态度，这样有鼓动性。小心，那些被动语态。

积极向上的态度有助于使产品更受欢迎。

还记得艾维斯二手车的广告语吗？他们是说，我们只是老二，我们更努力。

而他们没有说，我们不是老大。

优乐美的广告记得吧，我是你的优乐美。感受一下里面的态度，它是积极向上的，是很有信心的。活跃的动词，能带来积极的态度。

（3）并列的句式

没有好结构，就没有好文案。

你的句子必须是一致的。你的用词必须是一致的。动词应该是用同一种时态。人称的单复数要明确清楚。全部要一致，不能混乱。

经典的广告，往往采用一致的结构。那样，让文字更有力量。

我们来看看平行结构的例子。

"多一些润滑，少一些摩擦"。

"品质在内，名声在外"。

"好滋味，好时光"。

"所想即所得"。

再来一个卫生间的广告。

《我们希望你爱上你的浴室》

我笑了。

我哭了。

我重新装修我的浴室了。

很好读，也很好懂。你很快看完了，你莞尔一笑，你再也不用自己的卫生间头疼大叫了。

再来一个重复结构的例子。2013 年科比复出的时候，就有一个 NIKE 的广告文案。

《卷土重来》

他不必再搏一枚总冠军戒指

他不必在打破 30000 分纪录后还拼上一切

他不必连续 9 场比赛都独揽 40 多分

他不必连全明星赛总得分也独占鳌头

也不必为一场胜利狂砍 81 分

他不必一次又一次地刷新［最年轻］纪录

他不必肩负整个洛杉矶的期望以至于跟腱不堪重负

倒地的那一刻

他不必站起

他不必再站上罚球线投进那一球

也不必投进第二球力挽狂澜

他甚至不必重回赛场

即使科比已不必再向世人证明什么

他也必定要卷土重来

人本身就有一定的节律，重复会激活这种节奏感。

话说回来。不管是平行还是重复等并列的句式，只要结构清晰，沟通就会清晰。

（4）各式各样的押韵

好文案还要听起来悦耳。

所以，你要充分利用我们语言文字的发音特点。

第一个是头韵。就是词的第一个隐约或者第一个字母发音相同相近，押的就是头韵。比如：批评（pp）、广告（gg）、可口（kk）。

还有一个是韵脚，这是最普遍也是最好记忆的方式。押韵的字，都是一句话最后一个字。

比如：

糖果文案：糖果可爱，随身携带。（ai）

大宝文案：想要皮肤好，早晚用大宝。（ao）

戴比尔斯文案：钻石恒久远，一颗永流传。（uan）

押韵，让平淡的信息有趣生机起来。

韵用得好的文案，可以把传递的信息像钉子一样装进读者的脑袋里。

（5）双关或文字游戏

有时候，好文案是聪明的文案。

手法恰到好处的话，文案就会很有味道。并且，这样的文案本身就是一个有趣的事。不过千万注意，如果这种手法不起作用，只会越说越糊涂。更糟的是，也让读者有了鄙视你的理由了。

比如宝马 MINI 的文案。

别说你爬过的山，只有早高峰。

再比如一个运动内衣的广告。

《健身也不能乱跳》

我们有各种款型的运动胸罩以及内衬

就是想让你锻炼曲线的同时仍然展现美好的曲线。

双关双语都很风趣，文字游戏也很好玩。但必须注意，一定不能牺牲传达准确意思为代价。本末不能倒置，文案的根本是要传递完整准确的信息。

最后总结一下，有节奏的文案该怎么写。这个时候，李奥贝纳说：

要简单。

要好记。

要让它读起来有趣。

要让人们想看下去。

（5）明确文案的目标

我们在写文案前，就必须要清楚这则广告想要实现的目标，因为文案写作只有紧扣目标，并在结合其他元素的推动下，才能发挥最大的效果。

视频文案的基本目标，包括：鼓励目标客户主动询问产品信息、鼓励客户主动购买产品、回答目标客户提出的疑问、筛选潜在客户、增加商店的客流量、引进新产品或经过改良的老产品、与当前用户潜在客户联络感情、传达最新的产品情报等消息、提高产品的品牌认同度、塑造企业形象、为销售员提供营销工具。

很多人在进行带货文案写作的时候，一篇文案写完，时常感觉连自己都无法满意。虽然一篇文案也不短，但是感觉没有写到用户的痛处，也没有把话讲完。这种情况很大可能是没有明确视频文案的目标。换句话说，这篇文案最终要达成的效果是什么？如果想要的效果一开始就很明确，对写作带货文案的时候劲儿应该用在什么地方，你心里应该早就有了数。

带货文案的写作目的通常可以分为两大类：卖货和"种草"。

那么，卖货要卖到多少数量？种草要种到什么程度？这就是这篇文案要达成的目标或者说效果了。接下来，我们需要进一步考虑的是，要达成这个效果，需要采用什么样的营销手段和方法？

我们来举一个例子。

推广产品：互联网市场运营课程

推广方式：百度竞价

以我们在学习互联网运营为例，在网上搜索有关互联网市场运营培训机构过程中，我们通常看到是一些简短的标题，这些标题在你的注意力停留1～2秒内，击中了你内在的痛点。

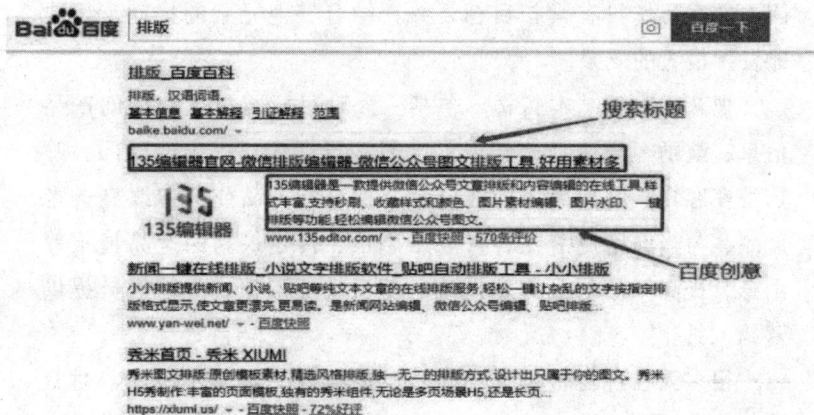

在这些标题的驱使下，你点开了网页。当进入对应的网站首页时，可以看到这家机构对于产品的详细介绍。他们关于互联网运营的课程的特点，能为你带来什么好处，能帮你解决什么问题等等。

在一系列详细地介绍下，你心动了，产生了购买的冲动。当你下决心购买这家机构的课程时，网站在你了解他们的产品后，会引导你到他们产品的付费购买页，最终你购买了课程。

(7) 简明有效的文案撰写流程方案

刚开始写文案的时候，应该放手去写头脑中冒出的所有想法、词汇、口号、标语、句子和片段，因为这些都是可以随时删掉的。但如果不动手写下来，那些想法就会像流星一样稍纵即逝。

写作流程：

流程1：初步构思

寻找卖点，明确重点。确定文风、文体、篇幅，使用人称。文案大致走向。

流程2：列提纲，打草稿

列出提纲，把正位分成三段。开头：解释标题，主体：论述各种诉求和卖点，结尾：提出行动号召。

流程3：用一句开宗明义的话做开篇

重要的信息放在前面讲。第一段中提出最重要且具有说服力的内容，回应标题所提到的某些部分。

流程4：铺陈你想表达的所有内容

把开篇没提到而提纲里有的论点全部展开讲述，把想法全都写出来，然后再删繁就简，提炼出重点。这个地方要注意，使用目标客户喜欢的语气，口语化表达有助于营造真实感。

流程5：设置一个鼓舞人心的结尾

结尾要有力，强化品牌个性形象，向目标任务提出号召。

(8) 要了解这篇文案要发布到哪个渠道

发布渠道关系着你的文案写作的风格和表达方式。为什么这么说呢？是因为现在越来越多的平台都正在汇聚自己特定的人群。入乡随俗、符合相应平台的文案内容才更容易被该平台上的受众所接受。不同的平台有着不同的风格，也有不同的作用，比如知乎上，许多用户接近"科学控"，是一个比较专业的问答平台，你即使在那里发布美容产品的文案，有诱惑力的着笔点也不是你的产品能够让使用者变多美，而是你的产品为什么能够让使用者变更美。

找渠道应该不算特别难，就算你不知道有哪些渠道，找个广告商，他会给你推荐一大堆，在网上查查也能找到很多。

至于你的精准目标用户到底在哪个渠道，感兴趣的内容是什么，其实把"文案写给谁"这一步做扎实了，答案自然也就出来了。越是目标人群分析下足了功夫，渠道就越好找。文案在哪发布，找渠道是一小步，验证渠道与文案才是关键。如果事先没有把这些调研清楚，文案写得再好，转化率也不会提高，同时还会浪费金钱和精力。与此同时，不同的渠道对我们如何写文案也有一定的决定作用。

找渠道只是开始，我们需要不断验证不同渠道的效果，以及类似渠道不同文案的效果，可复制可持续地去写文案，一般建议分三个步骤：

首先是小范围测试不同渠道和文案，低成本试错，也就是最小可行性测试，让 ROI 最大化。文案不是写完内容就结束了，同样需要跟进结果；

然后是把测试的最优结果整理为可执行的标准化流程，前面是样板，这里是规范。

最后就是大规模复制，让不同渠道和文案都发挥出最大效果，预算集中花在这。

3.2　商品视频文案的创作性性思维
（段子思维＋起承转合）

什么是创作性思维

创作性思维，是一种具有开创意义的思维活动，即开拓人类认识新领域、开创人类认识新成果的思维活动。创作性思维是以感知、记忆、思考、联想、理解等能力为基础，以综合性、探索性和求新性特征的高级心理活动，需要人们付出艰苦的脑力劳动。一项创作性思维成果往往要经过长期的探索、刻苦的钻研甚至多次的挫折方能取得，而创作性思维能力也要经过长期的知识积累、素质磨砺才能具备，至于创作性思维的过程，则离不开繁多的推理、想象、联想、直觉等思维活动。

创作性思维的特点

创作性思维具有新颖性，它贵在创新，或者在思路的选择上，或者在思考的技巧上，或者在思维的结论上，具有前无古人的独到之处，在前人、常人的基础上有新的见解、新的发现、新的突破，从而具有一定范围内的首创性、开拓性。

创作性思维具有极大的灵活性。它无现成的思维方法、程序可循，人可以自由地海阔天空地发挥想象力。

创造性思维具有艺术性和非拟化的特点，它的对象多属"自在之物"，而不是"为我之物"，创造性思维的结果存在着两种可能性。

创作性思维具有十分重要的作用和意义。首先，创作性思维可以不断增加人类知识的总量；其次，创作性思维可以不断提高人类的认识能力；再次，创作性思维可以为实践活动开辟新的局面。此外，创作性思维的成功，又可以反馈激励人们去进一步进行创造性思维。正如我国著名数学家华罗庚所说："'人'之可贵在于能创造性地思维。"

　　总体来说，创作性思维是一种有自己的特点、具有创见性的思维，是扩散思维和集中思维的辩证统一，是创造想象和现实定向的有机结合，是抽象思维和灵感思维的对立统一。创作性思维是创作成果产生的必要前提和条件，创作性思维能力是个人推动社会前进的必要手段，特别是在知识经济时代，创作性思维的培养训练更显得重要。其途径在于丰富的知识结构、培养联想思维的能力、克服习惯思维对新构思的抗拒性，培养思维的变通性，加强讨论，经常进行思想碰撞。

　　如何激发创作性思维

　　（1）保持好奇心和想象力

　　说到想象力，我们先讲一下"想象"的概念。想象是人脑在改造记忆的基础上形成新形象的心理过程，也是把以往经验中已经形成的短暂的联系重新组合的思维过程。想象是创造活动的基础和先导，是激励创造活动、产生科学假说的源泉。只有张开想象的翅膀，才能更好地发掘大脑某些方面的潜能。

　　而好奇心是发挥想象力的起点，因此要提倡科学的怀疑精神，遇事多问几个为什么，使自己大脑的想象功能在思考中升腾。而要使大脑的想象奔驰起来，还要保持丰富的情感，情感可以刺激想象；悲观失望的情绪不能使大脑高度兴奋和活跃起来，这时想象力自然也不会高度发挥出来。

　　扩大知识面，丰富知识经验：丰富的想象力是以丰富的知识和经验为基础的，也是以记忆为基础的。而一切科学的创造、技术上的革新和艺术上的创作，都是在丰富知识经验的基础上，通过创造性想象而获得的。一个人知识、经验、信息储备的多少，对于想象的广度和深度有着重要的影响，但这并不意味着想象力与知识经验成正比。缺乏独立思考、满足已有知识的人，将压抑自己的想象力。

认真思考，富于联想和幻想：从广义上讲，想象包括联想和幻想。所谓联想，绝不是简单的思考，而是许多思考的连接和扩张。联想常常表现为由表及里、由此及彼的顿悟。一个人如果不善于联想，那么他就不会举一反三、触类旁通，就不可能产生认识上的飞跃。许多人成功的事实表明，他们往往能抓住生活中的偶发事件，产生丰富的联想，构筑鸿篇巨制和提出科学假说、技术发明等，如托尔斯泰的《安娜·卡列尼娜》就源于一件女子卧轨的新闻事件。魏格纳从看到世界挂图到创造大陆漂移说，贝尔从听到吉他声到改装电话机……这些联想的力量是何等的惊人。所谓幻想，是由个人愿望或社会的需要引起的指向未来的特殊想象。幻想比联想距现实客体虽然远一步，但它是更高一级的思考。没有幻想，就没有科学的假说，没有科学的假说，也就没有科学的发展。原子结构的模式、试管婴儿的诞生等，又何尝不是在幻想功能的作用下产生的呢？

多读文学作品，提高文艺修养：几乎所有的心理学家都非常强调文学艺术修养对培养、提高想象力的价值。如苏联著名心理学家捷普洛夫说："阅读文艺作品，这是想象的最好学校，这是培养想象的最有力手段。"文学艺术作品一方面可以给人们提供丰富的形象，特别是典型形象；另一方面，欣赏文艺作品，又要求人们必须展开想象的翅膀，于是在运用想象的过程中，自然也就锻炼了想象力。

在实践中观察，在观察中想象：当我们想象某事物时，就是捕捉该事物与头脑中经历过的事物之间的特征和属性的关联，而头脑中事物特征和特性的获得首先得靠观察。因此，观察力的提高对想象力培养的重要性就不言而喻了。如近代化学之父道尔顿为了创立著名的新原子论，曾坚持57年如一日地进行气象观测，达2万余次，记下了20万项的各种数据。

培养多种爱好，丰富日常生活：广泛的兴趣和多方面的爱好可以使你思路开阔，想象也就有了广阔的天地。大千世界是复杂多样且彼此相关的，由于你具有多方面的爱好和广泛的兴趣，可使各种知识互相补充、启发。

正如爱因斯坦所说的："想象力比知识更重要。因为知识是有限的，而想象力包括世界上的一切，推动着进步，并且是知识进化的源泉。"黑格尔也断言："如果谈到本领，最杰出的艺术本领就是想象。"上面几种方法，希望能帮到想要提高自己的思维和想象力的朋友们，帮大家张开想象的翅膀。

（2）强化发散思维

发散思维亦称扩散思维、辐射思维，是指在创造和解决问题的思考过程中，从已有的信息出发，尽可能向各个方向扩展，不受已知的或现存的方式、方法、规则和范畴的约束，并且从这种扩散、辐射和求异式的思考中，求得多种不同的解决办法，衍生出各种不同的结果。这种思路好比自行车车轮一样，许多辐条以车轴为中心沿径向向外辐射。发散思维是多向的、立体的和开放型的思维。

a. 发挥想象力

德国著名的哲学家黑格尔说过："创造性思维需要有丰富的

想象。"

一位老师在课堂上给同学们出了一道有趣的题目"砖都有哪些用处?",要求同学们尽可能想得多一些,想得远一些。马上有的同学想到了砖可以造房子、垒鸡舍、修长城。有的同学想到古代人们把砖刻成建筑上的工艺品。有一位同学的回答很有意思,他说砖可以用来打坏人。从发散性思维的角度来看,这位同学的回答应该得高分,因为他把砖和武器联系在一起了。

一位妈妈从市场上买回一条活鱼,女儿走过来看妈妈杀鱼,妈妈看似无意地问女儿:"你想怎么吃?""煎着吃!"女儿不假思索地回答。妈妈又问:"还能怎么吃?""油炸!""除了这两种,还可以怎么吃?"女儿想了想:"烧鱼汤。"妈妈穷追不舍:"你还能想出几种吃法吗?"女儿眼睛盯着天花板,仔细想了想,终于又想出了几种:"还可以蒸、醋熘或者吃生鱼片。"妈妈还要女儿继续想,这回,女儿思考了半天才答道:"还可以腌咸鱼、晒鱼干吃。"妈妈首先夸奖女儿聪明,然后又提醒女儿:"一条鱼还可以有两种吃法,比如,鱼头烧汤、鱼身煎,或者一鱼三吃、四吃,是不是?你喜欢怎么吃,咱们就怎么做。"女儿点点头:"妈,我想用鱼头烧豆腐,鱼身子煎着吃。"

妈妈和女儿的这一番对话,实际上就是在对孩子进行发散性思维训练。

培养创造性激发学生自己的创作欲望、提供一个能充分发挥想象力的空间与契机,让自己也有机会"异想天开",心驰神往。要知道,奇思妙想是产生创造力的不竭源泉。

在寻求"唯一正确答案"的教育影响下,我们往往是受教育越多,思维越单一,想象力也越有限。

b. 淡化标准答案，多向思维

学习任何东西都要不唯书、不唯上、不迷信老师和家长、不轻信他人。

单向思维大多是低水平的发散，多向思维才是高质量的思维。只有在思维时尽可能多地给自己提一些"假如……""假定……""否则……"之类的问题，才能强迫自己换另一个角度去思考，想自己或别人未想过的问题。有一篇《一切为了考试》的中学生作文，记述了一个"奇怪的梦"：

"记不清是哪天晚上，我做了一个奇怪的梦：

"四面楚歌，十面埋伏，真是莫名惊诧。

"一元二次方程的判别式是什么？

"茅盾原名？——教科书上写着：沈雁冰——老师说是沈德鸿，无所适从。

"烈日当空。氢氧化铝分子式。蚊子叮在脖子上，啪！电视节目是《血的锁链》，父亲不让看电视。春眠不觉晓，多困啊！又是可恶的二元二次方程式，监考老师严峻的脸。一张53分的数学试卷，我吓得大哭……

"氢原子只有一个电子，我只有一个脑子，怎么塞得下这么多的化学方程式。宪法为什么是国家根本大法？一切为了考试。"

文章生动而形象地再现了一个中学生的梦境。这是一个中学生在殚精竭虑的拼争和无奈时的呐喊。作者将强烈的创新意识，大胆的思维方式引进作文，思想信马由缰，纵横驰骋，内容腾挪闪错，时空交替变换，意境奇幻诡谲，传神地表现了一个中学生临考前不胜重负的心理，读后发人深思。

打破常规、弱化思维定式法国生物学家贝尔纳说过：妨碍学习的最大障碍，并不是未知的东西，而是已知的东西。

有一道智力测验题，"用什么方法能使冰最快地变成水？"一般人往往回答要用加热、太阳晒的方法，答案却是"去掉两点水"。这就超出人们的想象了。

而思维定式能使我们在处理熟悉的问题时驾轻就熟，得心应手，并使问题圆满解决。所以用来应付现在的考试相当有效。但在需要开拓创新时，思维定式就会变成"思维枷锁"，阻碍新思维、新方法的构建，也阻碍新知识的吸收。因此，思维定式与创新教育是互相矛盾的。"创"与"造"两方面是有机结合起来的，"创"就是打破常规，"造"就是在此基础上生产出有价值、有意义的东西来。因此，首先要鼓励学生的"创"，如果把"创"扼杀在摇篮里，何谈还有"造"呢？

c. 大胆质疑

明代哲学家陈献章说过："前辈谓学贵有疑，小疑则小进，大疑则大进。"质疑能力的培养对启发学生的思维发展和创新意识具有重要作用。质疑常常是培养创新思维的突破口。

孟子说："尽信书不如无书。"书本上的东西，不一定都是全对的。真理有其绝对性，又有其相对性，任何一篇文章都有其可推敲之处，我们大胆提出自己的怀疑，发表独特见解，这是提升创新能力的重要一环。反省思维是一种冷静的自我反省，是对自己原有的思考和结论采取批判的态度并不断给予完善的过程。这实际上是一种良好的自我教育，是学生学会创新思维的重要途径。

（3）拓展逆向思维

反向思维也叫逆向思维。它是朝着与认识事物相反的方向去思考问题，从而提出不同凡响的超常见解的思维方式。反向思维不受旧观念束缚，积极突破常规，标新立异，表现出积极探索的创造性。其次，反向思维不满足于"人云亦云"，不迷恋于传统看法。但是反向思维并不违背生活实际。

我国生产抽油烟机的厂家都在如何能"不粘油"上下功夫，但绝对不粘油是做不到的，用户每隔半年左右还得清洗一次抽油烟机。美国有一位发明家却从相反方向去考虑问题，他发明了一种专门能吸附油污的纸，贴在抽油烟机的内壁上，油污就被纸吸收，用户只需定期更换吸油纸，就能保证抽油烟机干净如初。这就是反向思维的典型实例。

20世纪50年代，世界各国都在研究制造晶体管的原料——锗。其中的关键技术是将锗提炼得非常纯。诺贝尔奖获得者、日本著名的半导体专家江崎和助手在长期试验中发现，无论怎样仔细操作，总免不了混入一些杂质，严重影响了晶体管参数的一致性。有一次，他突然想到，假如采用相反的操作过程，有意地添加少量杂质，结果会是怎样呢？经过试验，当锗的纯度降低到原先一半时，一种性能优良的半导体材料终于诞生了。这是反向思维的又一成功事例。

美国朗讯公司的贝尔实验室，是一个令人肃然起敬的名字！那里培养了11位诺贝尔奖获得者，产生了改变世界的十大发明。很多理工科毕业生把进入贝尔实验室工作看作一种无上的光荣。贝尔实验室作为世界一流的研发机构，它有什么特点呢？在贝尔实验室创办人塑像下镌刻着下面一段话："有时需要离开常走的大道，潜入森林，你就肯定会发现前所未有的东西。"

下面，我们不妨通过一些实例来说明逆向思维的优势。

例如：关于给网球充气。网球与足球篮球不一样，足球篮球有打气孔，可以用打气针头充气。网球没有打气孔，漏气后球就软了、瘪了。如何给瘪了的网球充气呢？专业人士首先分析了网球为什么会漏气？气从哪里漏到哪里？我们知道，网球内部气体压强高，外部大气压强低，气体就会从压强高的地方往压强低的地方扩散，也就是从网球内部往外部漏气，最后网球内外压强一致了，就没有足够的弹性了。怎么让球内压强增加呢？运用逆向思维，专业人士考虑让气体从球外往球内扩散。怎么做呢？那就是把软了的网球放进一个钢筒中，往钢筒内打气，使钢筒内气体的压强远远大于网球内部的压强，这时高压钢筒内的气体就会往网球内"漏气"，经过一定的时间，网球便会硬起来了。

让气体从外向里漏的逆向思维让没有打气孔的网球同样可以实现充气。很显然，通过逆向思维，把不可能变为了可能。由上推出逆向思维优势一：在日常生活中，常规思维难以解决的问题，通过逆向思维却可能轻松破解。

例如：有两个人一起出差，其中一个人逛街时看到大街上有一老妇在卖一只黑色的铁猫。这只铁猫的眼睛很漂亮，经仔细观察，他发现铁猫眼睛是宝石做成的。于是他不动声色对老妇说："能不能只卖一双眼珠。"老妇起初不同意，但他愿意花整只铁猫的价格。老妇便把猫眼珠取出来卖给了他。

他回到旅馆，欣喜若狂地对同伴们说，我捡了一个大便宜。用了很少钱买了两颗宝石。同伴问了前因后果，问他那个卖铁猫的老妇还在不在？他说那个老妇正等着有人买她的那只少了眼珠的铁猫。同伴便取了钱寻找那个老妇去了，一会儿，他把铁猫抱了回来。他分析这只铁猫肯定价值不菲。于是用锤子往铁猫身上敲，铁屑掉落后发现铁猫的内质竟然是用黄金铸成的。

买走铁猫玉眼的人是按正常思维走的，铁猫的玉眼很值钱，取走便是。但同伴却通过逆向思维断定：既然猫的眼睛是宝石做的，那么它的身体肯定不会是铁。正是这种逆向思维使同伴摒弃了铁猫的表象，发现了猫的黄金内质。再例如：曾有一篇文章说到：一位中国人移民到了美国，因要打官司就对其律师说：我们是不是找个时间约法官出来坐一坐或者给他送点礼。律师一听，大骇，说千万不可，如果你向法官送礼，你的官司必败无疑。那人说怎么可能。律师说：你给法官送礼不正说明你理亏吗？

几天后，律师打电话给他的当事人，说：我们的官司打赢了。那人淡淡地说，我早就知道了。律师奇怪地问，怎么可能呢？我刚从法庭里出来。中国人说，我给法官送了礼。那位律师差点跳了起来，不可能吧！中国人说：的确送了礼，不过我在邮寄单上写的是对方的名字。

这位中国人的做法是否道德我们暂且不论，但却是很典型的逆向思维，既然你们美国人认为给法官送礼是理亏，那我就以对方的名义送礼，轻而易举地赢得了官司。

由上推出逆向思维优势二：逆向思维会使你独辟蹊径，在别人没有注意到的地方有所发现，有所建树，从而制胜于出人意料。

例如：有一位赶马车的脚夫，驱赶着一匹马，拉着一平板车煤要上一个坡。无奈路长、坡陡、马懒，马拉着车上了整个坡的三分之一就再也不愿意前进了，任其脚夫抽打，马只是原地打转。脚夫这时招呼同行马车停下，从同伴处借来两匹马相助。按常规的思维方式，一匹马拉不上坡，另两匹马来帮助拉，那肯定是来帮忙拉车的。但脚夫并不是把牵引绳系在车上，而是将牵引绳系在自己那匹马的脖子上。这时，只听脚夫一声吆喝，借来的两匹马拉着懒马的脖子，懒马拉着装煤的车子，很快便上了坡。对脚夫这种做法你可能会感到疑惑，用借来的两匹马拉自己的懒马，其结果仍然是自己的懒马在使劲，另两匹马不但使不上劲，而且还有可能拉伤自己的马。

脚夫就是运用了逆向思维。

思考一：这匹马的力量同其他马的力量差不多，车上装的煤也差不多，别的马能上去，这匹马就应当能上去，上不去的原因是这匹马懒惰，也就是说，是态度问题，而不是能力问题。

思考二：使用两匹马拉住懒马的脖子，就逼使懒马必须尽最大的力量，拼命拉着煤车前进。否则，脖子就在可能被另外的两匹马拉断。求生欲使得懒马必须积极主动地拉车上坡。

思考三：如果让另外两匹马帮助拉车，虽然可以顺利地将车拉上坡。但让马尝到偷懒的甜头后，再遇到上坡时一定还会坐等别的马帮忙。而系住它的脖子让另外两匹马教训它一下，则可以使其记住偷懒所吃的苦头，以后上坡时不敢再偷懒，从而根治该马的懒病。我们不能不承认，马夫运用逆向思维解决懒马问题的招数实在是高人一筹。

由上推出逆向思维优势三：逆向思维会使你在多种解决问题的方法中获得最佳方法和途径。

例如：某企业党委实行差额选举，规定从 23 名候选人中选出 21 名党委委员。常规操作方法是按党员代表数量发出选票，上列 23 位候选人名单。代表拿到选票后"择出"自己同意的那 21 位候选人，投票后，由监票人进行唱票统计，最后 21 位最高得票者当选。对于这种司空见惯的做法，谁都没有异议。但是，这是一种效率低下的做法。对于这个问题，采用逆向思维，完全可以这样来做：当拿到选票后，"择出"自己不同意的那两位，唱票时，每张选票也只唱两次，最后，谁的"票多"谁就落选。这样，每一位代表所花的时间只有原来的十分之一，每一张选票的唱票时间也只有原来的十分之一，选举效率提高了十倍。你仔细想过就不难发现，这种做法不但提高了效率，而且也有助于提高候选人和代表的压力感和责任感。选取赞成的21位时，很多人都是从前往后打钩，只要不是很不顺眼就按着顺序往下钩了，最后的结果往往是居于最后面位置的两位候选人落选的可能性最大。这种做法使得落选的人压力不是很大，谁让自己的地理位置不佳呢。而要代表从23位候选人中择出2位自己认为是不合适的人，那么对候选人来说加大了压力，他必须十分注重自己的形象，改进自己的不足。对代表来说，必须经过慎重思考，负责任地表达自己的意见。

由上推出逆向思维优势四：生活中自觉运用逆向思维，会将复杂问题简单化，从而使办事效率和效果成倍提高。

例如：湖北十岁的小学生王帆发明的双尖绣花针获得第四届全国青少年发明创造比赛一等奖，被中国发明协会授予专项发明奖。王帆曾仔细观察过大人们的湘绣绣花过程，看到绣花针刺到布下面，针尖朝下，需要掉转针头，才能再刺到布的上面来，又需要再次掉转针头刺下去，如此反复操作，非常麻烦。小王帆心想，能不能不掉转针头进行刺绣呢？常规的绣花针一端是针尖，另一端是针鼻，显然用针鼻不能代替针尖的功能，反过来针尖也不能代替针鼻的功能。怎样对绣花针进行改进呢？王帆想，既然要不掉转绣花针进行刺绣，绣花针必须对称。两端即让两端都是针尖。那么针鼻怎么办呢？经过思考，王帆将针鼻选择在针的中段位置。王帆发明的这种双尖绣花针下面有针尖，可以刺透绣花布，从下面拔出针，上面也有尖，不再需要掉转绣花针就可以继续刺绣，减少了刺绣操作的步骤，提高了刺绣的速度。双尖绣花针虽然简单，却非常新颖和具有实用性。

小王帆就是利用逆向思维的方法，把不对称的绣花针改为对称，发明了双尖绣花针。

由上推出逆向思维优势五：逆向思维有助于人类的发明和创造。

例如：以逆向思维处理婚姻中出现的不忠问题也会收到奇效。婚姻中，如一方不忠，比如说丈夫在外面有了情人，顾家爱夫的妻子知道后，惯常是使用或哭、或闹、或打上门去、或以死相逼等激烈或极端的方式来试图挽救涉死的婚姻，然而以此方式却很少有成功的，即便丈夫出于压力没有离婚，但夫妻之间的感情也会彻底崩溃的。

有位聪明的妻子却采用了逆向思维的方式。丈夫在外面有了情人，如痴如醉。妻子得知后，便默默地离开了家，为丈夫和他的情人腾出了空间。临走时留下一张字条，上书，"亲爱的：自从嫁给你，我就是在用自己的心深深地爱着你，非常希望你幸福快乐。既然你喜欢和她在一起，对你的爱告诉我，就让你得到自己的幸福快乐吧。我先暂时离开家一段时间，请你认真思考我们的关系后再作出决定。"

这位妻子是这样考虑问题的：

第一，既然丈夫已经心有他属，一哭二闹三上吊或采取其他激烈的方式是无济于事的，而且还会彻底伤害夫妻多年的情分，使夫妻关系彻底破裂。而选择冷静地离开，就算不能挽回家庭婚姻，但至少双方都不会受到很深的伤害。

第二，如果丈夫的情人各方面很优秀，那么丈夫爱情人就有他的道理，自己又哭又闹只会让丈夫愈加地瞧不起自己，是弱者的表现，变相地证明自己确实是不如情人。

第三，男人喜欢情人往往是出于得不到的就是最好的心理，因为双方的关系处于秘密和地下的状态，这种距离感使情人之间产生了强烈的美感，索性让你们近距离接触，让你更现实并更快地真正了解她。

那位丈夫在和情人亲密接触后却陡然发现情人很多地方都不及贤惠的妻子，没多久就果断地离开情人，回到了妻子的身边。

这位妻子运用逆向思维，不哭不闹，给丈夫留出了空间，给自己留出了空间，同时留给了丈夫回头的空间，最终挽回了家庭。

由上推出逆向思维优势六：使用"逆向思维"思考问题，常常会助你在"山重水复疑无路"时，进入"柳暗花明又一村"的境界。

如何训练逆向思维

（1）养成反过来思考习惯

世界上的事物都有正反两个方面，但我们长期的思维习惯是只看到其中的一面，使思维的过程和结果越来越雷同，我们大多数人都是习惯于沿着事物发展的正方向去思考问题并寻求解决办法。但如果对于某些问题，尤其是一些比较特殊的问题，从结论往回推，倒过来思考，从求解回到已知条件，反过去想或许会使问题简单化。

正向逻辑思维产生于我们平时的观察和发现，但我们都知道只是观察并不能使逻辑能力有很大的提升，如果你学会保持对事物的好奇，多问几次为什么是这样，从结果上或者可能出现的结果上来倒推，这样不但能让自己视野辽阔，见识倍增，而且可以让自己养成逆向思维的习惯。这跟我们经常说的站在对方的角度上思考问题，是一样的道理。

（2）养成总结的习惯

我们在职场工作中都知道在执行不同的项目时，项目之间总是会有相似的地方，这就是事物的共性。我们在不断总结之前的"经验"，把事情的共性和异性找出来，就是把之前的思考和验证进行了一个完整的归纳，从而形成我们自己的知识块，可以有效地帮助我们遇到问题时，马上会有解决的办法或思考出来。

那么具有创作性思维的文案具有什么特点？

（1）精确归纳，迅速提炼关键字

在创作互联网文案的时候，我们首先要熟悉产品或服务的特点，进而归纳出主要表达的内容，提炼出卖点。给初学者一个建议，在创作文案之前，可先在草稿上做一个关键字词云图，有助于厘清主要方向思路。

（2）追溯根源，加强因果联想能力，从不同维度切入分析，寻求最佳方案

很多事情都存在着连续性，从事件结果追溯到不同起因，从事件起因联想到多种结果。从心理学角度来讲，某些联系永远是记忆活动的基础，文案也同样如此，把握好产品或服务与受众、生活场景、热点事件之间的联系，就能较好地用文案与用户沟通。

（3）利用心理学、营销学，洞察情感需求或共同认知价值

在互联网时代，枯燥、直接式的传统广告很难与用户产生

共鸣。对于产品、品牌来说，情感营销才是能达到广而告之的广告策略。情感营销则需深度挖掘用户内心的真实感情，同时针对需求或痛点"对症下药"，激起用户心灵上的共鸣。例如京东的《你不必成功》、16 家基金《年纪越大，越没人原谅你的穷》，"丧文化"一度刷屏。

（4）文字表现方式要带感（视觉化、场景化），忌空泛难理解

李叫兽说过在互联网产品文案的写作中，有两种文案人，一种是 X 型文案人，另一种是 Y 型文案人。X 型文案用词华丽，也就是所说的自嗨文案。而 Y 型文案则是简单地描绘出用户心中的情景，充满画面感、语言简单、直指利益，这样的文案更容易打动用户。

5、初创品牌文案应细分产品或服务属性，提高消费者认知度

很多时候，消费者懒得详细了解并比较产品，更多的是简单地通过与产品本身无关的外部因素来判断。比如"这个大品牌，不会坑我，就买这个！"在这种情况下，小品牌是打不过大品牌的，因为消费者直接通过"品牌"来推测产品质量，而不是详细比较产品本身。这个时候就需要细分产品或服务属性，让消费者可以清楚的了解产品。

段子思维

当今新媒体时代，段子手似乎比网红更红。2016 年 8 月里约奥运会期间，中国游泳选手傅园慧的一句"我已使出洪荒之力"成为整个奥运会期间的金句。一夜之间，这位并没有取得冠军的游泳小将却成为人尽皆知的"段子手"。在视频中更是如此，那些"段子手"造就的金句成为人们观看的最主要因素之

一。因此，在视频中可以加入一些段子，让直播内容更具特色，更能吸引人们观看。

在这方面，奥利奥饼干在天猫直播就做得很好。

2016 年 8 月 4 日晚，奥利奥双味饼干携手娱乐圈中的两大"段子手"大张伟和薛之谦在天猫直播上演了一场真"薛"话"大"冒险的直播众所周知，在娱乐圈内，这两位明星是著名的"南薛北张"，甚至被大家称为是歌坛内的相声表演者。这次两人在直播间演绎当下最火热的网络现象"北京瘫"和"上海抱"，主题内容频频围绕奥利奥双味饼干出各种幽默搞笑的段子。

在这次直播视频中，大张伟和薛之谦两位"段子手"，频频抛出各种经典段子，比如两人各用北京话和上海话来说段子，惹得观看直播的用户哈哈大笑，不断送花、点赞。

天猫直播对于内容的要求十分奇刻。目前其他直播平台的内容多以用户为主，由主播发起，且不会有事先预设，和用户聊到哪儿就算哪儿。但是这种方式对于天猫来说有些太过寻常，天猫直播的内容则是以专业生产内容形式产生，均是专业化制作团队制作。因此天猫直播更用心，内容更丰富，更像是一场精心策划的真人秀节目。

像奥利奥这样的大品牌出于对自身定位的考虑，往往会倾向于邀请明星或代言人来做直播，而明星对于自己的每场演出要求都很高，各种幽默风趣的内容为直播添彩。

如果明星做直播只是坐在镜头前聊天，或者说产品，就会显得单调，容易让用户产生疲劳感。而让明星主播说段子，说一些当下热门的事情和信息，能够让用户看到明星幽默风趣的一面，增加对明星的好感，同时在这个过程中插入产品，引导用户购买。

想必，我们日常生活中多少也会接触一些段子。

例如："假如生活欺骗了你，不要着急，拿起美颜相机去欺骗生活。"

来自诗人普希金名句：假如生活欺骗了你，不要悲伤，不要心急。

你身上有她的香水味，一闻就没我的贵。

来自网络歌曲《香水有毒》。

这些段子不仅能让我们会心一笑，往往还能体会到其中的深意，给我们带来启发。很多精彩的创意、神反转的段子，其套路的精髓就在于"打破思维定式"。

再举个例子，最近看《乐队的夏天》，第一期有个叫"盘尼西林"的乐队，乐队的名称来自"青霉素"的英文 Penicillin。它就给我们带来一个启发：原来取乐队名称还能从医药领域汲取灵感。

所谓段子思维，重要的就是神转折。所谓的神转折，通俗点说，就是一本正经地说胡话。

例如：

"小孩问富翁：叔叔为什么你这么有钱呢？富翁说：我给你讲个故事吧。很小的时候，我注意到楼下的矿泉水卖一块钱，而三站地外的篮球场上，要卖一块五。我拿着一个大书包，从楼下买水带到球场去卖，卖一块二。一个月我挣了10块钱。小孩说：我好像明白了。富翁说：你明白什么。后来我爸死了，把钱留给我了。"

如何把文案写的有意思又不啰唆就可以用到段子思维，这种思维模式也是一种创新性思维，如果这种思维能够很好地运用到我们文案的写作上，也是非常出彩的。这里我们有一个文案段子的方程式。"段子方程式：'笑果'＝笑点＋相关度＋戏剧性＋技巧"。通过公式我们可以看出，要使段子思维能够达到想要的效果，还要和视频相关，并且要运用一些技巧使文案更加具有戏剧性方能达成效果。

例如双十一的段子文案：

11月11日最应该打折的是什么？……你的手？

今晚零点我们一起做个明媚的女子不倾国不倾城……只倾家荡产

还没空看淘宝天猫这感觉就像明天考试但还没复习一样

要感谢马云因为他，才没有人在这个日子里问我这只单身狗脱单了没而是问我买了什么

哭了感觉落下情敌一百辆购物车的距离

什么是"起承转合"

"起承转合"是一个常见的形式美结构，在早期人类的音乐、绘画、祭祀等活动中就已经开始运用了。

后来随着文字的发明，书写工具的进步，"起承转合"就被一本正经的引借到写作中了，比如元代范德玑在《诗格》中首先提出诗歌创作的"起承转合"。

"起"运用比兴手法，"比"就是以此物比彼物，也叫比喻。"兴"就是先言他物以引起所言之物也。比喻中的本体和"兴"的所言之物，就是广告所要传达的最重要信息。"他物"和喻体的寻找是文案写作的重点，必须根据文案正文的主要内容（广告所要传达的最重要信息）反推得出，在与之相关的，情理上或逻辑上或事实上有关联的事物中去寻找。

　　"承"是"起"的延续，从情感和叙述上使之饱满。要有意为之地去寻找既能承接"起"，又能启下的元素。主要的是从"起"势中的"他物"入手，寻找与之相关又与商品的特性相关的元素。如商品相机广告中可用"四方的景色"为起势，用"颜色"来承接。

　　"转"从意义上开始转入他式，其基础是跟"承"有情绪逻辑上或事实逻辑方面的关系。这里就开始转入对广告文案中要传达的商品、服务或劳务的特性、功能等信息的诉求。

　　"合"将比兴阶段所运用的载体（他物）与转折时所用本体，作情绪、逻辑、意义上的揭示和升华。这部分要注意词语不能用得太过专业、生僻，因为广告文案是给普通人看的、听的。

　　先看看没有起承转合的故事：我看到一个女孩很漂亮，于是走过去跟她说，我喜欢你，做我女朋友吧，她说好，我们就在一起了。

　　再看有起承转合的版本：

　　起：我喜欢小红很久了，算上第一次心动，如今已经十年有余。

　　承：今天我终于鼓足勇气，准备了 99 朵玫瑰，订了外滩边最好的法国餐厅，她也欣然应约。

　　转：主菜结束甜点上来的时候，我让服务员拿上玫瑰，小红一脸的笑容瞬间凝结，僵持了 3 分钟，她起身离开。她无情地拒绝了我，留下我木然地坐在那里。此后 30 天，她不接电话，不回微信，更别说见面了。

　　合：有一次，天下大雨，巴拉巴拉……她终于被我的诚意感动，答应和我在一起。

　　显而易见，运用了起承转合这种写法的故事更加生动形象，也更能让我们体会到主人公每时每刻的心情，能够做到感同身受，从而吸引我们继续读下去。

　　再如：THINKPAD 的文案

　　起：权力已不再是决定影响力的唯一因素，

　　你更看重的是思想的力量。

　　承：拥有上千项尖端技术的 THINKPAD，

　　正是你安全的思想空间。

　　转：它思考过缜密的商业计划，

　　也蕴藏着改变世界的商业机密。

　　在这里，

　　数据不再是 0 或 1，

　　而可能是一场经济风暴的引发点，

　　也可能是你战胜对手的秘密武器。

　　在这里，

　　数据最终衍生为智慧、优势，

　　和无法抗拒的影响力。

　　合：打开 T60，

　　整个世界都会安静下来，

　　聆听你的声音。

　　THINKPAD

　　让思想更有力。

3.3 商品视频文案的内容规划和情感融入

商品文案的内容规划

内容规划的目的，便是：持续提供具有用户价值、符合用户语预期的优质内容。内容规划的要点是，勿求全面，要以点带面，抓住最合适你快速发展的一点，做到最好，规划的核心是，划分要合理，不要重叠，要有清晰的划分标准，不需要非得面面俱到，在自己能力范围内外做到最好，能够有效地提高内容建设的速度；方便编辑的具体工作，不会让他们迷茫。

做好内容规划，要从以下五个方面入手。

（1）内容定位：就是你要发什么

这部分需要我们考虑两个问题，一个是：我要为哪个细分人群服务？另一个是：我能解决哪一个细分需求？

那么在考虑定位问题时需要注意的就是这是具体需求，而不是模糊需求。是真实的需求，而不是伪需求。是垂直某一小众领域，而不是全方位覆盖的。

做到小众单一领域，对用户的认知也有帮助，他能明白当他有需求的时候会第一时间想到你。

（2）内容产量：就是发多少

内容的产量是团队发文的数量和质量，不要一味地追求日更多少篇，质量上乘最关键。发挥每个人的优势，把质量做到极致。并且要充分调动团队中每个成员的积极性。

（3）内容形式：就是怎么发

发文的形式多样化，随着互联网的兴盛，有文字、视频、音频、图片等多种形式。

根据团队内容的特点再结合团队的优势，在资源允许的情况下去做，切忌跟风，需要清楚一点的是每一种格式的存在都有其合理性，尤其是随着互联网的趋势跟风，譬如团队中没有能够持续产出短视频，在视频领域做得不够好就不要轻易转去做视频。倘若你的新媒体一直在从事文字功底的工作，有一天突然转做视频了，用户不适应就会带来不必要的麻烦。总而言之，就是要根据自身团队的优势去考虑，尤其是账号的调性问题上，从优势出发提升行业内的竞争力。

（4）内容来源：就是谁提供

在内容来源方面主要有：原创、采访、整合、投稿、用户UGC、转载等等。我们要深入地去分析每种的特色，以及自身的特点，结合各种资源来规划内容来源。

（5）内容调性：就是人格化

设造一个用户喜欢的角色人格化一直沿用，包括语言特点、内容风格和价值取向，同样也会有一点的差异化，避免同类型账号的雷同化。

商品视频文案的情感融入

世界上什么是最难替代、千金不易的？情感。优秀的质量、卓越的品质、低廉的价格、方便的购买渠道……它们都太容易被抄袭、被超越了。但情感不会轻易更改的。与你的客户建立情感联系，让他们选择你的产品、服务，那么你的销售不但会变得更有人情味，你的业绩也会变得更加稳固。

商品视频文案的情感融入是指通过感性诉求方式，即通过情绪的撩拨度或感情的渲染，让消费者产生情绪反应或心灵震撼，强烈共鸣之，激发他们的购买欲望和行动。这类文案以情感人道,追求情调的渲染和氛围的烘托,富有人情味,更容易打动消费者的心。一般多用于装饰品、化妆品、时髦商品,以及其他软性商品。

想必我们在购物时很多时候都是通过感性的购买,然后理性地使之合理化。这意味着销售文案的每一步都要建立在潜在客户的情感之上,这是让他们采取行动的基础。

有时候,我们会购买一些我们并不需要的东西,比如,我已经有了一部手机,但是一天在一个品牌手机的促销现场,我被销售员说的头脑一热毫不犹豫地就买了一部,回到家里发现原来的手机刚买了不到三个月。

我们一起回顾一下这段购买经历,为什么我的手机刚买了不到三个月又要买新手机呢?

因为在手机促销现场,我被销售员慷慨激昂的推销话语所感动,加上有很多人购买,我就买了原本不需要的新手机。

所以,影响购买者的情感就可以影响他们的购买决定,让你的文案充满感情,会激励更多的人购买你的产品。

那么,如何激发潜在客户的情感呢?

真正可以激发人们情感的因素只有这 4 种。

第一种,自我保护

自我保护是人们对自己、财产以及家人的健康,安全的防护,还包括永久保持所属物的能力。这是一条销售保险,安全系统,健身产品以及其他产品的关键。

自我保护还包括"父母对孩子的爱,孩子对父母的爱,主人对宠物的爱以及与彼此相关的一种保护的情感"。对于个人自由的向往和对监禁的恐惧也在其中。

比如：

某个大城市里，新建一个停车场，刚开业生意很冷清。停车场的老板就在停车场的门口立一个很大的广告牌，上面写着"此处停车"，但是生意还是不好，没有多少人在此停车。后来一个文案高手经过这里，让老板把广告上的"此处停车"改成"此处停车，安全有保障!"停车场的生意立刻火了起来。

这个文案高手就是用了人们的自我保护的动机，在原来的广告牌上加了感情的因素——安全有保障!

第二种，浪漫

浪漫包括性欲以及两性之间的吸引力。

看看今天网上的新闻："台籍交换生被曝精日言论，武大回应""法国这次想当带头大哥，结果美国先下手了""已证实红发裸体女尸还活着"。

大多数读者会一眼被吸引过去，而且印象最为深刻的是哪一则新闻呢？

很明显，那个跟"性"有关的新闻吸引了人们的注意力，事实证明的确那个新闻的点击率最高。

因为"性"打破人们的思维惯性，因为它与人们最原始的欲望有关，既能感觉到性的吸引力（浪漫），也可以感受到性的竞争（自我保护）。

浪漫还包括"未来的承诺""新体验的愿望"。

在文案中给别人描绘出一幅联想的未来画卷，你就是在将他引入浪漫。

第三种，金钱

金钱是社会的发动机，人们从踏上社会就为赚钱而忙碌。与赚钱和省钱有关的新闻都会受到关注。如果这一点再与浪漫、自我保护联系起来，那么就是一种最为有力，甚至是令人无法拒绝的关注理由。

美国心理学家罗伊·冈在他的著作《情感需求的魔力》中讲道："人们深层次的愿望，意愿和希望就是有钱。恐惧，憎恶或者不确定等情感都与没有钱有关，或者部分有关。在情感方面，人们最能接纳那些就如何赚到更多钱提出意见的人。"

第四种，他人认可

很多的时候我们做一些事情只为吸引别人的注意，这就是他人认可。在任何情况下，人与人之间都有一种看不见也意识不到的地位游戏。人们会认为一个人的地位比较高，而另一个人的地位比较低。实际上，这种事每时每刻都在发生，如果你明白这一点，你就会发现这种情况无处不在。

在我生活的小区前面有一条街，200 米的长街上每隔几十米就有一个卖馒头的，其中有一家卖馒头的生意特别好，甚至排起了长队，为什么呢？

因为这家卖馒头的老板每卖出一份馒头都会对顾客说："谢谢您。"顾客之所以买他们的馒头，仅仅是因为他们得到了认同和感谢。

人们只会做让他们感觉良好的事情。如果他们对你的产品和服务没有感觉，很有可能，没有一个人会购买你的产品。在你的文案中一定要让读者知道那些好的感觉是什么，将感情融入你的文案中，让他们能够看见、听到、触摸到你的产品或者服务。

总而言之，就是将感情融入你的文案中，将会大大提高人们购买产品的成功率。

那么，如何将情感融入我们的视频文案当中呢？

例如：牙膏的视频文案

只介绍产品：呼吸间都是大自然的气息

在受众脑中建立一个画面：清新、绿色、令人愉悦……在建立画面的同时，也表明产品的特性和功能：清新口气，让人倍感愉悦。

融入情感：幸福就是，每天早起为你挤好××牙膏

每个人都有自己的爱情仪式感，而感情生活中最平凡、最容易的日常，是我们获取幸福感的源泉。

钻戒的视频文案

只介绍产品：指间曳动的光芒，时刻闪耀你的绝代风华

曳动，形容钻石每时每刻都在闪耀的光芒；鲜花总需要绿叶妆点，钻戒闪耀的光芒是你绝世美的最好陪衬。

融入感情：带着它向我求婚

也许陪伴是最浪漫的爱情，但是我还是希望多一点仪式感，带着这款钻戒向我求婚，为我们的爱情加冕。

江小白

说到江小白，大多人的第一反应不是它的口感如何，而是它走心的文案。在这个越来越多年轻人不爱喝白酒的年代，江小白的文案击中了年轻人所需要表达情感的内心。

江小白的主题瓶有很多，表达瓶，音乐瓶，文化瓶……总有一款可以击中你的内心。比如"总觉得没喝够，其实是没聊透。"短短的一句话，便道出了喝酒人"哥喝的不是酒，而是情绪"的内心独白。据相关数据显示，2017年江小白销售额达到10亿元。

你的产品，你的附加内容，能否与消费者产生情感上的联系，或者是激起消费者的情感波动，将会是消费者是否决定埋

单的重要因素。

3. 4 商品视频文案创作的互动性

什么是互动性

互动性是顾客在公司的营销交流中可以直接表达他们的需要与欲望。这就意味着营销者可以真正地和预期的顾客进行实时交流（或接近实时）。

我们要明白，文案的作用，它不是用来抒情，也不是用来写产品说明或阐述一件事，在新媒体环境下，文案的很大作用是用来为销售服务。所以，互动性的文案，更能与读者沟通，与读者产生链接，吸引读者参与其中，从而达到自己的各种推广与销售目的。

除了以上我们强调的一些要点之外，交易还有一个核心的要素，就是互动。就像我们去菜市场买菜，人声鼎沸，都是买家和卖家的博弈，有互动有博弈才有最后的交易。

别指望一个好的产品，往那里一摆，就会有大把的人去买。

那么，怎样才能让视频文案和用户有意识的互动呢？

（1）对话模拟

写文案要说人话，不要搞非主流印象派，自己觉得挺高深，其实别人根本懒得看。除了要说人话，文案还要有节奏感，可以使用对话模式。比如像网易云音乐的地铁刷屏广告一样，很多都是以男女对话的方式体现出来的。

我们来举几个例子：

案例一，旅行箱

普通文案：结实耐用，容量大，多种颜色可选……

对话感：你有多久没有去旅行了？

案例二，蓝牙耳机

普通文案：××蓝牙耳机，音质好，携带方便，外形美观大方

对话感文案：猜一猜，耳机线在哪里？

对话感的文案就是这种句子，很简单的几句话换一种方式去表达，从顾客的角度出发或者用关心或者用幽默诙谐的方式或者用哲理性的句子让顾客有一种面对面交流的感觉！赤裸裸的叫卖已经无法打动消费者了，真正打动消费者的是那种走心的简单的又能戳中他内心某个需求的句子！

（2）把用户融入文案

让读者有参与感，可以增强信任感、亲切感。比如设置互动环节。a. 故意写错别字，让读者去挑错。b. 带领读者想象，如果你拥有这个产品，会是什么样？把读者融入文案，会让读者感觉自己被重视。

（3）给读者提供辩护

如果读者的反应是：我再想想，基本就不会购买。

想想学会 Excel，每天少看半个小时的计算机，同事会觉得你更专业。价格越高的产品，就越要给读者找借口。把为什么要买说清楚。

（4）鼓励评论

鼓励评论是增加作者和读者交互的最明显的方法，这比简单地要求读者留下评论要好，在文章的结尾处问一些问题以鼓励评论，往往能够引导强势读者的讨论。

（5）将问题转换为内容

最简单的方法之一，就是干脆邀请读者提问，然后再公开

回答这些问题，以创造新颖独特的内容。因为这种形式会抢播回你将注意力集中在你的读者最感兴趣的那些问题上，他们会形成挑战，对读者你博客自身都有好处。

3.5 视频文案的写作误区

人人都想写爆款文案，但是我们应当懂得一个道理：在学会跑之前，要先学会走。我们前文分析了爆款文案写作的技巧，除了上面这些技巧之外还有很重要的一点就是"避免犯错"。正如人立足社会，不要触碰法律规范一样，写作文案也有误区我们要去避免。

误区一：为了创意而创意

好的创意能吸引眼球，好的视觉冲击能够吸引注意。追求创意是每一个文案人孜孜不倦的向往，有多少文案人，都梦想着某一天自己的创意能一举成名。我也希望，我们团队的创造力更强能够设计出传播效果更好的品牌文案；我也期待，某一天，我们也能获得类似杜蕾斯策划团队的殊荣。然而，我想说的是，创意需要建立在本来的商业目的之上，不能为了创意而创意，忘掉了出发的初衷。

文案的最根本目的在于传递有效价值信息。什么是有效价值信息？在商用文案里，就是能实现具体的某种商业目的。任何一篇商业文案，都是常有商业企图的。在没有理解企业商业企图的基础上去为了创意而创意，是舍本逐末的做法。即使文辞再华丽，内容再吸引眼球，也是一篇不及格的文案。

为了创意而创意，是很多初级文案，尤其是创意文案、设计类文案师容易犯的错误，也是很多不懂文案策划、品牌策划的人常犯的错误。

回忆一下，常常在面试一些设计文案的过程中，会遇到一些很炫目的创意作品，当问及应聘者的创作思路与我们的品牌的关系的时候，会得到一些类似"我是创意设计师，我只负责创意"的回答，让面试官哑口无言。

也有很多时候，我们看到一些明星代言的品牌广告，我们会被明星的容颜和表演力吸引并喝彩，可是最后，我们其实并想不起来代言的品牌名。这都是非常糟糕的结果。

在我看来，忘记了商业目的的本分，为了创意而创意，是文案写作中最严重也是最容易犯的误区之一。在写文案的过程，一定要牢牢记住文案要实现的商业目的，带着目的去写，而不要写着写着逐渐就写偏了。

《云层之上》视频文案：

你说，这是一个辛苦的时代，

想要生活，却只剩工作

你说，这是一个遗憾的时代

拥有金钱，却失去蓝天

你说，这是一个绝望的时代

再有梦想，也逃不过现实

你说，这是一个最坏的时代

命已注定，只剩麻木活着

我们是时代的造物

还是人创造了时代

每一次幻想，绘制了时代蓝图

每一次努力，燃起了生命的热血

每一次呐喊，提醒你我依然活着

每一次援手，传递了希望的力量

好的文案是带入消费者体验产品，是融入情感激发消费者购买欲望，仅仅为了创意而创意就失去了原本的味道，对你有兴趣的人也会离你而去，让你的处境更堪忧。

误区二：读者定位不清

有一句话是说"见人说人话，见鬼说鬼话"，还有一句话是说"看菜下饭"。这些俗话总结了人际交往中有效沟通的真谛，其实同样适用于文案写作中。文案也是一种沟通，是一种文字形式的沟通，其目的与人与人之间的谈话沟通是一样的。

自我意识是人类的一种天性，在人际交往的交流中，大部分人都会不自觉地陷入"自我"的状态，只顾说自己想说的话，并没有留意或分析听众想听什么。许多无效的沟通就是这样产生的。文案写作也一样，我们容易忽略目标受众的行业背景、阅读爱好、阅历层次、素养追求等，从而写出来的文案不走心。

因此我们需要在写作之前，对目标受众进行细致的界定与划分，有针对性地去写。这样做才能有的放矢，更加有效。

往往同一个品牌，商业目的一样，但是目标受众不一样，文案的风格与写作套路也会有区别。在企业文案写作中，有时候同一个商业目的事情，会针对不同领域的细分受众，写出几套针对性的文案。

我曾经在一个做电商 3.0 工具的公司负责文案策划，我们曾细分了大额 B2B、平台电商、一手楼交易、票务业务、大额对 C 电商等十多个领域，然后针对不同的领域，各出一套适用的品宣材料与解决方案。

通过对目标受众进行定位与细分，写针对性的宣传文案，是避免无效传播的方法之一。

误区三：逻辑不清，思路混乱

有时候读到一篇文案，读一小段会觉得写得不错，措辞造句很有吸引力，功力不浅。但读完几段后，突然感觉好累好难受，前后跨越性太大，连贯性不强，不明白作者真正想要表达什么观点。这种问题尤其对于长文案，比如策划方案类的文案而言更明显。

为何会出现这种情况？原因往往都是因为文案写作人员的逻辑思维缺乏训练，在搭文案框架的时候，思考不够缜密等原因造成的。要防止陷入逻辑混乱的误区，最好的办法就是套用逻辑清晰的文案框架套路，依着套路往下写。有关文案套路的内容，我在上一篇文章《套用五种商用文案内容框架，文案写作不再难》中已做深度说明，这里不再展开，有兴趣的可关注我个人公众号"一个文案策划师的自白"回看。

误区四：标题过于夸大其词

在文案策划理论中，有一种观点认为：好标题的重要性，占文案写作的70%～90%。于是我们的眼球，便每天被充斥着各种带有夸张色彩的标题，让人忍不住打开链接，比如"品牌促销，1元起售，拿走不谢""价值百万的销售秘籍"等等。

毋庸置疑，标题吸引，引导打开是成功的第一步。然而我想说的是，其实这也仅仅是一小步而已，离成交还有很长一段路。如果标题过于夸张，甚至与内容名不相符，那一定会让人大跌眼镜，从此拉黑。

这种现象尤其在企业外包推广中更加严重，外包商为了提高点击率，不惜采取夸大其词，吸引眼球的手法。传播率与点击率是提升了，然而在我看来这是得不偿失的做法，会伤害了目标受众的感情。比如360的安全管家，一步步地引诱我安装使用后，然后以"安全"为由，在我电脑后台进行各种监控和安装各种广告插件，种种流氓行为确实让我大动肝火，不得已，只好敬而远之。

在劳斯莱斯的广告里，"我说的每一句话都是事实，不用形容词，也不附庸风雅。"奥格威在为劳斯莱斯创作经典广告后这样表示。反观现在很多企业或产品，动不动就是"全球领先""第一""最好用的""最美的""最潮的""最快的"等极限形容词，企图在文案上占据认知高点。但事实上，在消费者眼里，可能你的文具和别家的文具差不多，你的农业电商产品和别家的农业电商产品很相似，你家的共享单车和别家的共享单车，除了颜色之外，并没有什么不同。有一些文案新人，喜欢堆砌各种辞藻、生僻的成语，华丽的形容词，凸显自己的文学水平高。但事实上，并没有描述的那么天花乱坠，结果只能让消费者反感。商业文案和文学文案完全是两个极端，文学文案注重内心的表达，目的是让读者看得爽、觉得美；商业文案在于对产品的准确描述，目的在于为消费者提供购买依据。

误区五：理论过多，缺乏可视化应用场景

我们写文案之前，往往都会对某一件产品或事情进行学习、了解和领悟。而开始写文案的时候，经常会深陷其中出不来，会一厢情愿地以为，客户也已经有了对产品的认知和理解。因此客户看了我们的文案，往往会反馈"读不懂"。

要解决这种情况，一方面要尝试把自己放在小白用户的角度去思考问题，或者找许多第一次接触我们产品的朋友来做调

查；另一方面，在写文案的过程中，也要尽量模拟实实在在的生活应用场景，客户有身临其境的感觉。

我之前在一个做金融创新工具的公司，由于公司的产品是极具创新的产品，在市场上还没有，公司之前的文案，都是用理论、技术、产品的角度来写，主要适用于内部学习和使用。当我们要产品向市场落地的时候，面临一个很大的困难就是怎样将实验室里的高科技、超前的产品向用户讲清楚，进而逐渐积累口碑？

通过塑造可视化应用场景，是一种可行的方法。我们于是着手摸索产品在生活中的各种应用场景，通过漫画系列的展现形式，再补充一些必要性的文字语言等。如此，用户两下子就明白了。

误区六：缺乏不同商业文案类型的常识认知

在商业应用中，我们会接触到形式各样的商用文案。不同文案，自带有不同的常识或体系要求。比如，提交给政府部门的汇报文件，往往有固定的模板，公文规范要求较高，甚至有一定的官腔语气；对于互联网品宣，口语化、简单直接的语言更受欢迎；而对于商业合作类策划方案，则更偏向于对双方合作的契合度、价值增强与互补性、执行可行性、收益预期与风险等的评估更看重，因此平和、严谨、充分的论述更加有效。

然而，有一些文案写作人员，由于缺乏对各种不同文案类型的系统性知识和基本常识了解，往往会贻笑大方。比如，在商业合作类方案中，用过多的网络化口语化言辞，在总结性报告文案堆砌太多花里胡哨的辞藻等，又或者缺乏对各种文案的用途的理解，文案中描述的场景等犯下常识性错误。

商用文案究竟有哪些类型？各种类型应注意哪些基本的常识？我曾写过一篇《十年文案策划师总结四大商用文案类型》，把我见过、用过、写过、接触过的各类商用文案，归纳总结成四大类型，想要了解的可加我个人公众号"一个文案策划师的自白"回看，在此就不做深入的论述了。

误区七：不雅词使用

文案写作中，我们或多或少都会带有个人情绪、心境与言行习惯在里面。有时候，文案写作会无意识地带入一些侮辱性、攻击性的词汇，很多时候作者也许并未在意，也不觉得有什么问题。然而，往往后果很严重，轻则让读者反感拉黑，重者甚至引发社会矛盾等。

举个例子，"小米十核双茎头"的手机广告，广受网名的吐槽和反感，被认为带有侮辱女性的性质。

再看看加多宝"多谢行动"的案例。加多宝公司在一次名为"多谢行动"的营销中表示："若作业本开烧烤店就送 10 万罐凉茶。"而此前，"作业本"在微博中将重庆铜梁籍烈士邱少云比作未烤熟的"烧烤"。这一事件同样引发了各地网友的强烈不满和反感。

这两个事例，就我个人的看法，我们应尽量避免使用带有攻击性、侮辱性、负面情绪等色彩的形容词、描述或营销手段。社会需要正能量，也需要健康的内容。

因此，我们需要在平时的日常生活中，注意提高个人文明用语的习惯与修养，避免在写文案中不经意的用了一些不雅之词，引来一些抨击。当然了，有些人为了出名也会借故引发各种抨击，实现炒作的目的，即使这样，也还是要注意学习，才能更好地避免使用不雅之词。

误区八：总想说服别人

还有一种很常见的文案写作错误是总想着说服别人。带着这种负担去写文案，往往会把一个很简单的观点弄得很复杂，会从多种角度翻来覆去的论证某个观点或某件事。这类文案会让人读起来非常累，并且由于角度太多，反而漏洞更多。因为每一点都没有办法深入透彻的说清楚。

很多时候，读者大多数时间都是碎片化的，需要快速去认知并认同某些事，如果角度太多，往往就都谈不深入，也就没有办法让读者觉得透彻，都是太过肤浅的层次去描述。这样很难在读者的心中留下深刻的印象，反而更加偏离了"说服"的目的。

文案写作是一项工程，在建造这座工程的过程中，我们一定要注意"不犯错"。以上八个误区是我们在文案写作中最容易犯的，我们应谨记在心，切记不要重蹈覆辙。这样，起码能保证我们作出一份及格，甚至80分的文案。当然了，要想达到80分以上，同志们仍需继续努力，要从策划层面、写作技巧等角度去学习与践行。

案例："这么大的"牡丹饼

我想做这么大的牡丹饼！把你的梦变得甜甜的。

给我拿90根蜡烛来！老店百年，老爷子90岁。

你在毕业典礼上吃的红白团子就是我做的哟，带着这片地区的回忆的味道。

偷吃一个不会被人发现的，最好吃的都被我吃啦。

人要是死了，灵魂只有21克，就是这个团子的一半。

长寿的秘诀？把店里剩下的统统吃掉！所以戴假牙了嘛。

其实我不喜欢点心呢。人生并不甜。

这是日本大阪一家点心店的海报文案。这家点心铺隐藏在一条老巷子里，一度被人遗忘。但后来靠着这组海报，再次火了起来。海报上的这篇文案，讲述的都是生活中很常见的事物，容易被人理解。透过文案，仿佛就能嗅到牡丹饼的香甜味道。

我们可以用"广告教父"，奥美广告公司创始人大卫·奥格威的话来说明：消费者不是白痴，她如同你的妻子。如果你认为只要一句广告词配上一些索然无味的形容词，就可以说服她去买任何东西，那你是在侮辱她的智慧。她要的是所有你能提供的资讯。

4　商品视频文案与场景营销和
内容营销的有效结合

什么是营销

营销，指企业发现或发掘准消费者需求，让消费者了解该产品进而购买该产品的过程。市场营销（Marketing）又称作市场学、市场行销或行销学。MBA、EMBA 等经典商管课程均将市场营销作为对管理者进行管理和教育的重要模块。市场营销是在创造、沟通、传播和交换产品中，为顾客、客户、合作伙伴以及整个社会带来经济价值的活动、过程和体系。它主要是指营销同时针对市场开展经营活动、销售行为的过程，即经营销售实现转化的过程。

营销即 4P，是一种科学理论，没有一件事情解释不了。

根据各个概念在关注和解决的问题来看，它们依然没有脱离经典的 4P 营销组合。

我们再来看菲利普科特勒经典的 4P 理论，即一个典型的营销组合是由包括 product、price、promotion 和 place 构成的有条理组合。

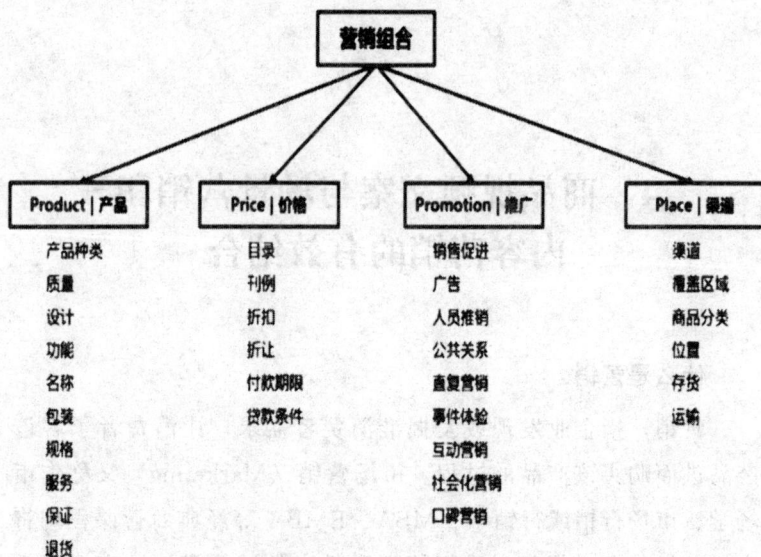

传统的翻译把 promotion 译作促销，这就局限了这个分类在一个营销组合里的作用，因为促销一词会让大家认为这是一套纯线下的体系，觉得这不先进，适应不了互联网时代，所以大家会觉得这个事情太落伍了，现在都在叫各种整合营销、场景营销、内容营销之类的，因此便摸不着头脑了。

对于 promotion 准确的定义应该是叫作"营销推广"，因为promotion 这一动作的发生，本身就包含了广告、销售促销、事件体验、PR 宣传、直复营销（如短信、电话、电子邮件、APP推送等）、互动营销、社会化营销、口碑营销、人员推销这九大典型营销推广方式，在如今的营销环境中，这种 promotion 本就是一种"整合营销"。

因为营销本身就是一个需要与时俱进，不断更新知识的解决方法，特别是对于 4P 是一个基础的解决方案系统，也是需要跟随时代进行更新和创新的。

基于 4P 的组合我们知道好的产品本身就是营销，一个营销组合的第一步就是产品，因为产品就是营销洞察的关键呈现方式，但是广告业的利益诉求告诉我们要关注产品最佳利益点，寻找独特营销主张，而在产品同质化问题严重的同时，独特营销主张的方式又呈现出了一定的弊病，现在又有了"产品为王"的时代的说法。

但是回归到这个营销系统的本源，"好的产品会说话"，这句话一直就存在。

对于营销推广，整合营销已经成了每个关键营销动作的必备组合，营销已然成了一个更加细致的组合投资，不再是简单的通过一个电视广告或者是电梯广告这种主流媒体的轮番播放就能一劳永逸的解决和受众沟通的问题。

而对于渠道来说，商品的存在和交易的发生都是渠道发生的来源，过去的交易主要都发生在线下，所以基于购买过程的成为受众→消费者→体验者→传播者，这是一个线下真实场景的营销过程，也是价值传递的过程。而如今线上环境的发达促进了交易的流动，除了线下的典型场景外，基于线上网络场景的兴趣引导＋海量曝光＋入口营销＋长尾营销（口碑传播）的营销过程，也是价值传播的过程。

营销分类

市场营销

市场营销既是一种组织职能，也是为了组织自身及利益相关者的利益而创造、传播、传递客户价值，管理客户关系的一系列过程。

推动重新审视和修订 AMA 关于市场营销的官方定义的主

要力量之一是来自 AMA 的 CEO 丹尼斯·杜兰普。关于市场营销的第一版官方定义是 1935 年由 AMA 的前身——美国营销教师协会所采用的，1948 年被 AMA 正式采用。1960 年，当 AMA 重新审视第一版定义时决定保持不变，不做任何修改。就这样，关于市场营销的最初的定义一直沿用了 50 年，直到 1985 年重新修订。修订后的定义也就是当今见到的关于市场营销最普遍的定义：

市场营销是计划和执行关于商品、服务和创意的观念、定价、促销和分销，以创造符合个人和组织目标的交换的一种过程。

这个定义一直沿用，直到 2004 年夏天才被重新修订。这次新定义是近 20 年关于市场营销定义的首次修订。

定义 1（AMA，1960）："市场营销是引导货物和劳务从生产者流向消费者或用户所进行的一切企业活动。"

这一定义将市场营销界定为商品流通过程中的企业活动。在此定义下，"营销"等同于"销售"，它只是企业在产品生产出来以后，为产品的销售而做出的各种努力。

定义 2（AMA，1985）："市场营销是计划和执行关于产品、服务和创意的观念、定价、促销和分销的过程，目的是完成交换并实现个人及组织的目标。"

根据这一定义，市场营销活动已经超越了流通过程，是一个包含了分析、计划、执行与控制等活动的管理过程。

定义 3（格隆罗斯，1990）："市场营销是在一种利益之下，通过相互交换和承诺，建立、维持、巩固与消费者及其他参与者的关系，实现各方的目的。"

这一定义强调营销的目的是在共同的利益下，建立、维持、巩固"关系",实现双赢或多赢。

定义 4 (菲利普・科特勒, 1994): "市场营销是个人和集体通过创造并同他人交换产品和价值以满足需求和欲望的一种社会和管理过程。"

定义 5 (AMA, 2004): "市场营销是一项有组织的活动,它包括创造'价值',将'价值'通过沟通输送给顾客,以及维系管理公司与顾客间的关系,从而使公司及其相关者受益的一系列过程。"

定义 6 (AMA): 营销是计划和执行关于商品、服务和创意的构想、定价、促销和分销,以创造符合个人和组织目标的交换的一种过程 (Marketing is the processes of planning and executing the concepting, promotion, and distribution of ideas, goods, services to create exchang that satisfy individual and organizational goals.)

定义 7 (美国营销大师 philip kotler) "世界上最短营销定义"——比竞争对手更有利润地满足顾客的需要。

活动营销

"活动营销"就是主办方有明确的诉求,并以活动为核心载体,经过充分的市场研究、创意策划、沟通执行等一系列科学流程,并通过整合相关社会资源、媒体资源、受众资源、赞助商资源等构建的一个全方位的内容平台、营销平台、传播平台,最终为主办方及活动参与各方带来一定社会效益和经济效益的一种新型营销模式。活动营销是围绕活动而展开的营销,活动只是传播诉求及沟通互动的载体。通过活动的举办可以使活动主办方或参与者获得品牌的提升或是销量的增长。

活动营销大致可分为以下几类:

（1）企业活动营销

活动营销通常是企业营销的制胜法宝。企业通过投资主办活动，并以活动为载体，以产品促销、提升品牌、增加利润为目的而策划实施的一种营销手段和营销模式。企业活动营销的形式有产品推介会、发布会、路演、促销活动、赞助各类赛事论坛、系列主题活动等等。借助活动营销可以提升企业的媒体关注度和消费者体验与沟通。

企业对活动营销的介入程度是不同的，有的是通过赞助活动来向市场推广他们的产品和服务；有的是通过和政府合办活动来达到获取政府资源；有的公司则为自己量身定做专门的活动来发布新产品、增加销售并强化公司形象；国际奢侈品进入中国市场大多采用活动营销。

（2）城市活动营销

活动营销是城市营销的有效手段。通常是指城市有计划、有目的地策划或申办某项大型节会、赛事、论坛等形式的活动，并围绕活动的策划和组织对城市的文化进行挖掘、对城市的基础设施进行改造、对城市的环境进行优化、对城市形象和品牌进行宣传推广，最终借助活动促进城市经济的发展和品牌价值的提升。三亚借助举办"世界小姐"总决选提升城市的国际影响力，并吸引大量海外游客。广州借助亚运会对城市基础设施进行改造，同时对城市环境进行治理，彻底改变了原有的"脏、乱、差"，使得广州的城市面貌焕然一新。博鳌则借助"博鳌亚洲论坛"一夜成名，由小渔村一跃成为国际知名海滨度假城市。

（3）媒体活动营销

媒体活动主要是由媒体发起策划组织的以丰富和完善媒体自身内容为主要目的的活动。随着媒体资源的过剩，媒体越来越借助活动来吸引受众和商家的注意力。"超级女声"就是一个最成功的媒体活动，并最终演变成了一场由湖南卫视主导，吸引互联网媒体、平面媒体、手机媒体等高度关注的社会文化事件，创造出了非凡的品牌价值和经济效益。同样世界杯期间央视五套利用独家买断对赛事的转播使其在该时段的收视率飙升，广告收入也是平常的数倍。

（4）非营利组织活动营销

非营利性组织在中国大多为官办，并且主要靠企业或民众捐助来运行。而所谓捐助则主要是出于道德驱动的行为，属于善行善举，捐助者基本上不会考虑其经济上的回报，捐助者大多成了无名英雄。其实非营利性组织完全可以借助活动营销来加强道德驱动和利益回报。借助活动整合社会资源、媒体资源、明星资源，通过活动影响力不仅加大了对自身的宣传，也可以利用活动平台回报赞助企业，提升赞助企业的品牌知名度和美誉度，实现多方共赢。

2011年4月，由香港世界宣明会主办的一年一度的"饥馑三十"大型筹款活动在香港仔运动场盛大举行。活动吸引"饥馑之星"何韵诗、方大同、吴雨霏等明星与几千名营友，身体力行共同饥饿三十个小时，亲身感受饥民的痛苦。众多明星的参与，大量的媒体报道使得"饥馑三十"这个活动充满了感召力，也让宣明会这个组织的理念深入人心。

网络营销

网络营销的特点是即时互动和即刻交易（下订单），网络营销包括互联网营销（电子商务）。互联网只是一个传播的媒介，只不过这个媒介承载了其他媒介能做到的任何功能，所以我们不能片面地认为互联网传播＋电子商务＝网络营销，网络营销的职能包括网站推广、品牌展示、信息发布、在线调研、顾客关系、顾客服务、销售渠道、销售促进、在线交易共九个方面。

营销的最终目的是占有市场份额，互联网络上的营销可由商品信息至收款、售后服务一气呵成，因此也是一种全程的营销渠道。另外，企业可以借助互联网络将不同的营销活动进行统一规划和协调实施，以统一的传播资讯向消费者传达信息，避免不同的传播渠道中的不一致性产生的消极影响。

4.1　场景营销

"场景感"这个词成为如今最流行的词汇。有场景感的产品，才有故事、有个性、有温度，才容易成为爆款。场景思维被越来越多的企业家所重视，更是逐步成为企业的核心能力。缺乏情景感的营销，不论是制造企业还是分销企业或者其他企业，都不会有好的营销成果。产品研发、价格定位，不管是哪一步都离不开场景营销。

什么是场景感

"场"就是指场合，"景"就是指情景，"感"顾名思义就是感觉的意思了。把这三个字连起来，"场景感"就是指在特定的场合，某种场景给我们带来的感受。就比如考试就是学习场合，情景就是你在哪个考场考哪一个科目，在这种情景之下我们的感受是轻松自在、信心满满，还是紧张、慌乱。再比如，喝酒就是社交的场合，情景就是你在什么饭店请谁喝什么酒。在这种场合，我们难免就会想到江小白，它的广告制作就有场景感，有故事、个性，也有温度。

场景感在产品、渠道和销售以及传播上有哪些不同表现呢？

首先是产品场景

比如，可口可乐的昵称有很多，诸如"神对手、闺蜜、有为青年、臣妾做不到、纯爷们"，每一个昵称都是一个场景，不同的选择就是不同的情绪表达。再来说一下江小白，作为家喻户晓的酒类，茅台给人营造的场景感和江小白就大相径庭，茅台给人厚重、威严的感觉，而江小白则是几个年轻人，在一起轻松的聊天吹牛，这就是产品所营造的场景。

飘柔洗发水也有场景感，男主和女主相遇，起初两个人之间并没有火花，在男主无意间碰到女主的橡皮筋，拨弄到了女主光泽柔顺的发丝，被深深地吸引。每每提到飘柔，这一场景就会在眼前出现。

其次是销售场景

比如我们去逛商场和逛 4S 店，从装饰和服务各种方面来说，给我们营造的感受是不同的。就以大悦城来讲，不管是进入休闲娱乐区还是饮食区，在不同的空间里不同商品和品牌就会带来不同的感受。当我们在逛大悦城 5~9 楼时，我们可以发现，这里都是按照欧洲小镇的风格来装饰的，以假乱真让我们真的有身临其境之感，这就是销售场景设置。用不同的场景演绎不同的生活方式，进而连接不同的消费者。

然后是渠道场景

渠道场景是指渠道商要设置场景，解决下游分销商或终端销售的问题。我们可以举个例子。

武汉三途贸易公司采购了很多大米想要去卖给各个酒店，但是这些渠道不接受。这些渠道场景没有解决，也就是这种大米在终端如何卖？尽管大家都知道这种大米很好，但是因为不知道如何解决这一场景问题，不敢进货。在这里我们要解决的就是终端的销售场景。

其实也就是制作一些销售方案，帮助终端卖货。当时，这个公司给出了两个场景，第一个是"蒸蒸日上"的现场蒸煮场景，让食客体验这种大米的香甜气味；第二个是"红红火火"的贵宾剪彩仪式，这个仪式很有体验感，可以调动食客的情绪。这两种场景就解决了终端的销售问题。

作为渠道商，想深度分销扎根，就必须解决下游分销商或中断客户的销售场景问题，也就是说要为客户做贡献，解决客户的销售问题。

最后是传播场景

在 2018 年 2 月出现了红月亮、蓝月亮的天文现象，当大家都在室外等待出现蓝月亮时，蓝月亮洗衣液就抖了个小机灵，并且配文"你们盼望的蓝月亮来了"，瞬间广泛传播，给蓝月亮品牌免费得到了几亿次的传播。

什么是场景营销

是指改变直接向顾客讲述产品特性的方式，让消费者现身说法，回归到消费者的生活场景，以消费者为主导制作并传播品牌。

营销场景的种类有哪些

（1）客观场景

设计师在交互设计的开始阶段，需要对用户现状及其需求进行分析。客观场景便是通过对用户现状的调查研究，从中获取有效信息进行总结和归纳出来的。客观场景的构建，最常见的调研方法是：用户现场观察法。调查人员去现场对各方面的情况进行观察记录，在观察的同时，可以对观察中遇到的问题进行总结和分析，通过观察后结合用户访谈等方式来补充分析用户的需求。

比如在"快的打车"等打车类 APP 未投入市场之前，用户的典型客观场景可以描述为：公司职员王先生晚上 6：00 下班（操作者及其背景信息），需要打车回家（操作者的目标），在公司门口招揽出租车，可是一直招揽不到出租车，最终走了两公里路到附近的商场才打到了车，而且发现商场附近待揽客的出租车非常多，很多空车，并且很多车一天也没接到几单，王先生觉得非常郁闷，为什么资源不匹配呢？（操作者的一系列活动、感受等）

上述对用户"打车"这一客观场景的描述，是建立在对一定量"打车"用户调研的基础之上描述出的典型场景。客观场景是为了描述目标用户和客观状况而总结的，强调的不仅仅是问题点，还包括产品的目标用户描述、用户客观行为流程、用户情感表现、问题点等。可以通过客观场景中分析出用户的需求，包括行为流程上的体验问题及其对应的设计机会点等。

（2）目标场景

在产品交互设计阶段，需要设计师构建目标场景。目标场景，是建立在客观场景之上，设计师所期望达成的能解决用户客观场景中相关需求的用户场景。在客观场景的基础之上，设计师可以结合相关交互理论和设计准则，以及通过可用性和场景实验等方法，对客观场景进行分析和研究，进而设计和规范出能够满足用户需求的目标场景。目标场景从表达形式上可以细分为行为场景和交互场景。

行为场景，是指在客观场景研究的基础之上，对用户的行为流程进行分析和描述的场景，常用场景故事版等表现工具进行描述；如设计师勾勒出的"快的打车"投入市场后的目标行为场景故事版。结合场景故事版，用户的典型目标场景可以被描述为：公司职员王先生晚上 6：00 下班，需要打车回家。王先生在 5：50 时，打开"快的打车"APP 可以看到公司附近有很多出租车，王先生输入出发地和目的地确认打车。30 秒后出租车司机李师傅接单，王先生可以在手机上清晰地看到李师傅的车辆位置，10 分钟后王先生成功上车。到达目的地后，王先生用手机在线支付了打车费，开心地回到家陪女儿吃晚饭。

交互场景则是指产品在被用户使用过程中的场景，常用信息流程图、低保真页面流程图、使用流程故事版等工具进行描述。以"快的打车"为例，用户在移动场景下不方便打字，所以设计了语音输入和快速搜索来确定家和公司的位置；移动场景下容易出错，所以设计了信息确认机制；在等待应答的过程中，可视化告知用户 APP 通知的车辆数和距离，并且在打车成功后告知车辆距离和时间，消除用户等待的焦虑，将信息可视化。

场景营销的意义？

（1）更准确地把握产品和用户之间的关系及其用户需求

以用户为中心的产品设计，强调需求来源于用户，需求转化出的设计方案最终服务于用户。设计师可以通过观察用户和产品的互动行为，通过客观场景描述，直观地展现出用户和产品之间的互动关系及其问题。这些关系和问题是用户需求的直观体现，客观场景描述了目标用户、用户客观行为流程、用户情感表现、问题点等信息，而且场景具有故事性，是通过一段段的故事片段描述构成的，因此场景描述相对于其他用户研究总结出来的客观数据、需求文档等更生动和直观。直观而且形象的客观场景描述，便于设计师和其他产品设计人员更准确和细致地把握客观用户需求。

(2) 提升交互设计方向的合理性和产品满意度

在产品交互设计阶段，通过对目标场景的设计和描绘，设计师可以基于场景进行交互设计，通过场景故事版、用户体验旅程图、信息流程图、低保真页面流程图等工具细化用户在客观场景中所反映出来的需求并给出解决方案。因此基于场景的交互设计，一方面更加全面的分析和解决用户的需求，避免单一分析用户行为或者产品功能造成的对用户需求的遗漏。同时，通过实际场景中对目标用户场景的验证和评估，提升了产品交互设计方向的合理性；另一方面，设计师设计的目标场景将用户的情感表现等需求直观化和故事化，使得设计师所设计的产品设计点更容易被用户感受，提升产品的满意度。

既然场景营销那么重要，那么如何构建场景感？

答案是：以用户体验为核心，走进消费者的生活和工作场景，并模拟这些场景，切身的去体会，去感受，如果我们是消费者，我们最需要的是什么，最能打动我们的是什么，我们的痛点在哪里。包括购买场景、使用场景、工作场景与生活场景，去发现痛点，寻找机会点，然后设计产品、服务和特定的体验场景。

在构建场景时需要思考以下问题：

在这个场景下，我能做什么？给消费者提供什么？

比如在夏天暴雨这个场景下，杜蕾斯发现，避孕套还可以套在鞋子上防水。于是就发了一张杜蕾斯可以这样用的微博图，结果全民转发。

滴滴出行发现，在乘车高峰期不好打车，就设计了可以为师傅发红包的操作按钮，对于有急事或不愿等待的顾客就可以通过加发红包来提前约到车。

汉堡王在三八女王节的时候，设置了一个"红毯点餐"的场景，从门口到点餐区设置了红毯和 T 台，你点餐前，走一下红毯，音乐就会响起，像明星走秀一样。点餐后再送你一个纸做的王冠，让你体验女王的感觉。

周大福珠宝与商场合作，安排国外 8 位帅哥在三八节给所有路过的女士送玫瑰花，并可以免费合影，通过这个场景告诉女性消费者：今天，你们是女神、女王，周大福要给你们一份尊重和爱意。

这个场景下的痛点是什么？如何解决？

小米科技发现，消费者购买插线板不仅仅需要电源插口，还需要 USB 的插口；此外家庭中有小孩子的家长，对电源插口是否足够安全十分关心。因为孩子喜欢玩耍，好奇心强，有时候会用手指或金属物体插入带电插孔，造成触电意外事故。

为了解决这些痛点，小米在开发插线板时，就增加了 USB 插口；还精心设计了电源插孔保护门，并形成双孔联动，只有同时两级插入，保护门才能打开，有效避免了孩子触电的危险。

理发店都会给客户免费洗头，就是解决"顾客进店，发现人多就会离开"这个业务痛点。因为免费洗头就是延长你的等待时间，以新服务体验来留住顾客。

西贝莜面村发现：孩子不爱吃饭，家长不会做饭。家长的亲子时光太少——这是痛点。西贝根据行业特点，特别设置了"做饭"的两个场景，来提供解决方案。

a. 亲子私房菜课程——家长报名，带着孩子跟西贝大厨一起学做菜。

b. 儿童搓莜面比赛——给孩子报名，孩子们和其他小朋友一起玩，一起社交，一起比赛。

无论是跟着大厨学做菜，还是孩子们比赛搓莜面，一经推出，效果火爆：亲子私房菜周周抢购！为什么，有体验、有娱乐、有温度、有社交。都是谁来购买？可以是家长——购买后周末带着家人、孩子一起到西贝体验烧菜，同时享受亲子时光；也可以送亲友——增加与亲友的情感连接；甚至一些单位也来购买，单位主要作为福利送员工或者顾客，体现单位的人性化关怀。

尤其是亲子私房菜课程，还有一些意外收获：卖厨具、卖食材。因为学习了私房菜，很多家庭希望买到和西贝一样的厨具和食材。结果，西贝的厨具和食材也开始旺销。

为什么现在很多购物中心会设置亲子厕所和母婴室？就是发现低龄孩子自己上洗手间家长不放心，带他（她）去女厕所或男厕所又不合适；很多哺乳期的女性带婴儿逛商场不便于哺乳，这都是隐秘的痛点。考虑到消费者的这些场景，商场就设置了亲子厕所和母婴室，增加了服务体验，延长客户的逗留时间。

这个场景下，如何让消费者参与或选择？

"饿了么"在北上广深和杭州知名商圈、地铁选取了10个点，与知名餐饮必胜客、海底捞合作打造了""饿了么""的连锁分店场景，与消费者互动。消费者扫码就可获赠奶茶、蛋糕等商品。

阿迪达斯在上海南京路的四个候车亭设置了互动广告，当人们接近红外感应范围内时，液晶广告屏幕上的阿迪达斯的门就会打开，代言人彭于晏就以阳光的形象和笑容邀请大家一起运动。

考虑消费者的购买场景与使用场景。

也可以考虑消费者在购买产品或者使用产品环节来设置场景。

比如购买场景有一个付款环节，有的商场就设置了互动设备，你冲机器挥挥手，机器会给你一个反馈，你是帅哥或者美女，颜值分是多少，可以享受多少的优惠，适合搭配哪些商品。或者前一阵火爆的价格挑战门，穿过不同的门享受不同的折扣，身材就是优惠特权。这些场景就是娱乐化，好玩有趣，会引发自动传播。

星光珠宝就利用消费者使用产品的环节来设置一个特定场景：霸屏求婚。消费者购买钻戒的目的就是要浪漫求婚告白，这是产品的使用场景。为此，星光珠宝在各大门店的玻璃幕墙上设置了特别的光影技术，买克拉钻的消费者可以在此浪漫求婚告白。几千平方米的霸屏告白，再辅助花瓣和烛光，一场浪漫难忘的告白让人终生难忘。仅星光珠宝合肥店一年就有100多对情侣告白，在情人节、520等节日，每天告白的情侣有好几对，需要排队。那个广场也被合肥人誉为爱情广场。

我们再看看很多品牌是如何利用场景传播来引导消费选择的。

场景：知识分子各种工作场景。场景传播：经常用脑，常喝六个核桃。——六个核桃

场景：吃火锅、烧烤、熬夜。场景传播：怕上火，喝王老吉。——王老吉

场景：早晨睡懒觉，没时间吃早餐。场景传播：早上来一

瓶，精神一上午。——营养快线

场景：开车累了困了。场景传播：来一罐东鹏特饮。——东鹏特饮

场景：小饿小困。场景传播：来杯香飘飘奶茶。——香飘飘

如何做好场景营销

（1）了解客户的需求，我们必须了解客户的需求，客户关注什么，想了解什么，这也是新零售的核心，以市场决定销售。

（2）场景主题。我们做任何事情都要有一个目标，如何层层递进，把客户引入这个主题，是我们要思考的。

（3）引发共鸣。把客户带入场景以后，我们要的是客户的认同感，就比如我介绍房子一样，我让客户在心里接受这套房子就是她未来的家。

（4）引导成交。我们做任何事情就是为了成交，当我们得到客户的认同感，也就得到了客户的信任感，所以这个时候临门一脚，实时成交。

总而言之，场景感的底层逻辑是用户思维，即站在用户的角度上来考虑问题，替用户设计解决方案，给予新奇有趣的体验。促进对产品的选择、对品牌的好感。极致的体验将吸引更多的拥趸和免费的传播。具备场景思维，积极构建场景，将是企业和品牌决战未来的核心能力。今后，无场景，不营销。有场景，才火爆，才叫新营销！

4.2　内容营销

什么是内容营销

万物皆内容，因为内容是人们更易懂的一个符号，是"信息"的符号。狭义的内容营销，指的是企业或者个人在互联网上传播、推广的文字，比如软文、短视频、图片等信息。而在专业媒体中，内容营销指的是以图片、文字、动画等等介质传达有关企业的相关内容来给客户信心，促进销售。他们所依附的载体，可以是企业网站、广告等等，根据不同的载体，传递的介质各有不同，但是内容的核心必须是一致的。而广义的或者更高层的理解，其实内容营销是一种思想、思维方式，是企业或个人指导如何利用狭义的内容做营销的战略思维。

一说到内容营销，人们首先想到的肯定是 H5、创意小视频、海报等等，然而，这些都只是内容营销的表现形式，其真正的核心在于"内容"，是消费者感兴趣的内容，通过这些内容促进的营销才是内容营销。内容营销不是单纯地将"内容"与"传播载体"互联网化，而是去创造主动的内容，吸引消费者关注，在消费者发生决策、进行搜寻时给消费者必要信息。

举个例子，近几年火爆的老司机杜蕾斯文案，简洁的构图，令人浮想联篇的文案，让不少人都被杜蕾斯撩到了。而这些走心的文案，往往就成为消费者选择杜蕾斯而不选择其他品牌的理由之一。显然，附加在商品上的"内容"，往往可以吸引更多的消费者购买。在数字技术化的今天，消费者开始逐渐拥有信息的自主选择权，不再被媒介劫持。因此，创造主动的内容，吸引消费者关注，在消费者发生决策、进行搜寻时给消费者必要信息，非常必要。

内容营销的背景是什么

消费升级

①市场已从卖方市场转向买方市场。随着经济和科技的快速发展，各类商品已经处于饱和的状态，消费者从以前的无可选择，变为今天的无从选择，正式进入买方市场。

②消费者需求的变化。消费者在选购产品时，不再单纯考虑商品本身的价值，还会考虑产品的附加价值，如颜值、情感等。

内容营销的表现形式

内容营销主要是拿来形容企业以内容来做营销，包含很多种方式，譬如可以自己发电子报、自己发杂志、DM、企业博客等等的品牌客制化媒体（branded media）来做，也可以找人写文章、找杂志合作介绍新产品等等的四处洒的营销。总之，只要是内容挂帅的，就是内容营销，有趣的是，它几乎是广告的相反，并不追求短期或立即性的不理性的直接的行为改变，而是理性的、倾向长期的那些内容教育，最后，内容营销可帮助企业达到思想领导（thought leader）的角色，扎实的提高品牌的忠诚度、黏度，尤其在现今，人们的资讯来源越来越多样化，也促使人们一定要上网找遍资讯内容，货比三家，更显得内容营销的重要。

内容营销是借助娱乐化的内容进行的营销模式。此前这种营销方式一直被电视等强势媒体所独家垄断。如知名的日用品品牌——大宝就曾凭借长期对电视台播放"大宝国际影院"冠名，并辅以其他的广告投放模式而声名远扬。强视听冲击力和大信息承载是其营销的基础，优质的内容和一定的用户基数是其营销的核心。眼下，已跻身为互联网四大基础应用的网络视频，成为老百姓日常生活的重要组成部分。优质的内容与流畅的体验，让越来越多的用户对于网络视频"欲罢不能"。

将品牌完全植入内容载体，融合为内容表达所不可缺少的一部分，这是很多植入式广告希望达到的效果。因为品牌与内容合为一体，不仅会在内容的传达中借助受众对于内容的关注而"隐性"地传达品牌信息，还能为受众带来不经意间比较完整和准确的品牌体验，令受众难以抗拒，使得内容的娱乐性与品牌的商业性无缝结合。

在这种情况下，品牌带给受众的不只是品牌单一的表面信息，还包括听觉、视觉和感官上多层面、多方位的品牌信息传达。操作起来，对白植入、情节植入和形象植入等植入手段都服务于品牌信息的传达。在内容的表现过程中，主人公对于品牌的使用和感情可以让受众间接地体验品牌。如果内容中没有品牌，或者有关品牌的信息和故事，剧情有可能就无法顺利实现。

这种高程度的植入，对于品牌来说比较有效，更有利于观众接受。但是整体操作起来需要从内容形成之前就下手准备，操作周期比较长，过程也比较复杂，预期的效果更是难以控制。

案例：电影《手机》以摩托罗拉手机为线索，剧中所有演员使用的全是清一色的摩托罗拉手机。当然，电影中除了出现多款摩托罗拉手机，还经常响起摩托罗拉手机的标志性铃声。最重要的是，整个故事情节都围绕手机展开，不同的角色对于不同的摩托罗拉手机型号的选用也为电影观众提供了一种模仿的范本，让受众深刻感知产品的使用特点以及品牌的精神内涵，达到了 $1+1>2$ 的传播效果。

内容营销的文案花样很多，但归根究底，目的只有一个：说服消费者购买产品。那么，如何说服消费者呢？传播学理论认为，说服受众的方式有两种：一是动之以情（情感式诉求），二是晓之以理（理性式诉求）。

情感诉求文案主要是以情感为诉求点，抓住受众的情感等方面的需要，诉求进行广告宣传的产品能满足他们的情感需要或情绪的满足，影响受众对该广告所宣传产品的印象，从而在情感上产生巨大的感染力与影响力。因此，采用情感诉求的广告通常会使用一些能够激发顾客情感或者情绪改变的方法，例如明星、情境事件等。

但现实是，大部分产品都兼具功能属性和享乐属性，产品类型的边界很多时候并不是那么清晰，可能因为品牌知名度、产品价格、产品定位的改变而发生迁移。

比如，典型的功能型产品可口可乐，诞生之初的主要目的，是向大众推广可乐这种新产品，让大家了解可口可乐的功能，因此，其初期的广告文案大部分是在介绍产品功能，"保持和恢复你的体力，无论你到哪里，你都会发现可口可乐"（1905 年的广告语）；"口渴时的享受。"

但随着可口可乐产品被更多的人接受和认可，广告文案的宣传越来越趋于感性，在功能性的诉求基础之上，增添了更多的内容和含义，如欢乐、友谊等等。因为可口可乐的功能属性已经被人们所熟知、接受，没有必要再进行功能性诉求的营销了，通过感性诉求打造品牌形象显得更为重要，让消费者产生"喝可口可乐，不只是喝它的味道，更重要的是喝它的感觉"的心理，换句话说，可口可乐被赋予了更多的享乐属性，不再是一款纯粹的功能型产品了。

百雀羚虽然也属于功能型产品，和大部分化妆品一样，它主打的功能是"护肤、美容、抗衰老"，但和国外进口品牌、国内初生品牌相比，有一个独特的地方：百雀羚是诞生于 1931 年的国民老品牌，品牌已经具备较高知名度，且企业文化深厚，这为其进行情感诉求营销提供了基础。

内容营销案例：

以 IP 为中心的内容营销

说到近几年的热词，IP 绝对算是其中一个，从食品到交通，从影视到媒体，都在积极地进行 IP 营销。IP，可以是人，也可以是物，甚至可以是普世价值观、社会心态和精神内核。而品牌进行以 IP 为中心的内容营销，无非就是两种形式：创造 IP 和与热门 IP 合作。

熊本熊

熊本熊是熊本县为了提升知名度和收入而创造出来的吉祥物。熊本熊可爱又呆萌的外表，再加上团队赋予它身上的独特个性和"熊格"，使消费者感受到了"熊本熊的真实存在感"。

在后期的推广工作中，熊本熊逐渐被日本人所熟知。当各式各样的熊本熊表情包席卷了我们的朋友圈、微博时，说明熊本熊已经开始被中国人所熟知。实际上，熊本熊本来没有任何表情，这就赋予了人们的遐想空间，激发了网友的表情包创作热情。

在信息大爆炸的浸提，单纯依托渠道投放、硬广展现已成为过去，优质内容传播早已成为品牌营销的主流趋势。而说到内容营销，真的就是敲敲键盘，发布出去就可以了？答案自然是否定的。除了内容要优质之外，击中消费者的内心情感需求才是最重要的。

5　视频文案有效变现

在视频营销中，我们必须要明白一点，无论视频有再多的花样最重要的一点还是要变现：利用特殊的方式，让用户购买产品、参与活动，即将用户流量变为实际的流量。因此，视频的目的就是变现。本章着重介绍通过直播变现的方式文案的收效并不是文案本身被发表所产生的稿费，而是达成交易所带来的利润。初级的文案文字艺术流于表面，中级的文案写作，蹭时事热点博眼球，高级文案思考文案精华，融入一些心理策略，顶级文案是将文章与文案相结合，打造真正激动人心的广告。

5.1　视频文案有效变现的途径

5.1.1　平台分成、打赏补贴

毫无疑问，没有一种诚意比金钱更直接、更能打动内容生产者。短视频平台也一样。自 2016 年 4 月，互联网巨头陆续入局短视频以来，各类平台方的补贴政策便接踵而来：

2016 年 9 月今日头条拿出 10 亿元补贴短视频内容创业者；

2016 年 9 月秒拍和微博在世界网红大会上声称未来将投入一亿美元支持短视；

2016 年 11 月百家号宣布：2017 年百度将累计向内容生产者分成 100 亿元，所有个人和机构内容生产者都可以入驻百家号，参与百亿分润；

2017 年 2 月企鹅媒体平台宣布将拿出共计 12 亿元资金用于扶持内容创业者，包括 10 亿元补贴优质原创内容、短视频、直播类内容，以及 2 亿元用于筛选优质内容团队进行投资；

2017 年 4 月阿里文娱推出 20 亿 "大鱼计划" "大鱼奖金"，每月将奖励 2000 名垂直品类优秀内容创作者，最高每个月有 1 万元；

2017 年 5 月今日头条宣布将为其短视频平台火山小视频注入 10 亿元补贴。

发放补贴分成，是无数平台方惯用的吸引内容创作者的方式，基本逻辑是通过相比较丰厚的补贴，让内容创作者在平台上创作内容，聚集粉丝。同样，对于内容创作者而言，也有 MPN（multiple Platform network）的概念的存在，即把自己的内容做成一个平台的网络，吃各家不同的分成。

重金补贴之下，部分内容创作者的变现需求能得到基础保障，有时甚至超出预期，如果内容质量高、够细分的话，所获的平台补贴和流量分成将十分丰厚。

以新榜此前报道的 "小伶玩具" 为例，"小伶玩具" 最初的定位就十分明确 "专注演绎世界各地各类玩具玩法的视频节目"，内容细分垂直且质量较高，因此视频上线企鹅媒体平台一个月后，就获得了 300 万的播放量，2017 年 1 月的单月播放量达 4.1 亿。谈及变现，"小伶玩具" 主创人员 summer 告诉新榜，目前主要通过平台方的补贴和流量分成实现。

那么，面对平台补贴分成，内容创作者应该注意什么？新片场联合创始人李扬先生曾和新榜分享过两点心得：

第一点，不建议做面向平台分成的内容，平台分成毕竟目的只是来支撑创作，不能成为一个核心的赚钱手段；

第二点，各个平台所谓的补贴，是有自己的节奏的，所以大家做内容一定要跟着平台顺势而动，跟着平台的节奏走相对比较关键，尤其在初期的时候。

5.1.2　广告

2017 年 6 月，美拍联合第三方数据机构艾瑞咨询发布了《短视频达人发展趋势报告》，《报告》显示创意植入广告为短视频达人变现的主要方式。事实上，这确实是大部分短视频创作者直接可见的变现方式。

目前，短视频中的广告主要分为四种：

1. 贴片广告：通过 CD、VCD、DVD 等介质或包装海报等形式，经过覆盖全国及部分海外市场的发行机构，在短时间内将品牌和产品信息传达给目标消费者的传播平台，也叫作"随片广告"或"贴片广告"。

为了帮助理解，我们以电影为例，介绍一下电影当中的贴片广告。

电影的贴片广告就是广告的运营商与电影的制作方、发行方、放映方合作，在每部电影放映前播放客户的品牌广告，它是电影广告最明显最外在的形式，属于电影中的"硬广告"。尽管这种广告形式常常在播放前引起大量观众的唏嘘声，但是调查显示它的传达效果较电视广告有更深刻的观众记忆度，因为人们面对电视广告时，会惯性地调换其他台的节目，这就意味着电视广告的投放率要远远小于广告的到达率，而电影院的封闭环境使观众百分百地暴露于广告中，无从躲闪。从而我们可以清晰地看出贴片广告有以下三个特点：

第一，到达率高

电影受众也称"暗夜的人"，黑暗的环境把电影的交流系统与周围日常空间隔离的同时，也把受众同他所体验的现实隔离开来，使其全身心投入电影的世界，在电影受众暂时处于催眠的状态下进行广告宣传，受众接受信息度一般较高，同时较电视广告而言，影院的观众直接地暴露于广告的轰炸，无从躲闪，它的到达率几乎为100%。

第二，成本较低

如果说一部电影的票房达到5000万美元，电影中的广告就等于达到大约1370万的电影院观众面前，而据电影工业统计，一部有5000万美元票房的电影就可以卖出20万盒录像带。不止如此，一部卖座巨片的录像带一星期至少出租五次，这样一个产品的镜头会因此在增加2500～3000万个让观众留下印象的机会。如果再加上有线或无线电视的播出，广告主所付出的平均单位成本可以降到非常低。

第三，广泛持久深层

作为一种大众文化的艺术形态，电影的生命力强，它不但在影院放映，还可以在电视录像带、VCD中播出，不但播放一次，而且可以播放无数次，好的经典影片甚至影响几十年。让产品插入电影之中，让电影情节成为其广告内容，明星就是一种最佳的广告形象。其天然的示范作用不经意便俘虏了观众、消费者。如1982年出现在《外星人》中的糖果，在影片播出后的三个月内销量增加了65%。同时电影媒体可以影响电视广告很难到达的人群——青年一代。他们崇尚的是快速的消费，电影媒体的特性迎合了青年一代的潜在心理，也因此更好地掌握拥有了这一巨大市场。

2. 浮窗LOGO：是指在视频播放过程中反复地出现品牌方的LOGO

3. 内容中的创意软植入

植入式广告，指把产品或服务具有代表性的视听符号融入视听媒介中的一种隐形传播方式，这一方式可运用于电影、电视剧、综艺类节目、互联网、4G、报纸、杂志、游戏、手机短信，甚至文学作品中。基于传统电视广告市场的日趋饱和以及插播广告存在的严重资源透支，传统广告已不能再满足于广告主的需求，在未来的一段时期内，植入式广告势必会作为传统硬性广告的一种补充，而其独特的传播优势以及与影视节目有效结合所彰显的品牌价值主张也令众多广告主所追捧。我们认为，企业在进行植入式广告传播时，必须注重制造口碑传播效应，才能创造更大的价值，才能把它的价值真正发挥出来。大家可以想想早期的可口可乐如何利用"总统喝可乐"来推广自己的；想想耐克运动服如何利用"NBA"来推广自己的；想想香奈儿如何利用"富豪生活"电影来推广自己的。这些案例足以证明植入式广告的价值真谛。这些案例中的共同特点就是：通过植入式广告来营造广泛的社会舆论以及消费者（受众）追捧，在不经意间征服了消费者（受众），在悄无声息中改变消费态度，勾起消费欲望，实现品牌转换。

软性（植入）广告的优势。

过去观众在看广告时，清楚地知道自己在看的是广告，还会产生抗拒心理，从而换台或者通过家庭影碟机来录制节目避开商业广告。而隐性广告是依据目标对象与商品特色，在深入了解消费者内心需求的同时，运用消费者的语言来沟通，使商品融入剧情之中，让观众不知不觉地接收商品的信息与概念，因此效果可能比直接诉求的传统商业广告好。而且影视剧也是最直观、最广阔同时也最细致的信息载体，通过形象、生动的方式影响普通人的生活。植入式广告具备"三高两低一持久"的独特优势：即是广告有效到达率高，广告媒体曝光率高，广告口碑传播率高，广告投入成本低，广告干扰度低，影响的持久性。奇葩说节目中巧妙植入产品的场景有很多，比如节目内参与辩论的导师全程使用小米手机亮出支持方，每一次举起小米手机都是宣传。

我们以 papi 酱的视频内容中的广告植入做简单列举：

贴片广告：通常出现于片头或片尾，主要露出品牌本身。

浮窗 LOGO：短视频播放中出现与边角位置的品牌 LOGO。

创意性软植入：广告将和内容相结合，成为内容本身。

当然，并不是每一位短视频创作者都能像 papi 酱一样，一则贴片广告都能拍卖出 2200 千万元的高价。更多的创作者还需要担心广告植入伤害粉丝的问题，如何能更好地利用广告来变现？

第一，能谈整合营销的绝不简单植入。我未来短视频领域广告的玩法一定是找准一个点，短视频是一个切入点，这个切进去以后你可以和广告主，基于原本的内容和 IP 进行更有深度的玩法，这样更保护粉丝和自己的 IP。

第二，能谈整个季度的，绝不谈单期节目。如果以单期去聊合作，沟通成本很高，利润偏低。但如果能整季买或全年买，沟通成本将降低，利润率会提高。

5.1.3 电商卖货

在视频中卖货做电商：这种方式显而易见就是直接在视频中宣传售卖商品，相比容易触及天花板的平台补贴和广告植入模式，短视频＋电商的想象空间更大。

以短视频起家的"一条"就是在电商上发力，打通内容与消费行为间的链条。新榜曾报道过"一条"2 天卖掉 25000 本书，销售额超 420 万元的案例。

主打生活方式、时尚美妆类的短视频，在导流卖货上有着天然的优势。比起图文类的"种草"文案，视频展示更加完整直观，更能拨动人的情绪。当然，短视频电商要保持转化率，还是受制于观众对视频主的信任度，取决于视频的质量以及推荐的商品是否真的值得买。

淘宝店主 Honey CC 曾凭借在美拍上发布的一条短视频，在几乎零成本导流的情况下卖了三万条牛仔裤。视频中展示了不同人对裤子的试穿，夸张搞笑的拉腿、抬腿，令人捧腹的同时拉动观看者的参与感，证明了裤子的质量。

就连单打独斗的短视频红人，也能靠向淘宝、微商引流赚得盆满钵满。比如快手上通过工地健身视频火起来的@搬砖小伟，在个人页面放上一个卖鞋的微信号，靠微商导购水货运动鞋，实现了财务自由。

平台扶持达人，除了流量补贴，现在还出现了打通导购通道的形式。比如渴求内容的淘宝系，推出了短视频导购平台映象淘宝，将短视频分发到手机淘宝的多个导购场景。美拍也为粉丝超过 10 万的达人提供了边看边买的功能，用户看短视频的过程中，就能根据达人们推荐的商品，进行下单。

在各平台争夺优质短视频内容的当下，除了豪掷上亿补贴，更重要的是提供丰富的、可持续的商业变现生态。

走向 MCN 的机构化运营

从国外到国内的网络红人，如今都开始往机构化、平台化的方向发展，以签约的形式将网红资源集中起来。比如 papi 酱大火之后，做了 papitube，截至 2017 年 4 月，已经签约了近 30 短视频创作者，针对不同的粉丝受众产出内容。

2017 年以黑马姿态杀进短视频行业的"办公室小野"，也是以这样的方式快速成长起来。首先通过"饮水机煮火锅""瓷砖烤牛排"等视频走红，让大家记住这个在办公室打开脑洞的任性妹子小野，随后推出第二个 IP "办公室小作"，而他们背后其实都是洋葱 MCN。

MCN 公司可以为旗下短视频达人提供广告合作、包装推广、内容分发、版权维护等一系列的服务，单一 IP 是有天花板的，但将一群 IP 聚集起来则能实现群聚效应。

5.1.4　知识付费

知识付费的本质，在于把知识变成产品或服务，以实现商业价值。知识付费有利于人们高效筛选信息，付费的同时也激励优质内容的生产。简而言之，知识付费是让知识的接受者付出相应的成本。同时，知识付费还有较为广义的定义，即在知识的流通过程中任意形式的直接资本注入。

知识付费成为热点话题的原因

从 2016 年开始，一系列标志性的事件让内容付费渐渐成为时尚？。2016 年 5 月 15 日，付费语音问答平台——"分答"上线。通过这一平台，你可以快速地找到能给自己提供帮助的那个人，用一分钟时间为你答疑解惑，很多名人和各领域的专家也都加入分答付费问答模式。随后，逻辑思维创始人罗振宇全力打造"得到 APP"，喜马拉雅 FM 创办知识付费节"123 知识狂欢节"？，知乎上线知乎 live 等等。

进入 2017 年，这一趋势丝毫没有减速的迹象。3 月 7 日，豆瓣网推出了首款付费产品——"豆瓣时间"；随后腾讯 CEO 马化腾表示，微信公众号正加快上线付费订阅。2019 年 12 月 30 日知识付费系统技术服务商创客匠人新三板挂牌上市。

对于付费知识产品来说，社交货币往往意味着产品有人格的背书，有和别人交流的谈资。用户愿意为内容埋单，内容实际有效与否并不重要，重要的是马云、柳传志、雷军推荐了，你看了就会有成功人士的感觉，你和别人聊天就会有话题。在注意力和优质内容越来越成为稀缺品的时代，这些敏感的机构和个人仿佛嗅到了远处传来的风信，准备拎着知识迎风而起。

短视频与知识付费，无疑是这两年内容创业者们讨论最多的话题。如何把付费的知识包装得更好看？如何让优质的短视频拥有更强的用户黏性与变现能力？两者的结合也许是一种方式。

知识付费和短视频结合的市场现状

2016年被称为知识付费元年，付费音频栏目及产品遍地开花；

2017年年初，短视频和知识付费被推向风口，对应产品和内容飞速增长；

从2018年第二季度开始，知识行业从遍地开花转变为精品领跑。

就目前市场来看，知识付费发展较为成熟的已有三大板块：

（1）早已形成市场的技能型教学视频。（网易慕课/各大技能型网站）

（2）2016年开始迅猛发展的以碎片化知识为主的音频栏目。（喜马拉雅/得到）

（3）直播和文字问答。

而其中知识付费＋短视频结合模式还处于探索阶段，甚至尚未形成一个有效的模式和一个精品领跑的平台来整合和规范知识付费短视频的标准。（目前仅有核桃LIVE和网易公开课中部分板块较为专注于知识付费短视频，但还尚未产生巨大市场规模和暂时定位不明确的内容生产体系。）

从以爱奇艺/优酷/腾讯为主的自媒体栏目——以一条/二更为主的平台栏目——快手/抖音为主的个人视频，其实短视频行业已经渐渐形成了一条完整的生态发展圈，其中不乏大量的以《飞碟说》/《造物集》/《小片片看大片》等一类的知识服务短视频，它们通过优质的内容来吸引巨额的流量来赚取平台的分成和其他的衍生项目的利益，足以满足其自生发展需求，这就是所谓的流量变现体系。当然，在这个体系下，现在越来越多的知识视频内容越来越追求新奇来吸引流量，从而背离了知识服务的初衷。

那么既然有完整的流量变现生态体系，知识付费体系将该怎么打破这个知识短视频生态环境，让市场向正循环发展，这是目前怎么做好一档知识付费短视频栏目最该思考的问题。

而我们所谓的知识付费体系，现在最广泛的落地应用还只是在音频上，所以这是一个极好的参照案例，其中又以喜马拉雅的成功转型和得到 APP 的领头典范为例，分析当下知识付费短视频行业的转型问题：

（1）缺乏精品领跑的平台来牵头完成知识服务短视频从流量变现到知识付费的转变。

（2）知识付费短视频的品控缺少平台全面把关和牵头支持。

（3）必须保证视频的独家资源，当然这也牵扯到平台从制作上的介入。

（4）内容必须保证在垂直领域的深入，保证优质和高效，同样也涉及平台的品控。

（5）转变视频和内容制作态度，从吸引流量为目的转变为服务现有观众，不再追求新奇，转而务实。

5.2 现有典型产品总结

知识付费，正在与短视频直播加速融合。2018 年抖音上粉丝超过 1 万的知识类创作者有 1.8 万，知识类短视频累计发布超过 300 万，播放量累计超过 3388 亿。2019 年这个数据肯定是翻倍增长的。2020 年因为疫情，速度会更快，你会发现以前的小学初中高中老师都在抖音直播卖课了。瑜伽老师、健身老师、减肥达人、人力资源总监、养猪师傅、外卖小哥等等都会出来出售自己的专业知识。

5.2.1 个人魅力

市面上 99％的付费产品每期的主讲人都是固定的一个人，这个主讲人在试听课程中表现出来对于目标受众群体的吸引力和其自身的权威力，会极大影响用户对付费视频的购买欲望。而且，同一主讲人对固定群体受众会产生很大的黏合度，每期轮换不同主讲人的话，不见得都是观众所能接受的。久而久之，产品的口碑、用户体验感和黏合度会大大下降。所以就要规范主讲人的言语表达、权威身份、语调甚至性别，这些都是影响一款产品的好坏。

5.2.2 优秀的制作

在网易公开课和其他付费短视频平台上，打着付费短视频的课程成百上千，但是和音频和文字市场发展规律一样，大量粗制滥造的产品扰乱视线，只有那些真心的优秀制作才能在这轮淘汰中存活。而且这些优质内容最好还是自我发展独立平台，否则很难在市场存活。因为以后某些品牌产生头部效应以后，其他自制产品的生存空间会越来越艰难，而那些头部品牌往往只会坚持自己品牌干预下的产品制作。

5.2.3 垂直领域深耕

短视频要从流量变现到知识付费的转变，其实就是从根本上的制作服务模式发生改变，从未来吸引更多流量的创新，变成为特定群体的精细化服务。知识付费将会使这类视频制作模式发生根本性的变化，互联网的视频产业将会和实体产业一样，对于垂直领域的深度发掘，和固定受众人群的完整售后服务，将会是这类产品的主打卖点。以往这些在互联网流量平台上存活不下去的小众、高效内容，将会在这种模式下高速发展。

5.2.4 去娱乐化的严肃

这类付费节目和传统根植于流量变现平台中的短视频不同，严肃和精确的知识传导才是其应该坚守的风格，去掉浅显于表面的内容，在独立领域拿出最核心、最权威的思想和内容去系统的、严肃的演示出来，这才是用户值得为之付费的内容。

美国的问答平台 Quora 开始测试视频问答服务，国内也出现过类似的短视频付费问答平台，不过还未出现"分答"那样一夜爆红的产品。

国内的短视频创作者们也在内容付费上开始了尝试。新片场联合创始人李扬曾在新榜的活动中介绍说，他们做的一档面向影视行业初学者的视频教学栏目，2016 年卖出了一万多份，取得了 300 多万的销售额。这也要求视频内容的专业性要比较强，具有高垂直性，高精准性，强知识属性。

但短视频由于时长所限，在内容深度上有很大的限制。对于想走知识付费路线的短视频创作者，或许需要另辟蹊径。比如关注年青一代"认知升级"的"薛定"饿了么""，制作出一系列脑洞大开的科普知识短视频，通过内容去寻找可能潜在的商业伙伴，与得到 APP、中信出版社等建立合什么是。

5.3 短视频的野望

在谈到未来的时候，不止一位短视频创业者提到电影，院线电影。即使在手机的方寸触摸屏上收获了数以亿计的曝光，但对于这群人，那块不会发光的大银幕仍然有着致命的诱惑。那里有梦想，也有商机。

过去十年间，中国电影市场的高速增长甚至引来了好莱坞的关注，2016 年，中国电影票房达到 450 亿元人民币，周星驰一部《美人鱼》票房达到 33.9 亿元。无论短视频的风口吹得如何猛烈，在电影票房数字面前，一切都显得那么苍白。

但从短视频走向大银幕的路，可以说非常漫长。在新榜采访中，提起院线电影梦的包括二更、"陈翔六点半""同道大叔""陈茂源星座""办公室小野"等，陈翔是最快付诸实践的一个。

在定位上一禅对标的是日本的一休，在人设上，一禅要走暖萌、正能量、真善美的路线。在团队的设想中，一禅还将学习国学文化，而更远的梦想是代表中国文化出海。在知乎上，一位答友对一禅动画的评价是"岁月在指尖安静流淌的感觉"。

一禅酷似《大圣归来》中的江流儿，西游故事中唐僧的前世。但团队一开始就有意识地将一禅和江流儿区分开来，"江流儿是憨憨的小孩子，心理年龄要比一禅大很多，一禅是邻居家的小屁孩。"

目前在微博上，一禅已经有 200 多万粉丝。通过短视频、漫画、文字，一禅要尽可能多地曝光，积累群众基础。但对于大禹来说，一切才刚开始，因为 IP 养成是 10 年大业。毕竟漫威不就靠几个屈指可数的超级英雄而打破一个又一个票房纪录吗？

对于更多的短视频创业者来说，打造 IP 和拍电影一样，是一个可以看得见但还够不着的梦想，但要想突破短视频的瓶颈，这个梦就必须做下去，并且要拼尽一切可能去实现它。

这个比方足以阐明文案的重要性，那么，在孵化抖音 IP 的时，到底怎么写，才能让文案起到或扭转乾坤或锦上添花的作用呢？在这里，我为你供给一个写作的基本原则：调动用户情感，使他与你发生共识。

上述的文案能够取得那么多赞，其本质便是调动了咱们同情的心情，"假如小小的一个赞就能鼓舞你坚持下去，那我何乐而不为呢"。

那越发详细的行为细分便是：首要，找到用户在某个场景里，存在的一个痛点，然后针对这个痛点，给用户情感上以牵动，才有或许引发用户共识。比方上述案例，便是作者用外地人在城市打拼的流浪感，使咱们在情感上发生牵动，然后激发了咱们给予鼓舞的心情。

易引发用户共识的四种情感

当然，并不是一切情感都能引发用户共识。一般而言，较易引发用户共识的有以下四种情感：支撑、批评、反击和鼓舞。下面，我以咱们都比较了解的广告文案为例，对这四种情感，做一个详细的分析。

第一种，支撑。

比方阿迪达斯有个"这便是我"系列广告。策划者发现，许多年轻顾客常常被人指太傲慢、太浮夸、太天真等等。所以阿迪达斯直接在广告里说：太不巧，这便是我。你看，这条广告其实是帮年轻人合理化了自己十分个性的行为。这些年轻人，大都会面对指责、置疑和否定，假如你经过广告唤起了他们心里的这种心情，然后站在他们这一边，想办法合理化他们的行为，他们就会觉得你是自己人，在感情上认同你。这也是阿迪达斯在抖音上能成为运营最好的品牌方的原因，是由于它能够让年轻人找到价值认同。

第二种，批评。

比方，老罗英语训练当年有一个知名广告说，人民币一块钱现在还能买些什么？然后他给出了几个挑选：一头蒜，一个打火机，一张报纸等等。人们本来就痛恨通货膨胀，看到广告更有了深入的共识。然后广告最终一句是：或许一块钱，你也能够来老罗英语训练听八次课。这让人们对课程的价格发生了好感，用户会觉得很值，能够试试看。咱们在社会上会遇到许多不合理的现象，许多心理学研究表明，假如你能把这些不合理现象指出来，并且协助用户批评、惩罚这些不合理，那会让用户对你发生更多的信任感。

第三种，反击。

比方，咪蒙的文章《致＊＊，我凭什么要帮你》，大骂那些整天求人帮忙然后还不满的人，然后让读者发生强烈的共识。相似的这类事情在日子中很常见，比方朋友借钱不还、室友太烦人、司机没礼貌、上司太严苛等等。咱们大脑自身是无法区别幻想和实践体会的，它们在大脑神经中枢实践发生的愉悦感是相似的。所以，直接帮用户反击这些行为，会让他们发生实践体会了一把的愉悦，然后对你发生了共识和好感。比方说，苹果的 CEO 库克在杜克大学的毕业讲演上说，鼓舞毕业生要无所畏惧，做最不安于现状的人和第一个行动起来的人。便是针对大学普遍的迷茫和不安于现状的焦虑，鼓舞他们要改变现状，do something。所以说，咱们是不是常常听完这种成功学的讲演，就有像打了鸡血相同的感觉，其实便是由于鼓舞，能够由于这种共识的心情。

第四种，鼓舞。

最典型的是 Nike 的文案：Just do it！鼓舞用户脱节延迟、想到就马上去做。当然，要鼓舞用户战胜自己心里的阻碍，能够先让他们意识到自己错了。比方前几年春节，各大品牌都在打一系列春节回家的感人广告，广告中说，爸爸妈妈一整年就盼着这七天，在你回家的前几周，他们就开始想到底该预备什么菜。可是你或许由于加班回不了家了。这时分用户心里的痛点是加班很忙碌，回不了家很内疚。广告暗示用户主动去战胜内疚，这便是供给了一种鼓舞。当然，假如仔细观察，你会发现很多的成功学讲演，也是靠这个来制作共识感的。

你看，想和用户发生共识，要找到用户在某个场景里，存在的一个痛点，然后针对这个痛点，表明我们的心情，给用户供给情感协助，比方支持、批评、反击和鼓舞，用户才能发生共识。

短视频已成为一、二线城市"90 后""00 后"一代独有的媒介生态，历史经验告诉我们，通往自由的道路从来都不是一帆风顺的。媒介产品只有放到社会大环境中，才能显露其在社会特殊阶段中的演变机理，而目前的复杂社会形态是难以被模拟复制的。短视频在 2017 年犯下的错似乎是每一种新的技术产品走向市场的应有试炼。尽管如此，从社会责任的角度来看，企业必须竭尽全力预测技术产品上线后可能会引发的一系列社会道德伦理问题，用和开辟市场一样的决心和信心去革除弊端。每一个向公众投射影响力的环节，都要向有关部门备案，主动接受政府和公众的监督。除此之外，要想持久的雄踞市场，企业自身还需要完成以下几个方面的挑战。

（1）经济压力和道德认识的博弈。独立短视频 APP 之所以能成为名副其实的行业风口，吸引众多互联网巨头在此布局，就是因为其蕴含着庞大的流量变现能力。尤其是"00 后"这一极具市场潜力的用户群，企业明白，着力培植这一批元祖用户，代代相传，带来的将会是持久的经济利益。但这批"00 后"价值观还未完全形成，往往是怀着好奇心去网上寻找乐趣，无法给自我的传播行为进行明确定位，经常不自觉地传播一些错误的示范行为。网上流传的"全网最小妈妈""儿童邪典视频"加剧了家长和社会各界人士对于儿童媒介环境的负面想象，导致平台的口碑剧烈下降。政府约谈，责令其关闭或取缔部分功能，下线整改等举措，使得短视频平台的盈利业务大幅度缩水。那么问题来了，究竟是在不触犯法律的条件下打擦边球以维持经济利益在一个可喜的水平，还是承受住经济压力一票否决掉那些有违社会道德的盈利板块？相信有社会担当、有前瞻力的企业能够拨开眼前的竞争迷障，开辟一条既能维持常态化盈利，又能维护好公共利益的绿色通道。

（2）打造优质内容。大数据机构 QuestMobile 的数据统计显示，在 2017 年到 2018 年间，大于 10 万的短视频应用软件增加了 10 个，竞争异常激烈。张剑锋认为，优质内容作为短视频未来发展的机会窗口，永远是稀缺的。短视频平台发展速度越快，内容的稀缺量和吞吐量就越大，有价值的内容是用户选择你而不是他的根本原因。就像每天网络平台上发布数以万计的文章，但是阅读量真正能达到"10 万十"的却是屈指可数的。优质的内容首先体现在话题的选取上，要契合当代人当下正在关注的问题。其次就是对事件的分析解读要有独特视角，鞭辟入里，直击人心，使用户对接下来的内容呈现保持着强烈的好奇心和求知欲，这一点直接决定了用户对于产品的认同度。最后，内容的表达方式要艺术化，有美学方面的附加价值。形式和内容是彼此成就的，优质的内容加上出彩的形式，人们很难对此产生抗拒心理。由此可见，保持优质内容的持续生产能力，与平台高效联动，是撬动资本市场的一大法宝。

（3）主动承担社会责任，纠正算法机制弊端。抖音短视频上目前存在两种推荐算法，一种"和这个视频类似的，还有这些推荐给您"，另一种是"喜欢这个视频的人，同时还喜欢这些视频"。这也是违规视频在主页下架后仍然能够进入公众视野当中的原因。这些不惜以猎奇、出位来获取流量的视频，一旦进入用户的视野，便会随着智能推送，如滚雪球般传播开来。目前的算法乐观派认为，只要壮大人工审核队伍，就能堵住算法窟窿。为此今日头条大量招聘视频审核人员，但是据调查，每天大约有十亿个小时的短视频上线，从如此巨量的内容中剔除不适宜部分，可谓是大海捞针。算法弊端是企业绕不开的价值观问题，一句"价值中立、监管失当"并不能使人信服，不能任由劣币驱逐良币的状况愈演愈烈，资本巨头们需要勇担社会责任，在创新的路上释放更多的人文关怀。

5.4 视频平台分析

随着信息科技发展速度的加快，人类迎来了第三媒介时代，流量的变现方式更加快速、直接、有效，往往能达到一呼百应、万应的效果。一部智能手机，可以整合融入多种用户功能，成为凝聚在线成员的中坚力量。通过抖音这款软件，用户可以拍摄上传时长不超过 15 秒的音乐短视频。截止到 2018 年 3 月，抖音在苹果商店中的免费录像与摄影排行榜中位列第一名，成为短视频中的后起之秀。

使用与满足理论肯定了人们对媒介的自主选择性，但是考虑到麦克卢汉的媒介即讯息观点，一种新的媒介产品在大众文化当中产生的张力，可能给社会交往环境带来剧烈震荡。2018年 4 月 6 日，国家网信办发布消息，要求"快手""火山小视频"暂停有关算法推荐功能，并将涉及的违规网络主播纳入跨平台禁播黑名单。由此可见，短视频市场虽然蕴藏着巨大商机，但要想坐得稳，走得远，还须不断将自身角色调整到有利于社会进步和人的全面发展的轨道上来。

5.4.1 抖音

抖音，是一款可以拍摄短视频的音乐创意短视频社交软件，该软件于 2016 年 9 月上线，是一个专注年轻人音乐短视频社区平台。用户可以通过这款软件选择歌曲，拍摄音乐短视频，形成自己的作品。它最新的广告是"记录美好生活"，海外版名称"Tik Tok"。抖音的用户由一开始的年轻化逐步走到现在的全民化。

抖音目前与各大品牌合作、与电商合作、与各大公司签署业务，实现平台经济增长。平台严厉监管做好监察机制与算法机制，为用户提供最好的使用体验。同时，抖音用户可以直接对接电商平台直接购买商品。是短视频平台中发展最快、前景最好、机制相对较完善的平台。

5.4.2 快手

快手是北京快手科技有限公司旗下的产品。快手的前身，叫"GIF 快手"，诞生于 2011 年 3 月，最初是一款用来制作、分享 GIF 图片的手机应用。2012 年 11 月，快手从纯粹的工具应用转型为短视频社区，用于用户记录和分享生产、生活的平台。后来随着智能手机的普及和移动流量成本的下降，快手在 2015 年以后迎来市场。

2018 年快手某些账号利用社会不正之风恶意宣传，引来了整肃。整肃中被封账号 1.1 万余个。之后，快手开始了严管账号之风，上线"快手小管家"，帮助净化社区内容；2018 年 8 月 13 日，快手启动"幸福乡村"战略；2018 年 9 月，快手举办首期"快手幸福乡村创业学院"；9 月 14 日，快手宣布启动幸福乡村"5 亿流量"计划。之后，快手一直热衷于完善机制，避免不好影响。

5.4.3 秒拍

秒拍的广告是"10 秒拍大片，最潮最美拍摄体验"。秒拍由北京炫一下科技有限公司推出，是一个集观看、拍摄、剪辑、分享于一体的短视频工具，秒拍如今更是集中力量将自己打造成为一个潮人集中的社区。

5.4.4 美拍

美拍是一款可以直播、制作小视频的受年轻人喜爱的软件。美拍—高颜值手机直播＋超火爆原创视频。2014年5月上线后，连续24天蝉联APP Store免费总榜冠军，并成为当月APP Store全球非游戏类下载量第一。美拍也经历过一系列整改，完善自己的形象。目前，美拍也是短视频用户拍摄的首选工具。

5.4.5 火山小视频

火山小视频由今日头条出品，用户可以通过自己拍摄视频添加文字，制作属于自己的大片。同时超多美颜滤镜和背景音乐，普通视频一秒变大片，功能强大容易上手，体验从未见过的快慢镜、鬼畜视频编辑功能。

5.4.6 西瓜视频

西瓜视频同样由今日头条出品，集合了搞笑、体育、纪录片、动漫等视频内容，自上线起热度不减。基于人工智能算法为用户做短视频内容推荐，它能让用户的每一次刷新，都发现新鲜、好看，并且符合自己口味的短视频内容。